Ipsen | Staatsrecht II

STAATSRECHT II

Grundrechte

Professor Dr. iur. Jörn Ipsen
Universität Osnabrück

10., überarbeitete Auflage

Luchterhand 2007

Bibliografische Information Der Deutschen Bibliothek
Die Deutsche Bibliothek verzeichnet diese Publikation in der Deutschen
Nationalbibliografie; detaillierte bibliografische Daten sind im Internet
über **http://dnb.ddb.de** abrufbar.

978-3-472-06757-3

www.wolterskluwer.de
www.luchterhand-fachverlag.de

Umschlagkonzeption: futurweiss kommunikationen, Wiesbaden
Satz: Satz-Offizin Hümmer GmbH, Waldbüttelbrunn
Druck: Druckerei Wilco, Amersfoort

⊛ Gedruckt auf säurefreiem, alterungsbeständigem
und chlorfreiem Papier.

Dem Andenken meines Vaters

Vorwort

Die überaus freundliche Aufnahme meines Lehrbuchs »Staatsrecht II (Grundrechte)« hat wiederum eine Neuauflage binnen Jahresfrist erforderlich gemacht. Das Lehrbuch verfolgt das gleiche Konzept wie das »Staatsrecht I (Staatsorganisationsrecht)«, das in 18. Auflage vorliegt. Beide »Lernbücher« wenden sich in erster Linie an die Studierenden des Staatsrechts und unternehmen den Versuch, dieses umfassende, in stetem Wachstum begriffene und nicht leicht zugängliche Rechtsgebiet diskursiv zu behandeln. Wie im Staatsorganisationsrecht spielt auch bei der Darstellung der Grundrechte die Rechtsprechung des Bundesverfassungsgerichts eine herausragende Rolle. Sie steht im Zentrum der Darstellung; den Leitentscheidungen wird deshalb am Ende eines jeden Kapitels besonderer Raum gewidmet. In gleicher Weise aber verfolgt dieses Buch das Ziel, das Bewusstsein für grundrechtliche Problemstellungen zu wecken und den Leser zu kritischem Umgang mit der verfassungsrechtlichen Judikatur zu bewegen. Denn nicht nur die Freiheit, sondern auch die Freiheitsrechte müssen täglich erobert werden und stellen den Grundrechtsinterpreten stets vor neue Fragen.

Das vorliegende »Lernbuch« wird durch Kontrollfragen und Antworten ergänzt, die der Wiederholung und Vertiefung des Stoffes dienen und unter der Internetadresse *http://www.joernipsen-staatsrecht.de* abgerufen werden können. An gleicher Stelle finden sich Hinweise auf neuere Publikationen des Autors.

Die Neuauflage folgt auf Bitten des Verlages der »neuen Rechtschreibung«, ohne dass ich meine Überzeugung, dass es sich hierbei um das überflüssigste aller Reformwerke handelt, aufgegeben hätte. Mein besonderer Dank gilt Frau Assessorin Stefanie Klaes für ihre hilfreiche Unterstützung bei Erstellung der Neuauflage.

Osnabrück, im Februar 2007   Jörn Ipsen

Inhalt

Literatur (Auswahl)

1. Kommentare zum Grundgesetz

Bonner Kommentar, Kommentar zum Bonner Grundgesetz (Loseblatt), Stand: Oktober 2006.

Denninger, Erhard/Hoffmann-Riem, Wolfgang/Schneider, Hans-Peter/Stein, Ekkehart (Hrsg.), Kommentar zum Grundgesetz für die Bundesrepublik Deutschland (Reihe Alternativkommentare), Loseblatt, Stand: August 2002.

Dreier, Horst (Hrsg.), Grundgesetz-Kommentar, Bd. I, 2. Aufl. 2004.

Friauf, Karl Heinrich/Höfling, Wolfram (Hrsg.), Berliner Kommentar zum Grundgesetz (Loseblatt), Stand: August 2006.

Jarass, Hans D./Pieroth, Bodo, Grundgesetz für die Bundesrepublik Deutschland, 8. Aufl. 2006.

v. Mangoldt, Hermann/Klein, Friedrich/Starck, Christian, Das Bonner Grundgesetz, Bd. 1, 5. Aufl. 2005.

Maunz, Theodor/Dürig, Günter, Grundgesetz-Kommentar (Loseblatt), Stand: Juni 2006.

v. Münch, Ingo/Kunig, Philip (Hrsg.), Grundgesetz-Kommentar, Bd. 1, 5. Aufl. 2000.

Sachs, Michael (Hrsg.), Grundgesetz-Kommentar, 3. Aufl. 2003.

Schmidt-Bleibtreu, Bruno/Klein, Franz, Kommentar zum Grundgesetz, 10. Aufl. 2004.

2. Handbücher

Benda, Ernst/Maihofer, Werner/Vogel, Hans-Jochen (Hrsg.), Handbuch des Verfassungsrechts der Bundesrepublik Deutschland, 2. Aufl. 1994.

Isensee, Josef/Kirchhof, Paul (Hrsg.), Handbuch des Staatsrechts der Bundesrepublik Deutschland, Bd. V, 2. Aufl. 2000; Bd. VI, 2. Aufl. 2001.

Merten, Detlef/Papier, Hans-Jürgen (Hrsg.), Handbuch der Grundrechte in Deutschland und Europa, Bd. I, 2004.

Stern, Klaus, Das Staatsrecht der Bundesrepublik Deutschland, Bd. III/1, 1988; Bd. III/2, 1994; Bd. IV/1, 2006.

3. Lehrbücher und Grundrisse

Badura, Peter, Staatsrecht, 3. Aufl. 2003.

Battis, Ulrich/Gusy, Christoph, Einführung in das Staatsrecht, 4. Aufl. 1999.

Epping, Volker, Grundrechte, 2. Aufl. 2005.

Hesse, Konrad, Grundzüge des Verfassungsrechts der Bundesrepublik Deutschland, Nachdruck der 20. Aufl. 1999.

Ipsen, Jörn, Staatsrecht I (Staatsorganisationsrecht), 18. Aufl. 2006.

Manssen, Gerrit, Staatsrecht II (Grundrechte), 4. Aufl. 2005.

v. Münch, Ingo, Staatsrecht II, 5. Aufl. 2002.

Pieroth, Bodo/Schlink, Bernhard, Grundrechte – Staatsrecht II, 21. Aufl. 2005.

Sachs, Michael, Verfassungsrecht II – Grundrechte, 2. Aufl. 2003.

Stein, Ekkehart/Frank, Götz, Staatsrecht, 19. Aufl. 2004.

Zippelius, Reinhold/Würtenberger, Thomas, Deutsches Staatsrecht, 31. Aufl. 2005.

4. Fallsammlungen / Repetitorien

Degenhart, Christoph, Klausurenkurs im Staatsrecht, 3. Aufl. 2005.

Grimm, Dieter/Kirchhof, Paul (Hrsg.), Entscheidungen des Bundesverfassungsgerichts, Studienauswahl, 2 Bde., 2. erw. Aufl. 1997.

Grote, Rainer/Kraus, Dieter, Fälle zu den Grundrechten, 3. Aufl. 2004.

Kilian, Michael/Eiselstein, Claus, Grundfälle im Staatsrecht, 4. Aufl. 2003.

Richter, Ingo/Schuppert, Gunnar Folke/Bumke, Christian, Casebook Verfassungsrecht, 4. Aufl. 2001.

Schmidt-Jortzig, Edzard/Schliesky, Utz, 40 Klausuren aus dem Staats- und Völkerrecht mit Lösungsskizzen, 6. Aufl. 2002.

Starck, Christian/Schmidt, Thorsten, Staatsrecht (Prüfe dein Wissen), 2003.

Abkürzungsverzeichnis

a. A.	anderer Ansicht
ABl.	Amtsblatt
AcP	Archiv für die civilistische Praxis
ÄndG	Änderungsgesetz
a. F.	alte Fassung
AFG	Arbeitsförderungsgesetz
AfP	Archiv für Presserecht
AG	Amtsgericht, Aktiengesellschaft
AGG	Allgemeines Gleichbehandlungsgesetz
AK	Alternativ-Kommentar
ALR	Allgemeines Landrecht für die Preußischen Staaten
AO	Abgabenordnung
AöR	Archiv des öffentlichen Rechts
ArbGG	Arbeitsgerichtsgesetz
Art.	Artikel
AsylVfG	Asylverfahrensgesetz
AÜG	Arbeitnehmer-Überlassungsgesetz
AVAVG	Gesetz über Arbeitsvermittlung und Arbeitslosenversicherung
AZO	Arbeitszeitordnung
BAGE	Entscheidungen des Bundesarbeitsgerichts
BauGB	Baugesetzbuch
Ba-WüVerf	Verfassung des Landes Baden-Württemberg
BayVBl.	Bayerische Verwaltungsblätter
BayVerf	Verfassung des Freistaates Bayern
BayVGH	Bayerischer Verwaltungsgerichtshof
BB	Betriebsberater
BbgVerf	Verfassung des Landes Brandenburg
Bd.	Band
Bearb.	Bearbeitung
BewG	Bewertungsgesetz
BGB	Bürgerliches Gesetzbuch
BGH	Bundesgerichtshof
BGBl.	Bundesgesetzblatt
BGHZ	Entscheidungen des Bundesgerichtshofs in Zivilsachen
BK	Bonner Kommentar
BNotO	Bundesnotarordnung
BremVerf	Landesverfassung der Freien Hansestadt Bremen
BSG	Bundessozialgericht
BSHG	Bundessozialhilfegesetz
BT	Besonderer Teil
BT-Drucks.	Drucksachen des deutschen Bundestages
BVerfGE	Entscheidungen des Bundesverfassungsgerichts
BVerfGG	Bundesverfassungsgerichtsgesetz
BVerfSchG	Bundesverfassungsschutzgesetz
BVerwGE	Entscheidungen des Bundesverwaltungsgerichts
BWaldG	Bundeswaldgesetz
DÖV	Die Öffentliche Verwaltung
DRiZ	Deutsche Richterzeitung
DVBl.	Deutsches Verwaltungsblatt

DVollZO	Dienst- und Vollzugsordnung
E	Entscheidungen
EG	Europäische Gemeinschaften
EGBGB	Einführungsgesetz zum Bürgerlichen Gesetzbuch
EGGVG	Einführungsgesetz zum Gerichtsverfassungsgesetz
EGMR	Europäischer Gerichtshof für Menschenrechte
EGV	Vertrag zur Gründung der Europäischen Gemeinschaft
EheG	Ehegesetz
EheSchlRG	Gesetz zur Neuordnung des Eheschließungsrechts
EMRK	(Europäische) Konvention zum Schutze der Menschenrechte und Grundfreiheiten
EStG	Einkommensteuergesetz
EU	Europäische Union
EUV	Vertrag über die Europäische Union
EuGH	Europäischer Gerichtshof
EuGRZ	Europäische Grundrechte-Zeitschrift
e. V.	eingetragener Verein
FGO	Finanzgerichtsordnung
GA	Grundrechtsadressat
GastG	Gaststättengesetz
GewArch	Gewerbearchiv
GewO	Gewerbeordnung
GG	Grundgesetz
GjS	Gesetz über die Verbreitung jugendgefährdender Schriften
GjSM	Gesetz über die Verbreitung jugendgefährdender Schriften und Medieninhalte
GmbHG	Gesetz über die Gesellschaft mit beschränkter Haftung
GT	Grundrechtsträger
GVBl.	Gesetz- und Verordnungsblatt
GVG	Gerichtsverfassungsgesetz
HandwO	Handwerksordnung
Hb.	Halbband
HdbVerfR	Handbuch des Verfassungsrechts
HdStR	Handbuch des Staatsrechts der Bundesrepublik Deutschland
h. M.	herrschende Meinung
Hrsg.	Herausgeber
IfSG	Infektionsschutzgesetz
IRG	Gesetz über die internationale Rechtshilfe in Strafsachen
IStGH	Internationaler Strafgerichtshof
IStGHG	Gesetz über die Zusammenarbeit mit dem Internationalen Strafgerichtshof
JA	Juristische Arbeitsblätter
JöR	Jahrbuch des öffentlichen Rechts der Gegenwart
JÖSchG	Gesetz zum Schutze der Jugend in der Öffentlichkeit
Jura	Juristische Ausbildung
JuS	Juristische Schulung
JuSchuG	Jugendschutzgesetz
JZ	Juristenzeitung
KJ	Kritische Justiz
LER	Lebensgestaltung-Ethik-Religionskunde
LPartG	Lebenspartnerschaftsgesetz
LS	Leitsatz
LSchG	Ladenschlussgesetz
LuftSiG	Luftsicherheitsgesetz

MDR	Monatsschrift für Deutsches Recht
MedR	Medizinrecht
m. w. N.	mit weiteren Nachweisen
Nachdr.	Nachdruck
NdsVBl.	Niedersächsische Verwaltungsblätter
NdsVerf	Verfassung des Landes Niedersachsen
NJW	Neue Juristische Wochenschrift
NRWVerf	Verfassung des Landes Nordrhein-Westfalen
NuR	Natur und Recht
NVwZ	Neue Zeitschrift für Verwaltungsrecht
NWVBl.	Nordrhein-Westfälische Verwaltungsblätter
NZA	Neue Zeitschrift für Arbeits- und Sozialrecht
OLG	Oberlandesgericht
OVG	Oberverwaltungsgericht
PartG	Gesetz über die politischen Parteien
PBefG	Personenbeförderungsgesetz
PrVerfUrk	Preußische Verfassungsurkunde
ProstG	Prostitutionsgesetz
PV	Paulskirchenverfassung
RdA	Recht der Arbeit
Rdnr.	Randnummer
RelKErzG	Gesetz über die religiöse Kindererziehung
RGBl.	Reichsgesetzblatt
RGZ	Entscheidungen des Reichsgerichts in Zivilsachen
RVO	Reichsversicherungsordnung
SächsVBl.	Sächsische Verwaltungsblätter
SächsVerf	Verfassung des Landes Sachsen
Schl.-H. Verf.	Verfassung des Landes Schleswig-Holstein
SGB	Sozialgesetzbuch
SGG	Sozialgerichtsgesetz
StAG	Staatsangehörigkeitsgesetz
StARegG	Gesetz zur Regelung von Fragen der Staatsangehörigkeit
StGB	Strafgesetzbuch
StPO	Strafprozeßordnung
st. Rspr.	ständige Rechtsprechung
StVO	Straßenverkehrsordnung
StVollzG	Strafvollzugsgesetz
TierSchG	Tierschutzgesetz
ThürVBl.	Thüringische Verwaltungsblätter
ThürVerf	Verfassung des Landes Thüringen
TierSG	Tierseuchengesetz
TKG	Telekommunikationsgesetz
TSG	Transsexuellengesetz
TVG	Tarifvertragsgesetz
VBlBW	Verwaltungsblätter für Baden-Württemberg
VereinsG	Vereinsgesetz
Verf LSA	Verfassung Land Sachsen-Anhalt
Verf M-V.	Verfassung des Landes Mecklenburg-Vorpommern
VersG	Versammlungsgesetz
VerwArch	Verwaltungsarchiv
VO	Verordnung
Vorb.	Vorbemerkungen
VStG	Vermögensteuergesetz
VVDStRL	Veröffentlichungen der Vereinigung der Deutschen Staatsrechtslehrer

VwGO	Verwaltungsgerichtsordnung
VZG	Volkszählungsgesetz
WDO	Wehrdisziplinarordnung
WissR	Wissenschaftsrecht, Wissenschaftsverwaltung, Wissenschafts-förderung
WPflG	Wehrpflichtgesetz
WRV	Weimarer Reichsverfassung
WuV	Wirtschaft und Verwaltung
ZAR	Zeitschrift für Ausländerrecht und Ausländerpolitik
ZBR	Zeitschrift für Beamtenrecht
ZDG	Zivildienstgesetz
ZG	Zeitschrift für Gesetzgebung
ZivSG	Zivilschutzgesetz
ZPO	Zivilprozessordnung
ZRP	Zeitschrift für Rechtspolitik
ZUM	Zeitschrift für Urheber- und Medienrecht
ZZP	Zeitschrift für Zivilprozeß

Einleitung

Die aufgrund bewusster Entscheidung des Verfassungsgebers an den Beginn des Grundgesetzes gestellten Grundrechte haben der Staatsrechtswissenschaft ein weites Feld der Forschung beschert, in dem sich fortlaufend neuartige Probleme stellen und das deshalb ständig an Umfang zunimmt. Trotz der intensiven wissenschaftlichen Bearbeitung erscheint der Grundrechtsteil vielfach als Mysterium, in das einzudringen namentlich jungen Juristen nicht leicht fällt. Der Grund hierfür liegt zum einen in der kaum noch übersehbaren Rechtsprechung des Bundesverfassungsgerichts, der bei der Auslegung der Grundrechte zentrale Bedeutung zukommt. Das Staatsrecht nimmt aus diesem Grund zunehmend den Charakter von »case law« an, dessen *systematische* Durchdringung schwierig ist, wenn nicht sogar als unmöglich erscheint. Hinzu tritt der Umstand, dass die Grundrechts*dogmatik* vielfach mit grundrechts*theoretischen* oder *rechtsphilosophischen* Fragestellungen befrachtet wird. Durch derartige, der Verfassung unterlegte »Grundrechtstheorien« drohen die Grundrechte an *Normativität* – an Geltungskraft – einzubüßen. Verbreitet ist zudem die Tendenz, die durch die Grundrechte gewährleisteten Freiheiten – in einer Art »assoziativen« Methode – in eine Vielzahl weiterer Freiheiten aufzuspalten, die sich bei genauem Hinsehen jedoch als Anwendungsfälle des einzelnen Grundrechts darstellen. Auf diese Weise werden nicht selten konkrete Ergebnisse der verfassungsgerichtlichen Judikatur mit den verfassungsrechtlichen Gewährleistungsinhalten vermengt.

Vor diesem Hintergrund werden mit dem vorliegenden Lehrbuch unterschiedliche Ziele angestrebt. Im Vordergrund steht die Vermittlung des für das juristische Studium vorgesehenen Pflichtfachstoffs, der die wichtigsten Leitentscheidungen des Bundesverfassungsgerichts einschließt. Darüber hinaus soll die Judikatur stets kritisch reflektiert und daraufhin überprüft werden, welchen Beitrag sie zu einer systematischen *Grundrechtsdogmatik* zu leisten vermag. Dabei wird der Gedanke leitend sein, dass Grundrechte in erster Linie *subjektiv-öffentliche Rechte* sind und deshalb eine gemeinsame Struktur aufweisen. Diese Struktur wird bei der Behandlung eines jeden Grundrechts herausgearbeitet und ermöglicht es, an alle Grundrechte die gleichen – oder vergleichbare – Fragen zu richten.

Die hier umrissenen Prämissen schließen es aus, die Grundrechte nach Art eines Kommentars in der Reihenfolge zu behandeln, wie sie im Grundgesetz in Erscheinung treten. Der Gliederung des Lehrbuchs liegt zugleich der Versuch einer Systematik zugrunde. Eine Systematik des *Gewährleistungsinhalts* stößt zwar auf enge Grenzen, weil Überschneidungen unvermeidbar sind. Andererseits sind derartige Zusammenfassungen in der deutschen Verfassungsgeschichte nicht ohne Tradition. So war der Zweite Hauptteil der Weimarer Reichsverfassung »Grundrechte und Grundpflichten der Deutschen« (Art. 109–165) in inhaltlich bezeichnete Abschnitte (Die Einzelperson, Das Gemeinschaftsleben, Religion und Religionsgesellschaften usw.) gegliedert. Sie stellen darüber hinaus eine grundrechtsdogmatische Notwendigkeit dar, um das Verhältnis der einzelnen Grundrechtstatbestände zueinander deutlich zu machen. Soweit es nach dieser Systematik Überschneidungen gibt, also ein Grundrecht in verschiedenen Abschnitten behandelt werden könnte, wird jeweils auf den Schwerpunkt des Gewährleistungsinhalts abgestellt.

Die im Grundgesetz enthaltenen Grundrechte binden die deutschen Staatsorgane (Art. 1 Abs. 3 GG) und gelten deshalb prinzipiell nur für das deutsche Staatsgebiet. Vergleichbare Menschenrechte sind aber Gegenstand internationaler Verträge, deren Partner die Bundesrepublik Deutschland ist. Die Charta der Grundrechte der Europäischen Union enthält darüber hinaus einen Grundrechtskatalog, der zwar noch nicht geltendes Recht ist, als gemeinsames Dokument der Unionsorgane aber Beachtung verdient. Die Grundrechte des Grundgesetzes sind deshalb stets im Kontext der Entwicklung international und supranational gewährleisteter Menschenrechte zu sehen.

A. Grundlagen

§ 1 Zur Geschichte der Menschenrechte

Von den frühen Rechtsverbürgungen bis zu den Menschenrechtskatalogen des 20. Jahr- 1
hunderts gibt es keine gradlinige Entwicklung. Trotz unterschiedlicher historischer Ursprünge aber lassen sich Gemeinsamkeiten ausmachen. Menschenrechte sind Rechte,
die meist in revolutionären Bewegungen erkämpft und nach deren Sieg verbürgt worden
sind, um dem Einzelnen oder Gruppen den errungenen Rechtszustand zu sichern. Die
Verbürgung und ihre Absicherung durch Verfahrensgarantien waren jeweils ein besonderes Anliegen, weil die gewährleisteten Menschenrechte stets gefährdet waren und nach
Änderung der Machtverhältnisse erneut verletzt zu werden drohten. Insofern zieht sich
durch die Geschichte der Menschenrechte der Gegensatz zwischen den bedrohten Rechten
des Einzelnen und der sie bedrohenden Hoheitsgewalt wie ein roter Faden.[1] Niemals waren Menschenrechte endgültig gesichert. Wenn der Staat sie – meist aus einer Phase der
Schwäche heraus – gewährleistete, so wurden sie in einer Phase der Stärke doch wieder
zurückgedrängt.

Der Gegensatz zwischen Hoheitsgewalt und Individuum, der uns als typisch für die Men- 2
schenrechtsproblematik erscheinen will, ist freilich ein Produkt neuzeitlichen Denkens
und war der mittelalterlichen Vorstellungswelt, die vom korporativen Denken beherrscht
wurde, fremd.[2] Insofern wird man sich hüten müssen, den Gegensatz zwischen Individuum und Staat, der eine Frucht des aufklärerisch-naturrechtlichen Denkens des 18. Jahrhunderts ist, gewissermaßen in die Geschichte zurückzuverlagern.[3] Gleichwohl beginnt
die Geschichte der Menschenrechte nicht erst in der Zeit des Absolutismus und gegen
den Absolutismus des 17. und vor allem 18. Jahrhunderts, sondern weist – namentlich
in England – ins Mittelalter zurück.

I.   Freiheitsverbürgungen in der Verfassungsgeschichte Englands

1.   Magna Carta Libertatum (1215)[4]

Die berühmteste Freiheitsverbürgung der englischen Verfassungsgeschichte – die Magna 3
Carta Libertatum vom 15. Juni 1215 – ist mit den modernen Menschenrechtskatalogen
kaum vergleichbar. Sie entstammt dem mittelalterlichen Lehnsrecht und findet hierin
ihre Begrenzung. Den Baronen als den Vasallen des Königs werden ihre alten Rechte bestätigt, die unter der Herrschaft des Königs Johann Ohneland (1199–1216) gefährdet waren. Mehr als die Hälfte der 63 Artikel der Magna Carta handeln von feudalen Beschwerden. Insbesondere wandte man sich gegen die Entartung der Feudalleistungen, gegen Erb-
gebühren, Lehnsvormundschaften, Heiratserlaubnis oder Schildgeld, die sich zu einem
Geldgeschäft zur Finanzierung der Truppen Johanns entwickelt hatten.[5]

---

1 Vgl. *G. Birtsch*, in: G. Birtsch, Grund- und Freiheitsrechte im Wandel von Gesellschaft und Geschichte, S. 18: »Grundrechtsgeschichte ist die Kehrseite der Machtgeschichte«; zum ideengeschichtlichen
Hintergrund auch: *H. Hofmann*, JuS 1988, S. 841 ff.
2 Vgl. hierzu: *G. Oestreich*, in: Bettermann/Neumann/Nipperdey (Hrsg.), Die Grundrechte Bd. 1,1
(1966), S. 6 f.; *K. Stern*, Staatsrecht III/1, S. 62.
3 Vgl. etwa: *H. Hofmann*, NJW 1989, S. 3178; *B. Pieroth*, Jura 1984, S. 571.
4 Der vollständige (lateinische) Text mit deutscher Übersetzung ist abgedruckt bei: *D. Willoweit/
U. Seif*, Europäische Verfassungsgeschichte (2003), S. 3.
5 *K. Kluxen*, Geschichte Englands (4. Aufl. 1991), S. 74 ff.

4   Die Magna Carta war damit – und dies ist für die mittelalterliche Geschichte und das mittelalterliche Rechtsempfinden bezeichnend – eine Rückkehr zum guten alten Recht, das unter der Herrschaft des Königs Johann zu Lasten der Barone verletzt worden war.[6] Derartige Bestätigungen von Rechten und Privilegien der Vasallen gab es im Mittelalter nicht selten. *Voigt* berichtet in seiner kurzen Würdigung der Magna Carta, dass Heinrich III. sechsmal, Eduard II. fünfzehnmal und Richard II. siebenmal eine Magna Carta oder ähnliche Rechtsverbürgungen gewährt hätten.[7]

5   Wenn sich die Magna Carta über ihren lehnsrechtlichen Charakter hinaus zum Grundstein der englischen Verfassung entwickelt hat, so liegt das daran, dass über die zeitgebundene Lehnsverfassung hinaus Bestimmungen in ihr enthalten sind, auf die man in einer ganz anderen Epoche – im Kampf gegen den monarchischen Absolutismus – zurückgreifen konnte.[8] Berühmt ist der Artikel 39 der Magna Carta:

6   »Kein freier Mann soll verhaftet, gefangen gehalten, enteignet, geächtet, verbannt oder auf irgendeine Art zugrundegerichtet werden, noch werden Wir gegen ihn vorgehen oder veranlassen, daß gegen ihn vorgegangen wird, es sei denn aufgrund eines gesetzlichen Urteilsspruchs durch seinesgleichen oder aufgrund des Landesrechts.«

7   *Voigt* meint, die ruhmvolle Geschichte der Magna Carta beruhe auf einem historischen Zufall. Jahrhundertelang sei sie unter den vielen Verbürgungen nicht aufgefallen, habe aber in das beginnende 17. Jahrhundert – in die Zeit der Religionskämpfe in England – »gepasst« und habe gewissermaßen durch ein »Interpretationswunder« erneut Bedeutung gewonnen.[9] Wenn auch historisch keine direkte Verbindung zwischen Magna Carta und neuzeitlichen Rechtsverbürgungen besteht, so bleibt doch die Gemeinsamkeit, dass fundamentale Rechte durch eine anmaßende Hoheitsgewalt gefährdet waren. Vergleichbare Situationen der Freiheitsgefährdung hat es immer wieder gegeben, und es ist bezeichnend, dass die Magna Carta noch heute in höchstem Ansehen steht.[10] In unserem Zusammenhang gilt es festzuhalten, dass die Menschenrechtsverbürgungen der Gegenwart – die Magna Carta ist geltendes englisches Verfassungsrecht – eine Wurzel im mittelalterlichen Lehnsrecht haben.[11]

2.   Act of Habeas Corpus (1679)[12]

8   Die Habeas-Corpus-Akte von 1679 bewirkte einen Schutz gegen willkürliche Verhaftungen und stand im Zeichen des Konfliktes zwischen dem englischen Parlament und König Charles II. (1649–1685), der absolutistische Tendenzen verfolgte.[13] Die Habeas-Corpus-Akte enthält prozedurale Garantien bei Freiheitsentziehungen. Sie verbietet, Verhaftete

---

6   Vgl. *G. Oestreich*, in: Bettermann / Neumann / Nipperdey (Hrsg.), Die Grundrechte Bd. 1, 1, S. 18 ff.; *B. Pieroth*, Jura 1984, S. 570; *K. Stern*, Staatsrecht III / 1, S. 62 ff.; in der Tendenz anders: *M. Kriele*, in: Festschrift für H. U. Scupin (1973), S. 205; weitere Nachweise bei *H. Dreier*, in: Dreier (Hrsg.), GG Bd. I, Vorb. Rdnr. 11.

7   Vgl. *A. Voigt*, JuS 1965, S. 220.

8   Vgl. *G. Oestreich*, in: Bettermann / Neumann / Nipperdey (Hrsg.), Die Grundrechte Bd. 1, 1, S. 18 ff.

9   Vgl. *A. Voigt*, JuS 1965, S. 220.

10   *K. Loewenstein*, Staatsrecht und Staatspraxis von Großbritannien, Bd. I (1967), S. 5 f. und Bd. II (1967), S. 202 f.; *R. Zippelius*, Allgemeine Staatslehre (14. Aufl. 2003), § 32 II, die beide vom »Grundstein für die Entwicklung von Freiheitsrechten« sprechen. Vgl. auch die Nachweise bei *A. Voigt*, JuS 1965, S. 220 Fn. 3.

11   Vgl. *I. v. Münch*, in: v. Münch/Kunig (Hrsg.), GG Bd. 1, Vorb. zu Art. 1–19 Rdnr. 5; *M. Sachs*, in: Sachs (Hrsg.), GG, Vor Art. 1 Rdnr. 3; *K. Stern*, Staatsrecht III / 1, S. 62.

12   Der vollständige Text mit deutscher Übersetzung ist abgedruckt in: *D. Willoweit/U. Seif*, Europäische Verfassungsgeschichte, S. 215.

13   Vgl. *G. Oestreich*, in: Bettermann / Neumann / Nipperdey (Hrsg.), Die Grundrechte Bd. 1, 1, S. 36; *K. Kluxen*, Geschichte Englands (4. Aufl. 1991), S. 358 f.

nach Willkür zu behandeln, und schreibt vor, dass diese einem Richter vorzuführen sind. Dem Umstand, dass es im ausgehenden 17. Jahrhundert nur wenige Städte gab und Richter nicht sogleich zur Stelle waren, wurde durch detaillierte Vorschriften Rechnung getragen:

> »Und er soll dann in gleicher Weise die wahren Ursachen des Gewahrsams oder der Haft bezeugen, es sei denn, daß die Haft der genannten Personen sich in einer größeren Entfernung als 20 Meilen von dem Platz oder den Plätzen befindet, in denen sich solch ein Gericht oder solch eine Person befindet. Und wenn die Entfernung mehr als 20 Meilen, aber nicht über 100 Meilen beträgt, dann soll dies binnen 10 Tagen geschehen und, wenn es über 100 Meilen entfernt ist, dann im Zeitraum von 20 Tagen nach der oben bezeichneten Zustellung, und nicht später.«

9

3. Bill of Rights (1689)[14]

Die Bill of Rights, die den Abschluss der Glorious Revolution bildet, enthält zunächst eine Aufzählung der Missetaten des Stuartkönigs Jacob II. (1685–1688) und sodann – gewissermaßen spiegelbildlich – Verbürgungen durch das neue Herrscherpaar William III. (1689–1702) und Mary II. (1689–1694). Neben den grundlegenden Rechten des Parlaments finden sich auch einzelne »Individualrechte«, etwa das Recht der Untertanen,

10

> »Petitionen an den König zu richten, und daß eine jede Verhaftung oder gerichtliche Verfolgung wegen der Einreichung solcher Petitionen ungesetzlich ist.«

11

Ähnlich wie in der Magna Carta und der Habeas-Corpus-Akte wird dem Machtmissbrauch durch den König Einhalt geboten und dieser für die Zukunft an die Einhaltung bestimmter Rechtsgrundsätze gebunden.[15]

12

II. Entwicklungen in Nordamerika

1. Bill of Rights von Virginia (1776)[16]

Die erste vollständige Menschenrechtserklärung der Verfassungsgeschichte ist die Bill of Rights von Virginia vom 12. Juni 1776, die sich – wenn man so will: ironischerweise – gegen England richtet. Die Bill of Rights von Virginia spiegelt das naturrechtlich-aufklärerische Denken der Neuzeit wider, in dem der Mensch – das Individuum, nicht die Korporation – das Zentrum bildet.[17] Schon Art. 1 liest sich wie eine Zusammenfassung dieses Denkens:

13

> »Alle Menschen sind von Natur aus gleichermaßen frei und unabhängig und besitzen gewisse angeborene Rechte, deren sie, wenn sie den Status einer Gesellschaft annehmen, durch keine Abmachung ihre Nachkommenschaft berauben oder entkleiden können, und zwar den Genuß des Lebens und der Freiheit und dazu die Möglichkeit Eigentum zu erwerben und zu besitzen und Glück und Sicherheit zu erstreben und zu erlangen.«[18]

14

---

14 Der vollständige Text mit deutscher Übersetzung ist abgedruckt in: *D. Willoweit/U. Seif*, Europäische Verfassungsgeschichte, S. 235.

15 Vgl. *H. Hofmann*, NJW 1989, S. 3178; *B. Pieroth*, Jura 1984, S. 572.

16 Der vollständige Text mit deutscher Übersetzung ist abgedruckt in: *F. Hartung*, Die Entwicklung der Menschen- und Bürgerrechte von 1776 bis zur Gegenwart (4. Aufl. 1972), S. 40 ff.

17 Den Anstoß zu einer intensiven wissenschaftlichen Beschäftigung mit der »Bill of Rights« von Virginia gab *G. Jellinek*, Die Erklärung der Menschen- und Bürgerrechte (3. Aufl. 1919); hierzu *K. Stern*, Staatsrecht III/1, S. 88 ff.

18 Mit dieser Formulierung sollte die Diskrepanz zwischen der Idee der natürlichen Freiheit und Gleichheit aller Menschen und der Realität der in Virginia existierenden Sklaverei überwunden werden; vgl. dazu *G. Stourzh*, JZ 1976, S. 399.

15   Die natürlichen Rechte des Menschen können durch den **Gesellschaftsvertrag** – jene Fiktion, die das neuzeitliche Naturrecht zur Rechtfertigung des Staates entwickelte – zwar eingeschränkt, nicht aber aufgehoben werden.[19] So gibt es unveräußerliche Rechte, die auch durch den Staat nicht beschränkt werden können. Die Bill of Rights von Virginia liest sich überraschend modern und steht historisch am Beginn der neuzeitlichen Menschenrechtsbewegung. Sie ist gleichermaßen durch das europäische Naturrecht wie die englische Rechtstradition geprägt.[20] Außer dem Habeas Corpus, den Rechtsgarantien bei Freiheitsentziehungen, dem Verbot grausamer Strafen, enthält die Bill of Rights von Virginia auch neuartige Grundrechte, wie z. B. Art. 12:

16   »Die Freiheit der Presse ist eines der großen Bollwerke der Freiheit und kann niemals, außer durch despotische Regierungen, eingeschränkt werden.«

17   Die vernunftrechtlichen Ursprünge kommen insbesondere in Art. 16 zum Ausdruck:

18   »Religion oder die Pflicht, die wir unserem Schöpfer schulden, und die Art, wie wir ihr nachkommen, kann lediglich durch Vernunft oder Überzeugung geleitet werden, nicht durch Zwang oder Gewalt, und deshalb haben alle Menschen gleichen Anspruch auf freie Ausübung der Religion gemäß den Geboten des Gewissens; es ist eine gegenseitige Pflicht aller, christliche Geduld, Liebe und Güte im Verkehr untereinander zu üben.«

19   Die Bill of Rights von Virginia ist Vorbild für weitere Menschenrechtserklärungen der Staaten Nordamerikas gewesen.[21]

2.   Grundrechte in der amerikanischen Bundesverfassung (1787)[22]

20   Die amerikanische Bundesverfassung (1787) enthielt zunächst keine der Bill of Rights von Virginia vergleichbaren Menschenrechte; diese wurden erst im Jahr 1791 in Gestalt der ersten 10 Zusatzartikel (amendments) – der »Bill of Rights« – eingefügt und durch weitere Zusatzartikel ergänzt.[23] Der erste Zusatzartikel (Am. 1) enthält die Grundrechte der Religionsfreiheit, der Meinungsäußerungs- und der Pressefreiheit sowie die Versammlungs- und Petitionsfreiheit. Mit dem vierzehnten Zusatzartikel von 1868 (Am. 14) sind die für die weitere Rechtsentwicklung bedeutsamen »due process-clause« und die »equal protection-clause« in die Verfassung der Vereinigten Staaten aufgenommen worden.[24]

III.   Die französische Menschen- und Bürgerrechtserklärung (1789)[25]

21   Das berühmteste Dokument der modernen Menschenrechtsbewegung ist die französische Menschen- und Bürgerrechtserklärung – die »Déclaration des droits de l'homme et du citoyen« – vom 26. August 1789. Ganz dem Gedankengut *Rousseaus* verpflichtet, heißt es in Art. 1:

---

19 Vgl. hierzu G. *Jellinek*, Die Erklärung der Menschen- und Bürgerrechte (3. Aufl. 1919), S. 8; dagegen: E. *Boutmy*, in: R. Schnur (Hrsg.), Zur Geschichte der Menschen- und Bürgerrechte (1964), S. 79 ff.

20 Vgl. B. *Pieroth*, Jura 1984, S. 572; G. *Oestreich*, in: Bettermann / Neumann / Nipperdey (Hrsg.), Die Grundrechte Bd. 1, 1, S. 47 ff.

21 So z. B. in Pennsylvania (1776), Maryland (1776), North Carolina (1776), Massachusetts (1780). Diese Deklarationen waren meist ausführlicher als ihr Vorbild; weitere Nachweise bei B. *Pieroth*, Jura 1984, S. 572; G. *Stourzh*, JZ 1976, S. 400.

22 Der vollständige Text mit deutscher Übersetzung ist abgedruckt in: D. *Willoweit/U. Seif*, Europäische Verfassungsgeschichte, S. 255.

23 Vgl. hierzu W. *Brugger*, Einführung in das Öffentliche Recht der USA, S. 6.

24 Vgl. W. *Brugger*, Einführung in das Öffentliche Recht der USA, S. 114.

25 Der vollständige Text mit deutscher Übersetzung ist abgedruckt in: D. *Willoweit/U. Seif*, Europäische Verfassungsgeschichte, S. 250.

»Die Menschen werden frei und gleich an Rechten geboren und bleiben es. Die gesellschaftlichen Unterschiede dürfen nur im gemeinsamen Nutzen begründet sein.« 22

Die französische Menschen- und Bürgerrechtserklärung enthält nahezu alle modernen Menschenrechte. In Art. 4 heißt es, die Freiheit bestehe darin, alles tun zu können, was einem anderen nicht schade. Die Ausübung der natürlichen Rechte jedes Menschen habe also nur die Grenzen, die den anderen Mitgliedern der Gesellschaft den Genuss der gleichen Rechte sichere; diese Grenzen könnten nur durch Gesetz bestimmt werden (Art. 4 Satz 2). Kein Mensch solle angeklagt, verhaftet oder gefangen genommen werden, außer in den durch das Gesetz bestimmten Fällen und in den von ihm vorgeschriebenen Formen (Art. 7). Die Déclaration enthält das Rückwirkungsverbot für Strafgesetze (Art. 8) und eine Unschuldsvermutung für Angeklagte (Art. 9). Auch wichtige politische Freiheiten werden gewährleistet. 23

Art. 10 hat folgenden Wortlaut:

»Niemand soll wegen seiner Meinungen, selbst religiöser Art, belästigt werden, solange ihre Äußerung die durch das Gesetz begründete öffentliche Ordnung nicht stört.« 24

Art. 11 lautet:

»Die freie Mitteilung der Gedanken und Meinungen ist eines der kostbarsten Menschenrechte. Jeder Bürger kann also frei reden, schreiben und drucken, vorbehaltlich seiner Verantwortlichkeit für den Mißbrauch dieser Freiheit in den durch das Gesetz bestimmten Fällen.« 25

Die französische Menschen- und Bürgerrechtserklärung stellt den Beginn der neueren europäischen Verfassungsentwicklung dar.[26] Materiell enthält sie alle Grundrechte, die dem modernen Staat entgegengesetzt werden können: die Gleichheit der Menschen, die allgemeine Handlungsfreiheit, die Meinungs- und Pressefreiheit, aber auch die Gewissens- und Religionsfreiheit, schließlich die besondere Bekräftigung des Eigentumsschutzes, die untrennbar zu den bürgerlichen Verfassungen gehört. 26

Die Déclaration wurde in die französischen Verfassungen von 1791, 1793 und 1795 – wenngleich mit einigen Änderungen – aufgenommen. Sie findet sich rudimentär in der französischen Charte Constitutionelle von 1814 und stand Pate für die Belgische Verfassung von 1831. Mit einer gewissen Überspitzung lässt sich sagen, dass die modernen Verfassungen westeuropäischen Typs den Grundrechtskatalog der französischen Menschen- und Bürgerrechtserklärung nur komplettiert, nicht aber wesentlich verändert haben. Die Verfassung der französischen Republik vom 4. Oktober 1958 nimmt in der Präambel Bezug auf die Menschen- und Bürgerrechtserklärung, die damit zum geltenden französischen Verfassungsrecht gehört.[27] 27

IV. Die Entwicklung der Grundrechte in Deutschland

Im Vergleich zu England, Frankreich und Belgien beginnt die Geschichte der Grundrechte in Deutschland mit einiger Verspätung. Zwar hat es Denker gegeben, in deren Werk die Menschenrechte – Freiheit, Gleichheit, Eigentum – eine große Rolle gespielt haben. Die Philosophie der Aufklärung des 18. Jahrhunderts, für die die Namen *Kant, Fichte* und *Hegel* stellvertretend genannt sein mögen, war eine Philosophie des Individuums und damit auch eine Philosophie der Menschenrechte.[28] Eine andere Frage aber ist es, wann Grund- 28

---

26 Nachweise bei *H. Hofmann*, NJW 1989, S. 3179; *B. Pieroth*, Jura 1984, S. 573; eingehend: *S.-J. Samwer*, Die französische Erklärung der Menschen- und Bürgerrechte von 1789/91 (1970).

27 Vgl. *A. Bleckmann*, Grundrechte, S. 27 f.

28 Vgl. hierzu *G. Oestreich*, in: Bettermann/Neumann/Nipperdey (Hrsg.), Die Grundrechte Bd. 1, 1, S. 63 ff.; *K. Stern*, Staatsrecht III/1, S. 101 ff.; ausführlich: *D. Klippel*, Politische Freiheit und Freiheitsrechte im deutschen Naturrecht des 18. Jahrhunderts (1976), S. 113 ff.

rechte verfassungsrechtlich verbürgt worden sind und Eingang in die politische Wirklichkeit gefunden haben.

1. Grundrechte in den frühkonstitutionellen Verfassungen

29 Die ersten Grundrechtskataloge finden sich in den frühkonstitutionellen Verfassungen Süddeutschlands. Die süddeutschen Staaten waren als ehemalige Rheinbundstaaten in besonderer Weise offen für den französischen Einfluss, und die Charte Constitutionelle von 1814, die Teile der französischen Menschen- und Bürgerrechtserklärung von 1789 enthielt, wirkte auch nach Süddeutschland hinein.[29] In einem monarchischen und in seiner Gesellschaftsstruktur noch ständisch geprägten Staat hatten Freiheit und Gleichheit eine andere Bedeutung als in der Gegenwart. Von »Gleichheit« kann schwerlich die Rede sein, wo Privilegien mit der Geburt erworben werden. Ein Wahlrecht, das an einen bestimmten Besitzstand anknüpft, ist nach heutigem Verständnis mit dem Gleichheitssatz unvereinbar. Das rechtstechnische Mittel, Ausnahmen von einem Grundrecht zuzulassen, bildete jeweils der Gesetzesvorbehalt.[30] So lautete etwa § 7 der Verfassungsurkunde für Baden:

30 »Die staatsbürgerlichen Rechte der Badener sind gleich in jeder Hinsicht, wo die Verfassung nicht namentlich und ausdrücklich eine Ausnahme begründet.«

31 Die besonderen Bestimmungen über die Stände und ihre Privilegien waren insofern sanktioniert und stellten sich als Ausnahmen vom Gleichheitssatz dar. Zum Teil wurde hierdurch auch bundesrechtlichen Verpflichtungen Rechnung getragen, so bei der Befreiung der »standesherrlichen Familien« von der allgemeinen Wehrpflicht, die durch Art. 14 der Deutschen Bundesakte vorgesehen war.

32 Als weitere Grundrechte wurden das Eigentum, die Freiheit der Person und die Gewissensfreiheit gewährleistet. Hinzu traten »Justizgrundrechte«, etwa die Bestimmung, dass niemand seinem gesetzlichen Richter entzogen oder länger als 48 Stunden festgehalten werden darf, ohne über den Grund seiner Verhaftung vernommen worden zu sein.[31] Auch die Pressefreiheit war als »Preßfreiheit« grundsätzlich gewährleistet, jedoch nur im Rahmen der geltenden Gesetze bzw. nach Maßgabe der Beschlüsse der Bundesversammlung.[32]

2. Die Grundrechte der Paulskirchenverfassung (1849)[33]

33 Die Paulskirchenverfassung enthielt in ihrem Abschnitt VI »Die Grundrechte des deutschen Volkes« den ersten für ganz Deutschland bestimmten Grundrechtskatalog. Er umfasste liberale Freiheitsverbürgungen, nämlich die Freizügigkeit und Berufsfreiheit (§ 133), die Freiheit der Person (§ 138), die Meinungs- und Pressefreiheit (§ 143), die Glaubens- und Gewissensfreiheit (§ 144), die Freiheit der Religionsausübung (§ 145), die Freiheit von Wissenschaft und Lehre (§ 152), die Versammlungsfreiheit (§ 161) und die Vereinigungsfreiheit (§ 162). Das Eigentum wird für unverletzlich erklärt und eine Enteignung nur aus »Rücksichten des gemeinen Besten, nur aufgrund eines Gesetzes und gegen gerechte Entschädigung« zugelassen (§ 164).

---

29 Vgl. *E. R. Huber*, Deutsche Verfassungsgeschichte Bd. 1 (rev. Nachdr. der 2. Aufl. 1990), S. 314 ff.

30 Vgl. *E. R. Huber*, Deutsche Verfassungsgeschichte Bd. 1, S. 354 ff.

31 Vgl. *E. R. Huber*, Deutsche Verfassungsgeschichte Bd. 1, S. 355.

32 Vgl. *E. R. Huber*, Deutsche Verfassungsgeschichte Bd. 1, S. 357 f.

33 Der vollständige Text ist abgedruckt bei: *E. R. Huber*, Dokumente zur deutschen Verfassungsgeschichte Bd. 1 (3. Aufl. 1978), S. 375 ff.

§ 137 enthält sowohl den *allgemeinen* Gleichheitssatz (»Die Deutschen sind vor dem Ge-   34
setze gleich«) als auch spezielle Gleichheitssätze, etwa den, dass die öffentlichen Ämter
für alle gleich zugänglich sind (§ 137 Abs. 4). Der Adel als Stand wird aufgehoben und
die Standesvorrechte abgeschafft (§ 137 Abs. 1 und 2). Vergleicht man die Grundrechte
der Paulskirchenverfassung, die in insgesamt rund 40 Bestimmungen niedergelegt sind,
mit dem Grundrechtskatalog des Grundgesetzes, so ergeben sich auffallende Parallelen,
die bis zur Identität des Wortlauts reichen.[34]

Deutschland vollzog mit der Paulskirchenverfassung, deren Grundrechtsteil seit Dezem-   35
ber 1848 als Reichsgesetz galt[35] und nach dem Scheitern der Verfassung durch Bundesbeschluss aufgehoben wurde[36], eine Rechtsangleichung an die westlichen Verfassungssyste-
me.[37] Sie ist die bisher einzige deutsche Verfassung, für deren Durchführung breite Bevölkerungskreise aktiv gekämpft haben (*J.-D. Kühne*), und erweist sich insofern als der bedeu-
tendste Markstein der *deutschen* Grundrechtsgeschichte.

3. Die preußische Verfassungsurkunde (1850)[38]

Das nächste Kapitel der Grundrechtsentwicklung in Deutschland bildet die preußische   36
Verfassungsurkunde vom 31. Januar 1850. Ihr Grundrechtskatalog ist im Wesentlichen
dem der Paulskirchenverfassung nachgebildet. So werden alle klassischen Grundrechte,
die Gleichheit (Art. 4), die persönliche Freiheit (Art. 5), die Unverletzlichkeit der Wohnung
(Art. 6), das Eigentum (Art. 9), die Religionsfreiheit (Art. 12), die Meinungs- und Pressefreiheit (Art. 27), die Versammlungs- und Vereinigungsfreiheit (Art. 29, 30), das Petitionsrecht (Art. 32) und das Briefgeheimnis (Art. 33) gewährleistet. Der Wortlaut der Grundrechte könnte die Vermutung nahe legen, dass sich die Paulskirchenverfassung letztlich
auch in Preußen durchgesetzt habe. Der Grundrechtskatalog der preußischen Verfassungsurkunde war jedoch nicht das Ergebnis einer erfolgreichen bürgerlichen Revolution,
sondern Gegenstand eines monarchischen Oktrois, der auf der Grundlage eines konserva-
tiv-rechtsliberalen Kompromisses revidiert wurde.[39] Bezeichnend hierfür ist, dass der für
eine konstitutionelle Verfassung entscheidende Gleichheitssatz (Art. 4: »Alle Preußen sind
vor dem Gesetz gleich«) in der Folgezeit nicht als Rechtsgleichheit, sondern als Rechtsanwendungsgleichheit ausgelegt worden ist. Damit wurde die eigentliche Stoßrichtung des
Gleichheitssatzes, die ihm seit den Anfängen der bürgerlichen Verfassungsbewegung eigen war, in eine völlig andere Richtung gelenkt. Nach der herrschenden Interpretation
nämlich war der *Gesetzgeber* nicht an den Gleichheitssatz gebunden, weil die Gleichheit

---

34 *E. R. Huber*, Deutsche Verfassungsgeschichte Bd. 2 (3. Aufl. 1988), S. 776 ff.; vertiefend: *J.-D. Kühne*,
  Die Reichsverfassung der Paulskirche, S. 159 ff.
35 Vgl. RGBl. 1848/49, S. 49; dazu: *J.-D. Kühne*, Die Reichsverfassung der Paulskirche, S. 48; *E. R.*
  Huber, Deutsche Verfassungsgeschichte Bd. 2, S. 775 f., 782 f.
36 Bundesbeschluss vom 23. August 1851; abgedruckt in: *E. R. Huber*, Dokumente zur deutschen
  Verfassungsgeschichte Bd. 2 (3. Aufl. 1988), S. 2.
37 Siehe z. B. zur um 1848 in Frankreich geltenden Verfassung: *P. C. Hartmann*, Französische Verfassungsgeschichte der Neuzeit (1985), S. 89 ff.; zur Entwicklung in den USA siehe *W. Brugger*, Einführung in das öffentliche Recht der USA, S. 2 ff.
38 Der vollständige Text ist abgedruckt in: *E. R. Huber*, Dokumente zur deutschen Verfassungsgeschichte Bd. 1, S. 501 ff.
39 Vgl. *E. R. Huber*, Deutsche Verfassungsgeschichte Bd. 3 (3. Aufl. 1988), S. 52 f.; *D. Willoweit*, Deutsche Verfassungsgeschichte (5. Aufl. 2005), S. 314. Bezeichnenderweise fand sich in der preußischen Verfassungsurkunde der Begriff der »Grundrechte« nicht; stattdessen lautete Titel II.: »Von
  den Rechten der Preußen«. *E. R. Huber*, a. a. O., S. 101, führt diesen Begriffswechsel darauf zurück,
  dass die Idee allgemeiner angeborener Menschenrechte in die Idee staatlich *verliehener Bürgerrechte*
  abgewandelt wurde.

nur »vor dem Gesetz« bestand.[40] Ein Beispiel für eine in der Verfassungsurkunde selbst enthaltene Ungleichheit bildet Art. 71 mit dem Dreiklassenwahlrecht, das in Preußen bis zum November 1918 galt.[41]

4. Verfassung des Norddeutschen Bundes (1867) und Bismarcksche Reichsverfassung (1871)[42]

37   Die Verfassungen des Norddeutschen Bundes von 1867 und des Deutschen Reiches von 1871 kennen keinen Grundrechtskatalog. Es widersprach *Bismarcks* Konzeption, die Föderativverfassung durch Grundrechte anzureichern. Entsprechende Anträge der Fortschrittspartei im Reichstag des Norddeutschen Bundes wurden abgelehnt.[43]

38   Die föderale Struktur des Reiches, mit der die Ablehnung in erster Linie begründet wurde, ist kein zwingender Grund, die Aufnahme von Grundrechten in eine Verfassung abzulehnen. Die Paulskirchenverfassung enthielt einen ausgedehnten Grundrechtskatalog und sah ebenfalls einen föderalen Staatsaufbau vor. Der tiefere Grund für das Fehlen eines Grundrechtskatalogs in der Reichsverfassung von 1871 liegt in der Bismarckschen Reichsgründung selbst. Ein 1849 gegründetes Reich wäre eine Errungenschaft der bürgerlichen Revolution gewesen, die für bürgerliche Freiheiten gekämpft hatte. Die Verfassung des Norddeutschen Bundes war ebenso wie die Reichsverfassung von 1871 das Ergebnis von Kriegen und der unter Fürsten geschlossenen Verträge. In den Verhandlungen des Reichstags des Norddeutschen Bundes im März 1867 lässt sich erkennen, dass der Gedanke an eine Einigung Deutschlands alle Parteien zusammenführte, in der Frage der Grundrechte sich aber tiefe Spaltungen ergeben hätten. Bei der Bismarckschen Reichsgründung ging – auf eine kurze Formel gebracht – Einheit vor Freiheit[44], und dies ist der Grund dafür, dass man auf die Verbürgung von Freiheitsrechten in der Reichsverfassung verzichtete.[45]

---

40 Nachweise bei: *E. R. Huber*, Deutsche Verfassungsgeschichte Bd. 3, S. 102 f.; *K. Stern*, Staatsrecht III/1, S. 116; *G. Anschütz*, Die Verfassungsurkunde für den preußischen Staat vom 31. Januar 1850, Bd. 1 (1912), S. 108 ff.

41 Vgl. *E. R. Huber*, Deutsche Verfassungsgeschichte Bd. 5 (1978), S. 597.

42 Die Verfassung des Norddeutschen Bundes ist abgedruckt bei: *E. R. Huber*, Dokumente zur deutschen Verfassungsgeschichte Bd. 2 (3. Aufl. 1986), S. 272 ff.; die Reichsverfassung von 1871 ist abgedruckt ebda., S. 384 ff.

43 Vgl. *E. R. Huber*, Deutsche Verfassungsgeschichte Bd. 3, S. 665 f.; *M. Stolleis*, Geschichte des öffentlichen Rechts in Deutschland, Bd. 2 (1992), S. 371 f.

44 Bezeichnend die Stellungnahme des Abgeordneten *Grumbrecht* in der 15. Sitzung des Reichstags des Norddeutschen Bundes am 19. März 1867:
»Es kommt darauf an, ob diejenigen Rechte, welche festgestellt werden sollen, wirklich in Fleisch und Blut des Volkes übergegangen sind. Sind sie das (...), so ist wenig wesentlich, ob sie noch mit Worten in der Bundesverfassung stehen; sind sie aber nicht in Fleisch und Blut des Volkes übergegangen, so sind sie auch in der Verfassung fast ohne alle Bedeutung; wenn auch nicht ganz, weil sie wenigstens einen Anspruch geben und veranlassen, daß das Volk immer mehr sich damit befreundet ... (...). ... Verhehlen wir uns doch nicht, daß die Stimmung in diesem Augenblicke nicht zu unsern Gunsten ist. Die Strömung zur Einheit, das Drängen zu der Gründung des Staats, welcher den Bedürfnissen der Gegenwart Genüge leistet, der den nationalen Anforderungen entspricht, ist so groß, daß man zuweilen – ich sage *leider*! – die Freiheit zu vergessen scheint. Bei einer solchen Strömung zur Einheit jetzt die Grundrechte der Freiheit zu beraten, halte ich für außerordentlich unzweckmäßig ...« (Sten.Ber. über die Verh. des Reichstags des Norddeutschen Bundes Bd. 1 (1867), S. 247).

45 Ähnlich: *R. Wahl*, Rechtliche Wirkungen und Funktionen der Grundrechte im deutschen Konstitutionalismus des 19. Jahrhunderts, Der Staat 18 (1979), S. 341; *E. R. Huber*, Deutsche Verfassungsgeschichte Bd. 3, S. 665, sieht demgegenüber die Ablehnung aus föderativen Erwägungen als gerechtfertigt an.

5. Die Weimarer Reichsverfassung (1919)[46]

Der in der deutschen Verfassungsgeschichte ausgedehnteste Grundrechtskatalog findet   **39**
sich in der Weimarer Reichsverfassung vom 11. August 1919. Im zweiten Hauptteil der
Verfassung »Grundrechte und Grundpflichten der Deutschen« sind in fünf Abschnitten
und rund 60 Artikeln eine Fülle von Grundrechten, institutionellen und Institutsgarantien
sowie Bestimmungen über die Gestaltung des Gemeinschaftslebens, Bildung, Schule und
Wirtschaftsleben enthalten. Vorangestellt ist der Gleichheitssatz (Art. 109), der auf den revolutionären Ursprung der Verfassung hindeutet. Daneben finden sich alle klassischen
Freiheitsrechte, so die Freiheit der Person (Art. 114), die Meinungsfreiheit (Art. 118), die
Versammlungs- und Vereinigungsfreiheit (Art. 123, 124) und die Glaubens- und Gewissensfreiheit (Art. 135). Die Freiheit von Kunst, Wissenschaft und Lehre (Art. 142) wird
ebenso gewährleistet wie das Eigentum (Art. 153).[47]

Erst mit der Weimarer Verfassung hat das gesamte Deutschland einen Grundrechtskatalog   **40**
erhalten, der in seiner Entstehung und seinem Geist der französischen Menschen- und
Bürgerrechtserklärung vergleichbar war, denn die Paulskirchenverfassung war Episode
geblieben. Diese allerdings war bis in einzelne Formulierungen hinein unverkennbares
Vorbild für den zweiten Hauptteil der Reichsverfassung.[48] Da die Weimarer Verfassung
in vielen Grundrechten wiederum Vorbild für die Grundrechte des Grundgesetzes vom
23. Mai 1949[49] war, ergibt sich auf diese Weise eine hundertjährige Kontinuität der Menschenrechtsverbürgungen auch in der *deutschen* Verfassungsgeschichte.

V. Internationaler und supranationaler Schutz der Menschenrechte

1. Internationaler Schutz der Menschenrechte durch Vereinte Nationen und Europarat

Nach den verheerenden Menschenrechtsverletzungen im Zweiten Weltkrieg und seinem   **40a**
Gefolge entstand eine breite Bewegung, die darauf abzielte, das Völkerrecht nicht auf das
Verhältnis zwischen Staaten zu beschränken, sondern für den Schutz der einzelnen Menschen fruchtbar zu machen.[50] Der »Universal Declaration of Human Rights« vom 10.
Dezember 1948 (»Allgemeine Erklärung der Menschenrechte«)[51] kam noch keine rechtliche Verbindlichkeit zu. Einzelne Teile der Erklärung sind jedoch zu Völkergewohn-
heitsrecht geworden. Erst im Jahr 1966 wurde der »Internationale Pakt über bürgerliche
und politische Rechte« (»International Covenant on Civil and Political Rights«) geschlossen, der allerdings erst zehn Jahre später in Kraft trat.[52] Auch der »Internationale
Pakt über wirtschaftliche, soziale und kulturelle Rechte« (»International Covenant on
Economic, Social and Cultural Rights«) trat erst 1976 in Kraft. Die hohe Zahl der Staaten,
die den Pakten beigetreten sind[53], darf nicht darüber hinwegtäuschen, dass ihre Wirkung
äußerst begrenzt geblieben ist. Dies liegt nicht zuletzt daran, dass Menschenrechtsverletzungen durch einen Mitgliedstaat zwar Vertragsverletzungen darstellen, die Pakte aber

---

46 Der vollständige Text ist abgedruckt in: *E. R. Huber*, Dokumente zur deutschen Verfassungsgeschichte Bd. 3 (1966), S. 129 ff.
47 Vgl. im einzelnen *E. R. Huber*, Deutsche Verfassungsgeschichte Bd. 6 (rev. Nachdr. der 1. Aufl.
1993), S. 94 ff. m. w. N.
48 Vgl. *K. Stern*, Staatsrecht III / 1, S. 127.
49 BGBl. I 1949, S. 1 ff.
50 Vgl. *I. v. Münch*, Staatsrecht II, Rdnr. 791 f.
51 Deutsche Übersetzung in *Sartorius* II, Nr. 19.
52 BGBl. 1973 II, S. 1534; deutsche Übersetzung in *Sartorius* II, Nr. 20.
53 BGBl. 1973 II, S. 1569; deutsche Übersetzung in *Sartorius* II, Nr. 21.

kein Verfahren vorsehen, in denen Einzelne ihnen zugefügte Rechtsverletzungen rügen könnten.[54]

40b Größere Bedeutung kam – und kommt – der **Europäischen Menschenrechtskonvention** (EMRK) zu, die 1950 unterzeichnet worden und seit dem 3. September 1953 in Kraft ist.[55] Der ursprünglich komplizierte Rechtsschutz nach der EMRK[56] wird seit 1998 ausschließlich durch den **Europäischen Gerichtshof für Menschenrechte** (EGMR) mit Sitz in Straßburg gewährleistet. Der Verfassungsbeschwerde nach dem Grundgesetz vergleichbar ist in Art. 34 EMRK die **Individualbeschwerde** vorgesehen, mit der natürliche Personen, nicht staatliche Organisationen oder Personengruppen geltend machen können, durch eine Vertragspartei in ihren durch die Konvention oder die Protokolle anerkannten Rechten verletzt zu sein. Die Anrufung des Europäischen Gerichtshofs für Menschenrechte ist allerdings erst nach Erschöpfung aller innerstaatlichen Rechtsbehelfe zulässig (Art. 35 Abs. 1 EMRK), wozu in Deutschland auch die Verfassungsbeschwerde gehört.[57] In einzelnen Fällen sind Individualbeschwerden, die gegen Entscheidungen des Bundesverfassungsgerichts eingelegt worden sind, erfolgreich gewesen.[58]

40c Im Gegensatz zu nationalen Verwaltungs- und Verfassungsgerichten kann der **EGMR** Hoheitsakte nicht aufheben, sondern nur eine Verletzung der Konvention feststellen.[59] Auch gilt die Europäische Menschenrechtskonvention in Deutschland nur im Rang eines einfachen Gesetzes.[60] Als Konventionsstaat ist Deutschland jedoch verpflichtet, die Entscheidungen des EGMR zu befolgen. Soweit seitens der innerdeutschen Gerichtsbarkeit eine ausreichende Auseinandersetzung mit den Entscheidungen des EGMR nicht erfolgt, führt dies gleichermaßen zu einer Verletzung der (deutschen) Grundrechte in Verbindung mit dem Rechtsstaatsprinzip.[61] Konventionsverletzungen ziehen überdies eine **Schadensersatzpflicht** nach sich. Das hohe Ansehen, das der Europäische Gerichtshof für Menschenrechte sich erworben hat, und die Öffentlichkeitswirkung seiner Entscheidungen tun ein Übriges, die EMRK als Garant für die Menschenrechte in den 46 Konventionsstaaten mit ihren insgesamt 800 Mio. Einwohnern anzusehen. Nicht zu vernachlässigen ist überdies, dass die Rechtsprechung des EGMR zu Menschenrechtsstandards auch in solchen Konventionsstaaten führt, deren Verfassungen derartige Rechte nicht enthalten oder ihre Durchsetzung im Wege des Individualrechtsschutzes nicht vorsehen.

2. Grundrechtsschutz in der Europäischen Union

40d Anders als die Europäische Menschenrechtskonvention, die als internationaler (*inter* [lat.]= *zwischen*) Vertrag zwischen den Vertragsstaaten gilt, haben die **Gründungsverträge** der **Europäischen Gemeinschaften** eine *über* den Staaten stehende – supranationale (*supra* [lat.]= *oberhalb*) – Organisation mit eigener, dem nationalen Recht vorgehender Rechtsordnung geschaffen.[62] Die »Grundfreiheiten« des EG-Vertrags – Freizügigkeit, Niederlas-

---

54 Eine Individualbeschwerde ist lediglich nach dem Fakultativprotokoll zum IPBPR vom 19. 12. 1966 (BGBl. 1992 II, S. 1246) vorgesehen, dem jedoch nur eine begrenzte Zahl der Vertragsstaaten beigetreten sind; vgl. *K. Ipsen*, Völkerrecht, S. 689 f.
55 BGBl. 1952 II, S. 686; abgedr. in *Sartorius* II, Nr. 130.
56 Vgl. *I. v. Münch*, Staatsrecht II, Rdnr. 818 m. w. N.
57 Vgl. *D. Ehlers*, Jura 2000, S. 381.
58 Vgl. EGMR, NJW 1996, S. 375 – Vogt/Deutschland; EGMR, NJW 1999, S. 775 – K.-F./Deutschland; EGMR, NJW 2001, S. 2315 – Elsholz/Deutschland; EGMR, NJW 2002, S. 2856 – Metzger/Deutschland; EGMR, NJW 2003, S. 497 – Stambuk/Deutschland; EGMR, NJW 2003, S. 1439 – Erdem/Deutschland; EGMR, NJW 2003, S. 2893 – P. S./Deutschland.
59 Vgl. *D. Ehlers*, Jura 2000, S. 382 m. w. N.
60 So BVerfGE 74, 358 (370); 82, 106 (114); 111, 307 (315 f.).
61 So nunmehr BVerfGE 111, 307.
62 Vgl. *J. Ipsen*, Staatsrecht I, Rdnr. 43 ff.

sungsfreiheit, freier Verkehr von Waren, Dienstleistungen und Kapital (Art. 39 ff. EGV) – stellen jedoch keinen *Grundrecht*skatalog dar, sondern sind individualrechtliche Voraussetzungen für den Gemeinsamen Markt.[63] Der Europäische Gerichtshof (EuGH) hat die gemeinschaftsrechtlichen Defizite im Wege der Rechtsfortbildung zu schließen versucht und eine Art »prätorischen Grundrechtsschutz« geschaffen, der sich aus den Verfassungen der Mitgliedstaaten und der EMRK speist.[64] Die unübersehbaren Fortschritte auf dem Gebiet der Rechtsfortbildung haben das Bundesverfassungsgericht dazu bewogen, die ursprünglich beanspruchte Kontrolle von Rechtsakten der Gemeinschaft am Maßstab der Grundrechte des Grundgesetzes zurücktreten zu lassen.[65]

Einen den Verfassungen der Mitgliedstaaten vergleichbaren Grundrechtskatalog enthält demgegenüber die »**Europäische Grundrechtecharta**«, die durch einen Konvent unter Vorsitz des deutschen Staatsrechtslehrers (und früheren Bundespräsidenten) *Roman Herzog* ausgearbeitet und am 7. Dezember 2000 in Nizza feierlich proklamiert worden ist[66], der jedoch (noch) keine rechtliche Verbindlichkeit zukommt.[67] Sie enthält neben den Freiheits- und Gleichheitsrechten auch soziale Grundrechte und geht damit teilweise über die Grundrechtskataloge der Mitgliedstaaten hinaus. Einen dem verfassungsrechtlichen Grundrechtsschutz vergleichbaren *supra*nationalen Individualrechtsschutz wird es deshalb erst geben, wenn die Grundrechtecharta in Kraft getreten ist. 40e

Schon vor ihrem Inkrafttreten allerdings dürfte die Grundrechtecharta eine Art **informeller Wirkung** entfalten, weil nach Art. 6 Abs. 1 EUV die Union auf den Grundsätzen der Freiheit, der Demokratie, der Achtung der Menschenrechte und Grundfreiheiten sowie der »Rechtsstaatlichkeit« beruht. Eine Verknüpfung mit der EMRK erfolgt durch Art. 6 Abs. 2 EUV, demzufolge die Union die Grundrechte, die in der EMRK gewährleistet sind und »wie sie sich aus den gemeinsamen Verfassungsüberlieferungen der Mitgliedstaaten als allgemeine Grundsätze des Gemeinschaftsrechts ergeben«, achtet.[68] 40f

VI. Rechtsprechung

BVerfGE 111, 307 (Berücksichtigung der Entscheidungen des EGMR durch deutsche Gerichte). 40g

VII. Literatur

G. Birtsch (Hrsg.), Grund- und Freiheitsrechte im Wandel von Gesellschaft und Geschichte (1981); **W. Brugger**, Einführung in das öffentliche Recht der USA (2. Aufl. 2001); **D. Ehlers**, Die Europäische Menschenrechtskonvention, Jura 2000, S. 372; **W. Frotscher/B. Pieroth**, Verfassungsgeschichte (5. Aufl. 2005); **D. Grimm**, Deutsche Verfassungsgeschichte 1776–1866 (1990); **C. Gusy**, Die Weimarer Reichsverfassung (1997); **M. Haedrich**, Von der Allgemeinen Erklärung der Menschenrechte zur internationalen Menschenrechtsordnung, JA 1999, S. 251; **J. Hilker**, Grundrechte im deutschen Frühkonstitutionalismus (2005); **H. Hofmann**, Zur Herkunft der Menschenrechtserklärungen, JuS 1988, S. 841; 41

---

63 Vgl. *I. v. Münch*, Staatsrecht II, Rdnr. 832 m. w. N.
64 Vgl. *I. v. Münch*, Staatsrecht II, Rdnr. 833
65 So BVerfGE 102, 147 (161 ff.); dazu *R. Streinz*, Europarecht, 7. Aufl. 2005, Rdnr. 247 f.
66 Der deutsche Text ist abgedruckt in *Sartorius* II, Nr. 146; zu Inhalt und Entstehungsgeschichte vgl. *A. Weber* (Hrsg.), Charta der Grundrechte der Europäischen Union, 2002, S. 1 ff. (mit dem Text in deutscher, englischer und französischer Fassung).
67 Vgl. *I. v. Münch*, Staatsrecht II, Rdnr. 830 (»rechtlich unverbindliche Erklärung«); *R. Streinz*, Europarecht, Rdnr. 358a; *P. J. Tettinger*, NJW 2001, S. 1010; s. aber EuGH, NVwZ 2006, S. 1033 (1034).
68 Vgl. *A. Weber*, Charta der Grundrechte der Europäischen Union, S. 17.

ders., Die Grundrechte 1789–1949–1989, NJW 1989, S. 3177; **F. Hufen**, Entstehung und Entwicklung der Grundrechte, NJW 1999, S. 1504; **K. Kröger**, Grundrechtsentwicklung in Deutschland – von den Anfängen bis zur Gegenwart (1998); **J.-D. Kühne**, Die Reichsverfassung der Paulskirche (2. Aufl. 1998); **H. Maier**, Überlegungen zu einer Geschichte der Menschenrechte, in: Festschrift für P. Lerche (1993), S. 43; **G. Oestreich**, Die Entwicklung der Menschenrechte und Grundfreiheiten, in: Bettermann/Neumann/Nipperdey (Hrsg.), Die Grundrechte, Bd. 1 (1966), S. 4; **W. Orgis**, Der Norddeutsche Bund. Zum hundertsten Jahrestag der Augustverträge von 1866, JuS 1966, S. 306; **B. Pieroth**, Geschichte der Grundrechte, Jura 1984, S. 568; **ders.**, Amerikanischer Verfassungsexport nach Deutschland, NJW 1989, S. 1333; **H.-W. Rengeling/P. Szczekalla**, Grundrechte in der Europäischen Union (2004); **E. H. Riedel**, Die Habeas-Corpus-Akte, EuGRZ 1980, S. 192; **U. Scheuner**, Die rechtliche Tragweite der Grundrechte in der Deutschen Verfassungsentwicklung des 19. Jahrhunderts, in: Festschrift für E. R. Huber (1983), S. 139; **R. Scholz**, 200 Jahre Verfassung der Vereinigten Staaten von Amerika, ZRP 1988, S. 95; **E. Staebe**, Die Europäische Menschenrechtskonvention und ihre Bedeutung für die Rechtsordnung der Bundesrepublik Deutschland, JA 1996, S. 75; **C. Starck**, Das Caroline-Urteil des Europäischen Gerichtshofs für Menschenrechte und seine rechtlichen Konsequenzen, JZ 2006, S. 76; **G. Stourzh**, Die Konstitutionalisierung der Individualrechte, JZ 1976, S. 397; **P. J. Tettinger**, Die Charta der Grundrechte der Europäischen Union, NJW 2001, S. 1010; **A. Voigt**, Geschichte der Grundrechte (1948); **ders.**, 750 Jahre Magna Charta Libertatum, JuS 1965, S. 218; **A. Weber** (Hrsg.), Charta der Grundrechte der Europäischen Union (2002); **D. Willoweit/U. Seif**, Europäische Verfassungsgeschichte (2003).

§ 2 Die Wirkungsweise der Grundrechte

I. Objektives und subjektives Recht

Die Grundrechte stellen sich in der verfassungsgeschichtlichen Überlieferung als recht- **42** liche Vorkehrungen zum Schutz individueller Freiheit gegenüber staatlichen Eingriffen dar, die überwiegend durch Revolutionen erkämpft worden sind und den einmal erreichten Rechtszustand auf Dauer sichern sollten. Als Bestandteil der Verfassung, die in der Normenhierarchie den höchsten Rang einnimmt[1], gehören die Grundrechte zum **objektiven Recht**. Aufgrund seiner Bindung an Gesetz und Recht (Art. 20 Abs. 3 GG), die im Hinblick auf die Grundrechte besonders hervorgehoben wird (Art. 1 Abs. 3 GG), ist der Staat gehindert, Grundrechte zu verletzen. Auf Antrag der hierzu berechtigten Organe (Art. 93 Abs. 1 Nr. 2 GG) oder auf Vorlage eines Gerichts (Art. 100 Abs. 1 GG) prüft das Bundesverfassungsgericht im Verfahren der Normenkontrolle, ob der Gesetzgeber die ihm durch die Grundrechte gezogenen Grenzen eingehalten hat.[2]

Würden sich die Grundrechte in dieser objektiv-rechtlichen Wirkung erschöpfen, könnten **43** sich Einzelne – mangels *subjektiver* Berechtigung – nicht auf sie berufen und individuelle Rechtsverletzungen mithin nicht geltend gemacht werden. Es gehört nicht viel Phantasie zu der Vorstellung, dass die Grundrechte unter diesen Voraussetzungen zwar regelmäßig als höchste Werte beschworen würden, ihre tatsächliche Wirksamkeit als Schutz der Freiheit aber begrenzt bliebe. Die Kluft zwischen Anspruch und Wirklichkeit lässt sich nur dadurch verringern, dass den Grundrechten die Qualität **subjektiver Rechte** zugemessen wird, auf die sich der Einzelne berufen und zu deren Verteidigung er die Gerichte anrufen kann.[3] Ist der Rechtsweg gegen Rechtsverletzungen eröffnet, können die Staatsorgane **individuelle Freiheit** und **Freiheitsbegrenzungen** nicht mehr letztverbindlich – mit Wirkung für den Einzelnen – definieren, sondern sehen sich potentiell als Parteien eines Rechtsstreits wieder, in dem das Gericht als unbeteiligter Dritter entscheidet.[4]

Die Diskussion um die **subjektiv-öffentlichen Rechte** im allgemeinen und um die Rechts- **44** natur der Grundrechte als subjektiv-öffentlicher Rechte im besonderen ist in der deutschen Staatsrechtslehre seit den Tagen des Konstitutionalismus kontrovers geführt worden.[5] Die Unterschiede der hierbei vertretenen Positionen erklären sich zwanglos daraus, dass subjektiv-öffentliche Rechte die Staatsgewalt stets beschränken, ihre Ablehnung demgegenüber dem Staat größere Handlungsmöglichkeiten – auch in der Einschränkung grundrechtlicher Freiheiten – einräumt.[6] Für die im Grundgesetz enthaltenen Grundrechte ist die subjektiv-rechtliche Qualität nicht mehr Gegenstand rechtswissenschaftlicher Kontroversen, weil sie durch die Verfassung selbst vorgegeben ist.[7]

---

1 Vgl. *J. Ipsen*, Staatsrecht I, Rdnr. 779 f.
2 Vgl. *J. Ipsen*, Staatsrecht I, Rdnr. 904 ff., 929 ff.
3 Die gerichtliche Durchsetzbarkeit (»Klagbarkeit«) gehört zu den Kennzeichen des subjektiven Rechts: vgl. *K. F. Röhl*, Allgemeine Rechtslehre (2. Aufl. 2001), S. 356 ff.
4 Der Rechtsschutz durch Gerichte ist grundrechtlich gesichert (Art. 19 Abs. 4 GG); vgl. unten Rdnr. 825 ff. und *J. Ipsen*, Staatsrecht I, Rdnr. 809 ff. Die Verfassungsbeschwerde (Art. 93 Abs. 1 Nr. 4 a GG) gehört demgegenüber als außerordentlicher Rechtsbehelf nicht zu den Voraussetzungen der Grundrechte als subjektiver Rechte.
5 Grundlegend: *G. Jellinek*, System der subjektiven öffentlichen Rechte (2. Aufl. 1905). Zur historischen Entwicklung umfassend: *H. Bauer*, Geschichtliche Grundlagen der Lehre vom subjektiven Recht (1986). Vgl. weiter *R. Alexy*, Theorie der Grundrechte, S. 159 ff.; *M. Sachs*, in: K. Stern, Staatsrecht III / 1, S. 508 ff.
6 Nachweise bei *M. Sachs*, in: K. Stern, Staatsrecht III / 1, S. 513 ff.
7 Statt aller: *M. Sachs*, in: K. Stern, Staatsrecht III / 1, S. 530 ff. m. zahlr. Nachw.

II. Die Struktur des subjektiven Rechts

45 Zu den Begriffsmerkmalen des subjektiven Rechts gehört die dem Einzelnen eingeräumte (klagbare) Rechtsmacht, von einem anderen ein Tun oder Unterlassen zu verlangen.[8] Ob diese am zivilrechtlichen Anspruch (§ 194 Abs. 1 BGB) orientierte Begriffsdefinition das subjektive Recht erschöpfend kennzeichnet, ist umstritten[9], kann an dieser Stelle jedoch offen bleiben, weil die (Abwehr- oder Leistungs-)Ansprüche jedenfalls das Zentrum der Grundrechte bilden.[10]

46 Eine rechtstheoretische Analyse ergibt, dass subjektive Rechte eine **dreigliedrige Struktur** aus dem Träger des Rechts, dem Adressaten des Rechts und dem Gegenstand oder »Objekt« des Rechts aufweisen.[11] Trotz ihrer unterschiedlichen – zumeist historisch bedingten – sprachlichen Gestalt lässt sich diese Struktur bei sämtlichen Grundrechten herausarbeiten. Jedes Grundrecht gibt – entweder ausdrücklich oder implizit – den **Berechtigten** an, also denjenigen, dem das Grundrecht zusteht. In Art. 1 Abs. 3 GG werden – gewissermaßen vor die Klammer gezogen – die **Grundrechtsverpflichteten** genannt, also diejenigen Staatsorgane, denen gegenüber sich die Berechtigten auf Grundrechte berufen können. Der **Gegenstand** der Grundrechte wird in den einzelnen Artikeln umschrieben. Die Parallele zum zivilrechtlichen Anspruch, der aus Anspruchsinhaber (»wer«), Anspruchsgegner (»von wem«) und Anspruchsinhalt (»was«) besteht, liegt auf der Hand.

47 Die **dreigliedrige Struktur** der Grundrechte ist identisch mit ihrer Qualität als subjektiv-öffentlicher Rechte und folgt somit ebenfalls aus der Verfassung. Dies leuchtet ein, wenn man die Hypothese aufstellt, Grundrechte seien *nur* objektives Recht: in diesem Fall fehlte es an den individuell Berechtigten, so dass die Grundrechte nur noch eine *zweigliedrige* Struktur aufweisen würden: »jemand« – nämlich die Staatsorgane – wäre an »etwas« – nämlich den Grundrechtsinhalt – *gebunden*. Demgegenüber kann bei dreigliedriger Struktur jemand (der Berechtigte) von einem anderen (dem Verpflichteten) etwas verlangen.[12]

48 Die Bezeichnungen für die Bestandteile des Grundrechts sind verfassungsrechtlich *nicht* vorgegeben. Für alle drei Elemente finden sich in Literatur und Rechtsprechung unterschiedliche, meist synonyme Begriffe.[13] Aus diesem Grund bedarf es einer terminologischen Festlegung:

49 – Soweit derjenige oder diejenigen gemeint sind, denen ein Grundrecht zusteht (»wer«), ist im Folgenden von **Grundrechtsträgern** die Rede;
– derjenige oder diejenigen, von denen der Grundrechtsträger etwas verlangen kann (»von wem«), werden als **Grundrechtsadressaten** bezeichnet;
– für das, was der Grundrechtsträger vom Grundrechtsadressaten verlangen kann (»was«), wird im Folgenden der Begriff **Grundrechtsinhalt** verwandt.

---

8 Vgl. *K. F. Röhl*, Allgemeine Rechtslehre, S. 328.
9 Vgl. *J. Schwabe*, Probleme der Grundrechtsdogmatik, S. 41 ff. einerseits, *M. Sachs*, in: K. Stern, Staatsrecht III/1, S. 555 f. andererseits, jeweils m. w. N.
10 Vgl. die Nachweise bei *M. Sachs*, in: K. Stern, Staatsrecht III/1, S. 555.
11 Vgl. *R. Alexy*, Theorie der Grundrechte, S. 171 f.
12 Vgl. die Übersicht bei *R. Alexy*, Theorie der Grundrechte, S. 181.
13 Vielfach ist von Grundrechtsberechtigten und Grundrechtsverpflichteten die Rede (vgl. *H. Dreier*, in: Dreier (Hrsg.), GG Bd. I, Vorb. Rdnr. 109 ff.), der sachliche Gehalt des Grundrechts wird auch als Gewährleistungsgehalt oder Schutzgegenstand bezeichnet (vgl. *M. Sachs*, in: Sachs (Hrsg.), GG, Vor Art. 1 Rdnr. 77).

III. Grundrechte als subjektiv-öffentliche Rechte

1. Grundrechtsträger

a) Menschenrechte

Als subjektive Rechte berechtigen die Grundrechte **Menschen** (»natürliche Personen«). 50
Die Menschen als Grundrechtsträger werden in den einzelnen Grundrechten ausdrücklich
benannt oder sind aus ihrer Formulierung zu schließen. Sind Träger eines Grundrechts **alle**
Menschen, so findet sich entweder die Wendung »jeder« (Art. 2 Abs. 1 und 2, 5 Abs. 1 GG),
»jedermann« (Art. 9 Abs. 3, 17 GG) oder »alle Menschen« (Art. 3 Abs. 1 GG). Auch die negative Formulierung »niemand« (Art. 3 Abs. 3, 4 Abs. 3, 12 Abs. 2 GG) ordnet das entsprechende Grundrecht allen Menschen zu. Sofern in einem Grundrecht der Grundrechtsträger nicht ausdrücklich erwähnt ist (Art. 1 Abs. 1, 4 Abs. 1 und 2, 5 Abs. 3, 6 Abs. 1, 10
Abs. 1, 13 Abs. 1, 14 Abs. 1 GG), sind ebenfalls **alle** Menschen Träger des entsprechenden
Grundrechts. Überwiegend werden die Grundrechte, deren Träger alle Menschen sind, als
Menschenrechte bezeichnet.[14]

b) Bürgerrechte

Eine Reihe von Grundrechten berechtigt nur **Deutsche** als Grundrechtsträger (Art. 8 51
Abs. 1, 9 Abs. 1, 11 Abs. 1, 12 Abs. 1, 16 GG). Die **Bürgerrechte** oder – sprachlich etwas verunglückt – »Deutschengrundrechte«[15] verknüpfen die Rechtsträgerschaft mit der **deut-**
schen Staatsangehörigkeit bzw. dem Status eines Deutschen (Art. 116 Abs. 1 GG). Der Begriff *Bürger*rechte bezeichnet also die Beschränkung der Grundrechtsträgerschaft auf deutsche Staats*bürger*, hat nichts mit der sprachlich vergleichbaren Differenzierung der französischen Menschen- und Bürgerrechtserklärung zu tun, in der bürgerschaftliche
Mitwirkungsrechte (»*droits du citoyen*«) gemeint sind.[16]

c) Personenmehrheiten

Außer den natürlichen Personen sind Grundrechtsträger auch **inländische juristische** 52
Personen des Privatrechts, sofern die Grundrechte ihrem Wesen nach auf diese anwendbar sind (Art. 19 Abs. 3 GG). Überwiegend wird angenommen, dass der verfassungsrechtliche Begriff der »juristischen Person« **weit** auszulegen ist und teilrechtsfähige Personenmehrheiten umschließt.[17] Zu den juristischen Personen des Privatrechts zählen deshalb
nicht nur die Aktiengesellschaft, die Gesellschaft mit beschränkter Haftung, der eingetragene Verein, die Stiftung und Genossenschaft, sondern auch die nicht vollrechtsfähigen
Handelsgesellschaften, Gesellschaften des bürgerlichen Rechts und die nichtrechtsfähigen
Vereine.[18] Auch **politische Parteien** sind – unabhängig von ihrem Rechtsstatus – grundrechtsfähig.[19] Da juristische Personen des Privatrechts keine Staatsangehörigkeit besitzen,
bestimmt sich das Qualifikationsmerkmal »inländisch« nach ihrem Sitz; nur solche juristischen Personen des Privatrechts sind deshalb Grundrechtsträger, die ihren **Sitz in**
Deutschland haben.[20]

---

14 Vgl. nur *H. Dreier*, in: Dreier (Hrsg.), GG Bd. I, Vorb. Rdnr. 72.
15 Vgl. *C. Starck*, in: v. Mangoldt/Klein/Starck, GG Bd. 1, Art. 1 Rdnr. 205.
16 Vgl. *H. Dreier*, in: Dreier (Hrsg.), GG Bd. I, Vorb. Rdnr. 73.
17 Vgl. *H. Krüger/M. Sachs*, in: Sachs (Hrsg.), GG, Art. 19 Rdnr. 63 m. w. N.
18 Vgl. *H. Dreier*, in: Dreier (Hrsg.), GG Bd. I, Art. 19 III Rdnr. 46 ff. m. w. N.
19 Vgl. *J. Ipsen*, in: Sachs (Hrsg.), GG, Art. 21 Rdnr. 27 f.
20 Vgl. *H. Dreier*, in: Dreier (Hrsg.), GG Bd. I, Art. 19 III Rdnr. 78.

d) Grundrechtsträgerschaft von juristischen Personen des öffentlichen Rechts?

53 Juristische Personen des **öffentlichen Rechts** sind **nicht** grundrechtsberechtigt.[21] Ihre Grundrechtsträgerschaft ist freilich nicht schon aufgrund der Erwägung auszuschließen, dass andernfalls Grundrechtsberechtigung und Grundrechtsverpflichtung zusammenträfen (sog. »Konfusionsargument«[22]). Die Grundrechtsberechtigung juristischer Personen des öffentlichen Rechts ist vielmehr zu verneinen, weil Bund, Länder, kommunale Gebietskörperschaften und die Organe der mittelbaren Staatsverwaltung aufgrund gesetzlicher **Zuständigkeiten** handeln, die ihrem Wesen nach begrenzt sind. Wenn diese durch andere Staatsorgane verletzt werden, so geht es in der Sache um einen **Kompetenzkonflikt**, nicht um die Verletzung subjektiver Rechte.[23] Auch das »Recht« der kommunalen Selbstverwaltung, das verfassungsrechtlich garantiert ist (Art. 28 Abs. 2 GG) und dessen Verletzung mit der Verfassungsbeschwerde geltend gemacht werden kann (Art. 93 Abs. 1 Nr. 4 b GG), hat keine Grundrechtsqualität.[24]

54 Nach der Rechtsprechung des Bundesverfassungsgerichts sind juristische Personen des öffentlichen Rechts **ausnahmsweise** Grundrechtsträger, wenn sie sich in einer **grundrechtstypischen Gefährdungslage** befinden. Dies wird im Hinblick auf das Grundrecht der Wissenschaftsfreiheit (Art. 5 Abs. 3 GG) für **Universitäten und Fakultäten**[25], hinsichtlich der Rundfunkfreiheit (Art. 5 Abs. 1 Satz 2 GG) für **Rundfunkanstalten**[26] und für **Kirchen** und andere **Religionsgesellschaften** mit dem Status einer Körperschaft des öffentlichen Rechts[27] im Hinblick auf die Religionsfreiheit (Art. 4 Abs. 1 GG) bejaht.

55 Die Verneinung der Grundrechtsträgerschaft juristischer Personen des öffentlichen Rechts beeinträchtigt ihre Rechtsfähigkeit *im Übrigen* nicht. Der Staat und seine rechtsfähigen Untergliederungen können deshalb – wie juristische Personen des Privatrechts – Inhaber subjektiver Vermögensrechte sein und am Rechtsverkehr teilnehmen. Aus der **allgemeinen Rechtsfähigkeit** darf jedoch nicht auf die **Grundrechtsfähigkeit** geschlossen werden.

2. Grundrechtsadressaten

a) Der Staat als Grundrechtsadressat

56 Nach Art. 1 Abs. 3 GG binden »die nachfolgenden Grundrechte . . . Gesetzgebung, vollziehende Gewalt und Rechtsprechung als unmittelbar geltendes Recht«. Unter **Gesetzgebung** sind die gesetzgebenden Organe auf Bundes- und Landesebene – also der Bundestag und die Länderparlamente – zu verstehen[28], nicht jedoch die (materielle) Funktion der Rechtsetzung schlechthin, die auch von anderen Organen erfüllt wird. Die **vollziehende Gewalt** umfasst alle Organe des Staates und seiner Untergliederungen, die nicht zur »Gesetzgebung« und »Rechtsprechung« gehören, wobei die Grundrechtsbindung nicht dadurch ausgeschlossen wird, dass sich das Handeln in den Formen des Privatrechts voll-

---

21 So BVerfGE 21, 362 (370): Der Staat »kann nicht gleichzeitig Adressat und Berechtigter der Grundrechte sein«; vgl. BVerfGE 61, 82 (103 f.); 68, 193 (207); 75, 192 (196); 81, 310 (334) st. Rspr.
22 Vgl. hierzu: *H. Dreier*, in: Dreier (Hrsg.), GG Bd. I, Art. 19 III Rdnr. 58.
23 Vgl. BVerfGE 21, 362 (370 f.).
24 Vgl. *M. Nierhaus*, in: Sachs (Hrsg.), GG, Art. 28 Rdnr. 34 m. w. N.
25 So BVerfGE 15, 256 (262); 31, 313 (322); vgl. auch BVerfGE 51, 369 (381); 67, 202 (207).
26 Vgl. BVerfGE 31, 314 (321 f.); 61, 82 (102); 83, 238 (296) st. Rspr.
27 So BVerfGE 19, 1 (5); 30, 112 (119 f.); 70, 138 (160 f.).
28 Vgl. *H. Dreier*, in: Dreier (Hrsg.), GG Bd. I, Art. 1 III Rdnr. 54; *W. Höfling*, in: Sachs (Hrsg.), GG, Art. 1 Rdnr. 83; *C. Starck*, in: v. Mangoldt/Klein/Starck, GG Bd. 1, Art. 1 Rdnr. 224.

zieht.[29] Zur **Rechtsprechung** gehören die Gerichte des Bundes und der Länder sowie die Rechtsprechungsorgane der mittelbaren Staatsverwaltung.[30]

b) Das Problem der sog. »Drittwirkung«

Private Rechtssubjekte – natürliche wie juristische Personen – sind **nicht** (auch nicht ausnahmsweise) **Grundrechtsadressaten**. In den ersten Jahren nach Inkrafttreten des Grundgesetzes hat es Versuche gegeben, die Geltung der Grundrechte auf die Rechtsbeziehungen zwischen Arbeitnehmer und Arbeitgeber zu erweitern, weil hier eine dem Verhältnis von Bürger und Staat vergleichbare soziale Mächtigkeit zu bestehen schien.[31] Sie mussten jedoch scheitern, weil der Ausgleich zwischen Privatrechtssubjekten unterschiedlicher wirtschaftlicher Stärke zwar ein *Rechtsproblem*, nicht aber ein *Grundrechtsproblem* darstellt. Die in dieser Hinsicht bestehende Gemeinsamkeit zwischen Staat und privaten Rechtssubjekten rechtfertigt für sich genommen nicht den Schluss, es liege bereits eine grundrechtstypische Gefährdungslage des wirtschaftlich Unterlegenen vor.

57

Privatrechtsbeziehungen unterscheiden sich prinzipiell von dem Verhältnis Bürger – Staat dadurch, dass *alle* Privatrechtssubjekte auf der Grundlage der **Privatautonomie** handeln.[32] Ansprüche und Pflichten setzen regelmäßig entsprechende rechtsgeschäftliche Vereinbarungen voraus. Der **Staat** kann demgegenüber in die Rechtssphäre des Bürgers – eine entsprechende Ermächtigung vorausgesetzt – **einseitig** eingreifen, und hierin liegt der prinzipielle Unterschied zu Rechtsbeziehungen des Privatrechts. Der Private, der sich gegenüber seinem Vertragspartner auf seine **Grundrechte** beriefe, müsste sich entgegenhalten lassen, dass er die Verpflichtungen **freiwillig** – in Ausübung der Privatautonomie – eingegangen sei. Selbst wenn man das Moment der Freiwilligkeit im Hinblick auf die soziale Übermacht des Vertragspartners relativiert[33], ist der Unterschied zwischen der das Privatrecht beherrschenden Zweiseitigkeit – dem **Konsensprinzip** – und der allein dem Staat möglichen **einseitigen Verpflichtung** ein je zu unterscheidendes **Strukturmerkmal**. Für die Korrektur eingegangener Verpflichtungen sind Grundrechte, die auf die Abwehr einseitiger Beeinträchtigungen gerichtet sind, weder bestimmt noch strukturell geeignet. Der Private als potentieller Adressat eines Grundrechts nämlich könnte sich darauf berufen, dass auch *er* Grundrechtsträger sei und den entsprechenden Vertrag in Ausübung *seiner* Privatautonomie abgeschlossen habe, die ebenfalls grundrechtlich gewährleistet ist (Art. 2 Abs. 1 GG).[34] Die wechselseitige Berufung auf Grundrechte, die nur bei Privatrechtssubjekten denkbar ist, würde eine **Abwägung** zwischen den jeweils geltend gemachten Rechtspositionen erfordern. Im Ergebnis kämen vermutlich die gleichen Lösungen heraus, wie sie das Privatrecht seit jeher erarbeitet hat. Mit anderen Worten wäre durch die »**Drittwirkung**« das jeweilige Rechtsproblem nur auf die Ebene der Verfassung gehoben, ohne dass diese über geeignete Lösungsmodelle verfügte.[35]

58

---

29 Vgl. *H. Dreier*, in: Dreier (Hrsg.), GG Bd. I, Art. 1 III Rdnr. 59 ff.; *W. Höfling*, in: Sachs (Hrsg.), Art. 1 Rdnr. 94 ff.; *Jarass/Pieroth*, GG, Art. 1 Rdnr. 28; *C. Starck*, in: v. Mangoldt/Klein/Starck, GG Bd. 1, Art. 1 Rdnr. 227 f.; *K. Stern*, Staatsrecht III/1, S. 1412 f. m. zahlr. Nachw. Die anderslautende Rechtsprechung des BGH (BGHZ 36, 91 (95 ff.)) ist abzulehnen.

30 Vgl. *K. Stern*, Staatsrecht III/1, S. 1433 f.

31 Vgl. BAGE 1, 185 (193); vgl. nunmehr aber BAGE 52, 88 (97 f.).

32 So BVerfGE 89, 214 (232).

33 Vgl. BVerfGE 89, 214 (Bürgschaft).

34 Vgl. *P. Badura*, Staatsrecht, S. 109 ff.

35 Dies gilt auch für den »Bürgschaftsbeschluss« des BVerfG (E 89, 214), bei dem es im Kern um die Auslegung der §§ 138, 242 BGB ging, bei der die Auffassungen der Zivilgerichte und des BVerfG voneinander abwichen. Vgl. im einzelnen: *K. Adomeit*, Die gestörte Vertragsparität – ein Trugbild, NJW 1994, S. 2467; *J. Eschenbach/F. Niebaum*, Von der mittelbaren Drittwirkung unmittelbar zur staatlichen Bevormundung, NVwZ 1994, S. 1079; *H. Honsell*, Bürgschaft und Mithaftung einkommens- und vermögensloser Familienmitglieder, NJW 1994, S. 565; *F. Rittner*, Die gestörte Vertrags-

59   Es entspricht heute herrschender Meinung, dass Grundrechte **nicht** unter Privaten wir-ken.[36] Auf der anderen Seite ist seit langem anerkannt, dass die Grundrechte **in das Privat-recht** – wie in andere Rechtsgebiete – **hineinwirken**.[37] Dies folgt schon daraus, dass eine Fülle zivilrechtlicher Vorschriften wertorientierte (unbestimmte) Rechtsbegriffe enthält (gute Sitten, Treu und Glauben) und sich im Grundrechtskatalog Wertmaßstäbe finden, die zu ihrer Auslegung herangezogen werden können. Der Einfluss von Grundrechten auf die im Privatrecht vorzunehmenden Wertungen wird aber zu Unrecht als »**mittelbare Drittwirkung**« bezeichnet.[38] Abgesehen davon, dass dieser Begriff nur sinnvoll verwandt wird, wenn es auch eine »unmittelbare Drittwirkung« gibt – was nach der hier vertretenen Auffassung nicht der Fall ist[39] –, bleiben stets staatliche Organe – gegebenenfalls die Zivil-gerichte – Adressaten der Grundrechte. Eine eigene Kategorie der (unmittelbaren oder mittelbaren) **Drittwirkung** ist deshalb grundrechtsdogmatisch **nicht erforderlich**[40], ande-rerseits aber geeignet, erhebliche Verwirrung zu stiften.[41]

3.   Grundrechtsinhalt

a)   Technik grundrechtlicher Gewährleistung

60   Der **Grundrechtsinhalt**, also der Gegenstand (das Objekt) des subjektiven Rechts ist sehr viel weniger leicht zu bestimmen als Grundrechtsträger und -adressat. Dies liegt zum einen an der Vielgestaltigkeit der Grundrechte, die auf den ersten Blick nicht stets die hier herausgearbeitete dreigliedrige Struktur aufzuweisen scheinen. Ein übriges tut die sprachliche Fassung, in der gelegentlich von einem »**Recht auf**« (Art. 2 Abs. 1 und (Abs.) 2 Satz 1 GG) oder von einem »**Recht**« (Art. 5 Abs. 1 Satz 1, 7 Abs. 4, 8 Abs. 1, 9 Abs. 1, 12 Abs. 1 Satz 1, 17 GG) die Rede ist, andererseits aber auch der Begriff »**Freiheit**« (Art. 2 Abs. 2 Satz 2, 4 Abs. 1, 5 Abs. 1 Satz 2 GG) gebraucht wird. Die Vermutung liegt nahe, dass die Grundrechte trotz ihrer unterschiedlichen sprachlichen Gestalt übereinstimmend ein **rechtliches Dürfen**[42] bezeichnen und der Grundrechtsinhalt darin besteht, dass der Grundrechtsträger »etwas« darf.

61   Das Bewusstsein rechtlichen Dürfens ist für den einzelnen Bürger angesichts der relativ jungen Geschichte der Menschenrechte – namentlich in Deutschland – gewiss nicht die un-wichtigste Auswirkung der Grundrechte. Den Grundrechten kommt insoweit eine **Verge-wisserungsfunktion** zu, die geeignet ist, Untertanengeist und obrigkeitsstaatliche Atti-tüde zu überwinden. Hierzu gehört, dass der Bürger sich auf seine Grundrechte beruft – auf sie »pocht« –, und dies setzt ein Unterscheidungsvermögen zwischen rechtlichem Dür-fen und rechtlichen Verboten voraus. Gleichwohl lässt sich der Grundrechtsinhalt nicht

---

parität und das Bundesverfassungsgericht, NJW 1994, S. 3300; *W. Wiedemann*, Anmerkung zu BVerfG Beschluß v. 19. 10. 1993 – 1 BvR 567 u. 1044/89 –, JZ 1994, S. 411.

36 Vgl. *W. Höfling*, in: Sachs (Hrsg.), GG, Art. 1 Rdnr. 104; *Jarass/Pieroth*, GG, Art. 1 Rdnr. 35; *C. Starck*, in: v. Mangoldt/Klein/Starck, GG Bd. 1, Art. 1 Rdnr. 240; vgl. die umfassende Darstellung der Diskussion bei *K. Stern*, Staatsrecht III/1, S. 1511 ff.

37 Seit BVerfGE 7, 198 (»Lüth-Urteil«) st. Rspr.

38 Kritisch auch *K. Stern*, Staatsrecht III/1, S. 1514 (»eher plakative als sachlich überzeugende Ter-minologie«); vgl. zur Diskussion: *H.-U. Erichsen*, Jura 1996, S. 527 ff.

39 Vgl. unten Rdnr. 667 ff.

40 Vgl. bereits *J. Schwabe*, Die sogenannte Drittwirkung der Grundrechte (1971), S. 9.

41 In der neueren Literatur wird der Begriff der »Drittwirkung« vermieden, mit dem der »Horizontal-wirkung« allerdings ein nicht minder missverständlicher Terminus eingeführt (Nachweise bei *K. Stern*, Staatsrecht III/1, S. 1513 Fn. 6). In der Sache geht es um die grundrechtsorientierte Aus-legung des einfachen Gesetzesrechts, die sich nicht auf das Privatrecht beschränkt; zutreffend: *H. Dreier*, in: Dreier (Hrsg.), GG Bd. I, Vorb. Rdnr. 96 m. w. N.

42 Vgl. *J. Schwabe*, Probleme der Grundrechtsdogmatik, S. 40 f.

auf die Beschreibung unterschiedlichen rechtlichen *Dürfens* der Grundrechtsträger reduzieren.

Ein rechtliches Dürfen oder »Erlaubtsein« könnte sich von vornherein nur auf Grundrechte beziehen, die ein bestimmtes *Handeln* zum Gegenstand haben. Ohne weiteres nachvollziehbar ist, dass aufgrund des Art. 5 Abs. 1 Satz 1 GG jeder seine Meinung frei äußern *darf* oder nach Art. 8 Abs. 1 GG alle Deutschen sich friedlich und ohne Waffen versammeln *dürfen*. Auch fällt es nicht schwer, Art. 12 Abs. 1 GG dahingehend auszulegen, dass alle Deutschen Beruf, Arbeitsplatz und Ausbildungsstätte frei wählen *dürfen*. Weniger leicht fällt bereits die Vorstellung, dass man einen Glauben oder ein Gewissen haben *darf* (Art. 4 Abs. 1 GG), denn offenbar handelt es sich hierbei um Bereiche, in denen ein rechtliches Dürfen unangemessen erscheint. Gänzlich missglücken muss aber der Versuch, rechtliches Dürfen mit dem Leben und der körperlichen Unversehrtheit (Art. 2 Abs. 2 Satz 1 GG) in Zusammenhang zu bringen: »Recht auf Leben« kann offensichtlich nicht heißen, dass der Mensch (erst) kraft des Grundrechts aus Art. 2 Abs. 2 GG leben *darf*, sondern dass dem Staat Eingriffe in das Leben verboten sind und er das Leben schützen muss.[43]   62

Der sich aufdrängende Schluss, dass die Verfassung kein »Recht auf Leben« im Sinne eines »Rechts zu leben« einzuräumen vermag[44], führt auch hinsichtlich der anderen Grundrechte auf die richtige Spur. Menschenwürde, Gewissen oder Weltanschauung werden ebenfalls nicht durch den Staat gewährt oder verliehen, noch vermag die Verfassung eine »Befugnis« einzuräumen, ein Gewissen oder eine Weltanschauung zu »haben«. Die Meinungsäußerung, die temporäre oder dauernde Verbindung mit anderen (Versammlung, Vereinigung), die Erwerbstätigkeit (Beruf) oder der Umzug von einem Ort zum anderen (Freizügigkeit) – um nur einige Schutzgegenstände zu nennen – sind vielmehr **menschliche Handlungsmöglichkeiten**. Dass nicht jeder Mensch die gleichen Handlungsmöglichkeiten besitzt, sondern individuelle Faktoren wie psychische oder physische Disposition, Begabung, Neigung und objektive Gegebenheiten sie begründen und begrenzen, steht außer Frage; entscheidend ist indes, dass diese Handlungsmöglichkeiten dem Menschen als solchem eigen (also anthropologisch begründet) und damit unabhängig von der Form und der Verfassung des Verbandes sind, in dem er lebt. Die Summe menschlicher Handlungsmöglichkeiten kann – *Georg Jellinek* folgend[45] – als »**natürliche Freiheit**« bezeichnet werden. Sie ist im ureigensten Sinne »**vorstaatlich**«.[46]   63

Die Annahme einer natürlichen Freiheit als Summe menschlicher Handlungsmöglichkeiten ist logische Voraussetzung und zugleich **Substrat der Grundrechte**. *Carl Schmitt* hat scharfsinnig erkannt, dass die Grundidee der bürgerlichen Freiheit darin besteht, dass die **Freiheitssphäre des Einzelnen** als etwas vor dem Staat Gegebenes vorausgesetzt und als **prinzipiell unbegrenzt** angesehen wird, während die **Befugnis des Staates** zu Eingriffen in diese Sphäre **prinzipiell begrenzt** sei.[47] Dies ist keine naturrechtliche Position, die die Geltung **vorstaatlicher Rechte** postulierte.[48] Gemeint ist vielmehr, dass die **Grundrechtsinhalte** nicht erst durch die Verfassung geschaffen werden, sondern ihr vorgegeben sind. Dies gilt nicht nur für das Leben, die körperliche Unversehrtheit und andere   64

---

43 Vgl. zu diesem Beispiel *R. Alexy*, Theorie der Grundrechte, S. 172 f.

44 Vgl. *J. Schwabe*, Probleme der Grundrechtsdogmatik, S. 38.

45 Vgl. *G. Jellinek*, System der subjektiven öffentlichen Rechte (2. Aufl. 1905), S. 45: »Die Rechtsordnung kann sich zum individuellen Willen in mehrfacher Weise verhalten. Sie kann ihm ein bestimmtes Handeln zur Vorschrift machen, also seine natürliche Freiheit einschränken; sie kann seine natürliche Freiheit anerkennen; sie kann dieser Handlungsfähigkeit etwas hinzufügen, was sie nicht von Natur aus besitzt; endlich kann sie sich auch weigern, dieses Etwas hinzuzufügen oder es wieder zurücknehmen.«

46 Zum Freiheitsbegriff vgl. *G. Haverkate*, Verfassungslehre (1992), S. 155 f., der durch den Begriff der »individuellen Wahrnehmungszuständigkeit« das Axiom natürlicher Freiheit allerdings wieder in Frage stellt.

47 Vgl. *C. Schmitt*, Verfassungslehre (8. Aufl. 1993), S. 126.

48 Die von *G. Jellinek* als »natürliche Freiheit« bezeichneten Handlungsmöglichkeiten des Menschen haben *nichts* mit der *libertas naturalis* der älteren Naturrechtslehre zu tun; vgl. hierzu *H. Dreier*, in: Dreier (Hrsg.), GG Bd. I, Art. 2 I Rdnr. 2.

essentialia menschlicher Existenz, sondern auch für die dem Menschen eigene Fähigkeit, durch Handeln seine Umwelt zu verändern.[49] Diese umfassende (Handlungs-)Freiheit des Menschen wird von den Grundrechten in einzelnen Ausstrahlungen reflektiert, segmentiert und in subjektive Rechte umgeformt. Grundrechte sind deshalb **keine Befugnisse** (Erlaubnisse, Titel, Genehmigungen, Privilegien oder Konzessionen)[50], mit denen der Staat vermöge seiner Verfassung Äußerungsmöglichkeiten menschlicher Existenz *gestattet*. Den jeweiligen Grundrechtsinhalt bilden vielmehr unterschiedliche **Rechtsgüter** – namentlich segmentierte »Freiheiten« –, die vom Verfassungsgeber als **schutzwürdig** und **schutzbedürftig** angesehen worden sind.[51]

65   Die **Gewährleistungstechnik** besteht darin, dass staatliche Maßnahmen, die sich auf die Rechtsgüter des Einzelnen auswirken, grundsätzlich **rechtfertigungsbedürftig** sind. Nicht der Einzelne hat darzulegen, dass er zum Handeln *berechtigt* (befugt, ermächtigt) ist; der Staat muss umgekehrt seine Maßnahmen am Maßstab der Grundrechte *rechtfertigen*. Die Wirkungsweise der Grundrechte als **subjektiv-öffentlicher Rechte** besteht folglich darin, dass sie staatlichem Handeln entgegengesetzt werden können und es dadurch begrenzen. Greift man nochmals die oben erwähnte Kategorie rechtlichen »Dürfens« auf, so legen die Grundrechte nicht fest, wozu der Einzelne befugt (ermächtigt) ist, sondern bezeichnen die Grenzen, die *der Staat* nicht überschreiten darf. Die grundrechtlichen Schutzgüter werden somit durch die **Begrenzung staatlicher Machtbefugnisse** geschützt. Auf eine kurze Formel gebracht, *gewähren* die Grundrechte keine Freiheit *zu* Handlungen oder anderen Lebensäußerungen, sondern sie *gewährleisten* die Freiheit *von* staatlichen Einwirkungen.

66   Die Unterscheidung zwischen grundrechtlich geschütztem **Rechtsgut** und **Grundrecht**, zwischen (menschlicher) **Freiheit** und (verfassungsrechtlichem) **Freiheitsrecht** hat weittragende dogmatische Konsequenzen:

67   1. Da die Freiheit als Schutzgut der Grundrechte nicht vom Staat *gewährt*, sondern durch das Grundrecht (als subjektiv-öffentliches Recht) *gewährleistet* wird, folgt daraus zwingend, dass rechtlich alles erlaubt ist, was nicht durch Rechtssatz ausdrücklich *verboten* ist. Zu eben dieser Feststellung sah sich das Bundesverfassungsgericht veranlasst[52], weil sie bislang offenbar keine grundrechtsdogmatische Selbstverständlichkeit war. Auf eine Kurzformel gebracht: nicht die Handlungsfreiheit des Bürgers, sondern deren Einschränkung durch den Staat bedarf der Ermächtigung.

68   2. Entgegen einem verbreiteten Sprachgebrauch ist es verfehlt, von »**Grundrechtsgebrauch**«, »**Grundrechtsausübung**« oder »**Grundrechtsverwirklichung**« zu sprechen, wenn menschliches Handeln gemeint ist. Die Meinungsäußerung ist kein Gebrauch eines Grundrechts, weil Art. 5 Abs. 1 GG nicht als Ermächtigung zur Meinungsäußerung misszuverstehen ist. Ebenso wenig übt der Künstler das Grundrecht aus Art. 5

---

49 Dieser Ansatz auch bei *G. Haverkate*, Verfassungslehre (1992), S. 155.

50 Anders *R. Alexy*, Theorie der Grundrechte, S. 211, 220 ff.; *A. Scherzberg*, DVBl. 1988, S. 130.

51 Eine ähnliche Unterscheidung nimmt *J. Schwabe*, Probleme der Grundrechtsdogmatik, S. 41, vor, indem er zwischen »Unterlassungsanspruch« und »Befugnis« unterscheidet. Der Begriff der »Befugnis« sollte allerdings für die Ausübung natürlicher Handlungsmöglichkeiten vermieden werden, weil er im rechtlichen Sprachgebrauch regelmäßig synonym mit gesetzlicher Ermächtigung verwandt wird. Der von *M. Sachs*, in: K. Stern, Staatsrecht III/1, S. 568, bei *E. R. Huber* vermutete Widerspruch löst sich auf, wenn der Satz geringfügig geändert wird, nämlich Grundrechte als Abwehrrechte zu definieren sind, durch die »Sphären der natürlichen Freiheit« geschützt werden.

52 So BVerfGE 84, 372 (380): »Was nicht verboten ist, ist erlaubt.« Bemerkenswert ist, dass es einer solchen Feststellung noch im Jahre 1991 bedurfte, nachdem das Problem bereits in den Verhandlungen der Paulskirchenversammlung (1849) behandelt worden war. Nachweise bei *G. Haverkate*, Verfassungslehre (1992), S. 72 f.; vgl. schon *J. v. Aretin/K. v. Rotteck*, Staatsrecht der konstitutionellen Monarchie, Bd. 2 Erste Abt. (1827), S. 5: Die Freiheit der Person schließt in sich »das Recht zu thun, was nicht durch ein Gesetz verboten ist«.

Abs. 3 GG aus, weil die Kunstfreiheit nicht als Konzession oder Privileg missdeutet werden darf. Schließlich »verwirklicht« ein Mensch, der sich guter Gesundheit erfreut, hierdurch nicht die Grundrechte aus Art. 2 Abs. 2 Satz 1 und 2 GG. Von einem Grundrecht als subjektiv-öffentlichem Recht macht der Grundrechtsträger vielmehr nur dann Gebrauch (übt es aus, betätigt oder verwirklicht es), wenn er es dem Staat zum Schutz der grundrechtlichen Schutzgüter entgegenhält.

3. Bei der Frage nach der **Grundrechtsmündigkeit** darf das Schutzgut ebenfalls nicht mit   69
dem Grundrecht verwechselt werden. Der Umstand, dass Minderjährige vielfach zu den grundrechtlich geschützten Handlungen tatsächlich (noch) nicht in der Lage sind, vermag ihre Grundrechtsträgerschaft nicht zu beeinträchtigen. Von Grundrechtsmündigkeit könnte deshalb nur die Rede sein, wenn das Grundgesetz die Rechtsausübung an ein Mindestalter knüpfte, was nicht der Fall ist.[53]

4. Die Differenzierung zwischen Grundrecht und grundrechtlich geschütztem Rechtsgut   70
verändert auch die Perspektive hinsichtlich der viel diskutierten **»Grundrechtskollisionen«**. In der Sache handelt es sich – auch bei den »echten« Grundrechtskollisionen[54] – um Handlungen, die mit anderen Handlungen oder Schutzgütern konfligieren[55]. Einen solchen Konflikt beizulegen, ist seit jeher Aufgabe des (einfachen) Rechts, dessen Konfliktlösungspotential nicht dadurch erweitert wird, dass man menschliches Handeln als »Grundrechtsgebrauch« missversteht. Die Konfliktlösungen erfordern regelmäßig auch die gesetzliche Einschränkung von Grundrechten. Zu einer Grundrechtskollision aber käme es nur dann, wenn diese an denselben Adressaten in derselben Situation zwei widerstreitende Gebote richteten. Ein solcher Fall ist zwar theoretisch vorstellbar, jedoch nicht wirklichkeitsnah, weil Grundrechtsschranken und Abwägung regelmäßig eine gerechte Lösung ermöglichen.

5. Vor diesem Hintergrund bedarf auch der Begriff des **»Grundrechtsverzichts«**[56] der Prä-   71
zisierung. Macht ein Grundrechtsträger von grundrechtlich geschützten Handlungsmöglichkeiten keinen Gebrauch oder fehlt es ihm an Voraussetzungen, so ist dies kein Rechtsverzicht, sondern eine rechtlich nicht erhebliche Unterlassung. Denkbar ist es, dass jemand darauf *verzichtet*, sich gegenüber staatlichen Einwirkungen auf seine Rechtssphäre (Schutzgüter) auf Grundrechte zu berufen (»*volenti non fit iniuria*«). Dies ist sogar in rechtlicher Form – als Klagerücknahme oder Rücknahme der Verfassungsbeschwerde – denkbar. Ein auf Dauer bestimmter oder auf sämtliche Grundrechte gerichteter förmlicher Verzicht eines Grundrechtsträgers (mit dem Inhalt, sich zukünftig alle staatlichen Maßnahmen widerspruchslos gefallen zu lassen) wäre demgegenüber rechtlich unzulässig[57], andererseits aber auch schwer vorstellbar.

b)   Grundrechtliche Schutzgüter

Die Schutzgüter der Grundrechte sind fast so vielgestaltig wie ihre Zahl und entziehen sich   72
deshalb exakter Kategorienbildung. Gemeinsamkeiten von Schutzgütern, wie sie im Folgenden herausgearbeitet werden, schließen nicht aus, unter anderem Blickwinkel andere Differenzierungen vorzunehmen.

– **Leben, körperliche Unversehrtheit, Freiheit der Person** (Art. 2 Abs. 2 GG) und – nicht   73
zuletzt – die **Menschenwürde** (Art. 1 Abs. 1 GG) bilden die Voraussetzungen menschlicher Existenz und individueller Handlungsmöglichkeiten. In Anlehnung an den zivi-

---

53 Vgl. *M. Sachs*, in: Sachs (Hrsg.), GG, Vor Art. 1 Rdnr. 75.
54 Vgl. *M. Sachs*, in: K. Stern, Staatsrecht III/2, S. 629 ff.
55 So auch *C. Starck*, in: v. Mangoldt/Klein/Starck, GG Bd. 1, Art. 1 Abs. 3, Rdnr. 273.
56 Kritisch bereits *J. Schwabe*, Probleme der Grundrechtsdogmatik, S. 92 ff.
57 So zutreffend *H. Dreier*, in: Dreier (Hrsg.), GG Bd. I, Vorb. Rdnr. 129 ff.; *C. Starck*, in: v. Mangoldt/Klein/Starck, GG Bd. 1, Art. 1 Rdnr. 301.

listischen Sprachgebrauch[58] lassen sie sich als »**Lebensgüter**« bezeichnen. Die im Zusammenhang mit § 823 Abs. 1 BGB vorgenommene Differenzierung zwischen Rechtsgütern und subjektiven Rechten[59] weist im übrigen bemerkenswerte Parallelen zu der hier vorausgesetzten Unterscheidung auf.

74 – In Fortsetzung der Lebensgüter bildet die **Privatsphäre** in ihren unterschiedlichen Ausstrahlungen das Schutzgut unterschiedlicher Grundrechte. Hierzu lassen sich der **Persönlichkeitsschutz** (Art. 2 Abs. 1 GG), die **Unverletzlichkeit der Wohnung** (Art. 13 GG) und die durch das **Post- und Fernmeldegeheimnis** (Art. 10 GG) geschützten Kontakte nach außen rechnen.

75 – Die engeren Sozialbeziehungen in **Ehe und Familie** und die **Erziehung der Kinder** (Art. 6 GG) ließen sich ebenfalls der Privatsphäre zurechnen, bilden aber auch selbständige Schutzgüter, die in enger Beziehung zu den Bestimmungen über das **Schulwesen** (Art. 7 GG) stehen.

76 – Die überwiegende Zahl der Grundrechte schützt menschliche Handlungsmöglichkeiten. Hierzu gehören die **Meinungsäußerung** (Art. 5 Abs. 1 Satz 1 GG), **künstlerische und wissenschaftliche Tätigkeit** (Art. 5 Abs. 3 Satz 1 GG), die **Versammlung** (Art. 8 Abs. 1 GG), die Bildung von **Vereinen und Gesellschaften** (Art. 9 Abs. 1 GG), der **Wechsel von einem Ort zum anderen** (Art. 11 Abs. 1 GG), die **Ausübung des Berufs** (Art. 12 Abs. 1 Satz 1 GG) und die **Einbringung von Petitionen** (Art. 17 GG). Zu den benannten Handlungsmöglichkeiten tritt die in Art. 2 Abs. 1 GG als »**freie Entfaltung der Persönlichkeit**« bezeichnete *allgemeine* Handlungsfreiheit (= unbenannte Handlungsmöglichkeiten).

77 – Schutzgüter eines Grundrechts können auch **Rechte** sein. Nach Art. 14 Abs. 1 GG sind das Eigentum und das *Erbrecht* gewährleistet. Unter **Eigentum** sind nicht etwa Sachen, also körperliche Gegenstände (§ 90 BGB) zu verstehen, sondern vermögenswerte *Rechte*, einschließlich des Sacheigentums (§ 903 BGB).

78 – Die **Gleichheit vor dem Gesetz** (Art. 3 Abs. 1 GG) ist ein Schutzgut, das sich prinzipiell von den geschützten Sphären oder Handlungsmöglichkeiten (»Freiheitsrechten«) unterscheidet: die Gleichheit nämlich soll *allgemein* gelten, erfordert andererseits aber immer auch einen *Vergleich*.

c) Schutzrichtung

79 Grundrechte sind überwiegend **Abwehrrechte** (negatorische Rechte). Die Grundrechtsträger können aufgrund der ihnen durch die Grundrechte eingeräumten Rechtsmacht vom Staat prinzipiell verlangen, dass er Beeinträchtigungen grundrechtlicher Schutzgüter unterlässt.[60] Nach der von *Georg Jellinek* begründeten Terminologie sind die Abwehrrechte dem negativen Status (*status libertatis*) des Bürgers zuzuordnen.[61] Soweit der Schutz der grundrechtlichen Rechtsgüter durch einen Anspruch des Einzelnen gegen den Staat auf positives Tun bewirkt wird, sprechen wir von **Leistungsrechten**.[62] Nach der Terminologie *Jellineks* gehören die Leistungsgrundrechte zum positiven Status (*status civitatis*) des Bürgers.[63]

---

58 Vgl. BGHZ 8, 243 (247).

59 Vgl. *E. Deutsch*, Allgemeines Haftungsrecht (2. Aufl. 1996), Rdnr. 59 f. (Personengüter); *K. Larenz/C.-W. Canaris*, Lehrbuch des Schuldrechts BT 2. Hb. (13. Aufl. 1994), S. 373 f.; *D. Medicus*, Schuldrecht II BT (13. Aufl. 2006), Rdnr. 777; *K. Schäfer*, in: v. Staudinger, BGB (13. Bearb. 1999), § 823 Rdnr. A 14; aus der Rechtsprechung vgl. BGHZ 8, 243 (247 f.); 58, 48 (50 f.).

60 Vgl. dazu *R. Alexy*, Theorie der Grundrechte, S. 174 ff.

61 Vgl. *G. Jellinek*, System der subjektiven öffentlichen Rechte (2. Aufl. 1905), S. 94.

62 Vgl. *R. Alexy*, Theorie der Grundrechte, S. 180.

63 So *G. Jellinek*, System der subjektiven öffentlichen Rechte (2. Aufl. 1905), S. 114.

Die **Schutzrichtung** eines Grundrechts ist ebenso wie das Schutzgut durch Interpretation 80
zu ermitteln. Leitend ist hierbei der Grundsatz, dass die Grundrechte nach ihrer historischen Überlieferung negatorische (Abwehr-) Rechte sind und nur dann Ansprüche auf
Leistungen zu begründen vermögen, wenn dies dem Wortlaut des Grundrechts zu entnehmen ist.

Schematisch lassen sich Grundrechte als **Abwehrrechte** wie folgt darstellen: 81

Leistungsrechte folgen einem anderen Schema: 82

Denkbar ist, dass ein Grundrecht sowohl **Abwehr-** als auch **Leistungsrecht** ist; dies würde 83
schematisch wie folgt aussehen:

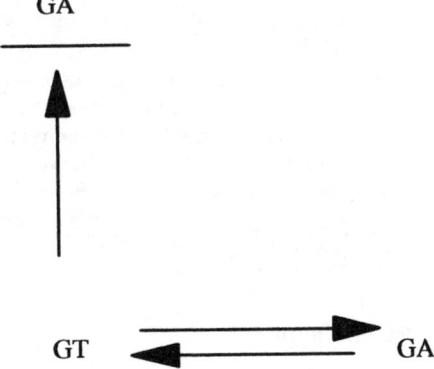

IV. Grundrechtstheorie und Grundrechtsinterpretation

Die Qualität der Grundrechte als subjektiv-öffentlicher Rechte ist verfassungskräftig fest- 84
gelegt und steht deshalb nicht zur Disposition des Interpreten. Zahlreich sind indes die
Versuche, den Grundrechten weitergehende »**Funktionen**« oder »**Dimensionen**« zuzu-
schreiben.[64] Die Grundrechtsinterpretation erweist sich hierbei vielfach als Ausgangsbasis
für staatstheoretische Entwürfe oder als Beschreibung von Staatsaufgaben. Die Vermen-
gung von – notwendiger – Staatstheorie und Grundrechtsdogmatik kann indessen dazu
führen, dass die **Geltungskraft** – die Normativität – der Grundrechte als subjektiv-öffentlicher Rechte überspielt oder eingeschränkt wird.[65] Der Interpret leistet dann, was entweder nur dem Gesetzgeber gestattet ist – nämlich die Grundrechte nach Maßgabe der
Grundrechtsbegrenzungen einzuschränken – oder was selbst diesem (auch als verfas-

---

64 Kritisch zu dieser Entwicklung *M. Sachs*, in: K. Stern, Staatsrecht III/1, S. 453 ff. m. zahlr. Nachw.
65 Vgl. die kritischen Ausführungen von *E.-W. Böckenförde*, NJW 1974, S. 1529 f.; NJW 1976, S. 2089 ff.;
Der Staat 29 (1990), S. 1 f.

sungsänderndem Gesetzgeber) versagt ist, nämlich die Wirkung der Grundrechte als gegen den Staat gerichtete Abwehr- und Leistungsrechte des Einzelnen zu relativieren. Jeder Versuch der Um- und Neuinterpretation trifft auf diese, auch der Verfassungsrechtsprechung gezogene, unverrückbare Grenze.

1. Grundrechte als Elemente einer objektiven Wertordnung

85 Nach ständiger Rechtsprechung des Bundesverfassungsgerichts sind die Grundrechte nicht nur Abwehrrechte des Bürgers gegenüber dem Staat, sondern statuieren als **objektive Normen** ein »Wertsystem«, das als verfassungsrechtliche Grundentscheidung für alle Bereiche des Rechts Geltung beansprucht.[66] Die vom Bundesverfassungsgericht vertretene Auffassung enthält zunächst eine Selbstverständlichkeit. Jedes durch Gesetz oder Verfassung begründete subjektive Recht ist gleichzeitig objektives Recht, weil es Bestandteil der Rechtsordnung ist.[67] Diese Trivialität ist allerdings nicht gemeint, wenn in der Rechtsprechung des Bundesverfassungsgerichts von einer objektiven »**Wertordnung**« die Rede ist. Die Grundrechte enthalten nach Auffassung des Bundesverfassungsgerichts vielmehr – die subjektiven Rechtspositionen gewissermaßen überschießend – *Werte*, die auch in ihrer Abstraktion Verbindlichkeit für die Staatsorgane erheischen.[68] Leicht nachvollziehbar ist dies am Grundrecht aus Art. 2 Abs. 2 Satz 1 GG, das sich nicht darin erschöpft, ein Abwehrrecht gegen staatliche Eingriffe in das Leben zu begründen, sondern das menschliche Leben als einen im Zentrum der Verfassung stehenden »Wert« konstituiert.[69]

86 Soweit mit dem Postulat einer solchen »Wertordnung« einem **Werterelativismus** entgegengewirkt und das Bewusstsein dafür geschärft werden soll, dass der Staat bei Ausübung seiner Machtbefugnisse wertgebunden bleibt, ist hiergegen wenig einzuwenden. Problematisch ist jedoch das Theorem einer »**Wertrangordnung**«[70], deren Annahme allzu leicht dazu führen kann, dass Grundrechte in ihrem subjektiven Gehalt – und damit in ihrer eigentlichen verfassungsrechtlichen Bestimmung – relativiert werden. Der Gebrauch individueller Freiheit ist von Verfassungs wegen nicht auf höhere, der Verfassung zu entnehmende Ziele gerichtet; das Grundgesetz überlässt es der Entscheidung der Bürger selbst, die Zielrichtung ihrer Handlungen zu bestimmen.

2. Institutionelle Grundrechtsinterpretation

87 Die Grundrechte weisen nicht selten in komplexe Bereiche von **Staat und Gesellschaft**. Die Presse- und Rundfunkfreiheit (Art. 5 Abs. 1 Satz 2 GG) führt beispielsweise thematisch zu den für eine moderne Gesellschaft ebenso kennzeichnenden wie bedeutsamen Massenmedien. Es macht einen prinzipiellen Unterschied, ob man durch Art. 5 Abs. 1 Satz 2 GG die *Pressefreiheit* (als subjektives Recht) oder die *freie Presse* (als Institution) gewährleistet sieht. Entsprechende Beispiele lassen sich für nahezu jedes Grundrecht bilden.[71]

88 Verschiebt man die Perspektive vom subjektiven Recht zur **komplexen Institution**, so mutiert das Grundrecht zu einem Gesetzgebungsauftrag, dessen Inhalt als von der Verfas-

---

66 Vgl. nur BVerfGE 5, 85 (204 f.); 6, 55 (72); 7, 198 (204 f.); 21, 362 (371 f.); 49, 89 (141 f.).
67 Vgl. *H. Dreier*, in: Dreier (Hrsg.), GG Bd. I, Vorb. Rdnr. 66.
68 Vgl. die materialreiche Darstellung der Rechtsprechungsentwicklung bei *K. Stern*, Staatsrecht III / 1, S. 899 f.; s. auch *U. Di Fabio*, JZ 2004, S. 1 ff.
69 Vgl. BVerfGE 39, 1 (67); 49, 89 (142).
70 BVerfGE 7, 198 (215).
71 Vgl. zum institutionellen Grundrechtsverständnis und seinen Vertretern *K. Stern*, Staatsrecht III / 1, S. 770 f.

sung vorgegeben erscheint und dessen Erfüllung vom Bundesverfassungsgericht kontrolliert wird. In letzter Konsequenz kann ein Grundrecht seine Funktion als subjektives Recht sogar einbüßen, wenn die Komplexität der Institution vermeintlich nachhaltige **Grundrechtseinschränkungen** fordert. Dies aber bedeutet im Ergebnis nichts anderes, als dass Grundrechte im Wege der Interpretation in ihr Gegenteil verkehrt würden, das Grundrecht also nicht mehr die *Freiheit*, sondern die freiheitseinschränkende *Institution* gewährleistete. Auf die nachhaltigen Auswirkungen, die eine institutionelle Grundrechtsinterpretation für das Funktionengefüge des Grundgesetzes (gehabt) hat, kann an dieser Stelle nur hingewiesen werden.[72]

3. Schutzpflichten

In seiner neueren Rechtsprechung leitet das Bundesverfassungsgericht aus den Grundrechten umfangreiche **Schutzpflichten** für die Staatsorgane ab.[73] Der argumentative Zusammenhang mit dem Theorem einer Wertordnung ist unübersehbar, erklärt die Rechtsprechung aber nicht vollständig, weil sie gleichzeitig einen Wandel des »Staatsbildes« signalisiert.   89

Schutzpflichten sind grundrechtsdogmatisch an sich nichts Neues und lassen sich unschwer als Leistungsrechte auf Gewährung staatlichen Schutzes mit der Struktur subjektiver Rechte in Einklang bringen.[74]   90

> Schon eine erste Durchsicht des Grundrechtsteils fördert Schutzansprüche zutage. Art. 1 Abs. 1 GG verpflichtet alle staatliche Gewalt, die Würde des Menschen »zu achten und zu schützen«. Der Staat soll sich offenbar nicht darauf beschränken (dürfen), die Menschenwürde unangetastet zu lassen; ersichtlich ist er auch dazu verpflichtet, seine Machtmittel einzusetzen, um die Verletzung der Menschenwürde durch andere – Dritte – zu verhindern, diese also zu *schützen*. Wenn Art. 4 Abs. 2 GG die ungestörte Religionsausübung »gewährleistet«, so liegt der Art. 4 Abs. 1 GG überschießende Gehalt dieser Vorschrift darin, dass der Staat verpflichtet wird, Störungen der Religionsausübung (durch Dritte) zu verhindern. Auch Art. 6 Abs. 4 GG begründet ein subjektives Recht auf Schutz durch die Gemeinschaft.   91

Das Bundesverfassungsgericht leitet Schutzpflichten auch aus Grundrechten ab, die als **Abwehrrechte** zu qualifizieren sind, insbesondere aus Art. 2 Abs. 2 GG.[75] Dies ist insofern folgerichtig, als ein Staat, dessen Verfassung eine Wertordnung in Gestalt der Grundrechte enthält, auch zum *Schutz* dieser Werte – in Gestalt der grundrechtlichen Schutzgüter – verpflichtet ist. Noch der »Nachtwächterstaat« des 19. Jahrhunderts bezog seine Rechtfertigung daraus, dass der Bürger ruhig schlafen konnte, mit anderen Worten der Staat seinen   92

---

72 Vgl. unten Rdnr. 695. Die institutionelle Grundrechtsinterpretation darf nicht mit der Lehre von den institutionellen Garantien verwechselt werden, die unter der Weimarer Reichsverfassung entwickelt wurde und auf *C. Schmitt* zurückgeht (vgl. *ders.*, Verfassungsrechtliche Aufsätze aus den Jahren 1924–1954 (2. Aufl. 1958), S. 143). Die als »institutionell« bezeichneten Einrichtungsgarantien des öffentlichen Rechts, namentlich die kommunale Selbstverwaltung (Art. 28 Abs. 2 GG) und das Berufsbeamtentum (Art. 33 Abs. 5 GG), sind anders als in der WRV nicht mehr im Grundrechtsabschnitt geregelt. Privatrechtliche Einrichtungsgarantien (»Institutsgarantien«) finden sich im Grundrechtsteil zwar in Gestalt der Ehe (Art. 6 Abs. 1 GG) und des Eigentums (Art. 14 Abs. 1 GG); anders als unter der WRV ist der Begriff der Einrichtungsgarantie (wegen der Bindung des Gesetzgebers an die Grundrechte) von vorwiegend kategorialer Bedeutung (vgl. zum ganzen: *K. Stern*, Staatsrecht III / 1, S. 774 f.).
73 Vgl. BVerfGE 75, 40 (66); 84, 133 (147); 89, 276 (286); 91, 335 (339); zur Rechtsprechung auch *H. H. Klein*, DVBl. 1994, S. 489 ff.
74 Vgl. *R. Alexy*, Theorie der Grundrechte, S. 402 f.
75 BVerfGE 39, 1 (41); 46, 180 (164); 49, 89 (140 ff.); 53, 30 (57 ff.); 56, 54 (78); 77, 381 (402 f.); 79, 174 (201 f.); vgl. hierzu auch *D. Murswiek*, WuV 1986, S. 179 ff.

Schutzpflichten – jedenfalls für die Sicherheit des Bürgers – genügte. Insofern ist es staatstheoretisch keineswegs neu, den Staat als **Schutzverband der Bürger** anzusehen.[76]

93 Die vom Bundesverfassungsgericht aus den Grundrechten abgeleiteten **Schutzpflichten** gehen über die grundsätzliche Staatsaufgabe der Gewährleistung von Sicherheit und Ordnung hinaus und erlegen dem Gesetzgeber u. U. **spezielle Rechtsetzungsakte** auf bzw. setzen ihm hierfür Grenzen. Beginnend mit dem Urteil zu § 218 a StGB[77], dann aber in rascher Folge finden sich Entscheidungen, in denen der Gesetzgeber oder andere Staatsorgane zu erhöhten Schutzvorkehrungen – ggf. zu deren »Nachbesserung« – verpflichtet werden.[78] Von hier aus war es nur ein kleiner Schritt, neben dem **»Übermaßverbot«** auch das **»Untermaßverbot«** als Verfassungsprinzip zu kreieren.[79] Drei Aspekte dieses vielschichtigen Fragenkomplexes[80] seien hier angesprochen:

94 – Die Erfüllung von Schutzpflichten ist regelmäßig ein **Reziprozitätsproblem**. Wenn der Staat zum Schutz des einen etwas tun soll, so bedeutet dies, dass er anderen etwas verbieten muss.[81] Diese *anderen* sind aber regelmäßig auch Grundrechtsträger (sonst würden die Grundrechte als Abwehrrechte ausreichen) und als solche ebenfalls Begünstigte grundrechtlich begründeter *Schutzpflichten*. Die Harmonisierung miteinander kollidierender oder doch potentiell gegenläufiger Rechtssphären ist originäre Aufgabe des *einfachen* Rechts, das hierfür über einen erheblichen Vorrat an Regelungsmodellen verfügt. So können bestimmte Tätigkeiten von einer staatlichen Genehmigung abhängig gemacht und für deren Erteilung ein bestimmtes Verfahren vorgesehen werden.[82] Was sich auf der einen Seite als Erfüllung der Schutzpflicht darstellt, wirkt sich auf der anderen als Einschränkung von Grundrechten aus. Für die Zuordnung dieser unterschiedlichen Schutzgüter stellt die Verfassung keine Maßstäbe zur Verfügung.

95 – Neben das Reziprozitätsproblem tritt das **Kompetenzproblem**. Wenn der Gesetzgeber nicht nur an das Übermaßverbot, sondern auch an das Untermaßverbot gebunden ist, so stellt sich jeweils die Frage, welches das *richtige* Maß ist. Da die hier vorzunehmenden Abwägungen verfassungsrechtlich nicht determiniert und nicht determinierbar sind, stellen sie sich als Gestaltung des Gemeinwesens – also politisches Handeln – dar. Soweit das Bundesverfassungsgericht sich nicht darauf beschränkt, den Rahmen dieses Handelns festzulegen und seine Einhaltung zu überprüfen, können seine Entscheidungen keine höhere Plausibilität als die des Gesetzgebers für sich beanspruchen.

96 – Die Reziprozität der Schutzpflichten führt zu einem **verfassungsprozessualen Dilemma**. Würden die aus den Grundrechten abgeleiteten Schutzpflichten als echte subjektive Rechte – als Leistungsrechte – verstanden, so müsste folgerichtig jeder Grundrechtsträger ihre Erfüllung mit der Verfassungsbeschwerde erstreiten können. Gegen gesetzgeberische Maßnahmen, mit denen die Schutzpflicht erfüllt wird, wäre aber ebenfalls die Verfassungsbeschwerde statthaft, weil hierdurch *andere* Grundrechtsträger in ihren Grundrechten eingeschränkt werden. Das Bundesverfassungsgericht wäre deshalb genötigt, über die Verfassungsmäßigkeit von Maßnahmen zu entscheiden, die es selbst als verfassungsgeboten angesehen hat.

97 Alle drei Gründe sprechen dagegen, aus objektiven Schutzpflichten subjektive (Leistungs-)Rechte abzuleiten oder sie sogar mit ihnen zu identifizieren. Subjektive Rechte müssen eigens in der Verfassung niedergelegt sein oder sich aus der offensichtlichen Verletzung einer Schutzpflicht ergeben.[83]

---

76 Vgl. *J. Isensee*, Das Grundrecht auf Sicherheit (1983), S. 12 ff.; *G. Robbers*, Sicherheit als Menschenrecht (1987), S. 51 f.

77 BVerfGE 39, 1.

78 Vgl. die Nachweise bei *K. Stern*, Staatsrecht III/1, S. 952, 1315 f.

79 Vgl. BVerfGE 88, 203 (254 ff., 259 ff.); dazu *K.-E. Hain*, DVBl. 1993, S. 982 ff.

80 Vgl. die eingehende Studie von *C. Starck*, Grundrechtliche Schutzpflichten, in: Praxis der Verfassungsauslegung (1994), S. 46 ff.

81 Vgl. die eingehenden Nachweise bei *K. Stern*, Staatsrecht III/1, S. 945 f. mit dem auf *J. Isensee* zurückgehenden Begriff des »Rechts-Dreiecks«. Die Parallele zur sog. »Drittwirkung« liegt auf der Hand.

82 Vgl. etwa *D. Murswiek*, Die staatliche Verantwortung für die Risiken der Technik (1985), S. 88 f.

83 Vgl. *C. Starck*, Grundrechtliche Schutzpflichten, in: Praxis der Verfassungsauslegung (1994), S. 70 ff.

4. Soziale Grundrechte: Grundrecht und Grundrechtssubstrat

Auf den ersten Blick muss es als schwer erträglicher Widerspruch erscheinen, dass die   98
Grundrechte einerseits an den Anfang der Verfassung gestellt sind und hiermit eine »Wert-
ordnung« begründet wird, dieselben Grundrechte aber in der **sozialen Wirklichkeit** ins
Leere fallen können.

Für eine Millionenzahl von Arbeitslosen ist die Freiheit der Berufswahl (Art. 12 Abs. 1 GG)   99
ein *nudum ius*. Auf den Schutz des Eigentums (Art. 14 Abs. 1 GG) kann sich nur derjenige
berufen, dem vermögenswerte Rechte zustehen. Dem Obdachlosen nützt es wenig, dass
die Wohnung unverletzlich ist (Art. 13 Abs. 1 GG). Bei nahezu allen Grundrechten ist es
vorstellbar, dass die tatsächlichen Voraussetzungen der geschützten Freiheit nicht vorliegen.

Es hat nicht an Versuchen gefehlt, diesen Grundwiderspruch durch eine Umdeutung der   100
Grundrechte von Abwehr- zu **Teilhaberechten** aufzulösen.[84] Zugegebenermaßen liegt unter den Rahmenbedingungen einer egalitären Demokratie der Gedanke verführerisch nahe, dem Staat die Verpflichtung aufzuerlegen, die tatsächlichen Voraussetzungen für
grundrechtlich verbürgte Freiheiten zu schaffen. Diesem Ansatz folgend würde Art. 14
Abs. 1 GG nicht das Erworbene – die vermögenswerten Rechte – gewährleisten, sondern
die Existenzgrundlage jener garantieren, die noch über kein Eigentum verfügen. Die Berufsfreiheit müsste folgerichtig als Recht auf möglichst gleichmäßige Verteilung von Be-
rufschancen interpretiert werden.

Die sich im Sozialstaat der Gegenwart stellenden **Verteilungsprobleme** sind prinzipiell   101
nicht durch den Rückgriff auf Grundrechte lösbar.[85] Zwar mag es angesichts der Globali-
sierung der Arbeitsmärkte bedenkenswert sein, den Staat zur Verteilung der vorhandenen
Arbeitsplätze auf mehr Menschen zu ermächtigen. Derart sozialpolitisch motivierte Maßnahmen stellen sich gleichwohl für die Betroffenen als **Einschränkung** ihrer Berufsfreiheit
dar und sind an den hierfür aufgestellten verfassungsrechtlichen Maßstäben zu messen.
Diese lassen sich nicht dadurch überspielen, dass den Grundrechten eine gewissermaßen
dialektische – im Ergebnis sich bis zu einem gewissen Grad selbst aufhebende – Wirkungsweise zugemessen wird.

Sozialpolitische Maßnahmen finden ihre verfassungsrechtliche Legitimation im **Sozial-**   102
staatsprinzip, das in seiner Anlage offen ist und – im Gegensatz zu den statischen
Abwehrrechten des Grundrechtsteils – eine innere Dynamik aufweist. Den politischen
Parteien nämlich winkt aufgrund der Formulierung sozialpolitischer Ziele und ihrer
Durchsetzung der Wahlerfolg. Sozialpolitische Zielsetzungen lassen sich demgegenüber
nicht als grundrechtlich vorgegeben postulieren, weil die subjektiv-rechtliche Qualität
der Grundrechte hierdurch überanstrengt würde.[86]

---

84 So *P. Häberle*, Grundrechte im Leistungsstaat, VVDStRL 30 (1972), S. 43 (80 ff.); *W. Martens*, Grund-
    rechte im Leistungsstaat, VVDStRL 30 (1972), S. 7 (21); *D. Wiegand*, Sozialstaatsklausel und soziale
    Teilhaberechte, DVBl. 1974, S. 657 (661 f.); *H. Wilke*, Stand und Kritik der neueren Grundrechts-
    theorie (1975), S. 216 ff.
85 Vgl. *M. Sachs*, in: K. Stern, Staatsrecht III / 1, S. 694 ff. m. zahlr. Nachw.
86 Ähnlich *H. Dreier*, in: Dreier (Hrsg.), GG Bd. I, Vorb. Rdnr. 81 m. zahlr. Belegen für die These, daß
    die als subjektive Rechte formulierten sozialen Grundrechte der Länderverfassungen nichts an-
    deres als Staatszielbestimmungen darstellen.

V. Rechtsprechung

103 BVerfGE 7, 198 (»Lüth«); E 21, 362 (Grundrechtsfähigkeit juristischer Personen des öffentlichen Rechts); E 30, 173 (Mephisto); E 33, 303 (Numerus clausus); E 39, 1 (Schwangerschaftsabbruch I); E 49, 89 (Kalkar I); E 53, 30 (Mülheim-Kärlich); E 88, 203 (Schwangerschaftsabbruch II); E 89, 155 (Maastricht); E 89, 214 (Bürgschaft).

VI. Literatur

104 **Zu I., II.: R. Alexy**, Grundrechte als subjektive Rechte und als objektive Normen, Der Staat 29 (1990), S. 49; **H. Bauer**, Geschichtliche Grundlagen der Lehre vom subjektiven öffentlichen Recht (1986); **A. Scherzberg**, Grundlagen und Typologie des subjektiv-öffentlichen Rechts, DVBl. 1988, S. 129; **F. Schoch**, Grundrechtsfähigkeit juristischer Personen, Jura 2001, S. 201; **C. Starck**, Die Grundrechte des Grundgesetzes, JuS 1981, S. 237; **ders.**, Praxis der Verfassungsauslegung (1994); **R. Wahl**, Die doppelte Abhängigkeit des subjektiven öffentlichen Rechts, DVBl. 1996, S. 641; **H. A. Wolff**, Die Willensfreiheit und die Grundrechte, JZ 2006, S. 925.

Zu III.: R. Alexy, Theorie der Grundrechte (3. Aufl. 1996); **H. Bauer/W. Kahl**, Europäische Unionsbürger als Träger von Deutschen-Grundrechten?, JZ 1995, S. 1077; **H. Bethge**, Die Grundrechtsberechtigung juristischer Personen nach Art. 19 Abs. 3 Grundgesetz (1985); **A. Bleckmann**, Neue Aspekte der Drittwirkung der Grundrechte, DVBl. 1988, S. 938; **A. Bleckmann/F. Helm**, Die Grundrechtsfähigkeit juristischer Personen – Die Funktion des Art. 19 III GG –, DVBl. 1992, S. 9; **S. Broß**, Zur Grundrechtsfähigkeit juristischer Personen des öffentlichen Rechts, VerwArch 77 (1986), S. 65; **C. Degenhart**, Grundrechtsschutz ausländischer juristischer Personen bei wirtschaftlicher Betätigung im Inland, EuGRZ 1981, S. 161; **H.-U. Erichsen**, Die Drittwirkung der Grundrechte, Jura 1996, S. 527; **ders./D. Ebber**, Die Grundrechtsbindung des privatrechtlich handelnden Staates, Jura 1999, S. 373; **J. Hager**, Grundrechte im Privatrecht, JZ 1994, S. 373; **W. Höfling**, Die Grundrechtsbindung der Staatsgewalt, JA 1995, S. 431; **J. Ipsen**, Gesetzliche Einwirkungen auf grundrechtlich geschützte Rechtsgüter, JZ 1997, S. 473; **J. Lücke**, Die Drittwirkung der Grundrechte an Hand des Art. 19 Abs. 3 GG, JZ 1999, S. 377; **H.-J. Mertens**, Die Grundrechtsfähigkeit der juristischen Person und das Gesellschaftsrecht, JuS 1989, S. 857; **A. v. Mutius**, Grundrechtsfähigkeit, Jura 1983, S. 30; **ders.**, Grundrechtsmündigkeit, Jura 1987, S. 272; **B. Pieroth**, Die Grundrechtsberechtigung gemischt-wirtschaftlicher Unternehmen, NWVBl. 1992, S. 85; **J. Pietzcker**, Die Rechtsfigur des Grundrechtsverzichts, Der Staat 17 (1978), S. 527; **ders.**, Drittwirkung – Schutzpflicht – Eingriff, in: Festschrift für G. Dürig (1990), S. 345; **W. Rüfner**, Drittwirkung der Grundrechte, Versuch einer Bilanz, in: Gedächtnisschrift für W. Martens (1987), S. 215; **M. Sachs**, Ausländergrundrechte im Schutzbereich von Deutschengrundrechten, BayVBl. 1990, S. 385; **F. E. Schnapp**, Die Grundrechtsbindung der Staatsgewalt, JuS 1989, S. 1; **F. E. Schnapp/M. Kaltenborn**, Grundrechtsbindung nichtstaatlicher Institutionen, JuS 2000, S. 937; **H. Scholler/S. Broß**, Grundrechtsschutz für juristische Personen des öffentlichen Rechts, DÖV 1978, S. 238; **J. Schwabe**, Bundesverfassungsgericht und »Drittwirkung« der Grundrechte, AöR 100 (1975), S. 442; **ders.**, Probleme der Grundrechtsdogmatik (2. Aufl. 1997); **R. Wernsmann**, Die Deutschengrundrechte des Grundgesetzes im Lichte des Europarechts, Jura 2000, S. 657; **N. Zimmermann**, Der grundrechtliche Schutzanspruch juristischer Personen des öffentlichen Rechts (1993); **ders.**, Zur Grundrechtssubjektivität kommunaler Energieversorgungsunternehmen, JuS 1991, S. 294; **W. Zöllner**, Regelungsspielräume im Schuldrecht, Bemerkungen zur Grundrechtsanwendung im Privatrecht und zu den sogenannten Ungleichgewichtslagen, AcP 196 (1996), S. 1.

Zu IV.: H. Bethge, Aktuelle Probleme der Grundrechtsdogmatik, Der Staat 24 (1985), S. 351; **E.-W. Böckenförde**, Grundrechtstheorie und Grundrechtsinterpretation, NJW

1974, S. 1529; **ders.**, Die Methoden der Verfassungsinterpretation – Bestandsaufnahme und Kritik, NJW 1976, S. 2089; **ders.**, Grundrechte als Grundsatznormen, Zur gegenwärtigen Lage der Grundrechtsdogmatik, Der Staat 29 (1990), S. 1; **C. Callies**, Die grundrechtliche Schutzpflicht im mehrpoligen Verfassungsrechtverhältnis, JZ 2006, S. 321; **U. Diederichsen**, Die Selbstbehauptung des Privatrechts gegenüber dem Grundgesetz, Jura 1997, S. 57; **J. Dietlein**, Die Lehre von den grundrechtlichen Schutzpflichten (2. Aufl. 2005); **U. Di Fabio**, Grundrechte als Werteordnung, JZ 2004, S. 1; **H. Dreier**, Subjektiv-rechtliche und objektiv-rechtliche Grundrechtsgehalte, Jura 1994, S. 505; **H.-U. Erichsen**, Grundrechtliche Schutzpflichten in der Rechtsprechung des Bundesverfassungsgerichts, Jura 1997, S. 85; **P. Häberle**, Die Wesensgehaltsgarantie des Art. 19 Abs. 2 Grundgesetz, (3. Aufl. 1983); **K.-E. Hain**, Der Gesetzgeber in der Klemme zwischen Übermaß- und Untermaßverbot?, DVBl. 1993, S. 982; **W. Heintschel v. Heinegg/U. R. Haltern**, Grundrechte als Leistungsansprüche des Bürgers gegenüber dem Staat, JA 1995, S. 305, 333; **H. D. Jarass**, Grundrechte als Wertentscheidungen bzw. objektiv-rechtliche Prinzipien in der Rechtsprechung des Bundesverfassungsgerichts, AöR 110 (1985), S. 363; **B. Jeand'Heur**, Grundrechte im Spannungsverhältnis zwischen subjektiven Freiheitsgarantien und objektiven Grundsatznormen, JZ 1995, S. 161; **E. Klein**, Grundrechtliche Schutzpflicht des Staates, NJW 1989, S. 1633; **H. H. Klein**, Die grundrechtliche Schutzpflicht, DVBl. 1994, S. 489; **G. Lübbe-Wolff**, Die Grundrechte als Eingriffsabwehrrechte (1988); **G. Odendahl**, Die sozialen Menschenrechte – ein historischer, systematischer und rechtsvergleichender Überblick, JA 1996, S. 898; **A. Pietrzak**, Die Schutzpflicht im verfassungsrechtlichen Kontext – Überblick und neue Aspekte, JuS 1994, S. 748; **A. Scherzberg**, »Objektiver« Grundrechtsschutz und subjektives Grundrecht, DVBl. 1989, S. 1128; **B. Schlink**, Freiheit durch Eingriffsabwehr – Rekonstruktion der klassischen Grundrechtsfunktion, EuGRZ 1984, S. 457; **W. Schmidt**, Grundrechtstheorie im Wandel der Verfassungsgeschichte, Jura 1983, S. 169; **E. Schmidt-Jortzig**, Die Einrichtungsgarantien der Verfassung (1979); **H. Sodan**, Der Anspruch auf Rechtsetzung und seine prozessuale Durchsetzbarkeit, NVwZ 2000, S. 601; **P. Szczekalla**, Die sogenannten grundrechtlichen Schutzpflichten im deutschen und europäischen Recht (2002).

§ 3 Stufen der Grundrechtsprüfung

105   Die Einsicht in die **subjektiv-rechtliche Qualität** der Grundrechte ist eine wesentliche Voraussetzung ihrer Anwendung im Einzelfall. Ihre juristische Handhabung erweist sich gleichwohl als schwierig, weil der Wortlaut vielfach eine an historischen Vorbildern orientierte pathetische Färbung hat, die den normativen Gehalt der Grundrechte nicht immer erkennen lässt. Die zahlreichen Entscheidungen des Bundesverfassungsgerichts mindern zwar die Unsicherheit in der Rechtsanwendung, vermögen sie aber nicht zu beseitigen, weil sie ihrerseits nicht selten wieder Unklarheiten hervorrufen. Überdies widerspricht es der in Deutschland seit jeher systematisch ausgerichteten rechtswissenschaftlichen Tradition, eine Enklave des reinen Fallrechts – des »case law« – zu akzeptieren. Aus beiden Gründen ist es unabweisbar, eine **Methode der Grundrechtsprüfung** zu entwickeln. Bewusst wird dabei von der in der Rechtsprechung des Bundesverfassungsgerichts geläufigen Terminologie (Schutzbereich, Eingriff, Schranken)[1] abgewichen, um ungeachtet ihrer suggestiven Wirkung den Blick für die sich stets stellenden Anwendungsprobleme zu schärfen. Diese können sich im Zusammenhang mit dem **Grundrechtstatbestand** (Tatbestandsebene), hinsichtlich der **Einwirkungen** auf grundrechtlich geschützte **Rechtsgüter** (Einwirkungsebene) oder deren **verfassungsrechtlicher Rechtfertigung** (Rechtfertigungsebene) ergeben.

I.   Die Tatbestandsebene

1.   Die Suche nach dem einschlägigen Grundrecht

106   Am Anfang der Grundrechtsprüfung steht regelmäßig ein Lebenssachverhalt, in dem sich ein Beteiligter (Grundrechtsträger) durch ein Handeln von **Organen öffentlicher Gewalt** (Grundrechtsadressaten) *beschwert* fühlt. Vergleichbar der strafrechtlichen Prüfung, die Täter und Opfer voraussetzt, oder der zivilrechtlichen Prüfung von Ansprüchen zwischen Gläubiger und Schuldner ist die Voraussetzung der Grundrechtsprüfung das gewissermaßen archetypische Gegenüber von Einzelnem und öffentlicher Gewalt.

107   Der Einzelne braucht nicht selbst in Erscheinung zu treten, insbesondere nicht Beschwerdeführer im Verfassungsbeschwerdeverfahren zu sein. Grundrechtsprüfungen lassen sich auch »abstrakt« – im Hinblick auf *gedachte* Einzelne – vornehmen, wie es für das Verfahren der abstrakten Normenkontrolle bezeichnend ist. In Ausnahmefällen ist auch der im Grundrecht enthaltene »Wert« zum Maßstab der Prüfung gemacht und die Frage der Grundrechtsträgerschaft offen gelassen worden.[2] In seiner neueren Rechtsprechung betont das Gericht dagegen die Rechtssubjektivität.[3]

108   Das Verhältnis von Staat und Bürger gewinnt grundrechtliche Relevanz, wenn Handlungen vorgenommen werden, die die Rechtssphäre des Bürgers berühren, oder Maßnahmen unterlassen werden, auf die der Bürger einen Anspruch zu haben glaubt. Ausgangspunkt der Grundrechtsprüfung sind folglich **Maßnahmen**, die einem Träger öffentlicher Gewalt (Grundrechtsadressaten) **zugerechnet** werden können.

109   Eine Vielzahl staatlicher Maßnahmen berührt die Rechtssphäre des Einzelnen nicht und besitzt deshalb keine Grundrechtsrelevanz. Hierzu gehören innerorganisatorische Maßnahmen, Rechtsakte

---

1 Vgl. ausführlich *H. Dreier*, in: Dreier (Hrsg.), GG Bd. I, Vorb. Rdnr. 119 ff.; *M. Sachs*, in: K. Stern, Staatsrecht III/2, S. 10 f.

2 Vgl. BVerfGE 39, 1 (41 f.).

3 Vgl. BVerfGE 88, 203 (251 f.).

auf dem Gebiet des Völkerrechts[4] usw. In aller Regel werden nur solche Maßnahmen den Gegenstand eines (zumindest Prüfungs-)Falls bilden, die jedenfalls in irgendeiner Hinsicht auf grundrechtliche Schutzgüter einwirken.

Der erste Schritt der Grundrechtsprüfung besteht also darin, aus dem Grundrechtskatalog   110
die im konkreten Fall in Betracht kommenden Grundrechte herauszufinden. Die Auswahl
erfordert ein »Hin- und Herwandern des Blickes« (*Engisch*) zwischen (Grundrechts-)**Tatbestand** und (Lebens-)**Sachverhalt**. Auf diese Weise können Grundrechte ausgeschlossen
werden, die offensichtlich für die weitere Prüfung irrelevant sind.

2. Die Ermittlung des Grundrechtsinhalts

Die grobe Sichtung des Grundrechtskatalogs auf möglicherweise als verletzt in Betracht   111
kommende Grundrechte ist nur ein erster Schritt der Grundrechtsprüfung. Wiederum gesteuert von der Maßnahme, durch die sich ein Grundrechtsträger verletzt fühlt (oder fühlen könnte) – der **Beschwer** –, muss unter den in Betracht kommenden das im konkreten
Fall einschlägige Grundrecht oder eine Mehrzahl einschlägiger Grundrechte gesucht werden. Die Beschwer stellt gewissermaßen den Lichtkegel eines Suchscheinwerfers dar, mit
dem das einschlägige Grundrecht aufgespürt werden soll. Der Blick richtet sich hierbei auf
den **Grundrechtsinhalt**, insbesondere auf das grundrechtlich geschützte Rechtsgut
(Schutzgut). Nicht selten ist sonnenklar, welches Schutzgut im konkreten Fall von der
staatlichen Maßnahme betroffen ist.

> Wird der alkoholisierte Autofahrer A von der Polizei angehalten, die wegen Verdachts einer Straftat   112
> (§ 316 StGB) die Entnahme einer Blutprobe anordnet (§ 81 a StPO), so ist ersichtlich, dass mit dieser
> Maßnahme in die körperliche Unversehrtheit eingegriffen wird und also das Recht auf körperliche
> Unversehrtheit (Art. 2 Abs. 2 Satz 1 GG) einschlägig ist. Auch wenn A sich auf dem Weg zur Arbeit
> befindet und sich aufgrund der polizeilichen Maßnahme um Stunden verspätet, ist gleichwohl das
> Grundrecht der Berufs-(ausübungs-) freiheit (Art. 12 Abs. 1 GG) *nicht* einschlägig, weil der Ermittlungsmaßnahme jede »berufsregelnde Tendenz«[5] fehlt, die Auswirkung auf die Berufstätigkeit also
> rein zufällig ist.

In der Regel muss erst durch Auslegung des Grundrechtsinhalts ermittelt werden, ob ein   113
Grundrecht einschlägig ist. Hierbei erweist sich das grundrechtsdogmatische Axiom als
hilfreich, dass *jede* nicht sozialschädliche Handlung von einem Grundrecht erfasst wird,
weil insoweit eine **Kongruenz** zwischen natürlichen Handlungsmöglichkeiten und
grundrechtlich geschützten Rechtsgütern besteht. Das ist zwar nicht unumstritten[6], entspricht aber der ständigen Rechtsprechung des Bundesverfassungsgerichts[7] und der überwiegenden Auffassung in der Literatur.[8] Insofern kann jede Prüfung handlungseinschränkender Maßnahmen unter der Voraussetzung erfolgen, dass jedenfalls *ein* Grundrecht entsprechenden Schutz gewährt.

Eine wesentliche Schwierigkeit bei der Auslegung des Grundrechtsinhalts liegt darin, dass   114
der Verfassungsgeber vielfach – häufig an Formulierungen historischer Verfassungen anknüpfend – das Schutzgut des Grundrechts mit Begriffen bezeichnet, die im alltäglichen

---

4 Vgl. aber das sog. »Maastricht-Urteil« des Bundesverfassungsgerichts (E 89, 155), in dem immerhin
    eine Verletzung des Art. 38 GG für möglich gehalten wird (S. 182 f.).
5 Vgl. unten Rdnr. 619 ff.
6 Vgl. Sondervotum des Richters *D. Grimm* (BVerfGE 80, 164 f.).
7 Vgl. BVerfGE 80, 137 (153 f.) m. w. N.
8 *A. Bleckmann*, Staatsrecht II – Die Grundrechte (4. Aufl. 1997), S. 288 f.; *G. Dürig*, in: Maunz / Dürig,
    GG Art. 2 Abs. I Rdnr. 3 (Erstbearbeitung 1958) spricht von einer Wertentscheidung für den lückenlosen Schutz der unteilbaren Freiheit. Der Begriff der unteilbaren Freiheit geht auf *G. Jellinek*, System
    der subjektiven öffentlichen Rechte (2. Aufl. 1905), S. 103 f. zurück.

Sprachgebrauch einen nicht notwendig mit der verfassungsrechtlichen Bedeutung identischen Sinngehalt haben.

115 Schon das fundamentale Schutzgut des »Lebens« stellt den Grundrechtsinterpreten vor Auslegungsprobleme. Zwar hat das Bundesverfassungsgericht auch das *werdende Leben* als Leben im Sinne des Art. 2 Abs. 2 Satz 1 GG gewertet[9]; ob auch extrakorporal erzeugte Embryonen »Leben« darstellen und somit unter den Schutz des Art. 2 Abs. 2 Satz 1 GG fallen, ist demgegenüber umstritten.[10]

116 Die wichtigste Erkenntnisquelle für die Ermittlung des Grundrechtsinhalts sind die **Leitentscheidungen des Bundesverfassungsgerichts**. Die wissenschaftliche Erkenntnis wird durch diese Entscheidungen allerdings nicht *gebunden*. Soweit sich plausible Gründe dafür ergeben, von der Rechtsprechung des Bundesverfassungsgerichts abzuweichen, steht dies dem Interpreten frei. Die Rechtsprechung des Bundesverfassungsgerichts erheischt zwar von der Wissenschaft **Beachtung**, nicht notwendig aber **Befolgung**.

3. Vom Schutzgut zum subjektiven Recht

117 Nach den vorausgegangenen Überlegungen ist ein Grundrecht einschlägig, wenn eine (staatliche) Maßnahme das Schutzgut eines Grundrechts in irgendeiner Weise »trifft«. Das Bundesverfassungsgericht – und mit ihm die überwiegende Literatur[11] – spricht meist davon, dass der **»Schutzbereich«** eines Grundrechts »berührt« sei. Gegen die in der Grundrechtsdogmatik verbreitete Raummetaphorik ergeben sich prinzipielle Einwände. Grundrechte eröffnen weder »Räume« noch »Bereiche«, noch ist überhaupt die gängige verräumlichende Vorstellung ihrer Qualität als subjektiver Rechte angemessen.[12] In Grundrechtsfällen stellt sich stets die Frage, welche Grundrechte welchen staatlichen Maßnahmen entgegengesetzt werden können. Bei dieser Suche vollzieht sich kein quasi-metaphysischer Vorgang, in dem die Verfassung einen »Schutzbereich« »eröffnet«, gefordert ist vielmehr die Subsumtion unter verfassungsrechtliche Begriffe. Hierbei ist jede metaphorische oder sonstwie suggestive Begrifflichkeit schädlich, weil sich nachprüfbare juristische Interpretation und Subsumtion andernfalls in einem Abwägungsdunst aufzulösen drohen. Auch wenn Grundrechte nur eine fragmentarische Fassung zu haben scheinen, lassen sie sich zu (dreigliedrigen) subjektiv-öffentlichen Rechten – bestehend aus Grundrechtsträger, Grundrechtsadressaten und Grundrechtsinhalt – komplettieren. Da die Grundrechtsträger regelmäßig in den einzelnen Grundrechten benannt und die Grundrechtsadressaten vorweg in Art. 1 Abs. 3 GG aufgeführt sind, bedarf es regelmäßig nur einer Umformulierung des **Grundrechtsinhalts**, um ihren Charakter als subjektiv-öffentliche Rechte zu verdeutlichen.

118 Greift man nochmals auf das fundamentale Recht auf Leben und körperliche Unversehrtheit zurück, so wäre es – wenn man die semantischen Unschärfen der Begriffe »Leben« und »körperliche Unversehrtheit« außer acht lässt – wie folgt zu formulieren: Jeder Mensch kann vom Staat (als Abbreviatur für alle Grundrechtsadressaten) verlangen, dass er Eingriffe in sein Leben und seine körperliche Unversehrtheit unterlässt. Sofern Art. 2 Abs. 2 Satz 1 GG auch ein (echtes) Leistungsrecht

---

9 Vgl. BVerfGE 39, 1; 88, 203.

10 Vgl. unten Rdnr. 234.

11 Vgl. etwa BVerfGE 80, 137 (154 f.) zu Art. 2 Abs. 1 GG; E 35, 202 (219 f.) zu Art. 2 Abs. 1 i. V. m. Art. 1 Abs. 1 GG; E 66, 39 (60) zu Art. 2 Abs. 2 Satz 1 GG; E 86, 1 (9) zu Art. 5 Abs. 1 Satz 1 GG; E 7, 377 (432, 444) zu Art. 12 Abs. 1 GG; E 18, 85 (93) zu Art. 14 GG; *P. Lerche*, in: HdStR V, § 109 Rdnr. 77; *C. Starck*, in: v. Mangoldt/Klein/Starck, GG Bd. 1, Art. 1 Rdnr. 264; *I. v. Münch*, in: v. Münch/Kunig (Hrsg.), GG Bd. 1, Vorb. Art. 1–19 Rdnr. 48 ff.; *K. Hesse* spricht vom »Normbereich« eines Grundrechts, vgl. *K. Hesse*, Grundzüge, Rdnr. 46, 69.

12 Skeptisch auch *Pieroth/Schlink*, Grundrechte, Rdnr. 231, ohne sich indes von dieser Terminologie zu lösen.

zu entnehmen sein sollte, wäre dies wie folgt zu formulieren: Jeder kann vom Staat verlangen, dass dieser ihn gegen Verletzungen seines Lebens und seiner körperlichen Unversehrtheit durch Dritte schützt.[13]

Bei der Herausarbeitung des Grundrechtsinhalts – insbesondere des Schutzgutes – sind die Leitentscheidungen nicht immer hilfreich, weil das Bundesverfassungsgericht dazu neigt, das Ergebnis der Grundrechtsprüfung im Einzelfall wiederum als »Freiheit« zu bezeichnen, und so den Eindruck erweckt, als sei jeweils ein Bündel unterschiedlicher »Freiheiten« grundrechtlich geschützt.   119

> Im sog. »Kruzifix-Beschluss« führt das Bundesverfassungsgericht aus, zur Glaubensfreiheit gehöre   120
> nicht nur die Freiheit, einen Glauben zu *haben*, sondern auch die Freiheit, nach den eigenen Glaubensüberzeugungen zu *leben* und zu *handeln*. Insbesondere gewährleiste die Glaubensfreiheit die *Teilnahme* an den kultischen Handlungen, die ein Glaube vorschreibe oder in denen er Ausdruck finde. Dem entspreche umgekehrt die Freiheit, kultischen Handlungen eines nicht geteilten Glaubens *fernzubleiben*. Diese Freiheit beziehe sich ebenfalls auf die Symbole, in denen ein Glauben oder eine Religion sich darstelle. Art. 4 Abs. 1 GG überlasse es dem Einzelnen zu entscheiden, welche Symbole er anerkenne und verehre und welche er ablehne.[14] Auf diese Weise wird der Eindruck erweckt, die durch Art. 4 Abs. 1 GG geschützte Glaubensfreiheit könne in eine Mehrzahl verselbständigter Freiheiten aufgespalten werden, die dann den »Schutzbereich« des Grundrechts bilden.

Diese – auch in der Literatur verbreitete[15] – **assoziative Methode** ist zwar regelmäßig von dem Gedanken geleitet, den Schutz der einzelnen Grundrechte weit zu ziehen, aus eben diesem Grunde aber auch problematisch. Die Auslegung der Begriffe, mit denen das Schutzgut eines Grundrechts umschrieben wird, kann nämlich unversehens zur Dezision mutieren, ob bestimmte »Freiheiten« in den »Schutzbereich« des Grundrechts fallen.[16] Da sich der Grundrechtsträger prinzipiell gegenüber allen Maßnahmen, die ihn in seinen Handlungsmöglichkeiten einschränken, auf Grundrechte berufen kann, gibt es keine grundrechtsfreien Bezirke, die durch extensive Auslegung der einzelnen Schutzgüter geschlossen werden müssten. Soweit über den Text der einzelnen Grundrechte hinausgehende Segmentierungen von Handlungen vorgenommen werden, erweckt dies den Eindruck, als handele es sich hierbei um aus der Verfassung abzuleitende, **verselbständigte Schutzgüter**, während es sich in der Sache nur um Anwendungsfälle aus der Rechtsprechung handelt, die auf eine abstrakte Ebene gehoben werden.   121

Für die Prüfungsreihenfolge gilt der Grundsatz, zunächst das am ehesten in Betracht kommende Grundrecht und sodann diejenigen Grundrechte zu behandeln, deren Einschlägigkeit weniger plausibel ist. Ein gewissermaßen dramaturgischer Aufbau, der erst über Stufen von Nebensächlichkeiten dem Kulminationspunkt der Prüfung entgegenstrebt, ist verfehlt. Grundsätzlich sind **Freiheitsrechte** vor und getrennt von **Gleichheitsrechten** zu prüfen, weil letztere einen Vergleich (mit anderen Grundrechtsträgern) und insofern eine andere Art der Prüfung erfordern.[17] Die allgemeine Handlungsfreiheit (Art. 2 Abs. 1 GG) wird durch die speziellen Freiheitsrechte verdrängt und ist – sofern diese einschlägig sind – allenfalls zu erwähnen, nicht aber zu prüfen.[18]   122

---

13 Dieses Beispiel auch bei *R. Alexy*, Theorie der Grundrechte, S. 173.
14 Vgl. BVerfGE 93, 1 (15 f.).
15 Vgl. z. B. *H. Dreier*, in: Dreier (Hrsg.), GG Bd. I, Vorb. Rdnr. 120 m. w. N.; *W. Höfling*, Offene Grundrechtsinterpretation (1987), S. 175 ff.; *J.-D. Kühne*, in: Sachs (Hrsg.), GG, Art. 13 Rdnr. 10.
16 Vgl. zu der parallelen Problematik der sog. »Kernbereichslehre« zu Art. 28 Abs. 2 GG: *J. Ipsen*, Schutzbereich der Selbstverwaltungsgarantie und Einwirkungsmöglichkeiten des Gesetzgebers, ZG 1994, S. 197.
17 Vgl. unten Rdnr. 753 ff.
18 Vgl. unten Rdnr. 744.

II.   Einwirkungsebene

123   Während es auf der Tatbestandsebene darum geht, das gegenüber beschwerenden staatlichen Maßnahmen *einschlägige* Grundrecht herauszufinden, stellt sich auf der nächsten Stufe die Frage, welche Auswirkungen die Maßnahme zeitigt. Im Sprachgebrauch des Bundesverfassungsgerichts würde zu fragen sein, ob ein »**Eingriff**« in den »**Schutzbereich**« des betreffenden Grundrechts vorliegt.[19] Die tatbestandliche Einschlägigkeit eines Grundrechts besagt im Einzelfall noch nichts darüber, ob die staatliche Maßnahme überhaupt Auswirkungen zeitigt, die rechtfertigungsbedürftig sind. Einschlägigkeit eines Grundrechts bedeutet nur, dass es staatlichen Maßnahmen entgegengesetzt werden kann, die das Schutzgut betreffen. Ob diese Maßnahmen auch *rechtfertigungsbedürftig* sind, bedarf besonderer Prüfung.

124   Im »Kruzifix-Beschluss« hat das Bundesverfassungsgericht die Auffassung vertreten, dass auf staatliche Anordnung in Klassenzimmern angebrachte Kruzifixe (und Kreuze) die Bekenntnisfreiheit von Schülern verletzen könnten.[20] Nach dem bisher Gesagten ist Art. 4 Abs. 1 GG gegenüber derartigen Maßnahmen – hier: der durch Rechtsverordnung bestimmten Anbringung von Kreuzen im Klassenzimmer – thematisch *einschlägig*, denn es handelt sich um eine Maßnahme, die Glauben und Bekenntnis – und nicht etwa nur den Schulunterricht – *betrifft*. Daraus ergibt sich jedoch nicht zwangsläufig, dass diese Maßnahme am Maßstab des Art. 4 Abs. 1 GG auch rechtfertigungsbedürftig wäre.

125   Für rechtfertigungsbedürftige Maßnahmen ist der Begriff des »**Grundrechtseingriffs**« ebenso verbreitet wie umstritten.[21] Das hierbei verfolgte dogmatische Anliegen besteht darin, alle rechtfertigungsbedürftigen Maßnahmen unter einen Begriff zu bringen, der es dann ermöglicht, *nicht* rechtfertigungsbedürftige Maßnahmen – weil nicht unter die Begriffsmerkmale fallend – auszuscheiden. Der »Grundrechtseingriff« ist als zusammenfassender Terminus für am Maßstab der Grundrechte rechtfertigungsbedürftige Maßnahmen jedoch abzulehnen, weil diese zum einen nicht auf Grund*rechte*, sondern grundrechtlich geschützte **Rechtsgüter** einwirken, zum anderen aber nicht stets *Eingriffs*charakter haben.

126   Schon oben ist dargelegt worden, dass zwischen dem **Grundrecht** als subjektiv-öffentlichem Recht und dem **Grundrechtsinhalt** – bestehend aus Schutzgut und Schutzrichtung – zu unterscheiden ist.[22] Maßnahmen der öffentlichen Gewalt wirken sich auf die grundrechtlichen Schutzgüter aus und sind deshalb rechtfertigungsbedürftig. Die hier vorausgesetzte Terminologie wird auch nicht durch das Grundgesetz in Frage gestellt, das z. B. in Art. 2 Abs. 2 Satz 3 GG ausdrücklich zu einem Eingriff in »diese Rechte« ermächtigt und hiermit die subjektiv-öffentlichen Rechte meinen könnte. Genaueres Hinsehen zeigt nämlich, dass die Wendung »Eingriff in Rechte« eine Chiffre darstellt, die den Staat unter bestimmten Voraussetzungen ermächtigt, auf grundrechtliche **Schutzgüter** einzuwirken. Das Grundrecht ist nur dann beeinträchtigt, wenn es dem staatlichen Handeln nicht mehr entgegengesetzt werden kann. Im Einzelfall ist allerdings denkbar, dass *tatsächliches* Handeln sowohl das **Rechtsgut** als auch das **Recht** beeinträchtigt.

127   Wird (etwa durch gezielten polizeilichen Schusswaffengebrauch) ein Mensch getötet, so bedeutet dies einen Eingriff in das Schutzgut »Leben« und zugleich einen *Grundrechts*eingriff, weil ein Getöteter keine Abwehrrechte mehr geltend machen kann. Wird durch staatliches Handeln eine Sache zerstört, so ist hiermit auch zwangsläufig ein Eingriff in das (Eigentums-)*Recht* verbunden, weil die Sache nicht mehr existiert.

128   Im Regelfall werden die Grundrechte nicht notwendig durch Einwirkungen auf grundrechtliche Schutzgüter beeinträchtigt, weil sie den staatlichen Maßnahmen entgegenge-

---

19 Vgl. statt aller *Pieroth/Schlink*, Grundrechte, Rdnr. 226 ff.
20 BVerfGE 93, 1 (18).
21 Vgl. ausführlich *H. Dreier*, in: Dreier (Hrsg.), GG Bd. I, Vorb. Rdnr. 123 ff.; *M. Sachs*, in: K. Stern, Staatsrecht III/2, S. 76 ff.; *C. Starck*, in: v. Mangoldt/Klein/Starck, GG Bd. 1, Art. 1 Rdnr. 265.
22 Vgl. oben Rdnr. 60 ff.

setzt werden können. Die Frage, ob ein grundrechtlicher Abwehranspruch besteht, lässt sich erst beantworten, wenn die beeinträchtigende Maßnahme nicht *gerechtfertigt* werden kann (also auf der Rechtfertigungsebene). Ein Eingriff in *Grundrechte* ist also genau genommen erst *ex post* beurteilbar, während die Einwirkung auf *Schutzgüter* vorangegangen sein muss.

> Auch an dieser Stelle lässt sich die Parallele zu § 823 Abs. 1 BGB ziehen: der Schadensersatz- (oder **129**
> Unterlassungs-)anspruch setzt voraus, dass eines der »Lebensgüter« oder das Eigentum bzw. ein
> sonstiges Recht widerrechtlich verletzt ist.[23] Die Rechtsverletzung muss also stattgefunden haben
> (und nicht zu rechtfertigen sein), um den Anspruch aus § 823 Abs. 1 BGB zu begründen.

Einwirkungen auf grundrechtliche Schutzgüter sind überdies nicht stets *Eingriffe*. Der so **130**
genannte »**klassische**« **Eingriffsbegriff**[24] ist durch Finalität, Unmittelbarkeit, Rechtsförmlichkeit und Zwang gekennzeichnet.[25] Nach verbreiteter Auffassung reicht diese Begriffsdefinition nicht aus, um alle rechtfertigungsbedürftigen Maßnahmen zu erfassen.[26] Gegenüber Versuchen, einen »neuen« Eingriffsbegriff zu entwickeln, der eine größere dogmatische Leistungsfähigkeit besitzt, ist gleichwohl Skepsis angebracht:

– Auch ein »neuer« Eingriffsbegriff wird immer Assoziationen an den »klassischen« Eingriffsbegriff **131**
  wachrufen, weil dieser seit jeher eine bestimmte grundrechtsdogmatische Funktion hatte und *hat*,
  weil es ja nach wie vor den »klassischen« Eingriff in grundrechtliche Schutzgüter gibt.[27]
– Der Eingriffsbegriff mag zwar *weit* ausgelegt werden, behält aber seine semantische Substanz. »Eingreifen« oder »hineingreifen« tut man *in* etwas, so dass diesem Begriff – ähnlich wie dem des **132**
  »Schutzbereichs« – notwendig eine verräumlichende Vorstellung innewohnt. Damit ist der Begriff
  auf eine Differenz von Außen und Innen angelegt und erfordert im Prinzip eine Entscheidung.[28]
  Eine solch decisionäre Tendenz erweist sich als unzuträglich, wenn geprüft werden soll, ob ein
  Schutzgut überhaupt beeinträchtigt ist.
– Der Eingriffsbegriff ist von der Tendenz gekennzeichnet, die Grundrechtsrelevanz von der *Maß-* **133**
  nahme her zu definieren, während sie im Grunde nur von ihren *Auswirkungen* her begriffen werden
  kann.[29]

Alle drei Gründe sprechen dagegen, am Eingriffsbegriff als gemeinsamer Kategorie für **134**
staatliche Maßnahmen, die am Maßstab der Grundrechte rechtfertigungsbedürftig sind,
festzuhalten. Vorzugswürdig ist der Begriff der »**Einwirkungen**«, der sowohl den Maßnahmecharakter auffängt, als auch den Akzent auf die Auswirkungen einer Maßnahme
setzt. Bezeichnenderweise findet sich diese Wendung auch in der neueren Rechtsprechung
des Bundesverfassungsgerichts.[30]

Einwirkungen auf grundrechtliche Schutzgüter sind als **Eingriffe**, als **Einschränkungen**, **135**
als **rechtliche Ausgestaltung** und als **faktische** (eingriffsgleiche) **Einwirkungen** denkbar.
Die Art der Einwirkung ist – wie sich zeigen wird – vom jeweiligen Schutzgut abhängig.
Mit anderen Worten entspricht einer bestimmten Kategorie grundrechtlicher Schutzgüter
ein jeweils spezifischer Einwirkungsmodus.

---

23 Vgl. oben Rdnr. 73.
24 Skeptisch gegenüber dieser Kategorie: *M. Sachs*, in: K. Stern, Staatsrecht III/2, S. 103.
25 Vgl. *H. Dreier*, in: Dreier (Hrsg.), GG Bd. I, Vorb. Rdnr. 124 m. w. N.
26 Vgl. ausführlich hierzu: *H. Dreier*, in: Dreier (Hrsg.), GG Bd. I, Vorb. Rdnr. 125; *G. Lübbe-Wolff*,
    Grundrechte als Eingriffsabwehrrechte, S. 69 ff.; *M. Sachs*, in: K. Stern, Staatsrecht III/2, S. 128 ff.
27 Kritisch auch: *M. Sachs*, in: K. Stern, Staatsrecht III/2, S. 156 ff.
28 Vgl. oben Fn. 16.
29 Vgl. hierzu ausführlich: *M. Sachs*, in: K. Stern, Staatsrecht III/2, S. 128 f.
30 Vgl. BVerfGE 81, 310 (LS 5): »Einwirkungen des Staates in den Rechtskreis des Einzelnen«; vgl.
    auch *M. Sachs*, in: K. Stern, Staatsrecht III/2, S. 157: »sonstiger Einwirkungen auf grundrechtliche
    Schutzgegenstände«, was der hier vorgeschlagenen Terminologie bereits sehr nahe kommt.

1. Eingriff in unverletzliche Schutzgüter

136 Eine Reihe von grundrechtlich geschützten Rechtsgütern wird als »**unantastbar**« (Art. 1 Abs. 1 Satz 1 GG) oder »**unverletzlich**« (Art. 2 Abs. 2 Satz 2, 4 Abs. 1, 10 Abs. 1, 13 Abs. 1 GG) bezeichnet. Diese Wendung findet sich bereits in der **Weimarer Reichsverfassung** (Art. 114, 115, 117 WRV) und geht auf die **Paulskirchenverfassung** zurück (§§ 138, 140, 164 PV). Zunächst scheint ein Widerspruch darin zu liegen, dass bestimmte Rechtsgüter als »unverletzlich« bezeichnet werden, derselbe Artikel dann aber Eingriffsmöglichkeiten vorsieht (Art. 2 Abs. 2 Satz 3, 10 Abs. 2, 13 Abs. 2 bis 7 GG): Wenn in Schutzgüter von Grundrechten »eingegriffen« werden kann, sind diese offenbar nicht »unverletzlich«. Gemeint ist indessen nicht, dass in das jeweilige Schutzgut – die Menschenwürde ausgenommen – unter keinen Umständen eingegriffen werden darf, sondern dass es der Individualsphäre zuzurechnen ist, die sich normalerweise staatlicher Einwirkung verschließt.

137 Für die Schutzgüter des Art. 2 Abs. 2 GG ist dies offensichtlich, denn staatliche Maßnahmen, die das Leben, die körperliche Unversehrtheit oder die Freiheit der Person beeinträchtigen, sind nur in notstandsähnlichen Situationen vorstellbar.[31] Das gleiche gilt für die Wohnung als Schutzgut des Art. 13 GG, in die ohne Erlaubnis einzudringen normalerweise ebenfalls kein Anlass besteht. Auch das Post- und Fernmeldegeheimnis ist hierzu zu rechnen, denn auch hierdurch wird die **Privatsphäre** geschützt, in die nur unter besonderen Voraussetzungen eingegriffen werden soll und eingegriffen zu werden braucht (Art. 10 Abs. 2 GG).

138 Bemerkenswert ist, dass das Eigentum durch Art. 14 Abs. 1 GG nur »gewährleistet«, nicht aber für unverletzlich erklärt wird, obwohl dies der Verfassungstradition entsprochen hätte.[32] Die Abkehr von der traditionellen Formel dürfte – wie schon bei Art. 153 WRV – darin begründet sein, dass der Verfassungsgeber das Eigentum nicht mehr ausschließlich der **Individual-**, sondern (auch) der **Sozialsphäre** zuordnen wollte.[33]

139 Soweit die Individualsphäre und ihre Integrität das Schutzgut eines Grundrechts bilden, ist der Einwirkungsmodus der **Eingriff**. Die von diesem Begriff nahe gelegte räumliche Assoziation erweist sich hier als angemessen, weil nur in etwas, was als vollständig gedacht werden kann – also eine Integrität aufweist –, *eingegriffen* werden kann. Der Begriff des »Eingriffs« ist grundrechtsdogmatisch deshalb als Einwirkung auf grundrechtlich geschützte, für »unverletzlich« erklärte oder zu erklärende (Individual-)**Sphären** zu definieren. Kennzeichen des Eingriffs in der hier vorausgesetzten Bedeutung ist, dass er die geschützte Sphäre im Übrigen unberührt lässt.

140 Für Eingriffe in die Schutzgüter des Art. 2 Abs. 2 GG leuchtet dies unmittelbar ein: die Blutentnahme oder entsprechende Maßnahmen erschöpfen sich im einzelnen Eingriff, während die körperliche Integrität im Übrigen *unverletzlich* bleibt. Auch die Durchsuchung der Wohnung oder das Öffnen von Briefen (bzw. Abhören von Telefongesprächen) ist prinzipiell eine einmalige Handlung und keine beständige Einschränkung, obwohl der Sprachgebrauch in Art. 10 Abs. 2 Satz 1 GG hiervon abzuweichen scheint und angesichts der Abhörpraxis Zweifel bestehen, ob der Übergang von der Individual- zur Sozialsphäre nicht bereits vollzogen ist.[34]

141 Bedient man sich der in der Grundrechtsdogmatik offenbar unvermeidlichen räumlichen Metaphorik, so bleibt auch nach dem Eingriff die geschützte Sphäre in ihrer Integrität erhalten, mit anderen Worten: der jeweilige Eingriff wirkt nur *punktuell*, während die Sphäre sich zu ihrer ursprünglichen Integrität wieder »schließt«. Nur der Vollständigkeit halber

---

31 Vgl. unten Rdnr. 237, 243 ff., 251 ff.
32 Vgl. § 164 PV: »Das Eigentum ist unverletzlich.«; demgegenüber bereits Art. 153 Abs. 1 WRV: »Das Eigentum wird von der Verfassung gewährleistet. Sein Inhalt und seine Schranken ergeben sich aus den Gesetzen.«
33 Vgl. unten Rdnr. 674 ff.
34 Vgl. unten Rdnr. 293.

sei erwähnt, dass der einzelne Eingriff, um gerechtfertigt werden zu können, der gesetzlichen Grundlage bedarf; dies aber ist eine Frage, die auf der Rechtfertigungsebene zu stellen und zu beantworten ist.

2. Einschränkungen grundrechtlich geschützter Schutzgüter

Bei anderen Grundrechten findet sich der **Schrankenbegriff** (Art. 5 Abs. 2, 14 Abs. 1 Satz 2 GG) oder die Wendung, die »Rechte« könnten »beschränkt« (Art. 8 Abs. 2 GG) oder »eingeschränkt« (Art. 11 Abs. 2, 17 a Abs. 1 und 2, 19 Abs. 1 Satz 1 GG) werden. Es dürfte kein Zufall sein, dass sich die Schrankenmetapher oder ihre begrifflichen Äquivalente dann finden, wenn bestimmte Handlungsmöglichkeiten – »**Freiheiten**« – das grundrechtliche Schutzgut darstellen. Während die *Individual*sphäre als »unverletzlich« gedacht werden kann, ist jede menschliche Handlung von vornherein in ein Netz von Interaktionen eingefügt und deshalb stets im Zusammenhang mit dem Handeln anderer zu sehen, gehört also notwendig zur *Sozial*sphäre.   142

> Anschaulich wird dieser Unterschied wiederum bei Art. 2 GG. Während die »Freiheit der Person« als zur Individualsphäre gehörig *unverletzlich* ist (und jemand nur unter besonderen Voraussetzungen festgenommen, verhaftet usw. werden darf), ist die in Art. 2 Abs. 1 GG gewährleistete *Handlungsfreiheit* (freie Entfaltung der Persönlichkeit) von vornherein nicht als unverletzlich (oder unbegrenzt) zu *denken*.   143

In Art. 4 der französischen Menschen- und Bürgerrechtserklärung hat das hier angesprochene Verhältnis von **Freiheit** und **Freiheitsbegrenzung** seinen gültigen Ausdruck gefunden: 144

> »Die Freiheit besteht darin, alles tun zu dürfen, was einem anderen nicht schadet: die Ausübung der natürlichen Rechte jedes Menschen hat also nur die Grenzen, die den anderen Mitgliedern der Gesellschaft den Genuß der gleichen Rechte sichert. Diese Grenzen können nur durch Gesetz bestimmt werden.«

Schranken werden also den durch die Grundrechte gewährleisteten Handlungsmöglichkeiten gezogen, weil diese potentiell mit den Handlungsmöglichkeiten anderer kollidieren. Die Schrankenmetapher ist deshalb überaus treffend: der **Handlungsspielraum** des Einzelnen wird **eingeschränkt**.   145

Damit bestätigt sich die hier vertretene Ausgangsthese, dass der Einwirkungs*modus* – Eingriff oder Schranke – bei genauem Hinsehen der Eigenart des geschützten Rechtsguts entspricht: ist dies grundsätzlich in seiner Integrität gewährleistet, so entspricht dem der **Eingriff**. Geht es dagegen um Handlungsmöglichkeiten, so werden diese durch **Schranken** begrenzt. Auch die je unterschiedliche Wirkungsweise von Eingriff und Schranke bestätigt sich an dieser Stelle: der Eingriff in (unverletzliche) Schutzgüter ist nur im Einzelfall unter notstandsähnlichen Voraussetzungen zulässig, die Schranke hingegen begrenzt grundrechtlich geschützte Handlungsmöglichkeiten beständig.   146

Der unterschiedliche Wirkungsmodus von Eingriff und Schranke wird nicht immer hinreichend beachtet. Während Gesetze, die zu Eingriffen in (unverletzliche) Schutzgüter ermächtigen, notwendig der Umsetzung im Einzelfall bedürfen, im übrigen die Individualsphäre aber in ihrer Integrität unberührt (eben »unverletzlich«) bleibt, muss die Schranke *nicht* notwendig durch Einzelakt umgesetzt werden. Gesetzliche Beschränkungen der Meinungs-, Berufs- oder allgemeinen Handlungsfreiheit bedürfen solange keiner weiteren administrativen Maßnahmen, wie die Grundrechtsträger die ihnen gezogenen Schranken nicht überschreiten. Dies schließt nicht aus, dass Verstöße gegen generelle Verbote jeweils durch Einzelakt geahndet werden können und dieser wiederum **Eingriffsqualität** besitzt, weil er »unverletzliche« Schutzgüter betrifft.   147

148 Der Begrenzung (natürlicher) Handlungsmöglichkeiten entspricht die Beschränkung der **handlungsschützenden Grundrechte**. Diese nämlich können, soweit Schrankenvorbehalte bestehen, den Einwirkungen des Staates auf die grundrechtlichen Schutzgüter nicht entgegengehalten werden. Damit bestätigt sich die oben dargestellte Wirkungsweise der Grundrechte.[35] Die Grundrechtsschranken schränken nicht etwa durch Grundrechte gewährte **Handlungsbefugnisse** (wieder) ein; sie ermächtigen vielmehr den Gesetzgeber zur Begrenzung (natürlicher) Handlungsmöglichkeiten und rechtfertigen schrankenausfüllende Gesetze.[36] Wenn dies zum Schutze anderer Grundrechtsträger erforderlich ist, trifft den Gesetzgeber eine verfassungsrechtliche Pflicht, von den entsprechenden Ermächtigungen Gebrauch zu machen.[37] Die **Abwehrrechte** – und damit die rechtliche Gewährleistung der Freiheit – sind insoweit **eingeschränkt**.

3. Gesetzliche Ausgestaltung grundrechtlicher Schutzgüter

149 »Eingriff« und »Schranke« haben gemeinsam, dass grundrechtliche Schutzgüter gemindert werden können. Die Vorstellung einer solchen Minderung erweist sich indes als problematisch, wenn das Schutzgut des Grundrechts **rechtlicher Ausformung** bedarf. Natürlich kann nur in »etwas« eingegriffen oder »etwas« eingeschränkt werden, was (rechtlich) bereits existiert. Muss »es« erst durch die Rechtsordnung hervorgebracht werden, können derartige Rechtsnormen nicht zugleich als Schranken oder Eingriffe verstanden werden; sie sind vielmehr ein Drittes.

150 Nach Art. 6 Abs. 1 GG stehen Ehe und Familie unter dem besonderen Schutz der staatlichen Ordnung. Aus diesem Grundrecht wird die »Eheschließungsfreiheit« abgeleitet.[38] Die gesetzlichen Bestimmungen über die Wirkungen der Ehe im Allgemeinen (§§ 1353 ff. BGB) gestalten das Institut der Ehe aus, sind also Voraussetzung dafür, dass von der Eheschließungsfreiheit Gebrauch gemacht werden kann.[39]

151 Die Unterscheidung zwischen rechtlichen Regelungen, die ein grundrechtliches Schutzgut konturieren, und solchen, die ein Schutzgut einschränken (oder in seine Integrität eingreifen), ist nicht leicht zu ziehen, weil – je nach Perspektive – jede Regelung auch als *Beschränkung*, jede Beschränkung auch als *Regelung* angesehen werden kann.

152 Nach Art. 14 Abs. 1 Satz 2 GG werden »Inhalt und Schranken« des Eigentums durch die Gesetze bestimmt. Schon der Wortlaut des Grundrechts spricht entscheidend dafür, dass Inhalts- und Schrankenbestimmungen etwas je Verschiedenes sind. Da Eigentum kein den »Lebensgütern« vergleichbares Schutzgut ist, muss es zunächst rechtlich ausgeformt werden, ehe es Beschränkungen unterworfen werden kann.[40]

153 Eine hiervon zu trennende Frage ist, wieweit der Verfassungsgeber durch die Wahl bestimmter Begriffe (Ehe, Eigentum) den einfachen Gesetzgeber hinsichtlich der rechtlichen Ausgestaltung gebunden hat. Dies ist der Ausgangspunkt der Lehre von den **Institutsgarantien**, nach der derartige Begriffe nicht beliebiger Konkretisierung zugänglich sind, sondern etwas bezeichnen, was diesen Namen verdient.[41] Dem ist im Grundsatz zuzustimmen, weil auch der Verfassungsgeber hinsichtlich der Beziehung der Geschlechter zueinander oder des Verhältnisses von Menschen zu Sachen keine *tabula rasa* vorfindet, son-

---

35 Vgl. oben Rdnr. 60 ff.
36 Vgl. hierzu *R. Alexy*, Theorie der Grundrechte, S. 249.
37 Vgl. hierzu *R. Alexy*, Theorie der Grundrechte, S. 262 ff.
38 Vgl. unten Rdnr. 313 f.
39 Vgl. BVerfGE 31, 58 (69).
40 Vgl. unten Rdnr. 696 ff.
41 So die »klassische« Formulierung bei *M. Wolff*, in: Festschrift für W. Kahl (1923), S. 6. Umfassend zur Lehre von den Einrichtungsgarantien *K. Stern*, Staatsrecht III / 1, S. 776 ff.

dern an zum Teil Jahrtausende alte Rechtsinstitute anknüpft, wenn er ihnen auch einen neuen Inhalt zu geben vermag.

> Mit der »Ehe« (Art. 6 Abs. 1 GG) ist die grundsätzlich unauflösliche Lebensgemeinschaft zwischen **154** Mann und Frau und nicht etwa eine beliebige Beziehung zweier Partner gemeint.[42] Man mag der Auffassung sein, dass die rechtliche Anerkennung auch gleichgeschlechtlicher Partnerschaften rechtspolitisch geboten war; diese sind indes keine »Ehen« im Sinne des Grundgesetzes.[43] Auch das »Eigentum« ist nicht beliebiger Ausgestaltung zugänglich. Wenn das Eigentum nicht mehr als »unverletzlich« (§ 164 PV) bezeichnet, sondern sozial gebunden wird (Art. 14 Abs. 2 GG), so ist damit die grundsätzliche Privatnützigkeit und Verfügungsbefugnis des Eigentümers gleichwohl Voraussetzung: sein Gebrauch soll »zugleich« dem Wohl der Allgemeinheit dienen, was nichts anderes bedeuten kann, als dass es zunächst dem Nutzen des Eigentümers dienen soll.[44]

4. Faktische Einwirkungen auf grundrechtliche Schutzgüter

Staatliches Handeln ist so vielgestaltig, dass grundrechtliche Schutzgüter nicht allein **155** durch normgesteuerte – finale – Maßnahmen, sondern auch auf andere – »faktische« – Weise betroffen werden können. Nicht gemeint sind die Fälle, in denen staatliche Organe *rechtswidrig* handeln und damit einen Schadensersatzanspruch auslösen.

> Wird beim Übungsschießen von Panzern der Bundeswehr ein Holzstapel in Brand gesetzt, so ist **156** dies ein »faktischer« Eingriff in ein grundrechtliches Schutzgut (das Eigentum). Im Ergebnis ist ein solcher Vorgang nicht anders zu beurteilen als die fahrlässige Brandstiftung durch einen Privaten: durch die Handlung wird ein Schadensersatzanspruch ausgelöst.[45]

Die *grundrechtsdogmatische* Problematik beginnt erst, wenn staatliche Maßnahmen sich auf **157** grundrechtliche Schutzgüter von Nichtadressaten auswirken und diese Einwirkungen sich in ihrer Intensität als »eingriffsgleich« oder »einschränkungsgleich« darstellen.[46]

III. Die Rechtfertigungsebene

Einwirkungen auf grundrechtliche Schutzgüter bedürfen der **Rechtfertigung**. Die Fest- **158** stellung, dass ein Grundrecht im Hinblick auf eine bestimmte, dem Staat zurechenbare Maßnahme einschlägig ist und diese Maßnahme einen Eingriff in das grundrechtliche Schutzgut darstellt oder es einschränkt, enthält noch kein Urteil über ihre **Rechtmäßigkeit**. Eingriff und Beschränkung sind nur begriffliche Umschreibungen dafür, *dass* auf grundrechtlich geschützte Rechtsgüter in rechtfertigungsbedürftiger Weise *eingewirkt* wird. Ob diese Einwirkung auch rechtlich zulässig (rechtmäßig, verfassungsmäßig) ist, stellt den Gegenstand einer weiteren Prüfung dar.[47]

1. Der Gesetzesvorbehalt

Einwirkungen auf grundrechtliche Schutzgüter sind grundsätzlich nur zulässig, wenn sie **159** auf einer gesetzlichen Grundlage beruhen, bleiben hinsichtlich ihrer Zulässigkeit also einem Gesetz »vorbehalten«. Die grundrechtsbeschränkenden Gesetze kennzeichnen folglich die Grenze zwischen Individualsphäre und Sozialsphäre, zwischen individuellen Handlungsmöglichkeiten und Rechten anderer bzw. Belangen der Allgemeinheit. Das Er-

---

42 Vgl. BVerfGE 28, 324 (361); 31, 58 (69).
43 Vgl. unten Rdnr. 310 ff.
44 Vgl. unten Rdnr. 679 ff.
45 Vgl. BGHZ 37, 44; BGH, NJW 1964, S. 104.
46 Grundlegend *T. Koch*, Der Grundrechtsschutz des Drittbetroffenen, S. 286 ff. und passim.
47 Vgl. *Pieroth/Schlink*, Grundrechte, Rdnr. 252 ff.

fordernis eines (Parlaments-)Gesetzes bedeutet zugleich die **Kompetenzzuweisung** für Grundrechtseinschränkungen an das **volksgewählte Parlament**.[48]

160 Entsprechend den unterschiedlichen Einwirkungen auf grundrechtliche Schutzgüter kann zwischen Eingriffs-, Schranken- und Regelungs-(Ausgestaltungs-)Vorbehalten unterschieden werden.

a) Eingriffsvorbehalte

161 Den als »unverletzlich« bezeichneten Grundrechten (grundrechtlichen Schutzgütern) entspricht der **Eingriffsvorbehalt**. Er findet sich in Art. 2 Abs. 2 Satz 3, 13 Abs. 2, 3, 7 GG und – was terminologisch nicht deutlich ist – in Art. 10 Abs. 2 GG. Aufgrund dieser Gesetzesvorbehalte kann der Gesetzgeber Staatsorgane dazu ermächtigen, im Einzelfall in die – im Übrigen als unverletzlich gewährleisteten – Sphären einzugreifen.

162 Die Zahl der Gesetze, aufgrund derer in die Schutzgüter des Art. 2 Abs. 2 GG eingegriffen werden kann, ist kaum übersehbar. Strafrechtliche und strafprozessuale Vorschriften gehören hierzu ebenso wie solche des allgemeinen und besonderen Gefahrenabwehrrechts.[49]

163 Strafprozessuale und gefahrenabwehrrechtliche Vorschriften ermächtigen auch zu Eingriffen in die Unverletzlichkeit der Wohnung (Art. 13 GG)[50] und des Brief-, Post- und Fernmeldegeheimnisses (Art. 10 GG).[51]

164 Die **Eingriffe**, zu denen die aufgrund der Vorbehalte ergangenen Gesetze ermächtigen, erschöpfen sich im Einzelakt und lassen das grundrechtlich geschützte Rechtsgut im Übrigen wieder als »unverletzlich« erscheinen.[52]

b) Schrankenvorbehalte (Einschränkungs-, Beschränkungsvorbehalte)

165 Überwiegend enthalten die Grundrechte **Schrankenvorbehalte** (Art. 2 Abs. 1, 5 Abs. 2, 8 Abs. 2, 14 Abs. 1 Satz 2 GG). Wie oben dargelegt, entspringen Grundrechtsschranken der Einsicht, dass menschliches Handeln nicht schrankenlos gewährleistet werden kann, weil in diesem Fall auch die Verletzung der Schutzgüter *anderer* Gegenstand grundrechtlichen Schutzes wäre, was zu einem unauflöslichen Widerspruch in der Grundrechtsdogmatik führen würde.[53]

166 Schrankenvorbehalte binden den Gesetzgeber teilweise an besondere Voraussetzungen (Art. 2 Abs. 1, 5 Abs. 2 GG), teilweise finden sich solche Voraussetzungen nicht (Art. 8 Abs. 2, 12 Abs. 1 Satz 2, 14 Abs. 1 Satz 2 GG). Die Unterscheidung zwischen »**einfachen**« und »**qualifizierten**« **Schrankenvorbehalten**[54] hat jedoch an Bedeutung verloren, weil das schrankenziehende Gesetz in jedem Fall dem Übermaßverbot entsprechen und damit ein zusätzliches Erfordernis erfüllen muss.[55]

---

48 Zur geschichtlichen Entwicklung des Gesetzesvorbehalts vgl. *M. Sachs*, in: K. Stern, Staatsrecht III/2, S. 374 ff.

49 Vgl. zum Eingriff in das Leben: § 76 Abs. 2 Nds. SOG (str.); Eingriff in die körperliche Unversehrtheit: § 81 a StPO, § 20 Abs. 6 IfSG; Eingriff in die Fortbewegungsfreiheit: § 127 StPO, § 18 Nds. SOG.

50 Vgl. §§ 102 ff. StPO, §§ 24 f. Nds. SOG.

51 Vgl. zum Eingriff in das Postgeheimnis: §§ 99 f. StPO; Eingriff in das Fernmeldegeheimnis: §§ 100 a f. StPO, §§ 33 ff. Nds. SOG.

52 Vgl. oben Rdnr. 139.

53 Vgl. oben Rdnr. 142.

54 Vgl. *H. Dreier*, in: Dreier (Hrsg.), GG Bd. I, Vorb. Rdnr. 136; *M. Sachs*, in: K. Stern, Staatsrecht III/2, S. 381.

55 Vgl. unten Rdnr. 169 ff.

Soweit Gesetze den Vorbehalt ausschöpfen und Handlungsmöglichkeiten einschränken – 167
etwa verbieten –, ist das Handeln grundrechtlich nicht mehr geschützt, und der Grundrechtsträger kann das entsprechende Abwehrrecht staatlichem Handeln – etwa in Gestalt
von Sanktionen – nicht mehr entgegensetzen. Die Konstruktion von Grundrecht und
Grundrechtsschranke hat zur Folge, dass grundsätzlich alles rechtlich *erlaubt* ist, was
durch Gesetz nicht ausdrücklich verboten ist.[56] Aus diesem Grundsatz lässt sich allerdings
nicht folgern, dass auch **sozialschädliches Handeln** – etwa die Verletzung der »Lebensgüter« anderer – *zunächst* grundrechtlich geschützt, dann aber durch entsprechende Gesetze
verboten würde. Allen Grundrechten ist vielmehr eine **Nichtstörungsschranke** imma-
nent, die den rechtlichen Schutz auf solche Handlungsmöglichkeiten begrenzt, die nicht
auf die Schädigung anderer abzielen.[57]

c) Regelungsvorbehalte

Soweit das grundrechtliche Schutzgut (auch) rechtserzeugt ist, entspricht dem ein **Rege-** 168
lungs- oder **Ausgestaltungsvorbehalt**, der vom Einschränkungsvorbehalt zu unterscheiden ist. Regelungsvorbehalte finden sich (ausdrücklich oder implizit) in Art. 6, 12 Abs. 1
Satz 2 und 14 Abs. 1 Satz 2 GG. Die Abgrenzung vom Schrankenvorbehalt ist nicht stets
unproblematisch, insbesondere aber bei Art. 14 Abs. 1 GG erforderlich, weil die Verfassung hiervon ausgeht.[58]

2. Übermaßverbot

Nach ständiger Rechtsprechung des Bundesverfassungsgerichts ist der grundrechtsein- 169
schränkende Gesetzgeber an den (ungeschriebenen) **Grundsatz der Verhältnismäßigkeit**
– an das »**Übermaßverbot**« – gebunden.[59] Die Geltung des Übermaßverbots auch für den
Gesetzgeber ist angesichts der zahlreichen Gesetzesvorbehalte eine wesentliche Vorkehrung dafür, dass die Grundrechte ihre Funktion als Freiheitsgewährleistungen erfüllen
können. Denkbar wäre nämlich, dass der Gesetzgeber die Vorbehalte als »*plein pouvoir*«
für sehr nachhaltige Grundrechtseingriffe und -beschränkungen verstünde und diese deshalb nur noch Rechtsproklamationen darstellten. Den schrankenziehenden Gesetzgeber
seinerseits rechtlichen Bindungen unterworfen zu haben, zählt zu den großen Leistungen
des Bundesverfassungsgerichts auf dem Gebiet der Grundrechtsdogmatik.

Der für das Übermaßverbot verwandte Begriff der »**Schranken-Schranke**«[60] ist als Wort- 170
spiel zwar ansprechend, in der Sache aber irreführend. Der Gesetzgeber wird in keiner
natürlichen Handlungsmöglichkeit eingeschränkt, wie dies das Zeichen von Grundrechtsschranken ist, sondern bei Ausübung seiner Kompetenzen an zusätzliche Rechtsgrundsätze gebunden. Wenn schon der Begriff der »Schranken-Schranke« benutzt wird, so
muss man sich bewusst sein, dass es sich um Schranken ganz unterschiedlicher Art handelt.

Die **Prüfung**, ob der Gesetzgeber bei Einwirkungen auf die Grundrechte das Übermaßver- 171
bot beachtet hat, vollzieht sich in **vier Schritten:** der vom Gesetzgeber verfolgte Zweck
muss sich als *legitim* darstellen, die von ihm vorgesehene Maßnahme *geeignet, erforderlich*
und *angemessen* sein, um dieses Ziel zu verfolgen.[61]

---

56 Vgl. oben Rdnr. 67.
57 Vgl. *K. Stern*, Staatsrecht III/2, S. 1060 f.
58 Vgl. unten Rdnr. 696 ff.
59 Vgl. BVerfGE 7, 377 (405, 407 f.); 48, 396 (402); 83, 1 (19); 90, 145 (173); zur Entwicklung vgl. ausführlich: *K. Stern*, Staatsrecht III/2, S. 762 ff.
60 Vgl. zu diesem Begriff *K. Stern*, Staatsrecht III/2, S. 711.
61 Vgl. zum Inhalt des Übermaßverbots auch BVerfGE 67, 157 (173); *J. Ipsen*, JuS 1990, S. 636 ff.;
   K. Stern, Staatsrecht III/2, S. 775 ff.

a) Legitimer Zweck

172   Die vom Gesetzgeber verfolgbaren (legitimen) **Zwecke** werden teilweise in den Gesetzesvorbehalten der Grundrechte selbst bezeichnet, begrenzen auf diese Weise die gesetzgeberische Einschränkungsmöglichkeit und schließen einen Missbrauch aus.

173   Nach Art. 5 Abs. 2 GG können die Meinungsäußerungsfreiheit und die Medienfreiheiten durch Vorschriften der allgemeinen Gesetze, gesetzliche Bestimmungen zum Schutze der Jugend und das Recht der persönlichen Ehre eingeschränkt werden. Wird mit Gesetzen ein anderes Ziel als das des Ehren- bzw. Jugendschutzes verfolgt, so muss es sich um ein »allgemeines« Gesetz handeln, das nach der Rechtsprechung des Bundesverfassungsgerichts den Schutz eines vergleichbar bedeutenden Rechtsgutes anstreben muss.[62] Nicht legitim wäre es, wenn durch Einschränkungen der Meinungsfreiheit die politische Diskussion über bestimmte Gegenstände verhindert werden sollte.

174   Sofern die Gesetzesvorbehalte für grundrechtseinschränkende Gesetze keine inhaltlichen Direktiven vorsehen, eröffnet sich im Grunde der gesamte Horizont der **Staatsaufgaben**. Unter diesen Voraussetzungen kann die Prüfung der Legitimität des Zwecks komplex ausfallen und grundsätzliche Fragen staatlichen Handelns aufwerfen. Wird z. B. durch eine gesetzliche Maßnahme die Berufswahl oder -ausübung eingeschränkt, so bietet der spröde Wortlaut des Art. 12 Abs. 1 GG für die hiermit verfolgbaren Zwecke keinen Anhaltspunkt. Unter Umständen hängt die Legitimität des vom Gesetzgeber verfolgten Zweckes davon ab, ob und wieweit er auf Wirtschaft und Arbeitsmarkt lenkend einwirken darf.[63]

175   Das Bundesverfassungsgericht hatte darüber zu entscheiden, ob das gesetzliche Verbot der Arbeitnehmerüberlassung im Baugewerbe (seinerzeit § 12 a AFG) verfassungsmäßig sei. Da das Gesetz die Freiheit der Berufswahl (Art. 12 Abs. 1 GG) einschränkte, war zunächst zu prüfen, ob der Gesetzgeber in dem Bemühen, die Missstände bei der Arbeitnehmerüberlassung zu bekämpfen, ein legitimes Ziel verfolgte.[64]

b) Geeignetheit

176   Die Maßnahmen, zu denen das (grundrechtseinschränkende) Gesetz ermächtigt, müssen zur Erreichung des (legitimen) Ziels *geeignet* sein. *Lerche* hat in seiner grundlegenden Monographie »Übermaß und Verfassungsrecht« (1961) die **Geeignetheit** noch als Vorfrage der Prüfung qualifiziert.[65] Mittlerweile wird die Geeignetheit jedoch als integraler Bestandteil des Übermaßverbots geprüft[66], weil eine *ungeeignete* Maßnahme immer *übermäßig* ist; denn sie vermag den verfolgten Zweck nicht zu erreichen. Allerdings wird nur selten eine grundrechtseinschränkende Maßnahme, zu der das Gesetz ermächtigt, als völlig ungeeignet beurteilt werden können.

177   Der im Beispielsfall ergriffenen gesetzgeberischen Maßnahme, die Arbeitnehmerüberlassung im Baugewerbe zu verbieten, darf ohne weiteres attestiert werden, dass sie zur Beseitigung der beklagten Missstände *geeignet* ist.[67] Weitere Aspekte sind unter dem Gesichtspunkt der *Geeignetheit* nicht zu erörtern.

---

62 Vgl. BVerfGE 7, 198 (210).
63 Vgl. unten Rdnr. 634.
64 Vgl. BVerfGE 77, 84 (107).
65 Vgl. *P. Lerche*, Übermaß und Verfassungsrecht (1961), S. 1 f.
66 Vgl. *K. Stern*, Staatsrecht III / 2, S. 776 ff. m. zahlr. Nachw.
67 Vgl. BVerfGE 77, 84 (108).

c) Erforderlichkeit

Grundrechtseinschränkende Maßnahmen müssen zur Verfolgung des legitimen Ziels *erforderlich* sein; von mehreren zur Verfügung stehenden Mitteln muss dasjenige gewählt werden, das die grundrechtlichen Schutzgüter am wenigsten beeinträchtigt.[68] Die Prüfung der **Erforderlichkeit** erfordert einen Vergleich mehrerer *geeigneter* Maßnahmen. Steht nur eine Maßnahme zur Verfügung, ist sie auch erforderlich.   178

> Im Ausgangsfall wäre an eine Konzession, die gegebenenfalls an besondere Voraussetzungen angeknüpft, zu denken gewesen. Allerdings darf das Gewerbe des Arbeitnehmerüberlassers ohnehin nur aufgrund einer besonderen Konzession ausgeübt werden (§ 1 AÜG), die nach Auffassung des Gesetzgebers aber nicht ausreichte, um die Missstände zu beheben. Das Bundesverfassungsgericht hat sich auf die Prüfung beschränkt, ob die Alternativen den erstrebten Zweck in einfacherer, gleich wirksamer, aber die Grundrechte weniger einschränkender Weise erreichen könnten, und dies verneint.[69]   179

d) Verhältnismäßigkeit (Angemessenheit, Proportionalität)

Grundrechtseinschränkende Maßnahmen müssen schließlich in einem **angemessenen Verhältnis** zu dem verfolgten Ziel stehen.[70] Ähnlich wie bei der Erforderlichkeitsprüfung muss auch hier verglichen werden, besser: Einwirkung und Ziel müssen in ein Verhältnis (eine Proportion) gesetzt werden. Erweist sich eine Maßnahme als *unverhältnismäßig* (übermäßig, unangemessen, disproportional), ist sie *verfassungswidrig* und als Grundrechtseinschränkung unzulässig.   180

> Im Ausgangsbeispiel wäre abschließend zu prüfen, ob das Verbot eines Gewerbezweiges – selbst dann, wenn man seine Erforderlichkeit bejaht – angemessen ist. Da die Missstände (Lohndrückerei, Beschäftigung Nichtsozialversicherter) aber erheblich waren, hat das Bundesverfassungsgericht das Verbot der Arbeitnehmerüberlassung im Baugewerbe als *angemessen* angesehen.[71]   181

Mit dem Grundsatz der Verhältnismäßigkeit ist eines der beiden **fundamentalen Gerechtigkeitsprinzipien** in das positive Verfassungsrecht überführt worden.[72] Das Verdikt über eine Maßnahme als unverhältnismäßig erfordert eine gewisse Evidenz, um plausibel zu sein. Methodologisch ist der Begriff der »Verhältnismäßigkeit« ein unbestimmter Rechtsbegriff, dessen Anwendung von Unsicherheiten gekennzeichnet ist. Da im Verhältnis von Gesetzgeber und Verfassungsgerichtsbarkeit Methodenfragen zugleich auch Kompetenzfragen sind, ist bei der einzelnen Prüfung die Gestaltungsfreiheit und **Einschätzungsprärogative des Gesetzgebers** zu berücksichtigen.[73]   182

3. Verbot des Einzelfallgesetzes, Zitiergebot, Wesensgehaltsgarantie (Art. 19 Abs. 1 und 2 GG)

Art. 19 Abs. 1 und 2 GG enthalten für grundrechtseinschränkende Gesetze weitere – formelle und materielle – Sicherungen, deren praktische Bedeutung allerdings im umgekehrten Verhältnis zum exegetischen Aufwand steht.   183

---

68 Vgl. BVerfGE 30, 292 (316); 78, 38 (50); 78, 232 (245); *K. Stern*, Staatsrecht III/2, S. 779 ff. m. zahlr. Nachw.
69 Vgl. BVerfGE 77, 84 (109 f.).
70 Vgl. BVerfGE 30, 292 (316); 67, 157 (178); 83, 1 (19); *K. Stern*, Staatsrecht III/2, S. 782 ff.
71 Vgl. BVerfGE 77, 84 (111 f.).
72 Vgl. BVerfGE 77, 84 (112). Zu den Wurzeln des Übermaßverbots vgl. *K. Stern*, Staatsrecht III/2, S. 765.
73 Vgl. BVerfGE 15, 126 (147).

a) Verbot des Einzelfallgesetzes (Art. 19 Abs. 1 Satz 1 GG)

184 **Fall 1:**
Im Ladenschlussgesetz vom 28. November 1956 (BGBl. I, S. 875) waren die Öffnungszeiten der Verkaufsstellen (§ 3) und der Apotheken (§ 4) geregelt. Abweichend von diesen Vorschriften durften Verkaufsstellen auf Personenbahnhöfen an allen Tagen während des ganzen Tages geöffnet sein, für Apotheken blieb es jedoch bei den Vorschriften des § 4 (§ 8 LSchG). A, Inhaber der einzigen Bahnhofsapotheke im Bundesgebiet, hielt die Vorschrift des § 8 Abs. 3 LSchG schon deshalb für verfassungswidrig, weil sie nur ihn beträfe.

(BVerfGE 13, 225)

185 Nach Art. 19 Abs. 1 Satz 1 GG muss ein grundrechtseinschränkendes Gesetz *allgemein* und nicht nur für den Einzelfall gelten. Das **Verbot des Einzelfallgesetzes** soll verhindern, dass zielgerichtet Grundrechte einzelner Personen eingeschränkt werden. Nicht ausgeschlossen ist allerdings, dass das Gesetz an einen konkreten Sachverhalt anknüpft, weil die Regelungsbedürftigkeit von Sachverhalten sich zumeist aufgrund derartiger »Anlassfälle« ergibt. Maßgebend ist, dass ein grundrechtseinschränkendes Gesetz nicht nur einen einzelnen Fall regelt, sondern *potentiell* für alle derartigen Fälle gilt.[74] Dabei kann es keinen Unterschied machen, ob gegenwärtig *tatsächlich* eine Vielzahl von Fällen oder nur ein Einzelfall unter die Regelung fällt.[75]

186 Der Umstand, dass es im Ausgangsfall nur *eine* »Bahnhofsapotheke« gibt, macht das Gesetz nicht zu einem (verbotenen) Einzelfallgesetz, weil es ersichtlich *jede* in einem Bahnhofsgebäude untergebrachte Apotheke betrifft, möge es zu einem bestimmten Zeitpunkt auch nur *eine* gegeben haben.[76] Nicht ausgeschlossen ist es, dass zukünftig weitere Apotheken in Bahnhöfen eingerichtet werden, so dass das Gesetz potentiell eine Vielzahl von Fällen betrifft.

187 Eine Ausnahme ist indes zu machen, wenn nach der Intention des Gesetzgebers die Grundrechtseinschränkung sich auf einen Fall beschränken soll, diese Absicht aber durch generell formulierte Tatbestandsmerkmale verdeckt wird. Ein solchermaßen »**getarntes Individualgesetz**«[77] verstößt gegen Art. 19 Abs. 1 Satz 1 GG ebenso wie gegen rechtsstaatliche Grundsätze.

188 Ein »getarntes Individualgesetz« ist aber nicht schon dann gegeben, wenn nur der Anlassfall geregelt werden soll (und kann), weil es weitere Fälle dieser Art nicht gibt. Unbeschadet der Sicherungswirkung des Art. 19 Abs. 1 Satz 1 GG muss es dem Gesetzgeber möglich sein, Maßnahmen auch dann vorzunehmen, wenn ihre Auswirkungen begrenzt sind. Art. 19 Abs. 1 Satz 1 GG schließt damit grundrechtseinschränkende Gesetze aus, die sich ihrem Wortlaut nach nur auf bestimmte *Personen* beziehen[78] (was in einem Rechtsstaat mit seinen vielfältigen Verfahrenssicherungen ohnehin ausgeschlossen ist). Soweit ein Gesetz in seinen **Tatbestandsvoraussetzungen** *abstrakt-generell* formuliert ist, kommt es entscheidend auf die gesetzgeberische Intention an. Ist diese rechtsstaatlich unbedenklich, enthält Art. 19 Abs. 1 Satz 1 GG keine weiteren Einschränkungen.

b) Zitiergebot (Art. 19 Abs. 1 Satz 2 GG)

189 **Fall 2:**
A wird wegen unsicheren Fahrens von einer Polizeistreife angehalten, die bei ihm eine Verminderung der Reaktionsfähigkeit und starken Alkoholgeruch feststellt. Die Polizeibeamten ordnen daraufhin die Entnahme einer Blutprobe im nahe gelegenen Kreiskrankenhaus an.

---

74 Vgl. BVerfGE 13, 225 (228 f.); 24, 33 (52); 25, 371 (396).
75 Vgl. BVerfGE 85, 360 (374).
76 So BVerfGE 13, 225 (228 f.).
77 Vgl. BVerfGE 10, 234 (244 f.); *H. Dreier*, in: Dreier (Hrsg.), GG Bd. I, Art. 19 I Rdnr. 14 m. w. N.
78 Zum Einzelpersonengesetz vgl. *H. Dreier*, in: Dreier (Hrsg.), GG, Art. 19 I Rdnr. 14 m. w. N.; *C.-F. Menger*, in: BK, GG, Art. 19 Abs. 1 Rdnr. 93.

Als zusätzliche Grundrechtssicherung schreibt Art. 19 Abs. 1 Satz 2 GG vor, dass das   190
(grundrechtseinschränkende) Gesetz das (eingeschränkte) Grundrecht unter Angabe
des Artikels nennen muss. Ein **Verstoß gegen das Zitiergebot** hat nach allgemeiner Meinung die **Nichtigkeit** des Gesetzes zur Folge.[79] Der Gesetzgeber soll hierdurch gezwungen
werden, die Auswirkungen von Gesetzen auf die Grundrechtssphäre einer besonderen
Prüfung zu unterziehen und Grundrechtseinschränkungen anzugeben. Die Vorschrift
dient überdies der Rechtsklarheit, weil der Bürger – idealtypisch – den Gesetzen ohne weitere juristische Kenntnisse das Ausmaß der Grundrechtseinschränkungen soll entnehmen
können.[80]

Trotz dieser begrüßenswerten Intention hat das Zitiergebot in der bisherigen Rechtspraxis   191
nur eine geringe Bedeutung entwickelt. Die einschlägigen Entscheidungen des Bundesverfassungsgerichts lesen sich wie ein Katalog von Ausnahmen. Es leuchtet ein, dass
das Zitiergebot nur für **nachkonstitutionelles Recht** gelten kann.[81] Der Gesetzgeber soll
nicht verpflichtet werden, das gesamte vorkonstitutionelle Recht auf damit verbundene
Grundrechtseinschränkungen zu untersuchen, um diese gegebenenfalls zu zitieren (was
auch tatsächlich unmöglich wäre). Das Bundesverfassungsgericht hält das Zitiergebot
auch dann nicht für verletzt, wenn es sich um Grundrechtseinschränkungen des nachkon-
stitutionellen Gesetzgebers handelt, die lediglich bereits geltende **Grundrechtsbeschränkungen** unverändert oder mit geringen Abweichungen **wiederholen**.[82] In der jüngsten
Rechtsprechung ist allerdings ein bemerkenswerter Wandel eingetreten. So reicht es
nach Auffassung des Bundesverfassungsgerichts nicht aus, wenn ein Gesetz ein Grundrecht als eingeschränkt zitiert, aufgrund einer Novellierung aber die Eingriffsmöglichkeiten verschärft werden.[83] Dies folge aus der Warn- und Besinnungsfunktion des Zitiergebots, die auch für jeden späteren Grundrechtseingriff gelte.[84] Die Nichtigkeitsfolge soll jedoch nur für solche Gesetze eintreten, die nach der einschlägigen Entscheidung des Bundesverfassungsgerichts erlassen worden sind.[85]

Im Ausgangsfall konnte die Anordnung der Polizeibeamten auf § 81 a StPO gestützt werden.   192
Dies ist eine nachkonstitutionelle Vorschrift (BGBl. I 1950, S. 455). Allerdings enthielt auch das
vorkonstitutionelle Recht die Ermächtigung zu derartigen Eingriffen (RGBl. I 1933, S. 1000).
Nach Auffassung des Bundesverfassungsgerichts verstößt § 81 a StPO deshalb nicht gegen das
Zitiergebot.[86]

Das Bundesverfassungsgericht nimmt auch Gesetze, die die **allgemeine Handlungsfrei-**   193
heit einschränken[87], »**allgemeine Gesetze**« im Sinne des Art. 5 Abs. 2 GG[88] und **Regelun-**
gen nach Art. 12 Abs. 1 GG[89] von der Geltung des Zitiergebotes aus. In einem Leitsatz heißt
es, Art. 19 Abs. 1 Satz 2 GG gelte nur für Gesetze, die darauf abzielten, ein Grundrecht
»über die in ihm selbst angelegten Grenzen einzuschränken«.[90] Aus dem Wortlaut der Vorschrift folgt diese Einschränkung nicht, denn das Zitiergebot schließt unmittelbar an

---

79 Vgl. BVerfGE 5, 13 (15 f.); *E. Denninger*, in: AK-GG, Art. 19 Abs. 1 Rdnr. 19; *W. Krebs*, in: v. Münch /
    Kunig (Hrsg.), GG Bd. 1, Art. 19 Rdnr. 18; *P. Lerche*, in: HdStR V, § 122 Rdnr. 42; *K. Stern* schlägt statt
    der Rechtsfolge der »Nichtigkeit« vor, den Gesetzgeber den Mangel beseitigen zu lassen, *ders.*,
    Staatsrecht III / 2, S. 760.
80 So BVerfGE 2, 121 (122 f.) st. Rspr.; vgl. zu den Funktionen des Art. 19 I 2 GG: *H. Dreier*, in: Dreier
    (Hrsg.), GG Bd. I, Art. 19 I Rdnr. 18.
81 So BVerfGE 2, 121 (122 f.) st. Rspr.
82 So BVerfGE 5, 13 (16).
83 BVerfGE 113, 348 (366).
84 BVerfGE 113, 348 (366).
85 BVerfGE 113, 348 (367).
86 So BVerfGE 16, 194 (199 f.).
87 BVerfGE 10, 89 (99).
88 BVerfGE 28, 282 (289).
89 BVerfGE 64, 72.
90 So BVerfGE 28, 36.

Art. 19 Abs. 1 Satz 1 GG an, der für alle Arten von Grundrechtseinschränkungen gilt. Auch der vom Bundesverfassungsgericht herangezogene Grundsatz, Formvorschriften bedürften enger Auslegung[91], vermag für sich allein nicht zu überzeugen. Sinnvoll wäre es indes, das Zitiergebot auf **Grundrechtseingriffe** in dem hier vorausgesetzten Sinne zu beschränken und andere Einwirkungen auf grundrechtliche Schutzgüter von seiner Wirkung auszunehmen.

194   Nach der hier vertretenen Auffassung bilden die »unverletzlichen« Schutzgüter die Individualsphäre, in die der Staat nur im Einzelfall unter notstandsähnlichen Voraussetzungen eingreifen darf. Werden dagegen Handlungsmöglichkeiten geschützt, reichen diese notwendig in die Sozialsphäre hinein, stoßen dabei auf die Rechtssphäre anderer und unterliegen deshalb zumindest den im Grundrecht selbst angelegten Nichtstörungsschranken. Der Grundrechtsträger kann insofern von vornherein nicht damit rechnen, dass die Grundrechte seine Handlungsmöglichkeiten unbegrenzt schützen.[92]

195   Von diesem Ansatz her wären nur solche Grundrechte als eingeschränkt zu zitieren, die ein Schutzgut als »unverletzlich« gewährleisten (Art. 2 Abs. 2, 10 Abs. 1, 13 Abs. 1 GG). In der Gesetzgebungspraxis werden auch die **Versammlungsfreiheit** (Art. 8 Abs. 1 GG) und die **Freizügigkeit** (Art. 11 Abs. 1 GG) als eingeschränkt zitiert. Namentlich bei der Versammlungsfreiheit leuchtet dies nicht ein, weil diese Handlungsmöglichkeit nachhaltig in die Sozialsphäre hineinwirkt und besonders leicht mit Schutzgütern anderer kollidiert. Bei der Freizügigkeit könnte man darauf abstellen, ob sie den als unverletzlich bezeichneten Grundrechten zumindest gleichsteht, wofür die Notstandsvorbehalte (Art. 11 Abs. 2 GG) sprechen könnten.

c) Die Wesensgehaltsgarantie (Art. 19 Abs. 2 GG)

196   **Fall 3:**
Polizeibeamter P hat einen Drogendealer, mit dem er zusammenarbeitete, hinterrücks erschossen, als dieser ihm mit Anzeige drohte. Das Gericht wertet die Tat als heimtückische Tötung zur Verdeckung einer anderen Straftat und verurteilt P wegen Mordes zu lebenslanger Freiheitsstrafe (§ 211 StGB). P sieht hierdurch den Wesensgehalt seines Grundrechts aus Art. 2 Abs. 2 Satz 2 GG angetastet.

(nach BVerfGE 45, 187)

197   Art. 19 Abs. 2 GG lautet:

»In keinem Falle darf ein Grundrecht in seinem Wesensgehalt angetastet werden.«

198   Die so genannte »**Wesensgehaltsgarantie**« ist seit jeher in der Literatur umstritten und die Frage, wann ein Grundrecht in seinem Wesensgehalt »angetastet« ist, ungelöst.[93] Die Frage, auf welche Grundrechte sich die Wesensgehaltsgarantie bezieht, findet eine eindeutige Antwort: nach dem Wortlaut des Art. 19 Abs. 2 GG gilt die Wesensgehaltsgarantie für *alle* Grundrechte.[94] Deshalb bedarf es nicht erst der Analogie, um alle Grundrechte in die Wesensgehaltsgarantie einzubeziehen.[95]

199   Das Bundesverfassungsgericht setzt in seiner Rechtsprechung einen »**absoluten**« Wesensgehalt von Grundrechten voraus[96] und steht insofern im Gegensatz zu den in der Judika-

---

91 So BVerfGE 28, 36 (46).
92 Vgl. oben Rdnr. 148.
93 Vgl. die umfassende Darstellung bei *K. Stern*, Staatsrecht III/2, S. 838 ff.
94 So zutreffend: *K. Stern*, Staatsrecht III/2, S. 864.
95 So aber *Jarass/Pieroth*, GG, Art. 19 Rdnr. 8, die insoweit an die Rechtsprechung des BVerfG zu Art. 19 Abs. 1 Satz 2 GG anknüpfen. Wie hier die h. M., vgl. *H. Dreier*, in: Dreier (Hrsg.), GG Bd. I, Art. 19 II Rdnr. 9 m. w. N.
96 So BVerfGE 16, 194 (201); *K. Stern* vermisst in der Rechtsprechung des BVerfG eine eindeutige Festlegung und attestiert ihr eine schwankende Haltung (so Staatsrecht III/2, S. 850 ff.).

tur des BGH[97] und in der Literatur[98] vertretenen »**relativen**« **Wesensgehaltstheorien**. Die »relativen« Wesensgehaltstheorien sind entweder von einer institutionellen Sicht der Grundrechte bestimmt, nach der das »Institut« den Wesensgehalt ausmacht, ihn aber gleichzeitig ersetzt[99], oder sie setzen den Wesensgehalt mit dem **Übermaßverbot** gleich.[100] Bei Zugrundelegung der letzteren Auffassung würde Art. 19 Abs. 2 GG schlicht lauten: »In keinem Fall darf ein Grundrecht mehr als notwendig eingeschränkt werden.« Zutreffend ist gegen eine solche Relativierung eingewandt worden, dass sie den Intentionen des Verfassungsgebers nicht entspricht.[101]

> Im Ausgangsfall könnten gegen die Verurteilung des P verfassungsrechtliche Bedenken aus Art. 19 Abs. 2 GG nicht hergeleitet werden, wenn eine *relative* Theorie zugrunde gelegt wird. Die Verurteilung zu einer lebenslangen Freiheitsstrafe schließt zwar die Möglichkeit ein, dass der Verurteilte die Freiheit (der Person) nie wieder erlangt – sieht man einmal von der Strafaussetzung zur Bewährung (§ 57 a StGB) und der Möglichkeit einer Begnadigung ab –; bei Mord steht diese Strafe aber nicht außer Verhältnis zur Tat. Postuliert man dagegen einen *absoluten* Wesensgehalt, so stellt sich unabweisbar die Frage, was nach der Verurteilung zu lebenslanger Freiheitsstrafe noch von der Freiheit (der Person) »übrig bleibt«. Das Bundesverfassungsgericht hat sich mit einer historischen Argumentation beholfen, weil der Grundgesetzgeber nach Abschaffung der Todesstrafe die lebenslange Freiheitsstrafe ersichtlich anerkannt habe.[102]   **200**

Das historische Argument trifft nur den Fall der lebenslangen Freiheitsstrafe, die insofern eine vom Verfassungsgeber anerkannte Ausnahme von der Wesensgehaltsgarantie darstellen könnte. Eine solche Ausnahme müsste aber auch in anderen Fällen angenommen werden, zumal beim **Eingriff in das Leben**, der zur Rettung eines Verbrechensopfers nach den Landespolizeigesetzen zulässig ist (sog. »finaler Rettungsschuss«).[103] Auch können eigentumsbeschränkende Vorschriften im Einzelfall so weit gehen, dass die Substanz vernichtet wird (Abbruch einer baufälligen Scheune, Tötung tollwutverdächtiger Tiere).[104] Die Frage, unter welchen Voraussetzungen ein solcher Eingriff ausnahmsweise trotzdem zulässig wäre, ist aber nach Auffassung des Bundesverfassungsgerichts schlechthin »gegenstandslos«.[105] Hiernach würde sich die – grundrechtsdogmatisch schwerlich erträgliche – Aporie ergeben, dass eine Frage (verfassungsrechtlich) gegenstandslos ist, die dringend einer Antwort bedürfte.[106]   **201**

Auszugehen ist bei der Lösung des Problems von dem Unterschied zwischen **Grundrechten** und grundrechtlichen **Schutzgütern**. Als paradigmatisch erweist sich hier der Schutz des Lebens (Art. 2 Abs. 2 Satz 1 GG). Sofern man den Staat überhaupt für befugt hält, in dieses Schutzgut einzugreifen – was vom Wortlaut des Art. 2 Abs. 2 Satz 3 GG nahe gelegt wird –, ist das Leben damit auch beendet. Es ist folglich logisch unmöglich, dass von dem individuellen Schutzgut nach dem Eingriff noch »etwas übrig bleibt«. Das gleiche gilt für die Freiheit der Person bei lebenslanger Freiheitsstrafe, aber auch für die (rechtmäßig angeordnete) Zerstörung von Sachen oder die Tötung von Tieren. Man kommt also nicht um den Befund herum, dass nicht in jedem Einzelfall die grundrechtlichen Schutzgüter auch   **202**

---

97 So BGHSt 4, 375 (377); BGHZ 6, 270 (279); 22, 167 (175 ff.).
98 Nachweise bei *H. Krüger/M. Sachs*, in: Sachs (Hrsg.), GG, Art. 19 Rdnr. 41.
99 So insbesondere *P. Häberle*, Die Wesensgehaltsgarantie des Art. 19 Abs. 2 Grundgesetz, S. 234 f. und passim.
100 Nachweise bei *H. Dreier*, in: Dreier (Hrsg.), GG Bd. I, Art. 19 II Rdnr. 16.
101 Vgl. *H. Krüger*, in: Sachs (Hrsg.), GG (2. Aufl. 1999), Art. 19 Rdnr. 30; kritisch insbesondere *K. Stern*, Staatsrecht III / 2, S. 867 f.
102 Vgl. BVerfGE 45, 187 (270 f.).
103 Nachweise bei *V. Götz*, Allgemeines Polizei- und Ordnungsrecht (13. Aufl. 2001), Rdnr. 412.
104 Vgl. unten Rdnr. 700, 706.
105 BVerfGE 7, 377 (411).
106 Kritisch auch *K. Stern*, Staatsrecht III / 2, S. 850 ff.

nur teilweise – in einem »Kern«[107] – erhalten bleiben: ein »Lebenskern« wäre schon eine begriffliche Absurdität.

203   Verfolgt man die Spur der grundrechtlichen Schutzgüter weiter, so bleibt nur die **generelle Ebene:** die Wesensgehaltsgarantie würde dann verhindern, dass das Leben, die körperliche Unversehrtheit und andere Schutzgüter gänzlich beseitigt werden. Bei dieser Auslegung würde Art. 19 Abs. 2 GG nur den organisierten Massenmord oder ähnliche Aktionen verhindern, die unter rechtsstaatlichen Bedingungen ohnehin undenkbar sind. Der Umstand, dass überhaupt noch Leben (oder ein anderes grundrechtliches Schutzgut) existiert, ist für den von Grundrechtseingriffen Betroffenen nur ein schwacher Trost.

204   Art. 19 Abs. 2 GG lässt sich sinnvoll nur auslegen, wenn man sich der subjektiv-rechtlichen Eigenart der Grundrechte bewusst bleibt und den Akzent deshalb auf ihren Rechtscharakter legt. Das Wesen aller Grund*rechte* – als **subjektiv-öffentlicher Rechte** – besteht darin, dass sie staatlichen Maßnahmen, die auf die Rechtssphäre des Einzelnen einwirken, entgegengesetzt werden können.[108] Abhängig von dem jeweiligen Schutzgut und der Zulässigkeit von Eingriffen oder Einschränkungen ist der Grundrechtsschutz zwar unterschiedlich intensiv – nur die Menschenwürde ist »unantastbar«. Jedes Grundrecht muss aber – und dies ist gewissermaßen das »Wesen des Wesensgehalts« – prinzipiell mit Aussicht auf Erfolg staatlichen Einwirkungen entgegengesetzt werden können. Wird dieser allen Grundrechten eigene, staatsgerichtete **»Störungsabwehranspruch«** durch Ausnutzung der Gesetzesvorbehalte – sei es durch materielles, sei es durch Verfahrensrecht – so ausgehöhlt, dass das einzelne Grundrecht praktisch zum *nudum ius* wird, so ist sein **Wesensgehalt** – als subjektiv-öffentliches Recht – **angetastet.**[109]

205   Der Unterschied zum **Übermaßverbot** liegt darin, dass dieses nur die einzelne gesetzgeberische Maßnahme betrifft, weil Geeignetheit, Erforderlichkeit und Angemessenheit nur im Hinblick auf ein konkretes gesetzgeberisches Ziel geprüft werden können.[110] Wenn dagegen unterschiedliche gesetzgeberische Einwirkungen auf ein Rechtsgut zusammentreffen, mag die einzelne Maßnahme nicht übermäßig sein, ihre Kumulation aber unter Umständen das Grundrecht – als Abwehrrecht – leer laufen lassen. Der Unterschied zur Institutsgarantie liegt wiederum darin, dass sich diese auf rechtliche Teilordnungen (Ehe, Eigentum) beschränkt und nicht ohne Mühe auf weitere Handlungsfreiheiten erstreckt werden kann.[111]

206   Unter der Voraussetzung, dass zwischen **Grundrecht** und **Schutzgut** differenziert wird, kann eine **Theorie des absoluten Wesensgehalts** widerspruchslos vertreten werden. Der Wesensgehalt bildet eine Vorkehrung dagegen, dass Grundrechte durch die Vielzahl der – im Einzelfall verhältnismäßigen – gesetzgeberischen Einwirkungen im Ergebnis ihre Geltung faktisch einbüßen (funktionslos werden, leer laufen). Bei dieser Auslegung stellt sich Art. 19 Abs. 2 GG als – keineswegs obsolete – zusätzliche Grundrechtssicherung dar, die sich vom Übermaßverbot unterscheidet und nach diesem – auch im Einzelfall – zu prüfen ist.

---

107   Zum Verhältnis von »Kernbereich« und »Wesensgehaltsgarantie« vgl. *K. Stern*, Staatsrecht III/2, S. 865 f.

108   Vgl. oben Rdnr. 45 ff.

109   Vgl. zu diesem Ansatz auch BVerfGE 61, 82 (113): »Zwar kann der Wesensgehalt eines Grundrechts, etwa des Art. 2 Abs. 2, Art. 12 oder Art. 14 Abs. 1 Satz 1 GG, betroffen sein, wenn jeglicher Störungsabwehranspruch, den die Rechtsordnung zum Schutz eines Grundrechts einräumt, materiell-rechtlich beseitigt oder wenn verfahrensrechtlich verwehrt wird, ihn wirkungsvoll geltend zu machen, mag er oder das Grundrecht zu dessen Schutz er gewährt ist, auch – unbewehrt in Bezug auf ein bestimmtes Vorhaben – materiell-rechtlich bestehen bleiben.« Diese Ausführungen aus dem »Sasbach-Beschluss« haben in der Rechtsprechung jedoch keine weitere Bedeutung erlangt; vgl. *K. Stern*, Staatsrecht III/2, S. 853 f.

110   Vgl. oben Rdnr. 172 ff.

111   Vgl. aber *P. Häberle*, Die Wesensgehaltsgarantie des Art. 19 Abs. 2 Grundgesetz, S. 57 ff.

Im Ausgangsfall ist der Wesensgehalt des Grundrechts aus Art. 2 Abs. 2 Satz 2 GG *nicht* angetastet, **207** weil nicht ersichtlich ist, dass das Grundrecht seine Funktion als subjektiv-öffentliches Recht aufgrund einer Vielzahl freiheitsbeschränkender Gesetze eingebüßt hätte. Ob ein zu lebenslanger Freiheitsstrafe Verurteilter von Verfassungs wegen die Aussicht auf Freilassung haben muss, ist nicht eine Frage des Wesensgehalts, sondern des Übermaßverbots.[112]

IV. Rechtsprechung

BVerfGE 5, 13 (Anwendungsbereich des Art. 19 Abs. 1 Satz 2 GG); E 16, 194 (§ 81 a StPO); E   **208** 25, 371 (Lex Rheinstahl); E 42, 263 (Contergan); E 45, 187 (Lebenslange Freiheitsstrafe); E 113, 348 (§ 33 a Nds. SOG).

V. Literatur

M. Albers, Faktische Grundrechtsbeeinträchtigungen als Schutzbereichsproblem, DVBl.   **209** 1996, S. 233; **H.-W. Alberts**, Die Bedeutung des Zitiergebots, Art. 19 Abs. 1 S. 2, insbesondere für die neuere Polizeigesetzgebung, JA 1986, S. 72; **R. Alexy**, Theorie der Grundrechte (3. Aufl. 1996); **A. v. Arnauld**, Die normtheoretische Begründung des Verhältnismäßigkeitsgrundsatzes, JZ 2000, S. 276; **H. Bethge**, Der Grundrechtseingriff, VVDStRL 57 (1998), S. 7; **A. Bleckmann**, Begründung und Anwendungsbereich des Verhältnismäßigkeitsprinzips, JuS 1994, S. 177; **A. Bleckmann/R. Eckhoff**, Der »mittelbare« Grundrechtseingriff, DVBl. 1988, S. 373; **M. Brenner**, Grundrechtsschranken und Verwirkung von Grundrechten, DÖV 1995, S. 60; **H.-U. Erichsen**, Das Übermaßverbot, Jura 1988, S. 387; **A. Guckelberger**, Die Drittwirkung der Grundrechte, JuS 2003, S. 1151; **P. Häberle**, Die Wesensgehaltsgarantie des Art. 19 Abs. 2 Grundgesetz. (3. Aufl. 1983); **M. Heintzen**, Die einzelgrundrechtlichen Konkretisierungen des Grundsatzes der Verhältnismäßigkeit, DVBl. 2004, S. 721; **G. Herbert**, Der Wesensgehalt der Grundrechte, EuGRZ 1985, S. 321; **W. Höfling**, Grundrechtstatbestand – Grundrechtsschranken – Grundrechtsschrankenschranken, Jura 1994, S. 169; **W. Hoffmann-Riem**, Grundrechtsanwendung unter Rationalitätsanspruch, Der Staat 43 (2004), S. 203; **ders.**, Gesetz und Gesetzesvorbehalt im Umbruch, AöR 130 (2005), S. 5; **J. Ipsen**, Gesetzliche Einwirkungen auf grundrechtlich geschützte Rechtsgüter, JZ 1997, S. 473; **M. C. Jakobs**, Der Grundsatz der Verhältnismäßigkeit, DVBl. 1985, S. 97; **W. Kahl**, Vom weiten Schutzbereich zum engen Gewährleistungsgehalt, Der Staat 43 (2004), S. 167; **W. Kluth**, Das Übermaßverbot, JA 1999, S. 606; **T. Koch**, Der Grundrechtsschutz des Drittbetroffenen (2000); **W. Krebs**, Zur verfassungsrechtlichen Verortung und Anwendung des Übermaßverbotes, Jura 2001, S. 228; **P. Kunig**, Einzelfallentscheidung durch Gesetz, Jura 1993, S. 308; **J. F. Lindner**, »Grundrechtseingriff« oder »grundrechtswidriger Effekt«?, DÖV 2004, S. 765; **G. Lübbe-Wolff**, Die Grundrechte als Eingriffsabwehrrechte (1988); **C.-F. Menger**, Über Inhalt und Tragweite von Art. 19 Abs. 1 des Grundgesetzes, in: Gedächtnisschrift für F. Klein (1977), S. 321; **L. Michael**, Grundfälle zur Verhältnismäßigkeit, JuS 2001, S. 654; **D. Murswiek**, Das Bundesverfassungsgericht und die Dogmatik mittelbarer Grundrechtseingriffe, NVwZ 2003, S. 1; **F. Ossenbühl**, Maßhalten mit dem Übermaßverbot, in: Festschrift für P. Lerche (1993), S. 151; **W. Pauly**, Der Regelungsvorbehalt, DVBl. 1991, S. 521; **F. Raue**, Müssen Grundrechtsbeschränkungen wirklich verhältnismäßig sein?, AöR 131 (2006), S. 79; **M. Sachs**, Die relevanten Grundrechtsbeeinträchtigungen, JuS 1995, S. 303; **ders.**, Grundrechtsbegrenzungen außerhalb von Gesetzesvorbehalten, JuS 1995, S. 984; **ders.**, Die Gesetzesvorbehalte der Grundrechte des Grundgesetzes, JuS 1995, S. 693; **J. Schapp**, Die Grenzen der Freiheit, JZ 2006, S. 581; **L. Schneider**, Der Schutz des Wesensgehalts von Grundrechten nach Art. 19 Abs. 2 GG (1983); **K.-A. Schwarz**, Das Postulat lückenlosen Grundrechtsschutzes und das System

---

112 Vgl. hierzu BVerfGE 45, 187 (253 ff.).

grundgesetzlicher Freiheitsgewährleistung, JZ 2000, S. 126; **M. Selk**, Zum heutigen Stand der Diskussion um das Zitiergebot, Art. 19 I 2 GG, JuS 1992, S. 816; **K. Stern**, Zur Entstehung und Ableitung des Übermaßverbots, in: Festschrift für P. Lerche (1993), S. 165.

B. Der Schutz des Individuums und seiner Privatsphäre

§ 4 Die Würde des Menschen (Art. 1 Abs. 1 GG)

Mit der Unantastbarkeit der **Menschenwürde** steht ein Satz am Beginn des Grundgeset- 210
zes, der zugleich rückwärts gewandt ist und in die Zukunft deutet. Art. 1 Abs. 1 Satz 1
GG spiegelt das Entsetzen über die einzigartigen Verletzungen der Menschenwürde unter
der Herrschaft des Nationalsozialismus wider und enthält zugleich das Versprechen für
die Zukunft, dass der Staat Verletzungen der Menschenwürde weder verursachen noch
zulassen werde.[1]

I. Grundrechtsträger

Da die Würde *des* Menschen unantastbar ist, ist **jeder Mensch** Träger des Grundrechts. 211
Hierüber besteht Einigkeit[2], was im Übrigen nicht weiter verwunderlich ist, weil jegliche
Differenzierung zwischen Menschen im Hinblick auf die Menschenwürde diese sogleich
»antasten« würde.

Das Bundesverfassungsgericht vertritt die Auffassung, dass Menschenwürde auch dem 212
ungeborenen Leben zukomme, und hat dies in den apodiktischen Satz gekleidet:

> »Wo menschliches Leben existiert, kommt ihm Menschenwürde zu; es ist nicht entscheidend,
> ob der Träger sich dieser Würde bewußt ist und sie selbst zu wahren weiß.«[3]

Die hiermit vorgenommene Gleichsetzung von Leben und Menschenwürde vermag nicht 213
zu überzeugen. Begreift man die Menschenwürde als den jedem Menschen eigenen **An-**
spruch auf soziale Achtung[4], so ist dessen Voraussetzung folgerichtig das Geborensein
des Menschen. Überdies verstrickt sich das Bundesverfassungsgericht in einen unauflöslichen Widerspruch, wenn es einerseits die Tötung ungeborenen Lebens auch jenseits der
medizinischen Indikation für zulässig hält[5], andererseits demselben Leben »unantastbare«
Menschenwürde zuspricht.[6] Entgegen der herrschenden Meinung[7] ist der *nasciturus* deshalb kein Träger des Grundrechts aus Art. 1 Abs. 1 GG.[8]

Als subjektives Recht erlischt das Grundrecht aus Art. 1 Abs. 1 GG notwendig mit dem 214
Tod. Von der Rechtssubjektivität, die Toten naturgemäß fehlt[9], ist die Frage zu unterscheiden, ob ihnen eine von Menschen zu beachtende *Würde* zukommt. Letzteres ist mit der
herrschenden Meinung zu bejahen[10], womit sich freilich erneut die Ausgangsthese bestä-

---

1 Vgl. *H. Hofmann*, AöR 118 (1993), S. 353.
2 Vgl. BVerfGE 87, 209 (228); *H. Dreier*, in: Dreier (Hrsg.), GG Bd. I, Art. 1 I Rdnr. 64; *K. Stern*, Staatsrecht III/1, S. 1061.
3 BVerfGE 39, 1 (41).
4 Vgl. unten Rdnr. 216 ff.
5 Vgl. BVerfGE 39, 1 (49 f.); 88, 203 (254 ff.).
6 Kritisch auch *H. Dreier*, in: Dreier (Hrsg.), GG Bd. I, Art. 1 I Rdnr. 66 m. w. N.
7 BVerfGE 39, 1 (41); 88, 203 (251); *W. Höfling*, in: Sachs (Hrsg.), GG, Art. 1 Rdnr. 51; *Jarass/Pieroth*,
   GG, Art. 1 Rdnr. 6a; *P. Kunig*, in: v. Münch/Kunig (Hrsg.), GG Bd. 1, Art. 1 Rdnr. 14;
   T. Geddert-Steinacher, Menschenwürde als Verfassungsbegriff (1990), S. 62 ff.
8 Mit überzeugenden Gründen *H. Dreier*, in: Dreier (Hrsg.), GG Bd. I, Art. 1 I Rdnr. 66 ff.; *ders.*, DÖV
   1995, S. 1037 m. w. N.; *H. Hofmann*, AöR 118 (1993), S. 376.
9 Soweit ersichtlich, wird die These von der Rechtssubjektivität eines Toten nicht vertreten. Problematisch allerdings *P. Kunig*, in: v. Münch/Kunig (Hrsg.), GG Bd. I, Art. 1 Rdnr. 15: »Grundrechts-
   subjekt auf Zeit«.
10 Vgl. *H. Dreier*, in: Dreier (Hrsg.), GG Bd. I, Art. 1 I Rdnr. 72; *W. Höfling*, in: Sachs (Hrsg.), GG, Art. 1
   Rdnr. 53 ff.; *C. Starck*, in: v. Mangoldt/Klein/Starck, GG Bd. 1, Art. 1 Rdnr. 22.

tigt, dass zwischen dem subjektiven *Recht* und dem geschützten *Rechtsgut* zu unterscheiden ist.

II.　Grundrechtsinhalt

215　**Fall 4:**

B gehört zu den Personen, die aufgrund ihrer äußeren Geschlechtsmerkmale im Zeitpunkt der Geburt dem männlichen Geschlecht zuzuordnen sind, sich aber in jeder Hinsicht dem weiblichen Geschlecht zugehörig fühlen (männliche Transsexuelle). Nach erfolgter operativer Geschlechtsumwandlung beantragt B eine Änderung des Geschlechtseintrags im Geburtenbuch von »männlich« in »weiblich«, die jedoch vom Standesamt abgelehnt wird.

(BVerfGE 49, 286)

1.　Schutzgut

216　Das Bundesverfassungsgericht versteht den Menschenwürdebegriff als tragendes Konstitutionsprinzip im System der Grundrechte:

> »Mit ihm ist der soziale Wert- und Achtungsanspruch des Menschen verbunden, der es verbietet, den Menschen zum bloßen Objekt des Staates zu machen oder ihn einer Behandlung auszusetzen, die seine Subjektsqualität prinzipiell in Frage stellt. Menschenwürde in diesem Sinne ist nicht nur die individuelle Würde der jeweiligen Person, sondern die Würde des Menschen als Gattungswesen. Jeder besitzt sie, ohne Rücksicht auf seine Eigenschaften, seine Leistungen und seinen sozialen Status. Sie ist auch dem eigen, der aufgrund seines körperlichen oder geistigen Zustands nicht sinnhaft handeln kann. Selbst durch »unwürdiges« Verhalten geht sie nicht verloren. Sie kann keinem Menschen genommen werden. Verletzbar ist aber der Achtungsanspruch, der sich aus ihr ergibt.«[11]

217　Der **soziale Achtungsanspruch** wird auch in der neueren Literatur betont[12], die damit weiter reicht als die bekannte »**Objektformel**« *Günter Dürigs*[13]. Einer erschöpfenden Definition nach der Methode des *genus proximum* entzieht sich die Menschenwürde schon deshalb, weil es keine höhere Gattung gibt.[14] Die in der Rechtsprechung[15] und der Literatur[16] genannten Beispiele für Verletzungen der Menschenwürde verstehen sich wegen ihrer Evidenz von selbst. Der Verfassungsinterpret sollte der Versuchung widerstehen, den Begriff der Menschenwürde darüber hinaus als Basis für den Entwurf einer »schönen neuen Welt« zu missdeuten, selbst wenn auf diese Weise das Anwendungsfeld begrenzt bleibt.[17] Dieses wird freilich gerade nicht durch die »großen Fragen« unserer Zeit – wie Datenschutz, Kernenergie und Gentechnologie – abgesteckt, für deren Lösung das Grundrecht der Menschenwürde **keine normativen Maßstäbe** bereithält.[18] Es sind vielmehr die Alltagsfälle, in denen der soziale Achtungsanspruch des Einzelnen verletzt werden kann.

218　Im Ausgangsfall wird B die rechtliche Anerkennung der erfolgten Geschlechtsumwandlung verwehrt. Dies hat zur Folge, dass zwischen dem nunmehr angenommenen Geschlecht und der amtlichen Eintragung ein Widerspruch besteht, der B jederzeit – etwa bei Personenkontrollen – in eine seinen sozialen Achtungsanspruch verletzende Situation bringen kann. Das Bundesverfassungs-

---

11　So BVerfGE 87, 209 (228).

12　Vgl. insbesondere *H. Hofmann*, AöR 118 (1993), S. 376 m. w. N.

13　Vgl. *G. Dürig*, AöR 81 (1956), S. 127; *ders.*, in: Maunz / Dürig, GG, Art. 1 Abs. I (Erstbearbeitung 1958) Rdnr. 28, 34. Das Bundesverfassungsgericht hat die Objektformel in zahlreichen Entscheidungen übernommen; vgl. die Nachweise bei *H. Dreier*, in: Dreier (Hrsg.), GG Bd. I, Art. 1 I Rdnr. 53 Fn. 165.

14　Vgl. hierzu *H. Dreier*, in: Dreier (Hrsg.), GG Bd. I, Art. 1 I Rdnr. 50.

15　Vgl. BVerfGE 1, 97 (104).

16　Vgl. *W. Höfling*, in: Sachs (Hrsg.), GG, Art. 1 Rdnr. 20.

17　Zum »Konkretisierungsdilemma« vgl. *W. Höfling*, in: Sachs (Hrsg.), GG, Art. 1 Rdnr. 9.

18　Vgl. hierzu *H. Dreier*, in: Dreier (Hrsg.), GG Bd. I, Art. 1 I Rdnr. 49 m. w. N.

gericht hat deshalb zutreffend eine Verletzung der Menschenwürde angenommen und (im Gegensatz zum Bundesgerichtshof) einen Anspruch auf Änderung des Registers auch ohne vorhergehende Gesetzesänderung bejaht.[19]

2.   Schutzrichtung

a)   Grundrechtsqualität des Art. 1 Abs. 1 Satz 1 GG

Mit dem Satz von der Unantastbarkeit der Menschenwürde enthält Art. 1 Abs. 1 Satz 1 GG ein **Grundrecht**, möge dies auch als »tragendes Konstitutionsprinzip«[20], als »Staatslegitimationsnorm«[21], als »archimedischer Punkt des Verfassungsstaates«[22] oder als höchster Rechtswert der Verfassung[23] bezeichnet werden. Diese begrifflichen Variationen unterstreichen nur die herausgehobene Bedeutung des Menschenwürdesatzes, die rechtssystematisch in der Unabänderlichkeit (Art. 79 Abs. 3 GG) zum Ausdruck gelangt. Gegenüber den in der Literatur noch immer geäußerten Zweifeln[24] ist mit Nachdruck festzuhalten, dass der Menschenwürdesatz nicht nur objektives Recht darstellt, sondern – wie alle anderen Grundrechte – die Qualität eines **subjektiv-öffentlichen Rechts** hat.[25] Die Grundrechtsqualität ergibt sich aus Art. 1 Abs. 1 Satz 2 GG, wonach es Verpflichtung aller staatlichen Gewalt ist, die Menschenwürde zu achten und zu schützen. Es wäre widersinnig, wenn diese Verpflichtung die Grundrechtsträger nur im Wege des Reflexes begünstigte, ihnen aber keine subjektive Rechtsposition vermittelte.[26]

219

b)   Menschenwürde als Abwehrrecht

Nach Art. 1 Abs. 1 Satz 2 GG hat alle Staatsgewalt die Verpflichtung, die Menschenwürde »zu achten«. Damit ist die *eine* Schutzrichtung dieses Grundrechts bezeichnet, nämlich Schutz vor Verletzungen der Menschenwürde **durch den Staat** zu gewähren. Ein solcher Achtungsanspruch aktualisiert sich immer dann, wenn der Einzelne der öffentlichen Gewalt unmittelbar gegenübertritt oder sich in staatlichem Gewahrsam befindet.[27] Staatliche Macht dient zur Durchsetzung öffentlicher Zwecke und darf nicht zur Demütigung des Einzelnen eingesetzt werden. In einem Rechtsstaat sind es gerade die »Alltagsfälle«, die unsere Aufmerksamkeit erfordern. Die spektakulären Verletzungen von Menschenwürde – wie Folter[28], Prügelstrafe oder andere archaische Strafen – werden in der Regel durch das rechtsstaatliche Kontrollsystem ausgeschlossen.

220

---

19 Vgl. BVerfGE 49, 286 (301 f.); daraufhin wurde das Transsexuellengesetz (TSG) vom 10. 9. 1980 (BGBl. I, S. 1654) erlassen, das eine Änderung der Personenstandsbücher gestattete.
20 So BVerfGE 6, 32 (36, 41); 45, 187 (227).
21 Vgl. *W. Höfling*, in: Sachs (Hrsg.), GG, Art. 1 Rdnr. 43.
22 Vgl. *G. Haverkate*, Verfassungslehre (1992), S. 142.
23 Vgl. *H. Dreier*, in: Dreier (Hrsg.), GG Bd. I, Art. 1 I Rdnr. 40 m. w. N.
24 Nachweise bei *H. Dreier*, in: Dreier (Hrsg.), GG Bd. I, Art. 1 I Rdnr. 124 Fn. 418.
25 So *W. Höfling*, in: Sachs (Hrsg.), GG, Art. 1 Rdnr. 3 ff.; *P. Kunig*, in: v. Münch / Kunig (Hrsg.), GG Bd. 1, Art. 1 Rdnr. 3; *C. Starck*, in: v. Mangoldt / Klein / Starck, GG Bd. 1, Art. 1 Rdnr. 28; *K. Stern*, Staatsrecht III / 1, S. 26 f.; die Gegenposition wird gegenwärtig noch von *H. Dreier*, in: Dreier (Hrsg.), GG Bd. I, Art. 1 I Rdnr. 125 ff. m. w. N. vertreten.
26 Vgl. *W. Höfling*, in: Sachs (Hrsg.), GG, Art. 1 Rdnr. 4.
27 Vgl. die Beispiele bei *H. Dreier* in: Dreier (Hrsg.), GG Bd. I, Art. 1 I Rdnr. 139 ff.
28 Vgl. aber *W. Brugger*, Der Staat 35 (1996), S. 67; vgl. auch *C. Starck*, in: v. Mangoldt / Klein / Starck, GG Bd. 1, Art. 1 Rdnr. 69.

c)   Schutzanspruch

221   Ausdrückliche Verpflichtung aller staatlichen Gewalt ist überdies der **Schutz** der Menschenwürde. Art. 1 Abs. 1 Satz 2 GG beschränkt sich nicht auf eine objektive Verpflichtung, sondern gewährt dem Grundrechtsträger einen **Schutzanspruch**. Dieser Anspruch richtet sich in erster Linie auf Beistand gegen Verletzungen der Menschenwürde durch Dritte.

222   Der Schutz wird regelmäßig durch das **Strafrecht** gewährleistet. Straftaten gegen die sexuelle Selbstbestimmung (§§ 174 ff. StGB), Beleidigungs- (§§ 185 ff. StGB) und Körperverletzungsdelikte (§§ 223 ff. StGB) sowie Straftaten gegen die persönliche Freiheit (§§ 232 ff. StGB) stellen sich gleichzeitig als Verletzungen der Menschenwürde dar. Das Strafrecht bedarf der Ergänzung durch das Gefahrenabwehrrecht, das derartige Menschenwürdeverletzungen im Einzelfall verhindern kann. Auch soweit Strafvorschriften nicht notwendig eingreifen, trifft das einfache Gesetzesrecht Vorkehrungen dafür, dass die Menschenwürde gewahrt bleibt. So sind entwürdigende Erziehungsmaßnahmen der Eltern ausdrücklich verboten (§ 1631 Abs. 2 BGB).

223   Der Schutzanspruch des Einzelnen kann auch darauf gerichtet sein, ihm eine **menschenwürdige Existenz** zu sichern.[29] Ein Staat, dessen Verfassung die Menschenwürde als höchsten Wert proklamiert, der aber andererseits die Verelendung von Menschen hinnähme, litte an einem unerträglichen inneren Widerspruch. Allerdings ist der Anspruch nach Art. 1 Abs. 1 Satz 1 GG auf das zu einem »menschenwürdigen Dasein« Notwendige begrenzt.[30] Die genaue Ausformung eines solchen Anspruchs liegt naturgemäß in der Hand des Gesetzgebers.

224   §§ 27 ff. SGB XII gewähren einen Anspruch auf Hilfe zum Lebensunterhalt (HLU). Der Anspruch auf staatliche Sicherung des Existenzminimums folgt nicht allein aus dem Sozialstaatsprinzip (Art. 20 Abs. 1, 28 Abs. 1 GG), sondern hat seine Grundlage ebenfalls in Art. 1 Abs. 1 GG. Verfassungsrechtlich nicht vorgegeben ist die Höhe einer solchen Hilfe, die notwendigerweise von der jeweiligen Haushaltslage abhängig ist, das Existenzminimum aber nicht unterschreiten darf.

d)   Art. 1 Abs. 1 GG als Eingriffsermächtigung?

225   **Fall 5:**
Das Bundesverwaltungsgericht hatte die Frage zu entscheiden, ob die Genehmigung einer »Peep-Show« nach § 33 a GewO rechtmäßig sei. Das Bundesverwaltungsgericht verneinte dies mit der Begründung, dass die zur Schau gestellte Frau durch die besondere Art und Weise der Darbietung erniedrigt und dadurch in ihrer Menschenwürde verletzt würde. Die Verletzung der Menschenwürde werde auch nicht dadurch ausgeräumt oder gerechtfertigt, dass die in einer »Peep-Show« auftretende Frau freiwillig handele: die Würde des Menschen sei ein objektiver, unverfügbarer Wert, auf dessen Beachtung der einzelne nicht wirksam verzichten könne.

(BVerwGE 64, 274)

226   Die Unantastbarkeit der Menschenwürde begründet **keine Verpflichtung** des Menschen, sich nach allgemeinen Maßstäben »würdegemäß« zu verhalten und kann deshalb nicht als Begründung für Maßnahmen herangezogen werden, die sich gegen den Grundrechtsträger selbst richten.[31] Naturgemäß gibt es in einer pluralistisch-permissiven Gesellschaft Erscheinungen, die sich mit der Menschenwürde kaum vereinbaren lassen. Der Staat hat indes nicht die Aufgabe, seine Bürger zu bessern[32], ihm obliegt vielmehr eine Schutzpflicht

---

29 Vgl. schon Art. 151 Abs. 1 WRV: »Die Ordnung des Wirtschaftslebens muß den Grundsätzen der Gerechtigkeit mit dem Ziel der Gewährleistung eines menschenwürdigen Daseins für alle entsprechen.«
30 Ebenso: *W. Höfling*, in: Sachs (Hrsg.), GG, Art. 1 Rdnr. 40.
31 Vgl. *H. Dreier*, in: Dreier (Hrsg.), GG Bd. I, Art. 1 I Rdnr. 151 f.
32 Vgl. nur BVerfGE 22, 180 (219 f.).

für den Einzelnen und die Allgemeinheit. Der Grundsatz der Menschenwürde würde also in sein Gegenteil verkehrt, wenn man in ihm eine generalklauselartige Ermächtigung erblickte, die Bürger – gegebenenfalls mit Zwangsmitteln – zu einem Verhalten zu veranlassen, das herkömmlichen Würdevorstellungen entspricht.[33]

Im Ausgangsfall war deshalb die Begründung, die objekthafte Zurschaustellung einer Frau verstoße gegen die Menschenwürde, verfehlt.[34] Überdies ist die Entscheidung von einem Denkfehler gekennzeichnet, der auf der mangelnden Differenzierung zwischen *Grundrecht* und *Schutzgut* beruht: selbst wenn man die Auffassung des Bundesverwaltungsgerichts teilte, dass die (freiwillige) Zurschaustellung einer Frau »würdelos« ist, so wäre nur das Schutzgut des Art. 1 Abs. 1 Satz 1 GG betroffen, das (gegen den Staat gerichtete) *Grundrecht* hingegen überhaupt nicht berührt. In diesem Zusammenhang die Kategorie des »Grundrechtsverzichts« auch nur zu erwähnen[35], weist auf eine bedenkliche Verkennung der Wirkungsweise von Grundrechten hin. Selbst durch »würdeloses« Verhalten »verzichtet« der Grundrechtsträger nicht darauf, dass staatliche Organe seine Menschenwürde respektieren.

227

III. Grundrechtseinschränkungen

Da die Menschenwürde »unantastbar« ist, sind **Eingriffe** oder andere Formen der Einschränkung unzulässig und **verfassungswidrig**. Auch »kollidierendes Verfassungsrecht« vermag Verletzungen der Menschenwürde nicht zu rechtfertigen. Aus diesem Grund verbietet sich auch die Gleichsetzung von Leben und Menschenwürde, wie sie das Bundesverfassungsgericht vornimmt. Ein Eingriff in das Leben nämlich ist unter äußersten Umständen zu rechtfertigen[36], mit der Tötung wird indes nicht notwendig die Menschenwürde angetastet.[37]

228

IV. Rechtsprechung

BVerfGE 22, 21 (Verkehrsunterricht); **E** 39, 1 (Schwangerschaftsabbruch I); **E** 47, 239 (Zwangsweise Veränderung der Haar- und Barttracht zur Gegenüberstellung mit einem Zeugen); **E** 49, 286 (Transsexuelle); **E** 50, 256 (Friedhofs- und Urnenzwang); **E** 72, 105 (Lebenslange Freiheitsstrafe); **E** 88, 203 (Schwangerschaftsabbruch II); **E** 109, 133 (Sicherungsverwahrung); **E** 109, 279 (Akustische Wohnraumüberwachung); **E** 115, 1 (Transsexuellengesetz); **E** 115, 118 (Luftsicherheitsgesetz); **BVerwGE** 64, 274 (Peep-Show); **VerfGH Berlin**, NJW 1993, S. 515 (Fall Honecker).

229

V. Literatur

P. Badura, Generalprävention und Würde des Menschen, JZ 1964, S. 337; **A. Blankenagel**, Gentechnologie und Menschenwürde, KJ 1987, S. 379; **E.-W. Böckenförde**, Menschenwürde als normatives Prinzip. Die Grundrechte in der bioethischen Debatte, JZ 2003, S. 809; **W. Brugger**, Darf der Staat ausnahmsweise foltern?, Der Staat 35 (1996), S. 67; **C. D. Classen**, Die Forschung mit embryonalen Stammzellen im Spiegel der Grundrechte,

230

---

33 Vgl. *H. Dreier*, in: Dreier (Hrsg.), GG Bd. I, Art. 1 I Rdnr. 151.
34 Kritisch auch *C. Gusy*, Sittenwidrigkeit im Gewerberecht, DVBl. 1982, S. 984; *W. Höfling*, NJW 1983, S. 1582; a. A. *A. Gronimus*, Forum: Noch einmal Peep-Show und Menschenwürde, JuS 1985, S. 174; *M. Redeker*, Peep-Show und Menschenwürde, BayVBl. 1985, S. 73. In der neueren Rechtsprechung wird die Versagung der Gewerbeerlaubnis für »Peep-Shows« mit dem Verstoß gegen die guten Sitten (§ 33 a Abs. 2 Nr. 2 GewO) begründet (BVerwGE 84, 317).
35 So BVerwGE 64, 274 (279).
36 Vgl. oben Rdnr. 201.
37 Wie hier: *H. Dreier*, in: Dreier (Hrsg.), GG Bd. I, Art. 1 I Rdnr. 147.

DVBl. 2002, S. 141; **H. Dreier**, Menschenwürdegarantie und Schwangerschaftsabbruch, DÖV 1995, S. 1036; **G. Dürig**, Der Grundrechtssatz von der Menschenwürde, AöR 81 (1956), S. 117; **C. Enders**, Die Menschenwürde in der Verfassungsordnung (1997); **T. Finger/P. Müller**, »Körperwelten« im Spannungsfeld von Wissenschaftsfreiheit und Menschenwürde, NJW 2004, S. 1073; **T. Geddert-Steinacher**, Menschenwürde als Verfassungsbegriff: Aspekte der Rechtsprechung des Bundesverfassungsgerichts zu Art. 1 Abs. 1 Grundgesetz (1990); **T. Harks**, Der Schutz der Menschenwürde bei der Entnahme fötalen Gewebes – zur Bedeutung des Zusammenfallens von pränatalem und postmortalem Grundrechtsschutz, NJW 2002, S. 716; **F. Hase**, Das Luftsicherheitsgesetz: Abschuss von Flugzeugen als »Hilfe bei einem Unglücksfall«?, DÖV 2006, S. 213; **W. Heun**, Embryonenforschung und Verfassung – Lebensrecht und Menschenwürde des Embryo, JZ 2002, S. 517; **M. Herdegen**, Die Menschenwürde im Fluß des bioethischen Diskurses, JZ 2001, S. 773; **U. Hinrichs**, »Big Brother« und die Menschenwürde, NJW 2000, S. 2173; **N. Hoerster**, Zur Bedeutung des Prinzips der Menschenwürde, JuS 1983, S. 93; **ders.**, Forum: Kompromisslösungen zum Menschenrecht des Embryos auf Leben?, JuS 2003, S. 529; **W. Höfling**, Menschenwürde und gute Sitten, NJW 1983, S. 1582; **ders.**, Die Unantastbarkeit der Menschenwürde, JuS 1995, S. 857; **H. Hofmann**, Die versprochene Menschenwürde, AöR 118 (1993), S. 353; **P. M. Huber**, Das Menschenbild im Grundgesetz, Jura 1998, S. 505; **F. Hufen**, Erosion der Menschenwürde?, JZ 2004, S. 313; **S. Huster**, Individuelle Menschenwürde oder öffentliche Ordnung? Ein Diskussionsbeitrag anläßlich »Big Brother«, NJW 2000, S. 3477; **J. Ipsen**, Der »verfassungsrechtliche Status« des Embryos in vitro, JZ 2001, S. 989; **ders.**, Zur Zukunft der Embryonenforschung, NJW 2004, S. 268; **ders.**, Verfassungsrecht und Biotechnologie, DVBl. 2004, S. 1381; **J. Isensee**, Menschenwürde: die säkulare Gesellschaft auf der Suche nach dem Absoluten, AöR 131 (2006), S. 173; **G. Jerouschek**, Vom Wert und Unwert der pränatalen Menschenwürde, JZ 1989, S. 279; **J. F. Lindner**, Die Würde des Menschen und sein Leben, DÖV 2006, S. 577; **M. Nettesheim**, Die Garantie der Menschenwürde zwischen metaphysischer Überhöhung und bloßem Abwägungstopos, AöR 130 (2005), S. 71; **V. Neumann**, Menschenrechte und Existenzminimum, NVwZ 1995, S. 426; **E. Niebler**, Die Rechtsprechung des Bundesverfassungsgerichts zum obersten Rechtswert der Menschenwürde, BayVBl. 1989, S. 737; **R. Poscher**, »Die Würde des Menschen ist unantastbar.«, JZ 2004, S. 756; **W.-R. Schenke**, Die Verfassungswidrigkeit des § 14 III LuftSiG, NJW 2006, S. 736; **W. Schmitt Glaeser**, Big Brother is watching you – Menschenwürde bei RTL 2, ZRP 2000, S. 395; **C. Starck**, Verfassungsrechtliche Grenzen der Biowissenschaft und Fortpflanzungsmedizin, JZ 2002, S. 1065; **J. Taupitz**, Der rechtliche Rahmen des Klonens zu therapeutischen Zwecken, NJW 2001, S. 3433; **C. Thiele**, Plastinierte »Körperwelten«, Bestattungszwang und Menschenwürde, NVwZ 2000, S. 405; **W. Graf Vitzthum**, Die Menschenwürde als Verfassungsbegriff, JZ 1985, S. 201; **F. Wittreck**, Menschenwürde und Folterverbot – Zum Dogma von der ausnahmslosen Unabwägbarkeit des Art. 1 GG, DÖV 2003, S. 873.

§ 5 Leben, körperliche Unversehrtheit und Freiheit der Person (Art. 2 Abs. 2 GG)

Art. 2 Abs. 2 GG enthält drei unterschiedliche Grundrechte, nämlich das Recht auf **Leben**, das Recht auf **körperliche Unversehrtheit** und das Recht auf die **Freiheit der Person**. Diese Grundrechte stehen mit der freien Entfaltung der Persönlichkeit (Art. 2 Abs. 1 GG) in keinem systematischen Zusammenhang; Art. 2 Abs. 1 und 2 GG sind deshalb strikt zu trennen.

231

I. Das Recht auf Leben (Art. 2 Abs. 2 Satz 1 GG)

Fall 6: 232

Am 5. September 1977 wurde der Präsident des Bundesverbandes der Deutschen Industrie und der Deutschen Arbeitgeberverbände, Dr. S., von Terroristen entführt, nachdem sein Fahrer und eine weitere Begleitperson ermordet worden waren. Die Entführer stellten an die Bundesregierung die Forderung, mehrere inhaftierte Terroristen freizulassen. Die Bundesregierung schloss die Freilassung nicht aus, zögerte aber die Entscheidung hinaus. Der Sohn des entführten Dr. S. stellte beim Bundesverfassungsgericht den Antrag auf Erlass einer einstweiligen Anordnung, mit der die Bundesregierung verpflichtet werden sollte, den Forderungen der Entführer zu entsprechen.

(BVerfGE 46, 160)

1. Grundrechtsträger

Grundrechtsträger ist **jeder Mensch**. Entgegen der herrschenden Meinung[1] ist der *nasciturus* nicht Grundrechtsträger. Die Rechtsfähigkeit des Menschen beginnt nach allgemeinen Grundsätzen mit der Vollendung der Geburt (§ 1 BGB). Es fehlen Anhaltspunkte dafür, dass das Grundgesetz hinsichtlich der Grundrechtsfähigkeit von diesem Grundsatz abweichen wollte. Die Rechtsprechung des Bundesverfassungsgerichts ist in dieser Frage nicht frei von Widersprüchen. Einerseits wird ein »eigenes Lebensrecht« des Ungeborenen postuliert, andererseits aber die Grundrechtssubjektivität des *nasciturus* offen gelassen und die Schutzpflicht objektiv-rechtlich begründet.[2] Würde das Bundesverfassungsgericht ausdrücklich den *nasciturus* als Grundrechtsträger ansehen, wäre es ausgeschlossen, **Schwangerschaftsabbrüche** als verfassungsrechtlich zulässig zu erachten. Insbesondere die Verknüpfung mit der Menschenwürde müsste folgerichtig zu einem Anspruch des *nasciturus* gegen den Staat auf Einsatz aller Machtmittel führen, ihn am Leben zu erhalten und seine Menschenwürde (und sein Lebensrecht) zu schützen. Dieser Anspruch könnte nur bei Vorliegen einer medizinischen Indikation – Lebensgefahr für die Mutter bei Austragung des Kindes – zurücktreten.

233

---

1 Vgl. *Jarass/Pieroth*, GG, Art. 2 Rdnr. 85; *P. Kunig*, in: v. Münch/Kunig (Hrsg.), GG Bd. 1, Art. 2 Rdnr. 47; *C. Starck*, in: v. Mangoldt/Klein/Starck, GG Bd. 1, Art. 2 Rdnr. 187; *D. Murswiek*, in: Sachs (Hrsg.), GG, Art. 2 Rdnr. 146; *H. Schulze-Fielitz*, in: Dreier (Hrsg.), GG Bd. I, Art. 2 II Rdnr. 39.

2 Vgl. BVerfGE 39, 1 (41); 88, 203 (251 f.). Die Entscheidungen des Bundesverfassungsgerichts können wegen ihrer inneren Widersprüchlichkeit auch nicht zur Begründung der Grundrechtssubjektivität des Embryos *in vitro* herangezogen werden. Es würde jeder Logik entbehren, den Embryo *in vitro* als Grundrechtsträger (auch der Menschenwürde) anzusehen und hieraus Konsequenzen für seinen Schutz herzuleiten, während die Austragung des Embryos *in utero* während der ersten zwölf Wochen nach der Empfängnis – und nach Beratung – allein der Entscheidung der Mutter unterliegt (§ 218 a Abs. 1 StGB). Vgl. hierzu *J. Ipsen*, JZ 2001, S. 289 ff.; *ders.*, NJW 2004, S. 268 f.

2.   Grundrechtsinhalt

a)   Schutzgut

234   Schutzgut des Art. 2 Abs. 2 Satz 1 GG ist das **menschliche Leben**. Nach herrschender Meinung ist der Beginn des Lebens mit der Verschmelzung von **Ei-** und **Samenzelle** anzunehmen[3], nach anderer Ansicht beginnt das Leben erst mit der Einnistung des befruchteten Eis in der Gebärmutter (Nidation)[4]. Der Zeitpunkt ist entscheidend für die Frage, ob auch extrakorporal erzeugtes Leben unter den Schutz des Art. 2 Abs. 2 Satz 1 GG fällt.[5] Das menschliche Leben endet mit dem Tod, der von medizinischer Seite als »**Hirntod**« – als Erlöschen der Hirnströme – definiert wird.[6]

b)   Schutzrichtung

235   Art. 2 Abs. 2 Satz 1 GG ist unbestritten ein Grundrecht des *status negativus*, hindert den Staat also daran, in das Schutzgut »Leben« einzugreifen.[7] Art. 2 Abs. 2 Satz 1 GG ist demgegenüber **kein Leistungsrecht**, das dem Grundrechtsträger konkrete Ansprüche gegenüber dem Staat einräumte. Diesen trifft jedoch eine **objektive Schutzpflicht** für das – auch vorgeburtliche – Leben, wie sie das Bundesverfassungsgericht seit der ersten Entscheidung zum Schwangerschaftsabbruch in ständiger Rechtsprechung betont.[8] Aus der objektiv-rechtlichen Schutzpflicht folgt jedoch nicht notwendig ein korrespondierendes *subjektives* Recht, weil unter Umständen konfligierende Schutzgüter zu berücksichtigen sind.[9]

236   Im Ausgangsfall hat das Bundesverfassungsgericht die Schutzpflicht der Staatsorgane für das Leben des entführten Dr. S. betont, gleichwohl einen Anspruch auf eine bestimmte Maßnahme (Freilassung der Terroristen) verneint. In der Begründung wird ausgeführt, dass gegen das Leben des Entführten auch die Sicherheit der Gesamtheit aller Bürger abgewogen werden müsse, weil diese durch die freigelassenen Terroristen gefährdet seien. Überdies würde durch einen Rechtsanspruch der geltend gemachten Art die staatliche Reaktion auf terroristische Akte kalkulierbar, was mit der dem Staat durch Art. 2 Abs. 2 Satz 1 GG zugewiesenen »Aufgabe« unvereinbar sei.[10] Die Entscheidung, welche Schutzmaßnahmen zu ergreifen seien, obliege deshalb den Staatsorganen.

3.   Grundrechtseinschränkungen

237   Art. 2 Abs. 2 Satz 1 GG steht unter **Gesetzesvorbehalt** (Art. 2 Abs. 2 Satz 3 GG), so dass nach dem Wortlaut des Artikels Eingriffe auch in das Schutzgut »Leben« zulässig sind. Da das menschliche Leben einen »**Höchstwert**« darstellt[11], können entsprechende Eingriffe nur unter außergewöhnlichen Umständen und unter strenger Beachtung des **Übermaßverbots** zulässig sein. Ob nach Art. 2 Abs. 2 Satz 3 GG die **Todesstrafe** zulässig wäre, ist eine müßige Frage, weil sie von Verfassungs wegen abgeschafft ist (Art. 102 GG). Der durch die Landespolizeigesetze vorgesehene **gezielte Todesschuss** (»finaler Rettungsschuss«) ist am Maßstab des Übermaßverbots nicht nur gerechtfertigt, sondern aufgrund

---

3   Vgl. *P. Kunig*, in: v. Münch / Kunig (Hrsg.), GG Bd. 1, Art. 2 Rdnr. 49; *D. Murswiek*, in: Sachs (Hrsg.), GG, Art. 2 Rdnr. 143; *H. Schulze-Fielitz*, in: Dreier (Hrsg.), GG Bd. I, Art. 2 II Rdnr. 28 jeweils m. w. N.

4   Vgl. *H. Hofmann*, JZ 1986, S. 258 f.

5   Vgl. hierzu *D. Murswiek*, in: Sachs (Hrsg.), GG, Art. 2 Rdnr. 145 m. w. N.

6   Kritisch: *D. Murswiek*, in: Sachs (Hrsg.), GG, Art. 2 Rdnr. 142; *H. Schulze-Fielitz*, in: Dreier (Hrsg.), GG Bd. I, Art. 2 II Rdnr. 31; *W. Höfling*, JZ 1995, S. 32 f.

7   Vgl. *H. Schulze-Fielitz*, in: Dreier (Hrsg.), GG Bd. I, Art. 2 II Rdnr. 42 m. w. N.

8   Vgl. BVerfGE 39, 1 (41); 46, 160 (164); 88, 203 (251) st. Rspr.

9   Vgl. oben Rdnr. 94.

10   So BVerfGE 46, 160 (165).

11   BVerfGE 46, 160 (164).

der Schutzpflicht des Staates geradezu geboten.[12] Wenn ein gezielter Schuss das einzige Mittel darstellt, um eine Geisel aus der Gewalt eines Straftäters zu befreien, so ist dieses Mittel einerseits erforderlich, andererseits aber nicht unverhältnismäßig, weil das Leben des Täters nicht gegen das der Geisel abgewogen werden kann. Dagegen sieht das Bundesverfassungsgericht den Einsatz von Waffengewalt gegen gekaperte Flugzeuge als Verletzung des Art. 2 Abs. 2 Satz 1 (i. V. m. Art. 1 Abs. 1) GG an, wenn hierdurch das Leben der Passagiere geopfert wird. Die entsprechende Ermächtigung in § 14 Abs. 3 LuftSiG ist deshalb für nichtig erklärt worden.[13]

II.   Recht auf körperliche Unversehrtheit (Art. 2 Abs. 2 Satz 1 GG)

Fall 7:   238
Der wegen mehrerer Vermögensdelikte vorbestrafte B war wegen Betrugs angeklagt, weil er eine Zeitungsanzeige aufgegeben hatte, zu deren Bezahlung aber nicht imstande war. Das Gericht hatte Zweifel an seiner Zurechnungsfähigkeit und ordnete gemäß § 81 a StPO zur Feststellung der Zurechnungsfähigkeit eine hirnelektrische Untersuchung (Elektroenzephalographie) und eine Hirnkammerluftfüllung (Pneumoenzephalographie) an. Während bei der hirnelektrischen Untersuchung die elektrischen Potentialschwankungen der menschlichen Gehirnrinde gemessen werden, indem die Stromtätigkeit des Gehirns durch Ableitung von der Schädeldecke ermittelt und registriert wird (Elektroenzephalogramm – EEG), wird bei der Hirnkammerluftfüllung mittels einer langen Hohlnadel (Lumbal- oder Okzipitalpunktion) Gehirn- und Rückenmarksflüssigkeit (Liquor) entnommen, um durch Entleerung und Luftfüllung der Gehirnkammern (Ventrikel) zu erreichen, dass diese sich im Röntgenbild abzeichnen.

(BVerfGE 17, 108)

1.   Grundrechtsträger

Grundrechtsträger ist – wie beim Recht auf Leben – **jeder Mensch**. Insofern kann auf die   239
Ausführungen zu diesem Grundrecht verwiesen werden. Die Verknüpfung beider Grundrechte hat zur Folge, dass dem *nasciturus* auch im Hinblick auf das Recht auf körperliche Unversehrtheit keine Grundrechtssubjektivität zukommt.

2.   Grundrechtsinhalt

a)   Schutzgut

Schutzgut ist die körperliche Unversehrtheit, also die **Integrität der Körpersphäre**. Das   240
psychische Wohlbefinden gehört nur insoweit zum Schutzgut, als somatische Rückwirkungen hervorgerufen werden können.[14] Art. 2 Abs. 2 Satz 1 GG enthält **kein »Recht auf Gesundheit«**[15]. Krankheiten gehören naturgemäß zur menschlichen Existenz, so dass auch der Staat kein von Krankheiten freies Leben zu gewährleisten vermag.

b)   Schutzrichtung

Ebenso wie das Recht auf Leben ist das Recht auf körperliche Unversehrtheit ein Grund-   241
recht des *status negativus*, beschränkt sich also darauf, hoheitliche Maßnahmen, die auf die Körpersphäre einwirken, abzuwehren. Art. 2 Abs. 2 Satz 1 GG räumt insoweit – ebenso

---

12 Vgl. oben Rdnr. 201.
13 BVerfGE 115, 118 (119).
14 Vgl. *D. Murswiek*, in: Sachs (Hrsg.), GG, Art. 2 Rdnr. 148 f.
15 Vgl. dazu *D. Murswiek*, in: Sachs (Hrsg.), GG, Art. 2 Rdnr. 150.

wenig wie das »Recht auf Leben« – **konkrete Leistungsansprüche** nicht ein.[16] Den Staat trifft aber die (objektiv-rechtliche) Verpflichtung, die körperliche Unversehrtheit seiner Bürger zu schützen und – weitergehend – für ihre Gesundheit zu sorgen.[17] Dieser – in einem modernen Sozialstaat selbstverständlichen – Schutzpflicht korrespondieren aber *keine* grundrechtlich begründeten Leistungsrechte, weil diese unter dem **Vorbehalt staatlicher Leistungsfähigkeit** stehen und erst gesetzgeberischer Ausformung bedürfen. Insofern lässt sich Art. 2 Abs. 2 Satz 1 GG auch kein »Recht auf Gesundheitsvorsorge« entnehmen, das der Sache nach ein dem Grundgesetz unbekanntes soziales Grundrecht darstellte.

242 Die Abwehrfunktion des Rechts auf körperliche Unversehrtheit richtet sich auch gegen staatliche Maßnahmen, die Einwirkungen (privater) Dritter auf die körperliche Unversehrtheit von Grundrechtsträgern zulassen. Vielfach wird eine Tätigkeit oder ein Vorhaben durch Gesetz von einer **behördlichen Zulassung** (Genehmigung, Erlaubnis, Konzession) abhängig gemacht. Der Staat erfüllt durch ein solches Genehmigungsverfahren seine aus den Grundrechten folgende (objektiv-rechtliche) Schutzpflicht, gestattet andererseits aber auch das fragliche Vorhaben und macht es sich auf diese Weise zu eigen. Da die behördliche Erlaubnis regelmäßig *privatrechtliche* Unterlassungsansprüche ausschließt, ist die gestattete Tätigkeit dem Staat *zuzurechnen* und am Maßstab des Art. 2 Abs. 2 Satz 1 GG zu prüfen.[18]

3. Grundrechtseinschränkungen

243 Eingriffe in die körperliche Unversehrtheit sind nach Art. 2 Abs. 2 Satz 3 GG aufgrund eines Gesetzes statthaft. Da – dem Charakter des Gesetzes als »Unverletzlichkeitsrecht« entsprechend – Eingriffe nur unter notstandsähnlichen Voraussetzungen denkbar sind, ist die Zahl der Eingriffsermächtigungen gering. Sie finden sich in erster Linie auf dem Gebiet des **Strafrechts**, des **Seuchenrechts** und **verwandter Gebiete**. Nach § 81 a Abs. 1 StPO kann eine körperliche Untersuchung des Beschuldigten zur Feststellung von Tatsachen angeordnet werden, die für das Verfahren von Bedeutung sind. Alltägliches Beispiel sind Blutproben, die bei Verdacht der Trunkenheit im Verkehr (§ 316 StGB) entnommen werden.

244 Im Ausgangsfall wären grundsätzlich beide Untersuchungsmethoden durch die generalklauselartige Fassung des § 81 a StPO gedeckt. Das Bundesverfassungsgericht hatte beim EEG allerdings Zweifel am Eingriffscharakter; dieser ist bei der Pneumoenzephalographie hingegen eindeutig zu bejahen. Eingriffe in die körperliche Unversehrtheit bedürfen aber nicht nur der gesetzlichen Grundlage, sondern müssen dem Grundsatz der Verhältnismäßigkeit genügen. Hierbei ist der Zweck des Eingriffs zu seiner Intensität und den möglichen Eingriffsfolgen in Beziehung zu setzen. Im Beispielsfall hat das Bundesverfassungsgericht zu Recht entschieden, dass die gerichtliche Anordnung der Hirnkammerluftfüllung gegen den Grundsatz der Verhältnismäßigkeit verstieß.[19]

245 Das Infektionsschutzgesetz vom 20. Juli 2000[20], das an die Stelle des »Bundesseuchengesetzes« getreten ist, enthält eine Ermächtigung für die Gesundheitsämter, die erforderlichen Ermittlungen über Art, Ursache, Ansteckungsquelle und Ausbreitung übertragbarer Krankheiten anzustellen (§ 25 Abs. 1 IfSG). Nach § 26 Abs. 2 IfSG können die krankheitsverdächtigen Personen zu entsprechenden Untersuchungen verpflichtet werden.

---

16 Vgl. hierzu *H. Schulze-Fielitz*, in: Dreier (Hrsg.), GG Bd. I, Art. 2 II Rdnr. 96.
17 Vgl. BVerfGE 56, 54 (78); 77, 170 (214); 85, 191 (212); 115, 25 (44 f.).
18 Vgl. BVerfGE 49, 89 (132 ff.); 53, 30 (57 ff.); 56, 74 (73 ff.).
19 Vgl. BVerfGE 17, 108 (119).
20 BGBl. I, S. 1045; abgedr. in *Sartorius* I (Ergänzungsband), Nr. 285.

III. Freiheit der Person (Art. 2 Abs. 2 Satz 2 GG)

1. Grundrechtsträger

Grundrechtsträger ist – wie bei den anderen Grundrechten aus Art. 2 Abs. 2 GG – **jeder** **246**
Mensch.

2. Grundrechtsinhalt

Fall 8: **247**
Gegen V sind mehrfach Bußgelder verhängt worden, weil er Verkehrsvorschriften nicht beachtet hat. Die Straßenverkehrsbehörde verpflichtet ihn deshalb – gestützt auf § 48 StVO –, an einem Unterricht über das Verhalten im Straßenverkehr teilzunehmen. In der Ladung wird V darauf aufmerksam gemacht, dass er bei Nichterscheinen eine Ordnungswidrigkeit nach § 49 Abs. 4 Nr. 6 StVO begeht, die mit einem Bußgeld geahndet werden kann.

(nach BVerfGE 22, 21)

a) Schutzgut

Schutzgut des Art. 2 Abs. 2 Satz 2 GG ist die (natürliche) **Fortbewegungsfreiheit**. Das **248**
Grundrecht steht damit in der Tradition des *habeas corpus*, der das älteste Menschenrecht darstellt und sich in allen Menschenrechtskatalogen findet. Jeder Mensch hält sich zu jedem Zeitpunkt irgendwo im Raum auf. Im Allgemeinen ist es ihm möglich, diesen Ort aus eigenem Entschluss zu verlassen. Art. 2 Abs. 2 Satz 2 GG schützt diese *Fort*bewegungsfreiheit, nicht hingegen die (natürliche) Freiheit eines Menschen, nach eigenem Entschluss bestimmte Orte aufzusuchen, die durch das **Grundrecht der Freizügigkeit** (Art. 11 GG) geschützt wird. Versuche im neueren Schrifttum, zwischen »negativer« und »positiver« Bewegungsfreiheit zu differenzieren[21], der *Fort*bewegungsfreiheit also gewissermaßen eine *Hin*bewegungsfreiheit zur Seite zu stellen, überanstrengen den Tatbestand des Art. 2 Abs. 2 Satz 2 GG. Auch der Begriff der »körperlichen Bewegungsfreiheit«, mit dem das Bundesverfassungsgericht das Schutzgut umreißt[22], ist nicht hinreichend genau. Ein gewisses Maß an körperlicher Bewegungsfreiheit verbleibt letztlich jedem, der nicht gerade gefesselt ist. Entscheidend muss deshalb sein, ob dem Grundrechtsträger die Möglichkeit verbleibt, sich aus eigenem Entschluss von seinem Aufenthaltsort *fort*zubewegen. Ob er sich auch zu einem anderen Ort *hin*bewegen kann oder in dieser Freiheit eingeschränkt ist, gehört nicht mehr zum Gewährleistungsgehalt des Art. 2 Abs. 2 GG. Abwegig erscheint es, die Fortbewegungsfreiheit mit dem Etikett »negativ«, die Hinbewegungsfreiheit mit dem Etikett »positiv« zu versehen.[23] Wer seinen Aufenthaltsort im Raum verändert, nimmt notwendig einen anderen Aufenthaltsort ein. Insofern ist jede Fortbewegung zugleich Hinbewegung. Entscheidend ist nur, ob jeder beliebige Ort aufgesucht werden kann; dies aber ist eine Frage der **Freizügigkeit** (Art. 11 GG).

Im Ausgangsfall ist die Freiheit der Person durch die an V gerichtete Aufforderung, zum Verkehrs- **249**
unterricht zu erscheinen, nicht berührt. Ungeachtet möglicher Sanktionen, die verhängt werden können, wenn der Adressat einer Vorladung zum Verkehrsunterricht nicht folgt (§ 49 Abs. 4 Nr. 6 StVO), bleibt die körperliche Bewegungsfreiheit in jedem Fall erhalten. Das Bundesverfassungsgericht hat deshalb zutreffend auf das Element des unmittelbaren Zwangs abgestellt.[24]

---

21 Nachweise bei *D. Murswiek*, in: Sachs (Hrsg.), GG, Art. 2 Rdnr. 229 f.
22 So BVerfGE 22, 21 (26).
23 So aber *Pieroth/Schlink*, Grundrechte, Rdnr. 413.
24 So BVerfGE 22, 21 (26).

b) Schutzrichtung

250 Art. 2 Abs. 2 Satz 2 GG enthält den klassischen *habeas corpus* und somit ein Abwehrrecht, das vor *staatlichen* Maßnahmen schützt. Die Freiheit der Person als elementares Menschenrecht enthält zugleich eine **objektiv-rechtliche Verpflichtung** des Staates, die Freiheit seiner Bürger zu schützen.

3. Grundrechtseinschränkungen

251 **Fall 9:**
Das Bundessozialhilfegesetz (BSHG) vom 30. Juni 1961 (BGBl. I, S. 815) enthielt in Abschnitt 3 »Hilfe in besonderen Lebenslagen« in den §§ 72–74 Bestimmungen über »Hilfe für Gefährdete«. Danach sollten Personen, die das 18. Lebensjahr vollendet hatten und die dadurch gefährdet waren, dass sie aus Mangel an innerer Festigkeit ein geordnetes Leben in der Gemeinschaft nicht führen konnten, Hilfe gewährt werden. Die Hilfe sollte den Gefährdeten zu einem geordneten Leben hinführen, insbesondere ihn an regelmäßige Arbeit und erforderlichenfalls an Sesshaftigkeit gewöhnen. Dem Gefährdeten sollte geraten werden, sich in die Obhut einer Anstalt, eines Heimes oder einer gleichartigen Einrichtung zu begeben, wenn andere Arten der Hilfe nicht ausreichten (§ 73 Abs. 1 BSHG). Lehnte der Gefährdete dies ab, so konnte das Gericht ihn anweisen, sich in einer geeigneten Anstalt aufzuhalten, wenn er
1. besonders willensschwach oder in seinem Triebleben besonders hemmungslos war und
2. verwahrlost oder der Gefahr der Verwahrlosung ausgesetzt war und
3. die Hilfe nur in einer Anstalt wirksam gewährt werden konnte (§ 73 Abs. 3 BSHG).
(BVerfGE 22, 180 (218 ff.))

252 Art. 2 Abs. 2 Satz 2 GG steht unter **Gesetzesvorbehalt** (Art. 2 Abs. 2 Satz 3 GG). Da die Freiheit der Person zu den **unverletzlichen Grundrechten** zählt, handelt es sich um einen echten Eingriffsvorbehalt. Der Eingriffsvorbehalt wird durch die **Verfahrensgarantien** des Art. 104 GG näher ausgestaltet. Nach Art. 104 Abs. 1 GG darf die Freiheit der Person nur aufgrund eines förmlichen Gesetzes und nur unter Beachtung der darin vorgeschriebenen Formen »beschränkt« werden. Hiermit wird der Eingriffsvorbehalt des Art. 2 Abs. 2 Satz 3 GG aufgenommen und um das Merkmal des **förmlichen Gesetzes** erweitert. Mit anderen Worten besagt Art. 104 Abs. 1 GG nichts anderes, als dass »Eingriffe« in die Freiheit der Person nur aufgrund eines förmlichen Gesetzes und in den dort vorgeschriebenen Formen statthaft sind. Der Wortlaut des Art. 104 Abs. 1 GG gibt demgegenüber keinen Anlass, eine besondere Kategorie der »Freiheitsbeschränkungen« zu diskutieren.[25]

253 Ein besonders nachhaltiger Eingriff in die Freiheit der Person ist die **Freiheitsentziehung**, die nur unter den in Art. 104 Abs. 2 GG genannten Voraussetzungen statthaft ist. Andere Einwirkungen auf die Fortbewegungsfreiheit erfüllen wegen ihrer kurzen Dauer den Begriff der Freiheitsentziehung nicht, stellen aber einen Eingriff in das Schutzgut des Grundrechts dar.[26]

254 Alle Maßnahmen des **unmittelbaren Zwangs**, denen der Grundrechtsträger aus eigenem Entschluss nicht ausweichen kann, sind deshalb als Eingriffe in die Freiheit der Person zu werten. Es kommt nicht darauf an, ob diese Eingriffe besonders intensiv sind oder sich über einen bestimmten Zeitraum erstrecken – was ohnehin die zusätzlichen Garantien des Art. 104 Abs. 2 GG auslösen würde –, sondern dass der Grundrechtsträger nicht in jedem Augenblick im Besitz seiner **Fortbewegungsfreiheit** ist. Hierzu sind auch solche Maßnahmen zu rechnen, die selbst noch keinen unmittelbaren Zwang bedeuten, mit Si-

---

25 Vgl. *P. Kunig*, in: v. Münch/Kunig (Hrsg.), GG Bd. 3 (3. Aufl. 1996), Art. 104 Rdnr. 19 m. w. N. Im Grundrechtsteil ist auch im Übrigen von »Beschränkungen« die Rede, wo ein »Eingriff« in ein unverletzliches Schutzgut gemeint ist (Art. 10 Abs. 2 Satz 1 GG).
26 Kritisch zum Abgrenzungsmerkmal »Dauer«: *P. Kunig*, in: v. Münch/Kunig (Hrsg.), GG Bd. 3, Art. 104 Rdnr. 19.

cherheit aber mit Zwangsmitteln durchgesetzt würden.[27] So muss das »**Angehaltenwerden**« durch Polizeibeamte, dem jeder vernünftige Mensch freiwillig Folge leistet, gleichwohl als Eingriff in die Fortbewegungsfreiheit angesehen werden, weil eine solche Maßnahme regelmäßig sofort durch unmittelbaren Zwang durchgesetzt wird.

> Anders ist dies bei dem oben erwähnten Beispiel der Vorladung zum Verkehrsunterricht, weil hier   **255**
> als Sanktion nur ein Bußgeld droht. Auch polizeiliche Vorladungen sind selbst noch keine Eingriffe
> in die Freiheit der Person; dieses Merkmal erfüllt erst die *Vorführung*, die ebenfalls mit unmittelbarem Zwang durchgesetzt werden kann.[28]

Das **Misshandlungsverbot** (Art. 104 Abs. 1 Satz 2 GG) folgt bereits aus Art. 1 Abs. 1 Satz 1   **256**
und Art. 2 Abs. 2 Satz 1 GG, erfüllt als **bekräftigende Garantie** jedoch eine wichtige Funktion, weil festgehaltene Personen des besonderen Schutzes vor willkürlichen und entwürdigenden Maßnahmen bedürfen.[29]

Mit dem Richtervorbehalt (Art. 104 Abs. 2–4 GG) steht das Grundrecht unverrückbar in   **257**
der Tradition des *habeas corpus*.[30] Der nur scheinbar ausnahmslos geltende **Richtervorbehalt** (Art. 104 Abs. 2 Satz 1 GG) darf nicht darüber hinwegtäuschen, dass die äußerste verfassungsrechtliche Grenze der Freiheitsentziehung aufgrund **polizeilicher Anordnung** 48 Stunden beträgt. Der Gesetzgeber ist nicht gehindert, den Richtervorbehalt auf kürzere Zeiträume zu erstrecken.

Eingriffe in die Freiheit der Person dürfen nicht gegen das **Übermaßverbot** verstoßen. Sie   **258**
sind deshalb nur verfassungsmäßig, wenn sie zur Erreichung eines legitimen Zieles geeignet, erforderlich und verhältnismäßig (angemessen, proportional) sind.[31]

> Im Ausgangsfall handelte es sich ersichtlich um eine Freiheitsentziehung, denn trotz der euphemisti-   **259**
> schen Wendung hatte der in eine »Anstalt« Eingewiesene keine Möglichkeit mehr, aus eigenem
> Entschluss diese Anstalt zu verlassen. Die förmlichen Voraussetzungen der Art. 2 Abs. 2 Satz 3,
> 104 Abs. 1 und 2 GG waren erfüllt, denn das BSHG war ein förmliches Gesetz und für die »Einweisung« eine richterliche Entscheidung Voraussetzung. Der Ausgangsfall zeigt, dass neben den Verfahrensgarantien bei der Freiheitsentziehung das Übermaßverbot eine wichtige Rolle spielt, denn
> schon das legitime Ziel – nämlich die »Besserung« von Menschen, die zwar in ihrer Lebensführung
> unangepasst, nicht aber straffällig geworden sind – erscheint problematisch. Selbst wenn man die
> »Besserung« als sozialpolitisches Ziel billigen würde, so wäre der durch die Freiheitsentziehung
> ausgeübte Zwang doch in jedem Fall unverhältnismäßig.[32]

IV.   Rechtsprechung

Zu I.: B VerfGE 39, 1 (Schwangerschaftsabbruch I); E 46, 160 (Schleyer); E 88, 203 (Schwan-   **260**
gerschaftsabbruch II); E 115, 25 (Lebensbedrohliche Erkrankung); E 115, 118 (Luftsicherheitsgesetz); B VerwGE 78, 285 (Abschiebung bei im Ausland drohender Todesstrafe).

Zu II.: B VerfGE 5, 13 (Blutgruppenuntersuchung); E 16, 194 (Liquorentnahme); E 17, 108
(EEG; Hirnkammerluftfüllung); E 47, 239 (Veränderung der Haar- und Barttracht); E 49, 89
(Kalkar); E 53, 30 (Mülheim-Kärlich); E 56, 54 (Fluglärm); E 57, 70 (Krankenversorgung); E
66, 39 (Nato-Doppelbeschluss); E 77, 170 (Lagerung chemischer Waffen); E 79, 174 (Straßenverkehrslärm); B VerwGE 9, 78 (Impfzwang); **VGH Kassel**, NJW 1990, S. 336 (Schutzpflicht des Staates bei Umgang mit der Gentechnologie).

---

27 So auch *Jarass/Pieroth*, GG, Art. 2 Rdnr. 114; *P. Kunig*, in: v. Münch/Kunig (Hrsg.), GG Bd. 1, Art. 2
    Rdnr. 76; *H. Schulze-Fielitz*, in: Dreier (Hrsg.), GG Bd. I, Art. 2 II Rdnr. 104.
28 Nachweise bei: *V. Götz*, Allgemeines Polizei- und Ordnungsrecht (13. Aufl. 2001), Rdnr. 559.
29 Dazu BVerfGE 2, 118 (119); 49, 24 (64).
30 Vgl. oben Rdnr. 8 f.
31 Vgl. oben Rdnr. 169 ff.
32 So auch BVerfGE 22, 180 (220).

Zu III.: B VerfGE 10, 302 (Aufenthaltsbestimmungsrecht eines Entmündigten); E 14, 174 (Freiheitsentziehung durch förmliches Gesetz); E 16, 119 (Benachrichtigungspflicht bei Freiheitsentziehung); E 22, 21 (Verkehrsunterricht); E 22, 180, 218 ff. (Hilfe für Gefährdete); E 36, 264 (Untersuchungshaft); E 45, 187; E 72, 105; E 86, 288 (Lebenslange Freiheitsstrafe); E 58, 208; E 61, 126 (Erzwingungshaft); E 66, 191 (Anhörungspflicht bei Unterbringung psychisch Kranker); E 70, 297 (Unterbringung in psychiatrischer Klinik); E 76, 363 (Beugehaft); E 83, 24 (Vorbeugehaft); E 91, 1 (Entziehungsanstalt); E 109, 133 (Sicherungsverwahrung).

V. Literatur

261   **Zu I.: K. Baumann**, Das Grundrecht auf Leben unter Quantifizierungsvorbehalt?, DÖV 2004, S. 853; **R. Breuer**, Der verfassungsrechtliche Schutz des Lebens, in: Ipsen/Rengeling/Mössner/Weber (Hrsg.), Verfassungsrecht im Wandel, Festgabe Heymanns-Verlag (1995), S. 25; **U. Fink**, Der Schutz des menschlichen Lebens im Grundgesetz – zugleich ein Beitrag zum Verhältnis des Lebensrechts zur Menschenwürdegarantie, Jura 2000, S. 210; **J. Geiger/C. v. Lampe**, Das zweite Urteil des Bundesverfassungsgerichts zum Schwangerschaftsabbruch, Jura 1994, S. 20; **T. Hartleb**, Grundrechtsvorwirkungen in der bioethischen Debatte – alternative Gewährleistungsdimensionen von Art. 2 II 1 GG und Art. 1 I GG, DVBl. 2006, S. 672; **G. Hermes**, Das Grundrecht auf Schutz von Leben und Gesundheit (1987); **G. Hermes/S. Walther**, Schwangerschaftsabbruch zwischen Recht und Unrecht, NJW 1993, S. 2337; **W. Heun**, The Right to Die – Terri Schiavo, Assisted Suicide und ihre Hintergründe in den USA, JZ 2006, S. 425; **H. Hofmann**, Biotechnik, Gentherapie, Genmanipulation – Wissenschaft im rechtsfreien Raum?, JZ 1986, S. 253; **W. Höfling**, Um Leben und Tod: Transplantationsgesetzgebung und Grundrecht auf Leben, JZ 1995, S. 26; **ders./S. Augsberg**, Luftsicherheit, Grundrechtsregime und Ausnahmezustand, JZ 2005, S. 1080; **J. Ipsen**, Verfassungsrecht und Biotechnologie, DVBl. 2004, S. 1381; **M. C. Jakobs**, Terrorismus und polizeilicher Todesschuss, DVBl. 2006, S. 83; **P. Kunig**, Grundrechtlicher Schutz des Lebens, Jura 1991, S. 415; **J. F. Lindner**, Grundrechtsfragen aktiver Sterbehilfe, JZ 2006, S. 373; **C. Starck**, Der verfassungsrechtliche Schutz des ungeborenen menschlichen Lebens, JZ 1993, S. 816; **U. Steiner**, Der Schutz des Lebens durch das Grundgesetz (1992); **R. Zippelius**, An den Grenzen des Rechts auf Leben, JuS 1983, S. 659.

Zu II.: O. Seewald, Zum Verfassungsrecht auf Gesundheit (1981); **ders.**, Gesundheit als Grundrecht – Grundrechte als Grundlagen von Ansprüchen auf gesundheitsschützende staatliche Leistungen (1982).

Zu III.: K. Amelung, Die Entstehung des Grundrechtsschutzes gegen willkürliche Verhaftung, Jura 2005, S. 447; **C. Gusy**, Freiheitsentziehung und Grundgesetz, NJW 1992, S. 457; **P. Hantel**, Das Grundrecht der Freiheit der Person nach Art. 2 II 2, 104 GG, JuS 1990, S. 865; **H. Müller-Dietz**, Lebenslange Freiheitsstrafe und bedingte Entlassung, Jura 1994, S. 72; **A. Tiemann**, Der Schutzbereich des Art. 2 II 2 GG, NVwZ 1987, S. 10.

§ 6 Der Schutz der Privatsphäre

I. Unverletzlichkeit der Wohnung (Art. 13 GG)

Fall 10:
Gegen S liegen mehrere vollstreckbare Titel vor. Als der Gerichtsvollzieher ihn wiederholt nicht in 262
seiner Wohnung antrifft und trotz Androhung der zwangsweisen Öffnung die Wohnung wiederum verschlossen vorfindet, lässt er sie zwangsweise öffnen und pfändet Möbel sowie andere Gegenstände. S ist der Auffassung, dass hierdurch sein Grundrecht aus Art. 13 GG verletzt sei. Würde es einen Unterschied ausmachen, wenn es sich nicht um die Wohnung des S, sondern um Geschäftsräume handelte, die der Gerichtsvollzieher jeweils verschlossen vorfindet?
(BVerfGE 51, 97)

1. Grundrechtsträger

Grundrechtsträger ist **jeder Mensch**, der berechtigterweise eine Wohnung bewohnt. Es 263
kommt nicht darauf an, ob es sich um den **Wohnungsinhaber** – nämlich den Eigentümer
oder den Mieter im Sinne der mietrechtlichen Vorschriften – handelt; das Grundrecht aus
Art. 13 GG steht vielmehr jedem zu, der mit erkennbarem Wohnwillen Räume unmittelbar
besitzt.[1] Der Besitz muss allerdings (zivilrechtlich) *berechtigt* sein[2], weil anderenfalls sich
auch Eindringlinge – etwa Hausbesetzer – auf die Unverletzlichkeit der Wohnung berufen
könnten, wodurch das Grundrecht in sein Gegenteil verkehrt würde.

2. Grundrechtsinhalt

a) Schutzgut

Schutzgut ist die **räumliche Sphäre**, in der sich das Privatleben entfaltet.[3] Der **Wohnungs-** 264
begriff ist **weit** zu fassen und schließt neben Wohnhäusern und Mietwohnungen auch Hotelzimmer, Wohnmobile, Hausboote usw. ein.[4] Nach ständiger Rechtsprechung des Bundesverfassungsgerichts umfasst der Begriff der Wohnung in Art. 13 Abs. 1 GG auch Arbeits-, Betriebs- und Geschäftsräume.[5] Die weite Auslegung des Wohnungsbegriffs ist erforderlich, weil zwischen einer beruflich-privaten und einer persönlich-privaten Sphäre nicht deutlich unterschieden werden kann. Auch in der deutschen Verfassungsüberlieferung hat ein weiter Wohnungsbegriff vorgeherrscht.[6]

> Im Ausgangsfall würde es *keinen* Unterschied machen, ob es sich um die Privatwohnung des S oder 265
> seine Geschäftsräume handelt. Entscheidend ist, dass er den Zutritt Außenstehender verhindern
> wollte.

Da die Wohnung als »unverletzlich« gewährleistet wird, zählt sie zu den absolut geschütz- 266
ten Rechtsgütern und Art. 13 Abs. 1 GG zu den »Unverletzlichkeitsrechten«. Das Bundes-

---

1 Vgl. *J.-D. Kühne*, in: Sachs (Hrsg.), GG, Art. 13 Rdnr. 17.
2 Str., vgl. *G. Hermes*, in: Dreier (Hrsg.), GG Bd. I, Art. 13 Rdnr. 21 f. m. w. N.
3 So BVerfGE 89, 1 (12).
4 Vgl. *J.-D. Kühne*, in: Sachs (Hrsg.), GG, Art. 13 Rdnr. 1.
5 So BVerfGE 32, 54 (68 f.); 44, 353 (371); 76, 83 (86); zur Kritik am weiten Wohnungsbegriff vgl.
  G. Hermes, in: Dreier (Hrsg.), GG Bd. I, Art. 13 Rdnr. 26 f. m. w. N.
6 Vgl. BVerfGE 32, 54 (69 f.).

verfassungsgericht sieht das Grundrecht im Zusammenhang mit dem verfassungsrechtlichen Gebot unbedingter **Achtung der Privatsphäre** des Bürgers.[7]

b)   Schutzrichtung

267   Die Unverletzlichkeit der Wohnung bildet das Seitenstück zum *habeas corpus* und ist im Rechtsinstitut des **Hausfriedens** verwurzelt.[8] Art. 13 Abs. 1 GG enthält somit ein grundsätzliches Verbot für den Staat, in die räumliche Privatsphäre des Bürgers einzubrechen[9], und ist damit dem *status negativus* zuzurechnen. Als Norm des **objektiven Rechts** begründet Art. 13 Abs. 1 GG die Verpflichtung des Staates, die räumliche Privatsphäre seiner Bürger zu schützen.[10]

268   Art. 13 Abs. 1 GG enthält demgegenüber keine Ansprüche auf staatliche Gewährungen, insbesondere **kein »Recht auf Wohnung«**.[11] Abgesehen davon, dass bei dem von der herrschenden Meinung vertretenen weiten Wohnungsbegriff der Staat einer derartigen (hypothetischen) Verpflichtung schon durch die Stellung einer Zeltunterkunft genügen würde, entzieht sich dieses klassische Abwehrrecht der leistungsrechtlichen Umdeutung. Der in der Rechtsprechung stets hervorgehobene Schutz der Privatsphäre kann allerdings entsprechenden sozialpolitischen Aktivitäten eine zusätzliche verfassungsrechtliche Legitimation verleihen.

269   Art. 13 Abs. 1 GG richtet sich ausschließlich gegen Träger öffentlicher Gewalt, nicht also gegen andere Grundrechtsträger. Um das unbefugte Betreten einer Wohnung zu verhindern, reichen die zivilrechtlichen Vorschriften über verbotene Eigenmacht (§§ 858 ff. BGB) oder Hausfriedensbruch (§ 123 StGB) aus. Würden vergleichbare Vorschriften fehlen, wäre der Gesetzgeber zu ihrem Erlass aufgrund seiner objektiv-rechtlichen Schutzpflicht verpflichtet.

3.   Grundrechtseinschränkungen

270   Da es sich bei der Wohnung um ein unverletzliches Rechtsgut handelt, ist der Einwirkungsmodus regelmäßig der **Eingriff**.[12] Ob das Rechtsgut aufgrund des Art. 13 Abs. 7 GG auch einer Relativierung in Gestalt von Schranken zugänglich ist – was die Entgegensetzung von »Eingriffen« und »Beschränkungen« nahe legt – kann dahingestellt bleiben, weil derartige **Beschränkungen** auf exzeptionelle Lagen beschränkt sind.

271   Art. 13 Abs. 2 GG enthält **kein selbständiges Grundrecht**, sondern nennt nur einen typischen (und häufigen) Fall des Eingriffs in die Unverletzlichkeit der Wohnung und unterwirft ihn – Art. 104 Abs. 2 GG vergleichbar – besonderen Verfahrensvorschriften. Allgemein bekannt ist das Erfordernis einer richterlichen Durchsuchungsanordnung im strafrechtlichen Ermittlungsverfahren, die bei Gefahr im Verzuge auch durch die Staatsanwaltschaft und ihre Hilfsbeamten erfolgen kann (§ 105 StPO). Auch die Polizeigesetze der Bundesländer enthalten entsprechende Ermächtigungen.[13]

272   Im Ausgangsfall liegt ersichtlich ein Eingriff in die Unverletzlichkeit der Wohnung vor, weil der Gerichtsvollzieher sie ohne Einwilligung des S betreten und durchsucht hat. Die in Art. 13 Abs. 2 GG geforderte gesetzliche Grundlage findet sich in § 758 ZPO, wonach der Gerichtsvollzieher

---

7 BVerfGE 75, 318 (328).
8 Vgl. hierzu *J.-D. Kühne*, in: Sachs (Hrsg.), GG, Art. 13 Rdnr. 8.
9 Vgl. BVerfGE 65, 1 (40).
10 Vgl. *G. Hermes*, in: Dreier (Hrsg.), GG Bd. I, Art. 13 Rdnr. 117.
11 So auch *G. Hermes*, in: Dreier (Hrsg.), GG Bd. I, Art. 13 Rdnr. 116.
12 Vgl. oben Rdnr. 136 ff.
13 Nachweise bei *V. Götz*, Allgemeines Polizei- und Ordnungsrecht (13. Aufl. 2001), Rdnr. 299.

befugt ist, »die Wohnung und die Behältnisse des Schuldners zu durchsuchen, soweit der Zweck der Vollstreckung dies erfordert« (Abs. 1). Auch ist er »befugt, die verschlossenen Haustüren, Zimmertüren und Behältnisse öffnen zu lassen« (Abs. 2). Allerdings hat es im vorliegenden Fall an einer richterlichen Anordnung gefehlt. Deren Erforderlichkeit folgte früher unmittelbar aus Art. 13 Abs. 2 GG.[14] Nunmehr ist der Richtervorbehalt auch einfachgesetzlich in § 758 a Abs. 1 ZPO normiert.[15]

Das einfache **Betreten** von Räumen hat nicht notwendig Eingriffscharakter. Während eine Privatwohnung nur nach vorheriger Bitte an den Wohnungsinhaber und mit dessen Einwilligung betreten werden darf, stehen Geschäftsräume (insbesondere Läden, Gaststätten u. Ä.) dem Besucher regelmäßig offen. Es besteht kein Anlass, hier Unterschiede zwischen dem Betreten durch einen Amtsträger und einen privaten Dritten zu machen. Hieraus folgt, dass das Betreten einer Privatwohnung ohne Einwilligung des Wohnungsinhabers stets einen Eingriff in das Schutzgut des Art. 13 Abs. 1 GG bedeutet, während dies bei Geschäftsräumen nur der Fall ist, wenn der Amtsträger gegen den Willen des Berechtigten in den Räumen verweilt.[16] Das »bloße Betreten« von Wohnungs- und Geschäftsräumen ist folglich kein Eingriff, wenn der Wohnungsinhaber einverstanden ist, jedoch an Art. 13 Abs. 3–7 GG zu messen, wenn sein Wille entgegensteht. Die in der Rechtsprechung zu beobachtende Neigung, das bloße Betreten von Wohnungen unter erleichterten Voraussetzungen zuzulassen[17], ist schon deshalb abzulehnen, weil es sich bei Art. 13 Abs. 2–7 GG um **echte Eingriffsvorbehalte** handelt, die andernfalls relativiert würden.[18]

273

Mit dem Gesetz zur Änderung des Grundgesetzes vom 26. März 1998[19] sind spezielle Eingriffsvorbehalte für den Einsatz technischer Mittel in das Grundgesetz aufgenommen worden. Begründen bestimmte Tatsachen den Verdacht, dass jemand eine durch Gesetz einzeln bestimmte besonders schwere Straftat begangen hat, so dürfen zur Verfolgung der Tat aufgrund richterlicher Anordnung technische Mittel zur akustischen Überwachung von Wohnungen, in denen der Beschuldigte sich vermutlich aufhält, eingesetzt werden, wenn die Erforschung des Sachverhalts auf andere Weise unverhältnismäßig erschwert oder aussichtslos wäre (Art. 13 Abs. 3 Satz 1 GG). Die Maßnahme ist zu befristen (Art. 13 Abs. 3 Satz 2 GG). Die Anordnung erfolgt durch einen mit drei Richtern besetzten Spruchkörper; sie kann bei Gefahr im Verzuge auch durch einen einzelnen Richter getroffen werden (Art. 13 Abs. 3 Satz 3 und 4 GG). Zur Abwehr dringender Gefahren für die öffentliche Sicherheit, insbesondere einer gemeinen Gefahr oder einer Lebensgefahr, dürfen technische Mittel zur Überwachung von Wohnungen (nur) aufgrund richterlicher Anordnung eingesetzt werden (Art. 13 Abs. 4 Satz 1 GG). Bei Gefahr im Verzuge kann die Maßnahme auch durch eine andere gesetzlich bestimmte Stelle angeordnet werden; eine richterliche Entscheidung ist unverzüglich nachzuholen (Art. 13 Abs. 4 Satz 2 GG). Sind technische Mittel ausschließlich zum Schutze der bei einem Einsatz in Wohnungen tätigen Personen vorgesehen, kann die Maßnahme durch eine gesetzlich bestimmte Stelle angeordnet werden (Art. 13 Abs. 5 Satz 1 GG). Eine »anderweitige Verwertung« der hierbei erlangten Erkenntnisse ist nur zum Zweck der Strafverfolgung oder der Gefahrenabwehr und nur zulässig, wenn zuvor die Rechtmäßigkeit der Maßnahme richterlich festgestellt ist; bei Gefahr im Verzuge ist die richterliche Entscheidung unverzüglich nachzuholen (Art. 13 Abs. 5 Satz 2 GG).

274

Mit Art. 13 Abs. 3–5 GG sind Eingriffsvorbehalte zur technischen – namentlich akustischen – Überwachung von Wohnungen in das Grundgesetz aufgenommen worden, die

275

---

14 Vgl. BVerfGE 51, 97 (114 f.).
15 § 758 a ZPO wurde durch die 2. Zwangsvollstreckungsnovelle vom 17. 12. 1997 (BGBl. I, S. 3039) eingeführt.
16 Vgl. hierzu G. *Hermes*, in: Dreier (Hrsg.), GG Bd. I, Art. 13 Rdnr. 105 f.
17 Vgl. BVerfGE 32, 54 (76 f.); 75, 318 (328); BVerwGE 78, 251 (254 f.).
18 Kritisch auch: G. *Lübbe-Wolff*, DVBl. 1993, S. 764.
19 BGBl. I, S. 610.

Gegenstand lebhafter rechtsdogmatischer und rechtspolitischer Kontroversen waren.[20] Den Eingriffsvorbehalten und ihrer einfachgesetzlichen Ausformung (§§ 100 a ff. StPO) fehlt es jedoch an begrifflicher und systematischer Klarheit. Insbesondere lassen sich die einzelnen Eingriffsvorbehalte nicht hinreichend scharf voneinander abgrenzen.[21]

276 Entgegen dem Eindruck, den die insoweit völlig verunglückte Formulierung des Art. 13 Abs. 3–5 GG hervorrufen könnte, sind die Eingriffe in die Unverletzlichkeit der Wohnung nicht bereits aufgrund der Verfassung zugelassen, sondern bedürfen der Ermächtigung durch **einfaches Gesetz**.[22] Der **Gesetzesvorbehalt** wird nicht bereits durch zivil- oder strafrechtliche Notwehr- oder Nothilfevorschriften ausgefüllt. Soweit deren Voraussetzungen vorliegen, ist eine zivil- und strafrechtliche Verantwortung ausgeschlossen, jedoch werden keine öffentlich-rechtlichen Befugnisse begründet.[23]

277 Eingriffe in die Unverletzlichkeit der Wohnung, die nach Art. 13 Abs. 2 und 7 GG zulässig sind, müssen dem **Übermaßverbot** entsprechen, also zur Erreichung des mit ihnen verfolgten (legitimen) Zwecks geeignet, erforderlich und verhältnismäßig sein.[24] Ist vorgesehen, dass Eingriffe ohne Kenntnis des Grundrechtsträgers statthaft sind, können sie überdies den **Wesensgehalt des Grundrechts** berühren. Die Kumulation oder längere Dauer von Maßnahmen, die in die Privatsphäre eingreifen, wirft jedenfalls dann die Frage nach dem »Wesensgehalt« des Art. 13 GG als subjektiv-öffentlichem (Abwehr-)Recht[25] auf, wenn der Betroffene von der Durchdringung seines Privatlebens keine Kenntnis erhält.

II. Unverletzlichkeit des Brief-, Post- und Fernmeldegeheimnisses (Art. 10 GG)

1. Grundrechtsträger

278 Art. 10 GG enthält ein **Menschenrecht**; Grundrechtsträger sind deshalb alle natürlichen Personen. Juristische Personen des Privatrechts sind ebenfalls grundrechtsberechtigt, weil die Grundrechte des Art. 10 GG auf sie ihrem Wesen nach anwendbar sind (Art. 19 Abs. 3 GG). Unerheblich ist, dass eine juristische Person selbst nicht handlungsfähig ist (sondern durch ihre Organe handelt), entscheidend ist vielmehr, dass alle Kommunikation von und mit einer juristischen Person in gleicher Weise schutzbedürftig ist wie die natürlicher Personen.

279 Auf juristische Personen des **öffentlichen Rechts** ist Art. 10 GG demgegenüber nicht anwendbar, weil Träger öffentlicher Gewalt grundrechts*verpflichtet* (Art. 1 Abs. 3 GG), aber nicht grundrechts*berechtigt* sind.[26] Die Kommunikation zwischen Amtsträgern unterfällt deshalb nicht Art. 10 Abs. 1 GG, so dass der einzelne Organwalter keinen Anspruch darauf hat, dass seine (dienstlichen) Mitteilungen vertraulich bleiben. Der im Behördenverkehr vorgeschriebene »**Dienstweg**« ist deshalb verfassungsrechtlich unbedenklich.

---

20 Zum sog. »großen Lauschangriff« vgl. *F. L. Lorenz*, Aktionismus, Populismus? – Symbolismus!, GA 1997, S. 51 ff.

21 Ausführlich zur Neuregelung *J.-D. Kühne*, in: Sachs (Hrsg.), GG, Art. 13 Rdnr. 38 ff.

22 Vgl. auch *J.-D. Kühne*, in: Sachs (Hrsg.), GG, Art. 13 Rdnr. 6: »Vorbehaltsabsätze«. Zu Art. 13 Abs. 2 u. 3 GG a. F. vgl. *G. Hermes*, in: Dreier (Hrsg.), GG Bd. I, Art. 13 Rdnr. 31.

23 Vgl. *K. Amelung*, Erweitern allgemeine Rechtfertigungsgründe, insbesondere § 34 StGB, hoheitliche Eingriffsbefugnisse des Staates?, NJW 1977, S. 835 ff.

24 Vgl. BVerfGE 59, 95 (97) und BVerfGE 103, 142, das den Begriff »Gefahr in Verzug« präzisiert; weitere Nachweise bei *G. Hermes*, in: Dreier (Hrsg.), GG Bd. I, Art. 13 Rdnr. 51, 113.

25 Vgl. oben Rdnr. 204.

26 Vgl. *H. Krüger/M. Pagenkopf*, in: Sachs (Hrsg.), GG, Art. 10 Rdnr. 11; vgl. aber oben Rdnr. 93.

2. Grundrechtsinhalt

a) Schutzgüter

Ebenso wie Art. 13 GG ist Schutzgut des Art. 10 GG die **Privatsphäre**.[27] Der räumlich-ge- 280
genständliche Bereich wird durch Art. 10 GG auf die Kommunikation nach außen erweitert. Gemeinsames Schutzgut der Grundrechte aus Art. 10 GG ist somit die Privatheit der
hier benannten Kommunikationsformen.[28]

Während die Kommunikation selber eine (natürliche) menschliche Handlungsmöglich- 281
keit ist, setzt das »Geheimnis« eine rechtliche Regelung voraus. Ähnlich wie die Schutzgüter der Art. 6 Abs. 1 und 14 Abs. 1 GG ist das Brief-, Post- und Fernmeldegeheimnis rechts-
geformt. Es ist deshalb nicht *vorrechtlich*, aber *vorkonstitutionell*, weil alle deutschen Verfassungen das Briefgeheimnis gewährleistet haben.[29]

aa) Briefgeheimnis

Fall 11: 282
G ist Strafgefangener und äußert sich in einem Brief an eine Organisation zur Betreuung von Straf-
gefangenen abfällig über die Verhältnisse in der Justizvollzugsanstalt, deren Bedienstete »ein be-
stimmtes Schikanesoll« zu erfüllen hätten. Der zuständige Vollzugsbeamte hält das Schreiben unter
Berufung auf Nr. 155 der Dienst- und Vollzugsordnung (DVollzO) an, weil es die Sicherheit und
Ordnung in der Anstalt beeinträchtige.

(BVerfGE 33, 1)

Der Begriff des »Briefes« ist untechnisch zu verstehen, so dass alle **schriftlichen Mitteilun-** 283
gen zwischen einem Absender und einem (individuellen) Empfänger – ohne Rücksicht darauf, ob sie verschlossen sind oder nicht – hierunter fallen.[30]

Im Ausgangsfall handelt es sich ohne Zweifel um einen Brief, der folglich dem Briefgeheimnis un- 284
terfällt. Ersichtlich kann es nicht darauf ankommen, ob der Brief verschlossen war oder nicht, weil
die Anstaltsbediensteten in jedem Fall von seinem Inhalt Kenntnis genommen hätten, der Ver-
schluss also keinen zusätzlichen Schutz der Kommunikation bedeutet hätte. Fraglich kann deshalb
nur sein, ob die Anstaltsorgane befugt waren, von dem Inhalt des Briefes Kenntnis zu nehmen und
die Weiterleitung abzulehnen. Das gleiche würde für eine Postkarte zu gelten haben.

bb) Postgeheimnis

Das Schutzgut »**Postgeheimnis**« ist zugleich weiter und enger als das **Briefgeheimnis**. 285
Dem Postgeheimnis unterfallen alle von der Post übermittelten Sendungen[31], also nicht
nur schriftliche Mitteilungen. Dem Postgeheimnis unterliegen diese Sendungen aber
nur vom Zeitpunkt ihrer Aufgabe bei der Post bis zur Auslieferung an den Empfänger.[32]
Nach der Privatisierung der Deutschen Bundespost (nunmehr: Deutsche Post AG) und
dem Wegfall des Postmonopols wird die Auffassung vertreten, das Postgeheimnis sei ob-

---

27 Vgl. BVerfGE 67, 157 (171); 85, 386 (395 f.).
28 Vgl. *G. Hermes*, in: Dreier (Hrsg.), GG Bd. I, Art. 10 Rdnr. 18; *H. Krüger/M. Pagenkopf*, in: Sachs
  (Hrsg.), GG, Art. 10 Rdnr. 9 m. w. N.
29 § 142 PV; Art. 33 PrVerfUrk; Art. 117 WRV.
30 So die h. M.: vgl. *P. Badura*, in: BK, GG, Art. 10 Rdnr. 29; *Jarass/Pieroth*, GG, Art. 10 Rdnr. 3;
  G. Hermes, in: Dreier (Hrsg.), GG Bd. I, Art. 10 Rdnr. 30 f.; *H. Krüger/M. Pagenkopf*, in: Sachs (Hrsg.),
  GG, Art. 10 Rdnr. 12; *W. Löwer*, in: v. Münch/Kunig (Hrsg.), GG Bd. 1, Art. 10 Rdnr. 16; a. A.
  BVerwGE 6, 229 (300); *G. Dürig*, in: Maunz/Dürig, GG, Art. 10 Rdnr. 13.
31 So BVerfGE 67, 157 (171 f.); *Jarass/Pieroth*, GG, Art. 10 Rdnr. 4.
32 Die Grundrechtsbindung der Deutschen Post AG wird bejaht von *C. Gusy*, in: v. Mangoldt/Klein/
  Starck (Hrsg.), GG Bd. I, Art. 10 Rdnr. 33; dagegen verneint von *G. Hermes*, in: Dreier, GG Bd. I,
  Art. 10 Rdnr. 49; *Krüger/Pagenkopf*, in: Sachs, GG Art. 10 Rdnr. 13; *W. Löwer*, in: v. Münch/Kunig
  (Hrsg.), GG Bd. I, Art. 10 Rdnr. 10.

solet geworden, weil eine entsprechende **staatliche Anstalt** als Grundrechtsadressat nicht mehr existiere.[33] Zutreffend wird verneint, dass sich Art. 10 Abs. 1 GG aufgrund der Postreform gegen jeden (privaten) Postdienstleister wenden könnte; denn hierin läge eine unmittelbare Drittwirkung, die den Grundrechten fremd ist.[34] Das Bundesverfassungsgericht hat jedoch schon vor der Postreform betont, das Postgeheimnis gewährleiste den Schutz für den durch die Post vermittelten Verkehr nicht nur gegenüber der Post selbst, sondern gegenüber allen anderen Staatsgewalten, insbesondere der **postfremden Exekutive**.[35] Hinsichtlich dieser Grundrechtsadressaten ist das Postgeheimnis keineswegs obsolet geworden, zumal es andernfalls zu Rechtsschutzlücken kommen würde.[36] Das Bundesverwaltungsgericht hat darüber hinaus eine Grundrechtsbindung der Deutschen Post AG für den Zeitraum angenommen, in dem das Unternehmen durch den Staat beherrscht wird.[37]

286   Im Ausgangsfall wäre also das Postgeheimnis tatbestandlich *nicht* einschlägig, weil die Anstalt ja gerade verhindert hat, dass der von G geschriebene Brief zur Post gelangte.

cc)   Fernmeldegeheimnis

287   Schutzgut ist die individuelle Kommunikation mittels **unkörperlicher Signale**, wobei es gleichgültig ist, wer diese vermittelt.[38] Unter das Fernmeldegeheimnis fallen deshalb der Telefon- (auch Mobilfunk-) Verkehr, das Telefax, Telex und der Bildschirmtext. Bei der Kommunikation über **Computernetzwerke** ist zu unterscheiden, ob ihr Inhalt ohne weiteres zur Kenntnis genommen werden kann oder hiergegen besondere Vorsorge getroffen ist. Müssen erst Sperren überwunden werden (»passwords« etc.), um Kenntnis von dem Kommunikationsinhalt zu erlangen, fällt dieser unter das Fernmeldegeheimnis.[39] Steht der Inhalt dagegen jedermann zur Kenntnisnahme offen und ist dies – wie regelmäßig bei »websites« – beabsichtigt, so fällt dieser nicht unter das Fernmeldegeheimnis.[40] Das Einwählen ins Netz stellt eine solche Sperre nicht dar, weil es – als Voraussetzung für die Teilnahme an der Kommunikation – dem Anschalten eines Radio- oder Fernsehgerätes vergleichbar ist. Versendung und Empfang von »e-mails« sind dagegen durch das Fernmeldegeheimnis geschützt.

b)   Schutzrichtung

288   Art. 10 Abs. 1 GG begründet ein **Abwehrrecht** gegenüber Eingriffen in die genannten Schutzgüter. Subjektive Leistungsrechte – etwa auf rasche Postbeförderung, preisgünstigen Fernmeldeverkehr o. Ä. – räumt Art. 10 GG demgegenüber nicht ein.[41] Trotz der (noch) fortbestehenden Grundrechtsbindung der Nachfolgeunternehmen der Deutschen Bun-

---

33 So *G. Hermes,* in: Dreier (Hrsg.), GG Bd. I, Art. 10 Rdnr. 24; *Krüger/Pagenkopf,* in: Sachs (Hrsg.), GG, Art. 10 Rdnr. 13; differenzierend: *W. Löwer,* in: v. Münch/Kunig (Hrsg.), GG Bd. 1, Art. 10 Rdnr. 13.

34 Vgl. oben Rdnr. 37 f.

35 BVerfGE 67, 157 (171 f.); ähnlich E 85, 386 (396).

36 So zutr. *W. Löwer,* in: v. Münch/Kunig (Hrsg.), GG Bd. 1, Art. 10 Rdnr. 13; *Krüger/Pagenkopf,* in: Sachs (Hrsg.), GG, Art. 10 Rdnr. 13. Der Schutz des Postgeheimnisses gegenüber den Dienstleistungsunternehmen wird durch § 206 StGB bewirkt. Die Obsoleszenz des Postgeheimnisses als Grundrecht hätte zur Folge, dass der strafrechtliche Schutz versagt, weil § 206 Abs. 1 StGB ausdrücklich an das Post- und Fernmeldegeheimnis nach Art. 10 Abs. 1 GG anknüpft. Die Strafvorschrift bezieht sich ausdrücklich auf Inhaber und Bedienstete von Dienstleistungsunternehmen.

37 Vgl. BVerwG, NVwZ 1998, S. 1083 f.; ebenso *C. Gusy,* in: v. Mangoldt/Klein/Starck, GG Bd. 1, Art. 10 Rdnr. 36 f.

38 Vgl. *W. Löwer,* in: v. Münch/Kunig (Hrsg.), GG Bd. 1, Art. 10 Rdnr. 18; *Krüger/Pagenkopf,* in: Sachs (Hrsg.), GG Art. 10 Rdnr. 14.

39 So zutr. *C. Gusy,* in: v. Mangoldt/Klein/Starck (Hrsg.), GG Bd. 1, Art. 10 Rdnr. 43.

40 Vgl. *Krüger/Pagenkopf,* in: Sachs (Hrsg.), GG, Art. 10 Rdnr. 14.

41 Vgl. *G. Hermes,* in: Dreier (Hrsg.) GG Bd. I, Art. 10 Rdnr. 82.

despost sind die Rechtsbeziehungen zu ihren Kunden im Übrigen privatrechtlicher Natur, so dass sich mögliche Ansprüche nur aufgrund einfachen Gesetzesrechts ergeben können.

Aus Art. 10 Abs. 1 GG folgt eine **objektive Schutzpflicht** des Staates[42], weil von einem   **289**
Schutz der Privatsphäre nicht die Rede sein könnte, wenn sich jedermann – ohne Sanktionen befürchten zu müssen – in die durch Art. 10 GG geschützten Kommunikationsformen einschalten könnte. Dieser Schutzpflicht hat der Gesetzgeber durch Strafvorschriften (§§ 201 ff. StGB) sowie Vorschriften des Post- (§ 39 PostG) und Telekommunikationsrechts (§ 88 TKG) genügt.

3.　Grundrechtseinschränkungen

Der Gewährleistung der Rechtsgüter als »unverletzlich« entspricht der in Art. 10 Abs. 2   **290**
Satz 1 GG enthaltene **Eingriffsvorbehalt**. Entsprechende Eingriffsermächtigungen finden sich vor allem in der Strafprozessordnung (§§ 99 ff. StPO) und im Strafvollzugsgesetz (§§ 28 ff. StVollzG).

> Im Ausgangsfall kann der Schriftwechsel des Gefangenen grundsätzlich überwacht werden (§ 29   **291**
> Abs. 3 StVollzG). Auch ist der Anstaltsleiter berechtigt, Schreiben anzuhalten, wenn sie unter anderem grob unrichtige oder erheblich entstellende Darstellungen von Anstaltsverhältnissen enthalten (§ 31 Abs. 1 Nr. 3 StVollzG). Die Anordnungen der Anstaltsleitung stützten sich im Ausgangsfall allerdings auf Nr. 155 der DVollzO – eine Verwaltungsvorschrift –, weil es seinerzeit (1967) noch kein Strafvollzugs*gesetz* gab, es vielmehr h. M. entsprach, dass Grundrechte in sog. »besonderen Gewaltverhältnissen« auch ohne gesetzliche Grundlage eingeschränkt werden konnten. Das Bundesverfassungsgericht hat im »Strafvollzugsbeschluss«[43] festgestellt, dass der Gesetzesvorbehalt auch bei Eingriffen in Grundrechte von Strafgefangenen gilt. Allerdings hielt es das Bundesverfassungsgericht während einer Übergangszeit für statthaft, die unerlässlichen Grundrechtseinschränkungen auch ohne gesetzliche Grundlage vorzunehmen.[44] Im konkreten Fall hielt das Bundesverfassungsgericht die Meinungsfreiheit des Strafgefangenen für zu stark eingeschränkt und hat die Gerichtsentscheidungen, die die Maßnahmen der Gefängnisverwaltung bestätigten, aufgehoben.[45]

Aufgrund der sog. »**Staatsschutzklausel**« (Art. 10 Abs. 2 Satz 2 GG) können durch Gesetz   **292**
Eingriffe in das Brief-, Post- und Fernmeldegeheimnis angeordnet werden, ohne dass sie dem Betroffenen mitgeteilt werden. An die Stelle des Rechtswegs tritt dann die Nachprüfung durch von der Volksvertretung bestellte Organe oder Hilfsorgane. Von dieser Ermächtigung hat der Bund durch das Gesetz zur Beschränkung des Brief-, Post- und Fernmeldegeheimnisses (G 10) vom 13. August 1968 (BGBl. I, S. 949) Gebrauch gemacht.[46] Der ursprünglich vorgesehene **Ausschluss einer Unterrichtung** des Betroffenen ist vom Bundesverfassungsgericht für den Fall, dass die Unterrichtung ohne Gefährdung des Zwecks der Beschränkung erfolgen kann, als Verstoß gegen Art. 10 Abs. 2 Satz 2 GG angesehen worden.[47]

Verfassungsrechtlich nach wie vor problematisch ist die sog. »**strategische**« **Überwa-**   **293**
chung, zu der § 5 Abs. 1 G 10 ermächtigt. Die Vielzahl der Eingriffstatbestände ermöglicht eine ständige Überwachung der nicht leitungsgebundenen internationalen Telekommunikation. Das Bundesverfassungsgericht hat einzelne Bestimmungen des Gesetzes zwar für mit Art. 10 GG unvereinbar gehalten[48], das Gesetz im Übrigen einschließlich der »strategi-

---

42　Vgl. BVerfGE 76, 157 (185); *G. Hermes*, in: Dreier (Hrsg.), GG Bd. I, Art. 10 Rdnr. 83 ff. m. w. N.
43　BVerfGE 33, 1.
44　So BVerfGE 33, 1 (13).
45　BVerfGE 33, 1 (14 ff.).
46　Vgl. das Gesetz zur Neuregelung von Beschränkungen des Brief-, Post- und Fernmeldegeheimnisses vom 26. Juni 2001, BGBl. I, S. 1254; vgl. auch *B. Huber*, NJW 2001, S. 3296.
47　So BVerfGE 30, 1 (3).
48　So BVerfGE 67, 157 (173 f.).

schen Überwachung« jedoch gebilligt.[49] Durch die im G 10 vorgesehenen flächendecken-
den Überwachungsmaßnahmen wird der durch Art. 10 Abs. 1 GG gewährleistete Schutz
in schwer erträglicher Weise relativiert. Art. 10 Abs. 1 GG enthält ein Abwehrrecht gegenüber dem Eingriff in Gestalt der Überwachungsmaßnahme, nicht erst gegenüber der Verwertung der so gewonnenen Erkenntnisse.[50] In einer neueren Entscheidung sind landesrechtliche Ermächtigungen zur Überwachung der Telekommunikation aus Gründen der
Vorsorge für die Verfolgung bzw. für die Verhütung von Straftaten für nichtig erklärt worden.[51]

III.   Allgemeines Persönlichkeitsrecht. Recht auf »informationelle Selbstbestimmung«

294   **Fall 12:**
Mit dem Gesetz über eine Volks-, Berufs-, Wohnungs- und Arbeitsstättenzählung (Volkszählungs-
gesetz 1983) vom 25. März 1982 (BGBl. I, S. 369) wurde für das Jahr 1983 eine Volkszählung vorbe-
reitet, die zum letzten Mal am 27. Mai 1970 stattgefunden hatte. Auskunftspflichtig waren alle voll-
jährigen Personen bzw. Gebäudebesitzer, Wohnungsinhaber und Leiter von Arbeitsstätten (§ 5
VZG 1983). Anzugeben waren eine Reihe persönlicher Daten (§ 2 VZG 1983), die mit den Melderegistern verglichen und zu deren Berichtigung verwendet werden konnten (§ 9 Abs. 1 VZG 1983).
(BVerfGE 65, 1)

1.   Allgemeines Persönlichkeitsrecht und Schutz der Intimsphäre

295   In ständiger Rechtsprechung vertritt das Bundesverfassungsgericht die Auffassung, dass
das Grundgesetz dem einzelnen Bürger einen **unantastbaren Bereich privater Lebensgestaltung** gewähre, der der Einwirkung der öffentlichen Gewalt entzogen ist. Der Schutz
der Intimsphäre wird aus dem durch Art. 2 Abs. 1 GG verbürgten Recht auf freie Entfaltung der Persönlichkeit in Verbindung mit der »Grundnorm« des Art. 1 Abs. 1 GG hergeleitet.[52] Das **»allgemeine Persönlichkeitsrecht«** ist in der Rechtsprechung des Bundesverfassungsgerichts fallweise herangezogen worden, um die Weitergabe von Akten[53] und
ärztlichen Aufzeichnungen[54] einzuschränken oder auf andere Weise den Schutz der Persönlichkeit gegenüber Rundfunk- und Presseberichterstattung zu stärken.[55] Am Maßstab
des »allgemeinen Persönlichkeitsrechts« sind auch gesetzlich angeordnete statistische Er-
hebungen geprüft worden.[56] Das allgemeine Persönlichkeitsrecht stellt sich in der Rechtsprechung als **Generalklausel** dar, auf die das Bundesverfassungsgericht im Einzelfall re-
kurriert, wenn es darum geht, die Intimsphäre gegenüber staatlichen Maßnahmen zu
schützen oder ihren Schutz im Privatrechtsverkehr durch die Gerichte zu gewährleisten.
Auch die zivilgerichtlichen Urteile sind Gegenstand der verfassungsrechtlichen Überprüfung und werden vom Bundesverfassungsgericht aufgehoben, wenn die vom Bundesverfassungsgericht entwickelten Grundsätze nicht hinreichend beachtet worden sind.[57]

---

49 Vgl. BVerfGE 67, 157 (173 f.); 100, 313 (358 ff.).
50 Vgl. BVerfGE 100, 313 (358 ff.); vgl. auch BVerfGE 93, 181; dazu *C. Gröpl*, NJW 1996, S. 100 ff.
51 Vgl. BVerfGE 113, 348.
52 Vgl. BVerfGE 6, 32 (41); 32, 373 (379) m. w. N.; zur Entwicklung des allgemeinen Persönlichkeitsrechts vgl. *C. Degenhart*, JuS 1992, S. 361.
53 So BVerfGE 27, 344 (Scheidungsakten).
54 BVerfGE 32, 373 (Arztkartei); 44, 353 (Suchtkranke).
55 BVerfGE 35, 202 (Lebach); 63, 131 (Gegendarstellung).
56 BVerfGE 27, 1 (Mikrozensus).
57 Vgl. BVerfGE 99, 185 (»Scientology«); BVerfGE 101, 361 (»Caroline v. Monaco«).

2. Das »Recht auf informationelle Selbstbestimmung«

Aus dem allgemeinen Persönlichkeitsrecht hat das Bundesverfassungsgericht ein Recht   296
auf »**informationelle Selbstbestimmung**« abgeleitet und ihm Grundrechtsrang zuge-
sprochen:

> »Freie Entfaltung der Persönlichkeit setzt unter den modernen Bedingungen der Datenverarbei-
> tung den Schutz des Einzelnen gegen unbegrenzte Erhebungen, Speicherung, Verwendung und
> Weitergabe seiner persönlichen Daten voraus. Dieser Schutz ist daher von dem Grundrecht des
> Art. 2 Abs. 1 GG in Verbindung mit Art. 1 Abs. 1 GG umfasst. Das Grundrecht gewährleistet inso-
> weit die Befugnis des Einzelnen, grundsätzlich selbst über die Preisgabe und Verwendung seiner
> persönlichen Daten zu bestimmen.«[58]

Die dogmatische Anbindung an das allgemeine Persönlichkeitsrecht und die rechtspoliti-   297
sche Wünschbarkeit eines verstärkten Datenschutzes dürfen nicht darüber hinwegtäuschen, dass das Bundesverfassungsgericht ein **neues Grundrecht** kreiert und insofern
eine verfassungspolitische Entscheidung von größter Tragweite vorgenommen hat.[59]

Dass das Grundgesetz ein »Grundrecht auf Datenschutz« nicht enthielt, ist unschwer da-   298
rauf zurückzuführen, dass die technische Entwicklung auf dem Gebiet der Datenerhebung, -speicherung und -verarbeitung erst vor weniger als zwanzig Jahren ein Ausmaß angenommen hat, das einen besonderen Schutz erforderlich machte. Es wäre Aufgabe des
verfassungsändernden Gesetzgebers gewesen, eine vom Bundesverfassungsgericht festgestellte Lücke im Grundrechtsschutz zu schließen. Demgegenüber hat das Bundesverfassungsgericht das »Recht auf informationelle Selbstbestimmung« als geltendes Recht aus
Art. 2 Abs. 1 i. V. m. Art. 1 Abs. 1 GG abgeleitet. Dadurch wurde die parlamentarische Wil-
lensbildung zur Verfassungsänderung ebenso entbehrlich wie die begleitende öffentliche
Diskussion. Weil das Grundrecht allein Ergebnis (verfassungs-)richterlicher Rechtsfortbildung ist, fehlt ihm überdies die textliche Basis. Genau genommen müssen also Grundrechtsträger, Grundrechtsinhalt und Grundrechtseinschränkungen aus der Entscheidung
des Bundesverfassungsgerichts abgeleitet werden.

a) Grundrechtsträger

Die Anbindung an Art. 2 Abs. 1 GG in Verbindung mit Art. 1 Abs. 1 GG macht es unab-   299
weisbar, dass **jeder Mensch** Träger des Grundrechts auf informationelle Selbstbestimmung ist. Fraglich kann nur sein, ob das Grundrecht seinem Wesen nach auch auf **juristische Personen des Privatrechts** anwendbar ist (Art. 19 Abs. 3 GG). Zwar haben juristische
Personen naturgemäß keine »Intimsphäre«, noch sind die vom Bundesverfassungsgericht
zum Persönlichkeitsschutz entwickelten Grundsätze unmittelbar einschlägig. Zu berücksichtigen ist allerdings, dass juristische Personen als solche nur Zurechnungssubjekt von
Rechten und Pflichten sind – gewissermaßen ein juristisches »Konstrukt« –, alle Handlungen aber von natürlichen Personen ausgeführt werden. Datenerhebungen über *juristische*
Personen berühren deshalb notwendig die Persönlichkeitssphäre auch *natürlicher* Personen, so dass schon aus diesem Grund die informationelle Selbstbestimmung auch juristischen Personen zukommen muss.[60] Ob juristische Personen weitergehenden Einschränkungen hinsichtlich des Datenschutzes unterworfen werden können als natürliche Personen, ist eine von der Grundrechtsträgerschaft zu trennende Frage.

---

58 So BVerfGE 65, 1 (43).
59 A. A. etwa: *P. Krause*, JuS 1984, S. 268; *S. Simitis*, NJW 1984, S. 398 f.
60 Das Bundesverfassungsgericht hat die Frage bislang offen gelassen (BVerfG, NJW 1994, S. 1784);
    vorsichtig bejahend aber: BVerfGE 67, 100 (142); verneinend etwa: *W. Schmitt Glaeser*, in: HdStR VI,
    § 129 Rdnr. 88. Die Unklarheit über die Grundrechtsträgerschaft unterstreicht das Erfordernis ei-
    ner Verfassungsergänzung.

b)   Grundrechtsinhalt

aa)   Schutzgut

300   Das **Schutzgut** wird vom Bundesverfassungsgericht als »Befugnis des Einzelnen, grundsätzlich selbst über die Preisgabe und Verwendung seiner persönlichen Daten zu bestimmen«, umschrieben.[61] Da eine »Befugnis« gleichbedeutend mit einer von der Rechtsordnung eingeräumten Rechtsmacht – einem subjektiven »Recht«[62] – ist, lässt sich das Schutzgut des Grundrechts auf diese Weise nur um den Preis eines Zirkelschlusses bestimmen. Zwar können auch Rechte Schutzgut von Grundrechten sein, die dem Grundrecht dann gewissermaßen vorgelagert sind.[63] Wenn ein solches (subjektives) Recht aber noch nicht oder nur in Umrissen besteht, wäre ein grundrechtlicher Schutz im Grunde ohne Inhalt. Zutreffend dürfte dagegen sein, dass das Schutzgut des Rechts auf »informationelle Selbstbestimmung« das **Individuum und seine Privatsphäre** im Hinblick auf die Erhebung, Speicherung, Weitergabe und Verarbeitung personenbezogener Daten ist. Das »Recht auf informationelle Selbstbestimmung« weist damit eine Verwandtschaft zu den Grundrechten aus Art. 10 und 13 GG auf, die gleichzeitig ergänzt werden.

bb)   Schutzrichtung

301   Die vom Bundesverfassungsgericht verwandte sprachliche Fassung (»Recht *auf* informationelle Selbstbestimmung«) darf nicht darüber hinwegtäuschen, dass es sich – ebenso wie bei Art. 10 und 13 GG – um ein Recht des *status negativus* handelt, mit dem die (staatliche) Erhebung personenbezogener Daten grundsätzlich **abgewehrt** werden kann.[64] Leistungsansprüche können aus diesem Grundrecht nicht hergeleitet werden. Allerdings trifft den Staat die objektive Verpflichtung, durch gesetzgeberische Maßnahmen zu verhindern, dass der Einzelne Objekt beliebiger (privater) Datenerhebung wird.

c)   Grundrechtseinschränkungen

302   Dem Schutzgut der Privatsphäre entspricht der Einwirkungsmodus des **Eingriffs**, der auf gesetzlicher Grundlage im überwiegenden Allgemeininteresse zulässig ist.[65] Die Privatsphäre ist im Hinblick auf die Sammlung und Speicherung von Daten zwar nicht so deutlich von der Sozialsphäre abgrenzbar, wie dies im Anwendungsbereich der Art. 10 und 13 GG der Fall ist. Das Schutzbedürfnis ist jedoch vergleichbar. Auch den anderen sphärenschützenden Grundrechten liegt der Gedanke der Selbstbestimmung zugrunde, der vom Bundesverfassungsgericht auf die **Gewinnung von Daten** übertragen worden ist. Es handelt sich also nicht um den Schutz von in die Sozialsphäre hineinreichenden Handlungsmöglichkeiten, denen der Einwirkungsmodus der Schranke entspräche.[66]

303   Gesetzliche Einschränkungen des Grundrechts auf informationelle Selbstbestimmung müssen dem **Übermaßverbot** entsprechen.[67]

304   Im Ausgangsfall hat das Bundesverfassungsgericht das VZG 1983 im Grundsatz für mit dem Recht auf informationelle Selbstbestimmung vereinbar erklärt. Soweit allerdings ein Abgleich mit den Melderegistern statthaft war (§ 9 Abs. 1 VZG 1983), ist das Gesetz für nichtig erklärt worden.[68]

---

61   So BVerfGE 65, 1 (43).
62   Vgl. oben Rdnr. 45.
63   Vgl. oben Rdnr. 77.
64   Vgl. *H. Dreier*, in: Dreier (Hrsg.), GG Bd. I, Art. 2 I Rdnr. 49.
65   So BVerfGE 65, 1 (44).
66   Vgl. oben Rdnr. 142 ff.
67   So BVerfGE 65, 1 (44).
68   So BVerfGE 65, 1 (64).

Die Begründung hierfür überzeugt allerdings nicht: der Melderegisterabgleich war durch das Allgemeininteresse zu rechtfertigen, weil der kommunale Finanzausgleich in den einzelnen Bundesländern sich (auch) nach der Einwohnerzahl der Gemeinden und Landkreise richtet. Diese aber ist allein aufgrund der Melderegister nicht zutreffend zu ermitteln, weil der Meldepflicht nicht in allen Fällen genügt wird.

Bei den gesetzlichen Einschränkungen muss jeweils bedacht werden, dass es **kein schützenswertes Interesse** daran geben kann, Behörden Daten vorzuenthalten, die für deren Aufgabenerfüllung Voraussetzung sind. So kann der Verpflichtung zur Abgabe einer Steuererklärung mit zutreffenden Angaben über die Einkünfte nicht entgegengehalten werden, es handele sich um personenbezogene Daten. Ebenso wenig gibt es ein schutzwürdiges Interesse daran, dass Daten über ansteckende Krankheiten nicht weitergegeben werden, weil diese eine erhebliche Gefahr für die Gesundheit darstellen. Es bleibt zweifelhaft, ob die Gesetzgebung im Gefolge des Volkszählungsurteils bereits den notwendigen Ausgleich zwischen dem Schutz der Privatsphäre und den anerkennenswerten Belangen der Allgemeinheit an Informationen gefunden hat. **305**

IV. Rechtsprechung

Zu I.: BVerfGE 32, 54 (Geschäftsräume als »Wohnung«); E 51, 97 (Richterliche Anordnung bei Untersuchung gemäß § 758 ZPO); E 76, 83 (Durchsuchung bei Zwangsvollstreckung); E 89, 1 (Besitzrecht des Mieters); E 103, 142 (Durchsuchung einer Wohnung bei »Gefahr in Verzug«). **306**

Zu II.: BVerfGE 30, 1 (G 10); E 33, 1 (Strafvollzugsbeschluss); E 67, 157 (§ 3 G 10 »Strategische Überwachung«); E 85, 386 (Fangschaltung); E 93, 181 (§ 3 G 10 »Verdachtslose Rasterfahndung«); E 100, 313 (Strategische Überwachung); E 106, 28 (Fernmeldegeheimnis); E 109, 279 (Akustische Wohnraumüberwachung – »Großer Lauschangriff«); E 113, 348 (§ 33 a Nds. SOG); E 115, 166 (Kommunikationsverbindungsdaten).

Zu III.: BVerfGE 27, 1 (Mikrozensus); E 34, 238 (Heimliche Tonbandaufnahme); E 34, 269 (»Soraya«); E 35, 202 (Lebach); E 65, 1 (Volkszählung 1983); E 80, 367 (Verwertbarkeit von Tagebuchaufzeichnungen); E 101, 361 (Caroline v. Monaco); E 115, 320 (Rasterfahndung); **BVerfG**, Urt. v. 13. 2. 2007 – 1 BvR 421/05 (Heimlicher Vaterschaftstest).

V. Literatur

Zu I.: K. Amelung, Grundfragen der Verwertungsverbote bei beweissichernden Hausdurchsuchungen im Strafverfahren, NJW 1991, S. 2533; **U. Battis**, Schutz der Gewerberäume durch Art. 13 GG, JuS 1973, S. 25; **F. Braun**, Der so genannte »Lauschangriff« im präventivpolizeilichen Bereich. Die Neuregelung in Art. 13 IV – VI GG, NVwZ 2000, S. 375; **P. Dagtoglou**, Das Grundrecht der Unverletzlichkeit der Wohnung (Art. 13 GG), JuS 1975, S. 753; **D. de Lazzer/D. Rohlf**, Der »Lauschangriff«, JZ 1977, S. 207; **U. Guttenberg**, Die heimliche Überwachung von Wohnungen, NJW 1993, S. 567; **J.-D. Kühne**, Grundrechtlicher Wohnungsschutz und Vollstreckungsdurchsuchungen (1980); **P. Kunig**, Grundrechtlicher Schutz der Wohnung, Jura 1992, S. 476; **O. Lepsius**, Die Unverletzlichkeit der Wohnung bei Gefahr im Verzug, Jura 2002, S. 259; **G. Lübbe-Wolff**, Satzungsrechtliche Betretungsbefugnisse und Art. 13 GG, DVBl. 1993, S. 762; **J. Ruthig**, Die Unverletzlichkeit der Wohnung (Art. 13 GG n. F.), JuS 1998, S. 506; **M. Sachs**, Behördliche Nachschaubefugnisse und richterliche Durchsuchungsanordnung nach Art. 13 II GG, NVwZ 1987, S. 560; **J. Schwabe**, Die polizeiliche Datenerhebung in oder aus Wohnungen mit Hilfe technischer Mittel, JZ 1993, S. 867. **307**

Zu II.: C. Arndt, Die »strategische Kontrolle« von Post- und Fernmeldeverkehrsbeziehungen, NJW 1985, S. 107; **C. Gröpl**, Vorläufige Einschränkung der Verwertungs- und Übermittlungsbefugnisse des Bundesnachrichtendienstes bei der strategischen Fernmeldeüberwachung, NJW 1996, S. 100; **ders.**, Das Fernmeldegeheimnis des Art. 10 GG vor dem Hintergrund des internationalen Aufklärungsauftrages des Bundesnachrichtendienstes, ZRP 1995, S. 13; **T. Groß**, Die Schutzwirkung des Brief-, Post- und Fernmeldegeheimnisses nach der Privatisierung der Post, JZ 1999, S. 326; **C. Gusy**, Lauschangriff und Grundgesetz, JuS 2004, S. 457; **ders.**, Telekommunikationsüberwachung nach Polizeirecht?, NdsVBl. 2006, S. 65; **W. Hassemer**, Telefonüberwachung und Gefahrenabwehr, ZRP 1991, S. 121; **B. Huber**, Das neue G-10-Gesetz, NJW 2001, S. 3296; **O. Lepsius**, Der große Lauschangriff vor dem Bundesverfassungsgericht, Jura 2005, S. 433, 586; **B. Schlink**, Die dritte Abhörentscheidung des Bundesverfassungsgerichts, NJW 1989, S. 11; **U. Stephan**, Zur Verfassungsmäßigkeit der präventiven Telefonüberwachung gem. § 33 Abs. 1 Nr. 2 und 3 Nds. SOG, VBlBW 2005, S. 410.

Zu III.: H. P. Bull, Zweifelsfragen um die informationelle Selbstbestimmung – Datenschutz als Datenaskese?, NJW 2006, S. 1617; **C. Degenhart**, Das allgemeine Persönlichkeitsrecht, Art. 2 I i. V. mit Art. 1 I GG, JuS 1992, S. 361; **H.-U. Gallwas**, Der allgemeine Konflikt zwischen dem Recht auf informationelle Selbstbestimmung und der Informationsfreiheit, NJW 1992, S. 2785; **H. D. Jarass**, Das allgemeine Persönlichkeitsrecht im Grundgesetz, NJW 1989, S. 857; **P. Krause**, Das Recht auf informationelle Selbstbestimmung – BVerfGE 65, 1, JuS 1984, S. 268; **M. Kriele**, Ehrenschutz und Meinungsfreiheit, NJW 1994, S. 1897; **D. Rohlf**, Der grundrechtliche Schutz der Privatsphäre: Zugleich ein Beitrag zur Dogmatik des Art. 2 Abs. 1 GG (1980); **M. Ronellenfitsch**, Genanalysen und Datenschutz, NJW 2006, S. 321; **J. Scherer**, Persönlichkeitsschutz und Medienrecht, ZRP 1990, S. 332; **B. Schlink**, Das Recht der informationellen Selbstbestimmung, Der Staat 25 (1986), S. 233; **S. Simitis**, Die informationelle Selbstbestimmung – Grundbedingung einer verfassungskonformen Informationsordnung, NJW 1984, S. 398; **P. J. Tettinger**, Das Recht der persönlichen Ehre in der Wertordnung des Grundgesetzes, JuS 1997, S. 769.

C. Der Schutz von Ehe und Familie. Kindererziehung. Schulwesen

§ 7 Schutz von Ehe und Familie. Kindererziehung (Art. 6 GG)

I.   Schutz der Ehe (Art. 6 Abs. 1 GG)

Fall 13:   308
F wurde 1947 in Deutschland mit einem britischen Soldaten von einem nach englischem Recht dazu
legitimierten Geistlichen getraut. Nachdem ihr Ehemann 1975 starb, wurde ihr die Hinterbliebenenrente (§ 1264 RVO) versagt, weil die Ehe nicht in der nach den deutschen Gesetzen vorgesehenen Form – nämlich vor dem Standesbeamten – geschlossen worden sei.

(BVerfGE 62, 323)

1.   Grundrechtsträger

Grundrechtsträger ist **jede natürliche Person**, nicht nur Verheiratete. Auch Minderjährige   309
sind Grundrechtsträger. Soweit sich bei ihnen die durch Art. 6 Abs. 1 GG gewährleistete
Eheschließungsfreiheit noch nicht aktualisiert hat (§ 1303 BGB, früher § 1 EheG), liegt hierin keine Einschränkung des Grundrechts. Als Rechtsinstitut bedarf die Ehe der **gesetzgeberischen Ausgestaltung**. Die Freiheit der Eheschließung lässt deshalb gesetzliche Regelungen über Formen und Voraussetzungen der Eheschließung nicht nur zu, sondern setzt
sie geradezu voraus.[1] Im Hinblick auf das Wesen der Ehe als Geschlechtsgemeinschaft und
die rechtlichen Folgen der Eheschließung ist die Einführung eines Mindestalters unbedenklich.

2.   Grundrechtsinhalt

a)   Schutzgut

Ehe im Sinne des Art. 6 Abs. 1 GG ist die auf Dauer angelegte, in der rechtlich vorgesehe-   310
nen Form geschlossene, grundsätzlich unauflösliche **Lebensgemeinschaft von Mann und
Frau**.[2]

> Im Ausgangsfall hat zwar zwischen F und ihrem Mann eine Lebensgemeinschaft bestanden; sie ist   311
> jedoch nicht in der nach deutschem Recht vorgesehenen Form geschlossen worden. Art. 13 Abs. 3
> EGBGB schreibt vor, dass die Form einer Ehe, die im Inland geschlossen wird, sich ausschließlich
> nach den *deutschen* Gesetzen richtet. Während im anglo-amerikanischen Rechtskreis auch Geist-
> liche Trauungen mit bürgerlich-rechtlichen Wirkungen vornehmen können, gilt in Deutschland
> der Grundsatz der obligatorischen Ziviltrauung (§ 1310 Abs. 1 BGB, früher § 11 Abs. 1 EheG).
> Der von F begründeten Lebensgemeinschaft fehlte somit die vom Gesetz vorgeschriebene Form,
> so dass genaugenommen eine Ehe nicht vorlag.[3]

Andere Lebensgemeinschaften von Personen verschiedenen oder gleichen Geschlechts –   312
mögen sie auch auf Dauer eingegangen sein – sind *keine* Ehen.[4] Einer erweiternden Auslegung ist der Begriff der Ehe in Art. 6 Abs. 1 GG nicht zugänglich, weil mit diesem Rechtsinstitut nicht die (emotionale) Beziehung beliebiger Personen zueinander, sondern die Vor-

---

1 Vgl. BVerfGE 31, 58 (69).
2 So BVerfGE 10, 59 (66); 62, 323 (330).
3 Vgl. BSG, NJW 1981, S. 2656.
4 Vgl. BVerfG, NJW 1993, S. 3058 (Kammerbeschluss); OLG Köln, NJW 1993, S. 1998; vgl. dagegen AG
   Frankfurt a. M., NJW 1993, S. 940.

stufe der Familie geschützt wird.[5] Angesichts der völkischen Verirrungen des vorausgegangenen Nationalsozialismus enthält sich das Grundgesetz in dieser Hinsicht zwar jeglichen Pathos'[6]; des besonderen Schutzes der Verfassung bedarf indes nur eine Einrichtung, die auch *schutzbedürftig* ist. Die Schutzbedürftigkeit der Ehe aber resultiert gerade daraus, dass sie die Vorstufe der Familie bildet. Das Bundesverfassungsgericht hat gleichwohl das Lebenspartnerschaftsgesetz vom 16. 2. 2001[7], nach dem Personen gleichen Geschlechts eine »Lebenspartnerschaft« mit einer der Ehe vergleichbaren wechselseitigen Rechten und Pflichten begründen können, als verfassungsgemäß angesehen.[8] Ohne Verfassungsänderung wäre es indes nicht zulässig, eine »Lebenspartnerschaft« als »Ehe« zu bezeichnen, weil dieses Rechtsinstitut einen von der Verfassung vorgegebenen Inhalt hat.[9]

313   Dem Schutz der Ehe muss logisch die Eheschließung und damit die **Eheschließungsfreiheit** vorangehen. In der älteren Rechtsprechung ist – sprachlich verunglückt – von einem »ungehinderten Zugang zur Ehe« die Rede.[10] Neuerdings verwendet das Bundesverfassungsgericht die Formel von der »Freiheit der Eheschließung und Familiengründung«.[11]

314   Die im Ausgangsfall entscheidende Bestimmung des Art. 13 Abs. 3 EGBGB, dass die Eheschließung sich in Deutschland ausschließlich nach deutschem Recht richtet, ist keine Beschränkung der Eheschließungsfreiheit, sondern eine Vorschrift über das Zustandekommen von Ehen, wie sie sich auch in den Rechtsordnungen anderer Länder findet. Die 1875 durch das Personenstandsgesetz eingeführte obligatorische Ziviltrauung entspricht überdies der weltanschaulichen Neutralität des Staates (Art. 140 GG i. V. m. Art. 136 Abs. 1 WRV). Dennoch hat das Bundesverfassungsgericht die Entscheidung des Bundessozialgerichts aufgehoben, mit der ein Anspruch nach § 1264 RVO verneint wurde. In der Begründung heißt es, auch die »hinkende« Ehe erfülle die Voraussetzungen des Ehebegriffs und unterscheide sich von eheähnlichen Lebensgemeinschaften dadurch, dass eine nach ausländischem Recht wirksame und damit auch nachweisbare Eheschließung vorlag.[12]

315   Abwegig erscheint es, Art. 6 Abs. 1 GG auch eine »negative Komponente« zuzuordnen, nach der in gleicher Weise die Freiheit, eine Ehe *nicht* zu schließen, geschützt würde.[13] Wenn die Ehe unter den »**besonderen**« Schutz der staatlichen Ordnung gestellt und hieraus die Eheschließungsfreiheit als subjektives Recht abgeleitet wird, so kann Schutzgut nicht gleichzeitig die Ehelosigkeit sein. Unter dieser Voraussetzung nämlich würde jede denkbare Art der Lebensführung unter dem »besonderen« Schutz stehen, was offenbar unsinnig wäre. In der Sache geht es hier – wie an anderer Stelle im Grundrechtskatalog[14] – um die grundsätzliche Frage, ob Grundrechte auch das Gegenteil dessen schützen, was sie als Schutzgut enthalten. Diese Frage ist – entgegen der herrschenden Meinung[15] – zu verneinen. Wenn Grundrechte bestimmte Sphären oder Handlungsmöglichkeiten schützen, so ist es – jedenfalls für den Regelfall – ausgeschlossen, dass auch das Gegenteil unter dem gleichen Schutz steht. Eine andere Frage ist, ob hinsichtlich der »**negativen Handlungsfreiheit**« ein anderes Grundrecht eingreift. So ist die Ehelosigkeit als Entscheidung

---

5 Dies bedeutet nicht, dass die Fortpflanzungsfähigkeit in jedem Einzelfall vorliegen muss; vgl. BVerfGE 49, 286 (300).
6 Vgl. demgegenüber Art. 119 Abs. 1 WRV: »Die Ehe steht als Grundlage des Familienlebens und der Erhaltung und Vermehrung der Nation unter dem besonderen Schutz der Verfassung.«
7 BGBl. I S. 266.
8 BVerfGE 105, 313.
9 Vgl. *R. Gröschner*, in: Dreier (Hrsg.), GG Bd. I, Art. 6 Rdnr. 43; *A. Schmitt-Kammler*, in: Sachs (Hrsg.), GG, Art. 6 Rdnr. 5 f., jeweils m. w. N.
10 So BVerfGE 29, 166 (175).
11 BVerfGE 76, 1 (42).
12 So BVerfGE 62, 323 (331 f.).
13 Ausführlich zu der Diskussion der »negativen Freiheiten«: *M. Sachs*, in: K. Stern, Staatsrecht III / 1, S. 629 ff. m. w. N.
14 Vgl. unten Rdnr. 354 ff., 557 ff., 663 ff.
15 Vgl. die Nachweise bei *M. Sachs*, in: K. Stern, Staatsrecht III / 1, S. 629 f.

über die private Lebensgestaltung durch Art. 2 Abs. 1 GG geschützt und der Staat insofern gehindert, den einzelnen durch Rechtssatz in die Ehe zu zwingen (was auch schwer vorstellbar wäre). Wird die Ehe dagegen gegenüber anderen – nichtehelichen oder gleichgeschlechtlichen – Lebensgemeinschaften rechtlich bevorzugt, so ist dies Ausdruck des »besonderen Schutzes« und nicht etwa ein Verstoß gegen die »negative Eheschließungsfreiheit«. Die rechtliche – etwa steuerliche – Benachteiligung von Ehegatten gegenüber nicht verheirateten Partnern verstößt demgegenüber gegen Art. 6 Abs. 1 GG.[16]

b) Schutzrichtung

Art. 6 Abs. 1 GG ist ein **Abwehrrecht**, kann also staatlichen Maßnahmen, die die Ehe beeinträchtigen, entgegengehalten werden.   **316**

> Nach § 26 EStG 1951 waren Ehegatten (zwingend) zusammen zu veranlagen, die Einkommen beider Ehegatten wurden also zusammengerechnet und nach dem geltenden – progressiven – Einkommensteuertarif versteuert. Soweit beide Ehegatten Einkommen bezogen, ergab sich aufgrund der Steuerprogression eine höhere steuerliche Belastung, als sie sich für Unverheiratete mit gleichem Einkommen ergeben hätte. Gesetzgeberisches Ziel der höheren steuerlichen Belastung war es, »die Ehefrau ins Haus zurückzuführen«, der sog. »Edukationseffekt«.[17] Das Bundesverfassungsgericht hat zutreffend entschieden, aus Art. 6 Abs. 1 GG folge die Anerkennung einer Sphäre privater Lebensgestaltung, die staatlicher Einwirkung entzogen sei und die (unbeeinflusste) Entscheidung für die Gestaltung dieser Privatsphäre einschließe.[18]   **317**

Art. 6 Abs. 1 GG begründet auch Leistungsrechte, weil anderenfalls der »besondere Schutz« der Ehe bloße Proklamation bliebe. Diese Ansprüche richten sich an den Gesetzgeber und werden nur relevant, wenn dieser seiner – auch objektiv-rechtlich bestehenden – Schutzverpflichtung nicht genügt.[19]   **318**

> Im Ausgangsfall hatte das Bundessozialgericht gegen die Schutzverpflichtung verstoßen, als es die Versagung der Rente bestätigte. Genau genommen verneinte das Gericht, dass überhaupt eine »Ehe« vorlag, meinte sich also außerhalb des Anwendungsbereichs des Art. 6 Abs. 1 GG zu bewegen. Das BVerfG hat demgegenüber darauf abgestellt, dass nach englischem Recht eine wirksam geschlossene Ehe bestand und die Partner während ihres Bestehens von einer rechtsgültigen Ehe ausgegangen sind. Eine solchermaßen »hinkende Ehe« ist nach Auffassung des BVerfG aufgrund des durch Art. 6 Abs. 1 GG gewährten Schutzes sozialversicherungsrechtlich einer vollgültigen Ehe gleichzustellen und § 1264 RVO entsprechend (erweiternd) auszulegen.[20] Die Entscheidung des Bundessozialgerichts wurde aufgehoben.   **319**

3. Grundrechtseinschränkungen

Die Ehe ist ein der Privatsphäre zuzuordnendes Rechtsinstitut und deshalb grundsätzlich **keinen Einschränkungen** zugänglich. Die Vorschriften über die Ehemündigkeit (§ 1303 BGB) gestalten das Rechtsinstitut aus und sind deshalb nicht als Einschränkungen zu verstehen. Die Eheverbote für Verwandte in gerader Linie bzw. Geschwister und das Verbot der Doppelehe gestalten das Rechtsinstitut ebenfalls aus, denn Art. 6 Abs. 1 GG setzt – der kulturellen Überlieferung folgend – die **Einehe** voraus, die als Geschlechtsgemeinschaft überdies von Inzesttabus geprägt ist. **Weitergehende Eheverbote** bedürften besonderer Rechtfertigung.   **320**

---

16 Vgl. BVerfGE 6, 55.
17 Vgl. BVerfGE 6, 55 (79 f.); 76, 1 (72); 99, 216 (232).
18 BVerfGE 6, 55 (81 f.).
19 Zurückhaltender: BVerfGE 82, 60 (81), wonach sich »konkrete Ansprüche auf bestimmte staatliche Leistungen ... sich aus dem Förderungsgebot des Art. 6 Abs. 1 GG nicht herleiten« lassen.
20 Vgl. BVerfGE 62, 323 (332 f.).

321 Das nach § 4 Abs. 2 EheG a. F. bestehende Eheverbot der Geschlechtsgemeinschaft ist vom Bundesverfassungsgericht als mit Art. 6 Abs. 1 GG unvereinbar erklärt worden. Diese Vorschrift stand grundsätzlich der Eheschließung zwischen einem Witwer und dessen Stieftochter (einer Witwe und deren Stiefsohn) entgegen. Das Bundesverfassungsgericht vermochte keine Rechtfertigung dieses Eheverbots zu entdecken.[21] Das gleiche gilt für das frühere Eheverbot zwischen Verschwägerten (§ 4 Abs. 1 EheG a. F.), das verfassungsrechtlich ebenfalls nicht zu rechtfertigen war.[22] Das seit dem 1. Juli 1998 geltende Eheschließungsrecht[23] enthält nur noch das Verbot der Doppelehe (§ 1306 BGB) und der Ehe unter Verwandten in gerader Linie bzw. Geschwistern (§ 1307 BGB).

II.   Schutz der Familie (Art. 6 Abs. 1–5 GG)

322   **Fall 14:**

A und B sind minderjährige Geschwister, deren Mutter gestorben ist. Der Vater ist wegen zahlreicher Delikte bestraft worden und hat längere Zeit in Haft verbracht. Das Vormundschaftsgericht hat festgestellt, dass die elterliche Gewalt ruhe, und das Jugendamt zum Vormund bestellt (§ 1774 BGB). Das Jugendamt leitet eine sog. »Inkognito-Adoption« ein, zu der der Vater seine Einwilligung verweigerte. Das Vormundschaftsgericht ersetzt daraufhin die Einwilligung des Vaters gemäß § 1748 BGB, weil dieser durch sein Verhalten gezeigt habe, dass ihm die Kinder gleichgültig seien.

(BVerfGE 24, 119)

1.   Grundrechtsträger

323   Träger des Grundrechts sind alle natürlichen Personen, die zueinander im Verhältnis von Eltern und Kind stehen.

2.   Grundrechtsinhalt

a)   Schutzgut

324   Familie im Sinne des Art. 6 Abs. 1 GG ist die **Gemeinschaft von Eltern und Kindern**.[24] Grundmuster ist die aus (verheirateten) Eltern und ihren minderjährigen Kindern bestehende »Kleinfamilie«.[25] Weitergehend fallen unter den Familienbegriff Mütter, Väter und Elternpaare mit nichtehelichen Kindern, Elternteile mit ehelichen Kindern und Ehepaare mit Kindern eines der Ehegatten.[26] Ehepaare allein bilden keine »Familie«. Auch die aus mehreren Generationen bestehende »Großfamilie« und die Gesamtheit der Verwandten fallen – abweichend von dem üblichen Sprachgebrauch – nicht unter den Familienbegriff des Art. 6 Abs. 1 GG.[27]

325   Der in Art. 6 Abs. 1 GG postulierte »**besondere Schutz**« der Familie wird durch die folgenden Absätze im Einzelnen ausgeformt. Die hier statuierten subjektiv-öffentlichen Rechte sind bereits im Institut der Familie angelegt, werden aber – aus guten Gründen – besonders

---

21 Vgl. BVerfGE 36, 146.
22 Vgl. BVerfGE 36, 146 (166 f.).
23 Gesetz zur Neuordnung des Eheschließungsrechts (Eheschließungsrechtsgesetz – EheSchlRG) vom 4. Mai 1998 (BGBl. I, S. 833).
24 So BVerfGE 80, 81 (90).
25 Vgl. BVerfGE 48, 327 (339): »Familie im Sinne von Art. 6 Abs. 1 GG bedeutet . . . grundsätzlich die in der Hausgemeinschaft geeinte engere Familie, das sind die Eltern mit ihren Kindern (. . .).«
26 Nachweise bei: *A. Schmitt-Kammler*, in: Sachs (Hrsg.), GG, Art. 6 Rdnr. 16.
27 Vgl. *A. Schmitt-Kammler*, in: Sachs (Hrsg.), GG, Art. 6 Rdnr. 16; krit. hierzu: *R. Gröschner*, in: Dreier (Hrsg.), GG Bd. I, Art. 6 Rdnr. 74; *Jarass/Pieroth*, GG, Art. 6 Rdnr. 4.

hervorgehoben. Zum Schutzgut der Familie gehört in erster Linie die den Eltern obliegende Pflege und Erziehung der Kinder, die als »natürliches Recht« der Eltern bezeichnet wird. Die naturrechtliche Fundierung des »Elternrechts« unterstreicht die Auffassung des Verfassungsgebers, dass der Staat in diesem Bereich nur begrenzte Wirkungsmöglichkeiten hat.[28]

Hervorgehoben werden innerhalb der Familie die **Mütter** – auch *werdende* Mütter[29] –, denen ein **Anspruch auf Schutz und Fürsorge der Gemeinschaft** eingeräumt wird (Art. 6 Abs. 4 GG). Art. 6 Abs. 5 GG enthält einen Auftrag an den Gesetzgeber, den **unehelichen Kindern** die gleichen Bedingungen für ihre leibliche und seelische Entwicklung und ihre Stellung in der Gesellschaft zu schaffen wie den ehelichen Kindern. Im Gegensatz zu dem insoweit vergleichbaren Gleichberechtigungsgrundsatz (Art. 3 Abs. 2 GG) hatte der Verfassungsgeber es versäumt, ein Datum für das Außerkrafttreten des entgegenstehenden Rechts festzulegen (Art. 117 Abs. 1 GG). Die **Erfüllung des Gesetzgebungsauftrags** musste deshalb durch das Bundesverfassungsgericht angemahnt und das Außerkrafttreten des entgegenstehenden Rechts in Aussicht gestellt werden[30], bevor es zu einer Neuregelung kam.[31]

326

b) Schutzrichtung

Art. 6 Abs. 1 und 2 GG enthalten subjektiv-öffentliche Rechte des *status negativus*, mit denen staatliche Einmischungen in den privaten Bereich grundsätzlich **abgewehrt** werden können. Art. 6 Abs. 1 GG räumt darüber hinaus einen **Anspruch auf Schutz der Familie** ein, der sich allerdings gegen den Gesetzgeber richtet. Auch der Schutzanspruch der Mutter zielt in erster Linie auf gesetzgeberische Maßnahmen[32], schließt aber ein, dass die Rechtsanwendung durch Behörden und Gerichte beeinflusst wird.

327

3. Einschränkungsmöglichkeiten

Da die Familie – ebenso wie die Ehe – ein **Rechtsinstitut** darstellt, obliegt dem Gesetzgeber die **Ausgestaltung**. In dieser Ausgestaltung ist das Elternrecht geschützt, so dass Eingriffe des Staates einer besonderen Rechtfertigung bedürfen. Die Legitimation für Eingriffe in das Elternrecht bietet das »**Wächteramt**« des Staates (Art. 6 Abs. 2 Satz 2 GG).[33] Maßnahmen in Ausübung des Wächteramts sind nur zum Wohl des Kindes statthaft.[34]

328

Art. 6 Abs. 3 GG enthält einen **speziellen Eingriffsvorbehalt**, aufgrund dessen Kinder von der Familie getrennt werden dürfen, wenn die Erziehungsberechtigten versagen oder wenn die Kinder aus anderen Gründen zu verwahrlosen drohen. Hierin liegt ein Eingriff in das Elternrecht, weil dieses (als Personensorge) die Bestimmung des Aufenthalts umfasst (§ 1631 Abs. 1 BGB). Der (qualifizierte) Eingriffsvorbehalt bedarf der gesetzlichen

329

---

28 Vgl. BVerfGE 59, 360 (376): »Die Erziehung des Kindes ist damit primär in die Verantwortung der Eltern gelegt, wobei dieses ›natürliche Recht‹ den Eltern nicht vom Staate verliehen worden ist, sondern von diesem als vorgegebenes Recht anerkannt wird.«

29 Vgl. BVerfGE 60, 68 (74): »Das Schutzgebot aus Art. 6 Abs. 4 GG hat – auch – das Ziel und die Tendenz, den Gesetzgeber zu verpflichten, wirtschaftliche Belastungen der Mütter, die im Zusammenhang mit ihrer Schwangerschaft und Mutterschaft stehen, auszugleichen.«

30 So BVerfGE 25, 167 (184 ff.).

31 Gesetz über die rechtliche Stellung der nichtehelichen Kinder vom 19. 8. 1969 (BGBl. I, S. 1243).

32 Vgl. hierzu *R. Gröschner*, in: Dreier (Hrsg.), GG Bd. I, Art. 6 Rdnr. 140.

33 Vgl. BVerfGE 24, 119 (144): »Wenn Eltern in dieser Weise versagen, greift das Wächteramt des Staates nach Art. 6 Abs. 2 Satz 2 GG ein; der Staat ist nicht nur berechtigt, sondern auch verpflichtet, die Pflege und Erziehung des Kindes sicherzustellen.«

34 Vgl. BVerfGE 60, 79 (88).

Konkretisierung, wie sie durch das BGB (§§ 1632 Abs. 4, 1666, 1666 a, 1748) und das Kinder- und Jugendhilfegesetz (§ 42) vorgenommen worden ist.

330   Nicht von Art. 6 Abs. 3 GG wird der Fall erfasst, dass durch eine **Adoption**, bei der die Einwilligung eines Elternteils ersetzt wird (§ 1748 Abs. 1 BGB), das Verwandtschaftsverhältnis erlischt (§ 1755 BGB). Der Eingriffsvorbehalt nämlich setzt voraus, dass auch nach dem Eingriff noch eine »Familie« und damit die verwandtschaftliche Beziehung zwischen Eltern und Kindern bestehen bleibt. Das Bundesverfassungsgericht betrachtete die im BGB vorgesehene Adoption gegen den Willen der Eltern als Ausprägung des **Wächteramts** nach Art. 6 Abs. 2 Satz 2 GG und hat ihre Verfassungsmäßigkeit bestätigt.[35]

331   Im Ausgangsfall war also die Ersetzung der Einwilligung des Vaters mit Art. 6 Abs. 2 GG vereinbar, wenn das Wohl der Kinder die Adoption erforderte. Mit der Adoption wurde somit ein neues Familienverhältnis im Sinne des Art. 6 Abs. 1 GG geschaffen.

III.   Rechtsprechung

332   BVerfGE 3, 225 (Ehe und Gleichberechtigung); E 6, 55 (Zusammenveranlagung); E 8, 210 (Bedeutung des Art. 6 Abs. 5 GG); E 9, 20; 82, 6; 87, 234 (Nichteheliche Lebensgemeinschaft); E 24, 119 (Zwangsadoption); E 25, 167 (Rechtsstellung der unehelichen Kinder); E 31, 58 (Eheschließungsfreiheit); E 51, 386 (Ehegattennachzug bei Ausländern); E 53, 257; 60, 329; 71, 364 (Versorgungsausgleich); E 55, 134 (Härteklausel, § 1568 BGB); E 62, 323 (»Hinkende Ehe«); E 78, 38 (Ehename); E 80, 81 (Ausländeradoption); E 81, 1 (Schlüsselgewalt); E 82, 60 (Steuerfreies Existenzminimum der Familie); E 84, 168 (Sorgerecht bei nichtehelichem Kind); E 99, 216 (Benachteiligungsverbot für Ehe und Familien); E 104, 373 (Ausschluss von Familiendoppelnamen); E 105, 313 (Lebenspartnerschaftsgesetz); **BAG**, NJW 1980, S. 2211 (Zölibatsklausel).

IV.   Literatur

333   **V. Beck**, Die verfassungsrechtliche Begründung der Eingetragenen Lebenspartnerschaft, NJW 2001, S. 2051; **J. Braun**, »Ein neues familienrechtliches Institut« – Zum Inkrafttreten des Lebenspartnerschaftsgesetzes, JZ 2002, S. 23; **ders.**, Das Lebenspartnerschaftsgesetz auf dem Prüfstand – BVerfG, NJW 2002, 2543, JuS 2003, S. 21; **A. v. Campenhausen**, Verfassungsgarantie und sozialer Wandel – Das Beispiel von Ehe und Familie, VVDStRL 45 (1987), S. 7; **U. Di Fabio**, Der Schutz von Ehe und Familie: Verfassungsentscheidung für die vitale Gesellschaft, NJW 2003, S. 993; **H.-U. Erichsen**, Elternrecht – Kindeswohl – Staatsgewalt (1985); **U. Fehnemann**, Zur näheren Bestimmung des grundgesetzlichen Elternrechts, DÖV 1982, S. 353; **K. H. Friauf**, Verfassungsgarantie und sozialer Wandel – das Beispiel von Ehe und Familie, NJW 1986, S. 2595; **C. Gusy**, Der Grundrechtsschutz von Ehe und Familie, JA 1986, S. 183; **P. Häberle**, Verfassungsschutz der Familie – Familienpolitik im Verfassungsstaat (1984); **C. Meissner**, Familienschutz im Ausländerrecht, Jura 1993, S. 1; **T. Kingreen**, Das Grundrecht von Ehe und Familie, Jura 1997, S. 401; **I. M. Lindenberg/L. Micker**, Die Vereinbarkeit des Lebenspartnerschaftsgesetzes mit Art. 6 Abs. 1 GG – Eine kritische Würdigung der Entscheidung des Bundesverfassungsgerichts, DÖV 2003, S. 707; **H.-J. Papier**, Ehe und Familie in der neuen Rechtsprechung des BVerfG, NJW 2002, S. 2129; **R. Scholz/A. Uhle**, »Eingetragene Lebenspartnerschaft« und Grundgesetz, NJW 2001, S. 393; **R. Zuck**, Ehe und Familie im Verfassungsrecht, MDR 1991, S. 836; **M. Zuleeg**, Verfassungsgarantie und sozialer Wandel – das Beispiel von Ehe und Familie, NVwZ 1986, S. 800.

---

35 Vgl. BVerfGE 24, 119 (144 ff.).

§ 8 Schulwesen (Art. 7 GG)

Fall 15:   **334**

E 1 und E 2 sind die Eltern dreier Kinder, die in Hamburg öffentliche Schulen besuchen, in denen nach Richtlinien der Schulbehörde das Fach »Sexualerziehung« eingeführt wurde. E 1 und E 2 sind der Auffassung, dass hierin ein unzulässiger Eingriff in das Elternrecht liege, und fordern die Schulbehörde auf, sich bei der Unterrichtung der Kinder über sexuelle Fragen auf eine angemessene Information über die Gegebenheiten der menschlichen Fortpflanzung und die Hervorhebung der Bedeutung der Ehe und Familie zu beschränken.

(BVerfGE 47, 46)

Art. 7 GG enthält eine bunte Mischung von **institutionellen Garantien** und **subjektiven**   **335**
Rechten, in der bestimmte Themen (Religionsunterricht, Privatschulen) eingehend behandelt werden, während Grundsatzfragen (Schulpflicht, Recht auf Schulbesuch) unerörtert bleiben. Der unsystematische Aufbau des Artikels[1] spiegelt das **Spannungsverhältnis** zwischen Schule und Eltern sowie zwischen Staat und Kirche wider. Im Folgenden werden die subjektiv-rechtlichen Aspekte des Schulartikels skizziert, während im Übrigen auf die umfangreiche Spezialliteratur zum Schulwesen zu verweisen ist.[2]

I. Schulpflicht und Schulunterricht als Begrenzung des Elternrechts (Art. 7 Abs. 1 und 2 GG)

Art. 7 GG enthält keine ausdrückliche, aber eine implizite Begründung der **allgemeinen**   **336**
Schulpflicht. Wenn Art. 7 Abs. 2 GG den Eltern das Bestimmungsrecht über die Teilnahme des Kindes am Religionsunterricht einräumt, so hat diese Vorschrift ersichtlich Ausnahmecharakter. Es unterliegt deshalb nicht dem elterlichen Bestimmungsrecht, ob das Kind überhaupt eine Schule besucht.[3] Hierdurch wird das in Art. 6 Abs. 2 GG niedergelegte Elternrecht *begrenzt*.[4] Bestätigt wird es hingegen im Hinblick auf die **Teilnahme am Religionsunterricht** (Art. 7 Abs. 2 GG).

Grundsätzlich unterliegt es elterlicher Bestimmung, ob das Kind eine öffentliche oder eine   **337**
Privatschule besucht. Das durch Art. 7 GG gewährleistete »**dualistische Schulwesen**«[5] wäre ohne das subjektiv-öffentliche **Recht der Schulwahl** – als Ausprägung des Elternrechts – sinnentleert.[6] Das Recht der Schulwahl ist im Bereich der »Volksschule« (nach heutigem Sprachgebrauch: Primarstufe) eingeschränkt, weil Privatschulen dieser Art nur unter besonderen Voraussetzungen zu genehmigen sind (Art. 7 Abs. 5 GG).

---

1 Vgl. BVerfGE 26, 228 (238): »Art. 7 GG behandelt Einzelfragen des Schulwesens. Eine in sich geschlossene Regelung enthält er nicht.«
2 Vgl. *M. Bothe/A. Dittmann*, VVDStRL 54 (1995), S. 7 ff., 47 ff. jeweils m. w. N.
3 Vgl. hierzu: *R. Gröschner*, in: Dreier (Hrsg.), GG Bd. I, Art. 7 Rdnr. 27; *A. Schmitt-Kammler*, in: Sachs (Hrsg.), GG, Art. 7 Rdnr. 13 f. jeweils m. w. N. Die Landesverfassungen sehen überwiegend *ausdrücklich* eine Schulpflicht vor: vgl. Art. 14 Abs. 1 Ba-WüVerf; 129 Abs. 1 BayVerf; 30 Abs. 1 BbgVerf; 30 BremVerf; 56 Abs. 1 HessVerf; 15 Abs. 2 Verf M-V; 4 Abs. 2 NdsVerf; 8 Abs. 2 NRWVerf; 102 Abs. 1 SächsVerf; 25 Abs. 2 Verf LSA; 8 Abs. 1 Schl.-H.Verf; 23 Abs. 1 ThürVerf.
4 Zum Verhältnis Elternrecht – Schulhoheit des Staates: BVerwG, NVwZ 1992, S. 370; *T. Clemens*, NVwZ 1984, S. 68 ff.; *P. Theuersbacher*, NVwZ 1991, S. 126.
5 Vgl. *A. Schmitt-Kammler*, in: Sachs (Hrsg), GG, Art. 7 Rdnr. 4.
6 Zum Recht der Schulwahl vgl. BVerfGE 34, 165 (196 ff.); 45, 400 (415 f.); 53, 185 (196 f.).

338 Mit der **Schulaufsicht** übernimmt der Staat die Verantwortung für den gesamten Unterricht[7] und begrenzt auch in dieser Hinsicht das Elternrecht. Es handelt sich hierbei jedoch um keinen »Eingriff«, weil Kinder nicht allein Kinder ihrer Eltern, sondern *auch* Mitglieder der Gemeinschaft sind. Nach herrschender Meinung folgt aus Art. 7 Abs. 1 GG ein **staatlicher Erziehungs- und Bildungsauftrag.**[8]

339 Das Bundesverfassungsgericht hat im Ausgangsfall die individuelle Sexualerziehung in erster Linie für einen Bestandteil des Elternrechts aus Art. 6 Abs. 2 GG erklärt.[9] Soweit der Staat aufgrund seines Erziehungs- und Bildungsauftrags die Sexualerziehung an sich ziehe, bedürfe er hierfür einer besonderen gesetzlichen Grundlage.[10] Mangels ausdrücklichen Gesetzesvorbehalts stützte das Bundesverfassungsgericht seine Auffassung mit der »Grundrechtsrelevanz« des Gegenstandes.[11]

II. Weitere subjektive Rechte

1. Erteilung von und Teilnahme am Religionsunterricht (Art. 7 Abs. 3 GG)

340 **Fall 16:**
Der als rechtsfähiger Verein eingetragene Dachverband verschiedener muslimischer Glaubensrichtungen beantragt bei der zuständigen Behörde des Landes B, islamischen Religionsunterricht für die muslimischen Schüler in Übereinstimmung mit den vom Dachverband vertretenen Glaubensgrundsätzen einzuführen. Der Antrag wird mit der Begründung abgelehnt, dass im Unterschied zu den christlichen Kirchen ein »Dachverband« die Glaubensgrundsätze des Islam nicht repräsentiere.

(BVerwGE 110, 326)

341 Nach Art. 7 Abs. 3 Satz 1 GG ist der **Religionsunterricht** in den öffentlichen Schulen – mit Ausnahme der bekenntnisfreien Schulen – **ordentliches Lehrfach.** Man mag diese Bestimmung als »institutionelle Garantie« interpretieren[12]; ihre eigentliche Bedeutung erschließt sich freilich erst in ihrem subjektiv-rechtlichen Gehalt. Die Religionsgesellschaften haben einen **Anspruch** darauf, dass Religionsunterricht an den öffentlichen Schulen in Übereinstimmung mit ihren Glaubensgrundsätzen erteilt wird (Art. 7 Abs. 3 Satz 2 GG). Dies ist gleichzeitig die Voraussetzung dafür, dass die Eltern gem. Art. 7 Abs. 2 GG über die Teilnahme ihrer Kinder am Religionsunterricht bestimmen können. Schließlich haben die Schüler einen Anspruch darauf, am Religionsunterricht teilzunehmen, sofern ihre Eltern hierüber keine anderweitige Bestimmung getroffen haben.

342 Die subjektiven Rechte aus Art. 7 Abs. 3 GG – und die »institutionelle Garantie« – entfallen in den Bundesländern, in denen am 1. Januar 1949 eine andere landesrechtliche Regelung bestanden hat (Art. 141 GG). Die so genannte **»Bremer Klausel«** begründet eine Ausnahme von der allgemeinen Geltung des Art. 7 Abs. 3 GG, der wegen der Verantwortlichkeit der Bundesländer für das Schulwesen gerade auf Landesebene seine Wirkung entfaltet.

---

7 Vgl. BVerfGE 34, 165 (182): »Die Schulaufsicht im Sinne des Art. 7 Abs. 1 GG umfaßt jedenfalls die Befugnis des Staates zur Planung und Organisation des Schulwesens mit dem Ziel, ein Schulsystem zu gewährleisten, das allen jungen Bürgern gemäß ihren Fähigkeiten die dem heutigen gesellschaftlichen Leben entsprechenden Bildungsmöglichkeiten eröffnet (...).«

8 Vgl. BVerfGE 34, 165 (182 f.); 41, 29 (44); 52, 223 (236); *A. Dittmann*, VVDStRL 54 (1995), S. 51 f. m. w. N.

9 So BVerfGE 47, 46 (70).

10 Vgl. BVerfGE 47, 46 (80 f.).

11 Vgl. BVerfGE 47, 46 (79 f.).

12 Vgl. *A. Schmitt-Kammler*, in: Sachs (Hrsg) GG, Art. 7 Rdnr. 43.

Im Ausgangsfall hat das Bundesverwaltungsgericht die Anwendbarkeit des Art. 7 Abs. 3 GG in   343
Berlin mit der Begründung verneint, dass in West-Berlin am 1. Januar 1949 eine abweichende Re-
gelung gegolten habe und somit die Voraussetzungen des Art. 141 GG vorlägen.[13] Das Gericht
hat einen Anspruch des Dachverbandes jedoch aus dem damaligen Berliner Schulgesetz (§ 23
Abs. 1) abgeleitet, der einen im Vergleich zu Art. 7 Abs. 3 Satz 2 GG weiteren Begriff der »Religionsgemeinschaft« enthalte.[14] Allerdings würde sich auch bei Anwendbarkeit des Art. 7 Abs. 3 Satz 2
GG grundsätzlich ein Anspruch muslimischer Glaubensgemeinschaften auf Erteilung islamischen
Religionsunterrichts geben, wenn eine von dieser Vorschrift vorausgesetzte organisatorische Ver-
festigung vorliegt.[15]

Im Zusammenhang mit dem in Brandenburg statt des Religionsunterrichts erteilten Fachs   343a
»Lebensgestaltung – Ethik – Religionskunde« (LER) ist die Frage aufgeworfen worden, ob
sich nur solche Bundesländer auf Art. 141 berufen können, die seit dem 1. Januar 1949 kon-
tinuierlich bestanden haben.[16] Das Bundes*verwaltungs*gericht hat Art. 141 GG ohne Rücksicht auf die seit dem 1. Januar 1949 erfolgten territorialen Änderungen auf ganz Berlin angewandt.[17] Das Bundes*verfassungs*gericht hat die Frage eines möglichen Kontinuitätserfor-
dernisses unentschieden lassen können, weil es in den Verfassungsbeschwerdeverfahren
»LER« einen Vergleichsvorschlag gemacht hat[18], der von den Beschwerdeführern und der
Landesregierung angenommen worden ist.[19]

2.   Recht zur Errichtung von Privatschulen (Art. 7 Abs. 4 und 5 GG)

Fall 17:   344
Der Freistaat Bayern gewährte privaten Gymnasien und Realschulen Betriebszuschüsse zu den lau-
fenden Personalkosten, wenn diese staatlich anerkannt waren. Den Privatschulen wurde die staatliche Anerkennung erst verliehen, wenn sie in allen Jahrgangsstufen voll ausgebaut waren und
zwei aufeinander folgende Jahrgänge die Abschlussprüfung erfolgreich absolviert hatten. Von dieser gesetzlichen Regelung waren auch Waldorfschulen betroffen, die als Ersatzschulen genehmigt
waren, bei denen aber die Wartezeit noch nicht verstrichen war.

(BVerfGE 90, 107)

Art. 7 Abs. 4 GG enthält nicht nur die »**Institutsgarantie**« der **Privatschule**, sondern räumt   345
den (potentiellen) Trägern einer Privatschule das Recht auf ihre Errichtung ein.[20] Sofern
die Privatschulen öffentliche Schulen ersetzen sollen, bedürfen sie der **Genehmigung
des Staates** und unterstehen den Landesgesetzen (Art. 7 Abs. 4 Satz 2 GG). Die Genehmi-
gungsvoraussetzungen zielen im Wesentlichen auf die Gleichheit der Anforderungen
(Art. 7 Abs. 4 Satz 3 GG) und auf die Sicherung der wirtschaftlichen und rechtlichen Stellung der Lehrkräfte (Art. 7 Abs. 4 Satz 4 GG). Art. 7 Abs. 5 GG sieht Einschränkungen für
die Errichtung **privater Volksschulen** vor, womit die heutigen Grundschulen (Primarstufe) gemeint sind.[21] Diese sind nur zulässig, wenn die Unterrichtsverwaltung ein besonderes pädagogisches Interesse anerkennt oder wenn sie – auf Antrag von Erziehungsberechtigten – als Gemeinschaftsschule, Bekenntnis- oder Weltanschauungsschule errichtet wer-

---

13 Vgl. BVerwGE 110, 326 (331 ff.).
14 So BVerwGE 110, 326 (330 f.).
15 Vgl. *G. Robbers*, in: v. Mangoldt/Klein/Starck, GG Bd. 1, Art. 7 Abs. 3 Rdnr. 154; *U. Hemmrich*, in: v.
    Münch/Kunig (Hrsg.), GG Bd. 1, Art. 7 Rdnr. 24; *A. Schmidt-Kammler*, in: Sachs (Hrsg.), GG, Art. 7
    Rdnr. 42.
16 Bejahend: *A. v. Campenhausen*, in: v. Mangoldt/Klein/Starck, GG Bd. 3, Art. 141 Rdnr. 7; dagegen
    B. Schlink, NJW 1992, S. 1010.
17 So BVerwGE 110, 326 (334 f.).
18 BVerfGE 104, 305 (307 ff.).
19 BVerfGE 106, 210 (212).
20 Vgl. BVerfGE 27, 195 (200).
21 Vgl. *A. Schmitt-Kammler*, in: Sachs (Hrsg.), GG, Art. 7 Rdnr. 72.

den soll und eine öffentliche Schule dieser *Art* (nämlich eine Gemeinschafts-, Bekenntnis-oder Weltanschauungsschule) nicht besteht (Art. 7 Abs. 5 GG). Das Bundesverfassungsge-richt gesteht – im Gegensatz zum Bundesverwaltungsgericht[22] – den Behörden bei der Ent-scheidung nach Art. 7 Abs. 5 GG **keinen** (der gerichtlichen Kontrolle entzogenen) **Beurtei-lungsspielraum** zu.[23]

346   Im Ausgangsfall sind die Waldorfschulen als Ersatzschulen genehmigt, von der finanziellen Förde-rung jedoch einstweilen ausgeschlossen worden. Ein Verstoß gegen Art. 7 Abs. 4 GG wäre nur ge-geben, wenn hieraus nicht nur ein subjektives Recht auf Genehmigung, sondern auch auf Bezu-schussung folgte. Das Bundesverfassungsgericht folgert aus Art. 7 Abs. 4 Satz 1 GG eine grund-sätzliche Pflicht des Staates, das private Ersatzschulwesen zu schützen.[24] Sofern der Gesetzgeber Ersatzschulen finanziell fördert, unterliegt er hierbei dem Gebot der Gleichbehandlung. Im Aus-gangsfall hat das Bundesverfassungsgericht die Wartepflicht mit der staatlichen Schutz- und För-derpflicht als vereinbar erklärt.[25] Allerdings dürften sich Wartefristen nicht als Sperre für die Er-richtung neuer Schulen auswirken.

III. Rechtsprechung

347   **BVerfGE** 34, 165 (Förderstufe); **E** 37, 314 (Private Fachhochschule); **E** 41, 29; 41, 65; 41, 88 (Gesamtschule); **E** 45, 400 (Gymnasiale Oberstufe); **E** 47, 46 (Sexualkundeunterricht); **E** 52, 223 (Schulgebet); **E** 58, 257 (Schulentlassung); **E** 59, 360 (Schülerberater); **E** 74, 244 (Teil-nahme am konfessionsfremden Religionsunterricht); **E** 75, 40 (Schutzpflicht für Ersatz-schulen); **E** 88, 40 (Private Grundschule); **E** 90, 107 (Wartefristen); **E** 93, 1 (Kruzifix); **E** 104, 305 (LER-Vergleichsvorschlag); **E** 106, 210 (Einstellung der LER-Verfahren); **E** 112, 74 (Bremisches Privatschulgesetz); **BVerwGE** 107, 75 (Ethikunterricht); **E** 110, 326 (Islami-scher Religionsunterricht); **E** 116, 359 (Unterricht mit »islamischem Kopftuch«).

IV. Literatur

348   **M. Bothe**, Erziehungsauftrag und Erziehungsmaßstab der Schule im freiheitlichen Verfas-sungsstaat, VVDStRL 54 (1995), S. 7; **T. Clemens**, Grenzen staatlicher Maßnahmen im Schulbereich, NVwZ 1984, S. 65; **G. Czermak**, Zur Ethikunterricht-Entscheidung des Bun-desverwaltungsgerichts vom 17. 6. 1998, DÖV 1999, S. 725; **A. Dittmann**, Erziehungsauf-trag und Erziehungsmaßstab der Schule im freiheitlichen Verfassungsstaat, VVDStRL 54 (1995), S. 47; **U. Fehnemann**, Die Bedeutung des grundgesetzlichen Elternrechts für die el-terliche Mitwirkung in der Schule, AöR 105 (1980), S. 529; **H. Goerlich**, Art. 141 GG als zu-kunftgerichtete Garantie der neuen Länder und die weltanschauliche Neutralität des Bun-des, NVwZ 1998, S. 819; **T. Harks**, Islamischer Religionsunterricht und Art. 7 III GG, JA 2002, S. 875; **M. Heckel**, Religionsunterricht für Muslime?, JZ 1999, S. 741; **H. M. Heimann**, Inhaltliche Grenzen islamischen Religionsunterrichts, NVwZ 2002, S. 935; **P. M. Huber**, Er-ziehungsauftrag und Erziehungsmaßstab der Schule im freiheitlichen Verfassungsstaat, BayVBl. 1994, S. 545; **S. Korioth**, Islamischer Religionsunterricht und Art. 7 III GG, NVwZ 1997, S. 1041; **G. Mehrle**, Art. 141 in »neuem Licht«?, NVwZ 1998, S. 819; **S. Mu-ckel**, Islamischer Religionsunterricht und Islamkunde an öffentlichen Schulen in Deutsch-land, JZ 2001, S. 58; **B. Pieroth**, Erziehungsauftrag und Erziehungsmaßstab der Schule im freiheitlichen Verfassungsstaat, DVBl. 1994, S. 949; **L. Renck**, Verfassungsprobleme der christlichen Gemeinschaftsschule, NVwZ 1991, S. 116; **ders.**, Bekenntnisunterricht und Ethikunterricht, NVwZ 1999, S. 713; **ders.**, Bekenntnisfreiheit in der öffentlichen Schule,

---

22 Vgl. BVerwGE 75, 275 (279).
23 Vgl. BVerfGE 88, 40. (56 ff.).
24 Vgl. BVerfGE 75, 40.
25 So BVerfGE 90, 107.

SächsVBl. 2000, S. 257; **B. Schlink**, Religionsunterricht in den neuen Bundesländern, NJW 1992, S. 1008; **A. Schmitt-Kammler**, Elternrecht und schulisches Erziehungsrecht nach dem Grundgesetz (1983); **C. Starck**, Organisation des öffentlichen Schulwesens, NJW 1976, S. 1375.

D. Der Schutz kommunikativen Handelns

§ 9 Glaubens-, Gewissens- und Bekenntnisfreiheit. Ungestörte Religionsausübung (Art. 4 GG)

Die **Glaubens- und Gewissensfreiheit** gehört neben dem *habeas corpus* zu den historisch   349
ältesten Menschenrechtsverbürgungen. Sie findet sich in der Bill of Rights von Virginia
(Art. 16), in der französischen Menschen- und Bürgerrechtserklärung (Art. 10), in der Verfassung Belgiens von 1831 (Art. 14) ebenso wie in der Paulskirchenverfassung (§§ 144, 145
und 148), der Preußischen Verfassungsurkunde (Art. 12) und der Weimarer Reichsverfassung (Art. 135 und 136). Mit der (individuellen) Glaubens- und Bekenntnisfreiheit sind zugleich Fragen des (institutionellen) Verhältnisses von Staat und Kirche berührt, die Gegenstand der in das Grundgesetz inkorporierten (Art. 140 GG) **Kirchenrechtsartikel** der Weimarer Reichsverfassung (Art. 136, 137, 138, 139 und 141) sind. Diese Vorschriften sind geltendes Verfassungsrecht und finden neben Art. 4 GG Anwendung, soweit sie subjektive
Rechte enthalten (Art. 136 WRV).

I.   Die Glaubens- und Weltanschauungsfreiheit (Art. 4 Abs. 1 GG)

Fall 18a: 350
E 1 und E 2 sind Anhänger der anthroposophischen Weltanschauung und Eltern dreier minderjähriger Kinder, die bayrische Volksschulen besuchen. Durch Rechtsverordnung (»Volksschulordnung«) ist angeordnet, dass in jedem Klassenzimmer ein Kreuz anzubringen sei. E 1 und E 2 machen geltend, durch diese Symbole, insbesondere durch die Darstellung eines »sterbenden männlichen Körpers« (Kruzifix) werde im Sinne des Christentums auf ihre Kinder eingewirkt; dies laufe
ihren Erziehungsvorstellungen, insbesondere ihrer Weltanschauung zuwider.

(BVerfGE 93, 1)

Fall 18b:
Frau L., die 1972 als Tochter afghanischer Eltern in Kabul geboren ist, lebt seit 1987 in Deutschland
und ist 1995 eingebürgert worden. Nach erfolgreichem Studium und Vorbereitungsdienst bewarb
sie sich um eine Einstellung in den Schuldienst an den Grund- und Hauptschulen des Landes L. Die
Schulbehörde lehnte die Einstellung ab, weil Frau L. im Einstellungsgespräch erklärt hatte, auf das
Tragen eines Kopftuches während des Unterrichts nicht verzichten zu wollen.

(BVerfGE 108, 282)

1.   Grundrechtsträger

Träger des Grundrechts der Glaubens- und Weltanschauungsfreiheit sind **alle Menschen**.   351
Soweit Kinder nicht religionsmündig sind[1], werden sie durch ihre Eltern vertreten.[2] Die
religiöse bzw. weltanschauliche Erziehung ist zugleich Ausdruck der Religion bzw. Weltanschauung der Eltern wie ihres **Elternrechts**.[3] Art. 4 Abs. 1 GG ist seinem Wesen nach
auch auf **juristische Personen des Privatrechts** anwendbar (Art. 19 Abs. 3 GG), wenn
diese der Pflege einer Religion oder Weltanschauung dienen.[4] **Kirchen** und andere Religi-

---

1 Nach § 5 Satz 1 des Gesetzes über die religiöse Kindererziehung vom 15. Juli 1921 (RGBl. I, S. 939)
   steht nach Vollendung des 14. Lebensjahres dem Kind die Entscheidung darüber zu, welchem religiösen Bekenntnis es angehören will. Hat das Kind das 12. Lebensjahr vollendet, kann es gegen
   seinen Willen nicht in einem anderen Bekenntnis als bisher erzogen werden (§ 5 Satz 2 RelKErzG).
2 Vgl. *J. Kokott*, in: Sachs (Hrsg.), GG, Art. 4 Rdnr. 7.
3 Vgl. BVerfGE 41, 29 (47 f.).
4 Vgl. BVerfGE 19, 129 (132); 42, 312 (323).

onsgesellschaften, die **Körperschaften des öffentlichen Rechts** sind (Art. 137 Abs. 5 WRV i. V. m. Art. 140 GG), sind ebenfalls Träger des Grundrechts.[5]

352 Im Fall 18 a konnten sich E1 und E2 grundsätzlich darauf berufen, dass die Glaubens- und Weltanschauungsfreiheit ihrer Kinder, ihre eigenen Grundrechte aus Art. 4 Abs. 1 GG sowie ihr Elternrecht (Art. 6 Abs. 2 GG) verletzt seien. Auch Frau L. konnte sich auf Art. 4 Abs. 1 GG berufen, weil das »islamische« Kopftuch äußeres Symbol der Zugehörigkeit zum Islam ist.

2. Grundrechtsinhalt

a) Schutzgut

353 Schutzgut des Art. 4 Abs. 1 GG sind die Überzeugungen des Menschen von den »letzten Dingen«, insbesondere über den Ursprung der Welt und die Stellung des Menschen in ihr, den Ursprung des menschlichen Lebens und die Bedeutung des Todes. Religiöse Überzeugungen sind ebenso geschützt wie areligiöse; entscheidend ist, was aus einer »Gesamtsicht der Welt« für *wahr* gehalten wird.[6] Die Glaubens- und Weltanschauungsfreiheit schützt damit die dem Menschen als vernunftbegabtem Wesen eigentümliche Fähigkeit, die ihn umgebende Welt in Gestalt eigener Gewissheiten – der »Wahrheit« – zu erkennen. Schutzgut der Glaubens- und Weltanschauungsfreiheit sind folglich **Wahrheitsüberzeugungen**, die sich im Unterschied zu anderen (etwa wissenschaftlichen) Erkenntnissen jedoch dem Beweis – oder auch nur der Überprüfung anhand »objektiver« Gegebenheiten – entziehen. Glaube und weltanschauliche Überzeugung sind folglich dadurch gekennzeichnet, dass es sich um individuelle Gewissheiten mit »Wahrheitsanspruch« handelt, die sich (objektiv) wechselseitig ausschließen. Wegen des von ihnen erhobenen **Wahrheitsanspruchs** muss mit dem Schutz individueller Gewissheiten notwendig das **Toleranzgebot** einhergehen.[7]

354 Die Attribute »positiv« und »negativ« sind – entgegen der Rechtsprechung des Bundesverfassungsgerichts[8] und der ihr folgenden Literatur[9] – verfehlt.[10] Die individuelle Gewissheit kann sich auf ein höchstes Wesen beziehen, wie dies bei den monotheistischen christlichen und nichtchristlichen **Religionen** der Fall ist. Sie mag sich – wie der philosophische Materialismus – in der Gewissheit erschöpfen, dass es ein solches höchstes Wesen nicht gibt. Es wäre abwegig, letztere Überzeugung als »Nichtglauben« zu etikettieren und ihn durch die »negative« Religionsfreiheit geschützt zu sehen. Durch Art. 4 Abs. 1 GG werden die Glaubens- *und* Weltanschauungsfreiheit, die sich als individuelle Gewissheiten von vornherein der Bewertung als »positiv« und »negativ« entziehen, gewährleistet.[11]

355 Die **Bekenntnisfreiheit** wird als Freiheit, religiöse und weltanschauliche Überzeugungen kundzutun, und damit als eine grundrechtlich besonders privilegierte Form der Kommunikation angesehen.[12] Völlig überzeugen kann diese Auffassung nicht. In den historischen Verfassungen Deutschlands findet sich *entweder* die Formel »**Glaubens- und Gewissensfreiheit**« (§ 144 PV, Art. 135 WRV) *oder* die der »**Freiheit des religiösen Bekenntnisses**«

---

5 Vgl. BVerfGE 24, 236 (246 f.).
6 Vgl. *C. Starck*, in: v. Mangoldt / Klein / Starck, GG Bd. 1, Art. 4 Rdnr. 33; *G. Robbers*, in: v. Mangoldt / Klein / Starck, GG Bd. 1, Art. 7 Abs. 3 Rdnr. 117.
7 Vgl. BVerfGE 32, 98 (108); 41, 29 (51); 41, 65 (78); 41, 88 (108); 47, 46 (77); 52, 223 (251).
8 Vgl. BVerfGE 41, 29 (49); 85, 94 (96); 93, 1 (22): »Das unvermeidliche Spannungsverhältnis zwischen negativer und positiver Religionsfreiheit unter Berücksichtigung des Toleranzgebotes zu lösen, obliegt dem Landesgesetzgeber, der im öffentlichen Willensbildungsprozeß einen für alle zumutbaren Kompromiß zu suchen hat.«
9 Vgl. *J. Kokott*, in: Sachs (Hrsg.), GG, Art. 4 Rdnr. 26; *C. Starck*, in: v. Mangoldt / Klein / Starck, GG Bd. 1, Art. 4 Rdnr. 23 ff.; *M. Morlok*, in: Dreier (Hrsg.), GG Bd. I, Art. 4 Rdnr. 64 jeweils m. w. N.
10 Vgl. *J. Ipsen*, in: Festschrift für M. Kriele, S. 307 ff.
11 Wie hier *U. Mager*, in: v. Münch / Kunig (Hrsg.), GG Bd. 1, Art. 4 Rdnr. 18.
12 Vgl. *J. Kokott*, in: Sachs (Hrsg.), GG, Art. 4 Rdnr. 30 m. w. N.

(Art. 12 PrVerfUrk), was darauf hindeutet, dass sie im Wesentlichen den gleichen Inhalt haben.[13] Die Glaubensfreiheit hat seit jeher die Verkündung des Glaubens und das Handeln nach dem Glauben umschlossen. Die Gewissheit um die letzten Dinge und der hiermit verbundene Wahrheitsanspruch drängt naturgemäß nach außen: Glaubenswerbung, Missionierung, Überzeugung des Andersgläubigen gehören zu ihren Erscheinungsmerkmalen.[14] Nicht die Freiheit des *religiösen*, sondern die des *weltanschaulichen* Bekenntnisses verdient unser Augenmerk, weil hierdurch die traditionellen – an den christlichen Konfessionen orientierten – Formeln ergänzt werden. Das weltanschauliche Bekenntnis steht gleichberechtigt neben dem religiösen, also dem »Glauben« im herkömmlichen Sinne.[15] Der verfassungsgeschichtliche Fortschritt des Art. 4 Abs. 1 GG besteht also in der Ergänzung der Glaubens- und Gewissensfreiheit um die **Weltanschauungsfreiheit**, nicht darin, dass die Verkündung individueller Gewissheiten geschützt wird, weil diese seit jeher Bestandteil der Glaubens- (und Bekenntnis-)freiheit gewesen ist.

Im Fall 18 a hat das Bundesverfassungsgericht das »Kreuz im Klassenzimmer« als Problem des Ver-   **356**
hältnisses von »negativer« und »positiver« Religionsfreiheit eingeordnet.[16] Gegenüber der von den
Eltern geltend gemachten Beschwer ist Art. 4 Abs. 1 GG zwar einschlägig, weil die staatliche Maßnahme im weiteren Sinne Glaubensdinge berührt; die Entgegensetzung von »negativer« und »positiver« Religionsfreiheit erscheint aber schon deshalb verfehlt, weil die Ablehnung von Symbolen
eines nicht geteilten Glaubens nicht als »negativ« zu bewerten ist, sondern Ausdruck der Hinwen-
dung zu einem *anderen* Glauben ist. In der Sache setzte das Bundesverfassungsgericht die Bekenntnisfreiheit (als äußere Manifestation des Glaubens) der Ablehnung eines solchen Bekenntnisses
entgegen.[17]

b) Schutzrichtung

Die Glaubens- und Weltanschauungsfreiheit ist ein Grundrecht des *status negativus*, stellt   **357**
also ein **Abwehrrecht** gegen den Staat dar.[18] Soweit Leistungsansprüche (etwa auf Verlei-
hung des Status einer öffentlich-rechtlichen Körperschaft) geltend gemacht werden[19], folgen diese nicht aus Art. 4 Abs. 1 GG, sondern aus den staatskirchenrechtlichen Bestimmungen des Grundgesetzes (Art. 137 Abs. 4 und 5 WRV i. V. m. Art. 140 GG).

3. Grundrechtseinschränkungen

Die Freiheit des Glaubens und der Weltanschauung wird durch Art. 4 Abs. 1 GG als »un-   **358**
verletzlich« bezeichnet und gehört damit zu der **Privatsphäre**, in die einzugreifen dem
Staat versagt ist. Da das Grundrecht nicht unter Gesetzesvorbehalt steht, sind Einwirkungen auf das grundrechtlich geschützte Rechtsgut prinzipiell unzulässig.[20] In dem Maße indes, in dem religiös oder weltanschaulich orientiertes Handeln die Grenze der Privatsphäre überschreitet und es in der **Sozialsphäre** zu Kollisionen mit den Handlungen anderer kommen kann, unterliegt es grundsätzlich den für alle geltenden Gesetzen. Die ent-

---

13 Vgl. *C. Starck*, in: v. Mangoldt/Klein/Starck, GG Bd. 1, Art. 4 Rdnr. 11.
14 Vgl. nur BVerfGE 12, 1 (4); 24, 236 (245); 32, 98 (106): »Sie umfaßt daher nicht nur die (innere)
    Freiheit zu glauben oder nicht zu glauben, sondern auch die äußere Freiheit, den Glauben zu
    manifestieren, zu bekennen und zu verbreiten (...).«
15 Vgl. BVerfGE 12, 1 (3 f.).
16 Vgl. BVerfGE 85, 94 (96); 93, 1 (22).
17 Vgl. *J. Ipsen*, in: Festschrift für M. Kriele, S. 309 f.
18 Vgl. *M. Morlok*, in: Dreier (Hrsg.), GG Bd. I, Art. 4 Rdnr. 103; insoweit übereinstimmend: *C. Starck*,
    in: v. Mangoldt/Klein/Starck, GG Bd. 1, Art. 4 Rdnr. 18.
19 Vgl. BVerfGE 83, 341 (356 f.).
20 Vgl. *J. Kokott*, in: Sachs (Hrsg.), GG, Art. 4 Rdnr. 109 ff.; *C. Starck*, in: v. Mangoldt/Klein/Starck, GG
    Bd. 1, Art. 4 Rdnr. 74 ff.; *M. Morlok*, in: Dreier (Hrsg.), GG Bd. I, Art. 4 Rdnr. 111 ff

sprechende Formel der Weimarer Reichsverfassung[21] ist nicht in das Grundgesetz übernommen worden, doch kann nicht angenommen werden, dass durch Art. 4 Abs. 1 GG ein besonderes Rechtsregime zugunsten der Gläubigen oder Anhänger einer bestimmten Weltanschauung geschaffen werden sollte. Dies wird durch Art. 136 Abs. 1 WRV bestätigt, der die subjektiv-rechtliche Entsprechung des Art. 135 Satz 3 WRV darstellt. Wenn die »bürgerlichen und staatsbürgerlichen Rechte und Pflichten … durch die Ausübung der Religionsfreiheit weder bedingt noch beschränkt« werden, so kann dies nur heißen, dass der (allgemeine) **Rechtsstatus des Bürgers** von der (besonderen) Zugehörigkeit zu einer Religions- oder Weltanschauungsgemeinschaft **unberührt** bleiben soll.[22] Würde ein Bürger nämlich aus Gründen der Religion oder Weltanschauung von der Befolgung der für andere geltenden Gesetze dispensiert, so wären entgegen Art. 136 Abs. 1 WRV seine **staatsbürgerlichen Pflichten** durch die Ausübung der Religionsfreiheit **eingeschränkt** (»beschränkt«). Es ist deshalb unverständlich, wenn in der Rechtsprechung[23] und der Literatur[24] Art. 136 Abs. 1 WRV überhaupt nicht zur Lösung der Schrankenproblematik herangezogen wird.[25] Eine von der grundsätzlichen Anwendbarkeit des Art. 136 Abs. 1 WRV zu trennende Frage ist, inwieweit zwischen dem zu befolgenden staatlichen Gesetz und der Glaubens- und Weltanschauungsfreiheit eine **Wechselwirkung** nach allgemeinen Grundsätzen stattfindet.[26] Ein genereller Vorrang der Gebote einer Religionsgesellschaft gegenüber staatlicher Gesetzgebung kann hierbei nicht angenommen werden.[27]

359   Im Ausgangsfall hat das Bundesverfassungsgericht dem Kreuz im Klassenzimmer aufgrund seines »appellativen Charakters« Eingriffscharakter zugemessen.[28] Die von einem *Eingriff* zu fordernde Intensitätsschwelle dürfte indessen durch das Kreuzsymbol für sich genommen nicht überschritten werden. Mit dem Kreuz wird vielmehr ein Einfluss ausgeübt, der für den Schulunterricht in allen Fächern typisch ist, durch den der Staat aber keine subjektiven Rechte verletzt.[29] Dagegen lag ein Verstoß gegen das **Neutralitätsgebot** vor, kraft dessen der Staat (objektiv-rechtlich) gehindert ist, sich das Symbol des christlichen Glaubens auf diese Weise zu Eigen zu machen.[30] Die Kritik an dem Beschluss des Bundesverfassungsgerichts ist deshalb insoweit berechtigt, als der Senat einen Grundsatz des Staatskirchenrechts subjektiviert hat.[31] In unübersehbarem Kontrast hierzu steht das Urteil des (Zweiten Senats des) Bundesverfassungsgerichts im so genannten »Kopftuch-Streit«, mit dem eine klageabweisende Entscheidung des Bundesverwaltungsgerichts[32] aufgehoben worden ist.[33] Nicht zu überzeugen vermag hierbei die Zuordnung des Kopftuchs zur Privat- (und damit Glaubens-)sphäre der Lehrerin, weil diese im Unterricht in erster Linie Repräsentantin des Staates und damit an das Neutralitätsgebot gebunden ist.[34] Die dem Landesgesetzgeber durch das Gericht zugewiesene Option, das Tragen religiöser Symbole in der Schule gesetzlich zu regeln, steht darüber hinaus in auffälligem Gegensatz zu den dogmatischen Prämissen des Urteils: wird nämlich das Tragen des Kopftuchs einer Lehrerin auch in der Schule durch Art. 4 Abs. 1 und 2 GG geschützt, so

---

21 Art. 135 Satz 3 WRV: »Die allgemeinen Staatsgesetze bleiben hiervon unberührt.«
22 So zutreffend *C. Starck,* in: v. Mangoldt/Klein/Starck, GG Bd. 1, Art. 4 Rdnr. 87 Fn. 259 unter Hinweis auf *Anschütz.*
23 Vgl. BVerfGE 33, 23 (31).
24 Vgl. *M. Morlok,* in: Dreier (Hrsg.), GG Bd. I, Art. 4 Rdnr. 112 m. w. N.
25 Wie hier: *A. v. Campenhausen,* in: HdStR VI, § 136 Rdnr. 82; *C. Starck,* in: v. Mangoldt/Klein/Starck, GG Bd. 1, Art. 4 Rdnr. 75; *R. Zippelius,* in: BK, GG Art. 4 Rdnr. 89.
26 Vgl. hierzu insbesondere *C. Starck,* in: v. Mangoldt/Klein/Starck, GG Bd. 1, Art. 4 Rdnr. 87 f.
27 Vgl. das Beispiel in BVerwGE 99, 1 (Schächten nach § 4 a Abs. 2 Nr. 2 TierSchG).
28 So BVerfGE 93, 1 (20 f.): »Dem Kreuz kann auch die Einwirkung auf die Schüler nicht abgesprochen werden …«
29 Vgl. *J. Ipsen,* in: Festschrift für M. Kriele, S. 316 f.; vgl. dazu auch *D. Heckmann,* JZ 1996, S. 888 f.
30 Vgl. *J. Ipsen,* in: Festschrift für M. Kriele, S. 318 f.
31 Vgl. zum »Kruzifix-Beschluss« weiter *P. Badura,* BayVBl. 1996, S. 33 ff.; *J. Isensee,* ZRP 1996, S. 10 ff.
32 Vgl. BVerwGE 116, 359.
33 BVerfGE 108, 282.
34 Vgl. *J. Ipsen,* NVwZ 2003, S. 1211; vgl. auch *U. Sacksofsky,* NJW 2003, S. 3297.

kann mangels Gesetzesvorbehalts dieser Akt der Glaubensmanifestation nicht durch den Gesetzgeber untersagt werden.[35]

II. Freiheit des Gewissens (Art. 4 Abs. 1 GG)

Fall 19: 360
Der 20jährige F ist Angehöriger der Glaubensgemeinschaft der Zeugen Jehovas. Auf seinen Antrag wird er als Kriegsdienstverweigerer anerkannt, alsbald aber zur Ableistung des Zivildienstes einberufen. F tritt den Zivildienst nicht an und begründet dies damit, dass ihm sein Glaube auch verbiete, einen staatlichen Ersatzdienst zu leisten, wie ihn das Zivildienstgesetz vorsehe. Er wird daraufhin wegen Dienstflucht (§ 53 ZDG) zu sechs Monaten Freiheitsstrafe verurteilt, die auf Bewährung ausgesetzt wird. Als er einer erneuten Aufforderung, den Zivildienst anzutreten, wiederum nicht nachkommt, widerruft das Gericht auf Antrag der Staatsanwaltschaft die Strafaussetzung zur Bewährung, weil er wiederum eine Straftat nach § 53 ZDG begangen habe (§ 56 f Abs. 1 Nr. 1 StGB).
(BVerfGE 78, 391)

1. Grundrechtsträger

Grundrechtsträger ist ebenso wie beim Grundrecht der Glaubens- und Weltanschauungs- 361
freiheit **jeder Mensch**. Als individuelles Phänomen ist die Gewissensfreiheit im Gegensatz zu jener ihrem Wesen nach nicht auf Personenvereinigungen anwendbar (Art. 19 Abs. 3 GG).

2. Grundrechtsinhalt

a) Schutzgut

Die **Gewissensfreiheit** ist ein **selbständiges Grundrecht**, das sich von der Glaubens- und 362
Weltanschauungsfreiheit dadurch unterscheidet, dass es nicht notwendig eine Gemeinschaft voraussetzt.[36]

Nach Auffassung des Bundesverfassungsgerichts ist als Gewissensentscheidung 363

»jede ernste sittliche, d. h. an den Kategorien von »Gut« und »Böse« orientierte Entscheidung anzusehen, die der Einzelne in einer bestimmten Lage als für sich bindend und unbedingt verpflichtend innerlich erfährt, so dass er gegen sie nicht ohne Gewissensnot handeln könnte.«[37]

Bei der Gewissensentscheidung kollidieren typischerweise **unterschiedliche Verhaltens-** 364
gebote, wobei die Befolgung des rechtlichen Imperativs zur Folge hätte, dass sich der Einzelne unentrinnbar mit seinen ethischen Prinzipien in Widerspruch setzte. Orientiert sich das Handeln hingegen an den Kategorien von »richtig oder falsch«, »sinnvoll oder sinnlos« bzw. »zweckmäßig oder zwecklos«, so handelt es sich um rationaler Diskussion zugängliche Gegenstände, nicht um Gewissensentscheidungen.[38]

Die Weigerung, Entgelte für verbrauchten Strom zu bezahlen, weil dieser von Kernkraftwerken er- 365
zeugt werde, ist deshalb keine Gewissensentscheidung im Sinne des Art. 4 Abs. 1 GG.[39] Ebenso wenig berechtigt die Auffassung, der Schwangerschaftsabbruch dürfe nicht durch die Sozialversiche-

---

35 So J. *Ipsen*, NVwZ 2003, S. 1212.
36 Vgl. *C. Starck*, in: v. Mangoldt/Klein/Starck, GG Bd. 1, Art. 4 Rdnr. 63 m. w. N.
37 So BVerfGE 12, 45 (55).
38 Die in Rechtsprechung und Literatur gern verwandte Formel des *»forum internum«* ist nur in der Übersetzung als »inneres Gericht« sinnvoll. Ein geschütztes *»forum externum«* kann es deshalb entgegen J. *Kokott*, in: Sachs (Hrsg.), GG, Art. 4 Rdnr. 74 nicht geben.
39 Vgl. AG Hamburg, NJW 1979, S. 2315; AG Stuttgart, NJW 1980, S. 1108.

rung finanziert werden, dazu, aus Gewissensgründen die Beitragszahlung zu verweigern. Im ersten Fall handelt es sich nicht um eine Entscheidung, die an den Kategorien von »Gut« und »Böse« (sondern an denen von »richtig oder falsch«) getroffen wird, im zweiten Fall fehlt es an der Konnexität, denn Beitragszahler (oder Steuerpflichtige) können praktisch niemals darlegen, dass bestimmte Leistungen gerade aus *ihren* Beiträgen (Abgaben) bestritten worden sind.[40]

b) Schutzrichtung

366 Das Grundrecht der Gewissensfreiheit ist dem *status negativus* zuzuordnen, stellt also ein Abwehrrecht gegenüber dem Staat dar. Es zielt darauf ab, die Durchsetzung solcher Gebote zu unterlassen, deren Erfüllung den Einzelnen in einen **Gewissenskonflikt** bringen würde. Entgegen einer verbreiteten Meinung ist also nicht das »Handeln nach dem Gewissen« als selbständiges Rechtsgut anzusehen, noch stellt die Gewissensfreiheit eine privilegierte Sonderform der Handlungsfreiheit dar.[41] *Diese* Handlungsfreiheit nämlich besteht nicht *a priori*, sondern ergibt sich erst daraus, dass Handlungspflichten, die zu Gewissenskonflikten führen würden, zurückgewiesen werden können.

367 Im Ausgangsfall ist nicht Art. 4 Abs. 3 GG (Kriegsdienstverweigerung), sondern Art. 4 Abs. 1 GG (Gewissensfreiheit) einschlägig. Die in Art. 4 Abs. 3 GG typisierte Gewissensentscheidung betrifft nur den Wehr-, nicht den Zivildienst. F kann deshalb geltend machen, dass er durch die Einberufung zum Zivildienst in einen Gewissenskonflikt gebracht würde. Eine Möglichkeit, diesen Gewissenskonflikt zu vermeiden, eröffnen freie Arbeitsverhältnisse in einem Krankenhaus oder einer sozialen Einrichtung (§ 15 a ZDG), die eine Heranziehung zum Zivildienst unzulässig machen. Von dieser Möglichkeit hat F keinen Gebrauch gemacht, so dass die Einberufung statthaft und die Verurteilung grundsätzlich rechtmäßig war. Zu Recht hat allerdings das Bundesverfassungsgericht den Widerruf der Strafaussetzung zur Bewährung als Verstoß gegen Art. 4 Abs. 1 GG angesehen, weil F keine neue Straftat begangen hatte, sondern an seiner Gewissensentscheidung, deretwegen er verurteilt worden war, nur konsequent festgehalten habe.[42]

368 Die Gewissensfreiheit besteht nur gegenüber dem **Staat als Grundrechtsadressaten** und kann deshalb nicht herangezogen werden, um die Beeinträchtigung der Rechtsgüter anderer zu legitimieren. Der Staat ist deshalb auch gehindert, im Hinblick auf Art. 4 Abs. 1 GG den »Überzeugungstäter« zu privilegieren. Die Entscheidung an den Kategorien von »Gut und Böse« ist nicht beliebig austauschbar, sondern muss sich mit den grundlegenden **Wertvorstellungen der Gemeinschaft** in Einklang befinden.

III. Recht auf ungestörte Religionsausübung (Art. 4 Abs. 2 GG)

369 **Fall 20:**
N, der in der Nähe einer katholischen Kirche wohnt, fühlt sich durch das Läuten der Glocken gestört und wendet sich an die zuständige Behörde mit der Bitte, für Abhilfe zu sorgen. Er wendet sich sowohl gegen das morgendliche »Angelus-Läuten« wie gegen das viertelstündige Zeitschlagen.
(BVerwGE 68, 62; 90, 163)

1. Grundrechtsträger

370 Grundrechtsträger sind **alle Menschen**. Da das Grundrecht seinem Wesen nach auch auf Personenvereinigungen anwendbar ist (Art. 19 Abs. 3 GG), sind Grundrechtsträger auch alle Religionsgemeinschaften, ohne Rücksicht auf ihren rechtlichen Status als juristische Person des öffentlichen oder privaten Rechts.

---

40 Vgl. BVerfGE 67, 26 (37 f.).
41 So etwa *R. Herzog*, in: Maunz/Dürig, GG, Art. 4 Rdnr. 129.
42 Vgl. BVerfGE 78, 391 (396 f.).

2. Grundrechtsinhalt

a) Schutzgut

Schutzgut ist die **ungestörte Religionsausübung**. Angesichts der weltanschaulichen Neu-   371
tralität des Staates ist es geboten, den Begriff der »Religion« nicht auf die (monotheistischen) Großreligionen zu beschränken, sondern ihn auf **Weltanschauungsgemeinschaften** auszudehnen.[43] Das Bundesverfassungsgericht hat die Auffassung vertreten, zur Religionsausübung gehörten nicht nur

> »kultische Handlungen und Ausübung sowie Beachtung religiöser Gebräuche wie Gottesdienst,
> Sammlung kirchlicher Kollekten, Gebete, Empfang der Sakramente, Prozession, Zeigen von Kir-
> chenfahnen, Glockengeläute«

sondern auch

> »religiöse Erziehung, freireligiöse und atheistische Feiern sowie andere Äußerungen des religiösen
> und weltanschaulichen Lebens.«[44]

Das Bundesverfassungsgericht dehnt auf diese Weise das Schutzgut zu weit aus und über-   372
anstrengt damit den Begriff der Religions*ausübung*. Art. 4 Abs. 2 GG steht in der Tradition
der Verfassungsvorschriften, die neben der Glaubens- und Gewissensfreiheit die »gemeinsame häusliche und öffentliche Religionsausübung« gewährleisten.[45] Ersichtlich ist in allen Fällen der einer Religion eigene **Kultus** gemeint, der in Art. 4 Abs. 2 GG zu einer **Kul-
tusfreiheit** verselbständigt wurde.[46] Die Religionsausübung ist deshalb nicht mit dem
Handeln nach den Geboten der Religion gleichzuachten, so dass jede gottgefällige Tat zugleich Religionsausübung wäre. Bei dieser Auslegung hätte Art. 4 Abs. 2 GG keinen neben
Art. 4 Abs. 1 GG eigenständigen Gehalt, sondern würde im Grundrecht der Glaubensfreiheit aufgehen.[47] Demgegenüber ist an einer eigenständigen Bedeutung des Art. 4 Abs. 2
GG festzuhalten, die darin besteht, dass die (notwendig in die Öffentlichkeit ausstrahlen-
den) **Religionsriten** unter besonderen Schutz gestellt werden. Der Wortlaut der Vorläufer-
vorschriften zu Art. 4 Abs. 2 GG (»häusliche und öffentliche Religionsausübung«) unterstreicht die eigenständige Bedeutung dieses Grundrechts.

> Das liturgische Glockengeläut gehört zur Religionsausübung, denn es soll die Gläubigen zum Ge-   373
> bet rufen.[48] Das Zeitschlagen der Kirchturmuhren gehört demgegenüber nicht zur *Religions*aus-
> übung und unterliegt deshalb den allgemeinen Vorschriften des Immissionsschutzrechts. Das Bun-
> desverwaltungsgericht hat deshalb zutreffend entschieden, dass insoweit Maßnahmen einer Be-
> hörde, die die Lärmbelästigung begrenzen, zulässig seien.[49]

Wieweit Art. 4 Abs. 2 GG auch auf (nichtreligiöse) **Weltanschauungen** anwendbar ist,   374
richtet sich danach, ob diese vergleichbare Riten haben. Diesen sind insoweit immanente
Grenzen gesetzt, als die **Beeinträchtigung von Rechtsgütern** nach den »übereinstimmenden sittlichen Anschauungen der heutigen Kulturvölker« hierzu **nicht** zu rechnen ist.[50]

---

43 Vgl. BVerfGE 24, 236 (246).
44 So BVerfGE 24, 236 (246).
45 Vgl. § 145 Abs. 1 PV; Art. 12 Satz 1 PrVerfUrk; Art. 135 Satz 2 WRV.
46 Vgl. *M. Morlok*, in: Dreier (Hrsg.), GG Bd. I, Art. 4 Rdnr. 76.
47 So BVerfGE 24, 236 (245): »Das Grundrecht der ungestörten Religionsausübung (Art. 4 Abs. 2 GG)
    ist an sich im Begriff der Glaubens- und Bekenntnisfreiheit (Art. 4 Abs. 1 GG) enthalten.«
48 Vgl. BVerwGE 68, 62 (67).
49 So BVerwGE 90, 163.
50 Vgl. BVerfGE 24, 236 (246).

b) Schutzrichtung

375 Art. 4 Abs. 2 GG ist ein Grundrecht des *status negativus* und des *status positivus*. In seiner abwehrrechtlichen Dimension kann das Grundrecht staatlichen Beeinträchtigungen der freien Religionsausübung entgegengehalten werden.[51] Darüber hinaus gewährt Art. 4 Abs. 2 GG einen **Anspruch** gegen den Staat, dass dieser seine Machtmittel einsetzt, um die freie Religionsausübung zu schützen. Dies wurde bereits in Art. 135 Satz 2 WRV bestimmt (»Die ungestörte Religionsausübung wird durch die Verfassung gewährleistet und steht unter *staatlichem Schutz*«). Trotz des geringfügig geänderten Wortlauts des Art. 4 Abs. 2 GG ist nicht anzunehmen, dass das Grundgesetz hinter diesem Rechtszustand zurückbleiben wollte.

376 Im Ausgangsfall kann sich die Kirchengemeinde gegen mögliche Einschränkungen *liturgischen* Glockengeläuts unter Berufung auf Art. 4 Abs. 2 GG zur Wehr setzen. Hinsichtlich des Zeitschlagens unterliegt sie demgegenüber den allgemeinen Vorschriften.

377 Art. 4 Abs. 2 GG entfaltet **keine Drittwirkung**. Da die Religionsausübung – wie alle anderen menschlichen Handlungen – ohnehin gegen Beeinträchtigungen anderer durch das einfache Recht geschützt ist, bedarf es einer solchen Drittwirkung nicht. Der Anspruch richtet sich allein gegen den Staat, kann hier allerdings bewirken, dass ein von den Gefahrenabwehrgesetzen eingeräumtes **Ermessen** reduziert wird und insofern ein Anspruch auf Einschreiten der Behörden besteht.

378 Ein Dritter kann demgegenüber aus Art. 4 Abs. 2 (oder Art. 4 Abs. 1) GG kein Recht herleiten, von Äußerungen der Religionsausübung verschont zu bleiben. Wenn das Grundgesetz dem Einzelnen und den Religionsgemeinschaften einen Anspruch einräumt, in ihrer Religionsausübung ungestört zu bleiben und den Staat zu ihrem Schutz verpflichtet, so kann es folgerichtig nicht auch dessen Gegenteil gewährleisten.

IV. Rechtsprechung

379 **BVerfGE** 12, 1 (Glaubensabwerbung); E 23, 191 (Zivildienstverweigerung); E 24, 236 (Aktion Rumpelkammer); E 32, 98 (Unterlassene Hilfeleistung); E 33, 23 (Eidesverweigerung aus Glaubensgründen); E 35, 366 (Kreuz im Gerichtssaal); E 41, 29; 65, 88 (Christliche Gemeinschaftsschule); E 52, 223 (Schulgebet); E 67, 26 (Beitragsverweigerung); E 83, 341 (Bahá'í); E 85, 94 (Kreuz im Klassenzimmer – einstw. Anordnung); E 93, 1 (Kreuz im Klassenzimmer); E 102, 370 (Körperschaftsstatus von Religionsgemeinschaften – Zeugen Jehovas); E 104, 337 (Ausnahmegenehmigung vom Schächtverbot); E 105, 279 (Informationstätigkeit der Bundesregierung »Osho«); E 108, 282 (Kopftuch im Unterricht); **BVerwGE** 68, 62 (Liturgisches Glockengeläut); E 90, 163 (Zeitschlagen); E 99, 1 (Ausnahme vom Schächtverbot); E 105, 117 (Körperschaftsstatus für Religionsgemeinschaften – Zeugen Jehovas); E 109, 40 (Kreuz im Klassenzimmer); E 116, 359 (Kopftuch); BVerwG, DVBl. 2005, S. 1455 (Gehorsamspflicht von Bundeswehrsoldaten).

V. Literatur

380 **R. B. Abel**, Die Entwicklung der Rechtsprechung zu neueren Glaubens- und Weltanschauungsgemeinschaften, NJW 2003, S. 264; **P. Badura**, Der Schutz von Religion und Weltanschauung durch das Grundgesetz (1989); **U. Battis/P. F. Bultmann**, Was folgt für den Gesetzgeber aus dem Kopftuchurteil des BVerfG?, JZ 2004, S. 581; **G. Beaucamp/H. Maihold**, Steuerverweigerung aus Gewissensgründen, JA 1997, S. 213; **M. Bertrams**, Lehrerin mit Kopftuch? Islamismus und Menschenbild des Grundgesetzes, DVBl 2003, S. 1225; **E.-W.**

---

51 Vgl. BVerfGE 24, 236 (246).

Böckenförde, Das Grundrecht der Gewissensfreiheit, VVDStRL 28 (1970), S. 33; **W. Berg**, Das Grundrecht der Kriegsdienstverweigerung in der Rechtsprechung des Bundesverfassungsgerichts, AöR 107 (1982), S. 585; **A. v. Campenhausen/H. de Wall**, Staatskirchenrecht (4. Aufl. 2006); **P. Häberle**, Grenzen aktiver Glaubensfreiheit, DÖV 1969, S. 385; **R. Haftmann**, Der Streit um die »Lehrerin mit Kopftuch«. Die Religionsfreiheit von Beamten im Konflikt mit dem religiös-weltanschaulichen Neutralitätsgebot des Staates, NVwZ 2000, S. 862; **H. M. Heinig/M. Morlok**, Von Schafen und Kopftüchern. Das Grundrecht auf Religionsfreiheit in Deutschland vor den Herausforderungen religiöser Pluralisierung, JZ 2003, S. 777; **W. Heintschel v. Heinegg/O. Schäfer**, Der Grundrechtsschutz (neuer) Religionsgemeinschaften und die Grenzen staatlichen Handelns, DVBl. 1991, S. 1341; **M. Herdegen**, Gewissensfreiheit und Normativität des positiven Rechts (1989); **C. Hillgruber**, Staat und Religion, DVBl. 1997, S. 1155; **F. Holzke**, Die »Neutralität« des Staates in Fragen der Religion und Weltanschauung, NVwZ 2002, S. 903; **J. Ipsen**, Glaubensfreiheit als Beeinflussungsfreiheit? – Anmerkung zum »Kruzifix-Beschluß« des Bundesverfassungsgerichts –, in: Festschrift für M. Kriele (1997), S. 301; **ders.**, Karlsruhe locuta, causa non finita – Das BVerfG im so genannten Kopftuchstreit, NVwZ 2003, S. 1210; **N. Janz/S. Rademacher**, Das Kopftuch als religiöses Symbol oder profaner Bekleidungsgegenstand? – BayVGH, NVwZ 2000, 952 und VG Stuttgart, NVwZ 2000, 959, JuS 2001, S. 440; **K.-H. Kästner**, Das tierschutzrechtliche Verbot des Schächtens aus der Sicht des Bundesverfassungsgerichts, JZ 2002, S. 491; **M. Kloepfer**, Der Islam in Deutschland als Verfassungsfrage, DÖV 2006, S. 45; **M. Kotzur**, Gewissensfreiheit contra Gehorsamspflicht oder: der Irak-Krieg auf verwaltungsgerichtlichem Prüfstand, JZ 2006, S. 25; **N. Luhmann**, Die Gewissensfreiheit und das Gewissen, AöR 90 (1965), S. 257; **M. Mayer**, Religionsfreiheit und Schächtverbot, NVwZ 1997, S. 561; **L. Michael**, Verbote von Religionsgemeinschaften, JZ 2002, S. 482; **S. Muckel**, Die Grenzen der Gewissensfreiheit, NJW 2000, S. 689; **ders.**, Körperschaftsrechte für die Zeugen Jehovas?, Jura 2001, S. 456; **J. Müller-Volbehr**, Das Grundrecht der Religionsfreiheit und seine Schranken, DÖV 1995, S. 301; **G. Neureither**, Kopftuch – BVerwG, NJW 2002, 3344, JuS 2003, S. 541; **W. Pauly/C. Pagel**, Die Gewährleistung ungestörter Religionsausübung, NVwZ 2002, S. 441; **B. Pieroth/C. Görisch**, Was ist eine Religionsgemeinschaft?, JuS 2002, S. 937; **B. Pieroth/T. Kingreen**, Das Verbot von Religions- und Weltanschauungsgemeinschaften, NVwZ 2001, S. 841; **U. Sacksofsky**, Die Kopftuch-Entscheidung – von der religiösen zur föderalen Vielfalt, NJW 2003, S. 3297; **E. Šarčević**, Religionsfreiheit um den Ruf des Muezzins, DVBl. 2000, S. 519; **U. Steiner**, Der Grundrechtsschutz der Glaubens- und Gewissensfreiheit (Art. 4 I, II GG), JuS 1982, S. 157.

§ 10 Meinungs- und Informationsfreiheit. Presse-, Rundfunk- und Filmfreiheit. Freiheit von Wissenschaft und Kunst (Art. 5 GG)

I. Meinungsfreiheit (Art. 5 Abs. 1 Satz 1 GG)

381 **Fall 21:**
Die »Kritischen Bayer-Aktionäre«, eine Vereinigung von Aktionären der Bayer-AG in der Rechtsform des rechtsfähigen Vereins, veröffentlichen folgenden Aufruf:
»Gefahren für die Demokratie
In seiner grenzenlosen Sucht nach Gewinnen und Profiten verletzt BAYER demokratische Prinzipien, Menschenrechte und politische Fairness. Missliebige Kritiker werden bespitzelt und unter Druck gesetzt, rechte und willfährige Politiker werden unterstützt und finanziert.«
Der Aufruf wurde auf Umweltschutzveranstaltungen, Demonstrationen und anlässlich der Jahreshauptversammlung der Bayer AG verteilt. Die Bayer AG klagt daraufhin auf Unterlassung und Widerruf der im zweiten Satz des Aufrufs enthaltenen Behauptung.

(BVerfGE 85, 1)

1. Grundrechtsträger

382 Grundrechtsträger der Meinungsfreiheit ist **jeder Mensch** ohne Rücksicht auf seine Staatsangehörigkeit oder sein Alter. Die Annahme einer Grundrechtsmündigkeit als Voraussetzung für die Berufung auf einzelne Grundrechte findet in der Verfassung keine Grundlage.[1] Soweit die kommunikativen Fähigkeiten, deren Schutz durch Art. 5 Abs. 1 GG gewährleistet wird, nicht hinreichend entwickelt sind, ist der Grundrechtsschutz ein *virtueller* und nicht *aktueller*. Dies aber ändert nichts an der Grundrechtsträgerschaft von Kindern.

383 Grundrechtsträger sind auch **juristische Personen des Privatrechts**, die als solche Meinungen zu äußern und zu verbreiten in der Lage sind und auf die das Grundrecht deshalb seinem Wesen nach anwendbar ist (Art. 19 Abs. 3 GG).[2]

384 Im Ausgangsfall ist die Vereinigung »Kritische Bayer-Aktionäre« als juristische Person des Privatrechts (e. V.) ebenso Träger des Grundrechts aus Art. 5 Abs. 1 GG wie die Vorstandsmitglieder, die den Aufruf verbreitet haben.

2. Grundrechtsinhalt

a) Schutzgut

385 Schutzgut des Art. 5 Abs. 1 Satz 1 GG ist die Freiheit der **Meinungsäußerung** und **-verbreitung**. Eine überzeugende **Definition** des Begriffs »Meinung« ist bislang nicht gelungen. Soweit der Begriff nur durch Synonyme (»Ansichten«, »Auffassungen«, »Überzeugungen«, »Wertungen«, »Urteile«, »Einschätzungen«, »Stellungnahmen«) ersetzt wird,

---

1 Vgl. *R. Herzog*, in: Maunz/Dürig, GG, Art. 5 Abs. I, II Rdnr. 19 ff.; *C. Starck*, in: v. Mangoldt/Klein/Starck, GG Bd. 1, Art. 5 Rdnr. 179; missverständlich *H. Schulze-Fielitz*, in: Dreier (Hrsg.), GG Bd. I, Art. 5 I, II Rdnr. 115, bei dem nicht deutlich ist, ob Grundrechtsmündigkeit die *tatsächliche* oder *rechtliche* Voraussetzung für die Ausübung grundrechtlich gewährleisteter Handlungsfreiheiten bildet.

2 Vgl. *R. Herzog*, in: Maunz/Dürig, GG, Art. 5 I, II Rdnr. 17; *C. Starck*, in: v. Mangoldt/Klein/Starck, GG Bd. 1, Art. 5 Rdnr. 181; *H. Schulze-Fielitz*, in: Dreier (Hrsg.), GG Bd. I, Art. 5 I, II Rdnr. 116.

ist hiermit ein Erkenntnisfortschritt nicht verbunden. Das **Bundesverfassungsgericht** belässt es bei einer vagen Umschreibung:

> »Konstitutiv für die Bestimmung dessen, was als Äußerung einer »Meinung« vom Schutz des Grundrechts umfasst wird, ist mithin das Element der Stellungnahme, des Dafürhaltens, des Meinens im Rahmen einer geistigen Auseinandersetzung; auf den Wert, die Richtigkeit, die Vernünftigkeit der Äußerung kommt es nicht an. Die Mitteilung einer Tatsache ist im strengen Sinne keine Äußerung einer »Meinung«, weil ihr jenes Element fehlt. Durch das Grundrecht der Meinungsäußerungsfreiheit geschützt ist sie, weil und soweit sie Voraussetzung der Bildung von Meinungen ist, welche Art. 5 Abs. 1 GG in seiner Gesamtheit gewährleistet. Was dagegen nicht zur verfassungsmäßig vorausgesetzten Meinungsbildung beitragen kann, ist nicht geschützt, insbesondere die erwiesen oder bewusst unwahre Tatsachenbehauptung. Im Gegensatz zur eigentlichen Äußerung einer Meinung kann es also für den verfassungsrechtlichen Schutz einer Tatsachenmitteilung auf die Richtigkeit der Mitteilung ankommen.«[3]

386

Die in der Rechtsprechung stets wiederholte[4] Begriffsbestimmung vermag nicht zu überzeugen. Methodisch ist einzuwenden, dass sie das **Schutzgut** nicht hinreichend verdeutlicht, vielmehr Tatbestands- und Einwirkungsebene vermengt werden. Überdies wird in die Definition der Beitrag »zur verfassungsmäßig vorausgesetzten Meinungsbildung« einbezogen, der erst bei den Grundrechtseinschränkungen relevant sein könnte. Vor allem aber ist der Versuch verfehlt, zwischen »Meinungen« und »Tatsachenmitteilungen« zu unterscheiden.[5]

387

Jede **Äußerung** eines Menschen gegenüber einem anderen folgt einem Impuls, der im Prinzip die **Meinung** einschließt, die geäußerte Mitteilung sei in irgendeiner Weise für den anderen wissenswert. Es kann hier keinen Unterschied machen, ob innere oder äußere Vorgänge *beschrieben* oder *bewertet* werden. Zwar wird die Wiedergabe äußerer Vorgänge, zumal wenn sie intersubjektiv nachprüfbar ist, in der Regel nicht auf Widerspruch stoßen, wie überhaupt gesellschaftliche Usancen (*»small talk«*) dafür sorgen, dass der **Kommunikationsprozess** im allgemeinen **störungsfrei** verläuft. Wenn aber die Mitteilung äußerer Vorgänge – mögen sie wahr oder unwahr, nachprüfbar oder nicht nachprüfbar sein – kritische Reaktionen, Ablehnung oder gar (verbale oder körperliche) Angriffe auslösen, so belegt schon dieser Umstand, dass der Kommunikationsprozess gestört ist. Gerade derartige Auswirkungen von Äußerungen sind der typische Anwendungsfall der Meinungsfreiheit und der im Hinblick auf die Schranken vorzunehmenden Abwägung. Insofern lässt sich die Formel des Bundesverfassungsgerichts, Tatsachenmitteilungen seien »im strengen Sinne keine Meinungsäußerungen«[6], nicht halten: das geforderte Element des **»Dafürhaltens«** liegt bereits in der Auswahl der Tatsache.[7]

388

> Im Ausgangsfall handelt es sich um eine Meinungsäußerung, denn die mitgeteilten Tatsachen (Bespitzelung, Druck, Bestechung) dienen der Begründung einer *Stellungnahme*. Dass das Schutzgut der Meinungsäußerungs- (und -verbreitungs)freiheit durch ein gerichtliches Verbot berührt wird und deshalb Art. 5 Abs. 1 Satz 1 GG tatbestandlich einschlägig ist, unterliegt deshalb keinem Zweifel.[8]

389

---

3 So BVerfGE 61, 1 (8 f.).

4 Vgl. BVerfGE 85, 1 (14 f.); 90, 1 (15); 241 (247).

5 Kritisch auch: *H.-U. Erichsen*, Jura 1996, S. 85; *R. Herzog*, in: Maunz/Dürig, GG, Art. 5 Abs. I, II Rdnr. 55a; *E. Schmidt-Jortzig*, in: HdStR VI, § 141 Rdnr. 19 f.; *H. Schulze-Fielitz*, in: Dreier (Hrsg.), GG Bd. I, Art. 5 I, II Rdnr. 63 ff.; *R. Wendt*, in: v. Münch/Kunig (Hrsg.), GG Bd. 1, Art. 5 Rdnr. 10; a. A. *H. Bethge*, in: Sachs (Hrsg.), GG, Art. 5 Rdnr. 27 f.; *S. Huster*, Das Verbot der »Auschwitzlüge«, die Meinungsfreiheit und das Bundesverfassungsgericht, NJW 1996, S. 487; *W. Schmitt Glaeser*, AöR 113 (1988), S. 78; zum Ganzen auch *B. Timm*, Tatsachenbehauptungen und Meinungsäußerungen (1996).

6 So BVerfGE 61, 1 (8).

7 Ähnlich wie hier *R. Wendt*, in: v. Münch/Kunig (Hrsg.), GG Bd. 1, Art. 5 Rdnr. 9.

8 Vgl. BVerfGE 85, 1 (14 f.).

390 Nach diesen Grundsätzen stellen auch offensichtlich **unwahre Behauptungen** und ihre Instrumentalisierung im politischen Meinungskampf eine »Meinung« im Sinne des Art. 5 Abs. 1 Satz 1 GG dar. Dass Art. 5 Abs. 1 Satz 1 GG insoweit einschlägig ist, besagt noch nichts über den grundrechtlichen Schutz derartiger Äußerungen, denn dieser ergibt sich erst nach Prüfung der Grundrechtseinschränkungen. Insofern muss streng zwischen der Frage getrennt werden, ob sich ein Grundrechtsträger gegenüber staatlichen Maßnahmen auf ein Grundrecht berufen kann, sein Verhalten also unter den Tatbestand eines Grundrechts fällt, und der Frage, ob das Grundrecht ein bestimmtes Verhalten im Ergebnis auch *schützt.*[9] Das Bundesverfassungsgericht muss seiner abweichenden Rechtsprechung entgegenhalten lassen, dass es die Frage, ob ein Grundrecht *einschlägig* ist, bereits von Wertungen abhängig macht, die erst im Zusammenhang mit den Grundrechtsschranken – und somit auf der Rechtfertigungsebene – ihren Platz haben.[10] Dies ist ein Grund, den Begriff des »Schutzbereichs« zu vermeiden, weil dieser einen rechtlichen Schutz von Handlungsmöglichkeiten suggeriert, wo es nur auf die Frage ankommt, *welches* Grundrecht im Einzelfall *einschlägig* ist. Insofern führt kein Weg daran vorbei, das Schutzgut des Art. 5 Abs. 1 Satz 1 GG als **Mitteilung** *oder* **Bewertung von äußeren** *oder* **inneren Vorgängen** (Tatsachen) zu umschreiben.

391 Das Schutzgut der **Meinungsäußerungsfreiheit** wird durch die **Meinungsverbreitungsfreiheit** ergänzt. Die Medien der Meinungsfreiheit – Wort, Schrift, Bild – sind umfassend.[11]

392 Im Ausgangsfall handelte es sich um Flugblätter, die gedruckt worden sind und damit Presseerzeugnisse darstellen. Das Bundesverfassungsgericht hat gleichwohl die *Meinungs*freiheit als einschlägig angesehen, weil unter »Schrift« auch der »Druck« falle.[12]

393 Umstritten ist, ob die **kommerzielle Werbung** eine Meinung im Sinne des Art. 5 Abs. 1 Satz 1 GG darstellt. Während diese Frage in der älteren Literatur verneint wurde[13], hält die mittlerweile herrschende Meinung das Grundrecht für einschlägig.[14] Das Bundesverfassungsgericht folgt bislang keiner einheitlichen Linie. Während **Werbeverbote** in früheren Entscheidungen allein an Art. 12 Abs. 1 GG gemessen wurden[15], wird nunmehr auch Art. 5 Abs. 1 GG als Prüfungsmaßstab herangezogen.[16]

394 *Gegen* die Anwendung des Art. 5 Abs. 1 GG auf kommerzielle Werbung lässt sich einwenden, dass dieses Grundrecht seine spezifische Funktion in der geistig-politischen Auseinandersetzung entfaltet, während kommerzielle Werbung allein auf Absatzsteigerung gerichtet ist und somit zum Bereich wirtschaftlichen Handelns gehört. Auch im Verhältnis zu Art. 4 Abs. 1 GG wird angenommen, dass auf Meinungen, die *zugleich* religiöse oder weltanschauliche **Bekenntnisse** sind, allein Art. 4 Abs. 1 GG anwendbar ist.[17] Gewichtiger

---

9 Anders das Bundesverfassungsgericht in BVerfGE 90, 241 (247): »Unter diesem Gesichtspunkt ist unrichtige Information kein schützenswertes Gut.«

10 Bezeichnend ist insofern, dass das Bundesverfassungsgericht (E 90, 1 (14 ff.)) eine nationalsozialistisch gefärbte Abhandlung über die »Kriegsschuldfrage« dem »Schutzbereich« des Art. 5 Abs. 1 Satz 1 GG zugerechnet hat, weil es hier um das »Ergebnis einer Interpretation komplexer historischer Sachverhalte und Zusammenhänge« gehe.

11 Vgl. *C. Starck*, in: v. Mangoldt/Klein/Starck, GG Bd. 1, Art. 5 Rdnr. 28 m. w. N.

12 Vgl. BVerfGE 85, 1 (11 f.).

13 Vgl. *Hamann/Lenz*, GG (3. Aufl. 1970), Art. 5, B 1; *T. Oppermann*, Wirtschaftswerbung und Art. 5 GG, in: Festschrift für G. Wacke (1973), S. 395 f.

14 Vgl. *C. Degenhart*, in: BK, GG, Art. 5 Abs. 1 u. 2 Rdnr. 125 f.; *W. Hoffmann-Riem*, ZUM 1996, S. 1 ff.; *Jarass/Pieroth*, GG, Art. 5 Rdnr. 4; *C. Starck*, in: v. Mangoldt/Klein/Starck, GG Bd. 1, Art. 5 Rdnr. 25; *H. Schulze-Fielitz*, in: Dreier (Hrsg.), GG Bd. I, Art. 5 I, II Rdnr. 62; *R. Wendt*, in: v. Münch/Kunig (Hrsg.), GG Bd. 1, Art. 5 Rdnr. 11.

15 Vgl. BVerfGE 40, 371 (382); 60, 215 (229).

16 Vgl. BVerfGE 71, 162 (175); 102, 107; vgl. demgegenüber noch BVerfG (1. Kammer des Ersten Senats), NJW 1994, S. 3342 f.

17 Vgl. *H. Bethge*, in: Sachs (Hrsg.), GG, Art. 5 Rdnr. 48.

noch erscheint der Einwand, dass kommerzielle Werbung nicht einem beliebigen Kommunikationsimpuls folgt, der auf Tatsachenmitteilung oder -bewertung gerichtet wäre. Die Strategien des modernen Marketing wären gründlich missverstanden, sähe man in der Werbung vorwiegend die Mitteilung, dass ein Produkt entstanden sei, und die Bewertung seiner Qualität. Vor allem bei der verbreiteten Leitbildwerbung kommt es darauf an, auf eine dem Verbraucher nicht notwendig bewusste Weise Kaufimpulse zu vermitteln.[18] Wenn aber Werbung immer dann besonders erfolgreich ist, wenn die diesem Grundrecht zugeschriebene »geistige Auseinandersetzung«[19] gar nicht stattfindet, müssen **Zweifel** an der **Einschlägigkeit** des Grundrechts erlaubt sein. Letztlich bleibt fraglich, warum *diese* Spielart wirtschaftlicher Betätigung gegenüber anderen einen erweiterten Grundrechtsschutz genießen sollte. Das Bundesverfassungsgericht verstrickt sich überdies in einen nicht zu übersehenden Widerspruch zu der Auslegung der Versammlungsfreiheit (Art. 8 GG). Diese nämlich soll sich auf Zusammenkünfte zur gemeinschaftlichen, auf die Teilhabe an der »öffentlichen Meinungsbildung« gerichteten Erörterung oder Kundgebung beschränken.[20]

b) Schutzrichtung

Die Meinungsfreiheit ist ein Grundrecht des *status negativus*. Dies folgt schon aus dem Wortlaut der Vorschrift (»frei«) und entspricht allgemeiner Meinung.[21] Art. 5 Abs. 1 Satz 1 GG vermittelt also keinen Anspruch darauf, dass für die Verbreitung der Meinung Medien zur Verfügung gestellt werden.[22] Bei öffentlichen Einrichtungen kann die Meinungsfreiheit zu einer **Erweiterung des Widmungszwecks** führen (»kommunikativer Gemeingebrauch«)[23]. Auch insoweit handelt es sich aber nicht um ein aus Art. 5 Abs. 1 GG folgendes Leistungsrecht.   **395**

Als staatsgerichtetes Abwehrrecht entfaltet die Meinungsfreiheit *keine* Drittwirkung.[24] Zur **Meinungsäußerung unter Privaten** – auch im Verhältnis von Parteimitglied zur Partei[25] – bedarf es keiner Berufung auf ein Grundrecht. Die Meinungsäußerung und -verbreitung gehört zu den elementaren menschlichen Handlungsmöglichkeiten, die nicht eigens »erlaubt« sein müssen. In Privatrechtsverhältnissen stellt sich deshalb nicht die Frage nach der Meinungsfreiheit, sondern die nach ihren **rechtlichen Begrenzungen**. Diese bedürfen der gesetzlichen oder rechtsgeschäftlichen Grundlage, auf deren Auslegung im Einzelfall Art. 5 Abs. 1 GG als wertentscheidende Grundsatznorm ausstrahlt.[26] Hierbei handelt es   **396**

---

18 Vgl. *N. Luhmann*, Die Realität der Massenmedien (3. Aufl. 2004), S. 85 ff.: »Die Werbung deklariert ihre Motive. Sie raffiniert und verdeckt sehr häufig ihre Mittel. Es geht heute nicht mehr darum, daß die angebotenen Objekte zutreffend und mit informativen Details beschrieben werden, so daß man weiß, daß es sie gibt und zu welchem Preis sie zu haben sind. Man wirbt mit psychologisch komplexer eingreifenden Mitteln, die die zur Kritik neigende kognitive Sphäre umgehen. Bewußte Aufmerksamkeit wird nur extrem kurzfristig in Anspruch genommen, so daß keine Zeit bleibt für kritische Würdigung oder überlegte Entscheidung. Was an Zeit fehlt, wird durch Drastik ausgeglichen. (…)
Mehr und mehr Werbung beruht heute darauf, daß die Motive des Umworbenen unkenntlich gemacht werden. Er wird dann erkennen, daß es sich um Werbung handelt, aber nicht: wie er beeinflußt wird. Ihm wird Entscheidungsfreiheit suggeriert, und das schließt ein, daß er von sich aus will, was er eigentlich gar nicht wollte.«
19 Vgl. BVerfGE 7, 198 (208) st. Rspr.
20 So BVerfGE 104, 92 (104); vgl. unten Rdnr. 529 f.
21 Vgl. *R. Herzog*, in: Maunz/Dürig, GG, Art. 5 I, II Rdnr. 62; *H. Schulze-Fielitz*, in: Dreier (Hrsg.), GG Bd. I, Art. 5 I, II Rdnr. 121; *R. Wendt*, in: v. Münch/Kunig (Hrsg.), GG Bd. 1, Art. 5 Rdnr. 18.
22 Vgl. *C. Starck*, in: v. Mangoldt/Klein/Starck, GG Bd. 1, Art. 5 Rdnr. 19.
23 Vgl. hierzu *C. Starck*, in: v. Mangoldt/Klein/Starck, GG Bd. 1, Art. 5 Rdnr. 245 ff.
24 Vgl. oben Rdnr. 57 ff.
25 Vgl. hierzu *J. Ipsen*, in: Sachs (Hrsg.), GG, Art. 21 Rdnr. 73 ff.
26 Vgl. BVerfGE 7, 198 st. Rspr.

sich um eine Ausstrahlungswirkung auf das Privatrecht[27], nicht aber um eine *Drittwirkung*.[28]

II. Informationsfreiheit (Art. 5 Abs. 1 Satz 1 GG)

397 **Fall 22:**
K bestellte 1966 anlässlich eines Besuches in Ostberlin das SED-Zentralorgan »Neues Deutschland«. Er musste feststellen, dass ihn die Exemplare dieser Zeitung nur unregelmäßig erreichten. Auf Anfrage teilte ihm die zuständige Staatsanwaltschaft mit, dass alle Exemplare bestimmter Ausgaben auf Beschluss des Landgerichts X wegen Verstoßes gegen eine Reihe einzeln genannter Strafvorschriften beschlagnahmt worden seien.

(BVerfGE 27, 71)

1. Grundrechtsträger

398 Die Grundrechtsträgerschaft ist mit der der Meinungsfreiheit identisch. Insofern kann auf die Ausführungen hierzu verwiesen werden.

2. Grundrechtsinhalt

a) Schutzgut

399 Die Informationsfreiheit hat in früheren Verfassungen **kein Vorbild**. Zur Aufnahme in das Grundgesetz haben die Erfahrungen der Jahre 1933–45 geführt, in denen das nationalsozialistische Regime den Informationsfluss kontrollierte und die Gewinnung nicht regimekonformer Informationen (»Feindsender«) mit strengen Strafen geahndet wurden. Bezeichnend ist insofern, dass die Informationsfreiheit in eine Reihe von Landesverfassungen aufgenommen worden[29] ist und durch Art. 19 der Allgemeinen Erklärung der Menschenrechte der Vereinten Nationen vom 10. Dezember 1948 gewährleistet wird.[30]

400 Die Informationsfreiheit schützt ein von der Meinungsäußerung und -verbreitung zu unterscheidendes Rechtsgut und stellt ein selbständiges Grundrecht dar.[31] Seine Reichweite ist abhängig davon, was unter »allgemein zugänglichen Quellen« zu verstehen ist. Als Auslegungsalternative ließen sich die **technische Eignung** und die **tatsächliche Zugänglichkeit** vertreten.

401 Im Ausgangsfall würde das »Neue Deutschland« aufgrund seiner technischen *Eignung* ohne Zweifel zu den allgemein zugänglichen Quellen zu rechnen sein. Würde man hingegen auf die tatsächliche Zugänglichkeit abstellen, wären die von den strafprozessualen Maßnahmen betroffenen Ausgaben gerade *nicht* mehr allgemein zugänglich, so dass sich K gegenüber der Beschlagnahme nicht auf die Informationsfreiheit berufen könnte.

402 Das Bundesverfassungsgericht hat zutreffend entschieden, dass solche Informationsquellen »allgemein zugänglich« seien, die **technisch geeignet und bestimmt** sind, der Allgemeinheit Informationen zu verschaffen, und dass sie diesen Charakter nicht dadurch

---

27 Vgl. *H. Schulze-Fielitz*, in: Dreier (Hrsg.), GG Bd. I, Art. 5 I, II Rdnr. 277 m. w. N.
28 Vgl. *J. Ipsen*, in: Sachs (Hrsg.), GG, Art. 21 Rdnr. 77 f.
29 Art. 112 Abs. 2 BayVerf; 13 HessVerf; 15 Abs. 5 BremVerf; 10 Abs. 1 Rh-PfVerf.
30 »Jeder Mensch hat das Recht auf freie Meinungsäußerung; dieses Recht umfaßt die Freiheit, Meinungen unangefochten anzuhängen und Informationen und Ideen mit allen Verständigungsmitteln ohne Rücksicht auf Grenzen zu suchen, zu empfangen und zu verbreiten.«
31 Vgl. BVerfGE 27, 71.

verlören, dass gegen ihre Verbreitung Maßnahmen ergriffen würden.[32] Der abweichenden Meinung[33] ist entgegenzuhalten, dass die Informationsfreiheit gegenstandslos würde, wenn der Staat durch seine Maßnahmen das Schutzgut definieren könnte.[34]

Allgemein zugänglich sind Pressepublikationen des In- und Auslandes, Bücher, Rundfunksendungen, Filme, öffentliche Reden, Plakate, Flugblätter, nicht zuletzt das Internet.[35] Nicht allgemein zugänglich sind Mitteilungen an einen beschränkten Empfängerkreis, Akten, private Aufzeichnungen und Telefongespräche.[36]   403

> Im Ausgangsfall handelte es sich um ein Presseerzeugnis und damit zweifelsfrei um eine »allgemein zugängliche Quelle«. Insofern konnte sich K gegenüber der Beschlagnahme auf das Grundrecht der Informationsfreiheit berufen. Fraglich konnte nur sein, ob das Schutzgut der Informationsfreiheit aufgrund der Schranken des Art. 5 Abs. 2 GG in zulässiger Weise eingeschränkt worden war. Da das Landgericht, das die Beschlagnahme angeordnet hatte, insoweit überhaupt keine Abwägung vorgenommen hatte, hat das Bundesverfassungsgericht den entsprechenden Beschluss wegen Verstoßes gegen Art. 5 Abs. 1 Satz 1 GG aufgehoben.[37]   404

b)   Schutzrichtung

Die Informationsfreiheit ist ein Grundrecht des *status negativus*, was unmittelbar aus dem Wortlaut (»ungehindert«) folgt. Die Informationsfreiheit begründet **keinen Anspruch** gegen den Staat auf Beschaffung bestimmter Informationen.[38] Das »Gesetz zur Regelung des Zugangs zu Informationen des Bundes (Informationsfreiheitsgesetz)« vom 5. September 2005[39], das seit dem 1. Januar 2006 in Geltung ist, stellt **keine Konkretisierung** des Grundrechts dar. Das Informationsfreiheitsgesetz räumt dem Bürger subjektive Rechte auf Zugang zu amtlichen Informationen nur auf der Ebene des einfachen Gesetzesrechts ein. Sofern es sich um personenbezogene Daten handelt, kann es mit dem (Grund-) Recht auf informationelle Selbstbestimmung[40] kollidieren.   405

III.   Pressefreiheit (Art. 5 Abs. 1 Satz 2 GG)

1.   Grundrechtsträger

> **Fall 23:**   406
> G war Vertriebsleiter eines Pressegroßhandelsunternehmens, das etwa 1100 Zeitungs- und Zeitschriftenhändler mit rund 1500 verschiedenen Presseerzeugnissen belieferte. Unter den ausgelieferten Presseerzeugnissen befand sich eine Homosexuellen-Zeitschrift, die nach Auffassung der Staatsanwaltschaft offensichtlich schwer jugendgefährdenden Charakter hatte. G wurde daraufhin wegen fahrlässigen Vergehens nach § 21 Abs. 1 Nr. 4, Abs. 3, § 4 Abs. 1 Nr. 2, Abs. 2 und § 6 Nr. 3 GjS angeklagt und zu einer Geldstrafe verurteilt. G wies darauf hin, dass er die von ihm ausgelieferten Presseerzeugnisse jeweils durch einen eigens hierfür bestellten Fachmann auf die mögliche strafrechtliche Relevanz prüfen lasse.
>
> (BVerfGE 77, 346)

---

32 So BVerfGE 27, 71 (83 f.); 33, 52 (65); 90, 27 (32).

33 Nachweise in BVerfGE 27, 71 (84).

34 Ähnlich *C. Starck*, in: v. Mangoldt / Klein / Starck, GG Bd. 1, Art. 5 Rdnr. 44; *E. Schmidt-Jortzig*, in: HdStR VI, § 141 Rdnr. 33; *R. Wendt*, in: v. Münch / Kunig (Hrsg.), GG Bd. 1, Art. 5 Rdnr. 23.

35 Vgl. *C. Starck*, in: v. Mangoldt / Klein / Starck, GG Bd. 1, Art. 5 Rdnr. 45.

36 Vgl. *C. Starck*, in: v. Mangoldt / Klein / Starck, GG Bd. 1, Art. 5 Rdnr. 49.

37 Vgl. BVerfGE 27, 71.

38 Vgl. *C. Starck*, in: v. Mangoldt / Klein / Starck, GG Bd. 1, Art. 5 Rdnr. 50.

39 BGBl. I, S. 2722.

40 Vgl. dazu bereits oben Rdnr. 296 ff.

407   Grundrechtsträger sind alle im **Pressewesen tätigen Personen und Unternehmen.**[41] Die Grundrechtsträgerschaft der *Unternehmen* folgt aus Art. 19 Abs. 3 GG, weil die Pressefreiheit ihrem Wesen nach auf juristische Personen anwendbar ist.[42] Im Gegensatz zu den bislang behandelten Grundrechten, deren Träger entweder jeder Mensch ist oder deren Träger sich doch nach eindeutigen Merkmalen (Eltern, Mütter) bestimmen lassen, knüpft Art. 5 Abs. 1 Satz 2 GG an eine bestimmte Tätigkeit und somit Zugehörigkeit zu einem Gefüge von Institutionen an.

408   Das Bundesverfassungsgericht hat auch »**inhaltsferne Hilfsfunktionen**« von Presseunternehmen als durch Art. 5 Abs. 1 Satz 2 GG geschützt angesehen.[43] Diese Auffassung ist im Hinblick auf den Art. 5 Abs. 1 Satz 2 GG (auch) eigenen institutionellen Gehalt (der Freiheit *des* Pressewesens[44]) überzeugend. Die Presse als Institution kann nämlich außerhalb der Redaktionsstuben viel empfindlicher getroffen werden als innerhalb: wenn die Verteilung der Presseerzeugnisse in irgendeiner Weise gestört wird, verfehlt sie nicht nur ihren Beitrag zur öffentlichen Meinungsbildung, Störungen in der Absatzorganisation wirken sich notwendig auch auf den Fortbestand des Unternehmens aus.

409   Im Ausgangsfall hat das Bundesverfassungsgericht deshalb zutreffend entschieden, dass Art. 5 Abs. 1 Satz 2 GG auch auf die Tätigkeit des Pressegrossisten anwendbar sei[45], was nichts anderes heißen will, als dass (auch) Pressegrossisten Träger des Grundrechts der Pressefreiheit sind.

2.   Grundrechtsinhalt

410   **Fall 24:**
In der Illustrierten »Stern« wurden drei Anzeigen der Firma »Benetton« veröffentlicht, die weltweit Textilien vertreibt. Eine Anzeige zeigt eine auf einem Ölteppich schwimmende ölverschmutzte Ente. Auf einer weiteren sind schwer arbeitende Kinder verschiedener Altersstufen aus der Dritten Welt abgebildet. Die dritte besteht aus dem Foto eines nackten menschlichen Gesäßes, auf dem die Worte »H. I. V. POSITIVE« aufgestempelt sind. Die Zentrale zur Bekämpfung unlauteren Wettbewerbs e. V. forderte den Verlag auf, die Veröffentlichung dieser Anzeigen zu unterlassen, und rief, als diese ablehnte, die Zivilgerichte an. Das Landgericht gab den Klagen statt. Die Sprungrevision zum Bundesgerichtshof blieb ohne Erfolg.

(BVerfGE 102, 347)

a)   Schutzgut

411   Das Schutzgut der Pressefreiheit wird durch den **Pressebegriff** bestimmt. Nach der in der Literatur überwiegenden Auffassung ist der Pressebegriff durch die Herstellungs- und Vervielfältigungstechnik definiert und umfasst alle zur Verbreitung geeigneten und bestimmten Druckwerke und Informationsträger, die nicht unter den Film- und den Rundfunkbegriff fallen[46]. Der Pressebegriff würde damit im Wesentlichen den in den Landespressegesetzen enthaltenen Definitionen des »**Druckwerks**« entsprechen.[47]

---

41   Vgl. BVerfGE 77, 346 (354).
42   Vgl. *H. Bethge*, in: Sachs (Hrsg.), GG, Art. 5 Rdnr. 78; *H. Schulze-Fielitz*, in: Dreier (Hrsg.), GG Bd. I, Art. 5 I, II Rdnr. 116 f. jeweils m. w. N.
43   Vgl. BVerfGE 25, 296 (304); 64, 108 (114 f.); 77, 346 (353 f.).
44   Vgl. BVerfGE 10, 118 (121); 20, 162 (175); 66, 116 (133 ff.); 80, 124 (133); *H. Bethge*, in: Sachs (Hrsg.), GG, Art. 5 Rdnr. 72; *C. Degenhart*, in: BK, GG, Art. 5 Abs. 1 u. 2 Rdnr. 55; a. A. *R. Schnur*, Pressefreiheit, VVDStRL 22 (1965), S. 116 ff.
45   Vgl. BVerfGE 77, 346 (354 f.).
46   So *H. Bethge*, in: Sachs (Hrsg.), GG, Art. 5 Rdnr. 68; *C. Degenhart*, in: BK, GG, Art. 5 Abs. 1 u. 2 Rdnr. 397 ff.; *C. Starck*, in: v. Mangoldt/Klein/Starck, GG Bd. 1, Art. 5 Rdnr. 59; *R. Wendt*, in: v. Münch/Kunig (Hrsg.), GG Bd. 1, Art. 5 Rdnr. 30 jeweils m. w. N.
47   Z. B. § 7 NdsPresseG, § 7 Bad.-Württ. PresseG, § 7 Nordrh.-Westf. PresseG; vgl. auch *C. Starck*, in: v. Mangoldt/Klein/Starck, GG Bd. 1, Art. 5 Rdnr. 59.

Das Bundesverfassungsgericht hat demgegenüber betont, die Pressefreiheit sei kein »Spe- 412
zialgrundrecht für drucktechnisch verbreitete Meinungen« und will den Pressebegriff offenbar *nicht* von der Herstellungs- und Vervielfältigungstechnik her bestimmen. Auf der
anderen Seite soll dieses Grundrecht aber auch keine »auf die Presse gemünzte verstär-
kende Wiederholung der Meinungsfreiheit« darstellen. Wörtlich heißt es:

> »Während die in einem Presseerzeugnis enthaltene Meinungsäußerung bereits durch Art. 5 Abs. 1
> Satz 1 GG geschützt ist, geht es bei der besonderen Garantie der Pressefreiheit um die einzelne Mei-
> nungsäußerungen übersteigende Bedeutung der Presse für die freie individuelle und öffentliche
> Meinungsbildung, die Art. 5 Abs. 1 GG gewährleisten will (...). Daher bezieht sich der Schutz
> von Art. 5 Abs. 1 Satz 2 GG vor allem auf die Voraussetzungen, die gegeben sein müssen, damit
> die Presse ihre Aufgabe im Kommunikationsprozeß erfüllen kann. Das ist gemeint, wenn das Bun-
> desverfassungsgericht von einem weiten Pressebegriff gesprochen und festgestellt hat, das Grund-
> recht schütze die institutionelle Eigenständigkeit der Presse von der Beschaffung der Information
> bis zur Verbreitung der Nachricht und der Meinung (...). Wenn es bei dieser Gelegenheit heißt, die
> institutionelle Sicherung der Presse schließe das subjektive öffentliche Recht der im Pressewesen
> tätigen Personen ein, ihre Meinung in der ihnen geeignet erscheinenden Form ebenso frei und un-
> gehindert zu äußern wie jeder andere Bürger, so waren damit nicht einzelne Äußerungen in der
> Presse gemeint (...).«[48]

In einer neueren Entscheidung zur Pressefreiheit wendet sich das Bundesverfassungsge- 413
richt von seiner rein institutionellen Sichtweise ein Stück weit ab. Soweit Meinungsäußerungen Dritter, die den Schutz des Art. 5 Abs. 1 GG genießen, in einem Presseorgan veröffentlicht würden, schließe die Pressefreiheit diesen Schutz mit ein. Einem Presseorgan
dürfe die Veröffentlichung einer fremden Meinungsäußerung nicht verboten werden,
wenn dem Meinungsträger selbst ihre Äußerung und Verbreitung zu gestatten ist. In diesem Umfang könne sich das Presseunternehmen auf eine Verletzung der Meinungsfreiheit
Dritter in einer gerichtlichen Auseinandersetzung berufen. Der Schutz der Pressefreiheit
sei insofern in den Schutz der Meinungsfreiheit »eingebettet«.[49]

Weder die in der Literatur herrschende Meinung noch die Auffassung des Bundesverfas- 414
sungsgerichts vermögen vollständig zu überzeugen. Systematisch ist gegen beide Auffassungen einzuwenden, dass Art. 5 Abs. 1 Satz 1 und Art. 5 Abs. 1 Satz 2 GG offenbar unterschiedliche Schutzgüter zum Inhalt haben, sich nach beiden Auffassungen aber im wesentlichen überschneiden würden.

Neben diesen systematischen Bedenken spricht gegen die **institutionelle Deutung** der 415
Pressefreiheit durch das Bundesverfassungsgericht vor allem die Erwägung, dass die
»freie Presse« gerade durch subjektive Rechte gewährleistet werden kann, während die
»Institution einer freien Presse überhaupt«[50] grundsätzlich auch Einschränkungen der
subjektiven Rechte legitimieren könnte. Die Gewährleistung einer Institution kann deshalb prinzipiell nur das Ergebnis subjektiver Rechtspositionen sein, vermag diese aber weder zu überspielen noch zu ersetzen.

Zur Interpretation des Pressebegriffs führt deshalb nur ein Mittelweg zwischen der insti- 416
tutionellen Auffassung des Bundesverfassungsgerichts und der ausschließlich technischen der herrschenden Meinung. »Presse« in diesem Sinne ist der Inbegriff der Personen
und Institutionen, die über das Medium des Drucks einen Beitrag zu öffentlicher Information und Meinungsbildung leisten. Zutreffend wird darauf hingewiesen, dass es für den
Pressebegriff nicht auf die Seriosität des Beitrags ankommen kann.[51]

---

48 So BVerfGE 85, 1 (12).
49 So BVerfGE 102, 347 (»Benetton-Schockwerbung«).
50 BVerfGE 85, 1 (13).
51 Vgl. *H. Bethge*, in: Sachs (Hrsg.), GG, Art. 5 Rdnr. 69; *R. Herzog*, in: Maunz / Dürig, GG, Art. 5 Abs. I,
   II Rdnr. 128 f.

417 Die Pressefreiheit gewährleistet entgegen der Auffassung des Bundesverfassungsgerichts – nicht nur, aber in erster Linie – die **Freiheit der Meinungsäußerung** in der Presse. Das Bundesverfassungsgericht übersieht, dass es einen prinzipiellen Unterschied ausmacht, ob eine Meinung innerhalb oder außerhalb des Mediums Presse vertreten wird. Die **Breitenwirkung**, die Tatsachenmitteilungen und Meinungsäußerungen in der Presse erzielen, unterscheiden sie von der nur »privaten« Meinungsäußerung, möge diese – wie im Fall der »kritischen Bayeraktionäre« – auch per Handzettel (also durch ein Druckwerk) verbreitet worden sein. Gerade die massenhafte Verbreitung und die (nur) der Presse eigenen Möglichkeiten der Recherche können die besonderen Sorgfaltspflichten rechtfertigen, die durch die Landespressegesetze statuiert werden.[52]

418 Im Ausgangsfall wäre nach jeder der hier skizzierten Auffassungen das Schutzgut der freien Presse betroffen, weil auch der Anzeigenteil zur »Presse« zu rechnen ist. Nach der in der Literatur herrschenden Meinung würde sich dies bereits daraus ergeben, dass es sich um ein Druckerzeugnis handelt, während das Bundesverfassungsgericht den Anzeigenteil der »Institution« Presse zurechnet.[53] Da das Bundesverfassungsgericht die Benetton-Schockwerbung zugleich für eine Meinungsäußerung hielt, die in die Pressefreiheit »eingebettet« sei, wurde das Urteil des Bundesgerichtshofs[54] wegen Verstoßes gegen Art. 5 Abs. 1 Satz 2 GG aufgehoben.[55] Auch das auf die Zurückverweisung hin erlassene Urteil des Bundesgerichtshofs[56] ist auf die (erneute) Verfassungsbeschwerde des Verlags hin vom Bundesverfassungsgericht aufgehoben worden.[57]

b) Schutzrichtung

419 Die Pressefreiheit ist ein subjektives Recht des *status negativus*, richtet sich also auf die Abwehr staatlicher Maßnahmen. Mangels Stütze im Wortlaut begründet die Pressefreiheit demgegenüber keine (verfassungsrechtlichen) **Leistungsansprüche**.[58] Die in den Landespressegesetzen niedergelegten **Auskunftsansprüche** gegenüber Behörden[59] gehören dem einfachen Recht an und ließen sich verfassungsrechtlich ohnehin nur über eine »institutionelle« Interpretation des Art. 5 Abs. 1 Satz 2 GG gewinnen,[60] die letztlich darauf hinausläuft, den Begriff der Pressefreiheit mit der Institution eines geordneten Pressewesens gleichzusetzen. Von der Pressefreiheit umfasst wird – auch nach Auffassung des Bundesverfassungsgerichts – die ungehinderte Gewinnung von Informationen, wie sie für *jedermann* in Art. 5 Abs. 1 Satz 1 GG niedergelegt ist.[61]

420 Die Pressefreiheit entfaltet als **subjektiv-öffentliches Recht** keine Wirkung gegenüber Privaten. Da sich alle Personen und Unternehmen des Pressewesens auf Art. 5 Abs. 1 Satz 2 GG (gegenüber dem Staat) berufen können, ist eine Wirkung unter Privaten ausgeschlossen. Wie in anderem Zusammenhang erweist sich auch hier die Frage der »Drittwirkung« als Problem der Gestaltung privatrechtlicher Rechtsverhältnisse.[62] Ob ein Verleger mehr oder weniger Einfluss auf die redaktionelle Arbeit nimmt, wie im einzelnen das Verhältnis zwischen Redakteuren, Ressortleitern und Chefredaktion bzw. Herausgeber geregelt ist, obliegt der privaten Vertragsgestaltung. Die »**innere Pressefreiheit**« ist deshalb *kein* ver-

---

52 Vgl. z. B. § 6 NdsPresseG.
53 Vgl. BVerfGE 21, 271 (278 f.); 64, 108 (114); 102, 347 (359).
54 Vgl. BGHZ 130, 196.
55 So BVerfGE 102, 347 (359).
56 BGHZ 149, 247.
57 So BVerfGE 107, 275.
58 Vgl. zum Problem Pressesubventionen *C. Degenhart*, in: BK, GG, Art. 5 Abs. 1 u. 2 Rdnr. 547 ff.; *C. Starck*, in: v. Mangoldt/Klein/Starck, GG Bd. 1, Art. 5 Rdnr. 19, 79.
59 Vgl. § 4 NdsPresseG; § 4 Nordrh.-Westf.PresseG; § 4 Schl.-Holst.PresseG.
60 Ähnlich BVerwGE 70, 310 (311 f.); 85, 283 (284); *H. Schulze-Fielitz*, in: Dreier (Hrsg.), GG Bd. I, Art. 5 I, II Rdnr. 248; *C. Starck*, Informationsfreiheit und Nachrichtensperre, AfP 1978, S. 172 ff.; a. A. *C. Degenhart*, in: BK, GG, Art. 5 Abs. 1 u. 2 Rdnr. 428 ff.; unklar BVerfGE 20, 162 (176).
61 Vgl. BVerfGE 10, 118 (121); 50, 234 (240); 77, 346 (354); 91, 125 (134).
62 Vgl. oben Rdnr. 58.

fassungsrechtliches Problem, sondern eine der **Privatautonomie** unterliegende Gestaltungsfrage.[63] Gesetzliche Vorschriften, die über die bestehenden Regelungen der presserechtlichen Verantwortlichkeit usw. auf die Binnenstruktur der Redaktionen einwirken, bedeuten eine **Einschränkung der Pressefreiheit**, die sich am Maßstab des Art. 5 Abs. 2 GG legitimieren müsste. Auch in diesem Zusammenhang darf nicht übersehen werden, dass jede »institutionelle« Interpretation von Freiheitsrechten Gefahr läuft, grundrechtliche Gesetzesvorbehalte zu ersetzen.[64] Unberührt bleibt hiervon die **Ausstrahlungswirkung** des Art. 5 Abs. 1 Satz 2 GG auf das Privatrecht, die sich im Einzelfall auch in den Vertragsbeziehungen zwischen Verleger und Journalisten aktualisieren kann.[65]

IV.   Rundfunkfreiheit (Art. 5 Abs. 1 Satz 2 GG)

Fall 25:   421
In einem Strafverfahren vor dem Landgericht Berlin gegen führende Vertreter des SED-Regimes traf der Vorsitzende die Anordnung, dass innerhalb des Gerichtssaales weder vor noch während der Verhandlung Fernseh- oder Tonbandaufnahmen gemacht werden durften. Im Sicherheitsbereich außerhalb des Sitzungssaales war es dagegen vor Verhandlungsbeginn einem Kamerateam gestattet, Filmaufnahmen zu machen. Das von den interessierten Medien zu benennende Team (»Poolführer«) war verpflichtet, die Aufnahmen anderen Sendern zur Verfügung zu stellen. Der Sender x-tv sah sich von jeglicher Berichterstattung aus dem Gerichtsgebäude ausgeschlossen und erhob Verfassungsbeschwerde.

(BVerfGE 91, 125; 103, 44)

1.   Grundrechtsträger

Träger des Grundrechts der Rundfunkfreiheit sind die **Veranstalter von Rundfunksen-**   422
dungen. Dies sind die **privaten Rundfunkunternehmen**[66], auf die Art. 5 Abs. 1 Satz 2 GG – sofern sie die Rechtsform der juristischen Person des Privatrechts haben – seinem Wesen nach anwendbar ist (Art. 19 Abs. 3 GG). Grundrechtsträger sind auch die **öffentlich-rechtlichen Rundfunkanstalten**.[67] Grundsätzlich gelten Grundrechte gegenüber dem Staat und schließen deshalb eine Grundrechtsträgerschaft des Staates und seiner Untergliederungen aus.[68] Soweit juristische Personen des öffentlichen Rechts aber dem durch die Grundrechte geschützten Lebensbereich zuzuordnen sind, hält das Bundesverfassungsgericht auch diese für grundrechtsfähig.[69]

Analog der Pressefreiheit sind Grundrechtsträger auch alle **natürlichen Personen**, die bei   423
privaten oder öffentlich-rechtlichen Veranstaltern an der Programmgestaltung mitwirken.[70]

---

63 Vgl. hierzu eingehend *C. Starck*, in: v. Mangoldt/Klein/Starck, GG Bd. 1, Art. 5 Rdnr. 90 ff.
64 Vgl. a. A. *R. Herzog*, in: Maunz/Dürig, GG, Art. 5 I, II Rdnr. 158 ff.; *R. Wendt*, in: v. Münch/Kunig (Hrsg.), GG Bd. 1, Art. 5 Rdnr. 39; ausführlich *R. Scholz*, Pressefreiheit und Arbeitsverfassung (1978).
65 Vgl. hierzu *H. Schulze-Fielitz*, in: Dreier (Hrsg.), GG Bd. I, Art. 5 I, II Rdnr. 308 m. w. N.
66 Vgl. BVerfGE 73, 118 (183); *H. Bethge*, in: Sachs (Hrsg.), GG, Art. 5 Rdnr. 110; *Jarass/Pieroth*, GG, Art. 5 Rdnr. 41; *C. Starck*, in: v. Mangoldt/Klein/Starck, GG Bd. 1, Art. 5 Rdnr. 184 ff.; *H. Schulze-Fielitz*, in: Dreier (Hrsg.), GG Bd. I, Art. 5 I, II Rdnr. 118; *R. Wendt*, in: v. Münch/Kunig (Hrsg.), GG Bd. 1, Art. 5 Rdnr. 50.
67 Vgl. BVerfGE 31, 314 (321 f.); 59, 231 (254 f.); 74, 297 (317 f.).
68 Vgl. oben Rdnr. 53 ff.
69 Vgl. BVerfGE 31, 314 (322); 71, 362 (373).
70 Vgl. *Jarass/Pieroth*, GG, Art. 5 Rdnr. 41; *H. Schulze-Fielitz*, in: Dreier (Hrsg.), GG Bd. I, Art. 5 I, II Rdnr. 118.

424   Im Ausgangsfall konnte sich die x-tv als privater Rundfunkveranstalter (und damit Träger der Rundfunkfreiheit) gegenüber den Anordnungen des Kammervorsitzenden auf das Grundrecht aus Art. 5 Abs. 1 Satz 2 GG berufen.

425   Entgegen einer verbreiteten Auffassung[71] sind Grundrechtsträger nicht nur diejenigen (natürlichen und juristischen) Personen, die Rundfunksendungen veranstalten, sondern auch diejenigen, die solche veranstalten *wollen*. Mit anderen Worten ist die Rundfunkfreiheit – ebenso wie die Pressefreiheit – ein potentielles »**Jedermann-Recht**«[72], das **Privaten** grundsätzlich den Zugang zum Rundfunk eröffnet, soweit die technischen Voraussetzungen hierfür bestehen.[73] Hierfür spricht nicht nur die Entstehungsgeschichte des Grundrechts[74], sondern vor allem der Umstand, dass die Voraussetzungen, unter denen das Bundesverfassungsgericht ein staatliches Monopol im Rundfunkwesen für verfassungsmäßig gehalten hat[75], mittlerweile entfallen sind.[76] Wenn gleichwohl in Rechtsprechung und Schrifttum noch deutliche Zurückhaltung zu bemerken ist, jedermann als »potentiellen« Grundrechtsträger anzuerkennen, so wird hierbei übersehen, dass die Veranstaltung von Rundfunksendungen eine **Handlungsmöglichkeit** darstellt, die *auch* die Merkmale des Berufs erfüllt, und dass der (prinzipielle) Zugang zu diesem Beruf durch Art. 12 Abs. 1 GG eröffnet würde.

2.   Grundrechtsinhalt

a)   Schutzgut

426   Schutzgut des Grundrechts ist die »Freiheit der Berichterstattung durch Rundfunk«. Der Rundfunkbegriff bestimmt sich durch die **Art der Übertragung**, nämlich drahtlose oder kabelgebundene elektrische Schwingungen (»Funk«), und den unbestimmten Empfängerkreis, der den *Rund*funk von anderen an individuelle Empfänger gerichteten Übertragungstechniken unterscheidet.[77] Die durch den Wortlaut nahe gelegte Beschränkung der Rundfunkfreiheit auf die Nachrichtenübermittlung wird in Rechtsprechung[78] und Schrifttum[79] nahezu einhellig abgelehnt. Die Rundfunkfreiheit ist deshalb – in Analogie zur Pressefreiheit – als umfassende **Programmfreiheit**[80] auszulegen.

b)   Schutzrichtung

427   Das Bundesverfassungsgericht lässt in ständiger Rechtsprechung die **subjektiv-rechtliche Natur** der Rundfunkfreiheit hinter die objektiv-rechtliche Gewährleistung zurücktreten:

---

71 Vgl. BVerwGE 39, 159 (162 ff.); *H. Bethge*, in: Sachs (Hrsg.), GG, Art. 5 Rdnr. 110 f.; *W. Hoffmann-Riem*, in: AK-GG, Art. 5 Abs. 1, 2 Rdnr. 162; undeutlich BVerfGE 57, 295 (318).

72 Vgl. *C. Starck*, in: v. Mangoldt / Klein / Starck, GG Bd. 1, Art. 5 Rdnr. 178.

73 Vgl. *C. Degenhart*, in: BK, GG, Art. 5 Abs. 1 u. 2 Rdnr. 657; *Jarass/Pieroth*, GG, Art. 5 Rdnr. 40; *R. Wendt*, in: v. Münch / Kunig (Hrsg.), GG Bd. 1, Art. 5 Rdnr. 50 m. w. N.

74 Vgl. JöR n. F. Bd. 1 (1951), S. 86.

75 Vgl. BVerfGE 12, 205 (261 f.).

76 Vgl. *R. Wendt*, in: v. Münch / Kunig (Hrsg.), GG Bd. 1, Art. 5 Rdnr. 50; *C. Starck*, in: v. Mangoldt / Klein / Starck, GG Bd. 1, Art. 5 Rdnr. 106.

77 Vgl. *Jarass/Pieroth*, GG, Art. 5 Rdnr. 36; *C. Starck*, in: v. Mangoldt / Klein / Starck, GG Bd. 1, Art. 5 Rdnr. 96; *H. Schulze-Fielitz*, in: Dreier (Hrsg.), GG Bd. I, Art. 5 I, II Rdnr. 99 f. jeweils m. w. N.

78 Vgl. BVerfGE 12, 205 (260); 31, 314 (326); 57, 295 (323).

79 Vgl. *R. Herzog*, in: Maunz / Dürig, GG, Art. 5 I, II Rdnr. 201 f.; *C. Starck*, in: v. Mangoldt / Klein / Starck, GG Bd. 1, Art. 5 Rdnr. 104; *H. Schulze-Fielitz*, in: Dreier (Hrsg.), GG Bd. I, Art. 5 I, II Rdnr. 104 m. w. N.

80 Vgl. BVerfGE 59, 231 (258); 87, 181 (201); 90, 60 (87).

»Demgemäß ist Rundfunkfreiheit primär eine der Freiheit der Meinungsbildung in ihren subjektiv- und objektiv-rechtlichen Elementen *dienende* Freiheit: Sie bildet unter den Bedingungen der modernen Massenkommunikation eine notwendige Ergänzung und Verstärkung dieser Freiheit; sie dient der Aufgabe, freie und umfassende Meinungsbildung durch den Rundfunk zu gewährleisten.«[81]

Noch in der neueren Rechtsprechung heißt es: 428

»Im Unterschied zu anderen Freiheitsrechten des Grundgesetzes handelt es sich bei der Rundfunkfreiheit allerdings nicht um ein Grundrecht, das seinem Träger zum Zweck der Persönlichkeitsentfaltung oder Interessenverfolgung eingeräumt ist. Die Rundfunkfreiheit ist vielmehr eine dienende Freiheit. Sie dient der freien, individuellen und öffentlichen Meinungsbildung (...). Diesem Charakter würde ein Verständnis von Art. 5 Abs. 1 Satz 2 GG, das sich in der Abwehr staatlicher Einflußnahme erschöpfte und den Rundfunk im übrigen den gesellschaftlichen Kräften überließe, nicht gerecht. Der Rundfunk bedarf vielmehr einer gesetzlichen Ordnung, die sicherstellt, daß er den verfassungsrechtlich vorausgesetzten Dienst leistet (...). ... Bei der Ausgestaltung dieser Ordnung genießt der Gesetzgeber weitgehende Freiheit.«[82]

Das Bundesverfassungsgericht unternimmt nichts anderes als seine ursprünglich mit der 429 »Sondersituation« des Rundfunks[83] begründete (und zu begründende) Rechtsprechung auch angesichts veränderter Umstände zu perpetuieren und damit einem jurisdiktionellen Rechtsregime zu unterwerfen.[84] Die Wissenschaft hat sich im Wesentlichen darauf beschränkt, die »Fernsehurteile« des Bundesverfassungsgerichts zu interpretieren.[85] Der zentrale Einwand gegen die Rechtsprechung des Bundesverfassungsgerichts besteht darin, dass ein Freiheitsrecht – weit über die Phase der »Verwaltung des Mangels« hinaus – seines subjektiv-rechtlichen Gehalts entkleidet und zu einer Art **Gestaltungsauftrag für den Gesetzgeber** umdefiniert wird, der unter der Kontrolle des Bundesverfassungsgerichts zu erfüllen ist.[86] Grundrechtsdogmatisch ist die **Metamorphose des (Freiheits-)Rechts zur Pflicht** umso weniger überzeugend, als es an einer Art. 14 Abs. 2 GG vergleichbaren Sozialbindung für die Rundfunkfreiheit fehlt. Im Gegensatz zum Bundesverfassungsgericht ist deshalb daran festzuhalten, dass auch die Rundfunkfreiheit ein Grundrecht des *status negativus* darstellt, das dem Staat bei einschränkenden Maßnahmen und gegenüber gesetzlichen Regelungen, die die Freiheit »ausgestalten«, entgegengehalten werden kann.

So konnten im Ausgangsfall die betroffenen Rundfunkveranstalter mit Erfolg geltend machen, 429a durch die Anordnung in ihrem Grundrecht aus Art. 5 Abs. 1 Satz 2 GG verletzt zu sein, weil die Vorschriften über die Sitzungspolizei in Gerichtsverhandlungen (§ 167 GVG) derart weit reichende Anordnungen nicht rechtfertigten. Das ausnahmslose Verbot von Fernsehaufnahmen *während der* Gerichtsverhandlung (§ 169 Satz 2 GVG) soll demgegenüber nach Auffassung des BVerfG keine Schrankenbestimmung im Sinne des Art. 5 Abs. 2 GG sein, sondern aus dem staatlichen »Bestimmungsrecht« zu der Informationsquelle folgen.[87]

Die Rundfunkfreiheit räumt demgegenüber **keine Leistungsansprüche** gegen den Staat 430 ein.[88] Allerdings hält das Bundesverfassungsgericht den Staat für verpflichtet, die öffentlich-rechtlichen Rundfunkanstalten mit angemessenen Mitteln auszustatten, damit diese

---

81 So BVerfGE 57, 295 (320).
82 So BVerfGE 87, 181 (197 f.).
83 So BVerfGE 12, 205 (261).
84 Bislang sind 8 Fernseh-(Rundfunk-)Urteile ergangen, durch die die »duale Rundfunkordnung« der Bundesrepublik entscheidend geprägt worden ist.
85 Kritisch dagegen *C. Engel*, AfP 1994, S. 185 f. m. w. N.
86 Vgl. *C. Engel*, AfP 1994, S. 186: »Präzeptor des Gesetzgebers.«
87 Der Widerspruch zwischen beiden Entscheidungen ist offensichtlich, denn mit der gleichen Begründung hätten Fernsehaufnahmen auch *außerhalb* der Verhandlung verboten werden können. Zutreffend dürfte demgegenüber sein, dass § 169 Satz 2 GVG eine Schrankenbestimmung im Sinne des Art. 5 Abs. 2 GG darstellt, für die aber gute Gründe sprechen, weil Gerichtsverfahren andernfalls zu Medienspektakeln denaturieren würden.
88 Vgl. dazu *R. Wendt*, in: v. Münch / Kunig (Hrsg.), GG Bd. 1, Art. 5 Rdnr. 50.

die Grundversorgung der Bevölkerung mit Rundfunkprogrammen sicherstellen kön-nen.[89]

V. Filmfreiheit (Art. 5 Abs. 1 Satz 2 GG)

431   **Fall 26:**
Durch eine an die Inhaberin eines Kinos in L. gerichtete Verfügung verbot das Ordnungsamt der Stadt L. die vorgesehene Aufführung des Films »Die Sünderin«. Das Verbot wurde auf die General-klausel des Gesetzes über die öffentliche Sicherheit und Ordnung gestützt und damit begründet, dass die Gefühle der überwiegend christlich denkenden Einwohnerschaft der Stadt L. und des Emslandes durch die Aufführung dieses Films verletzt würden, da der Inhalt des Films gegen den Anstand, insbesondere auch in geschlechtlicher Hinsicht, gegen das religiöse Empfinden und die sittlichen Anschauungen des emsländischen Volkes verstoße.

(BVerwGE 1, 303)

1. Grundrechtsträger

432   Grundrechtsträger sind die **Filmschaffenden**, also jene Personen, die mit dem Medium Film von den Vorarbeiten bis zur Aufführung befasst sind.[90] Der Personenkreis ist – wie bei den Medien Presse und Rundfunk – *weit* zu ziehen, um zu verhindern, dass durch Stö-rungen des organisatorischen Ablaufs an versteckter Stelle Produktionen beeinträchtigt werden können.

2. Grundrechtsinhalt

a) Schutzgut

433   Nach dem Wortlaut des Art. 5 Abs. 1 Satz 2 GG wird die »**Berichterstattung**« durch den Film gewährleistet. Ebenso wie bei der Rundfunkfreiheit erweist sich diese Formulierung als zu eng, weil eine aktuelle Berichterstattung durch den Film (wie vor dem Siegeszug des Fernsehens durch die Wochenschauen) nicht mehr stattfindet. Der Begriff der »Berichter-stattung« ist vielmehr im Sinne der »**Vermittlung von Inhalten**« auszulegen, weil nur auf diese Weise – parallel zur Presse- und Rundfunkfreiheit – der Schutz des Mediums schlechthin gewährleistet wird.[91]

434   Filme auf künstlerischem Niveau fallen nicht unter die Gewährleistung des Art. 5 Abs. 1 Satz 2 GG, sondern werden durch die **Freiheit der Kunst** (Art. 5 Abs. 3 Satz 1 GG) ge-schützt.[92] Diese Unterscheidung ist von Bedeutung, weil die durch Art. 5 Abs. 1 Satz 2 GG gewährleisteten Freiheiten unter dem Schrankenvorbehalt des Art. 5 Abs. 2 GG stehen, während die Kunstfreiheit keinen (formellen) Schranken unterliegt. Im Einzel-fall ist deshalb unausweichlich über die künstlerische Qualität eines Films zu entschei-den.

---

89 So BVerfGE 90, 60 (90 f.).
90 Vgl. *H. Schulze-Fielitz*, in: Dreier (Hrsg.), GG Bd. I, Art. 5 I, II Rdnr. 113; *C. Reupert*, NVwZ 1994, S. 1156.
91 Vgl. *R. Herzog*, in: Maunz/Dürig, GG, Art. 5 Abs. I, II Rdnr. 201; *C. Starck*, in: v. Mangoldt/Klein/Starck, GG Bd. 1, Art. 5 Rdnr. 166; *R. Wendt*, in: v. Münch/Kunig (Hrsg.), GG Bd. 1, Art. 5 Rdnr. 61; a. A. *C. Reupert*, NVwZ 1994, S. 1156; *Schmidt-Bleibtreu/Klein*, GG, Art. 5 Rdnr. 11b.
92 So auch *C. Degenhart*, in: BK, GG, Art. 5 Abs. 1 u. 2 Rdnr. 901; *C. Starck*, in: v. Mangoldt/Klein/Starck, GG Bd. 1, Art. 5 Rdnr. 166; offengelassen von BVerfGE 87, 209 (232).

Im Ausgangsfall hat das Bundesverwaltungsgericht angenommen, dass es sich bei dem Film »Die Sünderin« um ein Kunstwerk handele, das durch Art. 5 Abs. 3 GG geschützt sei.[93] Insofern kam eine Prüfung, ob das Verbot angesichts der Schranken des Art. 5 Abs. 2 GG zu rechtfertigen war, nicht in Betracht.   **435**

Zum durch die Filmfreiheit geschützten Rechtsgut gehört auch die **Werbung** für den Film und im Film. Da die Herstellung von Filmen ein kapitalintensives Unternehmen ist, schützt Art. 5 Abs. 1 Satz 2 GG – analog dem Anzeigenteil der Presse[94] – auch die Werbung durch das Medium Film.   **436**

b)   Schutzrichtung

Die Filmfreiheit ist ein Grundrecht des *status negativus*, richtet sich also gegen **Beeinträch-tigungen** durch staatliche Maßnahmen.[95] Art. 5 Abs. 1 Satz 2 GG begründet demgegen-über keine Leistungsansprüche gegen den Staat, etwa einen Anspruch auf staatliche Film-förderung.[96] Soweit allerdings der Film durch staatliche Beihilfen gefördert wird, entfaltet die Filmfreiheit wiederum ihre Abwehrfunktion gegenüber staatlicher Einflussnahme. Die zur Förderung der Presse vom Bundesverfassungsgericht entwickelten Grundsätze[97] sind auf das Medium Film übertragbar.[98]   **437**

VI.   Grundrechtsschranken (Art. 5 Abs. 2 GG)

Fall 27:   **438**
Anlässlich der Woche des deutschen Films im Jahr 1950 richtete der Vorsitzende des Hamburger Presseclubs, Lüth, einen Appell an die Filmverleiher, den Film »Unsterbliche Geliebte« des Regis-seurs Veit Harlan nicht in ihr Programm aufzunehmen. Harlan habe durch seine Regietätigkeit im Dritten Reich, insbesondere durch seinen Film »Jud Süß«, die emotionalen Voraussetzungen mit-geschaffen, die später zur Judenverfolgung führten. Im Ausland wie im Inland müsse es kata-strophale Folgen für das Ansehen Deutschlands haben, wenn der Schöpfer vieler nationalsozialis-tischer Propagandafilme seine Tätigkeit in der Bundesrepublik ungehindert fortsetzen könne. Lüth forderte überdies das Publikum auf, eventuell zur Aufführung gelangte Filme Harlans nicht zu besuchen. Die beteiligten Filmgesellschaften verklagten Lüth auf Unterlassung dieser Äußerungen. Das Landgericht Hamburg verurteilte ihn, bei Vermeidung einer Geld- oder Haft-strafe es zu unterlassen, die Kinobesitzer bzw. das Publikum zum Boykott der Filme Harlans auf-zufordern.

(BVerfGE 7, 198)

Die in Art. 5 Abs. 1 Satz 1 und 2 GG enthaltenen Grundrechte (»diese Rechte«) finden ge-mäß Art. 5 Abs. 2 GG ihre Schranken in den **Vorschriften der allgemeinen Gesetze**, den **gesetzlichen Bestimmungen zum Schutze der Jugend** und in dem **Recht der persön-lichen Ehre**. Die Beschränkungsmöglichkeiten gelten für alle in Art. 5 Abs. 1 Satz 1 und 2 GG aufgeführten Schutzgüter, so dass sie im Zusammenhang zu behandeln sind.   **439**

93 So BVerwGE 1, 303 (305).
94 Vgl. BVerfGE 21, 271 (278); 86, 108 (114); 102, 347 (359).
95 Vgl. *H. Bethge*, in: Sachs (Hrsg.), GG, Art. 5 Rdnr. 119; *C. Starck*, in: v. Mangoldt/Klein/Starck, GG Bd. 1, Art. 5 Rdnr. 169.
96 Zutreffend *C. Starck*, in: v. Mangoldt/Klein/Starck, GG Bd. 1, Art. 5 Rdnr. 169.
97 Vgl. BVerfGE 80, 124 (134 f.).
98 Vgl. *H. Bethge*, in: Sachs (Hrsg.), GG, Art. 5 Rdnr. 126.

1. Die »Vorschriften der allgemeinen Gesetze«

440 Die »**allgemeinen Gesetze**« als Schranke der durch Art. 5 Abs. 1 Satz 1 und 2 GG geschützten Rechtsgüter weist auf die Vorläufernorm (Art. 118 Abs. 1 WRV) zurück, ist aber schon in der Weimarer Staatsrechtslehre umstritten gewesen.[99] Die Auslegung des Begriffs »allgemeine Gesetze« stellt sich auch nach jahrzehntelangen Bemühungen der Rechtswissenschaft um eine angemessene Lösung als schwierig heraus und mag als Beispiel dafür dienen, dass sich grundrechtsdogmatische Probleme nicht stets nach Art eines Kreuzworträtsels lösen lassen. Die Entscheidungen des Bundesverfassungsgerichts sind dogmatisch nicht immer hilfreich, weil das Gericht vielfach Formeln aneinanderreiht statt eine konsistente Begründung zu versuchen.[100] Deshalb erscheint es notwendig, sich dem Interpretationsproblem unbefangen zu nähern und den Begriff der »allgemeinen Gesetze« auf mögliche Bedeutungen zu untersuchen.

441 – Als »allgemeine Gesetze« könnten zunächst Gesetze verstanden werden, die *allgemein* – also für alle – *gelten*. Wie *C. Starck* nachgewiesen hat, liegt in der allgemeinen Geltung einer der Ursprünge der in Art. 118 WRV und Art. 5 Abs. 2 GG verwandten Formel.[101] Bei einer solchen Interpretation, die sich an dem Wortlaut des Art. 19 Abs. 1 Satz 1 GG anlehnen könnte, wäre zwar ein (freiheitsbeschränkendes) **Sonderrecht** der Presse ausgeschlossen, im Übrigen aber jede noch so nachhaltige Einschränkung der Kommunikationsfreiheiten zulässig, weil diese ja »allgemein« gelten würde. Diese Auslegung des Begriffs der »allgemeinen Gesetze« wird deshalb zu Recht heute nicht mehr vertreten.[102]

442 – Als »allgemein« könnten – Ansätzen von *R. Smend* folgend – solche Gesetze gelten, die Rechtsgüter schützen, die aufgrund ihrer besonderen Bedeutung **Vorrang vor den Schutzgütern** des Art. 5 Abs. 1 Satz 1 und 2 GG haben.[103] Diese – in den Formeln des Bundesverfassungsgerichts stets durchschimmernde – Auslegung erscheint für sich genommen plausibel, ist mit der Systematik des Art. 5 Abs. 2 GG aber nicht zu vereinbaren. Gerade der Jugendschutz und das Recht der persönlichen Ehre sind verfassungsrechtlich fundierte (Art. 1 Abs. 1, 2 Abs. 1, 6 Abs. 2 GG) Rechtsgüter, die unter den »allgemeinen Gesetzen« die erste Stelle einnehmen müssten. Bei einiger dogmatischer Folgerichtigkeit lässt sich hieraus nur der Schluss ziehen, dass der Begriff »allgemeine Gesetze« etwas anderes bezeichnet.[104]

443 – Zu einer dogmatisch stimmigen Auslegung gelangt man nur unter der hiernach nahe liegenden Prämisse, dass die »gesetzlichen Bestimmungen zum Schutze der Jugend« und das »Recht der persönlichen Ehre« gerade keine *allgemeinen* Gesetze, sondern die Rechtsgüter des Art. 5 Abs. 1 Satz 1 und 2 GG einschränkendes **Sonderrecht** sind.[105] Allgemein sind deshalb Gesetze, die sich auf die Kommunikationsfreiheiten nur *reflexiv* auswirken.[106] Mit ihnen werden typischerweise Ziele verfolgt, die die Kommunikationsfreiheiten nur als notwendige Nebenwirkung berühren. Auch das Bundesverfassungsgericht nimmt diesen Gedanken auf, wenn es als allgemeine Gesetze solche definiert, »die sich nicht gegen die Äußerung einer Meinung als solche richten, vielmehr dem Schutz eines schlechthin, ohne Rücksicht auf eine bestimmte Meinung, zu schützenden Rechtsgutes dienen«.[107]

99 Vgl. die Nachweise bei *C. Starck,* in: v. Mangoldt/Klein/Starck, GG Bd. 1, Art. 5 Rdnr. 179 f.

100 Kritisch auch *C. Starck,* in: v. Mangoldt/Klein/Starck, GG Bd. 1, Art. 5 Rdnr. 194: »Formelhafte Erstarrung der Argumentation«.

101 Vgl. *C. Starck,* in: Festschrift für W. Weber, S. 190 ff.

102 Vgl. dazu *R. Herzog,* in: Maunz/Dürig, GG, Art. 5 Abs. I, II Rdnr. 253 f.; *B. Hoppe,* JuS 1991, S. 734 f.

103 Vgl. *R. Smend,* Das Recht der freien Meinungsäußerung, VVDStRL 4 (1928), S. 52; diesem Ansatz folgend: *U. Scheuner,* Pressefreiheit, VVDStRL 22 (1965), S. 81; *P. Häberle,* Die Wesensgehaltsgarantie des Art. 19 Abs. 2 Grundgesetz (3. Aufl. 1983), S. 32.

104 Ähnlich *K. Stern,* in: Festschrift für H. Hübner, S. 820 f. m. w. N.

105 So auch *G. Gornig,* JuS 1988, S. 277; *K. Stern,* in: Festschrift für H. Hübner, S. 821; a. A. *C. Degenhart,* in: BK, GG, Art. 5 Abs. 1 u. 2 Rdnr. 168.

106 Vgl. *P. Lerche,* Grundrechte der Soldaten, in: Bettermann/Nipperdey/Scheuner (Hrsg.), Die Grundrechte Bd. 4, 1 (1960), S. 474.

107 Vgl. BVerfGE 7, 198 (209 f.); 62, 230 (243 f.); 74, 297 (343); 91, 125 (135) st. Rspr.

Die dogmatische Stimmigkeit der letztgenannten Auslegung und ihre Verwendungen in der Rechtsprechung des Bundesverfassungsgerichts dürfen nicht darüber hinwegtäuschen, daß eine Vielzahl gesetzlicher Bestimmungen mit Art. 5 Abs. 2 GG unvereinbar wäre, würde man mit der so skizzierten Auslegung Ernst machen. **444**

Im Ausgangsfall wurde die Entscheidung des (Land-)Gerichts auf § 826 BGB gestützt, nach dem derjenige, der in einer gegen die guten Sitten verstoßenden Weise einem anderen vorsätzlich Schaden zufügt, dem anderen zum Ersatz des Schadens verpflichtet ist bzw. auf Unterlassung in Anspruch genommen werden kann.[108] Die Zielrichtung, im Privatrechtsverkehr ein »ethisches Minimum« (*Georg Jellinek*) zu sichern, ist ein am Maßstab der Verfassung nicht nur legitimes, sondern notwendiges Ziel. Die Vorschrift richtet sich nicht gezielt gegen Meinungsäußerungen, kann diese aber – reflexiv – betreffen. Insofern ist § 826 BGB ein »allgemeines Gesetz« in dem hier skizzierten Sinne.[109] **445**

Auch die Vorschriften über das Eigentum und die Abwehr von Eigentumsstörungen sind allgemeine Gesetze. **446**

Befestigt z. B. ein Mieter während eines Wahlkampfes an der Außenwand des Hauses, in dem er zur Miete wohnt, ein Wahlplakat, so liegt hierin fraglos eine Meinungsäußerung. Wenn ihm auf Klage des Hauseigentümers die Anbringung gerichtlich untersagt und die Untersagung auf § 1004 BGB gestützt wird, so liegt auch hierin die Anwendung eines »allgemeinen« Gesetzes, denn diese Vorschrift hat den Schutz des Eigentums, nicht die Unterbindung von Meinungsäußerungen zum Inhalt.[110] **447**

Auch eine Fülle **öffentlich-rechtlicher Bestimmungen** lassen sich auf diese Weise unproblematisch als »allgemeine Gesetze« einordnen. Straßenverkehrsrechtliche und straßenrechtliche Vorschriften haben zunächst überhaupt nichts mit den Kommunikationsfreiheiten zu tun.[111] Wird – etwa aufgrund vorgeschriebener Sondernutzungserlaubnis – die Meinungsfreiheit betroffen, so ist diese Einschränkung *reflexiv*, weil andere Regelungsziele im Vordergrund stehen. **448**

Entgegen *C. Starck*[112] richten sich **Strafgesetze** nicht notwendig gegen die Meinung »als solche«, sondern lassen sich vielfach als »allgemeine Gesetze« in dem hier vorausgesetzten Sinne begreifen.[113] Anstiftung (§ 26 StGB) und (psychische) Beihilfe (§ 27 StGB) setzen zwar ebenfalls Kommunikationsakte voraus, Strafgrund ist indes die Förderung von Straftaten. Auch die Vorverlegung der Strafbarkeit durch einzelne Tatbestände des Strafgesetzbuches (§§ 111, 129 Abs. 1, 131, 140 Nr. 2 StGB) steht wegen des Bezugs zu anderen Straftaten und *deren* Strafgrund mit der hier vertretenen Auslegung des Art. 5 Abs. 2 GG in Einklang. Prinzipiell anders liegen die Dinge bei § 90 a StGB, der die Verunglimpfung des Staates und seiner Symbole unter Strafe stellt. Strafbar ist hier die Meinungsäußerung bzw. -verbreitung als solche, ohne dass sie einen Bezug zu einer – strafbaren – »Haupttat« aufwiese. Während die Straftatbestände der Verunglimpfung des Bundespräsidenten (§ 90 StGB) und der Verfassungsorgane (§ 90 b StGB) von der Schranke der »persönlichen Ehre« gedeckt sind, könnte § 90 a StGB verfassungsrechtlich nur gerechtfertigt werden, wenn es sich um ein »allgemeines Gesetz« handelte. Da sich die Strafvorschrift aber gegen die Meinung als *solche* richtet, ist ihr nicht nur eine reflexive Wirkung eigen.[114] **449**

---

108 Vgl. BVerfGE 7, 198 (203).
109 So BVerfGE 7, 198 (214).
110 Vgl. BVerfGE 7, 230 (234 f.).
111 Vgl. die Nachweise bei *C. Degenhart*, in: BK, GG, Art. 5 Abs. 1 u. 2 Rdnr. 250 ff.; ausführlich *R. Steinberg/G. Herbert*, Grenzen politischer Meinungsäußerung auf der Straße, JuS 1980, S. 108 ff.
112 Vgl. *C. Starck*, in: v. Mangoldt/Klein/Starck, GG Bd. 1, Art. 5 Rdnr. 202.
113 Vgl. *R. Wendt*, in: v. Münch/Kunig (Hrsg.), GG Bd. 1, Art. 5 Rdnr. 74.
114 A. A. BVerfG, NJW 1985, S. 264 u. 2521 f.; problematisierend, aber im Ergebnis wie das BVerfG: *C. Degenhart*, in: BK, GG, Art. 5 Abs. 1 u. 2 Rdnr. 238 ff. m. w. N.

2. Die »gesetzlichen Bestimmungen zum Schutze der Jugend«

450 **Fall 28:**
U., Inhaberin eines »Versandhauses für Ehehygiene«, fügte ihren Sendungen u. a. Werbeprospekte für die FKK-Zeitschriften »Sonnenfreunde« und »Helios« bei. Nach § 6 Abs. 1 GjS (a. F.) unterlagen Schriften, die Kinder oder Jugendliche offensichtlich schwer gefährden, den Beschränkungen der §§ 3 bis 5 GjS (Verbreitungsverbot an Kinder und Jugendliche sowie außerhalb von Geschäftsräumen, Beschränkung der Werbung), ohne dass es einer Indizierung (§ 1 GjS) bedurfte. Nach § 6 Abs. 2 GjS (a. F.) galt das gleiche für Schriften, die »durch Bild für Nacktkultur werben«. U. sah sich durch diese Bestimmung in ihren Grundrechten verletzt.

(BVerfGE 30, 336)

451 Im Unterschied zu den »allgemeinen Gesetzen« gestatten die gesetzlichen Bestimmungen zum Schutze der Jugend **Sonderrecht** gegen Meinungsäußerungen, Presseerzeugnisse, Rundfunksendungen und Filme. Das Bundesverfassungsgericht betont stets den verfassungsrechtlichen Rang des Jugendschutzes und hält den Gesetzgeber zum Erlass von Regelungen für berechtigt, durch die der Jugend drohende Gefahren abgewehrt werden.[115] Derartige Gefahren drohen nach Auffassung des Gerichts:

»auf sittlichem Gebiet von allen Druck-, Ton- und Bilderzeugnissen, die Gewalttätigkeiten oder Verbrechen glorifizieren, Rassenhaß provozieren, den Krieg verherrlichen oder sexuelle Vorgänge in grob schamverletzender Weise darstellen und deswegen zu erheblichen, schwer oder gar nicht korrigierbaren Fehlentwicklungen führen können.«[116]

452 Zu den in Art. 5 Abs. 2 GG genannten gesetzlichen Bestimmungen gehörten bislang vor allem das Gesetz zum Schutze der Jugend in der Öffentlichkeit (Jugendschutzgesetz) vom 25. Februar 1985 (BGBl. I S. 425) und das Gesetz über die Verbreitung jugendgefährdender Schriften und Medieninhalte (GjSM) in der Fassung der Bekanntmachung vom 12. Juli 1985 (BGBl. I S. 1502), die nunmehr im **Jugendschutzgesetz** (JuSchG) vom 23. Juli 2002 (BGBl. I S. 2730) zusammengefasst sind.

453 Im Ausgangsfall hat das Bundesverfassungsgericht nachdrücklich die Befugnis des Gesetzgebers unterstrichen, offensichtlich schwer gefährdende Schriften Beschränkungen zu unterwerfen. § 6 Abs. 2 GjS (a. F.) ist jedoch für verfassungswidrig (und nichtig) erklärt worden, weil die Jugendgefährdung durch derartige Schriften nicht unwiderleglich vermutet werden dürfe.[117]

3. Das Recht der persönlichen Ehre

454 **Fall 29:**
In der Sendung »Tagesthemen« wurde am 1. Juni 1981 ein Beitrag mit dem Titel »Türken in Bingen« gesendet, in dem u. a. behauptet wurde, der Türkisch-Islamische Kulturverein mit Sitz in Bingen gehöre zur Türk-Föderation in Frankfurt und werde von den türkischen Behörden als die Auslandsorganisation einer kriminellen Terrororganisation angesehen. Am 22. Juni 1981 wurde eine Gegendarstellung verlangt, die der NDR aber wegen der in § 12 Abs. 2 NDR-Staatsvertrag enthaltenen Ausschlussfrist von zwei Wochen ablehnte.

(BVerfGE 61, 131)

455 Meinungsäußerungen können (und werden häufig) **ehrverletzenden Charakter** haben. Gesetzliche Vorschriften über den Ehrschutz richten sich deshalb gegen die »Meinung als solche« und sollen deren Wirkung unterbinden. Zum Erlass derartiger Vorschriften ist der Gesetzgeber nicht nur berechtigt, aus Art. 1 Abs. 1 Satz 2 GG folgt vielmehr eine verfassungsrechtliche Verpflichtung zum Ehrschutz, weil ehrverletzende Äußerungen regel-

---

115 Vgl. BVerfGE 30, 336 (347, 350); 77, 346 (356); 90, 1 (18 ff.).
116 So BVerfGE 30, 336 (347).
117 Vgl. BVerfGE 30, 336 (353 f.).

mäßig den sozialen Achtungsanspruch eines Menschen – und damit die Menschenwürde – verletzen.[118] Zum Recht der persönlichen Ehre gehören in erster Linie die Strafvorschriften (§§ 185 ff. StGB) und die zivilrechtlichen Haftungsnormen (§§ 823, 826 BGB), die im Wege der richterlichen Rechtsfortbildung zu einem Persönlichkeitsschutz geformt worden sind.[119]

Das Gegendarstellungsrecht stellt eine medienspezifische – und wirkungsvolle – Form des Ehrschutzes dar, weil es demjenigen, dessen Angelegenheiten in den Medien öffentlich erörtert werden, einen Anspruch darauf einräumt, »an gleicher Stelle, mit derselben Publizität, vor demselben Forum mit einer eigenen Darstellung zu Wort zu kommen«.[120] Die gesetzliche Verpflichtung zur Sendung von Gegendarstellungen ist eine Einschränkung der Rundfunkfreiheit, weil diese die Bestimmung über Art und Inhalt der Rundfunksendungen einschließt.[121] **456**

Im Ausgangsfall hat das Bundesverfassungsgericht die (im Vergleich zu den Landes*presse*gesetzen relativ kurze) Ausschlussfrist als verfassungswidrig angesehen.[122] **457**

4. Die »Wechselwirkungslehre«

Im überaus bedeutsamen »Lüth-Urteil« hat das Bundesverfassungsgericht ausgeführt, daß die »allgemeinen Gesetze« die Geltungskraft der Grundrechte nicht einseitig beschränkten, es fände vielmehr eine **458**

»Wechselwirkung in dem Sinne statt, daß die »allgemeinen Gesetze« zwar dem Wortlaut nach dem Grundrecht Schranken setzen, ihrerseits aber aus der Erkenntnis der wertsetzenden Bedeutung dieses Grundrechts im freiheitlichen demokratischen Staat ausgelegt und so in ihrer das Grundrecht begrenzenden Wirkung selbst wieder eingeschränkt werden müssen.«[123]

Die so genannte »Wechselwirkungstheorie« ist in der Sache keine (rechtswissenschaftliche) »Theorie«, sondern eine **Frühform des Übermaßverbots**, bezogen auf die Meinungsfreiheit.[124] Soweit aufgrund allgemeiner – oder anderer schrankensetzender – Gesetze, die in Art. 5 Abs. 1 GG genannten Rechtsgüter eingeschränkt werden können, müssen die beschränkenden Maßnahmen dem besonderen Rang der Schutzgüter Rechnung tragen. Die damit erforderliche **Abwägung** zwischen den geschützten und den zu schützenden Rechtsgütern führt dazu, dass nur solche Maßnahmen verfassungsmäßig sind, die zum Schutz der in Art. 5 Abs. 2 GG benannten und unbenannten Rechtsgüter erforderlich sind, und dass schließlich ein *angemessenes* (proportionales) Verhältnis zwischen geschützten Rechtsgütern und Beschränkungsmaßnahmen besteht.[125] Neben das *formelle* Erfordernis eines Gesetzes ist damit die *materielle* Rechtfertigung des einschränkenden Gesetzes getreten. **459**

Im Ausgangsfall hatte das Landgericht Hamburg ohne Rücksicht auf die besonderen Beweggründe, die *Lüth* zu dem Aufruf veranlasst hatten, diesen für »sittenwidrig« gehalten. Das Bundesverfassungsgericht führte demgegenüber aus, dass es sich bei den »guten Sitten« (§ 826 BGB) nicht um vorgegebene und daher unveränderliche Prinzipien reiner Sittlichkeit handele, sondern um die Anschauungen der »anständigen Leute« davon, was sich im sozialen Verkehr zwischen Rechtsgenossen gehöre.[126] Bei der Auslegung des Begriffs der »guten Sitten« müssten insbesondere jene Wert- **460**

---

118 Vgl. *H. Bethge*, in: Sachs (Hrsg.), GG, Art. 5 Rdnr. 163; *C. Starck*, in: v. Mangoldt/Klein/Starck, GG Bd. 1, Art. 5 Rdnr. 209; ausführlich *R. Stark*, Ehrenschutz in Deutschland (1996).
119 Vgl. dazu BVerfGE 34, 269 (281 f.).
120 So BVerfGE 63, 131 (142).
121 Vgl. BVerfGE 63, 131 (143).
122 Vgl. BVerfGE 63, 131 (142).
123 So BVerfGE 7, 198 (209).
124 Ähnlich: *H. Bethge*, in: Sachs (Hrsg.), GG, Art. 5 Rdnr. 146.
125 Vgl. BVerfGE 59, 232 (265); 71, 162 (181); 77, 65 (75).
126 So BVerfGE 7, 198 (215).

entscheidungen und sozialen Ordnungsprinzipien berücksichtigt werden, die sich im Grundrechtsabschnitt der Verfassung fänden. Das Bundesverfassungsgericht hat deshalb zu Recht entschieden, dass der fragliche Aufruf vom Grundrecht der Meinungsfreiheit gedeckt war und *Lüth* durch die Entscheidung des Landgerichts Hamburg in seinem Grundrecht der Meinungsfreiheit verletzt worden ist.[127] Das Gegenbeispiel bildet der »Blinkfüer-Beschluss« des Bundesverfassungsgerichts, mit dem ein Revisionsurteil des Bundesgerichtshofs[128] aufgehoben wurde.[129] Das Verlagshaus *Axel Springer* hatte nach dem Bau der Berliner Mauer (13. August 1961) ein Rundschreiben an alle Zeitungs- und Zeitschriftenhändler in Hamburg gerichtet und angekündigt, die Geschäftsbeziehungen zu solchen Händlern zu überprüfen, die Zeitungen mit dem Programm des DDR-Fernsehens verkauften. Die Aktion zielte auf die Zeitung »Blinkfüer« ab, auf deren Klage Landgericht und Oberlandesgericht Hamburg den Springer-Verlag zu Schadensersatz verurteilten. Der Bundesgerichtshof wies die Klage auf die Revision hin ab und begründete dies damit, der Aufruf des Axel Springer-Verlags sei durch das Grundrecht der Meinungsfreiheit gedeckt gewesen. Das Bundesverfassungsgericht wies seinerseits darauf hin, dass im Unterschied zum Fall »Lüth« der Springer-Verlag sich nicht auf die »geistige Wirkung« seines Aufrufs beschränkt, sondern wirtschaftliche Repressionen angedroht habe.[130]

461 Die Wechselwirkung zwischen Grundrecht und grundrechtseinschränkendem Gesetz ist nicht nur bei Art. 5 GG, sondern auch bei anderen Grundrechten zu berücksichtigen.[131] Auch hierdurch wird unterstrichen, dass es sich um eine **Ausprägung des Übermaßverbotes** handelt.

5. Zensurverbot (Art. 5 Abs. 1 Satz 3 GG)

462 **Fall 30:**
Ein Filmverleih beabsichtigte, den zum Genre der »Horrorfilme« gehörenden Spielfilm »Tanz der Teufel« herauszubringen. Er legte den Film der Freiwilligen Selbstkontrolle der Filmwirtschaft vor und beantragte Freigabe nach § 6 Abs. 3 Nr. 5 JÖSchG (jetzt § 14 Abs. 2 Nr. 5 JuSchG) für öffentliche Vorführungen mit »nicht freigegeben unter 18 Jahren«. Dies lehnte der zuständige Arbeitsausschuss der FSK ab. Die für die Kennzeichnung zuständige oberste Landesbehörde schaltete die Staatsanwaltschaft ein, auf deren Antrag der Film gemäß §§ 74 d, 76 a StGB eingezogen wurde, weil die Verbreitung den Tatbestand des § 131 Abs. 1 Nr. 4 StGB verwirklichen würde.
(BVerfGE 87, 209)

463 Art. 5 Abs. 1 Satz 3 GG wird entgegen seiner systematischen Stellung von der herrschenden Meinung nicht als eigenes Grundrecht, sondern als zusätzliche »Schranken-Schranke« angesehen.[132] Hieraus folgt, dass das Zensurverbot nicht zu »diesen Rechten« im Sinne des Art. 5 Abs. 2 GG gehört und somit auch nicht eingeschränkt werden kann. Das Bundesverfassungsgericht gebraucht bezeichnenderweise die Wendung der »**absoluten Eingriffsschranke«.**[133]

464 Nach nahezu unbestrittener Auffassung[134] verbietet Art. 5 Abs. 1 Satz 3 GG nur die **Vorzensur**, also »einschränkende Maßnahmen vor der Herstellung oder Verbreitung eines

---

127 Vgl. BVerfGE 7, 198 (199).
128 Vgl. BGH, NJW 1964, S. 29.
129 Vgl. BVerfGE 25, 256.
130 Vgl. BVerfGE 25, 256 (267).
131 Vgl. BVerfGE 69, 315 (348 f.).
132 Vgl. BVerfGE 33, 52 (53); *H. Bethge*, in: Sachs (Hrsg.), GG, Art. 5 Rdnr. 129; *R. Herzog*, in: Maunz/Dürig, GG, Art. 5 Abs. I, II Rdnr. 302; *C. Starck*, in: v. Mangoldt/Klein/Starck, GG Bd. 1, Art. 5 Rdnr. 173; *H. Schulze-Fielitz*, in: Dreier (Hrsg.), GG Bd. I, Art. 5 I, II Rdnr. 170.
133 So BVerfGE 33, 52 (53).
134 Vgl. BVerfGE 33, 52 (72); 47, 198 (236); 83, 130 (155); *C. Degenhart*, in: BK, GG, Art. 5 Abs. 1 u. 2 Rdnr. 17, 916; *H. Schulze-Fielitz*, in: Dreier (Hrsg.), GG Bd. I, Art. 5 I, II Rdnr. 171; *R. Wendt*, in: v. Münch/Kunig (Hrsg.), GG Bd. 1, Art. 5 Rdnr. 62; a. A. *W. Hoffmann-Riem*, AK-GG, Art. 5 Abs. 1, 2 Rdnr. 93.

Geisteswerkes, insbesondere das Abhängigmachen von behördlicher Vorprüfung und Genehmigung seines Inhalts (Verbot mit Erlaubnisvorbehalt)«.[135]

Die Abschaffung der Zensur ist eine bereits in § 143 Abs. 2 PV enthaltene, wichtige rechtsstaatliche **465** Errungenschaft. Wenn es dort heißt, die Pressefreiheit dürfe »unter keinen Umständen und in keiner Weise durch vorbeugende Maßregeln, namentlich Zensur, Konzessionen, Sicherheitsbestellungen, Staatsauflagen, Beschränkungen der Druckereien oder des Buchhandels, Postverbote oder andere Hemmungen des freien Verkehrs beschränkt, suspendiert oder aufgehoben werden«, so wird hier das ganze obrigkeitsstaatliche Arsenal zur Unterdrückung der Pressefreiheit im Vormärz vorgeführt.[136]

Eine **Nachzensur** ist demgegenüber nicht nur zulässig, sondern auch erforderlich, weil andernfalls Jugend- und Ehrschutz verfahrensmäßig nicht umgesetzt werden könnten. Das **466** in § 18 JuSchG vorgesehene Verfahren der Indizierung verstößt deshalb nicht gegen das Zensurverbot, weil es nicht *vor* der Verbreitung durchgeführt wird bzw. deren Voraussetzung ist. Die *ipso iure* eintretenden Einschränkungen des § 15 Abs. 2 JuSchG treten demgegenüber gerade ohne behördliche Prüfung ein und sind deshalb – weil vom Evidenzprinzip beherrscht – unbedenklich. Nicht frei von Bedenken sind demgegenüber Verfahren, die rechtlich oder in ihren rechtstatsächlichen Auswirkungen der Verbreitung vorgeschaltet sind.

Im Ausgangsfall findet eine **Kontrolle** vor der Aufführung (Verbreitung) des Films statt. Die Auf- **467** fassung des Bundesverfassungsgerichts, das Zensurverbot sei grundsätzlich durch das in § 6 JÖSchG (jetzt § 11 JuSchG) vorgesehene Verfahren nicht verletzt, weil kein Verleiher verpflichtet sei, sich diesem Verfahren zu unterwerfen[137], überzeugt nicht. Zum einen besteht ein *rechtlicher* Hinderungsgrund, Filme vor Kindern und Jugendlichen zu verbreiten, weil nicht gekennzeichnete Filme nicht vor Jugendlichen und Kindern aufgeführt werden dürfen und Zuwiderhandlungen eine Ordnungswidrigkeit darstellen (§ 28 Abs. 1 Nr. 14 JuSchG). Tatsächlich wird die Kennzeichnung nach § 14 JuSchG auch regelmäßig beantragt, weil die Aufführung ohne Kennzeichnung mit hohen (wirtschaftlichen und strafrechtlichen) Risiken belastet ist. Die im Sinne des Jugendschutzes als wünschenswert anzusehende Praxis ändert nichts an der Friktion mit dem Zensurverbot.

In der Rechtswirklichkeit besteht somit eine (in Art. 118 Abs. 2 Satz 1 WRV ausdrücklich **468** vorgesehene) **Ausnahme vom Zensurverbot** für Filme.[138] Die Auffassung des Bundesverfassungsgerichts, nach der ein Verstoß gegen Art. 5 Abs. 1 Satz 3 GG erst durch die **Einziehung** gegeben ist[139], vermag nicht zu überzeugen. Konstruktiv bliebe nur der Rückgriff auf Art. 5 Abs. 2 GG, um die im Interesse eines wirksamen Jugendschutzes unverzichtbare Präventivkontrolle zu rechtfertigen. Alternativ müsste eine Ergänzung des Art. 5 Abs. 1 Satz 3 GG nach dem Muster der Weimarer Verfassung gefordert werden. Eine dritte Möglichkeit bestünde darin, die Kennzeichnung nach § 14 JuSchG in der Weise zu privatisieren, dass *nur* die Freiwillige Selbstkontrolle der Filmwirtschaft entscheidet und sich die Filmverleiher und Filmtheaterbesitzer diesen Entscheidungen unterwerfen.

VII. Freiheit der Kunst (Art. 5 Abs. 3 Satz 1 GG)

Fall 31: **469**
1963 kündigte der N.-Verlag an, er werde den Roman von Klaus Mann »Mephisto – Roman einer Karriere« veröffentlichen. Daraufhin erhob der Adoptivsohn und Erbe von Gustaf Gründgens Klage auf Unterlassung, die er im Wesentlichen damit begründete, der Roman vermittele ein ver-

---

135 So BVerfGE 33, 52 (72).
136 Vgl. ausführlich *H. Rieder*, Die Zensurbegriffe des Art. 118 II der Weimarer Reichsverfassung und des Art. 5 I 3 des Bonner Grundgesetzes (1970), S. 57 ff.
137 Vgl. BVerfGE 87, 209 (230).
138 Bedenken auch bei *R. Herzog*, in: Maunz/Dürig, GG, Art. 5 Abs. I, II Rdnr. 284.
139 BVerfGE 87, 209 (230).

fälschtes, grob ehrverletzendes Persönlichkeitsbild des Künstlers. Frei erfundene Details seien mit Tatsachen vermischt, der Bezug zu Gründgens' Leben ständig erkennbar, so dass beim unbefangenen Leser der Eindruck entstehen müsse, es handele sich um eine Biographie. Hierdurch würden das Persönlichkeitsrecht des Künstlers, das über den Tod hinauswirke, und das Andenken an den Künstler in nachhaltiger Weise verletzt. Der Verlag wendet ein, es handele sich bei dem Roman um ein Kunstwerk, das verfassungsrechtlich in besonderer Weise geschützt sei. Der Autor selber habe klargestellt, dass er keine Biographie habe schreiben wollen. Dem Roman sei der Vermerk angefügt, alle Personen des Buches stellten »Typen dar, nicht Porträts«.

(BVerfGE 30, 173)

1. Grundrechtsträger

470　Grundrechtsträger der Kunstfreiheit ist in erster Linie der **Künstler**, also jeder, der ein Kunstwerk schafft. Träger der Kunstfreiheit sind darüber hinaus die **Mittler** der Kunst, deren Tätigkeit Voraussetzung dafür ist, dass sich Kunst entfalten kann, insbesondere ihr Publikum findet.[140] Insoweit ist die Kunstfreiheit nicht auf natürliche Personen beschränkt, sondern ihrem Wesen nach auch auf juristische Personen anwendbar (Art. 19 Abs. 3 GG), wenn diese zur Entstehung von Kunstwerken beitragen.[141]

471　Im Ausgangsfall kann sich der N.-Verlag – auch wenn er in der Rechtsform einer juristischen Person des Privatrechts betrieben wird – auf die Freiheit der Kunst berufen. Verlage sind unentbehrliche Mittler der Kunstgattung Literatur, weil deren Wirkung naturgemäß in die Breite zielt.

2. Grundrechtsinhalt

a) Schutzgut

472　Der Begriff »Kunst« im Sinne des Art. 5 Abs. 3 GG gehört zu den dogmatisch umstrittensten Begriffen des Grundrechtsteils. Das Bundesverfassungsgericht hat sich mit der folgenden Umschreibung zu helfen versucht:

»Der Lebensbereich »Kunst« ist durch die vom Wesen der Kunst geprägten, ihr allein eigenen Strukturmerkmale zu bestimmen. Von ihnen hat die Auslegung des Kunstbegriffs der Verfassung auszugehen. Das Wesentliche der künstlerischen Betätigung ist die freie schöpferische Gestaltung, in der Eindrücke, Erfahrungen, Erlebnisse des Künstlers durch das Medium einer bestimmten Formensprache zu unmittelbarer Anschauung gebracht werden. Alle künstlerische Tätigkeit ist ein Ineinander von bewußten und unbewußten Vorgängen, die rational nicht aufzulösen sind. Beim künstlerischen Schaffen wirken Intuition, Phantasie und Kunstverstand zusammen; es ist primär nicht Mitteilung, sondern Ausdruck, und zwar unmittelbarster Ausdruck der individuellen Persönlichkeit des Künstlers.«[142]

473　Ersichtlich handelt es sich hierbei nicht um eine *Definition* des Kunstbegriffs, sondern um eine *Paraphrase*. Dieser Umstand könnte für die verbreitete Meinung sprechen, Kunst entziehe sich der Definition bzw. jede Definition sei bereits eine Einschränkung der Kunst.[143] Folgerichtig wäre potentiell *jedermann* Künstler und jede als solche bezeichnete menschliche Aktivität *Kunst*, das Grundrecht aus Art. 5 Abs. 3 GG also im Ergebnis ein »Jedermann-Recht«.[144] Ein derart **weites** – bis unbegrenztes – **Verständnis** führt zu keinem

---

140　Vgl. *I. Pernice*, in: Dreier (Hrsg.), GG Bd. I, Art. 5 III (Kunst) Rdnr. 27 m. w. N.

141　Vgl. *C. Starck*, in: v. Mangoldt/Klein/Starck, GG Bd. 1, Art. 5 Rdnr. 323.

142　So BVerfGE 30, 173 (188 f.).

143　Vgl. hierzu BVerfGE 67, 213 (225); 75, 369 (377); für ein »Definitionsverbot« *W. Knies*, Schranken der Kunstfreiheit als verfassungsrechtliches Problem, S. 217 f.

144　Vgl. *C. Starck*, in: v. Mangoldt/Klein/Starck, GG Bd. 1, Art. 5 Rdnr. 298; zur »Subjektivierung« der Kunst vgl. *D. Wellershoff*, Merkur 1975, S. 740: »Alles ist Kunst, jeder ist ein Künstler.«

Kunstbegriff, sondern verzichtet auf einen solchen.[145] Für die »Kunstszene« mag ein temporärer Verzicht auf den Kunstbegriff – namentlich in Zeiten ästhetischer Unsicherheit – empfehlenswert oder gar aus Markterwägungen heraus geboten sein. Die Verfassungsdogmatik kann auf eine Begriffsbestimmung dagegen nicht verzichten, weil mit einer begrifflichen Auflösung des Schutzguts notwendig die Auflösung der Normativität des Grundrechts einherginge.[146] Es besteht deshalb für die rechtsanwendenden Organe ein »Definitionsgebot«[147], jedenfalls keine verfassungsrechtlich legitimierbare Möglichkeit, einer Definition auszuweichen. Hierbei kann es selbstverständlich keinen »Definitionsherrn« geben[148], wie es auch keine »Definitionsmacht« geben kann. Stets sind die staatlichen Gerichte – im Verfassungsrecht letztlich das Bundesverfassungsgericht – für die Auslegung von Rechtsbegriffen zuständig.[149] Die Frage kann allein sein, ob Gerichte eine so weite Interpretation wählen (müssen), dass sich im Ergebnis jedermann auf das Grundrecht berufen kann. Vier unterschiedliche Gründe sprechen gegen diese – in der Rechtsprechung des Bundesverfassungsgerichts unzweifelhaft vorhandene[150] – Tendenz:

– In der gesamten Kulturgeschichte hat es Kunst und ein Wissen der Menschen über Kunst gegeben. **474** Auch wenn es vorherrschende ästhetische Strömungen oder Geschmacksrichtungen gab, liefert die Kunstgeschichte doch unendlich viel Anschauung dafür, was Kunst ist.

– In der Verlegenheit um eine Definition spiegelt sich im Grunde nur die Krise der Gegenwartsästhe- **475** tik wider, die ersichtlich die Mitte zwischen Kunst und Kommerz verloren hat. Es geht also gar nicht darum, dass die ästhetischen Kategorien der Kunstgeschichte völlig unbrauchbar geworden seien, sondern um deren behutsame Erweiterung und die Einbeziehung »neuer« Kunstrichtungen.

– Der Bezug zur Kunstgeschichte zeigt auch, dass Kunst nicht beliebig vermehrbar ist, die Freiheit der **476** Kunst insofern auf eine bestimmte Gruppe – nämlich die Kunstschaffenden – beschränkt bleibt. Dies ist verfassungsrechtlich so gewollt, weil die Kunstfreiheit keinen (ausdrücklichen) Schranken unterworfen worden ist. Dieser Umstand spricht entscheidend dafür, dass der Verfassungsgeber Sozialkonflikte – wie sie für die Schutzgüter des Art. 5 Abs. 1 GG typisch sind – in diesem Bereich *nicht* hat erkennen können.

– Die Freiheit der *Wissenschaft*, die mit der Kunst ja gewissermaßen in einem Atemzug genannt wird, **477** teilt mit dieser ihren »elitären« Charakter, ist aber hinsichtlich ihres Gegenstands Objektivierungen zugänglich. Die *scientific community* würde sich vermutlich verbitten, dass »jedermann« potentiell Wissenschaftler ist, nur weil er etwas *weiß*.

Der letztgenannte Gesichtspunkt lässt es auch als notwendig erscheinen, die Kunst **478** nicht lediglich von »Nicht-Kunst«, sondern auch von Wissenschaft zu unterscheiden. Kunst ist **Schöpfung** oder **schöpferische Interpretation** von Kunstwerken.[151] Kunstwerke wiederum sind eigenständige Emanationen des Geistes in den anerkannten Kunstdisziplinen oder solchen, die in der Anerkennung begriffen sind.[152] Hierbei ist auf das **Urteil der Kunstschaffenden** und eines künstlerisch aufgeschlossenen Publikums abzustellen.[153]

---

145 Vgl. *R. Scholz*, in: Maunz/Dürig, GG, Art. 5 Abs. III Rdnr. 26; *J. Isensee*, Kunstfreiheit im Streit mit Persönlichkeitsschutz, AfP 1993, S. 622 jeweils m. w. N.

146 Ähnlich *E. Denninger*, in: HdStR VI, § 146 Rdnr. 3; *C. Starck*, in: v. Mangoldt/Klein/Starck, GG Bd. 1, Art. 5 Rdnr. 298.

147 So *R. Scholz*, in: Maunz/Dürig, GG, Art. 5 Abs. III Rdnr. 25.

148 Insoweit missverständlich *H. Bethge*, in: Sachs (Hrsg.), GG, Art. 5 Rdnr. 184.

149 Vgl. grundsätzlich hierzu *J. Isensee*, Wer definiert die Freiheitsrechte? (1980).

150 Vgl. z. B. BVerfGE 67, 213 (224 f.).

151 Vgl. auch *I. Pernice*, in: Dreier (Hrsg.), GG Bd. I, Art. 5 III (Kunst) Rdnr. 19; *E. G. Mahrenholz*, in: Benda/Maihofer/Vogel (Hrsg.), HdVerfR, § 26 Rdnr. 37 ff.

152 Formale Ansätze klingen auch in BVerfGE 81, 278 (291); 83, 130 (138 f.) an. Zur Gattungstypik vgl. etwa *F. Müller*, Strafrecht, Jugendschutz und Freiheit der Kunst, JZ 1970, S. 89.

153 Vgl. hierzu *E. Denninger*, in: HdStR VI, § 146 Rdnr. 17.

479   Im Ausgangsfall handelt es sich um ein Kunstwerk (was in den Verfahren auch niemals bezweifelt worden ist), nämlich um eine eigenständige Schöpfung auf dem Gebiet der Literatur, die der Literaturgattung »Roman« zuzuordnen ist.

480   Das Bundesverfassungsgericht hat mit einer klassischen Alliteration neben dem »**Werkbereich**« auch den »**Wirkbereich**« der Kunst dem »Schutzbereich« des Grundrechts zugeordnet.[154] Im Grunde wird damit Selbstverständliches betont, denn dass der Künstler in der Abgeschiedenheit seines Ateliers oder Arbeitszimmers ein Werk *erschaffen* kann, ist nur unter totalitären Regimes zu verhindern versucht worden (Malverbot, Schreibverbot). Die *Freiheit* der Kunst erweist sich deshalb in erster Linie in der Freiheit der öffentlichen Darstellung und Verbreitung. Die lange Reihe der Literaturskandale oder anderer Kunstskandale legt beredtes Zeugnis dafür ab, mit welchen Mitteln die Obrigkeit zu allen Zeiten versucht hat, die Wirkung von Kunst zu behindern.

b)   Schutzrichtung

481   Art. 5 Abs. 3 GG gehört zu den Grundrechten des *status negativus*, ist also ein Abwehrrecht gegenüber staatlichen Maßnahmen, die in das geschützte Rechtsgut eingreifen. Art. 5 Abs. 3 GG begründet demgegenüber keine Leistungsansprüche von Künstlern auf individuelle Förderung.[155] Dass es einem »Kulturstaat« gut ansteht, die Künste zu fördern, versteht sich von selbst; Art. 5 Abs. 3 GG räumt ein **Leistungsrecht** indes nicht ein.[156]

3.   Grundrechtseinschränkungen

482   Die Freiheit der Kunst ist **vorbehaltlos** garantiert.[157] Der Verfassungsgeber hat ersichtlich weder Eingriffe noch andere Einschränkungen der Kunstfreiheit für erforderlich gehalten. Die Position des Bundesverfassungsgerichts ist von dem Widerspruch gekennzeichnet, dass einerseits die Schranken des Art. 5 Abs. 2 GG auf die Freiheit der Kunst für nicht anwendbar erklärt[158], tatsächlich aber angewandt worden sind:

483   – Das Bundesverfassungsgericht hat eine Collage, auf der dargestellt war, wie auf die Bundesfahne uriniert wird, einerseits als Kunstwerk eingestuft, eine Bestrafung nach § 90 a StGB aber für möglich gehalten.[159] In der Sache wird damit ein (im Sinne der Verfassungsrechtsprechung) *allgemeines* Gesetz auf die Kunstfreiheit angewandt.

484   – In der »Mutzenbacher-Entscheidung«[160] schließt das Bundesverfassungsgericht nicht aus, dass ein pornographischer Roman Kunst im Sinne des Art. 5 Abs. 3 GG sei. Gleichwohl wird es für möglich gehalten, dass ein solches Kunstwerk als offensichtlich jugendgefährdend *ipso iure* Verbreitungsbe-

---

154 So BVerfGE 30, 173 (189); 67, 213 (224).
155 Vgl. BVerwG, NJW 1980, S. 718; *I. Pernice*, in: Dreier (Hrsg.), GG Bd. I, Art. 5 III (Kunst) Rdnr. 45; *R. Scholz*, in: Maunz/Dürig, GG, Art. 5 Abs. III Rdnr. 6, 40.
156 Vgl. aber BVerfGE 36, 321 (331): »Die Verfassungsnorm hat aber nicht nur diese negative Bedeutung. Als objektive Wertentscheidung für die Freiheit der Kunst stellt sie dem modernen Staat, der sich im Sinne einer Staatszielbestimmung auch als Kulturstaat versteht, zugleich die Aufgabe, ein freiheitliches Kunstleben zu erhalten und zu fördern.« Abgesehen davon, daß diese Entscheidung unter anderen wirtschaftlichen Rahmenbedingungen ergangen ist, lassen sich hieraus jedenfalls keine subjektiven Rechte ableiten.
157 Vgl. *C. Starck*, in: v. Mangoldt/Klein/Starck, GG Bd. 1, Art. 5 Rdnr. 328; *I. Pernice*, in: Dreier (Hrsg.), GG Bd. I, Art. 5 III (Kunst) Rdnr. 31 jeweils m. w. N.; a. A. *K. A. Bettermann*, Grenzen der Grundrechte (2. Aufl. 1976), S. 27 f.; *W. Knies*, NJW 1970, S. 17.
158 So BVerfGE 30, 173 (191); 47, 327 (368); 67, 213 (228) st. Rspr.
159 Vgl. BVerfGE 81, 278 (292 ff.).
160 Vgl. BVerfGE 83, 130.

schränkungen unterliegt.[161] Ersichtlich wird damit die Schranke der »gesetzlichen Bestimmungen zum Schutze der Jugend« auf die Kunst angewandt.

– Im Ausgangsfall hat das Bundesverfassungsgericht die Entscheidung des Bundesgerichtshofs[162] im Ergebnis bestätigt, mit der dem Verlag die Verbreitung des Romans untersagt wurde. Begründet wird die Entscheidung im Wesentlichen damit, dass der Roman, obwohl »Kunstwerk«, den verstorbenen Gustaf Gründgens in seinem (postmortalen) Persönlichkeitsrecht verletze.[163] In der Sache wird hier die Schranke des »Rechts der persönlichen Ehre« auf die Kunstfreiheit angewandt.   **485**

Das Bundesverfassungsgericht betont zwar stets, dass nur »**verfassungsrechtlich geschützte Güter**« die Kunstfreiheit einzuschränken vermöchten[164]. Hiermit ist freilich der offensichtliche Widerspruch in der Rechtsprechung nicht aufgelöst, denn sämtliche Eingriffs- und Schrankenvorbehalte dienen dem Schutz verfassungsrechtlich anerkannter Rechtsgüter, weil sie andernfalls in der Verfassung nicht eigens erwähnt worden wären. Die Rechtsprechung des Bundesverfassungsgerichts steht deshalb nicht nur im Widerspruch zu den eigenen dogmatischen Prämissen – Nichtanwendbarkeit des Art. 5 Abs. 2 GG –, sondern geht in der Tendenz über diese Schranken hinaus, indem auch »andere verfassungsrechtlich geschützte Güter« zur Einschränkung der Kunstfreiheit herangezogen werden.[165]   **486**

Im Ausgangsfall hätte deshalb – wie die beiden dissentierenden Richter zutreffend ausgeführt haben[166] – die Entscheidung des Bundesgerichtshofs aufgehoben werden müssen.   **487**

Ob die Kunstfreiheit »**immanenten Schranken**« unterliegt und wie weit diese zu ziehen sind, muss an dieser Stelle offen bleiben. Ersichtlich besteht ein dogmatischer Zusammenhang dergestalt, dass die Schranken um so enger zu ziehen sind, je weiter das Schutzgut interpretiert wird. Die in der Rechtssprechung zuweilen spürbare **Schutzbereichsrhetorik** vermag ihre Versprechungen regelmäßig nicht einzulösen, denn letztlich kommt es auf die Abwägung des Bundesverfassungsgerichts im Einzelfall an. Vielfach wird es sich indes überhaupt nicht um ein Schrankenproblem handeln, weil Art. 5 Abs. 3 Satz 1 GG zwar die Freiheit der Kunst gewährleistet, nicht aber die Freiheit, die Rechte anderer zu beeinträchtigen.   **488**

Im Fall des »Sprayers von Zürich« war ein Schweizer Künstler zu einer Freiheitsstrafe verurteilt worden, weil er in mehr als 100 Fällen öffentliche und private Bauwerke in Zürich und anderen Orten in der Schweiz mit Figuren besprüht und insofern eine fortgesetzte Sachbeschädigung begangen hatte. Der Künstler setzte sich in die Bundesrepublik ab, woraufhin die Schweiz ein Auslieferungsbegehren stellte. Das zuständige Oberlandesgericht erklärte die Auslieferung für zulässig, weil Art. 5 Abs. 3 Satz 1 GG einem Künstler nicht gestatte, sich über die Eigentumsrechte anderer hinwegzusetzen. Das Bundesverfassungsgericht nahm die hiergegen erhobene Verfassungsbeschwerde nicht zur Entscheidung an.[167]   **489**

---

161 Vgl. BVerfGE 83, 130 (139 f.).
162 BGHZ 50, 133.
163 Vgl. BVerfGE 30, 173 (193 ff.).
164 So BVerfGE 30, 173 (193); 67, 213 (228); 81, 278 (292); 83, 130 (139).
165 Kritisch auch *H. Bethge*, in: Sachs (Hrsg.), GG, Art. 5 Rdnr. 198; *R. Wendt*, in: v. Münch / Kunig (Hrsg.), GG Bd. 1, Art. 5 Rdnr. 96.
166 Vgl. die abweichenden Voten in BVerfGE 30, 173 (200 ff. u. 218 ff.).
167 Vgl. BVerfG (Vorprüfungsausschuss), NJW 1984, S. 1293 (1294): »Diese Gewährleistung hat das Grundgesetz mit keinem Vorbehalt versehen; ihre Reichweite erstreckt sich aber von vornherein nicht auf die eigenmächtige Inanspruchnahme oder Beeinträchtigung fremden Eigentums zum Zwecke der künstlerischen Entfaltung (...).«

4. Grundrechtskonkurrenzen

490 Der **privilegierende Charakter** der Kunstfreiheit wirft die Frage nach dem Verhältnis zu den Grundrechten nach Art. 5 Abs. 1 GG auf. Zwar enthält das Grundgesetz keine ausdrücklichen Vorschriften über Konkurrenzen, so dass grundsätzlich das gleiche Handeln durch mehrere Grundrechte geschützt sein kann. Anders verhält es sich freilich, wenn diese Grundrechte unterschiedliche Vorbehalte aufweisen bzw. vorbehaltslose Gewährleistungen auf solche treffen, die eingeschränkt werden können.

491 Das Bundesverfassungsgericht hält die Kunstfreiheit im Verhältnis zu Art. 5 Abs. 1 GG stets für das **speziellere Grundrecht**[168], erkauft sich diese scheinbar schlüssige Konzeption allerdings mit aus diffusen»Verfassungsgütern« abgeleiteten Schranken. Nicht nur wegen der hierin liegenden dogmatischen Inkonsequenz, sondern auch aus einer weiteren grundsätzlichen Erwägung ist der Position des Bundesverfassungsgerichts zu widersprechen. Das Grundgesetz verfasst eine privilegienfeindliche Demokratie. Privilegien sind rechtliche Begünstigungen, die sich am Maßstab des Gleichheitssatzes nicht rechtfertigen lassen. Vor diesem Hintergrund muss es als bedenklich erscheinen, dass jede **Meinungsäußerung**, die durch ein künstlerisches Medium erfolgt, der Kunstfreiheit zugerechnet wird.[169]

492 – Im Bundestagswahlkampf 1980 fand ein von politischen Gegnern des damaligen Kanzlerkandidaten der CDU/CSU, Franz-Josef Strauß, initiierter»Anachronistischer Zug« statt, der – dem Gedicht von Bertolt Brecht folgend – die Gefahren einer Zusammenarbeit zwischen Großkapital und Nationalsozialismus geißelte. Der»Anachronistische Zug« folgte einem Regiebuch und bestand aus einer Reihe der in dem Gedicht genannten Figuren, die jeweils auf bestimmte Stichworte hin auftraten.[170]

493 – Die Zeitschrift»konkret« veröffentlichte im Juli 1980 eine Karikatur, in der der bayerische Ministerpräsident als Schwein dargestellt wurde, das mit einem anderen, in Richterrobe und Barett gekleideten Schwein kopulierte.[171]

494 In beiden Fällen sind künstlerische Elemente im politischen Meinungskampf eingesetzt worden. Dass dies legitim ist und gerade der Künstler (und Wissenschaftler) zur Belebung der politischen Debatte beizutragen vermag, unterliegt keinem Zweifel. Gleichwohl steht in der politischen Auseinandersetzung die **Meinungsäußerung** so stark im Vordergrund, dass das künstlerische Element instrumentalisiert wird und damit notwendig zurücktritt. Der Schwerpunkt derartigen Handelns liegt deshalb eindeutig im Bereich der durch Art. 5 Abs. 1 Satz 1 GG geschützten Meinungsfreiheit.[172] Allein das künstlerische *Element* von Stellungnahmen im Meinungskampf vermag die Einschlägigkeit des Art. 5 Abs. 3 Satz 1 GG nicht zu begründen.

495 Richtigerweise wäre in *beiden* Fällen Art. 5 Abs. 1 Satz 1 GG herangezogen worden, weil ersichtlich die Meinungsäußerung im Vordergrund stand. Die künstlerische Verfremdung bzw. die besondere Form der satirischen Zeichnung hätte bei der Abwägung zwischen der Meinungsfreiheit und dem Ehrschutz berücksichtigt werden müssen. Es darf die Prognose gewagt werden, dass die Ergebnisse sich nicht von denen des Bundesverfassungsgerichts unterschieden hätten, dafür aber dogmatisch besser zu begründen gewesen wären.

---

168 Vgl. BVerfGE 30, 173 (200); 32, 52 (70 f.); 67, 213 (222); 75, 369 (377).

169 Gegen eine Rechtsvermutung »In dubio pro arte« auch: *R. Scholz*, in: Maunz/Dürig, GG, Art. 5 Abs. III Rdnr. 27; *W. Geiger*, Zur Diskussion über die Freiheit der Kunst, in: Festschrift für G. Leibholz (1966), S. 190.

170 Vgl. BVerfGE 67, 213.

171 Vgl. BVerfGE 75, 369.

172 So zutr. BayVGH, NJW 1981, S. 2429; a. A. *E. Denninger*, in: HdStR VI, § 146 Rdnr. 15; *I. Pernice*, in: Dreier (Hrsg.), GG Bd. I, Art. 5 III (Kunst) Rdnr. 24; zu den Tendenzen in der Rechtsprechung vgl. *F. Henschel*, NJW 1990, S. 1943.

VIII. Freiheit der Wissenschaft (Art. 5 Abs. 3 GG)

Fall 32:   496
A ist Autor und Verleger des Buches »Wahrheit für Deutschland – Die Schuldfrage des Zweiten
Weltkrieges«. Der Klappentext des Buches beginnt mit dem Satz: »Die These von der Schuld
Deutschlands am Zweiten Weltkrieg ist widerlegt«. In dem Buch vertritt A die Auffassung, dass
der Zweite Weltkrieg dem Deutschen Reich von dessen Kriegsgegnern aufgezwungen worden
sei, und versucht, dies mit zahlreichen Beispielen zu stützen. Die Bundesprüfstelle nimmt das
Buch in die Liste der jugendgefährdenden Schriften mit der Begründung auf, das Buch stelle die
Ursachen des Zweiten Weltkrieges unrichtig dar und erwecke den Eindruck, der Krieg sei eine
dem deutschen Volk aufgezwungene Notwehrhandlung gewesen. Es betreibe Werbung für das NS-
Regime und verharmlose dieses. Der Verfasser rechne die industriemäßig betriebene Vergasung
mehrerer Millionen Juden mit den Kriegsverbrechen anderer auf und verknüpfe die Verantwortung hierfür mit der Kriegsschuldfrage.

(BVerfGE 90, 1)

1. Grundrechtsträger

Grundrechtsträger der Wissenschaftsfreiheit sind die **Wissenschaftler**. Wissenschaftler   497
sind die (natürlichen) Personen, die wissenschaftlich tätig sind.[173] Auch **juristische Personen des Privatrechts** sind Träger des Grundrechts aus Art. 5 Abs. 3 GG, soweit sie selbst
Wissenschaft betreiben (Institute) oder die Wissenschaft fördern (Wissenschaftsorganisa-
tionen)[174], weil auf sie die Wissenschaftsfreiheit ihrem Wesen nach anwendbar ist (Art. 19
Abs. 3 GG). Träger der Wissenschaftsfreiheit sind schließlich die **wissenschaftlichen
Hochschulen**, auch soweit sie juristische Personen (Anstalten oder Körperschaften) des *öffentlichen* Rechts sind[175] (»Grundrecht der deutschen Universität«[176]).

A könnte grundsätzlich Träger des Grundrechts aus Art. 5 Abs. 3 Satz 1 GG sein, weil wissenschaft-   498
liche Tätigkeit sich nicht notwendig in Institutionen vollziehen muss. Auch der Privatgelehrte ist
Wissenschaftler.[177]

2. Grundrechtsinhalt

a) Schutzgut

Schutzgut des Art. 5 Abs. 3 Satz 1 GG ist neben der Kunstfreiheit die Freiheit von Wissen-   499
schaft, Forschung und Lehre. Forschung und Lehre stehen als Schutzgüter nicht neben
oder außerhalb der Wissenschaft; gemeint sind vielmehr die *wissenschaftliche* Forschung
und Lehre und damit die beiden Säulen der Wissenschaft.[178]

Bei der **Definition des Wissenschaftsbegriffs** ergeben sich ähnliche Schwierigkeiten wie   500
beim Kunstbegriff. Das Bundesverfassungsgericht hat Wissenschaft als

---

173 So BVerfGE 15, 256 (263 f.); 35, 79 (112); 88, 129 (136); *C. Starck*, in: v. Mangoldt/Klein/Starck, GG
 Bd. 1, Art. 5 Rdnr. 405; *I. Pernice*, in: Dreier (Hrsg.), GG, Art. 5 III (Wissenschaft) Rdnr. 34.
174 Vgl. *T. Oppermann*, in: HdStR VI, § 145 Rdnr. 35; *I. Pernice*, in: Dreier (Hrsg.), GG Bd. I, Art. 5 III
 (Wissenschaft) Rdnr. 35; *R. Scholz*, in: Maunz/Dürig, GG, Art. 5 Abs. III, Rdnr. 125.
175 Vgl. BVerfGE 15, 256 (262); 21, 362 (373).
176 So *R. Smend*, Das Recht der freien Meinungsäußerung, VVDStRL 4 (1928), S. 57.
177 Vgl. *H. Bethge*, in: Sachs (Hrsg.), GG, Art. 5 Rdnr. 209; eingehend *C. D. Classen*, Wissenschaftsfreiheit außerhalb der Hochschule, S. 107 ff.
178 Vgl. BVerfGE 35, 79 (113); *I. Pernice*, in: Dreier (Hrsg.), GG Bd. I, Art. 5 III (Wissenschaft) Rdnr. 24;
 R. Wendt, in: v. Münch/Kunig (Hrsg.), GG Bd. 1, Art. 5 Rdnr. 100; differenzierend *A. Blankenagel*,
 AöR 105 (1980), S. 70.

»die auf wissenschaftlicher Eigengesetzlichkeit beruhenden Prozesse, Verhaltensweisen und Entscheidungen bei der Suche nach Erkenntnissen, ihrer Deutung und Weitergabe«[179]

umschrieben, freilich eingeschränkt dadurch, dass der Schutz des Grundrechts weder von der Richtigkeit der Methoden und Ergebnisse noch von der Stichhaltigkeit der Argumentation und Beweisführung abhänge.[180] Die Wissenschaftsfreiheit schütze daher auch Mindermeinungen sowie Forschungsansätze und -ergebnisse, die sich als irrig oder fehlerhaft erwiesen; Voraussetzung sei nur, dass es sich um Wissenschaft handele:

». . . darunter fällt alles, was nach Inhalt und Form als ernsthafter Versuch zur Ermittlung von Wahrheit anzusehen ist (. . .).«[181]

501 Die Tendenz zum Zirkelschluss ist unübersehbar, offenbar aber – ähnlich wie bei der Kunstfreiheit – unvermeidlich. Ist diese auf die Schaffung des Kunstwerks gerichtet und um dieses höheren Zweckes willen privilegiert, so zielt alle Wissenschaft auf die **Erkenntnis der Wahrheit**.[182] Würde man das Streben nach Wahrheit aus dem Wissenschaftsbegriff eliminieren – und sei es, weil diese sich nicht definieren lässt[183] –, so würde man die Wissenschaft ihres Gegenstands berauben. Zum *genus proximum* – dem Streben nach Wahrheit – muss indes eine *differentia specifica* hinzutreten, die die Wissenschaft von anderen Versuchen zur Wahrheitserkenntnis unterscheidet. Der Unterschied zur intuitiven, rein erfahrungsbedingten oder sonst spezifisch individuellen Wahrheitserkenntnis liegt in den **wissenschaftlichen Methoden**, die als solche anerkannt sein müssen.[184] Dies schließt eine **prinzipielle Offenheit** für neue Methoden und Erkenntnisse ein.[185] Als *neu* können aber nur solche Methoden angesehen werden, die sich mit den *alten* Methoden auseinandersetzen und diese als unzureichend erkennen. Auch *neue* Erkenntnisse sind nicht um ihrer selbst willen wissenschaftlich, sondern nur weil sie aufgrund wissenschaftlicher Methoden gewonnen worden sind. Wissenschaft ist folglich ein **methodisch geleiteter** und intersubjektiv diskutierbarer **Prozess der Wahrheitsfindung**.

502 Dem Juristen, der angesichts weiter Rechtsbegriffe und – insbesondere im Staatsrecht – notwendiger Abwägungen häufig genug am Wissenschaftscharakter seiner Disziplin zweifelt, sei ins Stammbuch geschrieben, dass die Rechtswissenschaft sich so sehr von anderen Disziplinen nicht unterscheidet. Alle Rechtswissenschaft ist auf die **Erkenntnis der Gerechtigkeit** gerichtet; diese bildet gewissermaßen die »Wahrheit« der dogmatischen – also auf das *geltende* Recht bezogenen – Disziplinen. Es ist deshalb wissenschaftstheoretisch unzutreffend, den Wahrheitsbegriff der Naturwissenschaften auf die Geisteswissenschaften zu übertragen und aufgrund dieser (meist unausgesprochenen) Prämisse ihren Wissenschaftscharakter zu bestreiten.[186] Entscheidend ist vielmehr, dass sich die Erkenntnis nach anerkannten oder anzuerkennenden Methoden richtet und intersubjektiv diskutierbar bleibt.

503 C. *Starck* ist einzuräumen, dass das Element des »Wissens« (ebenfalls) prägend für die Wissenschaft ist.[187] Indes bezeichnet das vorhandene Wissen nur den *Wissensstand*, auf den sich Wissenschaft gründet. Wird das vorhandene Wissen – was oft genug geschieht –

---

179 So BVerfGE 90, 1 (11 f.).
180 Vgl. BVerfGE 90, 1 (12).
181 So BVerfGE 90, 1 (12) im Anschluss an BVerfGE 35, 79 (113); 47, 327 (376).
182 Ähnlich *I. Pernice*, in: Dreier (Hrsg.), GG, Art. 5 III (Wissenschaft) Rdnr. 24; *R. Scholz*, in: Maunz / Dürig, GG, Art. 5 Abs. III Rdnr. 101.
183 Vgl. BVerfGE 35, 79 (113); *C. Starck*, in: v. Mangoldt / Klein / Starck, GG Bd. 1, Art. 5 Rdnr. 352.
184 Vgl. *P. Kirchhof*, Wissenschaft in verfaßter Freiheit, S. 2.
185 Vgl. BVerfGE 90, 1 (12).
186 Ähnlich *T. Oppermann*, in: HdStR VI, § 145 Rdnr. 10; vgl. auch *C. D. Classen*, Wissenschaftsfreiheit außerhalb der Hochschule, S. 80 m. w. N.
187 So *C. Starck*, in: v. Mangoldt / Klein / Starck, GG Bd. 1, Art. 5 Rdnr. 353.

nur dargestellt oder neu geordnet, so bleibt der Erkenntnisfortschritt gering und der Wissenschaftscharakter fragwürdig.[188]

Im Ausgangsfall hat das Bundesverfassungsgericht – in Übereinstimmung mit dem Bundesverwaltungsgericht – darauf abgestellt, ob es sich bei dem indizierten Werk um einen ernsthaften Versuch zur Findung der Wahrheit handelt. Das Bundesverfassungsgericht hat dies verneint, weil der Autor die seiner These entgegenstehende Literatur unberücksichtigt gelassen hatte, obwohl es eine Fülle von wissenschaftlichen Untersuchungen sowie Dokumentationen, Tagebücher und Monographien gibt, die Aussagen zum Kriegswillen Hitlers und zu dessen Verantwortung für den Ausbruch des Zweiten Weltkriegs enthielten; auf diese werde nicht einmal im Quellenverzeichnis des Buches hingewiesen.[189] Zutreffend ist deshalb der Wissenschaftscharakter des Werks verneint und es allein unter dem Gesichtspunkt der Meinungsfreiheit bewertet worden.   **504**

b) Schutzrichtung

Art. 5 Abs. 3 Satz 1 GG ist in erster Linie ein **Abwehrrecht** und sichert jedem, der sich wissenschaftlich betätigt, die Freiheit von staatlicher Beschränkung zu.[190] Das Bundesverfassungsgericht betrachtet die Wissenschaftsfreiheit darüber hinaus als **Teil der objektiven Wertordnung**, »in der eine prinzipielle Verstärkung der Geltungskraft der Grundrechte zum Ausdruck kommt«.[191] Überdies wird die Wissenschaftsfreiheit als »**institutionelle Garantie**« angesehen.[192] Wieweit die Grundrechte als subjektiv-öffentliche Rechte einer solchen Verstärkung bedürfen und neben einer ernst genommenen Abwehrfunktion noch Raum für eine »institutionelle Garantie« verbleibt, mag mit einem Fragezeichen versehen werden.[193]   **505**

Im »Hochschulurteil«[194], das den Grundstein für die gegenwärtige Universitätsverfassung lieferte, hat das Bundesverfassungsgericht ausgeführt, die »Gruppenuniversität« sei im Prinzip verfassungsmäßig, eine heterogene Zusammensetzung der »Gremien« verstoße demgegenüber gegen Art. 5 Abs. 3 Satz 1 GG.[195] Nach dem »Vorschaltgesetz für ein Niedersächsisches Gesamthochschulgesetz« vom 26. Oktober 1971[196] hatten die *Hochschullehrer* in den Universitätsorganen nicht nur keine Mehrheit; die Gruppe der Hochschullehrer war überdies aus unterschiedlichen Personengruppen zusammengesetzt, so dass die Professoren in praktisch allen »Gremien« in der Minderheit waren. Das Bundesverfassungsgericht hat die entsprechenden Bestimmungen für mit Art. 5 Abs. 3 Satz 1 GG unvereinbar gehalten, weil die Gruppe der Hochschullehrer homogen zusammengesetzt sein müsse und ihr bei Entscheidungen, die unmittelbar die Forschung oder die Berufung von Hochschullehrern beträfen, ein ausschlaggebender Einfluss vorbehalten bleiben müsse.[197] Da das Bundesverfassungsgericht seinerzeit im Verfahren der Verfassungsbeschwerde zu entscheiden hatte, war nur die Verletzung *subjektiver* Rechte zu prüfen. Zu wenig beachtet worden ist bislang die Frage, wieweit das Erfordernis demokratischer Legitimation[198] der Partizipation an den Universitäten Grenzen setzt. Hierbei dürfte entscheidend sein, ob die jeweilige Sachkompetenz derjenigen, die an Entscheidungen beteiligt sind, ausreicht, um diese zu legitimieren.   **505a**

---

188 Dagegen *C. Starck*, in: v. Mangoldt/Klein/Starck, GG Bd. 1, Art. 5 Rdnr. 353 m. w. N.
189 Vgl. BVerfGE 90, 1 (14).
190 Vgl. BVerfGE 15, 256 (263); 35, 79 (114); 47, 327 (417); 88, 129 (136); 90, 1 (11).
191 So BVerfGE 35, 79 (114); 85, 360 (384); 88, 129 (136 f.).
192 Vgl. *H. Bethge*, in: Sachs (Hrsg.), GG, Art. 5 Rdnr. 202 m. w. N.; *C. Starck*, in: v. Mangoldt/Klein/Starck, GG Bd. 1, Art. 5 Rdnr. 382.
193 Vorsichtig in der Tendenz auch *C. Starck*, in: v. Mangoldt/Klein/Starck, GG Bd. 1, Art. 5 Rdnr. 346.
194 Vgl. BVerfGE 35, 79.
195 Vgl. BVerfGE 35, 79 (139 ff.).
196 Vgl. Nds. GVBl., S. 317.
197 So BVerfGE 35, 79 (80).
198 Vgl. grundlegend BVerfGE 93, 37.

3. Grundrechtseinschränkungen

506 Art. 5 Abs. 3 Satz 2 GG stellt fest, dass die Freiheit der Lehre nicht von der Treue zur Verfassung entbindet. Damit ist eine der Wissenschaftsfreiheit **immanente Missbrauchsschranke** benannt, die die Erfahrungen der Weimarer Zeit widerspiegelt.[199] Die Universitäten waren in der Weimarer Republik im Wesentlichen antirepublikanisch gesinnt, und die Professoren benutzten ihre Lehrfreiheit vielfach zur Diskreditierung der Verfassung.[200] Diese Schranke hat auch in der Gegenwart ihre Bedeutung nicht eingebüßt.

IX. Rechtsprechung

507 **Zu I.: BVerfGE** 7, 198 (»Lüth«); E 61, 1 (Wahlkampf: »CSU: NPD Europas«); E 82, 43 (Strauß-Transparent); E 82, 272 (»Zwangsdemokrat Strauß«); E 85, 1 (Kritische Bayer-Aktionäre); E 85, 23 (Rhetorische Fragen); E 85, 248 (Ärztliches Werbeverbot); E 86, 1 (Satiremagazin); E 86, 122 (Meinungsäußerung eines Berufsschülers); E 90, 241 (Leugnung der Judenverfolgung); E 93, 266 (»Soldaten sind Mörder«); E 95, 173 (Warnhinweise bei Tabakerzeugnissen); **BVerfG**, NJW 2003, S. 277 (Veröffentlichung von Ranking-Listen).

Zu II.: BVerfGE 27, 71 (Leipziger Volkszeitung); **BVerfG**, NJW 1996, S. 2858 (Parabolantenne).

Zu III.: BVerfGE 12, 113 (Schmid gegen Spiegel); E 20, 162 (Spiegelurteil); E 21, 271 (Südkurier); E 34, 269 (»Soraya«); E 38, 23 (Deutsche National-Zeitung); E 52, 283 (Tendenzschutz für Presseunternehmen); E 64, 108 (Zeugnisverweigerungsrecht von Presseangehörigen); E 66, 116 (»Wallraff«); E 77, 346 (Presse-Grossist); E 80, 124 (Staatliche Presseförderung); E 102, 347 (Benetton-Schockwerbung I); E 107, 275 (Benetton-Schockwerbung II); **BGHZ** 149, 247 (Benetton-Schockwerbung); **EGMR**, NJW 2004, S. 2647 (Caroline von Hannover).

Zu IV.: BVerfGE 12, 205 (Deutschland-Fernsehen-GmbH – 1. Fernsehurteil); E 31, 314 (Umsatzsteuer – 2. Fernsehurteil); E 35, 202 (»Lebach«); E 57, 295 (FRAG – 3. Fernsehurteil); E 73, 118 (Landesrundfunkgesetz Niedersachsen – 4. Fernsehurteil); E 74, 297 (Landesmediengesetz Bad.-Württ. – 5. Fernsehurteil); E 83, 238 (WDR-Gesetz / LRG NW – 6. Fernsehurteil); E 87, 181 (Werbeverbot – 7. Fernsehurteil); E 90, 60 (Rundfunkgebühr – 8. Fernsehurteil); E 91, 82 (Übertragung von Frequenzen); E 91, 125 (Fernsehaufnahmen im Gerichtssaal); E 92, 203 (EG-Fernsehrichtlinie); E 95, 163 (DSF); E 95, 220 (Rechte und Pflichten privater Rundfunkanstalten); E 97, 228 (Kurzberichterstattung); E 97, 298 (Bayerische Landesmedienanstalt); E 103, 44 (Fernsehaufnahmen im Gerichtssaal); E 114, 371 (»Teilnehmerentgelt«).

Zu V.: BVerwGE 1, 303 (»Die Sünderin«).

Zu VI.: BVerfGE 7, 230 (Wahlplakat); E 30, 336 (Sonnenfreunde); E 87, 209 (»Tanz der Teufel«).

Zu VII.: BVerfGE 30, 173 (»Mephisto«); E 67, 213 (»Anachronistischer Zug«); E 75, 369 (»Konkret«); E 77, 240 (Herrnburger Bericht); E 81, 278 (Verunglimpfung der Bundesflagge); E 81, 298 (Nationalhymne); E 83, 130 (»Mutzenbacher«); **BVerfG**, NJW 1984, S. 1293 (Sprayer von Zürich); NJW 2001, S. 596 (§ 90 a StGB: »Deutschland muß sterben«).

---

199 Vgl. *I. Pernice*, in: Dreier (Hrsg.), GG Bd. I, Art. 5 III (Wissenschaft) Rdnr. 41; *R. Scholz*, in: Maunz / Dürig, GG, Art. 5 Abs. III Rdnr. 198.

200 Vgl. *W. Laqueur*, Weimar. Die Kultur der Republik (1976), S. 234 f. Bezeichnend der Titel einer Schriftensammlung von *Carl Schmitt*: Positionen und Begriffe im Kampf mit Weimar – Genf – Versailles 1923–1939 (1939).

Zu VIII.: BVerfGE 35, 79 (Hochschulurteil); **E** 54, 363 (Akademische Selbstverwaltung); **E** 90, 1 (Kriegsschuldfrage).

X. Literatur

Zu I.: H.-U. Erichsen, Das Grundrecht der Meinungsfreiheit, Jura 1996, S. 84; **D. Grimm**,   508
Die Meinungsfreiheit in der Rechtsprechung des Bundesverfassungsgerichts, NJW 1995,
S. 1697; **A. Hatje**, Wirtschaftswerbung und Meinungsfreiheit (1993); **W. Hoffmann-Riem**,
Kommunikationsfreiheit für Werbung, ZUM 1996, S. 1; **S. Huster**, Das Verbot der »Au-
schwitz-Lüge«, Die Meinungsfreiheit und das Bundesverfassungsgericht, NJW 1996,
S. 487; **M. Kriele**, Ehrenschutz und Meinungsfreiheit, NJW 1994, S. 1897; **D. Merten**, Zur
negativen Meinungsfreiheit, DÖV 1990, S. 761; **W. Schmitt Glaeser**, Die Meinungsfreiheit
in der Rechtsprechung des Bundesverfassungsgerichts, AöR 113 (1988), S. 52; **ders.**, Meinungsfreiheit, Ehrenschutz und Toleranzgebot, NJW 1996, S. 873; **G. Seyfarth**, Der Einfluß
des Verfassungsrechts auf zivilrechtliche Ehrschutzklagen, NJW 1999, S. 1287; **R. Stark**,
Ehrenschutz in Deutschland (1996); **P. J. Tettinger**, Schutz der Kommunikationsfreiheiten
im deutschen Verfassungsrecht, JZ 1990, S. 846; **ders.**, Steine aus dem Glashaus, JZ 2004,
S. 1144.

Zu II.: H.-U. Gallwas, Der allgemeine Konflikt zwischen dem Recht auf informationelle
Selbstbestimmung und der Informationsfreiheit, NJW 1992, S. 2785; **P. Lerche**, Aktuelle
Grundfragen der Informationsfreiheit, Jura 1995, S. 561; **W. Schmitt Glaeser**, Das Grund-
recht auf Informationsfreiheit, Jura 1987, S. 567.

Zu III.: G. Beaucamp, Pressefreiheit im Gefängnis, JA 1998, S. 209; **K.-H. Fezer**, Imagewer-
bung mit gesellschaftskritischen Themen im Schutzbereich der Meinungs- und Pressefreiheit, NJW 2001, S. 580; **J. Hager**, Persönlichkeitsschutz gegenüber Medien, Jura 1995,
S. 566; **P. Kunig**, Die Pressefreiheit, Jura 1995, S. 589; **G. Manssen**, Verfassungswidriges
Verbot der Benetton-Schockwerbung – BVerfG, NJW 2001, 591, JuS 2001, S. 1169.

Zu IV.: M. Bullinger, Von presseferner zu pressenaher Rundfunkfreiheit, JZ 2006, S. 1137;
M. Cornils, Rundfunk-Grundversorgung durch subventionierten Privatrundfunk?,
DVBl. 2006, S. 789; **C. Engel**, Rundfunk in Freiheit, AfP 1994, S. 185; **F. Kübler**, Massenkommunikation und Medienverfassung, in: Festschrift für P. Lerche (1993), S. 649;
K. Odendahl, Das »Erste Rundfunkurteil« – Grundsatzentscheidung des BVerfG zur
Rundfunkfreiheit, JA 2002, S. 286; **W. Schmitt Glaeser**, Die Rundfunkfreiheit in der Rechtsprechung des Bundesverfassungsgerichts, AöR 112 (1987), S. 215; **C. Starck**, »Grundversorgung« und Rundfunkfreiheit, NJW 1992, S. 3257; **M. Stock**, Meinungsvielfalt und Mei-
nungsmacht, JZ 1997, S. 583; **J. Wieland**, Die Freiheit des Rundfunks (1984).

Zu V.: C. Reupert, Die Filmfreiheit, NVwZ 1994, S. 1155.

Zu VI.: G. Gornig, Die Schrankentrias des Art. 5 II GG, JuS 1988, S. 274; **B. Hoppe**, Die »allgemeinen Gesetze« als Schranke der Meinungsfreiheit, JuS 1991, S. 734; **F. Hufen**, Ehrenschutz und Meinungsfreiheit, JuS 1996, S. 738; **K. Stern**, Ehrenschutz und »allgemeine Gesetze«, in: Festschrift für H. Hübner (1985), S. 815.

Zu VII.: C. Diercksmeier, Die Würde der Kunst, JZ 2000, S. 883; **G. Gounalakis**, Freiräume
und Grenzen politischer Karikatur und Satire, NJW 1995, S. 809; **P. Häberle**, Die Freiheit
der Kunst im Verfassungsstaat, AöR 110 (1985), S. 577; **J. Hager**, Die Mephisto-Entschei-
dung des Bundesverfassungsgerichts, Jura 2000, S. 186; **J. F. Henschel**, Die Kunstfreiheit
in der Rechtsprechung des BVerfG, NJW 1990, S. 1937; **C. Hillgruber/F. Schemmer**, Darf
Satire wirklich alles?, JZ 1992, S. 946; **W. Höfling**, Zur hoheitlichen Kunstförderung,
DÖV 1985, S. 387; **U. Karpen/K. Hofer**, Die Kunstfreiheit des Art. 5 III 1 GG in der Rechtsprechung seit 1985, JZ 1992, S. 951, 1060; **W. Knies**, Schranken der Kunstfreiheit als verfassungsrechtliches Problem (1967); **H. Kobor**, Grundfälle zu Art. 5 III GG, JuS 2006, S. 593;

F. **Kübler**, Meinungsäußerung durch Kunst, in: Festschrift für E. G. Mahrenholz (1994), S. 303; P. **Lerche**, Schranken der Kunstfreiheit, BayVBl. 1974, S. 177; F. **Müller**, Freiheit der Kunst als Problem der Grundrechtsdogmatik (1969); C. **Starck**, Meinungs- und Wissenschaftsfreiheit, in: Festschrift für W. Zeidler, Bd. II (1987), S. 1539; J. **Würkner**, Was darf die Satire?, JA 1988, S. 183; **ders.**, Das Bundesverfassungsgericht und die Freiheit der Kunst (1994); G. **Zöberley**, Warum läßt sich Kunst nicht definieren?, NJW 1998, S. 1372.

Zu VIII.: A. **Blankenagel**, Wissenschaftsfreiheit aus der Sicht der Wissenschaftssoziologie, AöR 105 (1980), S. 35; C. D. **Classen**, Wissenschaftsfreiheit außerhalb der Hochschule (1994); P. **Häberle**, Die Freiheit der Wissenschaften im Verfassungsstaat, AöR 110 (1985), S. 329; K. **Hailbronner**, Die Freiheit der Forschung und Lehre als Funktionsgrundrecht (1979); P. **Kirchhof**, Wissenschaft in verfaßter Freiheit (1986); H. **Kobor**, Grundfälle zu Art. 5 III GG, JuS 2006, S. 695; M. **Nettesheim**, Grund und Grenzen der Wissenschaftsfreiheit, DVBl. 2005, S. 1072; H. H. **Rupp**,»Gruppenuniversität« und Hochschulselbstverwaltung, WissR 7 (1974), S. 89; H. H. **Trute**, Die Forschung zwischen grundrechtlicher Freiheit und staatlicher Institutionalisierung (1994); E. **Stein**, Die Wissenschaftsfreiheit der Studierenden, JA 2002, S. 253; H. **Zwirner**, Zum Grundrecht der Wissenschaftsfreiheit, AöR 98 (1973), S. 313.

§ 11 Petitionsrecht (Art. 17 GG)

Fall 33:   509

T1, T2 und T3 sitzen in Untersuchungshaft wegen des Verdachts, eine terroristische Vereinigung gegründet zu haben (§ 129 a StGB). Die Ermittlungsbehörden besitzen Anhaltspunkte dafür, dass T1, T2 und T3 aus der Haft heraus weitere Aktionen steuern und die Verteidiger hierbei Mittlerdienste leisten. Die zuständige Behörde ordnet daraufhin eine »Kontaktsperre« an (§ 31 EGGVG), aufgrund derer jede Verbindung der Gefangenen untereinander und mit der Außenwelt einschließlich des schriftlichen und mündlichen Verkehrs mit den Verteidigern unterbrochen wird. T1, T2 und T3 machen geltend, sie seien durch diese Maßnahme gehindert, gemeinschaftlich eine Petition einzubringen.

(BVerfGE 49, 24)

I. Grundrechtsträger

Träger des Grundrechts aus Art. 17 GG ist »**jedermann**«, das heißt jede natürliche Person   510
ohne Rücksicht auf Alter und Staatsangehörigkeit. Für die Annahme einer besonderen Grundrechtsmündigkeit[1] besteht keine Grundlage. Diese ist im übrigen auch nicht notwendig, weil Minderjährige nur dann Petitionen einreichen werden, wenn sie sich ihrer Bedeutung bewusst sind, im übrigen aber von ihren Sorgeberechtigten vertreten werden können. **Sonderstatusverhältnisse** beeinträchtigen die Grundrechtsträgerschaft nicht.

> Im Ausgangsfall sind T1, T2 und T3 Träger des Petitionsrechts und können entsprechende Bitten   511
> oder Beschwerden an die zuständigen Stellen und die Volksvertretung richten, obwohl sie gegen
> wärtig in Untersuchungshaft sitzen.

Petitionen können auch von **juristischen Personen des Privatrechts** eingereicht werden,   512
weil das Grundrecht »seinem Wesen nach« auf diese anwendbar ist (Art. 19 Abs. 3 GG).

II. Grundrechtsinhalt

1. Schutzgut

Schutzgut ist die Freiheit, sich einzeln oder in Gemeinschaft mit anderen mit Bitten oder   513
Beschwerden **an die zuständigen Stellen** und an die **Volksvertretung** zu wenden. Art. 17
GG stellt eine spezielle Form der Meinungsäußerungsfreiheit dar.[2] Von dieser unterscheidet sie sich durch einen speziellen Inhalt (Bitten oder Beschwerden), durch den Adressatenkreis (zuständige Stellen, Volksvertretungen) und schließlich dadurch, dass mit der Petition ein **Verfahren** eingeleitet wird.

Das Petitionsrecht gehört zum Hausgut verfassungsgeschichtlicher Überlieferung. So   514
wohl in der Paulskirchenverfassung (§ 159) als auch in der Weimarer Reichsverfassung
(Art. 126) haben sich nahezu wortgleiche Formulierungen gefunden. Auch die frühkonstitutionellen Verfassungen enthielten das Petitionsrecht.[3]

---

1 So *H. Krüger/M. Pagenkopf*, in: Sachs (Hrsg.), GG, Art. 17 Rdnr. 7; vgl. auch *H. Bauer*, in: Dreier (Hrsg.), GG Bd. I, Art. 17 Rdnr. 20 m. w. N.

2 Zur Abgrenzung zu Art. 5 Abs. 1 Satz 1 GG vgl. *H. Bauer*, in: Dreier (Hrsg.), GG Bd. I, Art. 17 Rdnr. 25 m. w. N.

3 Nachweise bei *H. Krüger/M. Pagenkopf*, in: Sachs (Hrsg.), GG, Art. 17 Rdnr. 2.

2.   Schutzrichtung

515   Das Petitionsrecht ist ein subjektiv-öffentliches Recht in erster Linie des *status positivus*, begründet also einen Anspruch gegen den Grundrechtsadressaten, die Bitten und Beschwerden entgegenzunehmen, ihren Inhalt zur Kenntnis zu nehmen und zu bescheiden. Der **Anspruch** auf **Behandlung** und **Bescheidung** – und damit auf ein positives Tun des Staates – macht die Besonderheit der Petition aus und unterscheidet sie von beliebigen kritischen Äußerungen, die – wenn sie zur Kenntnis genommen werden – zu Handlungen führen *können*, aber nicht *müssen*. Insofern ist der Begriff des subjektiven Petitionseinbringungsrechts[4] zumindest missverständlich, weil es sich nicht um eine Befugnis zum Einbringen, sondern um einen Anspruch *auf* Entgegennahme und Bescheidung handelt.

516   Auch ist es zumindest ungenau, von einem Recht auf Einbringung (des Petenten) und einer Pflicht (des Petitionsadressaten) zur Bescheidung zu sprechen.[5] Die Pflicht zur Bescheidung ergibt sich vielmehr daraus, dass das Petitionsrecht (in erster Linie) einen **Bescheidungsanspruch** enthält. Ein »Einbringungsrecht« würde für sich genommen nur den Anspruch auf Entgegennahme der Petition enthalten.

517   Auf welche Weise dem Bescheidungsanspruch im Einzelnen zu entsprechen ist, wird damit nicht festgelegt und ist nicht festlegbar. Überwiegend wird ein Hinweis auf die Art der Erledigung mit knapper Begründung für erforderlich gehalten.[6] Einzelheiten können Art. 17 GG dagegen nicht entnommen werden, weil die »Bitten und Beschwerden« völlig unterschiedlicher Natur sein können.

518   Im Ausgangsfall waren T1, T2 und T3 berechtigt, an die zuständigen Stellen eine Petition zu richten, mit sie sie auf ihre Situation aufmerksam machten. Ein Anspruch auf sofortige Weiterleitung der Petition kann dagegen aus Art. 17 GG nicht abgeleitet werden.[7] Auch begründet Art. 17 GG keinen Anspruch darauf, gemeinsam eine Petition verfassen zu können, wenn einer solchen Aktion äußere Umstände (wie Einzelhaft u. Ä.) entgegenstehen. Der Anspruch bezieht sich auf die Entgegennahme und Weiterleitung einer einzelnen oder gemeinschaftlichen Petition, nicht aber darauf, dass gemeinschaftliche Petitionen unter allen Umständen erstellt werden können. Gefangene können deshalb aus Art. 17 GG keinen Anspruch auf Kontaktaufnahme zu Mitgefangenen zum Zweck der Abfassung einer gemeinschaftlichen Petition herleiten, sofern und solange solche Kontakte mit dem Haftzweck unvereinbar sind.[8]

519   Art. 17 GG ist daneben ein Abwehrrecht, weil die Vorbereitung von Petitionen durch staatliche Maßnahmen nicht behindert werden darf und dem Petenten keine Nachteile daraus erwachsen dürfen, dass er eine Petition einbringt.[9]

III.   Grundrechtsadressaten

520   Im Unterschied zu den anderen Grundrechten, deren Adressaten nicht eigens benannt sind, richtet sich das Petitionsrecht (nur) an die »zuständigen Stellen« und an die »Volksvertretung«. »Zuständige Stellen« sind nicht allein *Behörden*, sondern alle Stellen, die öffentliche Aufgaben erfüllen. Hierzu zählen auch internationale Stellen, die allerdings durch deutsches Verfassungsrecht nicht zur Behandlung und Bescheidung verpflichtet

---

4 Vgl. *G. Dürig*, in: Maunz / Dürig, GG (Vorbearbeitung), Art. 17 Rdnr. 2.
5 So noch *P. Dagtoglou*, in: BK, GG, Art. 17 (Erstbearbeitung 1965) Rdnr. 95; zutreffend dagegen in der Zweitbearbeitung des Art. 17 (1967) Rdnr. 95: »Recht auf sachliche Erledigung der Petition«.
6 Streitig ist, ob ein Anspruch auf Begründung des Petitionsbescheides besteht: dagegen BVerfG, DVBl. 1993, S. 33; dafür *H. Bauer*, in: Dreier (Hrsg.), GG Bd. I, Art. 17 Rdnr. 33; *M. Siegfried*, DÖV 1990, S. 279 jeweils m. w. N.
7 Vgl. BVerfGE 49, 24 (57 f.).
8 Vgl. BVerfGE 49, 24 (57).
9 Zutreffend *Jarass/Pieroth*, GG, Art. 17 Rdnr. 7.

werden können.[10] Aufgrund des Art. 17 GG sind deutsche Stellen indes gehindert, Petitionen an internationale Einrichtungen zu behindern.

Unter »Volksvertretung« sind nicht allein der Bundestag, sondern auch die Landesparlamente, Gemeinde- und Kreisvertretungen zu verstehen.[11] Voraussetzung dafür, dass Volksvertretungen Petitionen behandeln und bescheiden können, ist ihre **Zuständigkeit**, die aus der Verbandszuständigkeit der jeweiligen Körperschaft folgt. Soweit Behörden oder Volksvertretungen sich als unzuständig erweisen, muss die Petition weitergeleitet oder dem Petenten die zuständige Stelle genannt werden.[12] 521

IV. Grundrechtseinschränkungen

Art. 17 GG unterliegt keinen Eingriffs- oder Schrankenvorbehalten.[13] 522

Im Ausgangsfall handelte es sich nicht um eine *Einschränkung* des Petitionsrechts, sondern darum, dass es für eine gemeinschaftliche Petition in dieser besonderen Form des Strafvollzugs an den Voraussetzungen fehlte. Das Bundesverfassungsgericht hat Art. 17 GG deshalb zutreffend nicht für verletzt gehalten.

V. Rechtsprechung

BVerfGE 2, 225 (Bescheidungspflicht); **E** 49, 24 (Kontaktsperre); **BVerfG**, DVBl. 1993, S. 32 523 (Begründung von Petitionsbescheiden).

VI. Literatur

U. F. H. Rühl, Der Umfang der Begründungspflicht von Petitionsbescheiden, DVBl. 1993, 524 S. 14; **E. Friesenhahn**, Zur neueren Entwicklung des Petitionsrechts in der Bundesrepublik Deutschland, in: Festschrift für H. Huber (1981), S. 353; **A. v. Mutius**, Zum personalen Geltungsbereich des Petitionsrechts, VerwArch 70 (1979), S. 165; **D. Neumeyer**, Rechtsschutzprobleme bei Petitionsbescheiden und der allgemeinen Leistungsklage, JuS 1979, S. 31; **M. Siegfried**, Begründungspflicht bei Petitionsbescheiden, DÖV 1990, S. 279; **W. Graf Vitzthum**, Petitionsrecht und Volksvertretung (1985); **ders./W. März**, Das Grundrecht der Petitionsfreiheit, JZ 1985, S. 809; **K. Wittrock**, Gedanken zum Petitionswesen und seiner Bedeutung, DÖV 1987, S. 1102; **U. Woike**, Die Behandlung von Petitionen durch Behörden, DÖV 1984, S. 419.

---

10 Vgl. *H. Krüger/M. Pagenkopf*, in: Sachs (Hrsg.), GG, Art. 17 Rdnr. 10.
11 Vgl. *H. Bauer*, in: Dreier (Hrsg.), GG Bd. I, Art. 17 Rdnr. 30; *H. Krüger/M. Pagenkopf*, in: Sachs (Hrsg.), GG, Art. 17 Rdnr. 10 jeweils m. w. N.
12 So die h. M.: *R. Stettner*, in: BK, GG, Art. 17 Rdnr. 79; *H. Krüger/M. Pagenkopf*, in: Sachs (Hrsg.), GG, Art. 17 Rdnr. 11; zurückhaltend dagegen: *H. Bauer*, in: Dreier (Hrsg.), GG Bd. I, Art. 17 Rdnr. 34 Fn. 114; *E. Stein*, in: AK-GG, Art. 17 Rdnr. 17; vgl. auch BVerwG, DÖV 1976, S. 315.
13 *A. A. R. Rauball*, in: v. Münch / Kunig (Hrsg.), GG Bd. 1, Art. 17 Rdnr. 16, der (allerdings ohne überzeugende Begründung) die Schranken aus Art. 2 Abs. 1 GG auf Art. 17 GG übertragen will.

§ 12 Versammlungsfreiheit (Art. 8 GG)

525

Fall 34:

D gehörte zu den Unterzeichnern eines Schreibens mit Datum von Mittwoch, dem 29. Januar 1986, das sich »An die Apartheidsgegner – politische und kulturelle Organisationen in Mannheim« richtete und mit dem der »Mannheimer Arbeitskreis gegen Apartheid« zu einer Protestversammlung gegen eine am 3. Februar 1986 beginnende Reise deutscher Polizeibeamter nach Südafrika aufrief. Die Versammlung wurde nicht angemeldet. Am 3. Februar 1986 fanden sich um die Mittagszeit etwa 20 Personen, darunter D, am Mannheimer Hauptbahnhof ein. Einige waren mit Trommeln, Trillerpfeifen und Transparenten ausgerüstet. Die Versammlung verlief friedlich und ohne Zwischenfälle. Nach Abfahrt der Polizeibeamten löste sich die Gruppe der Demonstranten auf. Das Amtsgericht befand D für schuldig, als Veranstalter und Leiter eine öffentliche Versammlung unter freiem Himmel ohne Anmeldung durchgeführt zu haben (§§ 26 Nr. 2, 14 VersG), und verurteilte ihn zu einer Geldstrafe von 40 Tagessätzen zu 35 Euro, die vom Landgericht, das im Übrigen den Schuldspruch des Amtsgerichts bestätigte, auf 25 Euro herabgesetzt wurde. D hält die Gerichtsentscheidungen für verfassungswidrig.

(BVerfGE 85, 69)

I. Grundrechtsträger

526   Träger des Grundrechts sind alle **Deutschen**. Art. 8 GG gehört damit zu den **Bürgerrechten**, die an die deutsche Staatsangehörigkeit oder den Status eines Deutschen (Art. 116 Abs. 1 GG) anknüpfen.[1] Anhaltspunkte für eine besondere Grundrechtsmündigkeit fehlen, so dass Deutsche jeden Alters Träger dieses Grundrechts sind.[2]

527   Grundrechtsträger sind auch **juristische Personen des Privatrechts**. Sie können sich zwar nicht »versammeln«, weil dies die *physische* Anwesenheit natürlicher Personen voraussetzt; juristische Personen sind aber typischerweise **Veranstalter** von Versammlungen, das Grundrecht der Versammlungsfreiheit insofern seinem Wesen nach auf sie anwendbar (Art. 19 Abs. 3 GG).[3] Auf die Rechtsform kommt es hierbei nicht an, so dass auch die Organisationsform des nicht rechtsfähigen Vereins die Grundrechtsträgerschaft nicht ausschließt.[4]

528   Im Ausgangsfall war D, dessen deutsche Staatsangehörigkeit zu unterstellen ist, Träger des Grundrechts aus Art. 8 GG. Auch der Arbeitskreis als solcher kann sich auf Art. 8 GG berufen, sofern er einen gewissen Grad an Organisation und Dauerhaftigkeit aufweist.

II. Grundrechtsinhalt

1. Schutzgut

529   Schutzgut des Art. 8 Abs. 1 GG ist die (natürliche) Freiheit, sich friedlich und ohne Waffen zu versammeln. Eine **Versammlung** ist das Zusammentreffen mehrerer Menschen in einer sie verbindenden Struktur, die regelmäßig organisatorischer Art ist. Die Versammlung unterscheidet sich von der bloßen Ansammlung, die zwar ebenfalls durch das Zusammen-

---

1 Vgl. oben Rdnr. 51.
2 Einschränkend *R. Herzog*, in: Maunz / Dürig, GG, Art. 8 Rdnr. 37.
3 Vgl. *W. Höfling*, in: Sachs (Hrsg.), GG, Art. 8 Rdnr. 47; *P. Kunig*, in: v. Münch / Kunig (Hrsg.), GG Bd. 1, Art. 8 Rdnr. 11.
4 Vgl. oben Rdnr. 52.

treffen von Menschen gekennzeichnet ist, der aber die **verbindende Struktur** fehlt. Das Bundesverfassungsgericht definiert Versammlungen weitergehend als

»örtliche Zusammenkünfte mehrerer Personen zur gemeinschaftlichen, auf die Teilhabe an der öffentlichen Meinungsbildung gerichteten Erörterung oder Kundgebung.«[5]

Auch im Schrifttum werden Versammlungen und Ansammlungen überwiegend hinsichtlich des verfolgten Zwecks unterschieden. Hiervon gehen auch das Versammlungsgesetz und die Polizei- und Ordnungsgesetze der Bundesländer[6] aus. Überzeugend ist diese Differenzierung allerdings nicht. Es besteht zwar ein prinzipieller Unterschied zwischen *Ver*sammlungen und *An*sammlungen – etwa den »Gaffern« bei Verkehrsunfällen –, weil letzteren verbindende Struktur fehlt und eine Zahl von Individuen sich unabhängig voneinander zusammengefunden hat. Die Beschränkung der Versammlungsfreiheit auf die Teilhabe an der »öffentlichen Meinungsbildung« engt demgegenüber das Schutzgut des Grundrechts zu stark ein. Überdies setzt sich das Bundesverfassungsgericht mit seiner eigenen Rechtsprechung in Widerspruch, wenn es die Versammlungsfreiheit als eine Art Verkörperlichung der Meinungsfreiheit ansieht. Die Meinungsfreiheit nämlich beschränkt sich keineswegs auf öffentliche Angelegenheiten, sondern schützt jeden denkbaren Inhalt.[7] Da überdies die Tendenz besteht, auch kommerzielle Werbung als Schutzgut der Meinungsfreiheit anzusehen[8], würde die Meinungsfreiheit erheblich weiter reichen als die auf bestimmte Themen beschränkte – und somit nur eingeschränkt »verkörperlichte« – Versammlungsfreiheit. Allerdings muss die Grenze zu rein kommerziellen »events« gezogen werden.[9] | **529a**

Regelmäßig weisen Versammlungen eine organisatorische Struktur auf, insbesondere gibt es einen **Organisator** (Veranstaltungsleiter, Verantwortlichen, Inhaber des Hausrechts, etc.). Nebensächlich ist, welche Zwecke mit dieser organisatorischen Struktur verfolgt werden. Entgegen einer verbreiteten Meinung schützt Art. 8 Abs. 1 GG keineswegs nur die **»Demonstrationsfreiheit«**, sondern **Versammlungen aller Art**, gleichgültig, ob die Teilnehmer aktive Beiträge leisten oder passiv bleiben.[10] | **530**

In der Organisation und dem Verlauf sind die Veranstaltungen politischer Parteien von anderen praktisch nicht mehr zu unterscheiden. Bewusst fügen die Parteien Elemente des kommerziellen Entertainment in ihre Programme ein. Ähnlich wie bei derartigen Veranstaltungen ist das Publikum häufig auf Applaus (oder Missfallenskundgebung) beschränkt. Hinsichtlich der Einschlägigkeit des Grundrechts kann es deshalb keinen Unterschied ausmachen, ob eine Veranstaltung einen politischen Zweck verfolgt oder nicht. | **531**

Die hier als Unterscheidungsmerkmal von *Ver*sammlung und *An*sammlung herangezogene innere Struktur besteht regelmäßig, aber nicht notwendig, in einem **Versammlungsleiter**. Das Bundesverfassungsgericht sieht zwar **»Spontanversammlungen«** dadurch gekennzeichnet, dass sie sich aus einem momentanen Anlass ungeplant und ohne Veranstalter entwickeln.[11] Die Erfahrung spricht indes dafür, dass sich auch in spontanen Versammlungen alsbald bestimmte Strukturen herausbilden. Es bedarf deshalb keines Ausfluges in die Sozialpsychologie, um zu erkennen, dass die Initiatoren von Versammlungen sich regelmäßig auch zu Wort melden und auf diese Weise zur Willensbildung der Versammlung | **532**

---

5 So BVerfGE 104, 92 (104).
6 Während für das Versammlungsrecht bislang eine (konkurrierende) Bundeskompetenz bestand (Art. 74 Abs. 1 Nr. 3 GG a. F.), unterliegen Ansammlungen dem Polizei- und Ordnungsrecht der Bundesländer. Durch die Föderalismusnovelle ist dieser Kompetenztitel gestrichen worden, so dass auch für das Versammlungsrecht nunmehr die Bundesländer zuständig sind.
7 Vgl. oben Rdnr. 385 ff.
8 Vgl. oben Rdnr. 393 f.
9 Vgl. BVerfG (1. Kammer des Ersten Senats), NJW 2001, S. 2459 (»Love Parade«, »Fuck Parade«).
10 Kritisch auch *W. Höfling*, in: Sachs (Hrsg.), GG, Art. 8 Rdnr. 16.
11 Vgl. BVerfGE 69, 315 (350 f.); 85, 69 (75).

beitragen. Eine unstrukturierte Versammlung erscheint geradezu als *contradictio in adiecto* und damit bereits begrifflich ausgeschlossen.

533 Im Ausgangsfall handelt es sich fraglos um eine Versammlung im Sinne des Art. 8 Abs. 1 GG, zu der D gemeinsam mit dem Arbeitskreis aufgerufen hat und die deshalb von vornherein eine gewisse Struktur aufweist.

534 Art. 8 Abs. 1 GG ist auf **friedliche** und **waffenlose Versammlungen** beschränkt. Das Schutzgut ist von vornherein in der Weise begrenzt, dass Teilnehmer an bewaffneten oder unfriedlichen Versammlungen sich auf den Schutz des Grundrechts nicht berufen können.[12] Zwar zählt – wie reiche Erfahrung lehrt – auch die bewaffnete und unfriedliche Versammlung zu den menschlichen Handlungs*möglichkeiten*. Sie werden aber (grund-)rechtlich nicht gewährleistet, weil es dem Recht als Friedensordnung und dem Staat als ihrem Garanten widerspräche, würde das Schutzgut weiter gezogen, dann aber aufgrund von Gesetzen »eingeschränkt« werden.

2. Schutzrichtung

535 Art. 8 Abs. 1 GG ist ein subjektiv-öffentliches Recht des *status negativus*, also ein **Abwehr-recht**.[13] Ansprüche auf staatliche Leistungen werden demgegenüber durch Art. 8 Abs. 1 GG nicht begründet.[14]

III. Grundrechtseinschränkungen

536 Während gegen **Versammlungen in geschlossenen Räumen** nur insoweit Maßnahmen ergriffen werden können, als sie nicht friedlich und waffenlos sind (vgl. etwa § 5 VersG), können **Versammlungen unter freiem Himmel** durch Gesetz oder aufgrund eines Gesetzes beschränkt werden (Art. 8 Abs. 2 GG). Zur Abgrenzung der beiden Versammlungstypen wird nicht buchstäblich auf den »freien Himmel« abgestellt, vielmehr soll die **feste Abgrenzung zur Außenwelt** maßgeblich sein, ohne dass es auf die Überdachung ankäme.[15]

537 Im Ausgangsfall haben die Gerichte ohne weiteres angenommen, dass es sich um eine Versammlung unter freiem Himmel gehandelt habe, ohne dass das Bundesverfassungsgericht dies bemängelt hätte. Gesetzt den Fall, dass die Teilnehmer der Versammlung sich erst im Bahnhofsgebäude getroffen hätten, wäre dieses Tatbestandsmerkmal nach der oben referierten Auffassung fraglich gewesen.

538 Die wichtigste Einschränkung *durch* Gesetz besteht für Versammlungen unter freiem Himmel in der generellen **Anmeldepflicht** (§ 14 VersG). Durch die Anmeldepflicht wird genau genommen nicht die Versammlungsfreiheit, wohl aber die Freiheit, sich **ohne Anmeldung oder Erlaubnis** zu versammeln, eingeschränkt. Der Umstand, dass Art. 8 Abs. 1 GG ausdrücklich auch eine **Freiheit von der Anmeldung** gewährleistet, § 14 VersG andererseits *alle* Veranstaltungen unter freiem Himmel der **Anmeldepflicht** unterwirft, hat Zweifel an der Verfassungsmäßigkeit dieser Vorschrift entstehen lassen.[16] Das Bundesverfassungs-

---

12 Vgl. W. *Hoffmann-Riem*, in: AK-GG, Art. 8 Rdnr. 22, 26; W. *Höfling*, in: Sachs (Hrsg.), GG, Art. 8 Rdnr. 26; *Jarass/Pieroth*, GG, Art. 8 Rdnr. 6.
13 Vgl. R. *Herzog*, in: Maunz/Dürig, GG, Art. 8 Rdnr. 42; H. *Schulze-Fielitz*, in: Dreier (Hrsg.), GG Bd. I, Art. 8 Rdnr. 58.
14 Vgl. R. *Herzog*, in: Maunz/Dürig, GG, Art. 8 Rdnr. 6, 42 f.; W. *Höfling*, in: Sachs (Hrsg.), GG, Art. 8 Rdnr. 40; H. *Schulze-Fielitz*, in: Dreier (Hrsg.), GG Bd. I, Art. 8 Rdnr. 112 ff. m. w. N.
15 So W. *Höfling*, in: Sachs (Hrsg.), GG, Art. 8 Rdnr. 55.
16 Vgl. W. *Höfling*, in: Sachs (Hrsg.), Art. 8 Rdnr. 58 m. w. N.; a. A. H. *Schulze-Fielitz*, in: Dreier (Hrsg.), GG Bd. I, Art. 8 Rdnr. 80.

gericht hat die Verfassungsmäßigkeit dieser Vorschrift demgegenüber bestätigt, hingegen im Wege »verfassungskonformer Auslegung« **Spontanversammlungen** gänzlich von der Anmeldepflicht befreit[17] und für **Eilversammlungen** jedenfalls die Einhaltung der in § 14 Abs. 1 VersG vorgesehenen Frist von 48 Stunden für unanwendbar erklärt.[18]

> Im Ausgangsfall lagen zwischen dem Aufruf und der Durchführung der Versammlung fünf Tage, so dass eine fristgerechte Anmeldung möglich gewesen wäre. Das Bundesverfassungsgericht hat indes die Verurteilung auch unter der Voraussetzung für verfassungsmäßig gehalten, dass es sich um eine *Eilversammlung* gehandelt haben sollte. Dann nämlich wäre in verfassungskonformer Auslegung des § 14 VersG eine Anmeldung jedenfalls *vor* Beginn der Protestaktion möglich gewesen.[19] Zu Recht wird von zwei dissentierenden Richtern des Senats gerügt, dass § 14 Abs. 1 VersG einer verfassungskonformen Auslegung überhaupt nicht zugänglich ist, weil ihr der klare Wortlaut der Vorschrift entgegensteht.[20] Im Ausgangsfall gab es freilich keinen Anhaltspunkt dafür, dass es sich um eine Eilversammlung gehandelt hat. | 539

Keine Einschränkung der Versammlungsfreiheit bedeutet das Verbot, Uniformen, Uniformteile oder gleichartige Kleidungsstücke als Ausdruck einer gemeinsamen politischen Gesinnung zu tragen (§ 3 Abs. 1 VersG). Soweit das Tragen derartiger Kleidungsstücke eine Meinungsäußerung darstellt, sind die Schranken des Art. 5 Abs. 2 GG einschlägig, im Übrigen wären diejenigen des Art. 2 Abs. 1 GG heranzuziehen. | 540

Das Verbot der so genannten »**passiven Bewaffnung**« und das **Vermummungsverbot** (§ 17 a VersG) stellen sich ebenfalls nicht als Einschränkung der Versammlungsfreiheit dar.[21] Die Gewährleistung der Versammlungsfreiheit schließt nicht ein, dass Teilnehmer einer Versammlung unerkannt bleiben oder sich gegen unmittelbaren Zwang durch besondere Vorkehrungen schützen können.[22] Dies ist vielmehr eine Frage der **allgemeinen Handlungsfreiheit** (Art. 2 Abs. 1 GG), so dass deren Schranken (nicht diejenigen des Art. 8 Abs. 2 GG) maßgeblich sind. | 541

IV. Rechtsprechung

BVerfGE 69, 315 (Brokdorf); **E** 73, 206 (Sitzblockade I); **E** 85, 69 (Eilversammlung); **E** 87, 399 (Versammlungsauflösung); **E** 92, 1 (Sitzblockade II); **E** 104, 92 (Strafbarkeit von Blockaden durch physische Barrieren); **BVerfG**, NJW 2001, S. 2459 (»Love Parade« und »Fuckparade«). | 542

V. Literatur

H.-W. Alberts, Zum Spannungsverhältnis zwischen Art. 8 GG und dem Versammlungsgesetz, NVwZ 1992, S. 38; **U. Battis/K. J. Grigoleit**, Die Entwicklung des versammlungsrechtlichen Eilrechtsschutzes – Eine Analyse der neuen BVerfG-Entscheidungen, NJW 2001, S. 2051; **dies.**, Rechtsextremistische Demonstrationen und öffentliche Ordnung – Roma locuta?, NJW 2004, S. 3459; **H. Bethge**, Die Demonstrationsfreiheit – ein mißverstandenes Grundrecht?, ZBR 1988, S. 205; **D. Birk**, Polizeiliche Unterbindung der Anreise zur Demonstration, JuS 1982, S. 496; **H. Brenneisen**, Der exklusive Handlungsrahmen im Schutzbereich des Art. 8 GG, DÖV 2000, S. 275; **W. Brohm**, Demonstrationsfreiheit und | 543

---

17 Vgl. BVerfGE 69, 315 (350 f.); 85, 69 (75).
18 Vgl. BVerfGE 85, 69 (75).
19 Vgl. BVerfGE 85, 69 (76).
20 So das abweichende Votum in BVerfGE 85, 77.
21 A. A. W. *Höfling*, in: Sachs (Hrsg.), GG, Art. 8 Rdnr. 60; *H. Schulze-Fielitz*, in: Dreier (Hrsg.), GG, Art. 8 Rdnr. 66 jeweils m. w. N.
22 Vgl. hierzu *J. A. Frowein*, NJW 1985, S. 2378; *K. Kühl*, NJW 1985, S. 2382; einschränkend *R. Herzog*, in: Maunz/Dürig, GG, Art. 8 Rdnr. 75; *R. Jahn*, JZ 1988, S. 546 f.

Sitzblockaden, JZ 1985, S. 501; **M. Burgi**, Art. 8 GG und die Gewährleistung des Versammlungsorts, DÖV 1993, S. 633; **A. Deutelmoser**, Angst vor den Folgen eines weiten Versammlungsbegriffs?, NVwZ 1999, S. 240; **W.-D. Drosdzol**, Grundprobleme des Demonstrationsrechts, JuS 1983, S. 409; **C. Enders**, Der Schutz der Versammlungsfreiheit, Jura 2003, S. 43, 103; **J. A. Frowein**, Die Versammlungsfreiheit vor dem Bundesverfassungsgericht, NJW 1985, S. 2376; **H.-U. Gallwas**, Das Grundrecht der Versammlungsfreiheit, Art. 8 GG, JA 1986, S. 484; **M.-E. Geis**, Die »Eilversammlung« als Bewährungsprobe verfassungskonformer Auslegung, NVwZ 1992, S. 1025; **V. Götz**, Versammlungsfreiheit und Versammlungsrecht im Brokdorf-Beschluß des Bundesverfassungsgerichts, DVBl. 1985, S. 1347; **C. Gröpl**, Grundstrukturen des Versammlungsrechts, Jura 2002, S. 18; **C. Gusy**, Lehrbuch der Versammlungsfreiheit – BVerfGE 69, 315, JuS 1986, S. 608; **ders.**, Aktuelle Fragen des Versammlungsrechts, JuS 1993, S. 555; **ders.**, Einführung in das Versammlungsrecht, JA 1993, S. 321; **ders.**, Rechtsextreme Versammlungen als Herausforderungen an die Rechtspolitik, JZ 2002, S. 105; **W. Hoffmann-Riem**, Neue Rechtsprechung des BVerfG zur Versammlungsfreiheit, NVwZ 2002, S. 257; **ders.**, Demonstrationsfreiheit auch für Rechtsextremisten?, NJW 2004, S. 2777; **R. Jahn**, Verfassungsrechtliche Probleme eines strafbewehrten Vermummungsverbotes, JZ 1988, S. 545; **G. Ketteler**, Die Einschränkbarkeit nichtöffentlicher Versammlungen in geschlossenen Räumen, DÖV 1990, S. 954; **M. Kniesel**, Die Versammlungs- und Demonstrationsfreiheit – Verfassungsrechtliche Grundlagen und versammlungsgesetzliche Konkretisierung, NJW 1992, S. 857; **ders.**, Die Versammlungs- und Demonstrationsfreiheit – Aktuelle höchstrichterliche Rechtsprechung zu Art. 8 GG, NJW 1996, S. 2606; **ders.**, Versammlungs- und Demonstrationsfreiheit – Entwicklung des Versammlungsrechts seit 1996, NJW 2000, S. 2857; **S. Kraujuttis**, Versammlungsfreiheit zwischen liberaler Tradition und Funktionalisierung (2005); **K. Kühl**, Demonstrationsfreiheit und Demonstrationsstrafrecht, NJW 1985, S. 2379; **A. v. Mutius**, Die Versammlungsfreiheit des Art. 8 Abs. 1 GG, Jura 1988, S. 30, 79; **G. Roellecke**, Der kommunikative Gegendemonstrant, NJW 1995, S. 3101; **U. F. H. Rühl**, Versammlungsrechtliche Maßnahmen gegen rechtsradikale Demonstrationen und Aufzüge, NJW 1995, S. 561; **S. Zeitler**, Versammlungsrecht (1994).

§ 13 Vereinigungsfreiheit (Art. 9 Abs. 1 und 2 GG)

Fall 35:   544

In Bremen und dem Saarland bestehen »Arbeitnehmerkammern« als Körperschaften des öffentlichen Rechts, denen kraft Gesetzes alle im Lande beschäftigten Arbeitnehmer (Arbeiter und Angestellte) als Mitglieder angehören. Nach den gesetzlichen Regelungen ist es Aufgabe der Arbeitnehmerkammern, »im Einklang mit dem Allgemeinwohl die Interessen der Arbeitnehmer in wirtschaftlicher, sozialer und kultureller Hinsicht« zu fördern. Sie sollen die Behörden und Gerichte in Fachfragen, vor allem durch Erstatten von Gutachten und Berichten, unterstützen. Arbeitnehmer A, der bereits einer Gewerkschaft angehört, hält die Zwangsmitgliedschaft in den Arbeitnehmerkammern für verfassungswidrig.

(BVerfGE 38, 281)

I. Grundrechtsträger

Grundrechtsträger sind **alle Deutschen**. Art. 9 Abs. 1 GG gehört also zur Kategorie der   545
Bürgerrechte. Soweit Ausländer Vereine und Gesellschaften gründen, können sie sich gegenüber einschränkenden Maßnahmen nicht auf Art. 9 Abs. 1 GG berufen.[1]

Träger der Vereinigungsfreiheit sind auch Minderjährige; für eine spezifische Grund-   546
rechtsmündigkeit fehlt die verfassungsrechtliche Grundlage. Allerdings unterliegt die Eingehung rechtlicher Verpflichtungen (etwa die Gründung eines rechtsfähigen Vereins) den allgemeinen Vorschriften, so dass Minderjährige nicht in der Lage sind, *jede* Vereinigung zu gründen.[2]

Auf **juristische Personen des Privatrechts** ist die Vereinigungsfreiheit ihrem Wesen nach   547
anwendbar (Art. 19 Abs. 3 GG), so dass auch sie Träger der Vereinigungsfreiheit sind.[3] Der Konstruktion eines »**Doppelgrundrechts**«, das neben dem (individuellen) Grundrechtsträger der Vereinigung als solcher zusteht[4], bedarf es deshalb nicht.[5] Die zur Stützung dieser Auffassung bemühte Formel des Bundesverfassungsgerichts

> »Art. 9 Abs. 1 GG verbürgt nicht nur dem einzelnen Staatsbürger das Recht zum Zusammenschluß in Vereinen und Gesellschaften, sondern gewährleistet auch diesen Vereinigungen, unbeschadet der Frage ihrer Rechtsfähigkeit, das Recht auf Entstehen und Bestehen.«[6]

ist – genau genommen – ein juristisches Unding: Eine (noch) nicht bestehende Vereinigung kann überhaupt nicht Träger subjektiver Rechte sein und deshalb auch kein Recht auf »Entstehen« haben. Träger der **Gründungsfreiheit** können folgerichtig nur Individuen oder solche Vereinigungen sein, die eine neue Vereinigung gründen. Eine andere – hiervon zu trennende – Frage ist, ob eine (gegründete) Vereinigung Träger eines Art. 9 Abs. 1 GG zuzurechnenden **Betätigungsrechts** ist.[7]

---

1 Vgl. *H. Bauer,* in: Dreier (Hrsg.), GG Bd. I, Art. 9 Rdnr. 30 f.; *Jarass/Pieroth,* GG, Art. 9 Rdnr. 10; *W. Löwer,* in: v. Münch / Kunig (Hrsg.), GG Bd. 1, Art. 9 Rdnr. 6.

2 Vgl. *H. Bauer,* in: Dreier (Hrsg.), GG Bd. I, Art. 9 Rdnr. 32; *W. Löwer,* in: v. Münch / Kunig (Hrsg.), GG, Art. 9 Rdnr. 9; *R. Scholz,* in: Maunz / Dürig (Hrsg.), GG Bd. I, Art. 9 Rdnr. 51.

3 Vgl. *W. Höfling,* in: Sachs (Hrsg.), GG, Art. 9 Rdnr. 33; *W. Löwer,* in: v. Münch / Kunig (Hrsg.), GG Bd. 1, Art. 9 Rdnr. 11.

4 Vgl. *H. Bauer,* in: Dreier (Hrsg.), GG Bd. I, Art. 9 Rdnr. 34 f. mit zahlr. Nachw.

5 So zutreffend *W. Höfling,* in: Sachs (Hrsg.), GG, Art. 9 Rdnr. 25 f.

6 So BVerfGE 13, 174 (175); wiederholt in BVerfGE 80, 244 (253).

7 Vgl. unten Rdnr. 553.

548   Juristische Personen des öffentlichen Rechts sind nach allgemeiner Meinung nicht Träger des Grundrechts aus Art. 9 Abs. 1 GG.[8]

II.   Grundrechtsinhalt

1.   Schutzgut

549   Schutzgut des Art. 9 Abs. 1 GG ist die Freiheit, »Vereine und Gesellschaften zu bilden«. Die Art. 124 Abs. 1 WRV entlehnte Formel umreißt einen weiten **verfassungsrechtlichen Vereinigungsbegriff**.[9] Das Bundesverfassungsgericht sieht durch Art. 9 Abs. 1 GG das Prinzip **freier sozialer Gruppenbildung** verwirklicht und stellt dies in einen Gegensatz zu ständisch-korporativen Ordnungen der Vergangenheit wie zu den totalitären Systemen der Gegenwart.[10]

550   Vereinigungen (und Gesellschaften) im Sinne des Art. 9 Abs. 1 GG sind **freiwillige Zusammenschlüsse** natürlicher und / oder juristischer Personen, die einen **gemeinsamen Zweck** verfolgen, auf eine **bestimmte Dauer** angelegt sind und ein **Mindestmaß an Organisation** aufweisen.[11] Der Zweck kann ein beliebiger sein, darf aber nicht den Strafgesetzen zuwiderlaufen, sich gegen die verfassungsmäßige Ordnung oder gegen den Gedanken der Völkerverständigung richten (Art. 9 Abs. 2 GG). Jenseits dieser negativen Abgrenzung können Vereinigungen zu allen denkbaren Zwecken gegründet werden. Dies gilt auch für den Fall, dass »Vereine und Gesellschaften« von bereits bestehenden Vereinigungen gegründet werden. Die insoweit vom Bundesverfassungsgericht geäußerten Bedenken[12] überzeugen nicht, weil »hinter« jeder (Kapital-)Gesellschaft notwendig natürliche Personen stehen, die eine derartige Vereinigung in freier Entscheidung gebildet haben.[13] Das Tatbestandsmerkmal der (unter Umständen) beschränkten Dauer ist erforderlich, um Vereinigungen von Versammlungen zu unterscheiden, die ebenfalls als Zusammenschlüsse von Personen mit einem gemeinsamen Zweck verstanden werden könnten. **Bürgerinitiativen** sind regelmäßig Vereinigungen, auch wenn sie sich in einem begrenzten Zweck erschöpfen und sich hinterher auflösen.[14] Aufgrund der Weite des Vereinigungsbegriffs würden auch **politische Parteien** unter Art. 9 Abs. 1 GG fallen, denn auch sie sind freiwillige Zusammenschlüsse von Bürgern, die auf Dauer angelegt sind und einen gemeinsamen Zweck verfolgen (vgl. § 2 Abs. 1 PartG). Die politischen Parteien haben indes in Art. 21 GG eine Spezialregelung gefunden, so dass Art. 9 GG insoweit nicht anwendbar ist. Die Gründung politischer Parteien wird allein durch Art. 21 Abs. 1 Satz 2 GG geschützt.[15]

551   Öffentlich-rechtliche Körperschaften gehören nicht zu den »Vereinigungen und Gesellschaften« im Sinne des Art. 9 Abs. 1 GG. Sie entstehen durch Rechtssatz, Verwaltungsakt

---

8   Vgl. *H. Bauer*, in: Dreier (Hrsg.), GG Bd. I, Art. 9 Rdnr. 37; *Jarass/Pieroth*, GG, Art. 9 Rdnr. 5; *W. Löwer*, in: v. Münch / Kunig (Hrsg.), GG Bd. 1, Art. 9 Rdnr. 12.
9   Vgl. *W. Höfling*, in: Sachs (Hrsg.), GG, Art. 9 Rdnr. 7 m. w. N.
10 So BVerfGE 50, 290 (352).
11 Vgl. zur Definition des Vereinigungsbegriffs *H. Bauer*, in: Dreier (Hrsg.), GG Bd. I, Art. 9 Rdnr. 38 ff.; *W. Höfling*, in: Sachs (Hrsg.), GG, Art. 9 Rdnr. 8; *Jarass/Pieroth*, GG, Art. 9 Rdnr. 3; *W. Löwer*, in: v. Münch / Kunig (Hrsg.), GG Bd. I, Art. 9 Rdnr. 27; *R. Scholz*, in: Maunz / Dürig, GG, Art. 9 Rdnr. 57.
12 Vgl. BVerfGE 50, 290 (356).
13 Vgl. hierzu *W. Löwer*, in: v. Münch / Kunig (Hrsg.), GG Bd. 1, Art. 9 Rdnr. 28.
14 Vgl. *H. Bauer*, in: Dreier (Hrsg.), GG Bd. I, Art. 9 Rdnr. 38; *W. Löwer*, in: v. Münch / Kunig (Hrsg.), GG Bd. 1, Art. 9 Rdnr. 29, 34; *A. Rinken*, in: AK-GG, Art. 9 Abs. 1 Rdnr. 46.
15 Vgl. h. M., Nachweise bei *J. Ipsen*, in: Sachs (Hrsg.), GG, Art. 21 Rdnr. 28.

oder öffentlich-rechtlichen Vertrag, sind also keine *freiwilligen* Zusammenschlüsse Privater.[16]

Schutzgut des Art. 9 Abs. 1 GG ist die **Bildung** von Vereinen und Gesellschaften, nicht deren **Betätigung**. Nach Auffassung des Bundesverfassungsgerichts soll demgegenüber der Schutz des Grundrechts   552

> »sowohl für die Mitglieder als auch für die Vereinigungen die Selbstbestimmung über die eigene Organisation, das Verfahren ihrer Willensbildung und die Führung ihrer Geschäfte«

umfassen.[17] Das Bundesverfassungsgericht folgt hierbei der vielfach angewandten Methode, neben ein durch das Grundrecht benanntes Schutzgut weitere Schutzgüter zu stellen, die zu ersterem eine gewisse Nähe aufweisen, bleibt aber eine dogmatisch stimmige Begründung für diese – assoziative – Erweiterung schuldig. Im »Mitbestimmungsurteil« heißt es lediglich,

> »denn ohne solche Selbstbestimmung könnte von einem freien Vereinigungswesen keine Rede sein; Fremdbestimmung würde dem Schutzzweck des Art. 9 Abs. 1 GG zuwiderlaufen.«[18]

Entgegen dieser – auch in der Literatur vertretenen[19] – Meinung ist Art. 9 GG **kein »Doppelgrundrecht«**[20]. Wenn eine Vereinigung – als Akt der Vereinigungsfreiheit – gebildet worden ist, so kann sie sich auf alle Grundrechte berufen, die ihrem Wesen nach auf Vereinigungen (juristische Personen des Privatrechts) anwendbar sind (Art. 19 Abs. 3 GG). Mit anderen Worten bedarf es der assoziativen Vermehrung von Schutzgütern im Anwendungsbereich des Art. 9 Abs. 1 GG nicht, weil das Grundgesetz selbst die Grundrechte auf Personenmehrheiten erstreckt.[21] Eine neben diese Grundrechte tretende **»Bestands- und Betätigungsgarantie«**[22] für Vereinigungen ist deshalb weder erforderlich noch dogmatisch überzeugend begründbar. Ein **»freies Vereinigungswesen«** wird auch durch die einzelnen – über Art. 19 Abs. 3 GG anwendbaren – Freiheitsrechte, letztlich die **allgemeine Handlungsfreiheit** und das ihr inhärente **Übermaßverbot** (Art. 2 Abs. 1 GG) gewährleistet. Nur dieses Grundrecht unterliegt den Schranken, die auch dem Handeln von Vereinigungen gesetzt sind. Nicht ausgeschlossen ist damit, dass Art. 9 Abs. 1 GG bei der Anwendung des Übermaßverbots als Norm des objektiven Rechts herangezogen wird.   553

Das Schutzgut beschränkt sich auf die Bildung von Vereinen und Gesellschaften, überlässt dem Gesetzgeber aber die **rechtliche Ausgestaltung**. Das Bundesverfassungsgericht führt hierzu im »Mitbestimmungsurteil« aus: 554

> »Vereinigungsfreiheit ist in mehr oder minder großem Umfang auf Regelungen angewiesen, welche die freien Zusammenschlüsse und ihr Leben in die allgemeine Rechtsordnung einfügen, die Sicherheit des Rechtsverkehrs gewährleisten, Rechte der Mitglieder sichern und den schutzbedürftigen Belangen Dritter oder auch öffentlicher Interessen Rechnung tragen. Demgemäß ist mit der verfassungrechtlichen Garantie der Vereinigungsfreiheit seit jeher die Notwendigkeit einer gesetzlichen Ausgestaltung dieser Freiheit verbunden, ohne die sie praktische Wirkung nicht gewinnen könnte. Diese Notwendigkeit gehört von vornherein zum Inhalt des Art. 9 Abs. 1 GG, der sich unter

---

16 Vgl. *W. Höfling*, in: Sachs (Hrsg.), GG, Art. 9 Rdnr. 13; *Jarass/Pieroth*, GG, Art. 9 Rdnr. 5; *W. Löwer*, in: v. Münch/Kunig (Hrsg.), GG Bd. 1, Art. 9 Rdnr. 30; *A. Rinken*, in: AK-GG, Art. 9 Abs. 1 Rdnr. 50; *A. v. Mutius*, Jura 1984, S. 194.
17 So BVerfGE 50, 290 (354).
18 So BVerfGE 50, 290 (354).
19 Vgl. *Jarass/Pieroth*, GG, Art. 9 Rdnr. 11; *W. Löwer*, in: v. Münch/Kunig (Hrsg.), GG Bd. 1, Art. 9 Rdnr. 15; *D. Merten*, in: HdStR VI, § 144 Rdnr. 27; *D. Murswiek*, JuS 1992, S. 118.
20 Vgl. *W. Höfling*, in: Sachs (Hrsg.), GG, Art. 9 Rdnr. 25 f.; *J. Isensee*, in: HdStR V, § 118 Rdnr. 65; *A. Rinken*, in: AK-GG, Art. 9 Abs. 1 Rdnr. 55; *R. Scholz*, in: Maunz/Dürig, GG, Art. 9 Rdnr. 25; *A. v. Mutius*, Jura 1984, S. 197 f.; unentschieden *H. Bauer*, in: Dreier (Hrsg.), GG Bd. I, Art. 9 Rdnr. 34.
21 Ähnlich *W. Höfling*, in: Sachs (Hrsg.), GG, Art. 9 Rdnr. 26; ausführlich *R. Scholz*, in: Maunz/Dürig, GG, Art. 9 Rdnr. 23 ff.
22 Vgl. BVerfGE 30, 227 (243).

dem hier wesentlichen Aspekt nur bestimmen läßt, indem die Bindungen geklärt werden, denen der ausgestaltende Gesetzgeber unterliegt.«[23]

555 Der Gesetzgeber habe die Rechtsformen so auszugestalten, dass seine Regelung die Funktionsfähigkeit, insbesondere ihrer Organe, gewährleistet. Was darüber hinaus ausgestaltender gesetzlicher Regelung zugänglich und bedürftig sei, lasse sich nicht abschließend und generell festlegen. Insofern sei für Umfang und Dichte der erforderlichen Regelung der jeweilige Sachbereich sowie die Ordnungs- und Schutznotwendigkeiten, die sich aus ihm ergeben, maßgebend; in jedem Fall müsse das Prinzip freier Assoziation und Selbstbestimmung grundsätzlich gewahrt bleiben.[24]

556 Die gesetzgeberische **Ausgestaltung** des Vereins- und Gesellschaftsrechts (Art. 74 Abs. 1 Nr. 3, 11 GG) ist folglich **keine Einschränkung** der Vereinigungsfreiheit, die rechtliche Ordnung des Vereinswesens geht dem Grundrecht vielmehr voraus.[25] Wenn die Gründung von Vereinen (eingetragener Verein) oder Gesellschaften (GmbH, Aktiengesellschaft) von bestimmten Voraussetzungen abhängig gemacht wird, so liegt hierin ersichtlich keine Minderung des Schutzguts, nämlich der Freiheit, *überhaupt* Vereine und Gesellschaften zu gründen. In jedem Falle nämlich gibt es Rechtsformen (nichtrechtsfähiger Verein, Gesellschaft bürgerlichen Rechts), deren Gründung ohne besondere Rechtsakte möglich ist und die den grundrechtlich geschützten Handlungsmöglichkeiten hinreichenden Raum zur Entfaltung lassen.

2. Schutzrichtung

557 Art. 9 Abs. 1 GG ist ein **Abwehrrecht**.[26] Entgegen der herrschenden Meinung[27] enthält Art. 9 Abs. 1 GG kein eigenständiges Grundrecht der so genannten »**negativen Vereinigungsfreiheit**«. Die seit dem »Erftverbands-Urteil« stets wiederholte Formel, Art. 9 GG garantiere »die Freiheit, privatrechtliche Vereinigungen zu gründen, ihnen beizutreten oder fernzubleiben«[28], erweist sich bei näherem Hinsehen als dogmatisch nicht überzeugend. Zutreffend wird mit dieser Formel die (natürliche) Freiheit bezeichnet, Assoziationen zu gründen oder ihnen fernzubleiben. Soweit natürliche Handlungsmöglichkeiten jedoch grundrechtlich gewährleistet werden, ist es ausgeschlossen, dass ein und dasselbe Grundrecht eine Handlungsmöglichkeit *und* ihr Gegenteil schützt.

558 Schon im Zusammenhang mit den Art. 4 und 6 GG hat sich die Fragwürdigkeit einer dogmatischen Figur der »negativen Freiheit« erwiesen.[29] Das Seitenstück hierzu bildet die Dogmatik des Art. 9 GG.

559 Die Vereinigungsfreiheit als subjektiv-öffentliches Recht des *status negativus* hindert den Staat daran, die Bildung von Vereinigungen und Gesellschaften zu verbieten oder zu behindern, soweit nicht verbotene Zwecke verfolgt werden (Art. 9 Abs. 2 GG). Die insoweit unzweifelhaft **negatorische Schutzwirkung** soll Art. 9 Abs. 1 GG bei der »negativen Vereinigungsfreiheit« nur für den Fall entfalten, dass eine Mitgliedschaft in privatrechtlichen Vereinigungen rechtlich erzwungen wird. Eine gesetzlich angeordnete Mitgliedschaft in

23 So BVerfGE 50, 290 (354 f.).
24 So BVerfGE 50, 290 (355).
25 Vgl. *W. Löwer*, in: v. Münch / Kunig (Hrsg.), GG Bd. 1, Art. 9 Rdnr. 24; *R. Scholz*, in: Maunz / Dürig, GG, Art. 9 Rdnr. 69.
26 Vgl. *H. Bauer*, in: Dreier (Hrsg.), GG Bd. I, Art. 9 Rdnr. 51 m. w. N.
27 Vgl. BVerfGE 10, 89 (102); 38, 281 (297 f.); 50, 290 (354); *Jarass/Pieroth*, GG, Art. 9 Rdnr. 7; *W. Löwer*, in: v. Münch / Kunig (Hrsg.), GG Bd. 1, Art. 9 Rdnr. 19; *D. Merten*, in: HdStR VI, § 144 Rdnr. 55 ff.; *R. Scholz*, in: Maunz / Dürig, GG, Art. 9 Rdnr. 88.
28 So BVerfGE 10, 89 (102).
29 Vgl. oben Rdnr. 354 (Art. 4 GG) und Rdnr. 315 (Art. 6 GG).

privatrechtlichen Vereinigungen dürfte vorwiegend im Bereich der Phantasie anzusiedeln sein. Soweit grundrechtlich erhebliches »öffentlich-rechtliches« Handeln vorliegt, wäre dieses als Einschränkung der allgemeinen Handlungsfreiheit am Maßstab des Art. 2 Abs. 1 GG zu messen.[30] Bei der im Rahmen des Art. 2 Abs. 1 GG vorzunehmenden Prüfung des **Übermaßverbots** müsste berücksichtigt werden, welche Rückwirkungen sich aus einer derartigen (hypothetischen) Verpflichtung auf das durch Art. 9 Abs. 1 GG geschützte **»freie Vereinigungswesen«** ergeben würden. Festzuhalten bleibt indes, dass Art. 9 Abs. 1 GG nicht gleichzeitig die Vereinigung und die Nicht-Vereinigung als Handlungsmöglichkeiten zu schützen vermag.[31]

> Im Ausgangsfall handelt es sich um Körperschaften des öffentlichen Rechts, für die eine gesetzlich angeordnete Zwangsmitgliedschaft besteht. Da die Gründung *öffentlich-rechtlicher* Vereinigungen nicht durch Art. 9 Abs. 1 GG gewährleistet ist, schützt – nach Auffassung des Bundesverfassungsgerichts – auch die *negative* Vereinigungsfreiheit nicht vor der Zwangsinkorporierung[32], so dass nur Art. 2 Abs. 1 GG einschlägig ist.   560

III. Grundrechtseinschränkungen

> **Fall 36:**   561
> N nahm eine führende Stellung bei einer Vereinigung ein, die sich die Wiederbelebung nationalsozialistischen Gedankenguts zum Ziel gesetzt hatte. Durch Verfügung des Bundesministers des Innern vom 24. November 1983 wurde diese Organisation mit der Begründung, sie richte sich gegen die verfassungsmäßige Ordnung, verboten und aufgelöst. Zugleich wurde der sofortige Vollzug angeordnet. N erhob gegen die Verbotsverfügung Klage vor dem Bundesverwaltungsgericht. Bereits vor Klageerhebung entschloss er sich, die Verbundenheit zwischen den Mitgliedern aufrechtzuerhalten und den Organisationsgrad der Bewegung auszubauen, um seine politischen Ziele aktiv weiterverfolgen zu können. N wird daraufhin wegen Verstoßes gegen § 20 Abs. 1 Nr. 1 VereinsG angeklagt.
>
> (BVerfGE 80, 244)

Nach überwiegender Auffassung handelt es sich bei Art. 9 Abs. 2 GG um eine **Schrankenbestimmung**, nicht um eine Begrenzung des Schutzguts.[33] Da die (thematische) Einschlägigkeit eines Grundrechts nicht bedeutet, dass eine Handlungsmöglichkeit schließlich *geschützt* ist, ist die Frage, ob ein Schutzgut »von vornherein« beschränkt oder unbeschränkt gewährleistet bzw. »zunächst« unbeschränkt gewährleistet ist, dafür aber eingeschränkt werden kann, theoretisch-dogmatischer Natur. Für die Annahme einer Schrankenklausel spricht im Fall des Art. 9 Abs. 2 GG die Systematik des Grundrechts ebenso wie der Umstand, dass diese erst durch Gesetze ausgefüllt werden kann.   562

Der erste **Verbotstatbestand** stellt darauf ab, ob Zwecke oder Tätigkeit von Vereinigungen den **Strafgesetzen** zuwiderlaufen. Dieser Verbotstatbestand versteht sich von selbst, weil die Bildung krimineller und terroristischer Vereinigungen strafbar (also verboten) *ist* (§§ 129, 129 a, 129 b StGB) und es einen Wertungswiderspruch bedeuten würde, wenn diese Tätigkeit – sei es auch nur »zunächst« – durch Art. 9 Abs. 1 GG geschützt wäre. Soweit kriminelle Vereinigungen in Rede stehen, *sind* sie gemäß Art. 9 Abs. 2 GG von vornherein *verboten*.   563

Nach Art. 9 Abs. 2 GG sind weiterhin Vereinigungen verboten, die sich gegen die **verfassungsmäßige Ordnung** richten. Der Begriff der »verfassungsmäßigen Ordnung« ist nicht identisch mit dem in Art. 2 Abs. 1 GG gebrauchten, der vom Bundesverfassungsgericht als   564

---

30 Ebenso *K. H. Friauf*, in: Festschrift für R. Reinhardt, S. 392.
31 So auch *K. H. Friauf*, in: Festschrift für R. Reinhardt, S. 392.
32 So BVerfGE 10, 89; 38, 281 (297) st. Rspr.
33 Vgl. *W. Höfling*, in: Sachs (Hrsg.), GG, Art. 9 Rdnr. 38; *R. Scholz*, in: Maunz/Dürig, GG, Art. 9 Rdnr. 112 f.; *A. v. Mutius*, Jura 1984, S. 199.

»Gesamtheit der Normen« begriffen wird, »die formell und materiell der Verfassung gemäß sind«.[34] Der Begriff entspricht vielmehr dem der **»freiheitlichen demokratischen Grundordnung«** in Art. 21 Abs. 2 GG, also der Kernsubstanz der Verfassung, wie sie das Bundesverfassungsgericht im SRP-Urteil umschrieben hat. Die freiheitliche demokratische Grundordnung ist hiernach eine rechtsstaatliche Herrschaftsordnung, die jegliche Gewalt und Willkürherrschaft ausschließt und sich nach dem Willen der jeweiligen Mehrheit richtet.[35]

565   Unter dem Gedanken der Völkerverständigung sind die elementaren, für ein friedliches Miteinander der Völker unverzichtbaren Regeln des Völkerrechts zu verstehen.[36] Beide Verbotstatbestände setzten eine aggressiv-kämpferische Haltung voraus.[37]

566   Nationalsozialistische Propaganda richtet sich sowohl gegen die »freiheitliche demokratische Grundordnung« als auch gegen den Gedanken der Völkerverständigung, weil sie den Herrschaftsanspruch eines »Herrenvolkes« gegenüber anderen Völkern einschließt. Im Ausgangsfall dürften deshalb beide Verbotstatbestände erfüllt sein.

567   Nach dem eindeutigen Wortlaut des Art. 9 Abs. 2 GG *sind* die Vereinigungen, die die genannten Tatbestände erfüllen, verboten. Allerdings können – außer in Fällen der Evidenz (§§ 129, 129 a, 129 b StGB) – Zweifel bestehen, ob die Tatbestände erfüllt sind. Insofern bedarf es eines **Verbotsverfahrens** und eines **Verbotsaktes**, in dem das Vorliegen der Verbotstatbestände überprüft wird. Der Gesetzgeber hat sich dem Dilemma, dass die Art. 9 Abs. 2 GG unterfallenden Vereinigungen einerseits verboten *sind*, andererseits aber regelmäßig unklar ist, ob sie die Verbotstatbestände erfüllen, mit einem Kunstgriff entzogen. Vereine dürfen erst dann als verboten *behandelt* werden, wenn die Verbotsbehörde durch Verfügung festgestellt hat, dass einer der Tatbestände des Art. 9 Abs. 2 GG erfüllt ist (§ 3 Abs. 1 Satz 1 VereinsG). Das Verbot wird mit der Zustellung bzw. Bekanntmachung im Bundesanzeiger wirksam (§ 3 Abs. 4 Satz 3 VereinsG) und kann nach allgemeinen Regeln angefochten werden. Die Anfechtungsklage hat jedoch keine aufschiebende Wirkung, wenn die sofortige Vollziehung des Verbots angeordnet worden ist (§ 80 Abs. 2 Nr. 4 VwGO).

568   Im Ausgangsfall handelte es sich um ein vollziehbares Verbot, so dass N sich nach § 20 Abs. 1 Nr. 1 VereinsG strafbar gemacht hatte. Die Strafkammer hielt jedoch § 20 Abs. 1 Nr. 1 VereinsG für verfassungswidrig, weil die Strafbarkeit hiernach bereits eintrete, bevor ein *unanfechtbares* Verbot vorliege. Das Bundesverfassungsgericht hat demgegenüber zutreffend festgestellt, dass auch die Strafbarkeit von Verstößen gegen nicht unanfechtbare Vereinsverbote verfassungsrechtlich unbedenklich sei.[38] Der Vereinigung steht es frei, die Wiederherstellung der aufschiebenden Wirkung zu beantragen und damit die Strafbarkeit zu beseitigen.[39] Dem (vorlegenden) Landgericht muss attestiert werden, Art. 9 Abs. 2 GG missverstanden zu haben: die fraglichen Vereinigungen nämlich *sind* von Verfassungs wegen verboten. Wenn aus Gründen der Rechtsklarheit für die Strafbarkeit ein konstitutives Verbot zu fordern ist, so muss es ausreichen, dass dieses *vollziehbar* ist. Würde man verlangen, dass es *unanfechtbar* ist, könnten die Vereinigungen in ihrer verfassungswidrigen Tätigkeit ungehindert fortfahren.

---

34 So BVerfGE 6, 32 (LS 3).
35 Vgl. BVerfGE 2, 1 (13).
36 Vgl. *W. Löwer*, in: v. Münch / Kunig (Hrsg.), GG Bd. 1, Art. 9 Rdnr. 44; *R. Scholz*, in: Maunz / Dürig, GG, Art. 9 Rdnr. 131 jeweils m. w. N.
37 Vgl. BVerwGE 37, 344 (358); 61, 218 (220).
38 So BVerfGE 80, 244 (255).
39 Vgl. BVerfGE 80, 244 (256).

IV. Grundrechtskonkurrenzen

Gegenüber Art. 9 Abs. 1 und 2 GG stellt Art. 21 Abs. 1 und 2 GG die speziellere Vorschrift   569
dar, so dass Art. 9 GG insoweit keine Anwendung findet. Allerdings ist aufgrund der
neueren Rechtsprechung des Bundesverfassungsgerichts[40] nicht immer eindeutig zu entscheiden, ob es sich um eine politische Partei oder um eine sonstige Vereinigung handelt.

V. Rechtsprechung

BVerfGE 10, 89 (Erftverband); **E** 38, 281 (Arbeitnehmerkammern); **E** 50, 290 (Mitbestim-   570
mung); **E** 80, 244 (Verstoß gegen Vereinsverbote); **BVerfG**, NJW 2001, 2617 (Pflichtmitgliedschaft in Prüfungsverbänden); NVwZ 2002, S. 335 (Pflichtmitgliedschaft in IHK);
BVerwGE 61, 218 (Wehrsportgruppe Hoffmann); **E** 107, 169 (Pflichtmitgliedschaft in IHK).

VI. Literatur

W. Etzrodt, Der Grundrechtsschutz der negativen Vereinigungsfreiheit (1980); **P. v. Feld-**   571
mann, Vereinigungsfreiheit und Vereinigungsverbot (1972); **K. H. Friauf**, Die negative Vereinigungsfreiheit als Grundrecht, in: Festschrift für R. Reinhardt (1972), S. 389; **T. Günther/
E. B. Franz**, Grundfälle zu Art. 9 GG, JuS 2006, S. 788; **A. Hatje/J. P. Terhechte**, Das Bundesverfassungsgericht und die Pflichtmitgliedschaft, NJW 2002, S. 1849; **R. Jahn**, Wirtschafts-
kammer statt Staat: Zur Verfassungsmäßigkeit der IHK-Pflichtmitgliedschaft, JuS 2002,
S. 434; **W. Kluth**, IHK-Pflichtmitgliedschaft weiterhin mit dem Grundgesetz vereinbar,
NVwZ 2002, S. 298; **P. Kunig**, Vereinsverbot, Parteiverbot, Jura 1995, S. 384; **D. Murswiek**,
Grundfälle zur Vereinigungsfreiheit – Art. 9 I, II GG, JuS 1992, S. 116; **A. v. Mutius**, Die Vereinigungsfreiheit gem. Art. 9 Abs. 1 GG, Jura 1984, S. 193; **N. Nolte/M. Planker**, Vereini-
gungsfreiheit und Vereinsbetätigung, Jura 1993, S. 635; **M. Planker**, Das Vereinsverbot –
einsatzbereites Instrument gegen verfassungsfeindliche Glaubensgemeinschaften?,
DÖV 1997, S. 101; **W. Schmidt**, Die Vereinigungsfreiheit von Vereinigungen als allgemeine
Eingriffsfreiheit, in: Festschrift für W. Mallmann (1978), S. 233.

---

40 Vgl. BVerfGE 91, 262; 91, 276.

E. Der Schutz der Erwerbstätigkeit und des Erworbenen

§ 14 Freizügigkeit (Art. 11 GG)

Fall 37:   572

Dr. N ist Notar und hat seinen Amtssitz in der Stadt S. Er beabsichtigt, seinen Wohnsitz in der rund 40 Kilometer entfernt liegenden Gemeinde G zu nehmen, an deren Hauptschule seine Frau eine Anstellung gefunden hat. Die demnächst schulpflichtigen Kinder sollen nach dem Willen der Eltern die Waldorfschule in G besuchen. Die Aufsichtsbehörde lehnt den von Dr. N gestellten Antrag ab, ihm zu gestatten, außerhalb des Amtssitzes zu wohnen.

(nach BVerfG, NJW 1992, S. 1093)

I. Grundrechtsträger

Träger des Grundrechts der Freizügigkeit sind **alle Deutschen** (Art. 116 Abs. 1 GG). Für   573
eine besondere Grundrechtsmündigkeit fehlt es an rechtlichen Anhaltspunkten, so dass auch Minderjährige Träger des Grundrechts der Freizügigkeit sind.[1] Die Personensorge für minderjährige Kinder umfasst das Recht, den Aufenthalt des Kindes zu bestimmen (§ 1631 Abs. 1 BGB). Die Bestimmung des Aufenthaltsorts durch die Eltern schließt jedoch nicht aus, dass das Kind in seinem *Grundrecht* aus Art. 11 GG verletzt ist.

Durch die Ablehnung der Aufsichtsbehörde ist nicht nur eine Verletzung der Freizügigkeit des Dr.   574
N, sondern auch der seiner Frau und seiner Kinder möglich, weil diese faktisch gezwungen werden, an dem ursprünglichen Wohnort zu verbleiben. Der Auffassung des Bundesverfassungsgerichts, dies sei eine »unbeabsichtigte Nebenfolge der Residenzpflicht für Notare«[2], ist entgegenzuhalten, dass sowohl der Gesetzgeber wie die Aufsichtsbehörde sich bewusst sein dürften, dass entsprechende Entscheidungen regelmäßig die gesamte Familie betreffen.

II. Grundrechtsinhalt

1. Schutzgut

Schutzgut des Art. 11 GG ist die Freiheit, an jedem beliebigen Ort des Bundesgebietes **Auf-**   575
enthalt und Wohnsitz zu nehmen.[3] Die Freizügigkeit gehört zur Überlieferung deutscher Verfassungsgeschichte und ist sowohl in der Paulskirchenverfassung (§ 133) als auch in der Weimarer Reichsverfassung (Art. 111) jeweils mit der **Gewerbefreiheit** verbunden gewesen.[4]

Nicht umfasst von der Freizügigkeit wird die **Ausreisefreiheit**, also die Freiheit, die Bun-   576
desrepublik Deutschland zu verlassen. Die Ausreise-(oder »Auswanderungs-«)freiheit wurde in den historischen Verfassungen durch besondere Grundrechte (§ 136 PV; Art. 11 PrVerfUrk; Art. 112 Abs. 1 WRV) garantiert. Im Grundgesetz findet sich kein Spezialfreiheitsrecht, das die Ausreisefreiheit gewährleistet, so dass sie tatbestandlich von der **allgemeinen Handlungsfreiheit** erfasst wird.[5]

---

1 Vgl. *I. Pernice*, in: Dreier (Hrsg.), GG Bd. I, Art. 11 Rdnr. 18 m. w. N.
2 So BVerfG, NJW 1992, S. 1093.
3 Vgl. BVerfGE 2, 266 (273); 43, 203 (211); 80, 137 (150).
4 Art. 111 Satz 2 WRV: »Jeder hat das Recht, sich an beliebigem Orte des Reichs aufzuhalten und niederzulassen, Grundstücke zu erwerben und jeden Nahrungszweig zu betreiben.« Zur geschichtlichen Entwicklung der Freizügigkeit vgl. *A. Randelzhofer*, in: BK, GG, Art. 11 Rdnr. 1 ff.
5 So zutreffend BVerfGE 6, 32 (34 ff.); a. A. *I. Pernice*, in: Dreier (Hrsg.), GG Bd. I, Art. 11 Rdnr. 15 m. w. N.

577 Im Ausgangsfall wird Dr. N durch die Entscheidung der Aufsichtsbehörde gehindert, einen Wohnsitz seiner Wahl zu nehmen. Gegenüber dieser Maßnahme kann er sich auf sein Grundrecht aus Art. 11 GG berufen. Das Bundesverfassungsgericht hat nur Art. 12 GG für einschlägig gehalten.[6] Dies trifft für die dem Notar auferlegte Pflicht zu, an seinem Amtssitz eine Geschäftsstelle zu unterhalten (§ 10 Abs. 2 Satz 1 BNotO). Die Verpflichtung, am gleichen Ort auch seine Wohnung zu nehmen (§ 10 Abs. 2 Satz 2 BNotO a. F.), hat nichts mit der Berufsausübung zu tun, sondern betrifft gerade den Bereich der privaten Lebensführung des Dr. N (und den seiner Familie). Richtigerweise hätte also geprüft werden müssen, ob Art. 11 GG verletzt ist.[7]

2. Schutzrichtung

578 Die Freizügigkeit ist ein subjektiv-öffentliches Recht des *status negativus*, stellt also ein **Abwehrrecht** gegen staatliche Beeinträchtigungen dar. Das Grundrecht begründet demgegenüber keinen Anspruch auf Leistungen.[8]

III. Grundrechtseinschränkungen

579 Die Freizügigkeit steht gemäß Art. 11 Abs. 2 GG unter einem vierfachen Gesetzesvorbehalt.

1. Fehlen einer ausreichenden Lebensgrundlage

580 Die Freizügigkeit kann eingeschränkt werden, wenn eine ausreichende Lebensgrundlage nicht vorhanden ist und der Allgemeinheit dadurch **besondere Lasten** entstehen würden. Der Vorbehalt ist zugeschnitten auf große Flüchtlings- und Aussiedlerströme und hat vor allem in der Nachkriegszeit praktische Bedeutung erlangt.[9] In »normalen Zeiten« wird der Zuzug auch größerer Personenzahlen regelmäßig durch die sozialstaatlichen Institutionen aufgefangen.[10] Allerdings ist durch das Gesetz über die Festlegung eines vorläufigen Wohnsitzes für Aussiedler und Übersiedler vom 6. Juli 1989[11] und seine Folgeregelungen[12] auch in der Gegenwart von dem Gesetzesvorbehalt Gebrauch gemacht worden.[13]

---

6 So BVerfG, NJW 1992, S. 1093.

7 So auch *I. Pernice*, in: Dreier (Hrsg.), GG Bd. I, Art. 11 Rdnr. 32.

8 Vgl. *H. Krüger/M. Pagenkopf*, in: Sachs (Hrsg.), GG, Art. 11 Rdnr. 22; *P. Kunig*, in: v. Münch/Kunig (Hrsg.), GG Bd. 1, Art. 11 Rdnr. 19.

9 Vgl. BVerwGE 3, 130 (139).

10 Vgl. *H. Krüger/M. Pagenkopf*, in: Sachs (Hrsg.), GG, Art. 11 Rdnr. 24.

11 BGBl. I, S. 1378; dazu *P. Kunig*, Jura 1990, S. 309 f.

12 Vgl. das Gesetz über die Festlegung eines vorläufigen Wohnortes für Spätaussiedler in der Fassung der Bekanntmachung vom 10. 8. 2005 (BGBl. I, S. 2474).

13 Nach § 2 Abs. 1 des Gesetzes kann Spätaussiedlern nach der Aufnahme in der Bundesrepublik ein vorläufiger Wohnort zugewiesen werden, wenn sie nicht über einen Arbeitsplatz oder über ein sonstiges, den Lebensunterhalt sicherndes Einkommen verfügen und daher auf öffentliche Hilfe angewiesen sind. Eine andere Gemeinde im Geltungsbereich des Gesetzes ist nicht verpflichtet, den Aufgenommen als Spätaussiedler zu betreuen (§ 2 Abs. 3 des Gesetzes).

2. Abwehr einer Gefahr für den Bestand oder die freiheitliche demokratische Grundordnung des Bundes oder eines Landes

Der »**Notstandsvorbehalt**« ermöglicht Einschränkungen der Freizügigkeit beim sog. »inneren Notstand« (Art. 91 GG).[14] Gemeint sind Revolutionen, Staatsstreiche, »Putsche« und andere Gewaltakte, die darauf abzielen, der Bundesrepublik eine andere Staatsform zu geben oder den Staat in seiner gegenwärtigen Existenz zu beseitigen.[15]

581

3. Seuchengefahr und Bekämpfung von Naturkatastrophen oder besonders schweren Unglücksfällen

Der »**Seuchen- und Katastrophenvorbehalt**« ermöglicht die Einschränkung der Freizügigkeit durch gesetzgeberische Maßnahmen zur Bekämpfung von Seuchen[16] und Naturkatastrophen.[17]

582

4. Schutz Jugendlicher vor Verwahrlosung und Kriminalitätsprävention

Der **Jugendschutzvorbehalt** ermächtigt den Gesetzgeber, die Freizügigkeit aus Gründen des Jugendschutzes einzuschränken.[18] Der **Kriminalvorbehalt** ermöglicht freiheitsbeschränkende Maßnahmen zur Verhinderung von Straftaten.[19] Mehrere Vorschriften des Strafgesetzbuchs ermächtigen zur Einschränkung der Freizügigkeit.[20] Auch die Landespolizeigesetze enthalten Ermächtigungen, aufgrund derer die Freizügigkeit eingeschränkt werden kann.[21]

583

Außer in Art. 11 Abs. 2 GG findet sich ein Gesetzesvorbehalt in Art. 17a Abs. 2 GG, nach dem Einschränkungen der Freizügigkeit auch aufgrund von Gesetzen möglich sind, die der Verteidigung einschließlich des Schutzes der Zivilbevölkerung dienen. Aufgrund dieses Vorbehalts ist die Freizügigkeit für Soldaten und Ersatzdienstleistende eingeschränkt worden.[22]

584

Im Ausgangsfall liegen die Voraussetzungen eines der hier genannten Gesetzesvorbehalte offensichtlich *nicht* vor. Auch auf die »hergebrachten Grundsätze des Berufsbeamtentums« (Art. 33 Abs. 5 GG), auf die hinsichtlich der Residenzpflicht bei Beamten gelegentlich zurückgegriffen wird[23], lässt sich § 10 Abs. 2 Satz 2 BNotO a. F. nicht stützen. Der Notar übt zwar ein öffentliches Amt aus (§ 1 BNotO), ist jedoch kein *Beamter*. Ein Sonderstatusverhältnis (früher: »besonderes Gewaltverhältnis«), mit dem Grundrechtseinschränkungen jenseits der Gesetzesvorbehalte gerechtfertigt werden könnten, ist nicht anzuerkennen.[24] § 10 Abs. 2 Satz 2 BNotO a. F. war deshalb verfassungswidrig und nichtig.[25] Eine verfassungskonforme Auslegung der Vorschrift – etwa des Inhalts,

585

---

14 Vgl. dazu *K. Hailbronner*, in: HdStR VI, § 131 Rdnr. 54.
15 Vgl. *J. Ipsen*, Staatsrecht I, 9. Aufl. 1997, Rdnr. 1063.
16 Vgl. §§ 28 ff. IfSG; §§ 18, 19 Abs. 2 TierSG.
17 Vgl. § 10 ZivSG.
18 Vgl. § 42 SGB VIII.
19 Nachweise bei *H. Krüger/M. Pagenkopf*, in: Sachs (Hrsg.), GG, Art. 11 Rdnr. 27.
20 Vgl. §§ 56 ff., 68 ff. StGB.
21 Nachweise bei *V. Götz*, Allgemeines Polizei- und Ordnungsrecht (13. Aufl. 2001), Rdnr. 287.
22 Vgl. §§ 3 Abs. 2, 48 Abs. 1 Nr. 5b, c WPflG; § 31 ZDG.
23 Nachweise bei *H. Krüger/M. Pagenkopf*, in: Sachs (Hrsg.), GG, Art. 11 Rdnr. 21.
24 Vgl. BVerfGE 33, 1.
25 So auch *B. Pieroth*, JuS 1985, S. 87 f.; *I. Pernice*, in: Dreier (Hrsg.), GG Bd. I, Art. 11 Rdnr. 32, hält Residenzpflichten für »verfassungsrechtlich bedenklich«. § 10 Abs. 2 Satz 2 BNotO a. F. ist durch Gesetz vom 31. 8. 1998 (BGBl. I, S. 2585) geändert worden. Nach der Neufassung der Vorschrift kann die Aufsichtsbehörde den Notar anweisen, seine Wohnung am Amtssitz zu nehmen, wenn

dass Ausnahmegenehmigungen »großzügig« zu erteilen seien – ist nicht möglich, weil bereits die Genehmigungspflicht als solche von Art. 11 Abs. 2 GG nicht gedeckt ist.

IV. Grundrechtskonkurrenzen

586 Das Grundrecht der Freiheit der Person (Art. 2 Abs. 2 Satz 2 GG) schützt die **Fortbewe-gungsfreiheit**, also die (natürliche) Handlungsmöglichkeit, sich von dem Aufenthaltsort wegzubewegen.[26] Schutzgut des Art. 11 Abs. 1 GG ist demgegenüber die **Hinbewegungs-freiheit**, also die Handlungsmöglichkeit, sich an einen beliebigen Aufenthaltsort zu bege-ben. Da beide Grundrechte unterschiedliche Schutzgüter zum Gegenstand haben, ergibt sich kein Konkurrenzproblem.[27] Gegenüber Art. 2 Abs. 1 GG ist Art. 11 GG *lex specialis*, so-weit es sich um die Freizügigkeit handelt. Die **Ausreisefreiheit** ist dagegen kein Schutzgut des Art. 11 GG, so dass insoweit nur Art. 2 Abs. 1 GG anwendbar ist.[28] Unzutreffend ist die Annahme einer **Grundrechtskollision** zwischen Art. 11 und Art. 6 Abs. 2 GG, sofern es sich um die Grundrechtsträgerschaft von Kindern handelt.[29] Nach Art. 6 Abs. 2 GG und den das Erziehungsrecht ausfüllenden Vorschriften des Bürgerlichen Rechts wird der Auf-enthaltsort der Kinder durch die Eltern bestimmt (§ 1631 BGB). *Diese* Entscheidungen stel-len mithin das von Art. 11 Abs. 1 GG geschützte Rechtsgut dar. Angesichts des Art. 6 Abs. 2 GG kann es ein *eigenes* Aufenthaltsbestimmungsrecht von Kindern nicht geben, das mit dem der Eltern kollidieren könnte.

587 Im Ausgangsfall können auch die Kinder geltend machen, durch die ablehnende Entscheidung der Aufsichtsbehörde in *ihrem* Grundrecht aus Art. 11 Abs. 1 GG verletzt zu sein. Zwar sind sie nicht Adressaten des Verwaltungsakts, wohl aber in eingriffsgleicher Weise (faktisch) betroffen. Da die Pflege und Erziehung der Kinder die den Eltern »zuvörderst ... obliegende Pflicht« darstellt (Art. 6 Abs. 2 Satz 1 GG), erscheint es schwerlich überzeugend, die Regelung des § 10 Abs. 2 BNotO a. F. lediglich als »unbeabsichtigte Nebenfolge« für die Familie zu qualifizieren.[30]

V. Rechtsprechung

588 **BVerfGE** 2, 266 (Notaufnahme); **E** 6, 32 (Ausreisefreiheit); **BVerfG**, NJW 1992, S. 1093 (Re-sidenzpflicht für Notare).

VI. Literatur

589 **S. Baer**, Zum »Recht auf Heimat« – Art. 11 GG und Umsiedlungen zugunsten des Braun-kohletagebaus, NVwZ 1997, S. 27; **A. Bleckmann/B. Busse**, Die Ausreisefreiheit der Deut-schen, DVBl. 1977, S. 794; **K. Hailbronner**, Die Freizügigkeit im Spannungsfeld zwischen Staatsräson und europäischem Gemeinschaftsrecht, DÖV 1978, S. 857; **P. Kunig**, Das Grundrecht der Freizügigkeit, Jura 1990, S. 306; **D. Merten**, Der Inhalt des Freizügigkeits-rechts (1970); **B. Pieroth**, Das Grundrecht der Freizügigkeit (Art. 11 GG), JuS 1985, S. 81; **F. Schoch,** Das Grundrecht der Freizügigkeit (Art. 11 GG), Jura 2005, S. 34; **C. Tomuschat**,

---

dies im Interesse der Rechtspflege geboten ist. Gegen die neue Fassung des § 10 Abs. 2 Satz 2 BNotO bleiben die aus Art. 11 GG resultierenden Bedenken bestehen.

26 Vgl. oben Rdnr. 248.

27 Im Ergebnis ähnlich *H. Krüger/M. Pagenkopf*, in: Sachs (Hrsg.), GG, Art. 11 Rdnr. 31; *P. Kunig*, in: v. Münch/Kunig (Hrsg.), GG Bd. 1, Art. 11 Rdnr. 28; anders *B. Pieroth*, JuS 1985, S. 87, der Art. 11 als *lex specialis* zu Art. 2 Abs. 2 Satz 2 GG ansieht.

28 So BVerfGE 6, 32 (34 ff.) und die h. M. in der Literatur; a. A. *G. Dürig*, in: Maunz/Dürig, GG, Art. 11 Rdnr. 105 f.; *I. Pernice*, in: Dreier (Hrsg.), GG Bd. I, Art. 11 Rdnr. 15 m. w. N.

29 So aber *H. Krüger/M. Pagenkopf*, in: Sachs (Hrsg.), GG, Art. 11 Rdnr. 31.

30 So aber BVerfG, NJW 1992, S. 1093.

Freizügigkeit nach deutschem Recht und Völkerrecht, DÖV 1974, S. 757; **K. Waechter**, Freizügigkeit und Aufenthaltsverbot, NdsVBl. 1996, S. 197; **A. Zimmermann**, Rechtliche Möglichkeiten von Zuzugsbeschränkungen für Aussiedler, ZRP 1991, S. 85; **M. Zuleeg**, Einwanderungsland Bundesrepublik Deutschland, JZ 1980, S. 425.

§ 15 Berufsfreiheit (Art. 12 GG)

590   **Fall 38:**
Die U-GmbH betrieb mit behördlicher Erlaubnis den Verleih von Arbeitnehmern vorwiegend in Betriebe des Baugewerbes. Durch Art. 1 § 1 Nr. 2 des Gesetzes zur Konsolidierung der Arbeitsförderung (Arbeitsförderungs-Konsolidierungsgesetz – AFKG –) vom 22. Dezember 1981 (BGBl. I, S. 1497) wurde mit Wirkung vom 1. Januar 1982 § 12 a in das Arbeitsförderungsgesetz (AFG) eingefügt, der folgenden Wortlaut hat: »Gewerbsmäßige Arbeitnehmerüberlassung in Betriebe des Baugewerbes für Arbeiten, die üblicherweise von Arbeitern verrichtet werden, ist unzulässig.«
(BVerfGE 77, 84)

I.   Grundrechtsträger

591   Grundrechtsträger ist **jeder Deutsche.** Für eine bei einem bestimmten Alter anzusiedelnde Grundrechtsmündigkeit gibt es keinen verfassungsrechtlichen Anhaltspunkt, so dass auch Minderjährige Träger des Grundrechts sind. Während der Dauer der – verfassungsrechtlich begründeten – Schulpflicht[1] ist nur die Wahl der Ausbildungsstätte als Grundrecht aktualisiert.

592   Da der Berufsbegriff nach Art. 12 Abs. 1 GG auf die dauerhafte Erwerbstätigkeit, nicht auf individuelle Selbstverwirklichung abzielt[2], ist das Grundrecht seinem Wesen nach auf **juristische Personen des Privatrechts** anwendbar (Art. 19 Abs. 3 GG).[3]

593   Im Ausgangsfall kann sich die U-GmbH als juristische Person des Privatrechts (§ 13 Abs. 1 GmbHG) folglich auf Art. 12 Abs. 1 GG berufen.

594   Ausländische Staatsangehörige sind *nicht* Träger des Grundrechts aus Art. 12 Abs. 1 GG. Unionsbürger allerdings genießen nach Maßgabe des EG-Vertrags Freizügigkeit und Niederlassungsfreiheit (Art. 39 ff. EGV), so dass ihre Rechtsstellung der deutschen Staatsangehöriger angenähert ist. Die insoweit gleich lautenden **Grundfreiheiten des EG-Vertrags** dürfen aber nicht darüber hinwegtäuschen, dass die *Grundrechts*trägerschaft nach dem eindeutigen Wortlaut des Art. 12 Abs. 1 GG auf deutsche Staatsangehörige beschränkt ist.[4]

II.   Grundrechtsinhalt

1.   Schutzgüter

595   Seinem Wortlaut nach schützt Art. 12 Abs. 1 Satz 1 GG die (natürliche) Freiheit, Beruf, Arbeitsplatz und Ausbildungsstätte zu wählen. Die **Freiheit der Berufsausübung** wird nicht eigens erwähnt, ist jedoch logische Voraussetzung des in Art. 12 Abs. 1 Satz 2 GG enthaltenen Regelungsvorbehalts. Das Bundesverfassungsgericht hat in seinem grundlegenden »**Apotheken-Urteil**« die im Wortlaut angelegte Differenzierung zwischen Berufswahl- und Berufsausübungsfreiheit in einem einheitlichen Grundrecht der »**Berufsfreiheit**« aufgehen lassen und damit beide Schutzgüter dem Regelungsvorbehalt unterstellt.[5] Die *dogmatische* Begründung, Berufswahl und -ausübung ließen sich nicht trennen, überzeugt al-

---

1 Vgl. oben Rdnr. 336.
2 Vgl. unten Rdnr. 596.
3 Vgl. BVerfGE 21, 261 (262); 30, 292 (312); 50, 290 (363); 74, 129 (148).
4 Vgl. dazu *H. Bauer/W. Kahl*, JZ 1995, S. 1083; *R. Breuer*, in: HdStR VI, § 147 Rdnr. 21; *Jarass/Pieroth*, GG, Art. 12 Rdnr. 10; *J. Wieland*, in: Dreier (Hrsg.), GG Bd. I, Art. 12 Rdnr. 72.
5 So BVerfGE 7, 377 (401 f.).

lerdings weniger als die *pragmatische*, dass andernfalls die **Berufswahlfreiheit** vorbehaltslos garantiert wäre.[6] Das Schrifttum ist der Interpretation des Art. 12 Abs. 1 GG als eines einheitlichen Grundrechts der Berufsfreiheit gefolgt.[7] Schutzgüter des Art. 12 GG sind damit die Berufs-(als Berufswahl- und Berufsausübungs-)freiheit, die Freiheit der **Wahl des Arbeitsplatzes** und die der **Ausbildungsstätte**.

a) Berufsfreiheit

Da Art. 12 Abs. 1 GG in der hier zugrunde gelegten, integrativen Interpretation die Berufsfreiheit schützt, erweist sich der **Berufsbegriff** als zentrales Auslegungsproblem. Überwiegend wird der Beruf als eine auf Dauer angelegte, der Schaffung und Erhaltung einer Lebensgrundlage dienende Tätigkeit definiert.[8] Strittig ist, ob als zusätzliches Definitionsmerkmal die **Erlaubtheit der Tätigkeit** anzunehmen ist.[9] Dagegen spricht zunächst, dass unter dieser Prämisse der Gesetzgeber das Schutzgut des Art. 12 Abs. 1 GG nach seinem Belieben formen könnte, indem er berufliche Tätigkeiten schlicht verbietet.   596

Im Ausgangsfall würde es unter dieser Prämisse nicht mehr auf die Frage ankommen, ob es einen eigenständigen Beruf eines »Bauarbeitnehmerverleihers« gibt; durch das gesetzliche Verbot der Arbeitnehmerüberlassung in Betriebe des Baugewerbes wäre dieser Beruf vielmehr von vornherein verboten, so dass sich die U-GmbH nicht mehr auf Art. 12 Abs. 1 GG berufen könnte.   597

Andererseits scheint es ausgeschlossen, jede der Schaffung einer Lebensgrundlage dienende Tätigkeit – etwa die des »Berufsverbrechers« – unter den Berufsbegriff des Art. 12 GG zu subsumieren. Es wäre absurd, würde man Handlungen, die *per se* auf die Verletzung von Schutzgütern anderer abzielen, »zunächst« dem Schutzgut des Art. 12 GG zurechnen, um diese sodann – etwa durch Strafvorschriften – wieder »einzuschränken«. **Sozial unwertige Tätigkeiten** unterfallen deshalb nicht dem Berufsbegriff.[10] Die soziale Unwertigkeit richtet sich danach, ob die Tätigkeit als solche – wegen der **Beeinträchtigung der Rechtsgüter** anderer – unter Strafe gestellt ist. Damit fällt jede Spielart von Berufskriminalität – Dieb, Hehler, Räuber, »Berufskiller«, »Dealer« – von vornherein aus dem Berufsbegriff heraus. Ein *moralisches* Unwerturteil vermag demgegenüber die *soziale* Unwertigkeit nicht zu begründen, so dass die Berufsqualität der Prostitution nicht zweifelhaft ist.[11]   598

---

6 Vgl. BVerfGE 7, 377 (401 f.).
7 Vgl. *P. J. Tettinger*, in: Sachs (Hrsg.), GG, Art. 12 Rdnr. 8 m. w. N.
8 Vgl. *M. Gubelt*, in: v. Münch / Kunig (Hrsg.), GG Bd. 1, Art. 12 Rdnr. 8; *Schmidt-Bleibtreu/Klein*, GG, Art. 12 Rdnr. 26; *P. J. Tettinger*, in: Sachs (Hrsg.), GG, Art. 12 Rdnr. 29; *J. Wieland*, in: Dreier (Hrsg.), GG Bd. I, Art. 12 Rdnr. 55 f. jeweils m. w. N.
9 Vgl. BVerfGE 14, 19 (22): »Der Begriff des Berufs im Sinne des Art. 12 Abs. 1 GG ist weit auszulegen und umfaßt grundsätzlich jede sinnvolle, erlaubte Tätigkeit ...«; zum Diskussionsstand vgl. *R. Breuer*, in: HdStR VI, § 147 Rdnr. 43 f.; *P. J. Tettinger*, in: Sachs (Hrsg.), GG, Art. 12 Rdnr. 36; *J. Wieland*, in: Dreier (Hrsg.), GG Bd. I, Art. 12 Rdnr. 57; vgl. auch BVerwG, NVwZ 1995, S. 475, 478, 481; dazu *U. Gassner*, Glücksspiel und Berufsfreiheit, NVwZ 1995, S. 449: »Abschied vom Erlaubtheitskriterium«.
10 Vgl. BVerwGE 22, 286 (289); *M. Gubelt*, in: v. Münch / Kunig (Hrsg.), GG Bd. 1, Art. 12 Rdnr. 9; a. A. *Jarass/Pieroth*, GG, Art. 12 Rdnr. 7; vgl. auch *P. J. Tettinger*, in: Sachs (Hrsg.), GG, Art. 12 Rdnr. 38, der Tätigkeiten ausnehmen will, die evident »dem Menschenbild des Grundgesetzes« entgegenstehen.
11 So auch *Pieroth/Schlink*, Grundrechte, Rdnr. 811; *R. Scholz*, in: Maunz / Dürig, GG, Art. 12 Rdnr. 36. Die Prostitution ist mittlerweile durch das »Gesetz zur Regelung der Rechtsverhältnisse der Prostituierten (Prostitutionsgesetz – ProstG)« vom 20. 12. 2001 (BGBl. I, S. 3983) geregelt worden. Nach dem Inkrafttreten dieses Gesetzes am 1. 1. 2002 lassen sich Zweifel an der Berufsqualität der Prostitution nicht mehr begründen. Die bekannten Sperrbezirksverordnungen (Art. 297 EGStGB) stellen sich deshalb als Einschränkungen der Berufsfreiheit dar.

599　Im Ausgangsfall liegen alle Voraussetzungen des Berufsbegriffs vor. Auch wenn es – wie in der Begründung des Gesetzentwurfs ausgeführt – im Bereich der Arbeitnehmerüberlassung zu strafbaren Handlungen gekommen ist[12], zielt die Arbeitnehmerüberlassung doch nicht *als solche* auf die Beeinträchtigung von Rechtsgütern Dritter ab.

600　Nicht alle Berufe sind überkommen, die Berufsfreiheit schließt vielmehr ein, dass sich neue Berufszweige entwickeln und verselbständigen. Derartige Entwicklungen können sich einerseits von selbst ergeben, andererseits aber vom Staat aufgenommen und zum Gegenstand gesetzlicher Regelungen gemacht werden. Die auf diese Weise fixierten »**Berufsbilder**« haben das literarische Interesse[13] vor allem deshalb beansprucht, weil das Bundesverfassungsgericht mit seiner bekannten »**Stufentheorie**« an derartige Berufsbilder anknüpfte[14] und die Entscheidung, auf welcher »Stufe« eine gesetzliche Regelung anzusiedeln war, nicht selten von dem – gesetzlich fixierten – »Berufsbild« abhing.

601　Im Ausgangsfall könnte die U-GmbH aufgrund ihrer Spezialisierung den Beruf des »Bauarbeitnehmerverleihers« ausüben. Dies jedenfalls wäre unter der Voraussetzung anzunehmen, dass sich in der sozialen Wirklichkeit der Beruf des Arbeitnehmerverleihers in verschiedene Branchen aufgespalten und diese sich verselbständigt hätten. Allerdings war durch das Arbeitnehmerüberlassungsgesetz (AÜG) vom 7. August 1972 (BGBl. I, S. 1393) bereits eine Konzessionspflicht für alle Branchen der Arbeitnehmerüberlassung eingeführt und damit das Berufsbild fixiert worden. Aufgrund der gesetzlichen Fixierung des Berufes als branchenunabhängiger Verleih von Arbeitskräften konnte sich folglich ein spezieller Beruf des »Bauarbeitnehmerüberlassers« nicht entwickeln.[15] Würden Einschränkungen der Berufs-(wahl-)freiheit sich nach dem *Berufsbild* richten, so hätte der Gesetzgeber in der Tat alle Möglichkeiten der Manipulation.[16]

602　Sofern rechtliche Folgen damit verbunden sind, erweist sich die **Fixierung von Berufsbildern** stets als problematisch. In der Rechtsprechung wurden als Berufe anerkannt:

- Astrologe[17],
- gewerbliche Personenbeförderung[18],
- Handel mit loser Milch[19],
- Notar[20],
- Betrieb einer »Schuhbar«[21].

603　Das Vorliegen eines (eigenständigen) Berufs wurde demgegenüber von der Rechtsprechung in den folgenden Fällen verneint:

- Eröffnung einer weiteren Apotheke[22],
- Tätigkeit als Kassenarzt[23],
- Tätigkeit als Kassenzahnarzt[24],
- Knappschaftsarzt[25],
- Durchführen des Werkfernverkehrs[26].

12　Vgl. BVerfGE 77, 84 (87 f.).
13　Vgl. *L. Fröhler/G. Mörtel*, Die »Berufsbildlehre« des BVerfG, GewArch 1978, S. 249; *W. Höfling*, DÖV 1989, S. 110.
14　Vgl. BVerfGE 7, 377 (397).
15　Vgl. BVerfGE 77, 84 (105 f.).
16　Vgl. *J. Ipsen*, JuS 1990, S. 634 f.
17　Vgl. BVerwGE 22, 289.
18　Vgl. BVerfGE 11, 168 (183).
19　Vgl. BVerfGE 9, 39 (48).
20　Vgl. BVerfGE 17, 371 (380).
21　Vgl. BVerwGE 25, 66 (67 ff.).
22　Vgl. BVerfGE 17, 232 (241).
23　Vgl. BVerfGE 11, 30 (41).
24　Vgl. BVerfGE 12, 144 (147).
25　Vgl. BSG, NJW 1964, S. 2226.
26　Vgl. BVerfGE 16, 147 (163 f.).

Die Kategorie des »Berufsbildes« ist für Berufsausbildungs- und Prüfungsregelungen un- 604
entbehrlich. Als dogmatische Grundlage für Einschränkungen der Berufsfreiheit ist das
Berufsbild hingegen nicht geeignet, weil – abgesehen von Manipulationsmöglichkeiten
– sich Berufsbild und soziale Wirklichkeit nicht notwendig entsprechen.[27]

Das Bundesverfassungsgericht lehnt es in ständiger Rechtsprechung ab, den »Kassen- 605
arzt« als eigenständigen Beruf anzuerkennen.[28] Ohne kassenärztliche Zulassung (»Kas-
senarztsitz«) kann sich allerdings heute kaum ein Arzt niederlassen, weil mehr als 90%
der Patienten gesetzlichen Krankenkassen angehören.[29] Für den niederlassungswilligen
Arzt ist es deshalb ein schwacher Trost, wenn er darauf verwiesen wird, dass es ein eigenständiges Berufsbild des »Kassenarztes« nicht gibt und ihm der Zugang zu diesem
Beruf deshalb auch nicht dadurch verweigert wird, dass ihm die Zulassung vorenthalten
bleibt.

Im Ausgangsfall verhält es sich ähnlich: Wenn der U-GmbH, die sich auf die Überlassung von Ar- 606
beitnehmern in das Baugewerbe spezialisiert hat, entgegengehalten wird, dass es ein eigenständiges Berufsbild des »Bauarbeitnehmerverleihers« nicht gebe, so ändert dies nichts daran, dass sie ihr
Gewerbe aufgeben muss.

b) Freie Wahl des Arbeitsplatzes

Schutzgut ist neben der freien Wahl des Berufs die freie **Wahl des Arbeitsplatzes**, also 607
die Entscheidung, an welcher Stelle der Grundrechtsträger einem gewählten Beruf nach-
gehen möchte. Das Bundesverfassungsgericht definiert den »Gegenstand« des Grundrechts als

»Entschluß des Einzelnen, eine konkrete Beschäftigungsmöglichkeit in dem gewählten Beruf zu ergreifen.«[30]

c) Freie Wahl der Ausbildungsstätte

Der Begriff der Ausbildungsstätte umfasst alle Einrichtungen, die der Ausbildung für Be- 608
rufe dienen.[31] Hierzu gehören die Universitäten[32], der staatliche Vorbereitungsdienst[33],
Einrichtungen des zweiten Bildungsweges[34] sowie nach Auffassung des Bundesverfassungsgerichts auch die Oberstufe der Gymnasien (Sekundarstufe II)[35]. Die **allgemeinbil-
denden Schulen** sollen im Übrigen nicht unter den Begriff der **Ausbildungsstätte** fallen,
weil ihnen der spezifische Berufsbezug fehle.[36] Diese Differenzierung überzeugt schon
deshalb nicht, weil innerhalb der Schulausbildung nicht zwischen »allgemeiner« und
»weiterführender« Bildung unterschieden werden kann.[37]

---

27 Kritisch auch *K. H. Friauf*, JA 1984, S. 539; *H. A. Hesse*, AöR 95 (1970), S. 463 f.; *H. J. Papier*, DVBl.
1984, S. 803 f.
28 Vgl. BVerfGE 11, 30 (41); 12, 144 (147).
29 Vgl. BT-Drucks. 10/5630, S. 6; BVerfGE 68, 193 (194); *R. Stober*, MedR 1990, S. 12.
30 So BVerfGE 84, 133 (146).
31 Vgl. BVerfGE 33, 303 (329); 59, 172 (205).
32 Vgl. BVerfGE 33, 303 (329).
33 Vgl. BVerfGE 39, 334 (371).
34 Vgl. BVerfGE 41, 251 (260 f.).
35 Vgl. BVerfGE 58, 257 (273).
36 Vgl. *Pieroth/Schlink*, Grundrechte, Rdnr. 820; *P. J. Tettinger*, in: Sachs (Hrsg.), GG, Art. 12 Rdnr. 67.
37 A. A. *J. Wieland*, in: Dreier (Hrsg.), GG Bd. I, Art. 12 Rdnr. 61 m. w. N.

2. Schutzrichtung

609 Art. 12 Abs. 1 Satz 1 GG ist ein subjektiv-öffentliches Recht des *status negativus*, zielt also auf die **Abwehr** staatlicher Maßnahmen, die die Berufsfreiheit einschränken.[38] Art. 12 Abs. 1 Satz 1 GG enthält dagegen kein »Recht auf Arbeit« oder einen Anspruch auf die Zuweisung eines Arbeitsplatzes.[39] Zumindest missverständlich ist es, wenn in diesem Zusammenhang die Freiheit als »zunehmend knapper werdendes Gut« bezeichnet wird, was gegebenenfalls zu staatlichen Interventionen zwinge.[40]

610 Ein (grundrechtlicher) Anspruch auf Teilhabe an Schutzgütern setzt zwingend voraus, dass der Staat über sie verfügen kann. Dies ist in einer freiheitlichen Wirtschaftsordnung, die im Wesentlichen durch den Markt – auch durch den Arbeitsmarkt – geprägt ist, nicht der Fall. Zugespitzt lässt sich festhalten, dass ein Grundrecht nicht zugleich die Berufsfreiheit als Abwehrrecht und ein »Recht auf Arbeit« im Sinne eines subjektiv-öffentlichen Leistungsrechts gewährleisten könnte. Der Anspruch jedes Grundrechtsträgers auf einen Arbeitsplatz würde zwangsläufig die Verfügungsgewalt des Staates über den gesamten Arbeitsmarkt voraussetzen und damit die Berufsfreiheit als Abwehrrecht verdrängen. Aus diesem Grund ist es prinzipiell ausgeschlossen, dass ein Grundrecht *zugleich* negatorische Ansprüche *und* eine Teilhabe am *Substrat* des Grundrechts gewährleistet. **Freiheitsrecht und Freiheitssubstrat** sind vielmehr bei Art. 12 GG – wie bei den anderen Grundrechten – scharf voneinander zu trennen.[41]

611 Die aus dem Sozialstaatsprinzip herrührende Verpflichtung, die Arbeitslosigkeit zu bekämpfen, wird hierdurch nicht in Frage gestellt. Die Bedeutung des Berufs für die Persönlichkeit und ihren sozialen Achtungsanspruch vermag auch eine »objektiv-rechtliche« Verpflichtung des Gesetzgebers zu begründen, der Arbeitslosigkeit nachhaltig entgegenzuwirken.[42]

612 Die freie Wahl der Ausbildungsstätte schließt dagegen einen **Zulassungsanspruch** für den Fall ein, dass die Ausbildung staatlich monopolisiert ist. Das Bundesverfassungsgericht hat in seinem grundlegenden »Numerus-clausus-Urteil« zutreffend entschieden, aus Art. 12 Abs. 1 Satz 1 GG folge ein Recht auf **Zulassung zum Hochschulstudium**, das nur durch Gesetz oder aufgrund eines Gesetzes einschränkbar sei.[43] Allerdings soll der Staat verfassungsrechtlich nicht verpflichtet sein, neue Ausbildungskapazitäten zu schaffen[44]; in jedem Fall aber müssen die vorhandenen Ausbildungskapazitäten erschöpft und nach eindeutigen Kriterien verteilt werden[45].

III. Grundrechtseinschränkungen

1. Die »Stufentheorie« des Bundesverfassungsgerichts

613 Die so genannte »**Stufentheorie**« ist vom Bundesverfassungsgericht in der Entscheidung über das Bayerische Apothekengesetz von 16. Juni 1952 (GVBl. S. 181) entwickelt wor-

---

38 Vgl. *M. Gubelt*, in: v. Münch / Kunig (Hrsg.), GG Bd. 1, Art. 12 Rdnr. 1; *Jarass/Pieroth*, GG, Art. 12 Rdnr. 2; *P. J. Tettinger*, in: Sachs (Hrsg.), GG, Art. 12 Rdnr. 9; *J. Wieland*, in: Dreier (Hrsg.), GG Bd. I, Art. 12 Rdnr. 73.

39 Vgl. BVerfGE 84, 133 (146); *R. Breuer*, in: HdStR VI, § 147 Rdnr. 73; *M. Gubelt*, in: v. Münch / Kunig (Hrsg.), GG Bd. 1, Art. 12 Rdnr. 1, 25, 32 m. w. N.; *R. Scholz*, in: Maunz / Dürig, GG, Art. 12 Rdnr. 47 ff., 53 ff., 434; *P. J. Tettinger*, in: Sachs (Hrsg.), GG, Art. 12 Rdnr. 13, 66 m. w. N.; *J. Wieland*, in: Dreier (Hrsg.), GG Bd. I, Art. 12 Rdnr. 172 ff. m. w. N.

40 Vgl. *H.-P. Schneider*, VVDStRL 43 (1985), S. 103.

41 Vgl. hierzu *J. Ipsen*, VVDStRL 43 (1985), S. 113 f. (Diskussionsbeitrag).

42 So auch *R. Breuer*, in: HdStR VI, § 147 Rdnr. 73; *R. Scholz*, in: Maunz / Dürig, GG, Art. 12 Rdnr. 54.

43 Vgl. BVerfGE 33, 303.

44 Vgl. BVerfGE 33, 303 (332 ff.).

45 Vgl. BVerfGE 33, 303 (333 f.).

den.[46] Art. 3 Abs. 1 des Gesetzes machte die Betriebserlaubnis für eine neue Apotheke davon abhängig,

>»daß ihre wirtschaftliche Grundlage gesichert ist und durch sie die wirtschaftliche Grundlage der benachbarten Apotheken nicht soweit beeinträchtigt wird, daß die Voraussetzungen für den ordnungsgemäßen Apothekenbetrieb nicht mehr gewährleistet sind.«

Das Bundesverfassungsgericht ging in seiner Entscheidung von einem »einheitlichen Grundrecht« der Berufsfreiheit aus, die einem **Regelungsvorbehalt** unterliege.[47] Gesetzliche Einschränkungen der Berufs*ausübung* seien bereits dann zulässig, wenn **vernünftige Erwägungen des Gemeinwohls** sie zweckmäßig erscheinen ließen. Die Freiheit der Berufs*wahl* dürfe dagegen nur eingeschränkt werden, 614

>»soweit der Schutz besonders gewichtiger (»überragender«) Gemeinschaftsgüter es zwingend erfordert, d. h.: soweit der Schutz von Gütern in Frage steht, denen bei sorgfältiger Abwägung der Vorrang vor dem Freiheitsanspruch des Einzelnen eingeräumt werden muß *und* soweit dieser Schutz nicht auf andere Weise, nämlich mit Mitteln, die die Berufswahl nicht oder weniger einschränken, gesichert werden kann. Erweist sich ein Eingriff in die Freiheit der Berufswahl als unumgänglich, so muß der Gesetzgeber stets die Form des Eingriffs wählen, die das Grundrecht am wenigsten einschränkt.«[48]

Auf diese Weise ergäben sich gewissermaßen verschiedene »Stufen«: Bei der **Regelung der Berufsausübung** stünden Zweckmäßigkeitserwägungen im Vordergrund; der Grundrechtsschutz beschränke sich auf die Abwehr in sich verfassungswidriger, weil übermäßig belastender und nicht zumutbarer gesetzlicher Auflagen.[49] 615

Bei der **Regelung der Berufswahl** unterscheidet das Bundesverfassungsgericht zwischen »subjektiven« und »objektiven« Voraussetzungen. Erstere liegen in der Person des Bewerbers und betreffen im Wesentlichen die **Vor- und Ausbildung,** ohne die die Ausübung des Berufs Gefahren für die Allgemeinheit mit sich bringen würde.[50] Hier gelte das Prinzip der Verhältnismäßigkeit in dem Sinne, dass die vorgeschriebenen Voraussetzungen zu dem angestrebten Zweck der ordnungsmäßigen Erfüllung der Berufstätigkeit nicht außer Verhältnis stehen dürften.[51] Die **»objektiven Bedingungen«** seien dagegen dem Einfluss des Bewerbers entzogen und nur durch die »Abwehr nachweisbarer oder höchstwahrscheinlicher schwerer Gefahren für ein überragend wichtiges Gemeinschaftsgut«·zu legitimieren.[52] Der Gesetzgeber müsse Regelungen nach Art. 12 Abs. 1 Satz 2 GG jeweils auf der Stufe vornehmen, die den **geringsten Eingriff** in die Freiheit der Berufswahl mit sich bringe und dürfe die nächste Stufe erst dann betreten, wenn mit hoher Wahrscheinlichkeit dargetan werden könne, dass die befürchteten Gefahren mit verfassungsmäßigen Mitteln der vorausgehenden Stufe nicht wirksam bekämpft werden könnten.[53] 616

Das Bundesverfassungsgericht hat mit der **»Stufentheorie«** in erster Linie die Einwirkungen des Gesetzgebers auf die Berufsfreiheit in **Kategorien** eingeteilt. Eine Vielzahl von Gesetzen erlegt Berufstätigen und Gewerbetreibenden (Verhaltens-, Melde- oder andere) Pflichten auf, die die Wahl des Berufs unberührt lassen, die Berufsausübung aber u. U. bis ins Einzelne reglementieren. 617

---

46 Vgl. BVerfGE 7, 377.
47 Vgl. BVerfGE 7, 377 (402).
48 So BVerfGE 7, 377 (405).
49 Vgl. BVerfGE 7, 377 (406).
50 So BVerfGE 7, 377 (406 f.).
51 So BVerfGE 7, 377 (407).
52 Vgl. BVerfGE 7, 377 (408).
53 So BVerfGE 7, 377 (408).

618   So war nach § 5 Abs. 1 des Gesetzes über die Arbeitszeit in Bäckereien und Konditoreien (BZAG) vom 29. Juni 1936[54] das Arbeiten in diesen Betrieben zwischen 21 und 4 Uhr verboten. Das Bundesverfassungsgericht hat das »Nachtbackverbot« mit der Erwägung für verfassungsmäßig gehalten, dass es sich um eine Berufsausübungsregelung handele, die durch sachliche Erwägungen gerechtfertigt sei.[55]

619   Die Ausübungsregelungen sind nicht immer leicht von solchen Rechtsnormen zu unterscheiden, die sich zwar ebenfalls auf die Berufsausübung auswirken, aber nicht als Ausübungsregelungen gedacht sind.[56] Das Bundesverfassungsgericht misst deshalb nur solche Vorschriften an Art. 12 Abs. 1 GG, die »in einem engen Zusammenhang mit der Ausübung eines Berufes stehen und objektiv eine **berufsregelnde Tendenz** erkennen lassen«.[57] Die Rechtsprechung ist allerdings uneinheitlich und gelangt nicht durchweg zu überzeugenden Ergebnissen. Ein Grund hierfür mag sein, dass die Formel bei genauerem Hinsehen eine *contradictio in adiecto* enthält. Mit dem Begriff der *Tendenz* wird offenbar auf die gesetzgeberische Absicht (Zweckrichtung, Neigung) abgestellt, insofern auf ein finales Element. Dies aber soll – was im Grunde ausgeschlossen ist – zugleich »objektiv« sein. Ob eine gesetzliche Regelung am Maßstab des Art. 12 GG zu messen und dieses Grundrecht damit *einschlägig* ist, kann im Grunde nur anhand von zwei – einander ausschließenden – Merkmalen festgestellt werden. Entweder stellt man auf die gesetzgeberische *Absicht* oder auf die gesetzlichen *Auswirkungen* ab. Ersteres würde dazu führen, dass unbeabsichtigte – gleichwohl nachhaltige – Auswirkungen eines Gesetzes auf die Berufsausübung aus dem Anwendungsbereich des Art. 12 GG herausfielen. Hiergegen spricht entschieden, dass gerade faktische Beeinträchtigungen eingriffsgleich sein können. Überdies ist an die Schranke der »allgemeinen Gesetze« (Art. 5 Abs. 2 GG) zu erinnern, die – jedenfalls nach zutreffender Auslegung[58] – gerade die *reflexiven* Auswirkungen auf die Meinungsfreiheit erfassen sollen. Allein überzeugend ist es deshalb, auf die Auswirkungen abzustellen, die eine gesetzliche Regelung faktisch – wenn auch möglicherweise unbeabsichtigt – auf die Berufsausübung hat.[59] Nur diese sind überhaupt objektivierbar.

620   In einer späteren Entscheidung hält das Bundesverfassungsgericht Art. 12 Abs. 1 GG auch gegenüber Vorschriften *ohne* berufsregelnde Zielrichtung für einschlägig, »wenn sie infolge ihrer tatsächlichen Auswirkungen geeignet sind, die Berufsfreiheit zu beeinträchtigen«.[60] In der Entscheidung ging es um ein Besitz-, Verarbeitungs- und Vertriebsverbot für Vögel besonders geschützter Arten, durch die sich Rückwirkungen auf die Berufsausübung der Tierpräparatoren ergaben. Das Bundesverfassungsgericht stellt zutreffend fest, dass das durch den Gesetzgeber verfolgte Ziel für die Rechtmäßigkeit der Regelungen von Bedeutung ist, deren Überprüfung am Maßstab des Art. 12 Abs. 1 GG aber nicht ausschließe.[61]

621   Allerdings dürfte Art. 12 Abs. 1 GG nur dann einschlägig sein, wenn sich die Auswirkungen einer gesetzlichen Regelung auf die Berufsausübung von denen auf die allgemeine Handlungsfreiheit anderer Grundrechtsträger unterscheiden. Ebenso wenig wie es auf die Absicht des Gesetzgebers ankommen kann, spezifisch berufsregelnde Vorschriften zu erlassen, reicht es umgekehrt für eine Berufung auf Art. 12 GG nicht aus, dass Gesetze sich *überhaupt* auf die Berufsausübung auswirken, wenn jedermann von ihnen betroffen ist.

---

54   RGBl. I, S. 521 (BGBl. III, S. 8050–8), aufgehoben durch Art. 8 des Gesetzes zur Änderung des Gesetzes über den Ladenschluß und zur Neuregelung der Arbeitszeit in Bäckereien und Konditoreien v. 30. Juli 1996 (BGBl. I, S. 1186).
55   Vgl. BVerfGE 23, 50; 41, 360.
56   Vgl. hierzu *R. Breuer*, in: HdStR VI, § 148 Rdnr. 29 ff. m. w. N.
57   Vgl. BVerfGE 13, 181 (186); 16, 145 (162); 52, 42 (54); 70, 191 (214).
58   Vgl. oben Rdnr. 443.
59   Vgl. auch *R. Breuer*, in: HdStR VI, § 148 Rdnr. 31.
60   So BVerfGE 61, 291 (308).
61   So BVerfGE 61, 291 (308).

Die Vorschriften des Straßenverkehrsrechts betreffen jeden Verkehrsteilnehmer, gleichgültig, ob die Teilnahme am Straßenverkehr in Ausübung einer Berufstätigkeit erfolgt oder nicht. Die Auswirkungen von Verkehrsvorschriften (Geschwindigkeitsbegrenzungen usw.) sind für den Berufskraftfahrer grundsätzlich dieselben wie für den Sonntagsausflügler. Anders allerdings verhält es sich, wenn – wie bei den Verkehrsbeschränkungen für den Schwerlastverkehr an Sonn- und Feiertagen bzw. Ferienwochenenden – im Schwerpunkt gerade der *Berufsverkehr* getroffen wird. Derartige Einschränkungen treffen gerade nicht jedermann (weil dieser regelmäßig nicht mit einem über 7,5 t schweren LKW seinen Sonntagsausflug unternimmt). Das Bundesverfassungsgericht hat diese Einschränkungen deshalb zutreffend an Art. 12 GG gemessen, sie allerdings für verfassungsmäßig erklärt.[62]

622

Soweit ein Gesetz **subjektive Voraussetzungen** für die Aufnahme eines Berufs vorschreibt, liegt eine einschränkende Regelung der **Berufswahl** vor, die auf der zweiten »Stufe« zu lokalisieren ist. Die Zahl der subjektiven Zulassungsvoraussetzungen zu einem Beruf ist unübersehbar. Hierzu zählen die gesetzlich vorgeschriebenen **Befähigungsnachweise**[63] ebenso wie die besonderen Voraussetzungen, die in der Person eines Gewerbetreibenden vorliegen müssen.[64] Das Bundesverfassungsgericht hat indes frühzeitig klar gemacht, dass es mit Art. 12 Abs. 1 GG unvereinbar ist, für den Einzelhandel mit Waren aller Art den Nachweis der Sachkunde zu fordern.[65]

623

Nach § 3 Abs. 1 des Gesetzes über die Berufsausübung im Einzelhandel vom 5. August 1957 (EinzelhG)[66] war für die Ausübung des Einzelhandels eine Erlaubnis erforderlich, die neben der Zuverlässigkeit auch die »erforderliche« Sachkunde voraussetzte, die regelmäßig durch die Kaufmannsgehilfenprüfung nachzuweisen war (§ 4 Abs. 1 EinzelhG). Das Bundesverfassungsgericht erklärte die Vorschrift für nichtig, soweit der Einzelhandel mit Waren aller Art betroffen war: es gehe über das Maß des Erforderlichen hinaus, wenn der Gesetzgeber von allen Einzelhändlern den Nachweis beträchtlicher kaufmännischer Kenntnisse durch eine schematisch gleiche Ausbildung und Prüfung bereits als Voraussetzung für die Aufnahme des Berufes verlange.[67]

624

Aufgrund der verfassungsrechtlichen Anforderungen an **objektive Zulassungsvoraussetzungen** bilden diese heute die Ausnahme.

625

Die Bedarfsprüfung im Apothekenwesen ist mit Art. 12 GG für unvereinbar erklärt worden, weil das Bundesverfassungsgericht keine höchstwahrscheinlichen Gefahren für überragende Gemeinschaftsgüter entdecken konnte.[68] Die zur Rechtfertigung vorgebrachten Gründe (Beeinträchtigung der Volksgesundheit durch »Tablettensucht«, Abgleiten der Apotheker in die Kriminalität) bewegen sich hart am Rande der Satire. Im Kern handelt es sich um eine verfassungsrechtliche Entscheidung von erheblicher wirtschaftspolitischer Tragweite: ob nämlich der Staat berechtigt sein soll, Erwerbschancen knapp zu halten und zuzuteilen oder ob diese allen geeigneten Bewerbern offen stehen und damit dem Wettbewerb überlassen bleiben. Das »Apothekenurteil« des Bundesverfassungsgerichts hatte insoweit eine nicht zu übersehende Signalwirkung für die Abkehr von traditionell obrigkeitsstaatlich-distributiven Berufsregelungen.

626

Im Einzelfall hat das Bundesverfassungsgericht **objektive Zulassungsregelungen** für verfassungsmäßig gehalten. So ist nach wie vor die Genehmigung für den Verkehr mit Taxen (»Taxikonzession«) zu versagen, wenn die **öffentlichen Verkehrsinteressen** beeinträchtigt werden (§ 13 Abs. 4 Satz 1 PBefG). Das Bundesverfassungsgericht hat die öffentlichen Verkehrsinteressen als »überragend wichtiges Gemeinschaftsgut« angesehen und die gesetzliche Regelung für verfassungsmäßig gehalten.[69]

627

---

62 Vgl. BVerfGE 26, 259.
63 Z. B. die Meisterprüfung nach § 45 HandwO; vgl. dazu BVerfGE 13, 97.
64 Vgl. § 4 Abs. 1 Nr. 1 GastG: »die für den Gewerbebetrieb erforderliche Zuverlässigkeit«.
65 Vgl. BVerfGE 19, 330.
66 BGBl. I, S. 1121.
67 So BVerfGE 19, 330 (340).
68 Vgl. BVerfGE 7, 377 (415).
69 So BVerfGE 11, 168 (190); vgl. auch BVerfGE 40, 196 (Festsetzung von Höchstzahlen für den allgemeinen Güterfernverkehr).

628 Die »Stufentheorie« *typisiert* die Berufsregelungen, ist in ihrer dogmatischen Leistung hierauf aber auch beschränkt.[70] Gegen sie wird überdies eingewandt, dass die Qualifizierung eines Gesetzes als Berufsausübungs- oder Berufswahlregelung sich keineswegs von selbst ergibt, sondern entscheidend vom – gesetzlich fixierbaren – »Berufsbild« abhängt.[71]

629 Im Ausgangsfall hat das Bundesverfassungsgericht nur den »Arbeitnehmerverleih« als Berufsbild angesehen, so dass sich die Vorschrift des § 12 a AFG nach den Grundsätzen der »Stufentheorie« als *Berufsausübungsregelung* darstellte.

630 Mit der Zuordnung zu einer »Stufe« ist, selbst wenn man von der Möglichkeit gesetzgeberischer Manipulation absieht, nicht notwendig eine bestimmte **Einwirkungsintensität** verbunden. Vielmehr kann eine Regelung auf einer niedrigeren Stufe die Berufsfreiheit viel stärker beeinträchtigen als eine solche auf einer »höheren« Stufe.[72]

631 Der Ausgangsfall ist hierfür geradezu exemplarisch: gemäß § 1 Abs. 1 AÜG[73] bedürfen Arbeitgeber, die Dritten Arbeitnehmer gewerbsmäßig zur Arbeitsleistung überlassen, der Erlaubnis. Die Erlaubnis kann unter Bedingungen erteilt und mit Auflagen verbunden werden und ist zu befristen (§ 2 AÜG); sie ist zu versagen, wenn der Antragsteller nicht die erforderliche Zuverlässigkeit besitzt bzw. andere Voraussetzungen nicht erfüllt (§ 3 AÜG). Diese *subjektiven* Voraussetzungen erweisen sich im Vergleich zu der *Ausübungs*regelung des § 12 a AFG als geradezu harmlos. Danach nämlich ist der Teilmarkt der Arbeitnehmerüberlassung in das Baugewerbe geschlossen, was sich für die U-GmbH als Berufsbeendigungsregelung auswirkte. Berufsbeendigungsregelungen sind aber der Stufe der objektiven Zulassungsvoraussetzungen zuzuordnen.[74]

632 Das Bundesverfassungsgericht löst das sich hier stellende dogmatische Problem einer Divergenz von **Regelungsstufe und Einwirkungsintensität** durch einen Kunstgriff: kommt die Berufsausübungsregelung einem »Eingriff« in die Berufswahl nahe, kann diese nicht mehr mit jeder vernünftigen Erwägung des Gemeinwohls, sondern nur mit solchen Allgemeininteressen gerechtfertigt werden, die so schwer wiegen, dass sie den Vorrang vor der Berufsbehinderung verdienen.[75] Damit aber hat die Zuordnung zu einer Stufe ihre dogmatische Funktion verloren, zugleich die Einwirkungsvoraussetzungen festzulegen. Praktisch hat das Bundesverfassungsgericht den mit der »Stufentheorie« verfolgten Anspruch, eine Dogmatik der Berufsfreiheit entworfen zu haben, aufgegeben.[76]

2. Übermaßverbot statt »Stufentheorie«

633 Da sich nach der Rechtsprechung des Bundesverfassungsgerichts »Stufen« und Einwirkungsvoraussetzungen nicht notwendig entsprechen, letztere sich vielmehr nach der Intensität der Einwirkung bestimmen, wird der Sache nach eine **Prüfung des Übermaßverbots** vorgenommen.[77] Sie ist richtigerweise in vier »Stufen« zu gliedern:

70 Vgl. *J. Ipsen*, JuS 1990, S. 635 f.
71 Vgl. *F. Ossenbühl*, Die Freiheiten des Unternehmers nach dem Grundgesetz, AöR 115 (1990), S. 10 f.; *Pieroth/Schlink*, Grundrechte, Rdnr. 836; *H. H. Rupp*, Das Grundrecht der Berufsfreiheit in der Rechtsprechung des Bundesverfassungsgerichts, AöR 92 (1967), S. 236.
72 So auch *Pieroth/Schlink*, Grundrechte, Rdnr. 836; *J. Wieland*, in: Dreier (Hrsg.), GG Bd. I, Art. 12 Rdnr. 111.
73 Vom 7. August 1972, BGBl. I, S. 1393.
74 Vgl. BVerfGE 9, 338 (344 f.); 25, 88 (101); 39, 128 (141); 44, 105 (117); 48, 292 (296).
75 Vgl. BVerfGE 77, 84 (106).
76 Vgl. im Einzelnen: *J. Ipsen*, JuS 1990, S. 634 ff.; zur Kritik an der »Stufentheorie« vgl. auch *P. J. Tettinger*, in: Sachs (Hrsg.), GG, Art. 12 Rdnr. 123 ff.; *J. Wieland*, in: Dreier (Hrsg.), GG Bd. I, Art. 12 Rdnr. 112 ff.
77 Vgl. BVerfGE 77, 84 (107 ff.); vgl. früher schon: BVerfGE 13, 97 (104).

a)   Verfolgung eines legitimen Zwecks als Einwirkungsvoraussetzung

Die Trias des Übermaßverbots – Geeignetheit, Erforderlichkeit und Verhältnismäßigkeit   634
(Angemessenheit) – ist nicht voraussetzungslos anwendbar, weil ihr die Frage nach dem
»wozu« – nach dem gesetzgeberischen Zweck – logisch vorausgehen muss. Erste Voraussetzung dafür, dass ein die Berufsfreiheit einschränkendes Gesetz mit Art. 12 GG vereinbar ist, muss die **Verfolgung eines legitimen Zwecks** sein. Bei Festlegung derartiger Zwecke hat der Gesetzgeber weitgehende **Gestaltungsfreiheit**, ist also nicht darauf beschränkt, Gefahren abzuwehren. Grundsätzlich können wirtschaftslenkende Maßnahmen
jeder Art ergriffen werden, die gemeinwohlorientiert sind.[78] Dies ist freilich die unerläss-
liche Voraussetzung und gleichzeitig eine Einschränkung **wirtschaftspolitischer Gestaltungsfreiheit**: das Instrument der Grundrechtseinschränkung darf nicht dazu missbraucht werden, *private* Interessen zu verfolgen oder Wettbewerbsvorteile zu sichern.[79]

Im Ausgangsfall verfolgte der Gesetzgeber einen *legitimen* öffentlichen *Zweck*, nämlich den Schutz   635
der Arbeitnehmer bzw. der Funktionsfähigkeit der Sozialversicherung. Für die Prüfung auf dieser
»Stufe« reicht die Feststellung aus, dass der Gesetzgeber an der Verfolgung derartiger Ziele verfassungsrechtlich *nicht* gehindert ist. Einer weiteren Bewertung der gesetzgeberischen Zielsetzung
nach Art der Stufentheorie – »vernünftige Gemeinwohlerwägungen« oder »überragendes Gemeinschaftsgut« – bedarf es nicht.

b)   Geeignetheit

Die gesetzgeberische Maßnahme muss nach den Grundsätzen des Übermaßverbots zur   636
Erreichung des legitimen Zwecks **objektiv beitragen**. Hierbei hat der Gesetzgeber, soweit
die Auswirkungen nicht völlig absehbar sind, einen **Prognosespielraum**.[80] Geeignet sind
deshalb grundsätzlich alle Maßnahmen, die aus der Perspektive des Gesetzgebers den (legitimen) öffentlichen Zweck zu fördern vermögen.

Im Ausgangsfall wären über die *Geeignetheit* nur wenige Worte zu verlieren, denn selbstverständ-   637
lich kann es in einem Gewerbezweig nicht mehr zu den beklagten Unzuträglichkeiten kommen,
wenn man ihn durch Gesetz abschafft. Rechts- oder wirtschaftspolitische Erwägungen der Art,
dass Unternehmer zunehmend in die Illegalität ausweichen könnten, wenn bisherige Teilmärkte
geschlossen werden, sind bei dieser Prüfung unzulässig: sie ändern nichts an der rechtlichen
Eignung der Maßnahme.

c)   Erforderlichkeit

Der Grundsatz der Erforderlichkeit als Teilprinzip des Übermaßverbots beschränkt den   638
Gesetzgeber auf den **geringstmöglichen Eingriff** (das »Interventionsminimum«), um seinen Zweck zu erreichen.[81] Der Grundsatz der Erforderlichkeit ist nur verletzt, wenn mehrere Mittel zur Auswahl stehen, von denen das eine das Rechtsgut der Berufsfreiheit in ge-
ringerem Maße einschränkt als das andere.

Das Bundesverfassungsgericht hielt das Verbot der Arbeitnehmerüberlassung im Baugewerbe   639
auch für *erforderlich*, weil es dem Gesetzgeber im Hinblick auf mögliche Alternativen einen weitgehenden Einschätzungsspielraum zuwies.[82] Da das Verbot der Arbeitnehmerüberlassung im Bau-
werbe jedoch im Wesentlichen damit begründet worden ist, dass entsprechende Betriebe häufig die
Tarifverträge nicht einhielten oder gegen sonstige Vorschriften verstießen, die dem Schutz der Arbeitnehmer dienten, hätte es nahe gelegen, entsprechende gesetzliche Alternativen genauer zu prü-

---

78 Vgl. *J. Ipsen*, JuS 1990, S. 636 m. w. N.
79 Vgl. BVerfGE 7, 377 (408); 11, 168 (188); 19, 330 (342).
80 Vgl. dazu *R. Breuer*, in: HdStR VI, § 148 Rdnr. 14 ff.; *J. Wieland*, in: Dreier (Hrsg.), GG Bd. I, Art. 12
    Rdnr. 135 ff. jeweils m. w. N.
81 Vgl. oben Rdnr. 178 f.
82 So BVerfGE 77, 84 (110).

fen. Nach § 1 b Satz 2 AÜG, der an die Stelle des § 12 a AFG getreten ist, ist die gewerbsmäßige Arbeitnehmerüberlassung in Betriebe des Baugewerbes gestattet, wenn für allgemeinverbindlich erklärte Tarifverträge dies bestimmen bzw. wenn der verleihende Betrieb von denselben Tarifverträgen erfasst wird wie der Entleihende. Es erscheint zweifelhaft, ob diese oder andere Regelungsalternativen allein im Hinblick auf die Gestaltungs- und Entschließungsfreiheit des Gesetzgebers[83] hätten außer Betracht bleiben dürfen.

640　Im Rahmen der Erforderlichkeitsprüfung sind die Erkenntnisse der »Stufentheorie« zu berücksichtigen, soweit sie sich als zutreffend herausgestellt haben. Da regelmäßig Berufsausübungsregelungen weniger einschneidend als Berufswahlregelungen wirken, sind letztere nicht erforderlich, wenn erstere den gesetzgeberischen Zweck ebenso gut erfüllen.[84]

d)　Verhältnismäßigkeit i. e. S. (Angemessenheit, Proportionalität)

641　Die Verhältnismäßigkeit (Proportionalität) von Einwirkung und mit der Einwirkung verfolgtem Ziel (Zweck) setzt eine Güterabwägung, eine »**Zweck-Mittel-Relation**« voraus.[85] Eine Beschränkung der Berufsfreiheit ist nur dann verfassungsmäßig, wenn sie sich im Verhältnis zu dem vom Gesetzgeber angestrebten Ziel als *angemessen* (zumutbar) erweist. Je einschneidender die Maßnahme ist, umso schwerer müssen die gesetzgeberischen Ziele wiegen, die sie rechtfertigen sollen. Die Judikatur des Bundesverfassungsgerichts stellt für die Abwägung nicht nur reichliches Anschauungsmaterial zur Verfügung, sondern weist immer auch auf die *ultima-ratio*-Funktion von objektiven Zulassungsvoraussetzungen bzw. Berufsbeendigungsregelungen hin: sie sind nur statthaft, wenn **überragende Gemeinschaftsgüter** vor höchstwahrscheinlichen Gefahren geschützt werden müssen.[86]

642　Im Ausgangsfall war nach den hier entwickelten Grundsätzen die *Angemessenheit* fraglich. Das Bundesverfassungsgericht hat sie letztlich bejaht, freilich auf den Topos des »überragenden« Gemeinschaftsguts – im Gegensatz zur früheren Rechtsprechung – verzichtet. Überdies wird auch im Rahmen der Abwägung dem Gesetzgeber ein »Prognose- und Beurteilungsspielraum« eingeräumt.[87]

IV.　Verbot des Arbeitszwangs und der Zwangsarbeit (Art. 12 Abs. 2 und 3 GG)

643　**Fall 39:**
S ist Sozialhilfeempfänger und erhält Hilfe zum Lebensunterhalt (HLU). Als er sich weigert, eine nach Ansicht der Behörde zumutbare Arbeit zu leisten, wird ihm die weitere Unterstützung versagt. S hält dies für eine Verletzung des Art. 12 Abs. 2 GG.

(BSGE 44, 71)

1.　Verbot des Arbeitszwangs (Art. 12 Abs. 2 GG)

644　Art. 12 Abs. 2 GG enthält ein thematisch mit Art. 12 Abs. 1 GG verbundenes, im übrigen selbständiges Grundrecht, das staatlich angeordneten Arbeitspflichten entgegengesetzt werden kann. Grundrechtsträger ist *jeder* Mensch. Im Gegensatz zu Art. 12 Abs. 1 GG ist Art. 12 Abs. 2 GG den **Menschenrechten** zuzuordnen.[88]

83　So BVerfGE 77, 84 (111).
84　Vgl. BVerfGE 102, 197 (217 f.).
85　Vgl. BVerfGE 30, 292 (316 f.); 46, 120 (148); 77, 84 (111 f.).
86　Vgl. BVerfGE 7, 377 (408); 40, 196 (218); 75, 284 (296); 85, 360 (374); 102, 197 (220 f.).
87　Vgl. BVerfGE 77, 84 (111 f.).
88　Vgl. auch Art. 4 Abs. 2 EMRK: »Niemand darf gezwungen werden, Zwangs- oder Pflichtarbeit zu verrichten.«

Schutzgut des Grundrechts ist die **Freiheit von staatlichem Zwang**. Der thematische Zu- 645
sammenhang zu Art. 12 Abs. 1 GG besteht darin, dass die Verpflichtung zu bestimmten
Tätigkeiten zunächst nur die Handlungsfreiheit (Art. 2 Abs. 1 GG) einschränkt, sich
aber *faktisch* auch auf die Berufsfreiheit auswirkt. Wessen Zeitbudget durch (staatliche) Arbeitspflichten bereits belastet ist, der ist insoweit an der **freien Berufsausübung** gehindert.[89] Den historischen Hintergrund des Art. 12 Abs. 2 GG bilden die nationalsozialis-
tischen Arbeitsorganisationen (Arbeitsdienst), die die Bürger in ihrem persönlichen Frei-
raum stark einengten und zur Disziplinierung und Uniformierung der Gesellschaft bei-
trugen.[90]

Unter »einer bestimmten Arbeit« ist nicht jede Dienstleistung, sondern nur eine Tätigkeit 646
zu verstehen, die **Inhalt eines Berufs** sein könnte. Ehrenämter und sonstige ehrenamtliche
Tätigkeiten für die Gemeinde, zu denen Bürger nach den Kommunalgesetzen verpflichtet
sind, fallen nicht unter Art. 12 Abs. 2 GG. Die Verpflichtung als Wahlhelfer o. Ä. ist folglich
nur an Art. 2 Abs. 1 GG zu messen.[91]

Entscheidende Bedeutung kommt dem Tatbestandsmerkmal »gezwungen werden« zu, 647
das ein Finalitätsmoment im Hinblick auf die »bestimmte Arbeit« enthält. Mit anderen
Worten sind nur solche staatlichen Maßnahmen an Art. 12 Abs. 2 GG zu messen (und
grundsätzlich verboten), die *zu* einer bestimmten Arbeit *verpflichten*. Das **Zwangsmoment**
schließt ein, dass die Verpflichtung *zu* der Arbeit gegebenenfalls durchgesetzt werden
kann. Mit anderen Worten muss es dem Gesetzgeber darauf ankommen, dass die »bestimmte Arbeit« *selbst* getan wird.

Im Ausgangsfall liegen diese Voraussetzungen nicht vor, weil die allgemeine Verpflichtung von 648
Hilfesuchenden, ihre Arbeitskraft zur Beschaffung des Lebensunterhalts für sich und ihre Unter-
haltsberechtigten einzusetzen (§ 11 Abs. 3 Satz 4 SGB XII), nicht darauf gerichtet ist, dass bestimmte
Arbeiten verrichtet werden, sondern die Allgemeinheit von Sozialhilfelasten freihalten soll. Selbst
wenn die HLU gekürzt oder versagt wird, weil sich der Hilfesuchende weigert, zumutbare Arbeit
zu leisten oder eine zumutbare Arbeitsgelegenheit anzunehmen (§ 39 Abs. 1 SGB XII), wird er nicht
zu einer bestimmten Arbeit *gezwungen*. Zwar können auch faktische Einwirkungen auf grundrechtliche Schutzgüter »eingriffsgleich« wirken.[92] Eine faktische Einwirkung ist jedoch nur anzunehmen, wenn sie strukturell der (finalen) Grundrechtseinwirkung gleichkommt. Im Ausgangsfall
kommt es der Behörde indes nicht darauf an, dass die betreffende Arbeit erledigt wird; die Weigerung des S ist vielmehr nur ein Zeichen dafür, dass eine Bedürftigkeit im Sinne des Gesetzes nicht
vorliegt. § 11 Abs. 3 Satz 4 SGB XII statuiert insofern nicht eine Arbeits*pflicht*, sondern nur eine Arbeits*obliegenheit*, bei deren Verletzung Rechtsnachteile eintreten.[93]

Vom Verbot des Arbeitszwanges ausgenommen sind herkömmliche, allgemeine, für alle 649
gleiche **öffentliche Dienstleistungspflichten**. Hierzu zählen die traditionellen kommunalen Hand- und Spanndienste ebenso wie die durch Landesgesetze vorgeschriebene Feuerwehrdienstpflicht.[94]

2. Verbot der Zwangsarbeit (Art. 12 Abs. 3 GG)

Während die »herkömmlichen Dienstleistungspflichten« entweder akzidentiell (etwa 650
bei Naturkatastrophen) oder zeitlich beschränkt sind (z. B. die Feuerwehrdienstpflicht),
erfasst die »**Zwangsarbeit**« praktisch die gesamte Arbeitszeit des Menschen. Eine

---

89 Vgl. *Pieroth/Schlink*, Grundrechte, Rdnr. 866.
90 Vgl. BVerfGE 22, 380 (383); 74, 102 (116 ff.); 83, 119 (126).
91 Vgl. dazu *P. J. Tettinger*, in: Sachs (Hrsg.), GG, Art. 12 Rdnr. 150 m. w. N.
92 Vgl. oben Rdnr. 155 ff.
93 Str., a. A. *P. J. Tettinger*, in: Sachs (Hrsg.), GG, Art. 12 Rdnr. 152 mit Angaben zum Meinungsstand.
94 Vgl. BVerfGE 92, 91 (109): Der vom Bundesverfassungsgericht festgestellte Verstoß gegen Art. 3
Abs. 3 GG richtet sich gleichzeitig gegen Art. 12 Abs. 2 GG, weil die Dienstleistungspflicht zwar
herkömmlich, nicht aber *allgemein*, also für alle gleich war.

solche Verpflichtung ist nur bei einer gerichtlich angeordneten Freiheitsentziehung zulässig.[95]

V. Suspension und besondere Einschränkungen der Berufsfreiheit (Art. 12 a GG)

651   Durch Art. 12 a GG wird eine Reihe von **Dienstleistungspflichten** begründet, die teilweise – so die Wehr- und Ersatzdienstpflicht – aktualisiert sind, im übrigen aber aktualisiert werden können.[96] Während der Ableistung der Dienstleistungspflicht ist es den Dienstleistenden nicht möglich, einen Beruf auszuüben. Art. 12 a GG *suspendiert* insofern die Berufs-(Ausübungs-)freiheit für die Dauer der Dienstleistungspflichten. Es handelt sich nicht um eine Einschränkung der Berufsfreiheit[97] (weil von dieser während einer gewissen Dauer nichts mehr übrig bleibt), auch nicht um einen *Eingriff* (weil es sich nicht um eine geschützte Sphäre handelt), sondern um eine **zeitlich begrenzte Ausnahmevorschrift**. Soweit eine Bindung an Beruf und Arbeitsplatz vorgesehen ist (Art. 12 a Abs. 6 GG), handelt es sich um **Einschränkungen der Berufsfreiheit**, die aber nicht an Art. 12 Abs. 1 Satz 2 GG, sondern allein an Art. 12 a Abs. 6 GG zu messen sind.[98]

VI. Rechtsprechung

652   BVerfGE 7, 377 (Apothekenurteil); E 11, 168 (Bedürfnisprüfung bei Taxikonzession); E 13, 97 (Befähigungsnachweis im Handwerk); E 19, 330 (Sachkundenachweis im Einzelhandel), E 23, 50; E 41, 360 (Nachtbackverbot); E 26, 259 (Wochenendfahrverbot für LKW); E 30, 292 (Erdölbevorratung); E 33, 125 (Facharzt); E 33, 303 (Numerus clausus); E 77, 84 (Arbeitnehmerüberlassung); E 84, 34 (Juristische Staatsprüfung); E 84, 59 (Medizinische Prüfung); E 92, 91 (Feuerwehrdienstpflicht); E 97, 228 (Unentgeltliche Kurzberichterstattung durch Rundfunkanstalt); E 102, 197 (Spielbankerlaubnis); E 103, 1 (Singularzulassung von Rechtsanwälten bei den OLG); E 104, 357 (Verkaufsoffene Sonntage für Apotheken); E 105, 252 (Marktbezogene Informationen der Bundesregierung); E 106, 181 (Führen fachärztlicher Gebietsbezeichnungen); E 106, 216 (Singularzulassung von Rechtsanwälten beim BGH); E 107, 186 (Versand von Impfstoffen); E 108, 370 (Briefmonopol); E 110, 141 (Einfuhr- und Zuchtverbot für »Kampfhunde«); E 110, 226 (Geldwäsche bei Rechtsanwälten); E 111, 10 (Ladenschlussgesetz); E 112, 255 (Anwaltsnotar); E 115, 276 (Sportwetten).

VII. Literatur

653   *P. Badura*, Arbeit als Beruf (Art. 12 Abs. 1 GG), in: Festschrift für W. Herschel, (1982), S. 21; **B.-O. Bryde**, Artikel 12 Grundgesetz – Freiheit des Berufs und Grundrecht der Arbeit, NJW 1984, S. 2177; **D. Czybulka**, Berufs- und Gewerbefreiheit: Ende oder Fortbildung der Stufentheorie, NVwZ 1991, S. 145; **K. H. Friauf**, Die Freiheit des Berufes nach Art. 12 Abs. 1 GG, JA 1984, S. 537; **C. Gusy**, Arbeitszwang – Zwangsarbeit – Strafvollzug – BVerfGE 74, 102, JuS 1989, S. 710; **H. A. Hesse**, Der Einzelne und sein Beruf: Die Auslegung des Art. 12 Abs. 1 GG durch das Bundesverfassungsgericht aus soziologischer Sicht, in: AöR 95 (1970), S. 449; **H. Hohmann**, Berufsfreiheit (Art. 12 GG) und Besteuerung – Eine Würdigung der Rechtsprechung des Bundesverfassungsgerichts, DÖV 2000, S. 406; **W. Höfling**, Beruf – Berufsbild – Berufsfeld, DÖV 1989, S. 110; **F. Hufen**, Berufsfreiheit – Erinnerung an

---

95   Vgl. § 41 Abs. 1 StVollzG.
96   Vgl. im Einzelnen: *K. Ipsen/J. Ipsen*, in: BK, GG, Art. 12 a Rdnr. 10 f.
97   So aber *W. Heun*, in: Dreier (Hrsg.), GG Bd. I, Art. 12 a Rdnr. 11.
98   Vgl. *K. Ipsen/J. Ipsen*, in: BK, GG, Art. 12 a Rdnr. 197 f.

ein Grundrecht, NJW 1994, S. 2913; **J. Ipsen**, »Stufentheorie« und Übermaßverbot – Zur Dogmatik des Artikels 12 GG, JuS 1990, S. 634; **W. Kluth**, Das Grundrecht der Berufsfreiheit – Art. 12 Abs. 1 GG, Jura 2001, S. 371; **M. Kment**, Ein Monopol gerät unter Druck, NVwZ 2006, S. 617; **S. Langer**, Strukturfragen der Berufsfreiheit, JuS 1993, S. 203; **H. Lecheler**, Art. 12 GG – Freiheit des Berufs und Grundrecht der Arbeit, VVDStRL 43 (1985), S. 48; **C. O. Lenz**, Frauen im Dienst an der Waffe – nationales Reservat oder europäische Gleichberechtigung? – Zum Urteil Kreil gegen Bundesrepublik Deutschland, ZRP 2000, S. 265; **R. A. Lorz**, Die Erhöhung der verfassungsrechtlichen Kontrolldichte gegenüber berufsrechtlichen Einschränkungen der Berufsfreiheit – Eine Analyse am Beispiel der berufsrechtlichen Werbeverbote, NJW 2002, S. 169; **J. Lücke**, Die Berufsfreiheit (1994); **M. Nolte/C. J. Tams**, Grundfälle zu Art. 12 I GG, JuS 2006, S. 31, 130, 218; **H.-J. Papier**, Art. 12 GG – Freiheit des Berufs und Grundrecht der Arbeit, DVBl. 1984, S. 801; **J. Pietzcker**, Artikel 12 Grundgesetz – Freiheit des Berufs und Grundrecht der Arbeit, NVwZ 1984, S. 550; **R. Pitschas**, Berufsfreiheit und Berufslenkung (1983); **M. Rüssel**, Faktische Beeinträchtigungen der Berufsfreiheit, JA 1998, S. 406; **H.-P. Schneider**, Art. 12 GG – Freiheit des Berufs und Grundrecht der Arbeit, VVDStRL 43 (1985), S. 7; **R. Scholz**, Frauen an die Waffe kraft Europarechts? – Zum Verhältnis von Art. 12 a Abs. 4 S. 2 GG zur EU-Gleichbehandlungsrichtlinie – DÖV 2000, S. 417; **J. Schwabe**, Die »Stufentheorie« des Bundesverfassungsgerichts zu Art. 12 GG, JA 1981, S. 318; **H. Siekmann**, Verfassungsmäßigkeit eines umfassenden Verbots der Werbung für Tabakprodukte, DÖV 2003, S. 657; **H. Sodan**, Verfassungsrechtsprechung im Wandel – am Beispiel der Berufsfreiheit, NJW 2003, S. 257; **J. P. Terhechte**, Der Ladenschluß und die Berufsfreiheit der Apotheker, JuS 2002, S. 551; **P. J. Tettinger**, Das Grundrecht der Berufsfreiheit in der Rechtsprechung des Bundesverfassungsgerichts, AöR 108 (1983), S. 92; **R. Wendt**, Berufsfreiheit als Grundrecht der Arbeit, DÖV 1984, S. 601.

§ 16 Koalitionsfreiheit (Art. 9 Abs. 3 GG)

654 **Fall 40:**
Im Frühjahr 1978 gab es in der Druckindustrie wegen eines von der Gewerkschaft angestrebten Rationalisierungsabkommens Streiks, an denen rund 4 000 Arbeitnehmer teilnahmen. Die Arbeitgeberverbände der Druckindustrie forderten ihre Mitglieder mit Beschluss vom 12. März 1978 auf, die im technischen Bereich beschäftigten Arbeitnehmer bundesweit und unbefristet auszusperren. Hiervon wären mehr als 130 000 Arbeitnehmer betroffen gewesen. Die nur teilweise befolgte Aussperrung endete am 20. März 1978. Auf die Klage einzelner von der Aussperrung betroffener Arbeitnehmer verurteilte das Bundesarbeitsgericht die Unternehmen zur Zahlung des einbehaltenen Lohns, weil die Aussperrung rechtswidrig, da unverhältnismäßig gewesen sei.

(BVerfGE 84, 212)

655 Das durch Art. 9 Abs. 3 Satz 1 GG gewährleistete Recht, zur Wahrung und Förderung der Arbeits- und Wirtschaftsbedingungen Vereinigungen zu bilden – die so genannte »Koalitionsfreiheit« –, ist nicht lediglich ein Annex zur »allgemeinen« Vereinigungsfreiheit, sondern ein **eigenständiges Grundrecht**.[1] Im Gegensatz zu Art. 9 Abs. 1 GG bezieht es sich ausschließlich auf das Wirtschaftsleben und ist deshalb an systematisch anderem Ort als die Vereinigungsfreiheit zu behandeln.

I. Grundrechtsträger

656 Grundrechtsträger ist nach Art. 9 Abs. 3 Satz 1 GG »jedermann«, so dass die Koalitionsfreiheit (im Gegensatz zur Vereinigungsfreiheit) zu den **Menschenrechten** zu rechnen ist. Der Zusatz »für alle Berufe« schränkt den Kreis der Grundrechtsträger nicht ein, sondern stellt lediglich klar, dass das Grundrecht nicht berufsspezifisch – etwa für Beamte oder Richter – einschränkbar ist.[2]

657 Die Koalitionsfreiheit ist ihrem Wesen nach auch auf **juristische Personen des Privatrechts** anwendbar, so dass diese über Art. 19 Abs. 3 GG ebenfalls Träger des Grundrechts sind.[3] Juristische Personen des *öffentlichen* Rechts sollen nach Auffassung des Bundesverfassungsgerichts demgegenüber nicht Grundrechtsträger sein.[4] Da die Körperschaften, Anstalten und Stiftungen des öffentlichen Rechts in weitem Umfang **Arbeitgeber** sind und Tarifverträge abschließen, bedarf diese Rechtsprechung der kritischen Überprüfung. Insbesondere ist nicht ausgeschlossen, dass die juristischen Personen des öffentlichen Rechts sich im Hinblick auf die arbeitsgerichtliche Judikatur in einer »**grundrechtstypischen Gefährdungslage**« befinden.

---

1 Vgl. BVerfGE 84, 212 (224); *H. Bauer*, in: Dreier (Hrsg.), GG Bd. I, Art. 9 Rdnr. 29 m. w. N.
2 Vgl. *W. Höfling*, in: Sachs (Hrsg.), GG, Art. 9 Rdnr. 112.
3 So auch *W. Höfling*, in: Sachs (Hrsg.), GG, Art. 9 Rdnr. 70, 113; *R. Scholz*, in: HdStR VI, § 151 Rdnr. 74; nach der Rechtsprechung des Bundesverfassungsgerichts erübrigt sich ein Rückgriff auf Art. 19 Abs. 3 GG, weil Art. 9 Abs. 3 GG – wie Art. 9 Abs. 1 GG – als »Doppelgrundrecht« angesehen wird: vgl. BVerfGE 4, 96 (101 f.); 88, 103 (114); zustimmend *H. Bauer*, in: Dreier (Hrsg.), GG Bd. I, Art. 9 Rdnr. 69 ff. m. w. N.
4 Vgl. BVerfGE 59, 232 (255).

II.   Grundrechtsinhalt

1.   Schutzgut

a)   Individuelle Koalitionsfreiheit

Schutzgut des Art. 9 Abs. 3 Satz 1 GG ist die Freiheit, »**zur Wahrung und Förderung der**   658
Arbeits- und Wirtschaftsbedingungen Vereinigungen zu bilden«. Aus der »allgemeinen« Vereinigungsfreiheit wird damit ein Teilbereich herausgenommen und einem besonderen verfassungsrechtlichen Schutz unterstellt. Dessen Reichweite ist davon abhängig, was unter »Wahrung und Förderung der Arbeits- und Wirtschaftsbedingungen« zu
verstehen ist. Nach h. M. fallen hierunter nur die »Koalitionen«, die nach einer Definition
des Bundesverfassungsgerichts

> »frei gebildet, gegnerfrei und auf überbetrieblicher Grundlage organisiert (…), ihrer Struktur
> nach unabhängig genug (sind), um die Interessen ihrer Mitglieder auf arbeits- und sozialrecht-
> lichem Gebiet nachhaltig zu vertreten (…), und das geltende Tarifrecht als für sich verbindlich an-
> erkennen (…).«[5]

Unabdingbar ist für den Koalitionsbegriff in jedem Fall die **Gegnerfreiheit** und die **Geg-**   659
nerunabhängigkeit[6], während die **Überbetrieblichkeit** jedenfalls dann nicht gefordert
werden kann, wenn es in der entsprechenden Branche überhaupt nur ein Unternehmen
gibt.[7]

Nicht zu den Begriffsmerkmalen einer Koalition gehört nach Auffassung des Bundesver-   660
fassungsgerichts die **Kampfbereitschaft**, also die Bereitschaft, zur Durchsetzung der angestrebten Ziele einen Arbeitskampf zu führen.[8] Gleichwohl ist die Tendenz unübersehbar, den Begriff der »Tarifvertragsparteien« (§ 2 TVG) und den der »Vereinigungen zur
Wahrung und Förderung der Arbeits- und Wirtschaftsbedingungen« gleichzusetzen.[9]
Dies will schon deshalb nicht überzeugen, weil unter dieser Voraussetzung die (individuelle) Koalitionsfreiheit darauf beschränkt wäre, dass Arbeitnehmer *bestehenden* Gewerkschaften und Unternehmen *bestehenden* Arbeitgeberverbänden beitreten können.[10] Nur
diese nämlich verfügen über die vorausgesetzte »soziale Mächtigkeit«, während neu gebil-
dete Koalitionen – ähnlich wie politische Parteien – zunächst um Mitglieder werben und
sich ihren Einfluss erkämpfen müssen. Soweit in dem gesetzlich geregelten Tarifvertragssystem besondere Anforderungen an die Tarifpartner gestellt werden, können diese nicht
in das grundrechtliche Schutzgut projiziert werden, das dem Wortlaut nach allein in der
Freiheit besteht, derartige Vereinigungen erst zu *bilden*.

b)   Kollektive Koalitionsfreiheit

Neben der »**individuellen Koalitionsfreiheit**« schützt Art. 9 Abs. 3 GG nach Auffassung   661
des Bundesverfassungsgerichts die Koalition selber in ihrem **Bestand**, in ihrer **organisato-**
rischen Ausgestaltung und ihrer **Betätigung**, soweit diese gerade in der Wahrung und
Förderung der Arbeits- und Wirtschaftsbedingungen besteht.[11] Die Begründung, der Ver-
einigungszweck sei in den Schutzbereich des Grundrechts aufgenommen worden[12], vermag für sich genommen nicht zu überzeugen. Dieser Umschreibung bedurfte es schon

---

5 So BVerfGE 50, 290 (368); vgl. auch BVerfGE 4, 96 (106), 18, 18 (28); 58, 233 (247).
6 Vgl. *W. Höfling*, in: Sachs (Hrsg.), GG, Art. 9 Rdnr. 56 m. w. N.
7 Vgl. *W. Löwer*, in: v. Münch / Kunig (Hrsg.), GG Bd. 1, Art. 9 Rdnr. 74 f.
8 Vgl. BVerfGE 18, 18 (33).
9 Vgl. BVerfGE 18, 18 (28); 28, 295 (305); 58, 233 (249 f.); BAG, JZ 1977, S. 470.
10 Kritisch auch *R. Scholz*, in: HdStR VI, § 151 Rdnr. 66.
11 So BVerfGE 84, 212 (224); vgl. auch BVerfGE 50, 290 (373).
12 Vgl. BVerfGE 4, 96 (101 f.); 50, 290 (367).

deshalb, um die Koalitionsfreiheit von der *allgemeinen* Vereinigungsfreiheit abzugrenzen. Dogmatisch überzeugender wäre es, das *Handeln* einer Koalition dem Schutz der jeweils einschlägigen Grundrechte zu unterstellen, zu denen Art. 19 Abs. 3 GG – weil es sich um Personengesamtheiten handelt – die Brücke schlägt.[13] Die prinzipielle Zuordnung kollektiven Koalitionshandelns zu Art. 9 Abs. 3 GG stößt auf die Schwierigkeit, dass dieses Grundrecht keine (ausdrücklichen) Schranken kennt, nicht jedes Handeln einer Koalition aber verfassungsrechtlich gewährleistet sein kann. Das Bundesverfassungsgericht hat sich zur Lösung dieses Problems mit dem Modell des »**Kernbereichs**« beholfen, der einem intensiveren grundrechtlichen Schutz unterliegen soll als der »**Randbereich**«.[14] Im Grunde handelt es sich hier um das herkömmliche Begriffspaar von »Schutzbereich« und »Schranken«, deren Ausfüllung durch gesetzgeberische oder – im Arbeitsrecht nicht selten – richterrechtliche Normgebung[15] ohnehin dem **Übermaßverbot** unterliegt.

662   Eine überzeugende Begründung dafür, die »**spezifisch koalitionsgemäße Betätigung**« Art. 9 Abs. 3 GG als Schutzgut zuzuordnen, lässt sich nur auf Art. 9 Abs. 3 Satz 3 GG stützen. Diese höchst missverständlich formulierte »**Sicherungsklausel**« erweckt zunächst den Eindruck, als seien die genannten Maßnahmen (Dienstverpflichtungen usw.) im Verteidigungsfall oder inneren Notstand überhaupt nicht zulässig und die Arbeitskämpfe insofern besser geschützt als im Normalzustand.[16] Gemeint ist vielmehr, dass **rechtmäßige Arbeitskämpfe** keinen (äußeren oder inneren) Notstandsfall darstellen und Dienstverpflichtungen (oder andere Maßnahmen) nicht mit dem Ziel ausgesprochen werden dürfen, diese unmöglich zu machen.[17] Grundrechtsdogmatisch hat die Notstandsklausel allerdings zur Folge, dass die Arbeitskämpfe in einen engen thematischen Zusammenhang mit der Koalitionsfreiheit gestellt worden sind. Wenn diese aber – so lässt sich folgern – durch Art. 9 Abs. 3 Satz 3 GG als **koalitionsgemäße Betätigung** anerkannt werden, so muss dies auch für andere Tätigkeiten gelten, die spezifisch koalitionsgemäß sind. Nicht von Art. 9 Abs. 3 GG umfasst werden demgegenüber unternehmerische oder publizistische Tätigkeiten, für die allein das jeweils spezielle Grundrecht einschlägig ist.

c)   Negative Koalitionsfreiheit?

663   Nach verbreiteter Auffassung soll Art. 9 Abs. 3 GG auch die »**negative Koalitionsfreiheit**«, nämlich das Recht, sich keinem Verband anzuschließen bzw. aus ihm auszutreten, umfassen.[18] Im Text des Art. 9 Abs. 3 GG findet sich hierzu kein Wort. Die schon an anderer Stelle gegenüber der Annahme »negativer Freiheiten« geltend gemachten Einwände sind auch im Hinblick auf die »negative« Koalitionsfreiheit zu erheben.[19] Grundsätzlich will es nicht einleuchten, dass ein Grundrecht zugleich eine Handlungsmöglichkeit und ihre Unterlassung – *a* und *non-a* – gewährleistet. Wenn einzelne Handlungsmöglichkeiten wegen ihrer besonderen Bedeutung für das Gemeinwesen oder ihrer besonderen Schutzbedürftigkeit zum Inhalt eines Grundrechts gemacht werden, so lässt sich hieraus schwerlich der Schluss ziehen, dass die Unterlassung dieser Handlung oder das Schutzgut unter negativem Vorzeichen in gleicher Weise geschützt werden soll. In diesem Fall nämlich wür-

---

13 So auch *W. Höfling*, in: Sachs (Hrsg.), GG, Art. 9 Rdnr. 70.

14 Vgl. BVerfGE 4, 96 (106); 17, 319 (333 f.); 38, 281 (305); 58, 233 (247); 84, 212 (228); zur Kritik an der »Kernbereichslehre« vgl. *H. Bauer*, in: Dreier (Hrsg.), GG Bd. I, Art. 9 Rdnr. 85 m. w. N.

15 Vgl. *J. Ipsen*, Verfassungsrechtliche Schranken des Richterrechts, DVBl. 1984, S. 1105.

16 Vgl. *K. Ipsen/J. Ipsen*, in: BK, GG, Art. 12 a Rdnr. 321.

17 So die h. M., vgl. *H. Bauer*, in: Dreier (Hrsg.), GG Bd. I, Art. 9 Rdnr. 96; *W. Höfling*, in: Sachs (Hrsg.), GG, Art. 9 Rdnr. 140; *K. Ipsen/J. Ipsen*, in: BK, GG, Art. 12 a Rdnr. 322; *R. Scholz*, in: HdStR VI, § 151 Rdnr. 125.

18 So BVerfGE 50, 290 (367); 55, 7 (21); 64, 108 (213); 73, 221 (270) st. Rspr.; BAGE 20, 175 (214 f.); vgl. auch *H. Bauer*, in: Dreier (Hrsg.), GG Bd. I, Art. 9 Rdnr. 81; *R. Scholz*, in: HdStR VI, § 151 Rdnr. 82; a. A. *M. Kittner/D. Schiek*, in: AK-GG, Art. 9 Abs. 3 Rdnr. 108.

19 Vgl. oben Rdnr. 559.

den die Grundrechte schlechthin die Freiheit von staatlichem Zwang gewährleisten, ohne dass die thematischen Eingrenzungen noch notwendig wären.

Das Problem der »negativen Koalitionsfreiheit« stellt sich vor diesem Hintergrund nur bei zwei Konstellationen: zum einen ist denkbar, dass durch staatliche Maßnahmen – mittelbar oder unmittelbar – ein Zwang zum Beitritt zu Koalitionen ausgeübt wird. Ein solcher Zwang beeinträchtigt die allgemeine Handlungsfreiheit und ist deshalb grundsätzlich an Art. 2 Abs. 1 GG zu messen. Die vom Bundesverfassungsgericht verwandte Formel, dass über Arbeits- und Wirtschaftsbedingungen grundsätzlich die Beteiligten »selbst und eigenverantwortlich, grundsätzlich frei von staatlicher Einflußnahme« sollen bestimmen können[20], sind auch im Rahmen des Art. 2 Abs. 1 GG heranzuziehen und würden einen legitimen Zweck für derartige Zwangsmaßnahmen bereits ausschließen. Dies aber ist kein hinreichender Grund, die Freiheit *von* der Koalition mit der Freiheit *zur* Koalition gleichzusetzen.

664

In der Rechtsprechungspraxis ist die »negative Koalitionsfreiheit« im Zusammenhang mit arbeitsrechtlichen Vereinbarungen, nämlich **Tarifausschlussklauseln** und **Spannenklauseln**, angewandt worden.[21]

665

2. Schutzrichtung

Art. 9 Abs. 3 GG garantiert nach Auffassung des Bundesverfassungsgerichts einen von staatlicher Einflussnahme freien Bereich tariflicher Gestaltung[22], der als »**Tarifautonomie**« oder auch »**Tarifhoheit**« bezeichnet wird. Art. 9 Abs. 3 GG stellt sich insofern als Grundrecht des *status negativus* – sowohl für den Einzelnen als auch für das kollektive Handeln der Koalitionen – dar, sofern man der oben vorgenommenen Ableitung folgt. **Leistungsansprüche** lassen sich demgegenüber Art. 9 Abs. 3 GG nicht entnehmen. Soweit es heißt, der Staat müsse ein funktionierendes Tarifvertragssystem zur Verfügung stellen[23], handelt es sich nicht um den Gegenstand eines subjektiven Rechts, sondern grundrechtsdogmatisch um eine gesetzgeberische **Ausgestaltung**.

666

Nach überwiegender Meinung[24] soll Art. 9 Abs. 3 Satz 2 GG eine »**unmittelbare Drittwirkungsklausel**« darstellen. Grundrechtsdogmatisch würde dies bedeuten, dass die Handlungsfreiheit, die durch Art. 9 Abs. 3 Satz 1 GG geschützt wird, auch gegenüber Privaten (Arbeitgebern und Gewerkschaften) geltend gemacht werden kann. Nach den oben erörterten Grundsätzen sind Adressaten der Grundrechte *nur* Träger öffentlicher Gewalt, weil Privatrechtssubjekte aufgrund einer umfassenden **Privatautonomie** handeln, neben der es einer Berufung auf Grundrechte überhaupt nicht bedarf. Privatrechtssubjekte können andere Privatrechtssubjekte regelmäßig nicht einseitig in ihrer **Handlungsfreiheit** einschränken, so dass es bereits an der Prämisse einer Drittwirkung fehlt.[25] Dies wird durch Art. 9 Abs. 3 Satz 2 GG bestätigt, nach dem »Abreden, die dieses Recht einschränken oder zu behindern suchen«, nichtig sind. Die Funktion dieses Satzes lässt sich unschwer bestimmen, wenn man unterstellt, dass dieser Satz in Art. 9 Abs. 3 GG fehlen würde.

667

Würde sich Art. 9 Abs. 3 GG auf den ersten Satz beschränken, hätte es vermutlich auf der Arbeitgeberseite Bestrebungen gegeben, möglichst gewerkschaftsungebundene Arbeit-

668

---

20 So BVerfGE 50, 290 (376).
21 Vgl. etwa BAGE 20, 175 (218 f.).
22 Vgl. BVerfGE 50, 290 (376 f.) m. w. N.
23 So *W. Höfling*, in: Sachs (Hrsg.), GG, Art. 9 Rdnr. 6, 77 ff.
24 Vgl. dazu BVerfGE 57, 220 (245); *H. Bauer*, in: Dreier (Hrsg.), GG Bd. I, Art. 9 Rdnr. 88 f.; *W. Höfling*, in: Sachs (Hrsg.), GG, Art. 9 Rdnr. 124 f.; *Jarass/Pieroth*, GG, Art. 9 Rdnr. 31; *W. Löwer*, in: v. Münch/Kunig (Hrsg.), GG Bd. 1, Art. 9 Rdnr. 85.
25 Vgl. oben Rdnr. 57 ff.

nehmer einzustellen, während die Gewerkschaften ihre Bemühungen auf ein »closed-shop-System« gerichtet hätten. Die Arbeitsgerichtsbarkeit hätte über die Rechtswirksamkeit entsprechender Vereinbarungen, insbesondere über die Frage entscheiden müssen, ob sie mit den guten Sitten vereinbar wären (§ 138 BGB). Hierbei wäre zu erwägen gewesen, dass Arbeitsverträge zwar einerseits aufgrund der Privatautonomie geschlossen werden, die durch Art. 9 Abs. 3 GG gewährleistete Freiheit durch die soziale Mächtigkeit der Arbeitgeber *praktisch* aber weitgehend entwertet werden könnte. Der umgekehrte Fall ist beim »closed-shop-System« denkbar. Die besondere Bedeutung des Art. 9 Abs. 3 Satz 2 GG liegt darin, diese (zivilrechtliche) Problematik benannt und durch **Verfassungssatz** gelöst zu haben: denn die Entscheidung, zu der die Arbeitsgerichte durch (vernünftige) Auslegung des § 138 BGB hätten gelangen müssen, wird verfassungskräftig festgelegt. Das aber zeigt, dass Art. 9 Abs. 3 Satz 2 GG keineswegs die Wirkung des Grundrechts auf *Dritte* erstreckt, sondern dass es sich um eine **zivilrechtliche Spezialvorschrift mit Verfassungsrang** handelt.[26] Wegen dieser Singularität ist Art. 9 Abs. 3 Satz 2 GG als Basis für eine weitere Drittwirkungsdiskussion ungeeignet.

III. Grundrechtseinschränkungen

669   Mit den Regelungen über das Tarifrecht, insbesondere das Tarifvertragsgesetz, ordnet der Gesetzgeber einen in hohem Maße regelungsbedürftigen Lebensbereich.[27] Die **gesetzlichen** oder – an ihre Stelle tretenden – **richterrechtlichen Regelungen** stellen keine Einschränkungen des Grundrechts dar, sondern schaffen den rechtlichen Rahmen, innerhalb dessen sich die Koalitionsfreiheit entfalten kann. Ausgestaltet wird hierdurch ein **Lebens- und Sozialbereich**, nicht dagegen das Grundrecht. Soweit Deutungen hierüber hinausgehen[28], verfehlen sie die spezifische Rechtsnatur der Grundrechte als subjektive Rechte.

670   Hinsichtlich der Einschränkungen zeigt sich bei der Koalitionsfreiheit ein doppeltes Dilemma, weil die Koalitionsbetätigung in Art. 9 Abs. 3 Satz 1 GG nicht zum Ausdruck kommt und also keine (ausdrücklichen) Schranken in die Verfassung aufgenommen worden sind. Zum anderen fehlt es an *gesetzlichen* Regelungen des Arbeitskampfes fast vollständig, so dass dieser im Wesentlichen durch Richterrecht geprägt ist.[29] Dies führt zu der einzigartigen Konstellation, dass gleichzeitig Schutzgut und Schranken des Grundrechts durch die Rechtsprechung zu bestimmen sind, wobei die Wertungen von Bundesarbeitsgericht und Bundesverfassungsgericht nicht stets übereinstimmen.

671   Im Ausgangsfall stimmten Bundesarbeitsgericht und Bundesverfassungsgericht darin überein, dass der Grundsatz der Verhältnismäßigkeit die durch Art. 9 Abs. 3 GG gewährleistete Arbeitskampffreiheit einschränke und die vom Bundesarbeitsgericht getroffene Entscheidung[30] verfassungsrechtlich nicht zu beanstanden sei.[31] In einer neueren Entscheidung hat das Bundesverfassungsgericht demgegenüber ein Urteil des Bundesarbeitsgerichts, nach dem der Einsatz von (Post-)Beamten während des Streiks von anderen Postbediensteten zulässig sei[32], aufgehoben.[33] Das Bundesverfassungsgericht sieht hierin eine Verletzung des Art. 9 Abs. 3 Satz 1 GG und verlangt für den strittigen Einsatz von Beamten eine gesetzliche Grundlage.[34] Es ist nicht völlig einsehbar, warum der Parlamentsvorbehalt für eine Einzelfrage eingreifen soll, während das gesamte Arbeitskampfrecht im Übrigen der richterlichen Ausformung überlassen bleibt.

---

26 Ähnlich *M. Oldiges*, in: Festschrift für K. H. Friauf, S. 283.
27 Vgl. hierzu BVerfGE 50, 290 (368).
28 Kritisch hierzu auch *H. Bauer*, in: Dreier (Hrsg.), GG Bd. I, Art. 9 Rdnr. 100 m. w. N.
29 Vgl. nur BVerfGE 84, 212 (226).
30 Vgl. BAGE 48, 195.
31 Vgl. BVerfGE 84, 212 (213).
32 Vgl. BAGE 49, 303.
33 So BVerfGE 88, 103.
34 Vgl. BVerfGE 88, 103 (116).

IV. Rechtsprechung

BVerfGE 18, 18 (Koalitionsbegriff I); **E** 19, 303 (Koalitionsgemäße Betätigung); **E** 28, 295   672
(Mitgliederwerbung I); **E** 44, 322 (Allgemeinverbindlicherklärung von Tarifverträgen I);
E 50, 290 (Mitbestimmung); **E** 55, 7 (Allgemeinverbindlicherklärung von Tarifverträgen
II); **E** 58, 233 (Koalitionsbegriff II); **E** 84, 212 (Aussperrung); **E** 88, 103 (Einsatz von Beamten
beim Streik); **E** 92, 26 (Zweitregister); **E** 93, 352 (Mitgliederwerbung II).

V. Literatur

P. Badura/K. Stern, Die Rechtmäßigkeit des Beamteneinsatzes beim Streik der Tarifkräfte   673
(1983); **M. Coester**, Verfassungsrechtliche Gewährleistung der Aussperrung, Jura 1992,
S. 84; **W. Höfling/C. Burkiczak**, Die unmittelbare Drittwirkung gemäß Art. 9 Abs. 3 Satz 2
GG, RdA 2004, S. 263; **T. Günther/E. B. Franz**, Grundfälle zu Art. 9 GG, JuS 2006, S. 873;
H. D. Jarass, Tarifverträge und Verfassungsrecht, NZA 1990, S. 505; **M. Kemper**, Die Be-
stimmung des Schutzbereichs der Koalitionsfreiheit (Art. 9 Abs. 3 GG) (1989); **P. Lerche**,
Koalitionsfreiheit und Richterrecht, NJW 1987, S. 2465; **B. v. Maydell**, Arbeitskampf oder
politischer Streik, JZ 1980, S. 431; **D. Neumann**, Der Schutz der negativen Koalitionsfrei-
heit, RdA 1989, S. 243; **D. Reuter**, Die Arbeitskampffreiheit in der Verfassungs- und
Rechtsordnung der Bundesrepublik Deutschland, in: Festschrift für F. Böhm (1975), S. 521;
B. Schlink/W. Pauly, Streik und Aussperrung als Verfassungsproblem (1988); **H. Seiter**,
Die Rechtsprechung des Bundesverfassungsgerichts zu Art. 9 Abs. 3 GG, AöR 109 (1984),
S. 88; **P. J. Tettinger**, Grundlinien der Koalitionsfreiheit nach Art. 9 Abs. 3 GG, Jura 1981,
S. 1.

§ 17 Die Gewährleistung des Eigentums (Art. 14 GG)

674   Die Bestimmungen einer Verfassung über das Eigentum – die »**Eigentumsverfassung**« – haben für die Rechts- und Wirtschaftsordnung eine schlechthin konstituierende Bedeutung. Wird das Privateigentum und somit die private Verfügungsmacht über Güter gewährleistet, ist damit notwendig eine – wie auch immer im einzelnen ausgestaltete – **Marktwirtschaft** verbunden und mit Verfassungsrang ausgestattet. Die in den 50er Jahren vom Bundesverfassungsgericht vertretene These der »wirtschaftspolitischen Neutralität des Grundgesetzes«[1] kann jedenfalls nicht dahin verstanden werden, dass von Verfassungs wegen dem Gesetzgeber die Alternative offen stünde, eine **Markt**- oder eine **Planwirtschaft** einzuführen.[2] Eine Planwirtschaft, wie sie für die ehemalige DDR in deren Verfassung festgelegt war (Art. 9 Abs. 3 Satz 2 DDR-Verf.), ist prinzipiell unvereinbar mit privater Verfügungsmacht über Wirtschaftsgüter. Die Verfassung der DDR gewährleistete deshalb folgerichtig nur das »persönliche Eigentum der Bürger«, das der Befriedigung ihrer »materiellen und kulturellen Bedürfnisse« dienen sollte (Art. 11 Abs. 1 DDR-Verf.). Im Übrigen gab es nur »sozialistisches Eigentum«, nämlich Volkseigentum, genossenschaftliches Gemeineigentum und das Eigentum gesellschaftlicher Organisationen der Bürger (Art. 10 Abs. 1 DDR-Verf.). Wenn das Grundgesetz demgegenüber in Art. 14 Abs. 1 das »Eigentum« schlechthin, und das heißt das **Privateigentum** gewährleistet, und die Vergesellschaftung von Grund und Boden, Naturschätzen und Produktionsmitteln nur gegen Entschädigung zulässt (Art. 15 GG), so liegt hierin zugleich eine verfassungskräftige Entscheidung für eine **Marktwirtschaft**.[3]

I.   Grundrechtsträger

675   **Fall 41:**
Auf dem Gebiet der Gemeinde W. soll ein Kernkraftwerk errichtet werden. Die Nachbargemeinde S. erhebt gegen den Bau Einwendungen und klagt gegen die gleichwohl ergangene Genehmigung vor dem Verwaltungsgericht. Nach Zurückweisung der Klage in der Revisionsinstanz erhebt sie Verfassungsbeschwerde u. a. mit der Begründung, in ihrem Eigentum stehende landwirtschaftliche Grundstücke würden durch den Betrieb des Kernkraftwerks beeinträchtigt.

(BVerfGE 61, 82)

676   Grundrechtsträger sind alle natürlichen Personen ohne Rücksicht auf ihre Nationalität. Die grundrechtliche Gewährleistung des Eigentums stellt insofern ein **Menschenrecht** dar.[4] Inländische juristische Personen des Privatrechts sind ebenfalls Träger des Grundrechts, soweit sie Inhaber der unter den Eigentumsbegriff fallenden Rechte sein können (Art. 19 Abs. 3 GG).[5] Ausländische juristische Personen sind nach Auffassung des Bundes-

---

1 Vgl. BVerfGE 4, 7 (17 f.); ähnlich noch: BVerfGE 50, 290 (338).
2 Dazu *R. Wendt*, Eigentum und Gesetzgebung (1985), S. 262 ff.
3 Vgl. *A. v. Brünneck*, Die Eigentumsgarantie des Grundgesetzes, S. 92 ff.; *R. Wendt*, in: Sachs (Hrsg.), GG, Art. 14 Rdnr. 6; aus der früheren Literatur vgl. *H. Krüger*, Staatsverfassung und Wirtschaftsverfassung, DVBl. 1951, S. 363 f.
4 Vgl. *O. Kimminich*, in: BK, GG, Art. 14 Rdnr. 110; *W. Leisner*, in: HdStR VI, § 149 Rdnr. 18; *H.-J. Papier*, in: Maunz/Dürig, GG, Art. 14 Rdnr. 206.
5 Vgl. BVerfGE 4, 7 (17); 23, 153 (163); 35, 348 (360); 41, 126 (149); 53, 336 (345); 66, 116 (130).

verfassungsgerichts *nicht* Träger des Grundrechts aus Art. 14 Abs. 1 GG.[6] Insoweit ist allerdings der internationale Schutz der Menschenrechte zu beachten.[7]

Juristische Personen des **öffentlichen Rechts** sind nach Auffassung des Bundesverfassungsgerichts nicht Träger des Grundrechts aus Art. 14 Abs. 1 GG.[8] Dies bedeutet nicht, dass die juristischen Personen des öffentlichen Rechts nach Maßgabe der Vorschriften des Zivilrechts nicht *rechtsfähig* und damit *eigentumsfähig* wären. (Privat-) Eigentum in der Hand juristischer Personen des öffentlichen Rechts ist eine alltägliche Erscheinung. Die Verneinung der **Grundrechtsfähigkeit** steht also nicht im Gegensatz zur Rechtsfähigkeit im Übrigen. Sie hat freilich zur Folge, dass sich die juristischen Personen gegenüber gesetzgeberischen oder administrativen Einwirkungen auf ihr Eigentum nicht auf Art. 14 Abs. 1 GG berufen können.[9]

677

> Im Ausgangsfall hat das Bundesverfassungsgericht die Berufung der Gemeinde auf Art. 14 Abs. 1 GG von vornherein verneint, soweit das Eigentum der Erfüllung öffentlicher Aufgaben diente, weil »die Erfüllung öffentlicher Aufgaben durch juristische Personen des öffentlichen Rechts (...) sich grundsätzlich nicht in Wahrnehmung unabgeleiteter, ursprünglicher Freiheiten (vollziehe), das eigene Leben, die Existenz, nach eigenen Entwürfen zu gestalten und über sich selbst zu bestimmen, sondern aufgrund von Kompetenzen, die vom positiven Recht zugeordnet und inhaltlich bemessen und begrenzt sind«.[10] Aber auch soweit es sich um (Grund-) Eigentum handelte, verneinte das Bundesverfassungsgericht eine Schutzbedürftigkeit der Gemeinde: »Denn in der Hand einer Gemeinde dient das Eigentum nicht der Funktion, derentwegen es durch das Grundrecht geschützt ist, nämlich dem Eigentümer »als Grundlage privater Initiative und in eigenverantwortlichem privatem Interesse von Nutzen« zu sein.«[11]

678

II. Grundrechtsinhalt

1. Schutzgut

a) Private Vermögensrechte

Fall 42:
E betreibt im nördlichen Münsterland eine Kiesbaggerei. Das Grundstück, auf dem die Aufbereitungsanlage steht, ist sein Eigentum. Auch auf zwei angrenzenden Parzellen, die E gepachtet hat, wird bis in den Grundwasserbereich hinein Sand und Kies abgebaut. Die Abbauflächen liegen in der Schutzzone III A eines von der Stadt R. errichteten Wasserwerks. Das Wasserschutzgebiet wurde durch eine Verordnung vom 24. Oktober 1973 festgesetzt. E beantragt, ihm zur Fortsetzung des Kiesabbaus eine Erlaubnis nach dem Wasserhaushaltsgesetz zu erteilen. Dies lehnt die Behörde mit der Begründung ab, die Entfernung zur Brunnenanlage des Wasserwerks sei zu gering und deshalb seien Verunreinigungen, die die öffentliche Wasserversorgung gefährden könnten, nicht auszuschließen.

679

(BVerfGE 58, 300)

---

6 Vgl. BVerfGE 21, 207 (209); 23, 229 (236).
7 Vgl. *B.-O. Bryde*, in: v. Münch / Kunig (Hrsg.), GG Bd. 1, Art. 14 Rdnr. 7; *R. Wendt*, in: Sachs (Hrsg.), GG, Art. 14 Rdnr. 16; eingehend *R. Dolzer*, Eigentum, Enteignung und Entschädigung im geltenden Völkerrecht (1985).
8 Vgl. BVerfGE 21, 362 (369); 61, 82 (100 f.); 78, 101 (102).
9 Vgl. *B.-O. Bryde*, in: v. Münch / Kunig (Hrsg.), GG Bd. 1, Art. 14 Rdnr. 8; *H.-J. Papier*, in: Maunz / Dürig, GG, Art. 14 Rdnr. 206 ff.; *R. Wendt*, in: Sachs (Hrsg.), GG, Art. 14 Rdnr. 17; a. A. *J. Wieland*, in: Dreier (Hrsg.), GG Bd. I, Art. 14 Rdnr. 69.
10 So BVerfGE 61, 82 (101).
11 So BVerfGE 61, 82 (108). Die Begründung des Bundesverfassungsgerichts gipfelt in einem Aphorismus: »Art. 14 als Grundrecht schützt nicht das Privateigentum, sondern das Eigentum Privater.« (S. 108 f.).

680 Schutzgut des Grundrechts aus Art. 14 Abs. 1 GG ist das »Eigentum«. Der nahe liegende Gedanke, es handele sich um das zivilrechtliche **Sacheigentum** (§ 903 BGB), trügt. Der verfassungsrechtliche Begriff des Eigentums ist ungleich weiter als der des BGB und umfasst

> »alle vermögenswerten Rechte ..., die dem Berechtigten von der Rechtsordnung in der Weise zugeordnet sind, daß er die damit verbundenen Befugnisse nach eigenverantwortlicher Entscheidung zu seinem privaten Nutzen ausüben darf.«[12]

681 Die Ausbildung eines spezifisch verfassungsrechtlichen Eigentumsbegriffs – das so genannte »**Verfassungseigentum**« – hat bereits unter der Geltung der Weimarer Reichsverfassung begonnen[13] und beruht auf der Erwägung, dass neben dem Sacheigentum (Mobiliar- und Grundeigentum) auch andere **vermögenswerte Rechte** des grundrechtlichen Schutzes bedürfen. Dass der verfassungsrechtliche Eigentumsbegriff weiter zu fassen ist als der des BGB, darf heute als unbestritten gelten und wird im Folgenden vorausgesetzt.[14]

682 Das Bundesverfassungsgericht hat in seiner Rechtsprechung eine Vielzahl privater Vermögensrechte dem Eigentumsbegriff unterstellt. Neben den dinglichen Rechten[15] sind Forderungen[16], Nutzungsrechte[17], Mitgliedschaftsrechte[18], »geistiges Eigentum« (Urheberrechte)[19], Kaufpreisansprüche[20], Vorkaufsrechte[21], Aktien[22], Patentrechte[23], Bergbaurechte[24], private Fischereirechte[25] und das Jagdausübungsrecht[26] als Eigentum im Sinne des Art. 14 Abs. 1 Satz 1 GG anerkannt.[27]

683 Der Begriff der »**vermögenswerten Rechte**« ist allerdings wörtlich zu nehmen: es muß sich um subjektive (private) Rechte handeln, die einen materiellen Wert haben. Nicht zu den vermögenswerten Rechten zählen bloße **Gewinnaussichten** und **Erfolgschancen**, die sich noch nicht zu einem *Recht* verdichtet haben.[28] In der Rechtsprechung des Bundesgerichtshofs findet sich zur Abgrenzung von vermögenswerten Rechten und bloßen Gewinnaussichten eine breite Kasuistik.[29]

684 Die im Klagewege geltend gemachten Ansprüche folgten regelmäßig dem gleichen Muster: aufgrund staatlicher Maßnahmen trat bei Gewerbebetrieben ein Umsatzrückgang ein. Die Kläger sahen hierin eine »Enteignung« und forderten im Klagewege die ihnen vermeintlich nach Art. 14 Abs. 3 Satz 3 GG zustehende Entschädigung. Der Bundesgerichts-

---

12 So BVerfGE 83, 201 (209).
13 Vgl. *M. Wolff*, Reichsverfassung und Eigentum, in: Festgabe für W. Kahl (1923), Teil IV, S. 3 ff.; RGZ 109, 310 (319 f.); ausführlich zur Entwicklung des Eigentumsbegriffs unter der WRV: *J. Eschenbach*, Der verfassungsrechtliche Schutz des Eigentums, S. 33 ff.
14 Vgl. nur BVerfGE 58, 300 (335); *O. Kimminich*, in: BK, GG, Art. 14 Rdnr. 10, 31 f.; *W. Leisner*, in: HdStR VI, § 149 Rdnr. 73 f.; *R. Wendt*, in: Sachs (Hrsg.), GG, Art. 14 Rdnr. 22 f.; *J. Wieland*, in: Dreier (Hrsg.), GG Bd. I, Art. 14 Rdnr. 38 jeweils m. w. N.
15 BVerfGE 79, 174 (191).
16 BVerfGE 28, 109 (141); 68, 193 (222); 70, 278 (285).
17 BGH, DVBl. 1980, S. 284.
18 BVerfGE 24, 367 (384).
19 BVerfGE 31, 229 (239); 77, 263 (270 f.); 79, 29 (40 f.).
20 BVerfGE 45, 142 (179).
21 BVerfGE 83, 201 (209 f.).
22 BVerfGE 14, 263 (276 f.); 25, 371 (407); 35, 377 (378).
23 BVerfGE 36, 281 (290 f.).
24 BVerfGE 77, 130 (136).
25 BVerfGE 70, 191 (199).
26 BGHZ 84, 261 (264).
27 Vgl. weitere Beispiele bei *R. Wendt*, in: Sachs (Hrsg.), GG, Art. 14 Rdnr. 24.
28 Vgl. BVerfGE 30, 292 (335); 45, 142 (173); 68, 193 (222); 74, 129 (148); 77, 84 (118).
29 Vgl. die Übersicht bei *F. Ossenbühl*, Staatshaftungsrecht (5. Aufl. 1998), S. 163.

hof hat die Klagen überwiegend abgewiesen, weil keine vermögenswerten Rechte, sondern lediglich Gewinnchancen betroffen waren.[30]

Nach bisher herrschender Meinung stellen nur die einzelnen vermögenswerten Rechte, nicht aber das **Vermögen als solches** »Eigentum« im Sinne des Art. 14 Abs. 1 GG dar.[31] Die dieser Auffassung folgende Rechtsprechung des Bundesverfassungsgerichts (1. Senat)[32] war insofern von hoher praktischer Bedeutung, als Grundrechtsträger sich gegenüber der Auferlegung von **Geldzahlungspflichten** regelmäßig nicht auf Art. 14 GG berufen konnten. Steuern und andere öffentliche Abgaben – so wurde argumentiert – seien aus dem Vermögen insgesamt zu leisten, belasteten oder entzögen also nicht *einzelne* vermögenswerte Rechte.[33] Als Grenze wurde die so genannte »**Erdrosselungssteuer**« angesehen, die wegen ihrer Auswirkungen an Art. 14 GG zu messen sein sollte.[34] Eine Verletzung des Art. 14 GG durch die Auferlegung von Geldleistungspflichten ist durch das Bundesverfassungsgericht allerdings nie festgestellt worden.[35]   685

Die Rechtsprechung des Bundesverfassungsgerichts ist in sich widersprüchlich, weil nicht deutlich zwischen der tatbestandlichen Einschlägigkeit des Art. 14 Abs. 1 GG und seiner Verletzung unterschieden wird. Soll die Eigentumsgarantie jedenfalls vor einer »Erdrosselungssteuer« schützen, so setzt dies logisch voraus, dass das Grundrecht gegenüber jeder Auferlegung von Geldleistungspflichten einschlägig, aber nur verletzt ist, wenn diese übermäßig wirkt.[36] *P. Kirchhof* hat überdies dargelegt, dass Art. 14 Abs. 1 GG die Eigentümerfreiheit und damit einen bestimmten Handlungsspielraum des Eigentümers schützt, der durch die Auferlegung von Steuern beengt wird.[37] Insofern ist eine Annäherung an den zivilrechtlichen Eigentumsbegriff festzustellen, aufgrund dessen der Eigentümer (einer Sache) mit dieser nach Belieben verfahren und andere von jeder Einwirkung ausschließen kann (§ 903 Satz 1 BGB). Auf den erweiterten Eigentumsbegriff des Art. 14 Abs. 1 GG übertragen bedeutet dies, dass ein Eigentümer nach Entrichtung ihm auferlegter Abgaben mit diesem Vermögensbestandteil nicht mehr nach Belieben verfahren kann. Der Kunstgriff des Bundesverfassungsgerichts, zwischen dem »Vermögen als solchem« und den »einzelnen vermögenswerten Rechten« zu unterscheiden, ist letztlich nicht überzeugend. Da öffentliche Abgaben **Geldforderungen** sind, betreffen sie stets die liquiden Mittel des Schuldners, so dass eine »Wahlfreiheit« für ihn, zu ihrer Erfüllung auch andere Vermögensbestandteile (Immobilien, Unternehmensanteile usw.) heranzuziehen, praktisch nicht besteht.[38] Die vorgebliche Dispositionsfreiheit des Abgabenschuldners stellt jedoch die wesentliche Begründung des Bundesverfassungsgerichts dar, Art. 14 Abs. 1 GG gegenüber der Auferlegung von Geldleistungspflichten nicht für einschlägig zu halten.   685a

Sieht man zutreffend als Schutzgut des Art. 14 Abs. 1 GG die **Handlungsfreiheit** des Eigentümers[39], bleibt die Frage nach der zulässigen Steuerlast gleichwohl unbeantwortet.   685b

---

30 Vgl. nur BGHZ 45, 83 (»Knäckebrot«); 45, 150 (»Elbeleitdamm«); 48, 58 (»Rheinuferstraße«); 55, 261 (»Soldatengaststätte«). Weitere Einzelheiten bei *F. Ossenbühl*, Staatshaftungsrecht (5. Aufl. 1998), S. 163 ff.

31 Vgl. *Jarass/Pieroth*, GG, Art. 14 Rdnr. 15; *H.-J. Papier*, in: Maunz/Dürig, GG, Art. 14 Rdnr. 160; *R. Wendt*, in: Sachs (Hrsg.), GG, Art. 14 Rdnr. 38; *J. Wieland*, in: Dreier (Hrsg.), GG Bd. I, Art. 14 Rdnr. 46 ff. m. w. N.

32 Vgl. BVerfGE 4, 7 (17); 74, 129 (148); 78, 232 (243); 81, 108 (122).

33 Vgl. BVerfGE 75, 108 (154): »Dieses Grundrecht schützt nicht, wie das Bundesverfassungsgericht stets betont hat, das Vermögen als solches gegen Eingriffe durch Auferlegung von Geldleistungspflichten (...).« Entgegen der missverständlichen Formulierung folgt dieses *Ergebnis* daraus, dass Schutzgut des Art. 14 Abs. 1 Satz 1 GG nicht das Vermögen als solches ist.

34 Vgl. BVerfGE 14, 221 (241); 19, 119 (129); 78, 232 (243); 82, 159 (190).

35 Vgl. *J. Wieland*, in: Dreier (Hrsg.), GG Bd. I, Art. 14 Rdnr. 53.

36 Vgl. *J. Ipsen*, in: Festschrift für P. Badura, S. 202 m. w. N.

37 Vgl. *P. Kirchhof*, Besteuerung und Eigentum, VVDStRL 39 (1981), S. 270 ff.

38 Nachweise bei *J. Ipsen*, in: Festschrift für P. Badura, S. 209 f.

39 Vgl. *J. Eschenbach*, Der verfassungsrechtliche Schutz des Eigentums, S. 598 ff.

Letztlich ist Art. 14 GG – auch unter Berücksichtigung des Übermaßverbots – keine exakte Grenze für die zulässige Steuerlast zu entnehmen. Das Bundesverfassungsgericht (2. Senat) hat versucht, die zulässige steuerliche Gesamtbelastung »in der Nähe einer hälftigen Teilung zwischen privater und öffentlicher Hand« anzusiedeln[40], ist hierbei jedoch auf Widerstand gestoßen. Der sog. »**Halbteilungsgrundsatz**« erscheint als steuerpolitisches Konzept plausibel, ist verfassungsrechtlich jedoch nicht begründbar, insbesondere nicht aus Art. 14 Abs. 2 Satz 2 GG abzuleiten. Da der moderne Sozialstaat **Umverteilungsstaat** ist, stellen die Steuereinnahmen zugleich die Umverteilungsmasse dar. Es kann nicht angenommen werden, dass die Möglichkeiten sozialstaatlicher Gestaltung aufgrund des Art. 14 GG von vornherein beschnitten werden sollten[41], zumal die Steuersätze bei Inkrafttreten des Grundgesetzes exorbitant hoch waren. Die Anwendbarkeit des Übermaßverbots auch gegenüber der Auferlegung öffentlicher Abgaben bleibt hiervon unberührt. In einem neueren Beschluss[42] ist der Senat von seiner früheren Entscheidung abgerückt, hat aber zu erkennen gegeben, dass er Art. 14 GG gegenüber der Auferlegung von Geldleistungspflichten grundsätzlich für einschlägig hält. Der Gegensatz zur Rechtsprechung des 1. Senats ist damit offenkundig und bislang nicht bereinigt worden.

686   Im Ausgangsfall könnte sich E gegenüber der Versagung der begehrten Erlaubnis nur dann auf Art. 14 Abs. 1 GG berufen, wenn die Benutzung des Grundwassers zum *Grundeigentum* gehörte. Das Bundesverfassungsgericht hat dies in dem bekannten »Nassauskiesungsbeschluss« verneint[43] und die Erlaubnis nach dem Wasserhaushaltsrecht als zum Grundeigentum tretende öffentlich-rechtliche Gestattung qualifiziert, deren Ausgestaltung dem Gesetzgeber überlassen bleibe.[44]

b)   Öffentlich-rechtliche Leistungsansprüche

687   **Fall 43:**

R bezieht eine Rente. Durch das »Krankenversicherungs-Kostendämpfungsgesetz« wird die beitragsfreie Krankenversicherung für Rentner (KVdR) von der Voraussetzung abhängig gemacht, dass der Versicherte seit der erstmaligen Aufnahme einer Erwerbstätigkeit bis zur Stellung des Rentenantrags mindestens die Hälfte dieser Zeit Mitglied bei einem Träger der gesetzlichen Krankenversicherung gewesen ist (»Halbbelegung«). Diese Voraussetzungen treffen bei R, der während seiner Berufstätigkeit überwiegend privat krankenversichert war, nicht zu. R ist allerdings der Auffassung, dass ihm der (frühere) Anspruch auf beitragsfreie Krankenversicherung nicht einfach genommen werden könne.

(BVerfGE 69, 272)

688   Umstritten ist, ob und in welchem Ausmaß **öffentlich-rechtliche Ansprüche**, die Vermögenswert haben, zum »Verfassungseigentum« zu rechnen sind.[45] Das sich hier stellende Problem des verfassungsrechtlichen Schutzes öffentlich-rechtlicher Vermögenspositionen ist vielschichtig und entzieht sich einer glatten Lösung. Es ist in einem Koordinatensystem verfassungsrechtlicher *und* sozialpolitischer Determinanten anzusiedeln.

689   Der moderne Sozialstaat hat die **Daseinsvorsorge** – insbesondere für Wechselfälle des Lebens, Krankheit, Unfall und Alter – für weite Bevölkerungskreise übernommen. Sieht man als Kern der Eigentumsgewährleistung die **Existenzsicherung**[46], so will es folgerichtig erscheinen, auch öffentlich-rechtliche Ansprüche in den Schutz des Grundrechts einzubeziehen. Auf der anderen Seite ist dies auch ein Anliegen des Sozialstaatsprinzips, das nach

---

40   So BVerfGE 93, 121 (138).
41   Vgl. das abweichende Votum des Richters *E.-W. Böckenförde*, in: BVerfGE 93, 121 (162 f.).
42   BVerfGE 115, 97.
43   Vgl. BVerfGE 58, 300 (345).
44   Vgl. BVerfGE 58, 300 (350 f.).
45   Vgl. *F. Ossenbühl*, in: Festschrift für W. Zeidler, Bd. I, S. 625 ff.; *ders.*, Staatshaftungsrecht (5. Aufl. 1998), S. 155 ff.; *R. Stober* (Hrsg.), Eigentumsschutz sozialrechtlicher Positionen (1986).
46   Vgl. BVerfGE 69, 272 (300); 72, 9 (19); Nachweise aus dem Schrifttum bei *J. Eschenbach*, Der verfassungsrechtliche Schutz des Eigentums, S. 313 ff.

allgemeiner Meinung jedoch nur ein **Existenzminimum** zu garantieren vermag.[47] Da die für den Sozialsektor erforderlichen Finanzmittel nicht konstant sind, sondern von den (in erster Linie: Steuer-) Einnahmen abhängen, ist es ausgeschlossen, dass Leistungsansprüche auf ihrem jeweils höchsten Niveau verfassungsrechtlich garantiert werden. Da nach der neueren Rechtsprechung des Bundesverfassungsgerichts Art. 14 GG der Besteuerung überdies Grenzen setzt[48], käme es andernfalls zu dem paradoxen Ergebnis, dass ein und dasselbe Grundrecht einerseits Ansprüche verfassungsrechtlich verfestigt, andererseits aber der Beschaffung der notwendigen Finanzmittel entgegensteht. Als Ausweg aus diesem Dilemma stellt die herrschende Meinung darauf ab, ob die Ansprüche gegen den Staat im Wesentlichen durch **eigene Leistungen** begründet worden sind.[49] In der Leitentscheidung des Bundesverfassungsgerichts heißt es demgemäß:

> »Voraussetzung für einen Eigentumsschutz sozialversicherungsrechtlicher Positionen ist eine vermögenswerte Rechtsposition, die nach Art eines Ausschließlichkeitsrechts dem Rechtsträger als privatnützig zugeordnet ist; diese genießt den Schutz der Eigentumsgarantie dann, wenn sie auf nicht unerheblichen Eigenleistungen des Versicherten beruht und zudem der Sicherung seiner Existenz dient. Liegen diese Voraussetzungen nicht vor, dann kommt bei gesetzlichen Eingriffen in sozialversicherungsrechtliche Positionen zwar ein Schutz durch andere Grundrechte, nicht aber aus Art. 14 GG in Betracht. Ein darüber hinausgehender Schutz durch die Eigentumsgarantie würde ihrer Aufgabe im Gesamtgefüge der Verfassung nicht mehr gerecht.«[50]

Damit fallen sozialrechtliche Ansprüche auf Leistungen, die vom Staat ohne Gegenleistung *gewährt* werden, aus dem Eigentumsbegriff heraus.[51]   690

Im Ausgangsfall hat das Bundesverfassungsgericht die früher gegebene Möglichkeit, Versicherungsschutz ohne eigene Beitragspflicht zu erwerben, nicht dem Schutz des Art. 14 Abs. 1 Satz 1 GG unterstellt. Es hat dies damit begründet, dass die Versicherten vor Inkrafttreten des Gesetzes nur eine Aussicht auf eine beitragsfreie Krankenversicherung, nicht aber bereits eine Rechtsposition innegehabt hätten.[52]   691

Der deutlich vom Anlassfall geprägte Definitionsversuch des Bundesverfassungsgerichts ist nicht unproblematisch. Wenn es nämlich entscheidend auf die eigene Leistung ankommt, so kann der Eigentumsschutz dieser »**wohlerworbenen Rechte**« nicht daran scheitern, dass sie nicht der Existenzsicherung dienen. Auf der anderen Seite gibt es auch öffentlich-rechtliche Rechtspositionen (Erlaubnisse, Genehmigungen usw.), die *ohne* eigene Leistung gewährt werden, gleichwohl aber zum Eigentum zu rechnen sind.[53] Beides spricht dafür, ebenso wie bei den privaten Rechten auch bei den öffentlich-rechtlichen Ansprüchen den **Vermögenswert** in den Vordergrund zu rücken. Zu prüfen ist zunächst, ob Ansprüche bereits entstanden sind oder ob es sich nur um – den Gewinnaussichten des Wirtschaftsverkehrs vergleichbare – Aussichten auf spätere Vorteile handelt. Liegt diese Voraussetzung vor, so muss zusätzlich geprüft werden, ob diese vermögenswerte Rechtsposition dem Berechtigten – einem privaten Vermögensrecht vergleichbar – »privatnützig« zugeordnet worden ist.[54] Liegen diese Voraussetzungen vor, handelt es sich um eine als Eigentum im Sinne des Art. 14 Abs. 1 Satz 1 GG zu behandelnde Rechts-   692

---

47 Vgl. BVerfGE 82, 60 (80); *M. Herdegen*, in: Maunz / Dürig, GG, Art. 1 Abs. I Rdnr. 114; *P. Kunig*, in: v. Münch / Kunig (Hrsg.), GG Bd. 1, Art. 1 Rdnr. 30.
48 Vgl. BVerfGE 93, 121 (138); 115, 97 (113 f.).
49 Vgl. BVerfGE 45, 142 (170); 48, 403 (413); 53, 257 (291 f.); 72, 175 (193); 78, 249 (277); *P. Badura*, in: Benda / Maihofer / Vogel (Hrsg.), HdVerfR, § 10 Rdnr. 40; *Jarass/Pieroth*, GG, Art. 14 Rdnr. 11.
50 So BVerfGE 69, 272 (300).
51 Vgl. BVerfGE 16, 94 (113); 29, 22 (33 f.); 53, 257 (292); 88, 384 (401).
52 So BVerfGE 69, 272 (307 f.).
53 Str.; zustimmend: BSGE 58, 18 (26); *B.-O. Bryde*, in: v. Münch / Kunig (Hrsg.), GG Bd. 1, Art. 14 Rdnr. 30; offengelassen von BVerfGE 17, 232 (247 f.); BGHZ 97, 204 (209 f.); ablehnend: BGHZ 108, 364 (371); *J. Wieland*, in: Dreier (Hrsg.), GG Bd. I, Art. 14 Rdnr. 64; weitere Nachweise bei *R. Wendt*, in: Sachs (Hrsg.), GG, Art. 14 Rdnr. 36.
54 Vgl. insoweit BVerfGE 69, 272 (300).

position, deren Beschränkung oder Entziehung nach allgemeinen Regeln zu behandeln ist.[55]

693 Im Ausgangsfall hat das Bundesverfassungsgericht zutreffend festgestellt, dass es sich überhaupt nicht um eine konkrete Rechtsposition, sondern nur um die *Aussicht* auf eine kostenfreie Krankenversicherung gehandelt habe.[56] Insofern stellte sich nicht das Problem des *Eigentums-*, sondern des *Vertrauensschutzes*. Da es an einer vermögenswerten Position fehlte, waren die Ausführungen zur Existenzsicherung im Wesentlichen entbehrlich.[57]

2. Schutzrichtung

694 Unbestritten ist, dass Art. 14 Abs. 1 Satz 1 GG **abwehrrechtlichen Charakter** hat, also ein Grundrecht des *status negativus* darstellt.[58] Art. 14 GG steht damit in der Tradition der Eigentumsgewährleistungen westlicher Verfassungen, deren zentrales Anliegen der Schutz von »**Freiheit und Eigentum**« war. In der Gegenwart ist kein Verfassungswandel eingetreten, der der abwehrrechtlichen eine **leistungsrechtliche Dimension** hinzugefügt hätte. Einen gegen den Staat zu richtenden »Anspruch auf Eigentum« – auch im Sinne einer Existenzsicherung – kann es nicht geben, weil dieser Anspruch die Verfügung über alles Eigentum voraussetzen und damit Art. 14 GG geradezu in sein Gegenteil verkehrt würde.[59] Angesichts der klaren Entscheidung des Verfassungsgebers gegen »**soziale Grundrechte**«, die auch durch die umfangreiche Revision des Grundgesetzes in jüngster Zeit unangetastet geblieben ist, kann eine ihrem Ursprung nach »liberale« Gewährleistung nicht in einen Leistungsanspruch umgedeutet werden. Auch an dieser Stelle zeigt sich die Ambivalenz jeglicher Leistungsansprüche gegen den Staat: da nur ausgegeben werden kann, was vorher eingenommen worden ist, vermag ein und dieselbe Garantie nicht zugleich Ansprüche zu begründen und die Steuerlast zu begrenzen.[60]

695 Nach h. M. tritt bei Art. 14 GG neben die Rechtsstellungs- eine »**Institutsgarantie**«, die dem Gesetzgeber ebenfalls eine Grenze aufzeigen soll.[61] Die verfassungsrechtlichen Voraussetzungen der dogmatischen Figur einer »Institutsgarantie« sind indes entfallen. Unter der Weimarer Reichsverfassung sollte diese Lehre der Relativierung der Eigentumsgarantie durch den insoweit ungebundenen Gesetzgeber entgegenwirken: Ziel war die Erhaltung eines Privatrechts an Sachgütern, das »den Namen Eigentum verdient«[62]. Die verfassungsrechtliche Lage hat sich angesichts des ubiquitär geltenden Übermaßverbots und der zwingenden Enteignungsentschädigung (Art. 14 Abs. 3 GG) inzwischen grundlegend geändert. Der Nutzen einer eigenen Kategorie der Institutsgarantie neben den **subjektiven Rechten** des Art. 14 Abs. 1 GG ist deshalb zweifelhaft.[63]

---

55 Vgl. unten Rdnr. 700 ff.

56 Vgl. BVerfGE 69, 272 (307 f.).

57 Kritisch zur Rechtsprechung des Bundesverfassungsgerichts auch *H.-J. Papier*, in: Maunz / Dürig, GG, Art. 14 Rdnr. 123 ff.; *R. Schmidt-De Caluwe*, JA 1992, S. 131; *J. Wieland*, in: Dreier (Hrsg.), GG Bd. I, Art. 14 Rdnr. 62 f.; ausführlich *J. Eschenbach*, Der verfassungsrechtliche Schutz des Eigentums, S. 263 ff.

58 Vgl. BVerfGE 72, 175 (195); 78, 249 (277); 83, 201 (208); *W. Leisner*, in: HdStR VI, § 149 Rdnr. 3; *J. Wieland*, in: Dreier (Hrsg.), GG Bd. I, Art. 14 Rdnr. 71.

59 Vgl. hierzu *W. Leisner*, in: HdStR VI, § 149 Rdnr. 5 ff.; *H.-J. Papier*, in: Maunz / Dürig, GG, Art. 14 Rdnr. 6 f.

60 Vgl. oben Rdnr. 689.

61 Vgl. BVerfGE 20, 351 (355); 24, 367 (389) st. Rspr.; *R. Wendt*, in: Sachs (Hrsg.), GG, Art. 14 Rdnr. 10; *J. Wieland*, in: Dreier (Hrsg.), GG Bd. I, Art. 14 Rdnr. 125; weitere Nachweise bei *J. Eschenbach*, Der verfassungsrechtliche Schutz des Eigentums, S. 340 ff.

62 So *M. Wolff*, Reichsverfassung und Eigentum, in: Festgabe für W. Kahl (1923), Teil IV, S. 6.

63 Vgl. *J. Ipsen*, in: Recht und Wirtschaft, S. 135 f. m. w. N.

III. Grundrechtseinschränkungen

1. Inhaltsbestimmung

Fall 44:
A ist Hobbyarchäologe und spürt in seiner Freizeit mit einem Metalldetektor vergrabenen Schätzen nach. Er macht einen so genannten »Hort-Fund«, der aus verschiedenen Gebrauchsgegenständen besteht, die aus der alemannischen Zeit herrühren und einen guten Einblick in die noch wenig aufgehellte Entwicklung des Schmiedehandwerks zwischen Spätantike und Frühmittelalter gewähren. Als der Fund bekannt wird, beansprucht das Land B den Schatz als Eigentum, weil im Denkmalschutzgesetz des Landes ein »Schatzregal« niedergelegt ist, aufgrund dessen das Land mit der Entdeckung Eigentum an herrenlosen Kulturdenkmalen erwirbt, die einen hervorragenden wissenschaftlichen Wert haben. A ist der Auffassung, durch das Schatzregal werde ihm sein Miteigentumsanteil nach § 984 BGB entzogen, und hält dies für eine Enteignung.

(nach BVerfGE 78, 205)

696

Das Schutzgut des Art. 14 GG ist im Wesentlichen durch das **positive Recht** geprägt. Anders als die »Lebensgüter« des Art. 2 Abs. 2 GG oder die einzelnen Handlungsfreiheiten, die sich auf eine »natürliche« Freiheit zurückführen lassen, ist das Eigentum ein Institut des positiven Rechts.[64] Zwar lässt sich auch bei diesem Grundrecht ein anthropologischer Ursprung ausmachen, denn die Herrschaft des Menschen über von ihm selbst geschaffene Sachen (Waffen, Geräte) ist stets anerkannt gewesen.[65] Da sich das Eigentum im Sinne des Art. 14 GG aber gerade nicht auf das Sacheigentum beschränkt, ist eine Ausformung durch das positive Recht unausweichlich. Dem Gesetzgeber ist deshalb ausdrücklich die Aufgabe zugewiesen, den »**Inhalt**« des Eigentums zu bestimmen (Art. 14 Abs. 1 Satz 2 GG).

697

Die durch Art. 14 Abs. 1 Satz 2 GG dem Gesetzgeber ebenfalls zugewiesene Aufgabe, die **Schranken des Eigentums** zu bestimmen, wird von einer verbreiteten Meinung als Beleg dafür gewertet, dass sich »Inhalt« und »Schranken« des Eigentums nicht trennen ließen.[66] Diese Auffassung geht von unzutreffenden Prämissen aus. Der Gesetzgeber nämlich erschafft vermögenswerte Rechte nicht in einem Schöpfungsakt von rechtlicher Souveränität[67]; regelmäßig handelt es sich vielmehr um Vermögenswerte, die im Wirtschaftsverkehr anerkannt sind und übertragen werden. Die gesetzliche Regelung fügt der **wirtschaftlichen** lediglich die **rechtliche Anerkennung** hinzu.[68] Inhaltsbestimmungen dienen also regelmäßig dem Ziel, vermögenswerte Rechte verkehrsfähig zu machen.[69]

698

Im Ausgangsfall haben wir es mit einem »Schatz« zu tun, nämlich einer Sache, die so lange verborgen gelegen hat, dass der Eigentümer nicht mehr zu ermitteln ist (§ 984 BGB). Die Rechtsordnung weist einen solchen Schatz je zur Hälfte dem Entdecker und dem Grundeigentümer zu. Die Begründung von Miteigentum ist eine am Gerechtigkeitsgedanken orientierte, sinnvolle Regelung, weil der Grundeigentümer ohne die Entdeckung nichts von seinem Glück erfahren hätte, andererseits der Entdecker sich in einer fremden Eigentumssphäre betätigt hat.[70] Das nach § 984 BGB erworbene Miteigentum stellt ein vermögenswertes Recht im Sinne des Art. 14 Abs. 1 Satz 1 GG (nämlich Sacheigentum) dar. Im Ausgangsfall wird A gleichwohl kein Eigentum entzogen, weil die landesrecht-

699

---

64 Vgl. *P. Badura*, in: Benda/Maihofer/Vogel (Hrsg.), HdVerfR, § 10 Rdnr. 28; *Pieroth/Schlink*, Grundrechte, Rdnr. 899; *J. Wieland*, in: Dreier (Hrsg.), GG Bd. I, Art. 14 Rdnr. 25.

65 Vgl. *O. Kimminich*, in: BK, GG, Art. 14 Rdnr. 2 ff.; *D. Schwab*, Eigentum, in: Brunner/Conze/Koselleck (Hrsg.), Geschichtliche Grundbegriffe, Bd. II (1975).

66 Vgl. *B.-O. Bryde*, in: v. Münch/Kunig (Hrsg.), GG Bd. 1, Art. 14 Rdnr. 51; *H.-J. Papier*, in: Maunz/Dürig, GG, Art. 14 Rdnr. 307.

67 Dagegen *H.-J. Papier*, JuS 1989, S. 632: der Gesetzgeber »erhebe« eine Vermögensposition zu Eigentum.

68 Vgl. hierzu ausführlich *J. Eschenbach*, Der verfassungsrechtliche Schutz des Eigentums, S. 558 ff.

69 Vgl. *W. Berg*, Der Rechtsstaat und die Aufarbeitung der vor-rechtsstaatlichen Vergangenheit, VVDStRL 51 (1992), S. 67: ». . . als Verpflichtung des Gesetzgebers, die »Eigentumsfähigkeit« dieser Güter zu gewährleisten«.

70 Vgl. z. B. BGHZ 103, 101 (»Lübecker Schatzfund«).

lichen Bestimmungen über Regalien durch das BGB unberührt geblieben sind (Art. 73 EGBGB). »Regalien« in diesem Sinne sind die Landesdenkmalschutzgesetze, die eine von § 984 BGB abweichende Regelung treffen können. Im Ausgangsfall hat A folglich kein vermögenswertes Recht erworben, weil die Rechtsordnung (in Gestalt des Landesdenkmalschutzgesetzes) das Eigentum an dem Schatz dem Land zugeordnet hat.[71]

2. Schranken

700
Fall 45:
H ist Eigentümer eines Schäferhundes, der mit einem tollwütigen Fuchs in Berührung gekommen ist. Da H sich weigert, den Hund während eines bestimmten Zeitraums einzusperren, ordnet die zuständige Behörde die Tötung an. Eine von H geforderte Entschädigung wird unter Hinweis auf die Rechtslage abgelehnt.

(nach BVerfGE 20, 351)

701 Im Gegensatz zu den Inhaltsbestimmungen engen die **gesetzlichen Schranken** Eigentümerbefugnisse ein. Grundsätzlich kann der Eigentümer mit seiner Sache nach Belieben verfahren und andere von der Einwirkung ausschließen (§ 903 Satz 1 BGB). Dies gilt *mutatis mutandis* für sämtliche vermögenswerten Rechte, die unter den Eigentumsbegriff des Art. 14 Abs. 1 Satz 1 GG fallen. In der Literatur werden der verfassungsrechtliche und der zivilrechtliche Eigentumsbegriff zu Unrecht in einen **prinzipiellen Gegensatz** zueinander gestellt.[72] Die Eigentümerbefugnisse nach § 903 Satz 1 BGB stehen nämlich ebenfalls unter dem Vorbehalt, dass »nicht das Gesetz oder Rechte Dritter entgegenstehen«. Eben dies sind die in Art. 14 Abs. 1 Satz 2 GG genannten *Schranken* des Eigentums, die sich sowohl aus zivilrechtlichen wie öffentlich-rechtlichen Vorschriften ergeben können.

702 Die zur Begründung der genannten Ansicht herangezogene Bestimmung, dass Eigentum verpflichte und sein Gebrauch zugleich dem **Wohle der Allgemeinheit** dienen solle (Art. 14 Abs. 2 GG), spricht nicht *gegen*, sondern *für* die hier vertretene Auffassung.[73] Der Akzent liegt nämlich auf dem Wort »zugleich«, das nichts anderes bedeuten kann, als dass das Eigentum in erster Linie dem Eigentümer nützen soll. Diese affirmative Funktion der Sozialbindungsklausel wird nicht selten übersehen und damit der Befund verdeckt, dass die Formel von der »**Privatnützigkeit des Eigentums**« im Grunde ein Pleonasmus ist.[74]

703 Mit der Einfügung der **Sozialbindungsklausel** hat der Gesetzgeber klargestellt, dass das Eigentum nicht isoliert, sondern nur in seiner Einbindung in staatliche und gesellschaftliche Zusammenhänge gesehen werden kann. Demgemäß können sich gesetzliche Schrankenbestimmungen nicht nur auf die Gefahrenabwehr, sondern auch auf **weitere Gemeinwohlinteressen** gründen.[75]

704 Nach § 14 Abs. 1 Satz 1 BWaldG ist das Betreten des Waldes zum Zwecke der Erholung gestattet. Ein Waldeigentümer ist nicht in der Lage, Spaziergänger aus seinem Wald zu verweisen, weil die Eigentümerbefugnisse insoweit durch das (Bundeswald-)Gesetz eingeschränkt sind. Diese Einschränkung erfolgt nicht aus dem Gesichtspunkt der Gefahrenabwehr, sondern gründet sich auf die *Sozialbindung* des Eigentums. Da der Eigentümer eines Waldes über ein sowohl für die Allgemeinheit als auch für jeden einzelnen wichtiges Gut verfügt, kann aufgrund der Sozialbindung der Ausschluss anderer, der jedem *Gartenbesitzer* möglich wäre (§ 903 Satz 1 BGB), eingeschränkt werden. Aus wichtigem Grund kann Dritten das Betreten des Waldes untersagt werden (§ 14 Abs. 2

---

71 Vgl. BVerfGE 78, 205 (211 f.).
72 Vgl. etwa *B.-O. Bryde*, in: v. Münch/Kunig (Hrsg.), GG Bd. 1, Art. 14 Rdnr. 11; *J. Wieland*, in: Dreier (Hrsg.), GG Bd. I, Art. 14 Rdnr. 38 m. w. N.
73 Ähnlich: *O. Kimminich*, in: BK, GG, Art. 14 Rdnr. 152.
74 Vgl. *J. Ipsen*, in: Recht und Wirtschaft, S. 137.
75 Vgl. BVerfGE 18, 121 (131 f.); 21, 150 (155 f.); 38, 348 (370 f.); 55, 249 (257 ff.); 83, 82 (86).

BWaldG), so dass insoweit ein Ausgleich zwischen den Interessen des Eigentümers und der Allgemeinheit gewährleistet ist.[76]

Gesetze, die die Eigentümerbefugnisse einschränken, sind am verfassungsrechtlichen **Übermaßverbot** zu messen.[77] Regelmäßig werden die Eigentümerbefugnisse nur eingeschränkt und nicht etwa aufgehoben. Ausgenommen hiervon sind lediglich **Gefahrenquellen**, die – ebenfalls nach Maßgabe des Verhältnismäßigkeitsprinzips – im Rahmen der Schrankenbestimmung *beseitigt* werden können.   **705**

Im Ausgangsfall stellt der Schäferhund eine solche Gefahrenquelle dar, auch wenn die Ansteckung mit der Tollwut nicht nachgewiesen ist. Ausdrücklich ist die Tötung der an der Seuche erkrankten oder verdächtigen Tiere vorgesehen (§ 24 Abs. 1 TierSG), wenn eine Absonderung (§ 19 TierSG) nicht möglich oder ausreichend ist. Die Tötung hält sich im Rahmen der Schrankenbestimmung des Art. 14 Abs. 1 Satz 2 GG, obwohl in diesem Fall sogar das Substrat des Eigentums(-rechts) *vernichtet* wird. Da für Eigentumsbeschränkungen verfassungsrechtlich keine Entschädigung vorgesehen ist, verstößt auch die Ausnahme von der Entschädigungspflicht für bestimmte Haustiere (§ 68 Abs. 1 Nr. 10 TierSG) nicht gegen das Grundgesetz. Entsprechende Regelungen sind vom Bundesverfassungsgericht gebilligt worden.[78]   **706**

3.   Enteignung (Art. 14 Abs. 3 GG)

Fall 46:   **707**
1964 wurde in Hamburg ein Deichordnungsgesetz (DOG) erlassen, mit dem die Konsequenzen aus der großen Flutkatastrophe von 1962 gezogen werden sollten. Nach § 2 DOG entstand mit dem Inkrafttreten des Gesetzes an allen Flurstücken, die im Liegenschaftskataster als »Deichgrund« ausgewiesen waren, »öffentliches Eigentum« im Sinne des Hamburger Wegegesetzes. E, dessen Grundstück auf diese Weise zum öffentlichen Eigentum geworden war, hielt das Gesetz für verfassungswidrig.

(BVerfGE 24, 367)

Die in Art. 14 Abs. 3 GG geregelte Enteignung ist ein **Sonderfall der Aufopferung**, die bereits in §§ 74, 75 der Einleitung des Allgemeinen Landrechts für die Preußischen Staaten (ALR) geregelt war.[79]   **708**

§ 74 Einl. ALR lautete: **709**

»Einzelne Rechte und Vortheile der Mitglieder des Staats müssen den Rechten und Pflichten zur Beförderung des gemeinschaftlichen Wohls, wenn zwischen beiden ein wirklicher Widerspruch (Collision) eintritt, nachstehn.«

§ 75 Einl. ALR hatte folgenden Wortlaut: **710**

»Dagegen ist der Staat denjenigen, welcher seine besonderen Rechte und Vortheile dem Wohle des gemeinen Wesens aufzuopfern genöthigt wird, zu entschädigen gehalten.«

Die Enteignung ist mithin ein Rechtsinstitut für den Konfliktfall zwischen Privateigentum und Gemeinwohl.[80] Sie unterscheidet sich von der Schrankenbestimmung nach Art. 14 Abs. 1 Satz 2 GG in *dreifacher* Hinsicht: **711**

---

76 Zum Verhältnis von Eigentum und Waldgesetz vgl. *A. v. Brünneck*, Die Eigentumsgarantie des Grundgesetzes, S. 159 ff; *F. Weyreuther*, Zum Grundrechtsschutz des Waldeigentums, NuR 1980, S. 137 ff.

77 Vgl. BVerfGE 8, 71 (80); 21, 150 (155), 74, 203 (214); *B.-O. Bryde*, in: v. Münch / Kunig (Hrsg.), GG Bd. 1, Art. 14 Rdnr. 62; *R. Wendt*, in: Sachs (Hrsg.), GG, Art. 14 Rdnr. 73.

78 So BVerfGE 20, 351 (361).

79 Vgl. *F. Ossenbühl*, Staatshaftungsrecht (5. Aufl. 1998), S. 124 f.

80 Vgl. *R. Wendt*, in: Sachs (Hrsg.), GG, Art. 14 Rdnr. 77 f.; *ders.*, Eigentum und Gesetzgebung (1985), S. 326 ff.

- Schrankenbestimmungen engen die Eigentümerbefugnisse regelmäßig nur ein, während durch die Enteignung vermögenswerte Rechte entzogen oder belastet werden.
- Während Schrankenbestimmungen regelmäßig darauf abzielen, den Gebrauch des Eigentums *sozialverträglich* zu machen, steht das Enteignungsobjekt nicht als solches den Gemeinwohlinteressen entgegen, sondern wird umgekehrt wegen seiner besonderen Lage oder Beschaffenheit *benötigt*.
- Während Eigentumsbeschränkungen regelmäßig ohne Entschädigung hinzunehmen sind, ist die Enteignung nur gegen eine angemessene Entschädigung zulässig (Art. 14 Abs. 3 Satz 2 und 3 GG).

712   Zwischen Eigentumsbeschränkungen und Enteignung kann es wegen dieser prinzipiellen Unterschiede **keine fließenden Übergänge** geben. Während nach der früheren Rechtsprechung des Bundesgerichtshofs die Grenzen zwischen Eigentumsbeschränkung und Enteignung unscharf waren und deshalb geeignete »Abgrenzungstheorien« gesucht wurden[81], hat das Bundesverfassungsgericht den Enteignungsbegriff formalisiert. Unter »Enteignung« ist nicht mehr jede nachhaltige, von der Schrankenbestimmung nicht mehr gedeckte Einwirkung auf das Eigentum zu verstehen, die Enteignung setzt vielmehr die **rechtmäßige Entziehung** (oder Belastung) von Rechten zum Wohle der Allgemeinheit gegen Entschädigung voraus.[82]

713   Die Enteignung darf nur »durch Gesetz« (Legalenteignung) oder »auf Grund eines Gesetzes« (Administrativenteignung) erfolgen.[83] Der Regelfall ist die **Administrativenteignung**, die in einem förmlichen Enteignungsverfahren durch besonderen Verwaltungsakt erfolgt. Die **Legalenteignung** ist nach der Rechtsprechung des Bundesverfassungsgerichts auf Sonderfälle beschränkt, weil gegen ein Gesetz kein Rechtsweg zur Verfügung steht; der Enteignete ist vielmehr auf den (außerordentlichen) Rechtsbehelf der Verfassungsbeschwerde angewiesen.[84]

714   Im Ausgangsfall war insofern eine außergewöhnliche Situation gegeben, als die Flutkatastrophe vom Februar 1962 deutlich gemacht hatte, dass die Deiche ungenügend waren. Hätte jeder Grundstückseigentümer durch Einzelakt enteignet werden müssen, hätte sich das Vorhaben eines zureichenden Hochwasserschutzes vermutlich stark in die Länge gezogen. Eine zusätzliche Besonderheit des Hamburger DOG war die Schaffung von »öffentlichem Eigentum«, das das Bundesverfassungsgericht ebenfalls mit Art. 14 GG für vereinbar gehalten hat.[85]

715   Hinsichtlich des **Rechtsschutzes** gegenüber Administrativenteignungen ist zwischen dem Enteignungsakt als solchem und der **Festsetzung der Entschädigung** zu unterscheiden. Wird der Enteignungsakt als solcher in seiner Rechtmäßigkeit bezweifelt, stehen die Rechtsbehelfe des »primären Rechtsschutzes« zur Verfügung, die auf Aufhebung des Enteignungsaktes gerichtet sind. Hierfür wären grundsätzlich die **Verwaltungsgerichte** zuständig. Geht es demgegenüber allein um die **Höhe der Entschädigung** – also nicht um das »ob«, sondern um das »wie« der Enteignung – so besteht nach Art. 14 Abs. 3 Satz 4 GG eine ausschließliche Zuständigkeit der **ordentlichen Gerichte**.[86] Um die in dieser Vorschrift angelegte Doppelung des Rechtswegs zu vermeiden, sind besondere, der ordentlichen Gerichtsbarkeit zugeordnete Spruchkörper aus Zivil- und Verwaltungsrichtern geschaffen worden (Kammern und Senate für Baulandsachen).[87]

---

81 Vgl. BGHZ 6, 270 (280); 27, 15 (24); 31, 1 (2); 54, 293 (295); dazu *P. Krumbiegel*, Der Sonderopferbegriff in der Rechtsprechung des BGH (1975).

82 Vgl. BVerfGE 52, 1 (27); 58, 300 (323); 70, 191 (199 f.); 72, 66 (76).

83 Vgl. BVerfGE 24, 367 (395); 45, 297 (325 f.); 52, 1 (27); 56, 249 (261); 58, 300 (330 f.).

84 Vgl. BVerfGE 24, 367 (398 f., 402 f.); 45, 297 (324 ff.); 58, 300 (331).

85 Vgl. BVerfGE 24, 367 (388 ff.).

86 Zu den Rechtsschutzfragen vgl. BVerfGE 58, 300 (322 ff.); *O. Kimminich*, in: BK, GG, Art. 14 Rdnr. 563 ff.; *J. Wieland*, in: Dreier (Hrsg.), GG Bd. I, Art. 14 Rdnr. 122 f.

87 Vgl. §§ 217 ff. BauGB; zur Verfassungsmäßigkeit dieser besonderen Spruchkörper vgl. BVerfGE 4, 387 (400 ff.).

IV. Rechtsprechung

BVerfGE 24, 367 (Hamburger Deichordnungsgesetz); **E** 50, 290 (Mitbestimmung); **E** 52, 1   716
(Kleingarten); **E** 53, 257 (Versorgungsausgleich); **E** 56, 249 (Gondelbahn); **E** 58, 137 (Pflicht-
exemplar); **E** 58, 300 (Nassauskiesung); **E** 61, 82 (Sasbach); **E** 74, 264 (Boxberg); **E** 78, 205
(Schatzregal); **E** 79, 174 (Straßenverkehrslärm); **E** 79, 292 (Eigenbedarf); **E** 89, 1 (Besitzrecht
des Mieters); **E** 89, 237 (Eigenbedarfskündigung); **E** 91, 294 (Mietpreisbindung); **E** 93, 121
(Einheitswert); **E** 97, 271 (Hinterbliebenenrente); **E** 100, 226 (Denkmalschutz); **E** 102, 1 (Zu-
standshaftung der Eigentümer für Altlasten); **E** 104, 1 (Baulandumlegung); **E** 104, 74 (Entschädigung für »Kalte Enteignung«); **E** 115, 97 (»Halbteilungsgrundsatz«); **BVerwGE** 112,
373 (Ausweisung eines Naturschutzgebietes).

V. Literatur

A. v. Brünneck, Die Eigentumsgarantie des Grundgesetzes (1984); **H.-G. Dederer**, Ato-   717
mausstieg und Art. 14 GG – Zugleich zur de facto-enteignenden Inhalts- und Schrankenbestimmung, JA 2000, S. 819: **O. Depenheuer/B. Grzeszick**, Eigentum und Rechtsstaat –
zur eigentumsgrundrechtlichen Qualität von Ansprüchen nach dem Ausgleichsleistungs-
gesetz, NJW 2000, S. 385; **D. Dörr**, Die neuere Rechtsprechung des Bundesverfassungsgerichts zur Eigentumsgarantie des Art. 14 GG, NJW 1988, S. 1049; **C. Engel**, Eigentumsschutz für Unternehmen, AöR 118 (1993), S. 169; **J. Eschenbach**, Der verfassungsrechtliche
Schutz des Eigentums (1996); **ders.**, Die Enteignung, Jura 1997, S. 519; **E. Haas**, Die Baulandumlegung – Inhalts- und Schrankenbestimmung des Eigentums, NVwZ 2002, S. 272;
K. Heinz/K. Schmitt, Vorrang des Primärrechtsschutzes und ausgleichspflichtige Inhalts-
bestimmung des Eigentums, NVwZ 1992, S. 513; **U. Hösch**, Art. 14 GG: Inhaltsbestim-
mung oder Enteignung?, JA 1998, S. 727; **ders.**, Der Ausstieg aus der friedlichen Nutzung
der Kernenergie – eine Eigentumsfrage?, ThürVBl. 2000, S. 217; **J. Ipsen**, Neuere Entwicklungen der Eigentumsdogmatik, in: Recht und Wirtschaft, Osnabrücker Rechtswissenschaftliche Abhandlungen (1985), S. 129; **ders.**, Enteignung, enteignungsgleicher Eingriff
und Staatshaftung, DVBl. 1983, S. 1029; **ders.**, Besteuerung und Eigentum, in: Festschrift
für P. Badura (2004), S. 199; **H. D. Jarass**, Inhalts- und Schrankenbestimmung oder Enteignung? Grundfragen der Struktur der Eigentumsgarantie, NJW 2000, S. 2841; **H. Jo-
chum/W. Durner**, Grundfälle zu Art. 14 GG, JuS 2005, S. 220, 320, 412; **O. Kimminich**,
Die Eigentumsgarantie im Natur- und Denkmalschutz, NuR 1994, 261; **F. Kreft**, Enteignung und Aufopferung (Zur Geschichte eines Rechtsinstituts), JA 1975, S. 457; **O. Lepsius**,
Geld als Schutzgut der Eigentumsgarantie, JZ 2002, S. 313; **H. Maurer**, Enteignungsbegriff
und Eigentumsgarantie, in: Festschrift für G. Dürig (1990), S. 293; **P. Moritz**, Der »gestufte«
Eigentumsschutz sozialversicherungsrechtlicher Positionen, Jura 1987, S. 643; **F. Ossenbühl**, Der Eigentumsschutz sozialrechtlicher Positionen in der Rechtsprechung des Bundesverfassungsgerichts, in: Festschrift für W. Zeidler, Bd. I (1987), S. 625; **L. Osterloh**,
Die Abgrenzung zwischen Sozialbindung und Enteignung, JuS 1992, L 9; **dies.**, Eigentumsschutz, Sozialbindung und Enteignung bei der Nutzung von Boden und Umwelt,
DVBl. 1991, S. 906; **H.-J. Papier**, Grundfälle zu Eigentum, Enteignung und enteignungs-
gleichem Eingriff, JuS 1989, S. 630; **ders.**, Die Weiterentwicklung der Rechtsprechung
zur Eigentumsgarantie des Art. 14 GG, DVBl. 2000, S. 1398; **U. Sachsofsky**, Halbteilungs-
grundsatz ade – Scheiden tut weh, NVwZ 2006, S. 661; **E. Schmidt-Aßmann**, Formen der
Enteignung (Art. 14 III GG), JuS 1986, S. 833; **R. Schmidt-De Caluwe**, Der Eigentums-
schutz sozialer Rechtspositionen, JA 1992, S. 129; **F. Schoch**, Die Eigentumsgarantien des
Art. 14 GG, Jura 1989, S. 113; **R. Wernsmann**, Die Steuer als Eigentumsbeeinträchtigung,
NJW 2006, S. 1169; **J. Wilhelm**, Zum Enteignungsbegriff des Bundesverfassungsgerichtes,
JZ 2000, S. 905.

F. Allgemeine Handlungsfreiheit und Gleichheitsrechte

§ 18 Die freie Entfaltung der Persönlichkeit (Art. 2 Abs. 1 GG)

Fall 47:

R ist »Freizeitreiter« und reitet in seiner Freizeit vornehmlich im Wald. Hieran sieht er sich durch das Landeswaldgesetz gehindert, das das Reiten im Wald nur noch auf den nach den Vorschriften der Straßenverkehrsordnung als Reitwege gekennzeichneten privaten Straßen und Wegen (Reitwegen) gestattet. R hält dies einerseits für einen Verstoß gegen § 14 Abs. 1 Satz 2 BWaldG, nach dem das Reiten im Walde schlechthin auf »Straßen und Wegen« gestattet sei, was eine weitergehende Beschränkung ausschließe. Überdies sieht er sich in seiner allgemeinen Handlungsfreiheit verletzt.

(nach BVerfGE 80, 137)

718

I. Grundrechtsträger

Jeder hat das Recht auf die freie Entfaltung der Persönlichkeit, so dass dieses Grundrecht als **Menschenrecht** einzuordnen ist. Über Art. 19 Abs. 3 GG ist es als **allgemeine Handlungsfreiheit** auch auf (inländische) **juristische Personen des Privatrechts** anwendbar. **Juristische Personen des öffentlichen Rechts** können nicht Träger des Grundrechts aus Art. 2 Abs. 1 GG sein: sie entfalten nicht ihre »Persönlichkeit«, sondern erfüllen die ihnen durch Gesetz zugewiesenen öffentlichen Aufgaben.[1]

719

II. Grundrechtsinhalt

1. Schutzgut

Nach der hier vertretenen Auffassung liegt den Grundrechten eine **natürliche Handlungsfreiheit** voraus, die in der verfassungsgeschichtlichen Entwicklung segmentiert und in unterschiedlicher Gewährleistungsintensität in die Verfassung aufgenommen worden ist. Fügt man diese Freiheitssegmente zusammen, so würde sich wegen der Partikularität der einzelnen Grundrechtstatbestände doch keine umfassende Freiheitsgewährleistung ergeben. Folgerichtig blieben diejenigen Handlungsmöglichkeiten, die im Grundrechtskatalog nicht eigens thematisiert worden sind, ohne grundrechtlichen Schutz.

720

> Unser Ausgangsfall lässt diesen Befund augenfällig werden: zwar ist die Freiheit der Meinungsäußerung, die Versammlungs- und Vereinigungsfreiheit, die Freiheit der Berufswahl und Berufsausübung grundrechtlich geschützt, nicht aber Handlungsmöglichkeiten des täglichen Lebens, wie etwa die Benutzung von Straßen und Wegen, oder – wie im Fall des R – die Freizeitgestaltung.

721

Art. 2 Abs. 1 GG erfüllt die überaus wichtige Funktion, auch diejenigen Betätigungen der natürlichen Freiheit, die nicht in den Tatbestand eines (speziellen) Grundrechts aufgenommen worden sind, grundrechtlich zu gewährleisten. Das durch Art. 2 Abs. 1 GG geschützte Rechtsgut umfasst also *alle* Handlungsmöglichkeiten, die nicht bereits Schutzgut eines anderen Grundrechts sind, mit anderen Worten die **»allgemeine Handlungsfreiheit«**.[2]

722

---

1 Vgl. BVerfGE 21, 362 (369 ff.); 45, 63 (78 f.); *C. Starck*, in: v. Mangoldt / Klein / Starck, GG Bd. 1, Art. 2 Rdnr. 48.

2 Vgl. BVerfGE 6, 32 (36); 80, 137 (152 f.) st. Rspr.; *C. Starck*, in: v. Mangoldt / Klein / Starck, GG Bd. 1, Art. 2 Rdnr. 8 ff. m. w. N.

723   Art. 2 Abs. 1 GG steht damit in der Tradition der Menschenrechtserklärungen des ausge-
       henden 18. Jahrhunderts. In Art. 1 der Virginia Bill of Rights (1776) wird das Streben nach
       Glück und Sicherheit zu den angeborenen Rechten (*inherent rights*) gezählt. Nach Art. 4 der
       französischen Menschen- und Bürgerrechtserklärung (1789) besteht die Freiheit darin, »al-
       les tun zu dürfen, was einem anderen nicht schadet«. Zu wenig Beachtung hat bislang § 83
       der Einleitung des Allgemeinen Landrechts für die Preußischen Staaten (1794) gefunden,
       der folgenden Wortlaut hat:

       >»Die allgemeinen Rechte des Menschen gründen sich auf die natürliche Freiheit, sein eigenes Wohl,
       >ohne Kränkung der Rechte eines Andern, suchen und befördern zu können.«

724   In den Verhandlungen des Parlamentarischen Rates sind zunächst vergleichbare Formu-
       lierungen diskutiert, wegen ihrer vermeintlich »vulgären« Sprachgestalt aber nicht in
       das Grundgesetz aufgenommen worden.[3] Die Anfang der 50er Jahre vertretene »**Persön-
       lichkeitskerntheorie**«[4], die bis in die Gegenwart fortwirkt, will das Schutzgut des Art. 2
       Abs. 1 GG demgegenüber auf die »Gewährleistung der engeren persönlichen, freilich
       nicht auf rein geistige und sittliche Entfaltung beschränkten, Lebenssphäre« reduzieren.[5]

725   Das Bundesverfassungsgericht hat sich in einer frühen Grundsatzentscheidung[6] die Inter-
       pretation des Art. 2 Abs. 1 GG als eines **Auffanggrundrechts** im Sinne einer **allgemeinen
       Handlungsfreiheit** zu eigen gemacht und hält an ihr in ständiger Rechtsprechung fest[7],
       die sich allerdings prinzipiellen Einwänden ausgesetzt sieht. In einem Sondervotum stellte
       der Richter *Grimm* in Frage, dass Art. 2 Abs. 1 GG die »Freiheit des Einzelnen, zu tun und
       zu lassen, was er will« schütze; geschützt werde vielmehr nur eine »gesteigerte, dem
       Schutzgut der übrigen Grundrechte vergleichbare Relevanz für die Persönlichkeitsentfal-
       tung«[8]. Auf diese Weise solle einer vom Grundgesetz nicht vorgesehenen »**Banalisierung
       der Grundrechte**« und die damit verbundene Ausuferung der Verfassungsbeschwerde
       rückgängig gemacht werden.[9] Die Senatsmehrheit hat indes an der herkömmlichen Aus-
       legung des Art. 2 Abs. 1 GG festgehalten.[10]

726   In der Kontroverse, die sich nach der Mehrheitsentscheidung und dem Sondervotum in-
       nerhalb des Ersten Senats des Bundesverfassungsgerichts abzeichnete, spiegelt sich ein
       grundrechtsdogmatisches wie verfassungstheoretisches Problem ersten Ranges wider.
       Das Verständnis des Art. 2 Abs. 1 GG als *allgemeiner* Handlungsfreiheit hat zur Konse-
       quenz, dass alle staatlichen Maßnahmen, mit denen natürliche Handlungsmöglichkeiten
       des Menschen eingeschränkt oder verhindert werden, rechtfertigungsbedürftig sind. Frei-
       heit ist insofern eine Freiheit *von* gesetzwidrigem Zwang.[11] Nimmt man Entfaltungsmög-
       lichkeiten natürlicher Freiheit vom Grundrechtsschutz aus, so mutiert die Freiheit *von*
       Zwang zu einer Freiheit *zur* Verfolgung sozialethisch anerkannter Zwecke. Dies war der
       Kern der Persönlichkeitskerntheorie: der Mensch sollte sich stets zu einem Zustand höhe-
       rer Vervollkommnung entwickeln dürfen und hierfür den Schutz des Grundrechts genie-
       ßen.[12] Wenn man mit der neueren Auffassung auch andere Zwecke in die Entfaltungsfrei-
       heit einbezieht[13], so schützt dieses Grundrecht menschliche Handlungsmöglichkeiten

---

3   Nachweise bei *H. Dreier*, in: Dreier (Hrsg.), GG Bd. I, Art. 2 I Rdnr. 8.
4   Vgl. *H. Peters*, Die freie Entfaltung der Persönlichkeit als Verfassungsziel, in: Festschrift für R. Laun
    (1953), S. 669.
5   So *K. Hesse*, Grundzüge des Verfassungsrechts, Rdnr. 428.
6   BVerfGE 6, 32 (»Elfes«).
7   Nachweise bei *H. Dreier*, in: Dreier (Hrsg.), GG Bd. I, Art. 2 I Rdnr. 27.
8   So Sondervotum, BVerfGE 80, 137 (165).
9   So Sondervotum, BVerfGE 80, 137 (168).
10 Vgl. BVerfGE 80, 137 (152 f.).
11 So die Formulierung bei *G. Jellinek*, System der subjektiven öffentlichen Rechte (2. Neudruck der 2.
    Aufl. von 1919 (1979)), S. 103.
12 Kritisch hierzu *C. Starck*, in: v. Mangoldt/Klein/Starck, GG Bd. 1, Art. 2 Rdnr. 10 ff.
13 Vgl. *K. Hesse*, Grundzüge des Verfassungsrechts, Rdnr. 248.

doch nur *selektiv*. Für die Entscheidung, *welche* Betätigungen unter den Schutz des Grundrechts aus Art. 2 Abs. 1 GG fallen und welche nicht, fehlt es an Anhaltspunkten. *Grimm* will sie aus einem Vergleich mit den anderen Grundrechten ableiten[14], was sich im Grunde als *petitio principii* erweist: angesichts der Entscheidung des Verfassungsgebers für ein Grundrecht mit einem *weiten* Anwendungsbereich lässt sich gerade nicht postulieren, dass die geschützten Betätigungen einen ähnlichen sozialethischen Rang haben müssten wie jene. Endlich ist zu berücksichtigen, dass die einzelnen Freiheitsrechte menschliche Betätigungen gerade ohne Rücksicht auf ihren sozialethischen Wert schützen. Meinungen brauchen nicht rational begründet zu sein, um unter den Schutz des Art. 5 Abs. 1 Satz 1 GG zu fallen[15]. Versammlungen müssen nicht unbedingt politischen Zielen dienen[16] und Vereinigungen nicht notwendig Zwecke des Gemeinwohls verfolgen[17]. Insofern erscheint es ausgeschlossen, hinsichtlich *anderer* Freiheitsbetätigungen eine Auswahl zu treffen, die nicht von dem Vorverständnis der Entscheidungsinstanz vom Verhältnis zwischen Individuum und Gemeinschaft abhängig und damit einer ideologischen Färbung zugänglich wäre. Letztlich nämlich leidet die Auffassung *Grimms* an einem nicht zu überwindenden inneren Widerspruch: wenn mit den Grundrechten dem Einzelnen ein Bereich personaler Autonomie verfassungskräftig eingeräumt ist, so muss sich die autonome Entscheidung zuallererst darauf richten können, in welcher Weise der Einzelne seine Persönlichkeit entfaltet. Der mit dem Grundgesetz erzielte historische Fortschritt besteht gerade darin, den Einzelnen nicht nur als potentiellen Förderer des Gemeinwohls, sondern als *autonome* Persönlichkeit zu sehen. Kraft seiner Autonomie, die Teil der Menschenwürde ist, kann der Einzelne deshalb prinzipiell frei darüber entscheiden, was er tut und was er lässt. Soweit diese natürliche Freiheit eingeschränkt wird, unterliegt der Staat einem Rechtfertigungszwang. Hierbei kann es nicht darauf ankommen, ob die Betätigung gemeinwohlorientiert ist oder nicht, ob sie mit herrschenden (welchen?) sozialethischen Vorstellungen konform geht oder ihnen widerspricht, ob sie letztlich sich in der Banalität täglichen Lebens erschöpft oder darüber hinausweist. Das menschliche Leben ist – so wird man *Grimm* entgegenhalten müssen – nicht zum wenigsten »banal«, die Verfassung hingegen kein Instrument, die Bürger zur Verfolgung höherer Ziele anzuhalten.[18]

Im Ausgangsfall hat das Bundesverfassungsgericht zutreffend entschieden, dass auch das Reiten im Wald unter den Schutz des Art. 2 Abs. 1 GG fällt und es deshalb darauf ankommt, ob die Gesetze, die dies einschränken oder verbieten, am Maßstab dieses Grundrechts zu rechtfertigen sind.[19] Als Schranke wären sowohl die verfassungsmäßige Ordnung als auch die Rechte anderer (nämlich der Waldeigentümer) zu prüfen. Nach Auffassung *Grimms* wäre das Reiten im Wald nicht als verfassungsrechtlich geschützte Persönlichkeitsentfaltung anzuerkennen, so dass die Verfassungsbeschwerde des R mangels möglicher Rechtsverletzung überhaupt nicht zulässig gewesen wäre.   727

Die **Auffangfunktion** des Art. 2 Abs. 1 GG führt dazu, dass ganz disparate Betätigungen an diesem Grundrecht gemessen werden. Neben dem Fall »Elfes«, in dem es um die Versagung eines Reisepasses ging, die das Auftreten eines missliebigen Politikers im Ausland verhindern sollte[20], ist Art. 2 Abs. 1 GG in ganz unterschiedlichen Zusammenhängen geprüft worden.[21] Die Entscheidungspraxis des Bundesverfassungsgerichts berechtigt nicht dazu, insoweit von **unbenannten Freiheitsrechten** (»Innominatfreiheitsrechten«) zu sprechen.[22] Es handelt sich gerade nicht um einzelne Freiheitsrechte, sondern um **Anwen-**   728

---

14 Vgl. Sondervotum, BVerfGE 80, 137 (169).
15 Vgl. oben Rdnr. 386 ff.
16 Vgl. oben Rdnr. 530.
17 Vgl. oben Rdnr. 549 ff.
18 Vgl. BVerfGE 22, 180 (219 f.): »Der Staat hat ... nicht die Aufgabe, seine Bürger zu »bessern« und deshalb auch nicht das Recht, ihnen die Freiheit zu entziehen, nur um sie zu »bessern« ...«.
19 Vgl. BVerfGE 80, 137 (153 f.).
20 BVerfGE 6, 32.
21 Nachweise bei *H. Dreier*, in: Dreier (Hrsg.), GG Bd. I, Art. 2 I Rdnr. 30 f.
22 So aber *H. Dreier*, in: Dreier (Hrsg.), GG Bd. I, Art. 2 I Rdnr. 33.

dungsfälle der allgemeinen Handlungsfreiheit, die all jene Freiheitsbetätigungen umfasst, die nicht bereits Schutzgüter spezieller Grundrechte sind. Die Herausbildung von Kategorien kann nur dazu dienen, der unübersehbaren Kasuistik Herr zu werden. Art. 2 Abs. 1 GG bildet dagegen keine Quelle stets neu entstehender, verselbständigter Freiheitsrechte.[23]

729   Eine vollständige Kongruenz zwischen »natürlicher« und grundrechtlich geschützter Handlungsfreiheit ist nicht denkbar, da erstere die Schädigung anderer Grundrechtsträger umfasst und Art. 2 Abs. 1 GG das Recht auf die freie Entfaltung der Persönlichkeit nur gewährleistet, soweit nicht die **Rechte anderer** verletzt werden. Das hiermit verbundene dogmatische Problem, ob der Vorbehalt in Art. 2 Abs. 1 GG den Tatbestand des Grundrechts einengt oder (allein) als Schrankenbestimmung zu verstehen ist[24], stellt sich aufgrund der hier vertretenen Prämissen in verminderter Schärfe. Da Grundrechte nicht als Ermächtigungen oder Erlaubnisse für den Bürger zu bestimmten Betätigungen zu verstehen sind, sondern umgekehrt dem Bürger **Abwehrpositionen** gegenüber dem Staat einräumen[25], ist es folgerichtig ausgeschlossen, dass die allgemeine Handlungsfreiheit überhaupt als »Befugnis« zur Schädigung missdeutet wird. Die hier vorausgesetzte Gewährleistungstechnik der Grundrechte nötigt gleichwohl zu der Frage, ob die Begrenzung des (natürlichen) menschlichen Handlungspotentials, die nach Art. 2 Abs. 1 GG zulässig (und geboten) ist, allein durch das (einfache) Gesetz erfolgen kann oder bereits durch die Verfassung selbst vorgenommen worden ist. Die Antwort muss – je nachdem, um welches Schutzgut es sich handelt – differenziert ausfallen. Handelt es sich um Schutzgüter, die durch das Grundgesetz selbst als »unverletzlich« bezeichnet werden (»Lebensgüter«)[26], so ist die Entscheidung bereits auf der Verfassungsebene getroffen. Sind die Schutzgüter demgegenüber zur **Sozialsphäre** zu rechnen, erfolgt die Abgrenzung zu den »Rechten anderer« erst durch das (einfache) Gesetz.

730   Im Ausgangsfall könnte dem »Reiten im Walde« von vornherein entgegengehalten werden, dass R mit einer solchen Freiheitsbetätigung notwendig in die Rechte *anderer* eingreift, denn der Waldeigentümer kann aufgrund seines (durch Art. 14 Abs. 1 GG geschützten) Privateigentums grundsätzlich andere von der Benutzung des Waldes ausschließen (§ 903 Satz 1 BGB). Da aber auch das Eigentum den Schranken des Gesetzes unterliegt und die Waldgesetze jedermann (auch Reitern) eine begrenzte Benutzung einräumen, schließen die »Rechte anderer« eine Berufung auf Art. 2 Abs. 1 GG nicht von vornherein aus. Der Dieb könnte sich dagegen nicht auf Art. 2 Abs. 1 GG berufen: gegenüber der Entziehung verbleibt es bei einer unverletzlichen »Eigentumssphäre«.

731   Je nach Eigenart der kollidierenden Schutzgüter wirkt die »Schrankentrias« des Art. 2 Abs. 1 GG folglich als **Begrenzung des Grundrechtsinhalts** oder als gesetzlicher Ausformung bedürftige **Grundrechtsschranke**. Der Schrankentrias kommt deshalb eine **Doppelfunktion** zu. Das Bundesverfassungsgericht überspielt das dogmatische Problem dadurch, dass die »Rechte anderer« nicht als selbständige Schranke neben der »verfassungsmäßigen Ordnung« geprüft werden.[27]

---

23 In der einschlägigen Judikatur des Bundesverfassungsgerichts geht es deshalb nicht um ein (Grund-)Recht *auf* Taubenfüttern (E 54, 143), helmloses Motorradfahren (E 59, 275) oder gar ein »Recht auf Rausch« (E 90, 145), sondern übereinstimmend darum, ob das Grundrecht der allgemeinen Handlungsfreiheit dem Taubenfütterungsverbot, der Helmpflicht bzw. der Strafbarkeit des Genusses von Cannabisprodukten *entgegengesetzt* werden kann. Selbst wenn das Bundesverfassungsgericht jeweils Art. 2 Abs. 1 GG als verletzt angesehen hätte, wären hierdurch keine neuen Grundrechte (»Recht auf Rausch«) entstanden; das *Grundrecht* wäre vielmehr unverändert die freie Entfaltung der Persönlichkeit.
24 Vgl. insbesondere *C. Starck*, in: v. Mangoldt / Klein / Starck, GG Bd. 1, Art. 2 Rdnr. 21.
25 Vgl. oben Rdnr. 79.
26 Vgl. oben Rdnr. 73.
27 Vgl. *H. Dreier*, in: Dreier (Hrsg.), GG Bd. I, Art. 2 I Rdnr. 53; *C. Starck*, in: v. Mangoldt / Klein / Starck, GG Bd. 1, Art. 2 Rdnr. 33.

2. Schutzrichtung

Art. 2 Abs. 1 GG gilt als Grundrecht des *status negativus* schlechthin.[28]   732

III. Grundrechtseinschränkungen

1. Schranke der »Rechte anderer«

Die Schranke der »Rechte anderer« enthält das menschenrechtliche Grundprinzip, dass   733
der Schutz der Freiheit dort enden muss, wo die Rechtsgüter anderer beeinträchtigt werden (»*neminem laedere*«).[29] Das **Verbot der Schädigung anderer** und seine Durchsetzung ist
die wichtigste Voraussetzung dafür, dass die Rechtsordnung als Friedensordnung anerkannt wird. Die »**Nichtstörungsschranke**« verhindert den in einer unbeschränkten Freiheitsgewährleistung angelegten logischen Widerspruch, der in einem Schutz *aller* Grundrechtsträger zu *beliebigem* (auch schädigendem) Verhalten läge.

Die »Rechte anderer« sind als durch die Rechtsordnung, insbesondere durch die Grund-   734
rechte **geschützte Rechtsgüter** anzusehen. Wenn eingewandt wird, die Grundrechte gehörten mangels Drittwirkung *nicht* zu den in Art. 2 Abs. 1 GG genannten »Rechten anderer«[30], so wird damit der Rechtsbegriff missverstanden. Die Rechtsordnung schützt den
Einzelnen dagegen, dass seine *Rechtsgüter*, nämlich Leben, Gesundheit, Freiheit und Sachen, die in seinem Eigentum stehen, verletzt werden. Diese Rechtsgüter werden auch
durch *Grundrechte* geschützt, so dass unter den »Rechten anderer« in erster Linie diejenigen Rechtsgüter zu verstehen sind, die das Schutzgut von Grundrechten bilden. Da
auch *Rechte* grundrechtsgeschützt sind – etwa vermögenswerte Rechte durch Art. 14
Abs. 1 Satz 1 GG[31] – bilden auch *diese* Rechte eine Schranke der allgemeinen Handlungsfreiheit.

Im Ausgangsfall könnte sich R zwar grundsätzlich auf Art. 2 Abs. 1 GG berufen, die einschrän-   735
kenden Vorschriften des Landeswaldgesetzes könnten aber durch die »Rechte anderer« – in
Gestalt des Eigentums – eingeschränkt sein. Zu beachten ist, dass sowohl R als auch der Waldeigentümer Adressaten einer gesetzlichen Regelung (nämlich des Landeswaldgesetzes) sind, die
die Grundrechte aus Art. 2 Abs. 1 und 14 Abs. 1 GG im Interesse des jeweils anderen einschränkt.

2. Schranke der »verfassungsmäßigen Ordnung«

Nach Auffassung des Bundesverfassungsgerichts kann unter dem Begriff der verfas-   736
sungsmäßigen Ordnung

»nur die allgemeine Rechtsordnung verstanden werden, die die materiellen und formellen Normen
der Verfassung zu beachten hat, also eine verfassungsmäßige Rechtsordnung sein muß.«[32]

Anders als die wortgleiche Formel in Art. 9 Abs. 2 GG, die sich auf die elementaren Grund-   737
sätze der Verfassung beschränkt[33], umfasst die verfassungsmäßige Ordnung im Sinne des
Art. 2 Abs. 1 GG die Summe aller **formell und materiell verfassungsmäßiger Rechtsnor-**

---

28 So *H. Dreier*, in: Dreier (Hrsg.), GG Bd. I, Art. 2 I Rdnr. 49.
29 Vgl. *C. Starck*, in: v. Mangoldt / Klein / Starck, GG Bd. 1, Art. 2 Rdnr. 33: »Urgestein des Menschen-
   rechtsgedankens.«
30 Vgl. *D. Murswiek*, in: Sachs (Hrsg.), GG, Art. 2 Rdnr. 91.
31 Vgl. oben Rdnr. 681 ff.
32 Vgl. BVerfGE 6, 32 (37 f.); 50, 256 (262); 59, 275 (278); 63, 88 (108 f.); 80, 137 (153); 90, 145 (171 f.) st.
   Rspr.
33 So BVerfGE 6, 32 (38).

men.[34] Die auf den ersten Blick weite Fassung der Schranke in Gestalt eines allgemeinen Rechtsvorbehalts[35] oder einfachen Gesetzesvorbehalts[36] darf nicht darüber hinwegtäuschen, dass *nur formell* und *materiell* verfassungs*mäßige* Rechtsnormen die allgemeine Handlungsfreiheit einzuschränken vermögen. Ein Gesetz oder eine untergesetzliche Rechtsnorm, die formell – etwa wegen Verletzung von Zuständigkeitsvorschriften oder Verfahrensregelungen – der Verfassung widerspricht, gehört folgerichtig nicht zur »verfassungsmäßigen Ordnung«. Hieraus folgt, dass eine **Verfassungsbeschwerde** auch mit der Behauptung erhoben werden kann, der Gesetz- oder sonstige Normgeber habe gegen **Formvorschriften** der Verfassung verstoßen, wodurch die Beschwerdebefugnis erheblich erweitert wird.[37]

738 Im Ausgangsfall könnte R geltend machen, dass die Vorschrift des Landeswaldgesetzes, die ihn auf die Benutzung von Reitwegen beschränkt, gegen die (rahmenrechtliche) Regelung verstößt, nach der das Reiten im Walde (nur) »auf Straßen und Wegen« – also nicht nur auf »Reitwegen« – gestattet ist (§ 14 Abs. 1 Satz 2 BWaldG). Vorausgesetzt, dass die Rechtsansicht des R zutrifft, wäre die entsprechende Vorschrift des Landeswaldgesetzes nach Art. 31 GG nichtig und würde folgerichtig nicht zur verfassungs*mäßigen* Rechtsordnung gehören.[38]

739 Das Fehlen *materieller* Einschränkungsvoraussetzungen wird bei der Schranke des Art. 2 Abs. 1 GG – wie bei anderen »einfachen« Gesetzesvorbehalten[39] – durch das **Verhältnismäßigkeitsprinzip** (Übermaßverbot) ausgeglichen. Das Bundesverfassungsgericht hat hierzu folgende Formel entwickelt:

> »Je mehr ... der gesetzliche Eingriff elementare Äußerungsformen der menschlichen Handlungsfreiheit berührt, umso sorgfältiger müssen die zu seiner Rechtfertigung vorgebrachten Gründe gegen den grundsätzlichen Freiheitsanspruch des Bürgers abgewogen werden. Das bedeutet vor allem, dass die Mittel des Eingriffs zur Erreichung des gesetzgeberischen Ziels geeignet sein müssen und den Einzelnen nicht übermäßig belasten dürfen.«[40]

740 Die Prüfung des Übermaßverbots im Rahmen des Art. 2 Abs. 1 GG entspricht ständiger Rechtsprechungspraxis des Bundesverfassungsgerichts[41] und hat im Schrifttum breite Anerkennung gefunden[42].

741 Im Ausgangsfall hat das Bundesverfassungsgericht geprüft, ob die angegriffene Regelung des Landeswaldgesetzes mit dem Grundsatz der Verhältnismäßigkeit übereinstimmt. Es hat die Zielsetzung für verfassungsmäßig gehalten und überdies die Geeignetheit, Erforderlichkeit und Verhältnismäßigkeit im engeren Sinne bejaht.[43]

742 Dem Verhältnismäßigkeitsgrundsatz als – neben der Gleichheit – zweitem fundamentalen Gerechtigkeitsprinzip wohnt die Tendenz inne, dass Art. 2 Abs. 1 GG zu einem subjektiven **Recht auf Gerechtigkeit** mutiert. Ebenso wie eine ungerechte Entscheidung als »willkürlich« erscheint[44], lässt sie sich als »unangemessen« oder »unverhältnismäßig« kennzeichnen. Diesem dogmatischen Ansatz folgend könnte gegen jedes »unrichtige« Gerichtsurteil Verfassungsbeschwerde mit der Behauptung erhoben werden, es verstoße ge-

---

34 Vgl. *H. Dreier*, in: Dreier (Hrsg.), GG Bd. I, Art. 2 I Rdnr. 54; *C. Starck*, in: v. Mangoldt/Klein/Starck, GG Bd. 1, Art. 2 Rdnr. 25; *D. Murswiek*, in: Sachs (Hrsg.), GG, Art. 2 Rdnr. 89 jeweils m. w. N.

35 Vgl. *H. Dreier*, in: Dreier (Hrsg.), GG Bd. I, Art. 2 I Rdnr. 54.

36 Vgl. *D. Murswiek*, in: Sachs (Hrsg.), GG, Art. 2 Rdnr. 90.

37 Vgl. hierzu *C. Starck*, in: v. Mangoldt/Klein/Starck, GG Bd. 1, Art. 2 Rdnr. 26.

38 Vgl. BVerfGE 80, 137 (153).

39 Vgl. oben Rdnr. 166.

40 So BVerfGE 17, 306 (314).

41 Vgl. BVerfGE 20, 150 (155); 55, 159 (165); 63, 88 (115); 70, 1 (25 f.); 75, 108 (154 f.); 89, 48 (61 f.).

42 Vgl. *H. Dreier*, in: Dreier (Hrsg.), GG Bd. I, Art. 2 I Rdnr. 62; *Jarass/Pieroth*, GG, Art. 2 Rdnr. 21; *P. Kunig*, in: v. Münch/Kunig (Hrsg.), GG Bd. 1, Art. 2 Rdnr. 24; *C. Starck*, in: v. Mangoldt/Klein/Starck, GG Bd. 1, Art. 2 Rdnr. 30 f.

43 Vgl. BVerfGE 80, 137 (159 ff.).

44 Vgl. BVerfGE 3, 58 (135 f.); 42, 64 (72 f.); 71, 255 (271).

gen Art. 2 Abs. 1 GG.[45] Hierdurch würde das Bundesverfassungsgericht die Funktion eines **Superrevisionsgerichts** übernehmen, die ihm nach der eigenen Rechtsprechung nicht zukommen soll.[46]

3.   Die Schranke des »Sittengesetzes«

Das »**Sittengesetz**« als metajuristische Kategorie komplettiert die Schrankentrias, *transfor-*   743
miert aber gleichzeitig **außerrechtliche Normen** in die Rechtsordnung.[47] Das »Sittengesetz« ist folglich nicht Kraft eigener Geltung, sondern aufgrund verfassungsrechtlicher
Anerkennung eine **rechtliche Schranke** der allgemeinen Handlungsfreiheit.[48] Aus dem
Umstand, dass das Sittengesetz in der Rechtsprechung des Bundesverfassungsgerichts
bislang keine wesentliche Rolle gespielt hat, lässt sich nicht schließen, dass diese Schranke
obsolet wäre.[49] Indes sollte der bisher einzige Anwendungsfall aus der Judikatur des Bundesverfassungsgerichts – die Strafbarkeit der männlichen Homosexualität[50] – bewusst machen, dass die Anschauungen über den Inhalt des Sittengesetzes stetem Wandel unterle-
gen sind.

IV.   Grundrechtskonkurrenzen

Art. 2 Abs. 1 GG steht als allgemeine Handlungsfreiheit zu den speziellen Freiheitsrechten   744
im Verhältnis der **Subsidiarität**.[51] Dies gilt allerdings nur, soweit Art. 2 Abs. 1 GG die **allgemeine Handlungsfreiheit** zu entnehmen ist, nicht für das diesem Grundrecht ebenfalls
zugeordnete **Recht auf informationelle Selbstbestimmung** sowie das **allgemeine Persönlichkeitsrecht**.[52] Soweit nach diesen Grundsätzen spezielle Freiheitsrechte Art. 2
Abs. 1 GG vorgehen, kommt es nicht mehr auf die Frage an, ob sie im Einzelfall auch *verletzt* sind. Soweit andere Grundrechte thematisch einschlägig sind, bleibt für die Prüfung
der allgemeinen Handlungsfreiheit auch dann kein Raum, wenn Verletzungen anderer
Grundrechte nicht feststellbar sind.[53]

V.   Rechtsprechung

**BVerfGE 6, 32 (Elfes); E 10, 89 (Erftverband); E 20, 150 (Sammlungsgesetz); E 38, 281 (Ar-   745
beitnehmerkammern); E 54, 143 (Taubenfütterungsverbot); E 55, 159 (Falknerjagdschein);
E 75, 108 (Künstlersozialversicherung); E 78, 232 (Altershilfe der Landwirte); E 80, 137 (Reiten im Walde); E 89, 214 (Bürgschaftsvertrag); E 90, 145 (Cannabis); E 92, 191 (Verweigerte**

---

45   Vgl. BVerfGE 89, 214 (232 f.), wo in der Sache gerügt wurde, dass der BGH in der angegriffenen
     Entscheidung §§ 138, 242 BGB fehlerhaft angewandt hat.
46   Vgl. *K. Schlaich/S. Korioth*, Das Bundesverfassungsgericht (6. Aufl. 2004), Rdnr. 274 ff. Vgl. auch
     BVerfGE 35, 311 (316): »Rechtswidrigkeit und Verfassungswidrigkeit einer Maßnahme fallen nicht
     notwendigerweise zusammen.«
47   Vgl. *C. Starck*, in: v. Mangoldt/Klein/Starck, GG Bd. 1, Art. 2 Rdnr. 36 f.
48   Vgl. BVerfGE 6, 389 (434).
49   Vgl. *H. Dreier*, in: Dreier (Hrsg.), GG Bd. I, Art. 2 I Rdnr. 60 m. w. N.; *C. Starck*, in: v. Mangoldt/
     Klein/Starck, GG Bd. 1, Art. 2 Rdnr. 41.
50   BVerfGE 6, 389 (434): »Gleichgeschlechtliche Betätigung verstößt eindeutig gegen das Sittenge-
     setz.«
51   Seit BVerfGE 6, 32 (36 f.) st. Rspr.; vgl. auch *H. Dreier*, in: Dreier (Hrsg.), GG Bd. I, Art. 2 I Rdnr. 93;
     H.-U. Erichsen, in: HdStR VI, § 152 Rdnr. 25 f.; *C. Starck*, in: v. Mangoldt/Klein/Starck, GG Bd. 1,
     Art. 2 Rdnr. 49.
52   So zutreffend *H. Dreier*, in: Dreier (Hrsg.), GG Bd. I, Art. 2 I Rdnr. 94 m. w. N.
53   So zutreffend *H. Dreier*, in: Dreier (Hrsg.), GG Bd. I, Art. 2 I Rdnr. 93 m. w. N.

Personalien); **E** 104, 337 (Ausnahme vom sog. Schächtverbot); **BVerfG**, NJW 2002, S. 2378 (Entziehung der Fahrerlaubnis – Verweigerung eines Drogenscreenings).

VI. Literatur

746   **C. Degenhart**, Die allgemeine Handlungsfreiheit des Art. 2 I GG, JuS 1990, S. 161; **G. Duttge**, Freiheit oder allgemeine Handlungsfreiheit?, NJW 1997, S. 3353; **H.-U. Erichsen**, Das Grundrecht aus Art. 2 Abs. 1 GG, Jura 1987, S. 367; **M. Hochhuth**, Lückenloser Freiheitsschutz und die Widersprüche des Art. 2 Abs. 1 GG, JZ 2002, S. 743; **H. Kube**, Die Elfes-Konstruktion, JuS 2003, S. 111; **P. Kunig**, Der Reiter im Walde (BVerfGE 80, 137), Jura 1990, S. 523; **J. Lege**, Die allgemeine Handlungsfreiheit gemäß Art. 2 I GG, Jura 2002, S. 753; **D. Merten**, Das Recht auf freie Entfaltung der Persönlichkeit. Art. 2 I GG in der Entwicklung, JuS 1976, S. 345; **B. Pieroth**, Der Wert der Auffangfunktion des Art. 2 Abs. 1 GG. Zu einem bundesverfassungsgerichtsinternen Streit um die allgemeine Handlungsfreiheit, AöR 115 (1990), S. 33; **K. Rennert**, Das Reiten im Wald – Bemerkungen zu Art. 2 I GG, NJW 1989, S. 3261; **R. Scholz**, Das Grundrecht der freien Entfaltung der Persönlichkeit in der Rechtsprechung des Bundesverfassungsgerichts, AöR 100 (1975), S. 80, 265; **C. Starck**, Das »Sittengesetz« als Schranke der freien Entfaltung der Persönlichkeit, in: Festschrift für W. Geiger (1974), S. 259.

§ 19 Allgemeiner Gleichheitssatz und spezielle Gleichheitsrechte

I. Der allgemeine Gleichheitssatz (Art. 3 Abs. 1 GG)

Fall 48:

Durch § 10 Nr. 1 des Vermögensteuergesetzes (VStG) wurde das steuerpflichtige Vermögen mit einem einheitlichen Steuersatz von 0,5% (im Jahr) besteuert. Die Bewertung des Vermögens erfolgte nach den Vorschriften des Bewertungsgesetzes, das für inländischen Grundbesitz an den Einheitswert anknüpft (§ 19 Abs. 1 Nr. 1 BewG). Die Einheitswerte sind letztmalig 1964 festgestellt worden bzw. werden auf dieses Jahr zurückgerechnet. Gemäß § 121 a BewG geht der Grundbesitz mit 140% seines Einheitswerts in die Summe des Gesamtvermögens ein. Andere Vermögensbestandteile wurden demgegenüber zu ihrem Kurs- (Wertpapiere) oder Nennwert (Kapitalforderungen) berücksichtigt (§§ 11 ff. BewG). Ein Finanzgericht hielt die aufgrund der Bewertungsvorschriften eintretende unterschiedliche Belastung von Grund- und anderem Vermögen für verfassungswidrig und legte die Sache dem Bundesverfassungsgericht nach Art. 100 Abs. 1 GG vor.

(BVerfGE 93, 121)

Der Wortlaut des allgemeinen Gleichheitssatzes – »**Alle Menschen sind vor dem Gesetz gleich.**« – besticht auf den ersten Blick durch sein ethisches Pathos, verwirrt aber auf den zweiten durch die in ihm angelegten Widersprüche. Die indikative Fassung des Satzes könnte zu der Fehlannahme verleiten, dass Art. 3 Abs. 1 GG einen *Zustand* der Gleichheit *beschreibt*. Im Gegensatz hierzu steht die ständige Erfahrung, dass sich Menschen voneinander in vielfacher Hinsicht unterscheiden.[1] Selbst wenn man den Wortlaut des Gleichheitssatzes – seiner normativen Eigenart entsprechend – in der Weise variieren würde, dass alle Menschen vor dem Gesetz gleich sein *sollen*, so werden hierdurch mehr Fragen aufgeworfen als gelöst. Zum einen nämlich ist unklar, was unter dem »Gesetz« zu verstehen ist, zum anderen bleibt zweifelhaft, ob eine **Rechtsgleichheit aller Menschen** im strikten Sinne überhaupt gemeint sein kann.

Angesichts der im Wortlaut angelegten Aporien gilt es festzuhalten, dass es sich bei der »**Gleichheit vor dem Gesetz**« um eine bis in die französische Revolution zurückreichende, traditionelle Formel handelt, die Eingang in die deutschen Verfassungen gefunden hat.[2] Sie wendet sich ihrem Ursprung nach gegen die ständische Gliederung des Staates und zielte auf politische Gleichberechtigung sowie sozialökonomische Gleichheit.[3] Art. 3 Abs. 1 GG enthält demgegenüber **keinen Verfassungsauftrag zur Herstellung tatsächlicher Gleichheit** unter den Menschen. Abgesehen davon, dass es hierfür in der Entstehungsgeschichte des Grundgesetzes keine Anhaltspunkte gibt, müsste ein solches Verständnis des Gleichheitssatzes notwendig mit anderen Grundrechten kollidieren. Wenn die Verfassung neben dem allgemeinen Gleichheitssatz die allgemeine Handlungsfreiheit, die Berufsfreiheit und das Eigentum gewährleistet, so liegt hierin zugleich die Anerkennung **faktischer Ungleichheit**.[4] Deshalb besteht verfassungsrechtlich auch **kein Spannungsverhältnis** zwischen Freiheit und Gleichheit, das der Gesetzgeber erst auflösen müsste. Der **natürlichen Freiheit**, die durch die Grundrechte segmentiert und in Grenzen gewährleistet wird, steht eine **natürliche Ungleichheit** gegenüber, die zu beseitigen keine Aufgabe eines freiheitlich-demokratischen Staates sein kann.[5] Soweit derartige Utopien

747

748

749

---

1 Vgl. hierzu *P. Kirchhof*, Die Verschiedenheit der Menschen und die Gleichheit vor dem Gesetz, S. 7 f.

2 Vgl. hierzu *C. Starck*, in: v. Mangoldt / Klein / Starck, GG Bd. 1, Art. 3 Rdnr. 1 m. w. N.

3 Vgl. *W. Heun*, in: Dreier (Hrsg.), GG Bd. I, Art. 3 Rdnr. 4.

4 Vgl. hierzu eingehend *C. Starck*, in: v. Mangoldt / Klein / Starck, GG Bd. 1, Art. 3 Rdnr. 4.

5 Ähnlich *C. Starck*, in: v. Mangoldt / Klein / Starck, GG Bd. 1, Art. 3 Rdnr. 4: »Faktische Gleichheit der Menschen ist eine Utopie, die vernünftigerweise nicht Ziel einer Staatsverfassung sein kann.«

zum politischen Programm erhoben worden sind, haben sie stets neue Arten von Ungleichheit hervorgerufen. Den vielen (faktisch) Gleichgemachten stand (und steht) stets eine Schicht derer gegenüber, die »gleicher« waren (sind) als die anderen.[6]

750   Egalitäre politische Bewegungen werden durch die Verfassung jedoch nicht ausgeschlossen. Ebenso wenig wie sich aus dem Grundrechtsteil ein sozialistisches Programm deduzieren lässt, gilt dies für stärker konservativ oder wirtschaftsliberal akzentuierte Richtungen. Die Freiheitsrechte lassen grundsätzlich ein Mehr oder Weniger an Einschränkungen zu. Bewegungen in die eine oder die andere Richtung sind jedoch nicht durch die Verfassung vorgegeben, so dass sich das Werben um Wählerstimmen und die Umsetzung im politischen Prozess erübrigen würde. Denn dies will bei jeglicher Berufung auf die Verfassung berücksichtigt sein: vorgegeben sind **Freiheit** und **Ungleichheit**, nicht **Gleichheit** und **Unfreiheit**.

1.   Grundrechtsträger

751   Art. 3 Abs. 1 GG ist ein **Menschenrecht**, beschränkt sich – im Gegensatz zu den verfassungsgeschichtlichen Vorläufern (§ 137 Abs. 3 PV; Art. 4 PrVerfUrk; Art. 109 Abs. 1 WRV) – also nicht auf deutsche Staatsangehörige. Gleichwohl wäre die Annahme unzutreffend, ausländische Staatsangehörige hätten die gleichen Rechte wie Deutsche. Abgesehen davon, dass eine Reihe von **Grundrechten** nur deutschen Staatsangehörigen zusteht, sind auch im Übrigen Differenzierungen zwischen deutschen und ausländischen Staatsangehörigen nicht ausgeschlossen.[7] Dies aber ist keine Frage der Grundrechtsträgerschaft, sondern der Differenzierung im einzelnen Fall.

752   Auch **inländische juristische Personen** sind Träger des Grundrechts aus Art. 3 Abs. 1 GG, weil der allgemeine Gleichheitssatz seinem Wesen nach auf sie anwendbar ist (Art. 19 Abs. 3 GG). Juristische Personen des **öffentlichen Rechts** sind demgegenüber nicht grundrechtsberechtigt und können sich deshalb auf den allgemeinen Gleichheitssatz nicht berufen.[8] Hiervon zu unterscheiden ist das auch zwischen Verwaltungsträgern geltende, aus dem Rechtsstaatsprinzip abzuleitende (objektive) **Willkürverbot**, das jedoch nicht den Charakter eines subjektiven Rechts hat.[9]

2.   Grundrechtsinhalt

753   Schutzgut des Art. 3 Abs. 1 GG ist die **Rechtsgleichheit**, nicht lediglich die Rechtsanwendungsgleichheit, auch nicht die – nur als Utopie vorstellbare – **tatsächliche Gleichheit** der Menschen. Im Gegensatz zu den Spezialfreiheitsrechten kann von einem (gegenständlichen) »Schutzbereich« nicht die Rede sein, denn der allgemeine Gleichheitssatz ist nicht auf einen bestimmten Sachbereich beschränkt. Die **ubiquitäre Geltung** schließt indes nicht aus, dass bereichsspezifische Anforderungen an Differenzierungen zu stellen sind.[10] Dies aber betrifft die Rechtfertigungs-, nicht die Tatbestandsebene.

754   Der allgemeine Gleichheitssatz erschließt sich dem Verständnis nur, wenn berücksichtigt wird, dass Gleichheit nicht Identität, sondern **Vergleichbarkeit** bedeutet.[11] Im Gegensatz

---

6 Vgl. die klassische Formulierung in der Parabel von *George Orwell*, Animal Farm (1951), S. 114: »All animals are equal, but some animals are more equal than others.«
7 Vgl. unten Rdnr. 778.
8 Vgl. *L. Osterloh*, in: Sachs (Hrsg.), GG, Art. 3 Rdnr. 73 f.
9 Nachweise bei *L. Osterloh*, in: Sachs (Hrsg.), GG, Art. 3 Rdnr. 74.
10 Vgl. BVerfGE 6, 84 (91); 75, 108 (157) st. Rspr.
11 Vgl. *W. Heun*, in: Dreier (Hrsg.), GG Bd. I, Art. 3 Rdnr. 18; *L. Osterloh*, in: Sachs (Hrsg.), GG, Art. 3 Rdnr. 1 jeweils m. w. N.

zu den bislang behandelten Grundrechten, bei denen der Grundrechtsträger dem Grundrechtsadressaten gegenübertrat und – je nach Schutzrichtung – Einwirkungen abwehrte oder Leistungen beanspruchte, ist für den Anwendungsbereich des allgemeinen Gleichheitssatzes stets ein **tripolares Verhältnis** zwischen **Grundrechtsträger, Grundrechtsadressaten** und einem **Dritten** kennzeichnend. Die Beschwer des Grundrechtsträgers liegt – im Gegensatz zu allen anderen Grundrechten – nicht im **Übermaß**, sondern in der **Gleichheitswidrigkeit** der Einwirkung. Der Grundrechtsberechtigte macht also nicht geltend, in seiner (z. B. Meinungs-, Versammlungs-, Berufs- oder Eigentums-)Freiheit übermäßig beeinträchtigt worden zu sein, weil es an den verfassungsrechtlichen Voraussetzungen für diese Einschränkung fehlte; die Berufung auf Art. 3 Abs. 1 GG setzt stets den **Bezug zu einem Dritten** voraus. Schematisch lässt sich die Struktur des Gleichheitssatzes als Dreieck darstellen, das je nachdem, ob der Grundrechtsträger eine gleichheitswidrige Belastung abwehren will

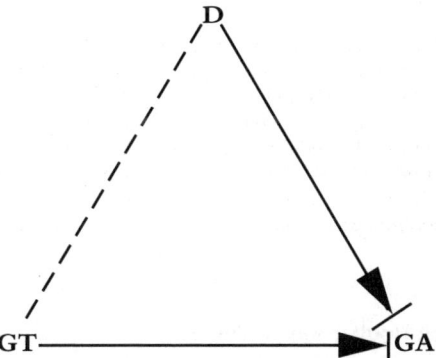

oder eine gleichheitswidrig verweigerte Leistung begehrt,

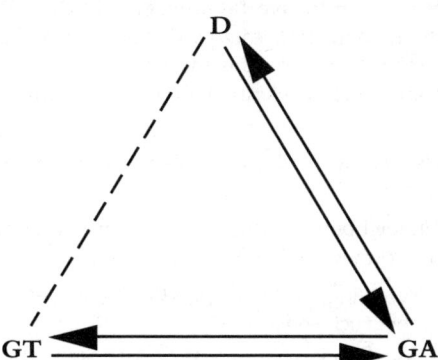

unterschiedlich ausfallen muss.

Der »Dritte« braucht keine real vorhandene Person zu sein. Es handelt sich vielmehr um   **755** Personen, Gruppen oder Sachverhalte, deren Ungleichbehandlung sich aus dem Gesetz und seiner Anwendung ergibt.[12] Der in Bezug genommene Dritte bildet zusammen mit dem Grundrechtsträger ein **Vergleichspaar**, das in einzelnen Merkmalen übereinstimmt, in anderen dagegen Unterschiede aufweist. Würde ein Vergleichspaar in allen Merkmalen übereinstimmen, wäre es nicht vergleichbar, sondern *identisch*. Würden **identische**

---

12 Vgl. *W. Heun*, in: Dreier (Hrsg.), GG Bd. I, Art. 3 Rdnr. 23.

Sachverhalte rechtlich unterschiedlich behandelt werden, so wäre der benachteiligte Grundrechtsträger evident in seinem Grundrecht aus Art. 3 Abs. 1 GG verletzt, weil die unterschiedliche Behandlung identischer Sachverhalte nicht gerechtfertigt werden kann.

756 Würde im Ausgangsfall ein (fiktiver) Steuerpflichtiger A bei exakt gleichem (Grund- und anderem) Vermögen höher besteuert als ein fiktiver Steuerpflichtiger B, so wäre die Ungleichbehandlung *evident* und könnte – weil auf einem Berechnungsfehler beruhend – allenfalls *korrigiert*, nicht aber am Maßstab des Art. 3 Abs. 1 GG *gerechtfertigt* werden.

757 Die Schwierigkeit bei der Anwendung des Gleichheitssatzes liegt regelmäßig darin, dass das Vergleichspaar gemeinsame Merkmale aufweist, sich in anderer Hinsicht aber unterscheidet. Die verfassungsrechtliche Frage lautet deshalb jeweils, ob trotz der **Vergleichbarkeit** eine **Ungleichbehandlung** zu rechtfertigen ist oder ob umgekehrt – wenn sich das Vergleichspaar erheblich unterscheidet – trotz der **Unvergleichbarkeit** eine **gleiche Behandlung** gerechtfertigt werden kann.

758 Im Ausgangsfall würde bei einem (fiktiven) Steuerpflichtigen A ein Bankguthaben in Höhe von 250 000 Euro bei der Veranlagung zur Vermögensteuer zum Nennwert berücksichtigt werden. Ein Haus, das ebenfalls einen (Verkehrs-)Wert von 250 000 Euro hat, dessen Einheitswert aber nur bei 100 000 Euro liegt, würde mit 140 000 Euro (140% des Einheitswerts) berücksichtigt werden (§ 121 a BewG). Die Gemeinsamkeit beider Sachverhalte liegt darin, dass es sich jeweils um Vermögen im Wert von 250 000 Euro handelt, die vom Steuerrecht hieran geknüpften Rechtsfolgen sind indes unterschiedlich. Die entscheidende Frage lautet deshalb, ob die trotz der Vergleichbarkeit des Vergleichspaares verbleibenden Unterschiede eine unterschiedliche *rechtliche* Behandlung zu rechtfertigen vermögen.

3. Rechtfertigung von Ungleichbehandlungen

a) Willkürverbot und »neue Formel«

759 Die Formel, anhand derer das Bundesverfassungsgericht die Übereinstimmung von Gesetzen mit dem allgemeinen Gleichheitssatz prüft, hat sich im Laufe der Zeit gewandelt. In seiner älteren Judikatur interpretierte das Bundesverfassungsgericht Art. 3 Abs. 1 GG als »**Willkürverbot**«, entnahm dem Gleichheitssatz also das an den Gesetzgeber gerichtete Verbot,

»wesentlich Gleiches willkürlich ungleich, noch wesentlich Ungleiches willkürlich gleich (zu) behandeln ...«.[13]

760 »Willkürlich« sollte eine Gleichbehandlung von wesentlich Ungleichem und umgekehrt eine Ungleichbehandlung von wesentlich Gleichem sein,

»wenn sich für sie ... keine vernünftigen Erwägungen finden lassen, die sich aus der Natur der Sache ergeben oder sonstwie einleuchtend sind.«[14]

761 Nach der so genannten »**neuen Formel**« des Bundesverfassungsgerichts ist das Gleichheitsgebot verletzt,

»wenn eine Gruppe von Normadressaten im Vergleich zu anderen Normadressaten anders behandelt wird, obwohl zwischen beiden Gruppen keine Unterschiede von solcher Art und solchem Gewicht bestehen, daß sie die ungleiche Behandlung rechtfertigen könnten.«[15]

762 Der Unterschied zwischen beiden Formeln sollte nicht überbewertet werden, weil auch die ältere Willkürformel zur Suche nach sachlichen (sachgerechten) und damit rationalen

---

13 So BVerfGE 4, 144 (155) st. Rspr.
14 So BVerfGE 10, 234 (246).
15 So BVerfGE 55, 72 (88).

Gründen für die Differenzierung zwang.[16] Gleichwohl ist der Akzent verschieden: Während nach der älteren Formel alle nicht-willkürlichen Erwägungen eine Ungleichbehandlung zu rechtfertigen vermochten, fordert die »neue Formel« ausdrücklich eine **Abwägung**.[17] Wichtiger als der Unterschied zwischen Willkürformel und »neuer Formel« ist deren Gemeinsamkeit, den Gesetzgeber (und andere Grundrechtsadressaten) zur **Rechtfertigung von Regelungen** zu zwingen, die auf den ersten Blick nicht zu überzeugen vermögen. Dies bedeutet eine **Rationalitätsgarantie für gesetzgeberisches Handeln**, die nicht unterschätzt werden darf.[18]

Die Formeln weisen zwar in die Richtung sachgerechter und gewichtiger **Unterscheidungsmerkmale** (Differenzierungskriterien); diese aber müssen bei der Fallbearbeitung aufgespürt und entsprechend gewichtet werden. Hierzu bedarf es eines gewissen Maßes an juristischer Phantasie, häufig auch profunder Kenntnisse des geregelten Gegenstands.[19] Überdies reicht es nicht aus, Differenzierungskriterien nur zu »finden«, sie müssen nach Auffassung des Bundesverfassungsgerichts gegebenenfalls auch vom Gesetzgeber erkannt und in ihrer Wirkungsweise gewollt sein. — 763

> Im Ausgangsfall beruht die unterschiedliche Bewertung darauf, dass es sich einerseits um Grund-, andererseits um Kapitalvermögen handelt. Da der Gesetzgeber mit einer Steuer auch Lenkungszwecke verfolgt, wäre es denkbar, dass auf diese Weise der Grundbesitz steuerlich privilegiert werden soll (wie er etwa durch Bausparprämien gefördert wird). Das Bundesverfassungsgericht hat diese Frage geprüft und verneint, weil es eine erkennbare Entscheidung des Gesetzgebers zur steuerlichen Privilegierung des Grundbesitzes nicht gegeben habe.[20] — 764

Namentlich im Steuerrecht, in dem der Gleichheitssatz in Gestalt des Grundsatzes der **Steuergerechtigkeit**[21] eine beherrschende Rolle spielt, handelt es sich häufig um hochkomplexe Zusammenhänge.[22] Die Leistungsfähigkeit ist als Maßstab der Besteuerung zwar allgemein anerkannt[23], bedarf aber ihrerseits der Konkretisierung.[24] — 765

> Die Eigenart des gegenwärtig geltenden Einkommensteuertarifs besteht darin, das zu versteuernde Einkommen in eine Vielzahl von »Scheiben« aufzuspalten und diese dann jeweils mit einem bestimmten Betrag zu belasten. Auf diese Weise werden alle Einkommen oberhalb des Grundfreibetrags in der jeweiligen »Scheibe« exakt gleich besteuert. Erst wenn man die gesamte Steuerschuld mit dem Betrag des zu versteuernden Einkommens vergleicht, ergibt sich ein unterschiedlicher Prozentsatz, der – wegen der Steuerprogression – überdies nicht proportional, sondern linear progressiv zunimmt. Da hierdurch ein im Wesentlichen gleicher Sachverhalt (die Erzielung von Einkünften) unterschiedlich behandelt – nämlich einem steigenden Steuersatz unterworfen – wird, bedarf die Steuerprogression einer besonderen Rechtfertigung. Hierbei wird auf die Theorie des »Grenznutzens« zurückgegriffen, nach der steigendes Einkommen nicht mehr (allein) der Bedürfnisbefriedigung (sondern der Bildung von Kapital) dient.[25] — 766

---

16 Vgl. *C. Starck*, in: v. Mangoldt/Klein/Starck, GG Bd. 1, Art. 3 Rdnr. 10 m. w. N.
17 Vgl. *W. Heun*, in: Dreier (Hrsg.), GG Bd. I, Art. 3 Rdnr. 21; *L. Osterloh*, in: Sachs (Hrsg.), GG, Art. 3 Rdnr. 13 ff.; auch *M. Sachs*, JuS 1997, S. 124 ff.
18 Vgl. *C. Starck*, in: v. Mangoldt/Klein/Starck, GG Bd. 1, Art. 3 Rdnr. 11.
19 Vgl. BVerfGE 75, 108 (157); 76, 256 (329); 78, 249 (287); 84, 239 (268), wo jeweils von einer »bereichsspezifischen« Anwendung des Gleichheitssatzes die Rede ist.
20 Vgl. BVerfGE 93, 121 (147).
21 Vgl. BVerfGE 6, 55 (70); 66, 214 (223); 74, 182 (199 f.) st.Rspr.
22 Vgl. *W. Heun*, in: Dreier (Hrsg.), GG Bd. I, Art. 3 Rdnr. 74 f.; *C. Starck*, in: v. Mangoldt/Klein/Starck, GG Bd. 1, Art. 3 Rdnr. 84 ff.; *L. Osterloh*, in: Sachs (Hrsg.), GG, Art. 3 Rdnr. 134 ff.
23 Vgl. BVerfGE 89, 346 (352) st.Rspr.
24 Vgl. *D. Birk*, Das Leistungsfähigkeitsprinzip als Maßstab der Steuernormen, S. 155 ff.
25 Vgl. *K. Vogel*, in: D. Grimm (Hrsg.), Einführung in das Öffentliche Recht (1985), S. 257 f.

b) Gleichheitssatz und Übermaßverbot

767 Nach einer neueren Auffassung in der Literatur soll im Rahmen der Prüfung, ob ein hinreichender Grund für eine Ungleichbehandlung vorliegt, der **Grundsatz der Verhältnismäßigkeit** Anwendung finden.[26] Das Differenzierungskriterium soll im Hinblick auf das Differenzierungsziel nur dann zu rechtfertigen sein, wenn es sich als geeignet, erforderlich und angemessen erweist.[27] Mit einer solchen Prüfung werden zwei strikt zu trennende verfassungsrechtliche Maßstäbe vermengt, was letztlich zu einer methodisch nicht mehr kontrollierbaren **Abwägungsdiffusion** führen muss. Zwar zielt die Prüfung am Maßstab des Übermaßverbots ebenso wie die am Maßstab des allgemeinen Gleichheitssatzes darauf ab, ob staatliche Maßnahmen zu *rechtfertigen* sind. Innerhalb dieser Rechtfertigung müssen auch Wertungen, Gewichtungen, letztlich eine Abwägung vorgenommen werden, wie sie für jegliche juristische Entscheidung typisch sind. Im Übrigen aber überwiegen die Unterschiede zwischen beiden Prüfungen.

768 Die Prüfung des allgemeinen Gleichheitssatzes erfordert stets den **Bezug auf einen Dritten** (Person, Sachverhalt, Fall), ist also von vornherein durch ihre **Relativität** gekennzeichnet.[28] Das Übermaßverbot kann demgegenüber in jedem **bipolaren Rechtsverhältnis** – von Staat und Bürger – gerügt werden.

769 Das Übermaßverbot setzt notwendig ein Ziel – einen Zweck – voraus, das mit einem bestimmten Mittel verfolgt wird. Abgesehen von den Stufen der Geeignetheit und Erforderlichkeit handelt es sich also um die Frage, ob der Einsatz des Mittels im Hinblick auf den verfolgten Zweck *angemessen* ist.[29] Zu rechtfertigen ist der Mitteleinsatz dann, wenn er den Betroffenen im Hinblick auf das verfolgte Ziel nicht *übermäßig* beeinträchtigt.

770 Der Zweck der Steuererhebung ist die Erzielung von Einnahmen (§ 3 Abs. 1 AO), die der Erfüllung öffentlicher Aufgaben dienen. Gleichwohl kann die Erhebung von Steuern den Einzelnen übermäßig belasten, insbesondere wenn man unter Rückgriff auf Art. 14 Abs. 2 GG eine Belastungsgrenze bei 50% annimmt.[30]

771 Das Differenzierungs*kriterium* ist aber weder mit dem *Mittel* im Sinne des Übermaßverbots, noch ist das Differenzierungs*ziel* mit dem vom Gesetzgeber verfolgten *Zweck* identisch. Zwar kann der Gesetzgeber mit der unterschiedlichen Behandlung vergleichbarer Sachverhalte ein spezifisches Ziel verfolgt haben, das bei der Prüfung, ob die Differenzierung gerechtfertigt werden kann, zu berücksichtigen ist. Keineswegs aber *muss* der Gesetzgeber ein bestimmtes Differenzierungsziel (erkennbar) verfolgt haben, damit eine Maßnahme am Maßstab des allgemeinen Gleichheitssatzes gerechtfertigt werden kann.

772 Im Ausgangsfall hat das Bundesverfassungsgericht es für erforderlich gehalten, dass eine besondere Lenkungsabsicht hätte in Erscheinung treten müssen.[31] Abgesehen davon, dass der hierauf gerichtete gesetzgeberische»Wille« nach längerem Zeitablauf nicht sicher zu ermitteln ist, dürfte sich dieses Erfordernis auf bestimmte Subventionszwecke beschränken. Mit anderen Worten kann eine Ungleichbehandlung auch durch Erwägungen gerechtfertigt werden, die nicht eigens benannt worden sind, sondern ihr Gewicht – ihre Vernünftigkeit – in sich tragen. In diesem Fall aber kann von einem besonderem »Differenzierungsziel« nicht die Rede sein.

---

26 Nachweise bei *W. Heun*, in: Dreier (Hrsg.), GG Bd. I, Art. 3 Rdnr. 26.
27 Vgl. *Pieroth/Schlink*, Grundrechte, Rdnr. 440.
28 Vgl. oben Rdnr. 754 f.
29 Vgl. oben Rdnr. 169 ff.
30 Vgl. BVerfGE 93, 121 (138).
31 Vgl. BVerfGE 93, 121 (147). Folgerichtig erklärte das Gericht § 10 Nr. 1 VStG für mit Art. 3 Abs. 1 GG unvereinbar. Das Gesetz ist in dieser Form seit dem 1. 1. 1997 nicht mehr anwendbar (BVerfGE 93, 121 (122)).

Ist ein gesetzgeberisches Ziel erkennbar, so könnte sich die Prüfung des Übermaßverbots 773
doch nur auf Belastungen beziehen, für Begünstigungen aber keine zusätzlichen Rationalitätskriterien vermitteln.

> Setzt man im Ausgangsfall voraus, der Gesetzgeber habe ein ausdrückliches Differenzierungsziel – 774
> Förderung des Grundeigentums – erkennen lassen, so würde dies doch nur dafür sprechen, dass
> die steuerliche Ungleichbehandlung auf einer rationalen Entscheidung beruht. Aus der Sicht des
> Gesetzgebers mag die steuerliche Begünstigung zur Erreichung des Ziels auch geeignet, erforder
> lich und angemessen sein; damit aber ist die *Ungleichbehandlung* noch nicht *gerechtfertigt*. Da es sich
> bei der Prüfung des Gleichheitssatzes jeweils um eine *Relation* handelt, stellt sich nach der »neuen
> Formel« die Frage, ob die geltend gemachten Gründe ein solches Gewicht haben, dass sie die Un
> gleichbehandlung zu rechtfertigen vermögen. Die isolierte Eignungs- (Erforderlichkeits-, Ange
> messenheits-)Prüfung reicht hierzu nicht aus. Dies nicht zuletzt ist der Grund, weswegen sich
> die Prüfung des Übermaßverbots nicht selten in einem Zirkelschluss verliert: wird als Differenzie
> rungsziel die Ungleichbehandlung angesehen, die auch Mittel zur Erreichung des Ziels ist, so wird
> letztlich geprüft, ob die Ungleichbehandlung zur Erreichung der Ungleichbehandlung geeignet, er
> forderlich und angemessen ist.

Der tiefere Grund für die Schwierigkeiten, in denen sich jede Verhältnismäßigkeitsprü 775
fung im Rahmen des allgemeinen Gleichheitssatzes verfangen muss[32], ist indes prinzipieller Natur: es handelt sich um zwei **unterschiedliche Kriterien der Gerechtigkeit**.[33] Die
Gleichheit als *formelles* Gerechtigkeitskriterium wird durch Art. 3 Abs. 1 GG gewährleistet,
während die Angemessenheit ein *materielles* Gerechtigkeitskriterium darstellt, das im
Rechtsstaatsprinzip angesiedelt und durch Art. 2 Abs. 1 GG subjektiviert ist. Staatliche
Maßnahmen müssen beiden Gerechtigkeitskriterien genügen und deshalb auf die Übereinstimmung mit beiden Maßstäben – getrennt – geprüft werden. Die Vermischung beider
Gerechtigkeitsmaßstäbe lässt sich im Ergebnis nur als dogmatischer Irrweg bezeichnen.[34]
Letztlich muss die Anwendung des Übermaßverbots im Rahmen des Gleichheitssatzes
notwendig daran scheitern, dass es auf Belastungen, nicht auf Begünstigungen zugeschnitten ist.[35]

c) Differenzierungsverbote (Art. 3 Abs. 3 GG)

> **Fall 49:** 776
> Landkreis Z erhebt aufgrund einer Satzung eine Schankerlaubnissteuer. § 5 der Satzung lautet:
> »Die Steuer beträgt, wenn die Erlaubnis einem Ausländer oder einer Person, die ihren ständigen
> Wohnsitz im Ausland hat, erteilt wird, 400 v. H. der Steuersätze nach § 4, soweit nicht Staatsverträge
> entgegenstehen.« Der türkische Gastwirt G hat eine Schankerlaubnis erhalten, ist aber nur bereit,
> den Steuerbetrag zu zahlen, den deutsche Staatsangehörige zahlen müssen.
>
> (nach BVerwGE 22, 66)

Die Anwendung des allgemeinen Gleichheitssatzes setzt stets ein Vergleichspaar voraus, 777
das Gemeinsamkeiten, aber auch Unterschiede aufweist.[36] Die Unterschiede sind vielfach
offensichtlich: das **Geschlecht**, die **Rasse**, die **Heimat** und **Herkunft** und insbesondere der
Glauben sind Unterscheidungsmerkmale, die als Differenzierungskriterien zur Rechtfertigung von Ungleichbehandlungen herangezogen werden könnten. Art. 3 Abs. 3 GG hat
die äußerst wichtige Funktion, eine Diskussion darüber, ob diese Unterscheidungsmerkmale eine Ungleichbehandlung *rechtfertigen*, von vornherein abzuschneiden. Mit anderen
Worten ist es von Verfassungs wegen verboten, die in Art. 3 Abs. 3 GG genannten – unbezweifelbar vorhandenen – Unterscheidungsmerkmale zur Rechtfertigung einer unterschiedlichen (rechtlichen) Behandlung von Menschen heranzuziehen. Die **Differenzie-**

---

32 Kritisch auch *W. Heun*, in: Dreier (Hrsg.), GG Bd. I, Art. 3 Rdnr. 27.
33 Ähnlich *W. Heun*, in: Dreier (Hrsg.), GG Bd. I, Art. 3 Rdnr. 27.
34 Vgl. hierzu *W. Heun*, in: Dreier (Hrsg.), GG Bd. I, Art. 3 Rdnr. 27; *L. Osterloh*, in: Sachs (Hrsg.), GG,
   Art. 3 Rdnr. 15 ff.
35 Vgl. *L. Osterloh*, in: Sachs (Hrsg.), GG, Art. 3 Rdnr. 15.
36 Vgl. oben Rdnr. 754.

rungsverbote wirken **ambivalent**, verbieten also Benachteiligung und Bevorzugung gleichermaßen.[37] Für Behinderte ist lediglich eine **Benachteiligung** verboten, nicht aber eine Bevorzugung (Art. 3 Abs. 3 Satz 2 GG).

778 Die Differenzierungsverbote wollen genau gelesen sein, insbesondere zielen »Heimat« und »Herkunft« auf eine bestimmte Heimat und Herkunft, nicht etwa auf den Umstand, dass eine ausländische Staatsangehörigkeit vorliegt.[38] Die Differenzierung zwischen Deutschen und ausländischen Staatsangehörigen ist deshalb durch Art. 3 Abs. 3 GG *nicht* verboten. Dies folgt bereits aus der dem Grundrechtsteil zugrunde liegenden Unterscheidung zwischen Menschen- und Bürgerrechten.[39]

779 Im Ausgangsfall könnte sich G nicht darauf berufen, dass der Landkreis mit seiner Satzung gegen Art. 3 Abs. 3 Satz 1 GG verstoßen hat, weil die Differenzierung nicht an eine bestimmte »Heimat oder Herkunft«, sondern an die ausländische Staatsangehörigkeit anknüpft.

780 Allerdings muss eine Differenzierung aufgrund der Staatsangehörigkeit ebenso wie andere Differenzierungen am Maßstab des Art. 3 Abs. 1 GG zu rechtfertigen sein. Die Geltung des Gleichheitssatzes für **alle Menschen** wäre eine hohle Phrase, wenn ausländische Staatsangehörige staatlicher Willkür ausgesetzt werden könnten.

781 Im Ausgangsfall besteht das Vergleichspaar aus einem deutschen und einem ausländischen Inhaber einer Schankerlaubnis (§ 2 Abs. 1 GastG). Sofern der Erlaubnisnehmer nicht die erforderliche Zuverlässigkeit besitzt oder die Räume wegen ihrer Lage, Beschaffenheit oder Ausstattung für den Betrieb nicht geeignet sind, ist die Erlaubnis zu versagen (§ 4 Abs. 1 GastG). Insofern ist fraglich, warum die ausländische Staatsangehörigkeit eine unterschiedlich hohe *Schankerlaubnissteuer* soll rechtfertigen können. Die vom Bundesverwaltungsgericht herangezogenen Differenzierungskriterien (Notwendigkeit stärkerer Überwachung bei Ausländern[40]), verraten nicht nur Vorurteile, sondern sind rechtlich auch deshalb unhaltbar, weil die Schankerlaubnissteuer keine vorweggenommene Gebühr für spätere Inspektionen darstellt, sondern eine Steuer im Sinne des § 3 Abs. 1 AO ist, die der Erzielung von Einnahmen dient.

II. Spezielle Gleichheitsrechte

1. Gleichberechtigung von Mann und Frau (Art. 3 Abs. 2 GG)

782 **Fall 50:**
Weil sie Arbeiterinnen um Mitternacht beschäftigt hatte, wurde gegen die Prokuristin einer Backwarenfabrik ein Bußgeld in Höhe von 500 Euro verhängt. Nach § 19 Abs. 1 der Arbeitszeitordnung (AZO) vom 30. April 1938 (RGBl. I, S. 447) dürfen Arbeiterinnen nicht in der Nachtzeit von 20.00 bis 6.00 Uhr und an Tagen vor Sonn- und Feiertagen nicht nach 17.00 Uhr beschäftigt werden. Nach § 25 Abs. 1 AZO handelt ordnungswidrig, wer dem Nachtarbeitsverbot zuwiderhandelt. Für Arbeiter und weibliche Angestellte gibt es keine entsprechenden Verbotsvorschriften.

(BVerfGE 85, 191)

783 Der in den bürgerlichen Revolutionen des 18. und 19. Jahrhunderts durchgesetzte **Grundsatz der Rechtsgleichheit** schloss keineswegs die **Gleichberechtigung der Geschlechter** ein, sondern ging mehr als ein Jahrhundert einher mit der rechtlichen Diskriminierung der Frauen.[41]

---

37 Vgl. *W. Heun*, in: Dreier (Hrsg.), GG Bd. I, Art. 3 Rdnr. 118 m. w. N.
38 Vgl. BVerfGE 51, 1 (30); *C. Starck*, in: v. Mangoldt / Klein / Starck, GG Bd. 1, Art. 3 Rdnr. 379 m. w. N.
39 Vgl. oben Rdnr. 50 f.
40 Vgl. BVerwGE 22, 66 (71 f.).
41 Vgl. § 137 Abs. 3 PV; Art. 4 Satz 1 PrVerfUrk; noch Art. 109 Abs. 2 WRV beschränkte sich auf die Bestimmung, daß »Männer und Frauen . . . grundsätzlich dieselben staatsbürgerlichen Rechte und Pflichten« haben.

Die indikative Fassung des Art. 3 Abs. 2 Satz 1 GG – »Männer und Frauen *sind* gleich- 784
berechtigt.« – lässt nicht sogleich erkennen, dass es dem historischen Verfassungsgeber
in erster Linie darum gehen musste, die Gleichberechtigung der Geschlechter zu *schaffen*.
Zum Zeitpunkt des Inkrafttretens des Grundgesetzes waren die Frauen *nicht* gleichberechtigt, was zur Nichtigkeit einer Vielzahl von Vorschriften des Bürgerlichen
Rechts hätte führen müssen. Der Verfassungsgeber behalf sich mit einer Übergangs-
vorschrift (Art. 117 Abs. 1 GG), die die Geltung des Art. 3 Abs. 2 GG entgegenstehenden Rechts bis zu seiner Anpassung an diese Bestimmung des Grundgesetzes, jedoch
nicht länger als bis zum 31. März 1953, verlängerte. Da eine Anpassung zunächst unter-
blieb, traten gemäß Art. 117 Abs. 1 GG die dem Gleichberechtigungssatz entgegenstehenden Vorschriften des bürgerlichen Rechts außer Kraft.[42] Das Bundesverfassungsgericht hat den Versuch, die Durchsetzung des Gleichberechtigungssatzes unter Berufung auf »verfassungswidriges Verfassungsrecht« zu verhindern, zu Recht zurückgewiesen.[43]

a)   Grundrechtsträger

Träger des Grundrechts aus Art. 3 Abs. 2 Satz 1 GG sind nach dem Wortlaut gleicherma- 785
ßen Frauen und Männer.[44] Übereinstimmend hiermit hat das Bundesverfassungsgericht
in seiner älteren Judikatur rechtliche Regelungen zuungunsten von Männern stets am
Gleichberechtigungssatz gemessen.[45] Da das Geschlecht ein Merkmal ausschließlich **natürlicher Personen** bildet, ist die Grundrechtsträgerschaft **juristischer Personen** – auch
wenn sie sich nur aus Angehörigen eines Geschlechts zusammensetzen und deren Ziele
verfolgen – ausgeschlossen.[46]

---

42 Vgl. BVerfGE 3, 225 (LS 4, 5).
43 Das OLG Frankfurt hielt in einem Vorlagebeschluss Art. 117 Abs. 1 GG insoweit für nichtig, als er
    das bürgerliche Recht auf den Gebieten von Ehe und Familie mit Ablauf des 31. März 1953 außer
    Kraft setzte. Das Bundesverfassungsgericht hat demgegenüber die Rechtsnormqualität des Art. 3
    Abs. 2 GG ebenso bestätigt wie die Geltung des Art. 117 Abs. 1 GG (BVerfGE 3, 225 (239 ff.)). Dass
    es in diesem Verfahren nicht allein um die Möglichkeit der »Lückenfüllung«, sondern um fun-
    damentale weltanschauliche Differenzen ging, zeigt das den Vorlagebeschluss begleitende Gut-
    achten des Bundesgerichtshofs, das auszugsweise zitiert sei: »Die Familie ist nach der Schöp-
    fungsordnung eine streng ihrer eigenen Ordnung folgende Einheit; Mann und Frau sind »ein
    Fleisch«. An diesen Urtatbestand (außerhalb des ehewirtschaftlichen Bereichs) Rechtsformen ge-
    sellschaftlicher Art herantragen zu wollen, ist widersinnig. Innerhalb der strengen Einheit der
    Familie sind Stellung und Aufgabe von Mann und Frau durchaus verschieden. Der Mann zeugt
    die Kinder; die Frau empfängt, gebiert und nährt sie und zieht die Unmündigen auf. Der Mann
    sichert, vorwiegend nach außen gewandt, Bestand, Entwicklung und Zukunft der Familie. Er
    vertritt sie nach außen; in diesem Sinne ist er ihr »Haupt«. Die Frau widmet sich, vorwiegend
    nach innen gewandt, der inneren Ordnung und dem inneren Aufbau der Familie. An dieser fun-
    damentalen Verschiedenheit kann das Recht nicht doktrinär vorübergehen, wenn es nach der
    Gleichberechtigung der Geschlechter in der Ordnung der Familie fragt« (BGHZ 11, Anh. S. 36
    (65)).
44 Vgl. *W. Heun*, in: Dreier (Hrsg.), GG Bd. I, Art. 3 Rdnr. 106; *C. Starck*, in: v. Mangoldt / Klein / Starck,
    GG Bd. 1, Art. 3 Rdnr. 307.
45 Vgl. BVerfGE 31, 1 (4): »Mit dieser Regelung hat der Gesetzgeber gegen Art. 3 Abs. 2 GG verstoßen,
    der nicht nur die Frau vor einer Benachteiligung gegenüber dem Mann schützt.«; vgl. auch
    BVerfGE 52, 369 (Hausarbeitstag); anders BVerfGE 92, 91 (Feuerwehrabgabe).
46 Vgl. *C. Starck*, in: v. Mangoldt / Klein / Starck, GG Bd. 1, Art. 3 Rdnr. 308; *L. Osterloh*, in: Sachs
    (Hrsg.), GG, Art. 3 Rdnr. 269.

b) Grundrechtsinhalt

786 Art. 3 Abs. 2 Satz 1 GG enthält ein **absolutes Differenzierungsverbot**, das Ungleichbehandlungen, die mit dem Geschlecht begründet werden, verbietet.[47] Das Bundesverfassungsgericht hat zu Art. 3 Abs. 2 GG ausgeführt:

> »Der darin enthaltene Gleichberechtigungsgrundsatz entspricht dem in Absatz 3 geregelten Diskriminierungsverbot, wonach niemand wegen seines Geschlechts benachteiligt oder bevorzugt werden darf. Er ist in der Rechtsprechung strikt angewendet worden, namentlich dort, wo es sich um Benachteiligungen von Frauen handelte; zum Abbau dieser Benachteiligungen sollte das Grundrecht bevorzugt dienen. Eine Differenzierung nach dem Geschlecht ist danach nur ausnahmsweise zulässig, wenn im Hinblick auf die objektiven biologischen oder funktionalen (arbeitsteiligen) Unterschiede nach der Natur des jeweiligen Lebensverhältnisses eine besondere Regelung erlaubt oder sogar geboten ist (. . .).«[48]

787 Art. 3 Abs. 2 Satz 1 GG ist im Verhältnis zum allgemeinen Gleichheitssatz, der grundsätzlich Differenzierungen zulässt, das speziellere Grundrecht.[49]

> Im Ausgangsfall wäre deshalb das Verbot der Nachtarbeit für Arbeiterinnen (im Verhältnis zu Arbeitern) am Maßstab des Art. 3 Abs. 2 Satz 1 GG zu prüfen und insbesondere zu untersuchen, ob eine Differenzierung nach dem Geschlecht ausnahmsweise »im Hinblick auf die objektiven biologischen oder funktionalen (arbeitsteiligen) Unterschiede nach der Natur des jeweiligen Lebensverhältnisses« zulässig ist. Hierbei könnte eine Rolle spielen, ob die Frauen durch Nachtarbeit größeren gesundheitlichen Risiken ausgesetzt sind als Männer bzw. aus anderen Gründen schutzbedürftig sind.[50]

788 Das Bundesverfassungsgericht hat in seiner neueren Rechtsprechung das **Verbot der Differenzierung** wegen des Geschlechts **Art. 3 Abs. 3 GG** zugeordnet und Art. 3 Abs. 2 Satz 1 GG einen darüber hinausgehenden Gehalt zugemessen:

> »Der über das Diskriminierungsverbot des Art. 3 Abs. 3 GG hinausreichende Regelungsgehalt von Art. 3 Abs. 2 GG besteht darin, daß er ein Gleichberechtigungsgebot aufstellt und dieses auch auf die gesellschaftliche Wirklichkeit erstreckt. Der Satz »Männer und Frauen sind gleichberechtigt« will nicht nur Rechtsnormen beseitigen, die Vor- oder Nachteile an Geschlechtsmerkmale anknüpfen, sondern für die Zukunft die Gleichberechtigung der Geschlechter durchsetzen (. . .). Er zielt auf die Angleichung der Lebensverhältnisse. So müssen Frauen die gleichen Erwerbschancen haben wie Männer (. . .). Überkommene Rollenverteilungen, die zu einer höheren Belastung oder sonstigen Nachteilen für Frauen führen, dürfen durch staatliche Maßnahmen nicht verfestigt werden (. . .). Faktische Nachteile, die typischerweise Frauen treffen, dürfen wegen des Gleichberechtigungsgebots des Art. 3 Abs. 2 GG durch begünstigende Regelungen ausgeglichen werden (. . .).«[51]

789 Die Verlagerung des Differenzierungsverbots von Art. 3 Abs. 2 (Satz 1) in Art. 3 Abs. 3 (Satz 1) GG vermag nicht zu überzeugen. Auch wenn die Möglichkeit eines »Verfassungswandels« berücksichtigt wird, bleibt aufgrund des Art. 117 Abs. 1 GG doch der Befund unabweisbar, dass die **rechtliche Gleichstellung** der Frauen – für die Vergangenheit und für die Zukunft – Art. 3 Abs. 2 (Satz 1) GG zuzuordnen ist.[52]

---

47 Vgl. *W. Heun,* in: Dreier (Hrsg.), GG Bd. I, Art. 3 Rdnr. 107; *M. Gubelt,* in: v. Münch / Kunig (Hrsg.), GG Bd. 1, Art. 3 Rdnr. 86 jeweils m. w. N.

48 So BVerfGE 74, 163 (179).

49 Vgl. *W. Heun,* in: Dreier (Hrsg.), GG Bd. I, Art. 3 Rdnr. 107; *C. Starck,* in: v. Mangoldt / Klein / Starck, GG Bd. 1, Art. 3 Rdnr. 305; gegenwärtig unbestr.

50 Vgl. BVerfGE 85, 191 (207 ff.).

51 So BVerfGE 85, 191 (207).

52 Vgl. *C. Starck,* in: v. Mangoldt / Klein / Starck, GG Bd. 1, Art. 3 Rdnr. 305 f.; bis BVerfGE 85, 191 (207) h. M., vgl. nur BVerfGE 39, 169 (185); 43, 213 (225); 74, 163 (179), wo allerdings eine Rechtsprechungsänderung angedeutet wird: »In neuerer Zeit wird erörtert, ob nicht dem Gleichberechtigungsgebot ebenso wie anderen Grundrechten neben dem Charakter als Abwehrrecht auch positive Verpflichtungen des Gesetzgebers zur Förderung und Unterstützung der Grundrechtsverwirklichung zu entnehmen sind.«

Im Ausgangsfall wäre § 19 Abs. 1 AZO deshalb zutreffend allein am Maßstab des Art. 3 Abs. 2   **790**
(a. F.) GG zu messen gewesen. Das Ergebnis wäre indes das gleiche gewesen, weil die gesundheitliche Belastung durch Nachtarbeit für Frauen und Männer die gleiche ist und sich hinsichtlich der Gefahren auf dem nächtlichen Weg von und zur Arbeitsstelle der Staat sich seiner Aufgabe, Frauen vor tätlichen Angriffen zu schützen, nicht dadurch entziehen kann, dass er ihnen verbietet, nachts das Haus zu verlassen.[53] Die Sicherheit des Wegs von und zur Arbeitsstätte war überdies als Begründung nicht überzeugend, weil *weibliche Angestellte* nicht unter das Verbot der Nachtarbeit fielen.[54]

Die Frage, ob das Bundesverfassungsgericht berechtigt ist, durch schlichte dogmatische   **791**
Umschichtung eine verfassungspolitische Entscheidung von beträchtlicher Tragweite zu treffen[55], kann in diesem Zusammenhang jedoch offen bleiben. Durch das 42. Gesetz zur Änderung des Grundgesetzes vom 27. 10. 1994 (BGBl. I S. 3146) ist in Art. 3 Abs. 2 GG folgender Satz eingefügt worden:

»Der Staat fördert die tatsächliche Durchsetzung der Gleichberechtigung von Frauen und Männern und wirkt auf die Beseitigung bestehender Nachteile hin.«

Die vom Bundesverfassungsgericht Art. 3 Abs. 2 (Satz 1) GG zugewiesene Funktion, das   **792**
Gleichberechtigungsgebot »auf die gesellschaftliche Wirklichkeit« zu erstrecken[56], ist nunmehr Gegenstand des ausdrücklichen Auftrags in Art. 3 Abs. 2 Satz 2 GG.[57]

Ob der an alle Staatsorgane gerichtete **Verfassungsauftrag** zu Förderungsmaßnahmen zu-   **793**
gunsten der (benachteiligten) Frauen ermächtigt und insoweit die Ungleichbehandlung von Männern rechtfertigt[58], oder die Rechtslage insoweit unverändert geblieben ist[59], kann gegenwärtig noch nicht hinreichend beurteilt werden. Individuelle **Ansprüche auf Förderung** sollen nach dem Bericht der Gemeinsamen Verfassungskommission[60] und der übereinstimmenden Auffassung in der Literatur[61] **ausgeschlossen** sein.

c) Rechtfertigung von Ungleichbehandlungen

Fall 51:   **794**
Die Feuerwehrgesetze mehrerer Bundesländer verpflichten die männlichen Gemeindeeinwohner zwischen dem vollendeten 18. und dem vollendeten 50. bzw. 60. Lebensjahr, Dienst bei der Feuerwehr zu leisten. Sofern sie der Feuerwehrdienstpflicht nicht nachkommen, wird von ihnen eine »Feuerschutzabgabe« erhoben.

(BVerfGE 92, 91)

---

53 So BVerfGE 85, 191 (209).
54 Vgl. BVerfGE 85, 191 (210): »§ 19 Abs. 1 AZO verstößt außerdem gegen Art. 3 Abs. 1 GG, weil die Regelung Arbeiterinnen ohne zureichenden Grund anders behandelt als weibliche Angestellte.«
55 Vgl. zum Problem der vielfachen Verwobenheit von Politik und verfassungsgerichtlicher Rechtsprechung *J. Ipsen*, Staatsrecht I, Rdnr. 860 ff. m. zahlr. Nachw.; kritisch zur Selbsteinordnung des BVerfG etwa *G. Sturm*, in: Sachs (Hrsg.), GG, Art. 93 Rdnr. 12; warnend vor einer zu weitgehenden Verfassungsauslegung allgemein auch *H. Simon*, in: Benda / Maihofer / Vogel (Hrsg.), HdVerfR., § 34 Rdnr. 55.
56 Vgl. BVerfGE 85, 191 (207); 92, 91 (109).
57 Vgl. BVerfGE 92, 91 (109), wo in Anspruch genommen wird, dass die Rechtsprechung zu Art. 3 Abs. 2 (Satz 1) GG »durch die Anfügung von Satz 2 in Art. 3 Abs. 2 GG ausdrücklich klargestellt« worden sei. Hierbei wird übersehen, dass das Bundesverfassungsgericht bis zum Urteil vom 28. 1. 1992 (E 85, 191) selbst eine andere Auslegung vertreten hat.
58 So *W. Heun*, in: Dreier (Hrsg.), GG Bd. I, Art. 3 Rdnr. 104.
59 Vgl. etwa *H. Hofmann*, FamRZ 1995, S. 261 ff.; VG Schleswig, NVwZ 1995, S. 725; zur Vergabe öffentlicher Ämter siehe unten Rdnr. 814 ff.
60 Vgl. BT-Drucks. 12 / 6000, S. 50.
61 Vgl. *W. Heun*, in: Dreier (Hrsg.), GG Bd. I, Art. 3 Rdnr. 104; *L. Osterloh*, in: Sachs (Hrsg.), GG, Art. 3 Rdnr. 232; *Schmidt-Bleibtreu/Klein*, GG, Art. 3 Rdnr. 56.

795 Der Gleichberechtigungssatz ist als **absolutes Differenzierungsverbot** grundsätzlich keinen Ausnahmen zugänglich. Das Bundesverfassungsgericht hält jedoch Differenzierungen nach dem Geschlecht ausnahmsweise für zulässig,

>»wenn im Hinblick auf die objektiven biologischen oder funktionalen (arbeitsteiligen) Unterschiede nach der Natur des jeweiligen Lebensverhältnisses eine besondere Regelung erlaubt oder sogar geboten ist (...).«[62]

796 Funktionale Unterschiede hat das Bundesverfassungsgericht unter anderem zur Rechtfertigung unterschiedlicher Regelungen über das Altersruhegeld herangezogen und den Gesetzgeber zu einer Ungleichbehandlung als befugt angesehen,

>»wenn er einen sozialstaatlich motivierten typisierenden Ausgleich von Nachteilen anordnet, die ihrerseits auch auf biologische Unterschiede zurückgehen«.[63]

797 Im Übrigen legt das Bundesverfassungsgericht bei der Berufung auf **biologische Unterschiede** einen strengen Maßstab an.

>Im Ausgangsfall hat es das Bundesverfassungsgericht nicht für zutreffend gehalten, dass Frauen wegen ihrer körperlichen Konstitution vom Feuerwehrdienst ausgenommen werden müssten. Insbesondere wurde hiergegen eingewandt, dass es in der Bundesrepublik einen nicht geringen Anteil von Frauen gebe, die Feuerwehrdienst leisteten. Dass der Frauenanteil nach wie vor gering sei, hängt nach Auffassung des Bundesverfassungsgerichts »mit den überkommenen gesellschaftlichen Anschauungen« zusammen.[64] Die angegriffenen Rechtsvorschriften sind vom Bundesverfassungsgericht deshalb wegen Verstoßes gegen Art. 3 (Abs. 1 und 3!) GG für nichtig erklärt worden.[65]

2. Diskriminierungsverbote (Art. 3 Abs. 3 GG)

798 **Fall 52:**
Die »Scientology-Kirche Hamburg e. V.« ist im Vereinsregister eingetragen. In der Satzung heißt es, Zweck der Kirche sei die Pflege und Verbreitung der Scientology-Religion und ihrer Lehre: »Die Scientology-Kirche sieht es als ihre Mission und Aufgabe an, den Menschen Befreiung und Erlösung im geistig-seelischen Sinn zu vermitteln, wodurch sie eine Verbesserung möglichst vieler und zahlreicher Mitglieder in sittlicher, ethischer und spiritueller Hinsicht bewirken will, so dass wieder gegenseitiges Verstehen und Vertrauen unter den Menschen herrscht und eine Gesellschaft ohne Krieg, ohne Wahnsinn und ohne Kriminalität geschaffen wird; eine Gesellschaft, in der sich der Mensch gemäß seinen Fähigkeiten und seiner Rechtschaffenheit entwickeln kann; eine Gesellschaft, in der der Mensch die Möglichkeit hat, sich zu höheren Ebenen des Seins zu entwickeln.« Die Landeszentrale für politische Bildung verbreitet eine vom Innensenator mit einem Vorwort versehene Schrift »Scientology – Irrgarten der Illusionen«, in der es unter anderem heißt, hier sei es einem kranken Menschen gelungen, seinen eigenen Wahnsinn in Form von Kursen der Menschheit als erstrebenswertes Ziel für viel Geld zu verkaufen bzw. Scientology betreibe eine eigene Form des Rassismus, und die »Rassenhygiene« der Scientology setze beim geistigen Wesen an.

(OVG Hamburg, NVwZ 1995, S. 498)

799 Die besonderen Differenzierungsverbote des Art. 3 Abs. 3 GG stehen in engem Zusammenhang mit Art. 3 Abs. 1 GG, weil sie auf real bestehende Unterschiede Bezug nehmen, die jedoch als **Differenzierungskriterien** von Verfassungs wegen ausgeschlossen werden.[66] Fraglich ist, ob sich Art. 3 Abs. 3 GG in dieser Funktion erschöpft. Dem überwiegend

---

62 So BVerfGE 74, 163 (179) st.Rspr.
63 So BVerfGE 74, 163 (180).
64 So BVerfGE 92, 91 (111).
65 So BVerfGE 92, 91 (92 f.).
66 Vgl. *C. Starck*, in: v. Mangoldt/Klein/Starck, GG Bd. 1, Art. 3 Rdnr. 366 m. w. N.

bejahten Grundrechtscharakter[67] würde es entsprechen, Art. 3 Abs. 3 GG **selbständige Diskriminierungsverbote**[68] zu entnehmen.

Ein *Differenzierungs*verbot setzt stets ein Vergleichspaar voraus und ist deshalb notwendig mit dem allgemeinen Gleichheitssatz verknüpft. Ein *Diskriminierungs*verbot kann darüber hinaus auch als **Schutz vor Nachteilen** wirken, die ein Grundrechtsträger *wegen* der in Art. 3 Abs. 3 Satz 1 GG genannten Merkmale erfährt, ohne dass hierbei ein vergleichbarer Sachverhalt vorausgesetzt würde. Zwar ist mit nahezu jeder Differenzierung auch eine Benachteiligung verbunden[69], umgekehrt ist aber mit der Auferlegung eines Nachteils nicht notwendig eine Differenzierung verbunden. Würden die in Art. 3 Abs. 3 Satz 1 GG enthaltenen *Differenzierungs*verbote zu *Diskriminierungs*verboten verdichtet, könnten auch faktische Benachteiligungen aufgefangen werden, deren dogmatische Bewältigung durch die Freiheitsrechte sich stets als problematisch darstellt.[70]
800

a) Grundrechtsträger

Grundrechtsträger sind **alle Menschen**, was bereits aus der kategorischen Formulierung des Verbots (»niemand«) folgt.[71] Hinsichtlich einzelner Diskriminierungsverbote wird die Grundrechtsträgerschaft auch juristischer Personen bejaht[72], was aber nur über die – meist nicht ausdrücklich erwähnte – Brücke des Art. 19 Abs. 3 GG vertretbar ist.
801

b) Grundrechtsinhalt

Art. 3 Abs. 3 Satz 1 GG enthält **Unterscheidungsmerkmale** (Differenzierungskriterien), derentwegen die Grundrechtsträger weder benachteiligt noch bevorzugt werden dürfen. Die **Kausalität** bildet folgerichtig das zentrale dogmatische Problem der *Differenzierungsverbote*[73] und entsprechend – wenn man dem hier vertretenen Ansatz folgt – der *Diskriminierungs*verbote.
802

Das Bundesverfassungsgericht hat hierzu ausgeführt:
803

»Der besondere Gleichheitssatz des Art. 3 Abs. 3 GG enthält Konkretisierungen des allgemeinen Gleichheitssatzes. Er verbietet es, die in ihm genannten Merkmale und Eigenschaften als Anknüpfungspunkt für eine Diskriminierung oder Privilegierung zu wählen. Die Differenzierungsverbote dieses Grundrechts haben allerdings nur die Bedeutung, daß die aufgeführten faktischen Verschiedenheiten keine rechtlichen Wirkungen haben dürfen; sie sind ferner beschränkt auf die in den Vergleichstatbeständen benannten unterschiedlichen Eigenschaften, hingegen bleiben Differenzierungen, die auf anderen Unterschiedlichkeiten der Personen oder der Lebensumstände beruhen, unberührt (...). Ein Verstoß gegen Art. 3 Abs. 3 GG liegt mithin nur dann vor, wenn eine Sonderbehandlung ihre Ursache in den durch dieses besondere Grundrecht bezeichneten Gründen hat, wenn also ein kausaler Zusammenhang zwischen einem der aufgeführten Gründe und der Benachteiligung oder Bevorzugung besteht (...). Das Verbot des Art. 3 Abs. 3 GG gilt mithin nicht absolut;

---

67 Vgl. *W. Heun*, in: Dreier (Hrsg.), GG Bd. I, Art. 3 Rdnr. 116; *C. Starck*, in: v. Mangoldt / Klein / Starck, GG Bd. 1, Art. 3 Rdnr. 341; *L. Osterloh*, in: Sachs (Hrsg.), GG, Art. 3 Rdnr. 233 jeweils m. w. N.

68 Vgl. grundlegend: *M. Sachs*, Grenzen des Diskriminierungsverbots (1987).

69 Vgl. *W. Heun*, in: Dreier (Hrsg.), GG Bd. I, Art. 3 Rdnr. 118.

70 Schutz gegen Diskriminierungen unterschiedlicher Art wird auf einfach-gesetzlicher Ebene durch das Allgemeine Gleichbehandlungsgesetz (AGG) v. 14.8.2006 (BGBl. I, S. 1897) gewährt, mit dem entsprechende Richtlinien der Europäischen Gemeinschaft umgesetzt worden sind.

71 Vgl. *W. Heun*, in: Dreier (Hrsg.), GG Bd. I, Art. 3 Rdnr. 117; *C. Starck*, in: v. Mangoldt / Klein / Starck, GG Bd. 1, Art. 3 Rdnr. 373.

72 Vgl. *W. Heun*, in: Dreier (Hrsg.), GG Bd. I, Art. 3 Rdnr. 117; *C. Starck*, in: v. Mangoldt / Klein / Starck, GG Bd. 1, Art. 3 Rdnr. 374; *M. Gubelt*, in: v. Münch / Kunig (Hrsg.), GG Bd. 1, Art. 3 Rdnr. 94a; *Jarass/Pieroth*, GG, Art. 3 Rdnr. 129.

73 Vgl. *W. Heun*, in: Dreier (Hrsg.), GG Bd. I, Art. 3 Rdnr. 119 ff.; *C. Starck*, in: v. Mangoldt / Klein / Starck, GG Bd. 1, Art. 3 Rdnr. 379; *L. Osterloh*, in: Sachs (Hrsg.), GG, Art. 3 Rdnr. 252; grundlegend *M. Sachs*, Grenzen des Diskriminierungsverbots (1987).

es verbietet, wie sich schon aus seinem Wortlaut ergibt (»wegen«), nur die bezweckte Benachteiligung oder Bevorzugung, nicht aber einen Nachteil oder einen Vorteil, der die Folge einer ganz anders intendierten Regelung ist.«[74]

Eine klare Linie ist in der Rechtsprechung des Bundesverfassungsgerichts indes nicht festzustellen.[75]

804   Die Unterscheidungsmerkmale werden im Einzelnen durch Rechtsprechung und Literatur wie folgt definiert:

- **Geschlecht** bedeutet die Unterscheidung von Mann und Frau, wie sie auch Art. 3 Abs. 2 GG zugrunde liegt.[76]
- **Abstammung** bezeichnet die natürliche biologische Beziehung eines Menschen zu seinen Vorfahren.[77]
- **Rasse** bezeichnet zusammenfassend Menschengruppen mit bestimmten vererbbaren Eigenschaften.[78]
- **Sprache** bezeichnet die jeweilige Muttersprache; sie umfasst nicht nur die in Deutschland seit jeher vorhandenen sprachlichen Minoritäten (Friesen, Dänen, Sorben), sondern *alle* Sprachen.[79]
- **Heimat** bezeichnet die örtliche **Herkunft** eines Menschen nach Geburt oder Ansässigkeit, der Begriff **Herkunft** bezieht sich darüber hinaus auf die »ständisch-soziale Abstammung und Verwurzelung«.[80]
- **Glaube** und **religiöse Anschauung** bezeichnen die Schutzgüter des Art. 4 Abs. 1 GG.
- **Politische Anschauungen** bezeichnen Grundeinstellungen zu Fragen des (staatlichen) Gemeinwesens.

805   Das an die Grundrechtsadressaten gerichtete Verbot, jemanden wegen der in Art. 3 Abs. 3 Satz 1 GG genannten Merkmale zu *benachteiligen* oder zu *bevorzugen*, deutet auf eine Relation zu einem Dritten und damit auf ein tripolares Rechtsverhältnis hin, wie es für Art. 3 Abs. 1 GG bezeichnend ist.[81] Ein (selbständiges) Diskriminierungsverbot könnte auch in einem bipolaren Rechtsverhältnis wirken, würde aber eine Definition des Nachteilsbegriffs erfordern, der sich unter dieser Voraussetzung nicht mehr notwendig aus dem **Vergleich** mit dem Dritten ergibt.

806   Im Ausgangsfall hat das OVG Hamburg eine Verletzung des Art. 4 Abs. 1 GG angenommen, wobei in dem Verfahren des einstweiligen Rechtsschutzes (§ 123 VwGO) die Frage der (allein) wirtschaftlichen Zielsetzung der Bewegung dahingestellt blieb.[82] Vorausgesetzt, dass es sich bei der »Scientology-Kirche« um eine Weltanschauung handelt, würde nach dem hier vertretenen Ansatz auch ein Verstoß gegen das Diskriminierungsverbot nach Art. 3 Abs. 3 Satz 1 GG in Betracht gekommen sein, weil die Antragstellerin möglicherweise einen Nachteil (nämlich publizistische Angriffe) *wegen* ihrer religiösen Anschauungen erlitten hat.[83]

---

74 So BVerfGE 75, 40 (69 f.).
75 Vgl. *W. Heun*, in: Dreier (Hrsg.), GG Bd. I, Art. 3 Rdnr. 119.
76 In seiner neueren Rechtsprechung identifiziert das BVerfG das Gleichberechtigungs*gebot* mit dem Differenzierungs*verbot* wegen des Geschlechts und weist Art. 3 Abs. 2 Satz 1 GG die Funktion zu, die tatsächliche Gleichstellung der Frauen in der gesellschaftlichen Realität zu bewirken: vgl. BVerfGE 85, 191 (207); 92, 91 (109); vgl. oben Rdnr. 788.
77 Vgl. BVerfGE 9, 124 (128).
78 So *C. Starck*, in: v. Mangoldt/Klein/Starck, GG Bd. 1, Art. 3 Rdnr. 387; ähnlich *W. Heun*, in: Dreier (Hrsg.), GG Bd. I, Art. 3 Rdnr. 128.
79 Vgl. *W. Heun*, in: Dreier (Hrsg.), GG Bd. I, Art. 3 Rdnr. 129; *C. Starck*, in: v. Mangoldt/Klein/Starck, GG Bd. 1, Art. 3 Rdnr. 389 jeweils m.w.N.
80 Vgl. oben Rdnr. 778.
81 Vgl. oben Rdnr. 754.
82 Vgl. OVG Hamburg, NVwZ 1995, S. 500.
83 Behördliche »Warnungen« werden bislang ausnahmslos am Maßstab der einzelnen Freiheitsrechte auf ihre Verfassungsmäßigkeit geprüft; vgl. hierzu *U. di Fabio*, JuS 1997, S. 1 ff. m.w.N. Grundlegend nunmehr BVerfGE 105, 252 (»Glykol«) und E 105, 279 (»Osho«).

Das Bundesverfassungsgericht hält offenbar Art. 3 Abs. 3 GG *neben* den Freiheitsrechten   807
für überhaupt nicht anwendbar.[84] Die Begründung überzeugt schon deshalb nicht, weil
Art. 3 Abs. 3 GG trotz seiner kategorischen Fassung Differenzierungen nicht ausnahmslos
verbietet[85], faktische Diskriminierungen aber nicht notwendig durch die Freiheitsrechte
erfasst werden. Das Verhältnis der einzelnen Freiheitsrechte zu Art. 3 Abs. 3 GG bedarf
deshalb noch weiterer Klärung.[86]

Art. 3 Abs. 3 GG wird als **subjektives Abwehrrecht** gegenüber verbotenen Ungleichbe-   808
handlungen bezeichnet.[87] Dies trifft für Diskriminierungen im bipolaren Rechtsverhältnis
zu, kann aber in tripolaren Beziehungen nicht uneingeschränkt gelten. Sofern die Benachteiligung nur dadurch ausgeräumt werden kann, dass eine gegen das Bevorzugungsver-
bot verstoßende Begünstigung gewährt wird, folgt aus Art. 3 Abs. 3 Satz 1 GG auch ein
Leistungsrecht. Allerdings liegt es in der Gestaltungsfreiheit des Gesetzgebers, ob er die
(bislang diskriminierende) Begünstigung auf den (diskriminierten) Grundrechtsträger erstreckt oder gänzlich abschafft.[88]

Hiervon zu trennen und eindeutig zu verneinen ist die Frage, ob Art. 3 Abs. 3 Satz 1 GG   809
auch **Kompensationsansprüche** für erlittene Diskriminierungen begründet.[89] Dies folgt
zum einen aus der grundsätzlichen Überlegung, dass jede kompensatorische Maßnahme
wiederum eine Ungleichbehandlung bedeutet und die Abfolge von Diskriminierung
und Kompensation und erneuter Diskriminierung sich zu einem *circulus vitiosus* entwickeln könnte.[90] Nach Einfügung des Satzes 2 in Art. 3 Abs. 3 GG, der ein **Benachteiligungsverbot** zugunsten Behinderter enthält und folgerichtig kompensatorische Maßnahmen zulässt[91], wird diese Auffassung durch den Wortlaut der Verfassung bestätigt. Nicht ausgeschlossen sind (Schadensersatz-)Ansprüche wegen **konkreter Diskriminierungen**, die jedoch durch einfaches Gesetz (ggf. in Verbindung mit Art. 34 GG) begründet sein müssen.[92]

c)   Rechtfertigung von Durchbrechungen der Diskriminierungsverbote

Die Frage, ob und welche Durchbrechungen der Diskriminierungsverbote zulässig sind,   810
weist auf die Kausalitätsproblematik und damit auf den Grundrechtsinhalt zurück.[93] Soweit Art. 3 Abs. 3 GG lediglich ein **Begründungsverbot** entnommen wird[94], lassen sich
Durchbrechungen der Diskriminierungsverbote ohnehin durch Scheinbegründungen
leicht vermeiden. Die in den vergangenen Jahren gewachsene Sensibilität auf dem Felde

---

84 Vgl. BVerfGE 39, 334 (368): »Diese (scil. einzelnen Freiheitsrechte) haben *eigene* Umschreibungen
ihrer Schranken, die nicht aufrecht erhalten und vom Gesetzgeber realisiert werden könnten, wenn
Art. 3 Abs. 3 GG im Wege stünde.«

85 So auch BVerfGE 39, 334 (368).

86 Vgl. *L. Osterloh*, in: Sachs (Hrsg.), GG, Art. 3 Rdnr. 301; *Jarass/Pieroth*, GG, Art. 3 Rdnr. 117.

87 Vgl. *W. Heun*, in: Dreier (Hrsg.), GG Bd. I, Art. 3 Rdnr. 116; *C. Starck*, in: v. Mangoldt/Klein/Starck,
GG Bd. 1, Art. 3 Rdnr. 370.

88 In diesen Fällen liegt eine verfassungswidrige *Normenrelation* vor; vgl. *J. Ipsen*, Rechtsfolgen der
Verfassungswidrigkeit von Norm und Einzelakt (1980), S. 213 f.

89 Vgl. *C. Starck*, in: v. Mangoldt/Klein/Starck, GG Bd. 1, Art. 3 Rdnr. 372.

90 Ähnlich *C. Starck*, in: v. Mangoldt/Klein/Starck, GG Bd. 1, Art. 3 Rdnr. 372: »Würde man kompensatorische Bevorzugungen auf Art. 3 Abs. 3 S. 1 mit dem Argument stützen, es gehe um »wah-
re« (= faktische) Gleichheit, so wäre der Staat, da faktische Gleichheit nie erreicht und wohl auch
gar nicht hinreichend bestimmt werden kann, andauernd zur Durchbrechung des Art. 3 Abs. 3 S. 1
befugt, der seine regulierende Kraft damit verlöre.«

91 Vgl. *W. Heun*, in: Dreier (Hrsg.), GG Bd. I, Art. 3 Rdnr. 137; *Schmidt-Bleibtreu/Klein*, GG, Art. 3
Rdnr. 59.

92 Vgl. etwa § 21 AGG, der Unterlassungs- und Schadensersatzansprüche im Falle der Benachteiligung begründet.

93 Vgl. oben Rdnr. 802.

94 Vgl. *W. Heun*, in: Dreier (Hrsg.), GG Bd. I, Art. 3 Rdnr. 124.

des **Minderheitenschutzes** verlangt demgegenüber gebieterisch, Durchbrechungen der Diskriminierungsverbote als solche zu erkennen (und zu benennen) und daraufhin zu prüfen, ob sie *gerechtfertigt* werden können. Durch spezielle Vorschriften des Grundgesetzes können staatliche Maßnahmen, die sich bei isolierter Anwendung des Art. 3 Abs. 3 GG als verfassungswidrige Diskriminierungen darstellen würden, unter Umständen gerechtfertigt werden.[95] Für Maßnahmen, die auf die **tatsächliche Durchsetzung der Gleichberechtigung** von Frauen und Männern abzielen, ist nicht Art. 3 Abs. 3 Satz 1, sondern Art. 3 Abs. 2 Satz 2 GG anwendbar, sofern nicht speziellere Vorschriften des Grundgesetzes (Art. 33 Abs. 2 GG) vorgehen.[96]

3. Gleichstellung der unehelichen Kinder (Art. 6 Abs. 5 GG)

811 Art. 6 Abs. 5 GG enthält nach ständiger Rechtsprechung des Bundesverfassungsgerichts nicht nur einen **Gesetzgebungsauftrag**, sondern

> »ein Grundrecht, das als eine besondere Ausprägung des allgemeinen Gleichheitssatzes anzusehen ist.«[97]

a) Grundrechtsträger

812 Grundrechtsträger sind alle **nichtehelichen Kinder**, soweit ihre Rechtsstellung durch das deutsche Recht geregelt wird.

b) Grundrechtsinhalt

813 Das Grundrecht enthält einen gegen den Gesetzgeber gerichteten Anspruch unehelicher Kinder, der diesen die gleichen Bedingungen für ihre leibliche und seelische Entwicklung und ihre Stellung in der Gesellschaft schafft wie den ehelichen Kindern. Ob dieser Auftrag inzwischen erfüllt worden ist, wird unterschiedlich beurteilt.[98] Einer Relativierung oder gar Durchbrechung ist Art. 6 Abs. 5 GG nicht zugänglich.[99] Eine Antinomie zu anderen Vorschriften des Grundgesetzes – insbesondere zu Art. 6 Abs. 1 GG – ist nach zutreffender Auffassung des Bundesverfassungsgerichts nicht anzuerkennen.[100]

4. Gleicher Zugang zu öffentlichen Ämtern (Art. 33 Abs. 2 GG)

814 **Fall 53:**
Nach § 5 des Gleichstellungsgesetzes des Landes L sind Frauen bei Einstellung, Beförderung und Übertragung höherwertiger Tätigkeiten bei gleicher Eignung, Befähigung und fachlicher Leistung solange vorrangig zu berücksichtigen, bis sie in jeder Lohn-, Vergütungs- und Besoldungsgruppe der jeweiligen Dienststelle mindestens zu 50 v. H. vertreten sind. Der Bewerber K wird bei der Besetzung eines höherwertigen Dienstpostens zugunsten einer jüngeren, nach Auffassung der Behörde aber gleich qualifizierten Bewerberin übergangen.

(nach EuGH, Slg. 1995, S. I-3051)

---

95 Wenn nach Art. 7 Abs. 5 GG (staatliche) Bekenntnisschulen zulässig sind, stellt die bevorzugte Einstellung eines konfessionsangehörigen Schulleiters zwar eine Durchbrechung des Art. 3 Abs. 3 Satz 1 GG dar, ist aber nach Art. 7 Abs. 5 GG zu rechtfertigen; vgl. BVerfGE 39, 334 (368).

96 Vgl. unten Rdnr. 815.

97 So BVerfGE 25, 167 (173); vgl. auch BVerfGE 44, 1 (18).

98 Kritisch *R. Gröschner*, in: Dreier (Hrsg.), GG Bd. I, Art. 6 Rdnr. 147; *D. Coester-Waltjen*, in: v. Münch/Kunig (Hrsg.), GG Bd. 1, Art. 6 Rdnr. 113; vgl. auch BVerfGE 58, 377 (Vorzeitiger Erbausgleich).

99 Vgl. BVerfGE 74, 33; 84, 168; 85, 80.

100 So BVerfGE 25, 167 (195 f.).

Art. 33 Abs. 2 GG enthält einen im Verhältnis zu Art. 3 Abs. 1 GG speziellen Gleichheits- **815**
satz.[101] Die Frage, ob es sich hierbei um ein **Grundrecht**[102] oder um ein **grundrechtsglei-**
ches Recht[103] handelt, ist allein von terminologischer Bedeutung. Art. 33 Abs. 2 GG ist
ein **subjektives Recht** mit Verfassungsrang, dessen Verletzung mit der **Verfassungsbe-**
schwerde gerügt werden kann (Art. 93 Abs. 1 Nr. 4 a GG). Die Bezeichnung als Grundrecht hängt deshalb ausschließlich davon ab, ob man diesen Terminus auf die im ersten
Abschnitt des Grundgesetzes aufgeführten »Grundrechte« beschränkt oder auf die anderen beschwerdefähigen subjektiven Rechte ausdehnt.

a) Grundrechtsträger

Grundrechtsträger sind **natürliche Personen** mit **deutscher Staatsangehörigkeit** (Art. 116 **816**
Abs. 1).[104] Auf juristische Personen ist Art. 33 Abs. 2 GG »seinem Wesen nach« nicht anwendbar, weil nur natürliche Personen Ämter im Sinne des Art. 33 Abs. 2 GG innehaben
können.

b) Grundrechtsinhalt

Art. 33 Abs. 2 GG steht in der Tradition deutscher Verfassungen, die nach Überwindung **817**
des Ständestaates mit seiner Pfründenwirtschaft die öffentlichen Ämter für alle Befähigten
öffneten[105], und führt mit der Eignung, Befähigung und fachlichen Leistung die einzigen
Kriterien auf, die von Verfassungs wegen für die Vergabe öffentlicher Ämter eine Rolle
spielen dürfen.[106] Damit ist das **Leistungsprinzip** für den öffentlichen Dienst verfassungskräftig festgelegt.[107]

Art. 33 Abs. 2 GG enthält ein subjektives Recht des *status positivus*, begründet also einen **818**
Anspruch auf Berücksichtigung nach Maßgabe der Leistung, der sich zu einem Einstel-
lungsanspruch verdichten kann.[108] Voraussetzung für einen derartigen Anspruch ist das
Vorhandensein öffentlicher Ämter, deren Einrichtung sich allein nach den haushaltsrecht-
lichen Vorgaben richtet.[109]

---

101 Vgl. *Jarass/Pieroth*, GG, Art. 33 Rdnr. 8.
102 Vgl. zur Entstehungsgeschichte *U. Battis*, in: Sachs (Hrsg.), GG, Art. 33 Rdnr. 1 ff.
103 So *P. Kunig*, in: v. Münch/Kunig (Hrsg.), GG Bd. 2, Art. 33 Rdnr. 4, 15; *Jarass/Pieroth*, GG, Art 33
     Rdnr. 7.
104 Vgl. *P. Kunig*, in: v. Münch/Kunig (Hrsg.), GG Bd. 2, Art. 33 Rdnr. 19; *Jarass/Pieroth*, GG, Art. 33
     Rdnr. 11.
105 Vgl. § 137 Abs. 6 PV; Art. 4 Satz 3 PrVerfUrk; Art. 128 WRV: »Alle Staatsbürger ohne Unterschied
     sind nach Maßgabe der Gesetze und entsprechend ihrer Befähigung und ihren Leistungen zu den
     öffentlichen Ämtern zuzulassen.«
106 Vgl. BVerfGE 56, 146 (163): »Jede Beförderung ist auf der Grundlage der Eignung, Befähigung
     und fachlichen Leistung des Beamten vorzunehmen; mit einer solchen ordnungsgemäßen Beför-
     derung – der in der Regel eine Stellenausschreibung mit anschließender Bewerbung einer Mehr-
     zahl von Beamten vorausgeht, die zu diesem Zweck besonders beurteilt werden und von denen
     schließlich »der Beste« auszuwählen ist – werden seine Eignung, Befähigung und fachliche Leis-
     tung förmlich anerkannt (...).«
107 Vgl. *U. Battis*, in: Sachs (Hrsg.), GG, Art. 33 Rdnr. 27 ff.; *P. Kunig*, in: v. Münch/Kunig (Hrsg), GG
     Bd. 2, Art. 33 Rdnr. 30; *E. Schmidt-Aßmann*, NJW 1980, S. 16 m. w. N.
108 Vgl. *P. Kunig*, in: v. Münch/Kunig (Hrsg.), GG Bd. 2, Art. 33 Rdnr. 32; *T. Maunz*, in: Maunz/Dü-
     rig, GG, Art. 33 Rdnr. 17 f.
109 Vgl. *U. Battis*, in: Sachs (Hrsg.), GG, Art. 33 Rdnr. 21; *H. Lecheler*, in: HdStR III, § 72 Rdnr. 17.

c)   Rechtfertigung von Durchbrechungen des gleichen Zugangs zu öffentlichen Ämtern?

819   Beeinträchtigungen des gleichen Zugangs zu öffentlichen Ämtern sind grundsätzlich unstatthaft. Insbesondere ist die Ämterpatronage durch die politischen Parteien verfassungswidrig.[110] Eine Entscheidung des Bundesverfassungsgerichts, die der insoweit evident verfassungswidrigen Vergabe öffentlicher Ämter entgegensteuern könnte, steht bislang noch aus.

820   Umstritten ist, ob die dem Staat durch Art. 3 Abs. 2 Satz 2 GG zugewiesene **Förderungsaufgabe** das Leistungsprinzip des Art. 33 Abs. 2 GG zu relativieren geeignet ist.[111] Die Frage ist zu verneinen, weil Art. 33 Abs. 2 die im Verhältnis zu Art. 3 Abs. 2 Satz 2 GG speziellere Vorschrift ist. Der Förderungsauftrag des Art. 3 Abs. 2 Satz 2 GG zielt zwar auf die »Beseitigung bestehender Nachteile« ab, diese bestehen jedoch – gegenwärtig – nicht nur in einer für Frauen diskriminierenden Berücksichtigungspraxis bei der Vergabe öffentlicher Ämter, sondern auch in den noch immer bestehenden Ausbildungsdefiziten.[112]

821   Eine Bevorzugung der Frauen bei der Vergabe öffentlicher Ämter lässt sich auch nicht auf den Gedanken der **Kompensation** stützen, weil kompensatorische Maßnahmen bei der Vergabe öffentlicher Ämter nur dann begründbar sind, wenn die hiervon Begünstigten *in ihrer Person* kompensationsfähige Nachteile erlitten haben.[113]

822   Im Ausgangsfall stützt sich die Vergabe des Amtes an die Bewerberin *nicht* ausschließlich auf ihre Eignung, sondern wird mit der Erreichung einer gesetzlich vorgegebenen»Quote« begründet. Hierin liegt eine Durchbrechung des Art. 33 Abs. 2 GG, die auch nicht durch den Förderungsauftrag nach Art. 3 Abs. 2 Satz 2 GG gerechtfertigt werden kann. Die *Benachteiligung* bei der Vergabe öffentlicher Ämter wegen des Geschlechts hat frühere Generationen von Frauen getroffen. Die Begünstigung käme umgekehrt jenen zugute, bei denen die Chancengleichheit bereits verwirklicht ist. Eine Kompensation im Hinblick auf das Geschlecht *schlechthin* müsste zwangsläufig zu einer Art Diskriminierungsspirale führen.[114] Die auf eine EG-Richtlinie gestützte Entscheidung des Europäischen Gerichtshofs[115] würde sich folglich auch bei Anwendung des Art. 33 Abs. 2 GG ergeben.

III.   Rechtsprechung

823   **Zu I.: BVerfGE** 10, 234 (Platow-Amnestie); E 42, 64 (Geringstes Gebot); E 55, 72 (Neue Formel); E 74, 182 (Einheitswert I); E 84, 239 (Zinsbesteuerung); E 93, 121 (Einheitswert II); E 105, 73 (Besteuerung von Beamtenpensionen und Renten); E 106, 166 (Kindergeldrecht); **BVerfG**, Beschl. v. 31.1.2007 – 1 BvL 10/02 (Erbschaftsteuer); **BVerwGE** 22, 66 (Schankerlaubnissteuer); E 116, 49 (Diplomgrad »Diplomjurist« für Altfälle).

Zu II.: BVerfGE 3, 225 (Außerkrafttreten des Art. 3 Abs. 2 GG entgegenstehenden Rechts); E 25, 167 (Gesetzgebungsauftrag nach Art. 6 Abs. 5 GG); E 37, 217 (Staatsangehörigkeit von Kindern); E 52, 369 (Hausarbeitstag); E 68, 384 (Anknüpfung an die Staatsangehörigkeit des Mannes nach Art. 17 Abs. 1 EGBGB); E 74, 163 (Rentenalter); E 85, 191 (Nachtarbeits-

---

110 Vgl. *U. Battis*, in: Sachs (Hrsg.), GG, Art. 33 Rdnr. 39; *P. Kunig*, in: v. Münch/Kunig (Hrsg.), GG Bd. 2, Art. 33 Rdnr. 17; *H. Lecheler*, in: HdStR III, § 72 Rdnr. 107 ff.; grundlegend noch immer *T. Eschenburg*, Ämterpatronage (1961).

111 Vgl. *U. Battis*, in: Sachs (Hrsg.), GG, Art. 33 Rdnr. 37; *P. Kunig*, in: v. Münch/Kunig (Hrsg.), GG Bd. 2, Art. 33 Rdnr. 34; vgl. auch *H. M. Pfarr/C. Fuchsloch*, NJW 1988, S. 2201.

112 Vgl. zu dieser Problematik auch *G. Tesauro*, Schlußanträge in der Rs. Kalanke ./. Freie Hansestadt Bremen, EuGH, EuGRZ 1995, S. 551.

113 Vgl. die Beispiele bei *U. Battis*, in: Sachs (Hrsg.), GG, Art. 33 Rdnr. 37.

114 Vgl. zur Problematik im Rahmen des Art. 3 Abs. 3 GG *C. Starck*, in: v. Mangoldt/Klein/Starck, GG Bd. 1, Art. 3 Rdnr. 315.

115 Vgl. EuGH, Slg. 1995, S. I-3051.

verbot); **E** 87, 1 (Trümmerfrauen); **E** 92, 91 (Feuerwehrabgabe); **BVerwGE** 19, 252 (Konfessionszugehörigkeit); **EuGH**, Slg. 1995, S. I-3051 (»Kalanke«).

IV. Literatur

Zu I.: W. **Berg**, Keine Gleichheit im Unrecht?, JuS 1980, S. 418; **D. Birk**, Das Leistungsfähig-   824
keitsprinzip als Maßstab der Steuernormen (1983); **B.-O. Bryde/R. Kleindiek**, Der allgemeine Gleichheitssatz, Jura 1999, S. 36; **C. Gusy**, Der Gleichheitsschutz des Grundgesetzes, JuS 1982, S. 30; **ders.**, Der Gleichheitssatz, NJW 1988, S. 2505; **K. Hesse**, Der Gleichheitssatz in der neueren deutschen Verfassungsentwicklung, in: AöR 109 (1984), S. 174; **ders.**, Der allgemeine Gleichheitssatz in der neueren Rechtsprechung des Bundesverfassungsgerichts zur Rechtsetzungsgleichheit, in: Festschrift für P. Lerche (1993), S. 121; **S. Huster**, Rechte und Ziele. Zur Dogmatik des allgemeinen Gleichheitssatzes (1993); **ders.**, Gleichheit und Verhältnismäßigkeit, JZ 1994, S. 541; **H. D. Jarass**, Folgerungen aus der neueren Rechtsprechung des BVerfG für die Prüfung von Verstößen gegen Art. 3 I GG, NJW 1997, S. 2545; **P. Kirchhof**, Gleichheit vor dem Grundgesetz, NJW 1987, S. 2354; **ders.**, Die Verschiedenheit der Menschen und die Gleichheit vor dem Gesetz (1996); **M. Krugmann**, Gleichheit, Willkür und Evidenz, JuS 1998, S. 7; **C. Küning**, Gleichheitsrechtliche Verhältnismäßigkeit, JZ 2001, S. 669; **G. Leibholz**, Die Gleichheit vor dem Gesetz (2. Auflage 1959); **S. Möckel**, Der Gleichheitsgrundsatz – Vorschlag für eine dogmatische Weiterentwicklung. DVBl. 2003, S. 488; **G. Müller**, Der Gleichheitssatz, VVDStRL 47 (1989), S. 37; **J. Pietzcker**, Zu den Voraussetzungen des Anspruchs auf Gleichbehandlung nach Art. 3 I GG, JZ 1989, S. 305; **G. Robbers**, Der Gleichheitssatz, DÖV 1988, S. 749; **M. Sachs**, Zur dogmatischen Struktur der Gleichheitsrechte als Abwehrrechte, DÖV 1984, S. 411; **ders.**, Die Maßstäbe des allgemeinen Gleichheitssatzes – Willkürverbot und sogenannte neue Formel, JuS 1997, S. 124; **F. Schoch**, Der Gleichheitssatz, DVBl. 1988, S. 863; **R. Wendt**, Der Gleichheitssatz, NVwZ 1988, S. 778; **R. Zippelius**, Der Gleichheitssatz, VVDStRL 47 (1989), S. 7.

Zu II.: U. **Battis/A. Schulte-Trux/N. Weber**, »Frauenquoten« und Grundgesetz, DVBl. 1991, S. 1165; **G. Beaucamp**, Das Behinderten-Grundrecht (Art. 3 Abs. 3 Satz 2 GG) im System der Grundrechtsdogmatik, DVBl. 2002; S. 997; **M. Heckel**, Art. 3 III GG – Aspekte des Besonderen Gleichheitssatzes, in: Festschrift für G. Dürig (1990), S. 241; **B. Kempen**, Gleichberechtigung und Gleichstellung, ZRP 1989, S. 367; **M. Kowal**, Frauenquotierungen beim Zugang zum Öffentlichen Dienst und Art. 3 II GG, ZRP 1989, S. 445; **K. Lange**, »Frauenquoten« in politischen Parteien, NJW 1988, S. 1174; **U. Maidowski**, Umgekehrte Diskriminierung: Quotenregelungen zur Frauenförderung im öffentlichen Dienst und in den politischen Parteien (1989); **H. M. Pfarr**, Quoten und Grundgesetz (1988); **dies./C. Fuchsloh**, Verfassungsrechtliche Beurteilung von Frauenquoten, NJW 1988, S. 2201; **M. Sachs**, Grenzen des Diskriminierungsverbots (1987); **ders.**, Die Quotenregelung und der Rentenaltersbeschluß des BVerfG, NVwZ 1991, S. 437; **ders.**, Gleichberechtigung und Frauenquoten, NJW 1989, S. 533; **O. Sacksofsky**, Das Grundrecht auf Gleichberechtigung (2. Aufl. 1996); **M. Schlachter**, Wege zur Gleichberechtigung (1993); **W. Schmitt Glaeser**, Die Sorge des Staates um die Gleichberechtigung der Frau, DÖV 1982, S. 381; **T. M. Spranger**, Wen schützt Art. 3 III 2 GG?, DVBl. 1998, S. 1058; **R. Wernsmann**, Grenzen unterschiedlicher Förderung von Männern und Frauen – OVG Münster, NWVBl. 2002, S. 959.

G. Justizgrundrechte

§ 20 Rechtsweggarantie (Art. 19 Abs. 4 GG)

Fall 54: 825

B ist rechtskräftig zu einer sechsmonatigen Freiheitsstrafe verurteilt worden. Das Gericht setzte die Strafe nicht zur Bewährung aus, weil es nicht annahm, B werde zukünftig keine Straftaten mehr begehen (§ 56 Abs. 1 StGB). B reicht bei der zuständigen Behörde ein Gnadengesuch ein, das zurückgewiesen wird. Gegen die Ablehnung des Gnadenerweises ruft B gemäß § 23 EGGVG das Oberlandesgericht an, dessen zuständiger Strafsenat seinen Antrag als unzulässig verwirft. In der Begründung heißt es, B könne nicht geltend machen, durch die Ablehnung des Gnadenerweises »in seinen Rechten« verletzt zu sein (§ 24 Abs. 1 EGGVG), weil es einen Anspruch auf Begnadigung nicht gebe.

(nach BVerfGE 25, 352)

Die als Grundrecht ausgestaltete Rechtsweggarantie ist im Schrifttum als »formelles 826 Hauptgrundrecht«[1], als »Schlußstein im Gewölbe des Rechtsstaates«[2] gewürdigt worden. Mit Art. 19 Abs. 4 GG findet der 100jährige Kampf um einen gerichtlichen Rechtsschutz gegen Verwaltungshandeln zugleich seinen Höhepunkt und Abschluss.[3]

I. Grundrechtsträger

Grundrechtsträger ist **jedermann**, dem ein durch die öffentliche Gewalt verletzbares sub- 827 jektives Recht zustehen kann.[4] Nach ihrem eindeutigen Wortlaut stellt die Rechtsweggarantie ein **Menschenrecht** dar. Träger des Grundrechts sind folglich Deutsche, Ausländer und Staatenlose.[5]

Grundrechtsträger sind ebenfalls **juristische Personen des Privatrechts**, weil auch diese 828 Inhaber subjektiver Rechte sein können, die ggf. gerichtlich gestützt werden müssen, und die Rechtsweggarantie insofern auf sie ihrem Wesen nach anwendbar ist.[6] Überwiegend wird auch die Grundrechtsträgerschaft ausländischer juristischer Personen bejaht.[7]

Juristische Personen des **öffentlichen Rechts** sind keine Grundrechtsträger und können 829 sich deshalb nicht auf Art. 19 Abs. 4 GG berufen.[8] Soweit sie allerdings ausnahmsweise grundrechtsfähig sind, werden sie auch von der Rechtsweggarantie erfasst.[9]

---

1 So F. *Klein*, VVDStRL 8 (1950), S. 88.
2 So R. *Thoma*, in: H. Wandersleb (Hrsg.), Recht-Staat-Wirtschaft III (1951), S. 9.
3 Vgl. H. *Schulze-Fielitz*, in: Dreier (Hrsg.), GG Bd. I, Art. 19 IV Rdnr. 2 ff.; ein Rechtsschutz durch Gerichte gegenüber Verwaltungshandeln war bereits in § 182 PV und Art. 107 WRV vorgesehen.
4 So H. *Krüger/M. Sachs*, in: Sachs (Hrsg.), GG, Art. 19 Rdnr. 113.
5 Vgl. H. *Krüger/M. Sachs*, in: Sachs (Hrsg.), GG, Art. 19 Rdnr. 114; H. *Schulze-Fielitz*, in: Dreier (Hrsg.), GG Bd. I, Art. 19 IV Rdnr. 82 jeweils m. w. N.
6 Vgl. H. *Krüger/M. Sachs*, in: Sachs (Hrsg.), GG, Art. 19 Rdnr. 113.
7 Vgl. H. *Schulze-Fielitz*, in: Dreier (Hrsg.), GG Bd. I, Art. 19 IV Rdnr. 82 m. w. N.; W. *Krebs*, in: v. Münch / Kunig (Hrsg.), GG Bd. 1, Art. 19 Rdnr. 51.
8 Vgl. oben Rdnr. 53 ff.
9 Vgl. *Jarass/Pieroth*, GG, Art. 19 Rdnr. 21.

II. Grundrechtsinhalt

1. Schutzgut

830 Schutzgut des Grundrechts ist die Gewährleistung eines Rechtswegs bei Verletzungen subjektiver Rechte durch die öffentliche Gewalt.

a) Begriff der »öffentlichen Gewalt«

831 Für den Begriff der **»öffentlichen Gewalt«** im Sinne des Art. 19 Abs. 4 Satz 1 GG gibt es zwei Auslegungsmöglichkeiten. Als Synonym zur »staatlichen Gewalt« (Art. 1 Abs. 1 Satz 2 GG) würde er Legislative, Exekutive und rechtsprechende Gewalt umfassen. Setzt man die öffentliche Gewalt hingegen mit der »vollziehenden Gewalt« (Art. 20 Abs. 3 GG) gleich, so ergibt sich ein engeres Anwendungsfeld der Rechtsweggarantie.

832 Eine extensive Auslegung des Begriffs »öffentliche Gewalt« hätte eine Reihe von Ungereimtheiten zur Folge. Würde Rechtsschutz nicht nur gegen Akte der vollziehenden Gewalt, sondern auch gegen solche der **Rechtsprechung** gewährt, so bedeutete dies die Garantie eines unendlichen Instanzenzuges. Das Bundesverfassungsgericht hat sich deshalb zu Recht auf den Standpunkt gestellt, Art. 19 Abs. 4 GG gewähre »Schutz durch den Richter, nicht gegen den Richter«[10], und den Begriff der »öffentlichen Gewalt« restriktiv interpretiert.

833 Auch die (Parlaments-)**Gesetzgebung** kann nur um den Preis systematischer Widersprüche zur »öffentlichen Gewalt« im Sinne des Art. 19 Abs. 4 GG gerechnet werden.[11] Das Grundgesetz sieht mit der Verfassungsbeschwerde (Art. 93 Abs. 1 Nr. 4 a GG) sowie der abstrakten (Art. 93 Abs. 1 Nr. 2 GG) und der konkreten Normenkontrolle (Art. 100 Abs. 1 GG) Verfahren vor, in denen das Bundesverfassungsgericht über die Vereinbarkeit förmlicher Gesetze mit dem Grundgesetz entscheidet. Diese Verfahren regeln die richterliche Prüfung förmlicher Gesetze abschließend und dürfen nicht als »Rechtsweg« im Sinne des Art. 19 Abs. 4 GG missverstanden werden. Der (Nichtverfassungs-)Richter wäre nach der grundgesetzlichen Systematik darauf beschränkt, ein Parlamentsgesetz auf seine Vereinbarkeit mit dem Grundgesetz zu prüfen, müsste es aber dem Bundesverfassungsgericht vorlegen, sofern er es für verfassungswidrig hält (Art. 100 Abs. 1 GG). Ein vermeintlich gegen Gesetzgebungsakte durch Art. 19 Abs. 4 GG gewährter Rechtsschutz könnte folglich keine Letztentscheidungsbefugnis bedeuten. Das **richterliche Prüfungsrecht** wird bereits durch Art. 100 Abs. 1 GG vorausgesetzt. Das Bundesverfassungsgericht hat deshalb zu Recht Gesetzgebungsakte nicht zur »öffentlichen Gewalt« im Sinne des Art. 19 Abs. 4 GG gerechnet[12], sondern diesen Begriff mit der **»vollziehenden Gewalt«** im Sinne des Art. 20 Abs. 3 GG gleichgesetzt.[13]

b) Behauptung der Verletzung subjektiver Rechte

834 Der Wortlaut des Art. 19 Abs. 4 GG erweckt den Eindruck, der Rechtsweg stehe nur demjenigen offen, der definitiv in seinen Rechten verletzt sei. Über die Frage der **Rechtsverletzung** aber sollen die Gerichte erst entscheiden. Art. 19 Abs. 4 Satz 1 GG muss deshalb dahin ausgelegt werden, dass der Rechtsweg für denjenigen eröffnet ist, der **behauptet**, durch einen Exekutivakt in seinen Rechten verletzt zu sein.[14]

---

10 Vgl. BVerfGE 15, 275 (280); 65, 76 (90) st.Rspr.
11 Vgl. *J. Ipsen,* Staatsrecht I, Rdnr. 813; a. A. *H. Schulze-Fielitz,* in: Dreier (Hrsg.), GG Bd. I, Art. 19 IV Rdnr. 50.
12 Vgl. BVerfGE 24, 33 (49).
13 Vgl. BVerfGE 10, 264 (267).
14 Vgl. BVerfGE 13, 132 (151); 27, 297 (305).

In Art. 19 Abs. 4 Satz 1 GG ist ausdrücklich von **Rechten** die Rede, nicht von **Grundrech-** **835** **ten**. Die Rechtsweggarantie ist selbst ein (Verfahrens-)Grundrecht. Sie beschränkt sich nicht auf den Schutz der Grundrechte, sondern erstreckt sich auf alle subjektiven Rechte und rechtlich geschützten Interessen, die durch hoheitliches Handeln beeinträchtigt werden können.[15] Da die Rechtsweggarantie voraussetzt, dass **eigene** Rechte des Klägers (potentiell) verletzt sind, sind **Popularklagen** verfassungsrechtlich **nicht** garantiert. Auf Art. 19 Abs. 4 GG können sich also diejenigen Bürger nicht berufen, die, ohne in eigenen Rechten verletzt zu sein, sich zum Anwalt der Allgemeininteressen machen. Das bedeutet nicht, dass der einfache Gesetzgeber weitergehende Rechtsschutzformen (etwa die Verbandsklage) nicht vorsehen dürfte; verfassungsrechtlich geboten sind sie indes nicht.[16]

Im Ausgangsfall ist fraglich, ob B geltend machen kann, in »seinen Rechten« verletzt zu sein. Her- **836** kömmlich wird angenommen, dass es kein Recht auf Gnade geben könne, sich der Gnadenakt vielmehr außerhalb des Rechts oder über dem Recht bewege.[17] Diese Auffassung ist insoweit zutreffend, als es einen *Anspruch* auf Begnadigung nicht gibt. Dies bedeutet aber nicht, dass die Gnadenpraxis willkürlich gehandhabt werden dürfte. Art. 3 Abs. 1 GG fordert vielmehr eine gleichmäßige Handhabung, die von sachfremden Erwägungen frei sein muss. Dem Einzelnen muss deshalb ein Anspruch auf **willkürfreie Entscheidung** zuerkannt werden, der den Voraussetzungen des Art. 19 Abs. 4 GG genügt.[18] Diese Konsequenz hat das Bundesverfassungsgericht bislang nicht gezogen, immerhin ist aber der Widerruf einer Begnadigung und der Hinweis auf Art. 19 Abs. 4 GG gerichtlicher Kontrolle unterworfen worden.[19] Es erscheint jedoch nicht sachgerecht, im Fall der erstmaligen Entscheidung über einen Gnadenakt anders zu verfahren.[20]

c) Rechtsweg als Weg zu den Gerichten

Der »Rechtsweg« nach Art. 19 Abs. 4 GG ist der Weg zu **Gerichten**. Rechtsbehelfe, die eine **837** Nachprüfung des Exekutivaktes lediglich durch vorgesetzte Behörden oder nichtrichterliche Spruchkörper vorsehen, genügen den Anforderungen des Art. 19 Abs. 4 GG nicht. Die Rechtsweggarantie gewährleistet hingegen nicht, dass über alle öffentlich-rechtlichen Streitfragen die **Verwaltungsgerichte** entscheiden. Durch Art. 19 Abs. 4 GG wird auch kein Instanzenzug gewährleistet[21], der im Übrigen mit dem Grundsatz der Rechtsschutzeffektivität kollidieren kann.

d) Grundsatz der »Rechtsschutzeffektivität«

Das Bundesverfassungsgericht entnimmt Art. 19 Abs. 4 GG nicht nur eine Garantie des **838** Rechtsweges, sondern sieht durch dieses Grundrecht auch die **Effektivität** des Rechtsschutzes gewährleistet.[22] Dies bedeutet zum einen, dass der von den Gerichten gewährte Schutz wirksam sein muss, insbesondere die Aufhebung der angegriffenen Exekutivakte ermöglichen muss. Zum anderen kann von einem »effektiven« Rechtsschutz nur die Rede sein, wenn er innerhalb angemessener Zeit gewährt wird.[23]

Die verschiedenen Aspekte der Rechtsweggarantie bergen einen Zielkonflikt in sich und **839** können deshalb je für sich keinen Vorrang beanspruchen. Eine besonders intensive rechtliche Prüfung, die möglicherweise mehrere Instanzen umfasst, kann sich als ineffektiv er-

---

15 H.M. vgl. *H. Krüger/M. Sachs*, in: Sachs (Hrsg.), GG, Art. 19 Rdnr. 127; *E. Schmidt-Aßmann*, in: Maunz/Dürig, GG, Art. 19 IV Rdnr. 8; *H. Schulze-Fielitz*, in: Dreier (Hrsg.), GG Bd. I, Art. 19 IV Rdnr. 61.
16 Vgl. *H. Schulze-Fielitz*, in: Dreier (Hrsg.), GG Bd. I, Art. 19 IV Rdnr. 67 m. w. N.
17 Vgl. BVerfGE 25, 352 (358 ff.); ebenso BVerwG, NJW 1983, S. 188.
18 So die abw. Meinung in BVerfGE 25, 352 (363 ff.).
19 Vgl. BVerfGE 30, 108 (111).
20 Wie hier *W. Krebs*, in: v. Münch/Kunig (Hrsg.), GG Bd. 1, Art. 19 Rdnr. 55.
21 Vgl. BVerfGE 65, 76 (90).
22 So BVerfGE 35, 382 (401) st.Rspr.
23 Vgl. BVerfGE 55, 349 (369) st.Rspr.

weisen, weil sie mehrere Jahre in Anspruch nimmt. Auf der anderen Seite genügt eine summarische Prüfung, wie sie für den einstweiligen Rechtsschutz typisch ist, dem Grundsatz der Rechtsschutzeffektivität unter Umständen deshalb nicht, weil sie es an Intensität fehlen lässt.[24]

2. Schutzrichtung

840   Art. 19 Abs. 4 GG räumt den Grundrechtsträgern einen **Anspruch auf effektiven Rechtsschutz** ein, gehört also zu den Grundrechten des *status positivus* (Leistungsrechten).[25]

III. Grundrechtseinschränkungen

841   Die Rechtsweggarantie kann als vorbehaltlos gewährleistetes Grundrecht prinzipiell nicht durch einfaches Gesetz eingeschränkt werden. Allerdings hat der Gesetzgeber eine weitgehende **Gestaltungsfreiheit** bei der Ausgestaltung des gerichtlichen Verfahrens.

842   Der **Ausschluss des Rechtswegs**, wie er in Art. 10 Abs. 2 Satz 2 GG vorgesehen ist, der zur Vermeidung eines Normwiderspruchs durch Art. 19 Abs. 4 Satz 3 GG als »unberührt« bezeichnet wird, stellt keine Einschränkung des Grundrechts, sondern eine **Ausnahme** von der Rechtsweggarantie dar. Das Bundesverfassungsgericht hat sie im Wesentlichen für vereinbar mit Art. 79 Abs. 3 GG gehalten.[26] Gegenwärtig wird die Rechtsweggarantie vor allem im Zusammenhang mit Ausländer- und Asylrechtsangelegenheiten thematisiert.[27]

IV. Rechtsprechung

843   **BVerfGE** 25, 352 (Gnadenakt); **E** 30, 1 (Abhörurteil); **E** 84, 34 (Gerichtliche Kontrolle von Prüfungsentscheidungen); **E** 101, 106 (Auskunftspflicht der Behörden); **E** 107, 395 (Rechtsschutz bei Verletzung rechtlichen Gehörs).

V. Literatur

844   **K. A. Bettermann**, Die Rechtsweggarantie des Art. 19 Abs. 4 GG in der Rechtsprechung des Bundesverfassungsgerichts, AöR 96 (1971), S. 528; **O. Dörr**, Rechtsschutz gegen den Richter, Jura 2004, S. 334; **V. Götz/H. H. Klein/C. Starck** (Hrsg.), Die öffentliche Verwaltung zwischen Gesetzgebung und richterlicher Kontrolle (1985); **D. Lorenz**, Der Rechtsschutz des Bürgers und die Rechtsweggarantie (1973); **J. Pietzcker**, Das Verwaltungsverfahren zwischen Verwaltungseffizienz und Rechtsschutzauftrag, VVDStRL 41 (1983), S. 193; **W.-R. Schenke**, Verfassungsrechtliche Garantie eines Rechtsschutzes gegen Rechtsprechungsakte?, JZ 2005, S. 116; **ders.**, Rechtsschutz gegen normatives Unrecht, JZ 2006, S. 1004; **E. Schmidt-Aßmann**, Art. 19 IV GG als Teil des Rechtsstaatsprinzips, NVwZ 1983, S. 1; **E. Schmidt-Jortzig**, Effektiver Rechtsschutz als Kernstück des Rechtsstaatsprinzips nach dem Grundgesetz, NJW 1994, S. 2569; **A. Voßkuhle**, Rechtsschutz gegen den Richter (1993); **R. Wahl**, Verwaltungsverfahren zwischen Verwaltungseffizienz und Rechtsschutzauftrag, VVDStRL 41 (1983), S. 151.

---

24 Vgl. im einzelnen *H. Krüger/M. Sachs*, in: Sachs (Hrsg.), GG, Art. 19 Rdnr. 143 ff.
25 Vgl. *H. Schulze-Fielitz*, in: Dreier (Hrsg.), GG Bd. I, Art. 19 IV Rdnr. 84 m. w. N.
26 So BVerfGE 30, 1 (26 ff.).
27 Vgl. die Nachweise bei *H. Schulze-Fielitz*, in: Dreier (Hrsg.), GG Bd. I, Art. 19 IV Rdnr. 142.

§ 21 Der gesetzliche Richter (Art. 101 GG)

Fall 55:   845
Die Senate des Bundesfinanzhofs entscheiden in der Besetzung von fünf Richtern, bei Beschlüssen
außerhalb der mündlichen Verhandlung in der Besetzung von drei Richtern (§ 10 Abs. 3 FGO). Den
Senaten gehören zur Bewältigung des Arbeitsanfalls jedoch regelmäßig mehr als fünf Richter an, so
dass die Besetzung der Richterbank im Einzelnen festgelegt werden muss. Der Vorsitzende verteilt
die Geschäfte auf die Senatsmitglieder, bestimmt insbesondere den Berichterstatter und Mitberichterstatter eines anhängigen Verfahrens. Vor Beginn des Geschäftsjahres bestimmt er für dessen Dauer, nach welchen Grundsätzen die Senatsmitglieder an den Verfahren mitwirken (§ 21 g Abs. 2 GVG
i. V. m. § 4 FGO). Es ist üblich, dass hiernach der an Dienstjahren jüngste Richter, der nicht Berichterstatter oder Mitberichterstatter ist, aus dem Spruchkörper ausscheidet. K, dessen Revision vor
dem Bundesfinanzhof erfolglos war, rügt die fehlerhafte Besetzung des Senats.

(BVerfGE 95, 322)

Das durch Art. 101 Abs. 1 Satz 2 GG gewährleistete Recht auf den gesetzlichen Richter ist   846
ein **Grundrecht**, das wegen seiner thematischen Beziehung zur Rechtsprechung überwiegend als »Justizgrundrecht« bezeichnet wird.[1] Eine Verletzung des Art. 101 GG kann mit
der Verfassungsbeschwerde gerügt werden (Art. 93 Abs. 1 Nr. 4 a GG).

I.   Grundrechtsträger

Grundrechtsträger ist **jedermann**; Art. 101 GG enthält somit ein **Menschenrecht**. Nach der   847
Rechtsprechung des Bundesverfassungsgerichts steht das Recht auf den gesetzlichen
Richter jedem zu,

> »der an einem gerichtlichen Verfahren als Partei beteiligt ist, gleichgültig, ob er eine natürliche oder
> eine juristische, eine inländische oder eine ausländische Person ist.«[2]

Folgerichtig müssen auch **juristische Personen des öffentlichen Rechts** Träger dieses   848
Grundrechts sein.[3] Die im Übrigen gegen die Grundrechtsträgerschaft juristischer Personen geltend zu machenden Einwände[4] sind im Hinblick auf die Justizgrundrechte nicht
stichhaltig. Gerichtsverfahren zeichnen sich dadurch aus, dass die Beteiligten **gleiche
Rechte** haben, weil andernfalls die vom Rechtsstaatsprinzip postulierten *gerechten* Entscheidungen nicht gewährleistet wären. Insoweit befindet sich auch die am Gerichtsverfahren beteiligte juristische Person des öffentlichen Rechts in einer »**grundrechtstypischen
Gefährdungslage**« und bedarf zu ihrer Abwendung des subjektiven Rechts. Die vom Bundesverfassungsgericht insoweit vorgenommene Differenzierung zwischen »Individual-
rechten« (die natürlichen Personen zustehen) und »objektiven Verfahrensgrundsätzen«,
die jedem zugute kommen[5], vermag nicht zu überzeugen und steht im Widerspruch zur
früheren Rechtsprechung.[6]

---

1 Nachweise bei *C. Degenhart*, in: Sachs (Hrsg.), GG, Art. 101 Rdnr. 1 Fn. 3.
2 So BVerfGE 18, 441 (447).
3 Vgl. *C. Degenhart*, in: Sachs (Hrsg.), GG, Art. 101 Rdnr. 4; *Jarass/Pieroth*, GG, Art. 101 Rdnr. 5.
4 Vgl. oben Rdnr. 53 ff.
5 So BVerfGE 61, 82 (104).
6 Vgl. BVerfGE 6, 45 (49 f.); 13, 132 (139 f.).

II. Grundrechtsinhalt

1. Schutzgut

849 Nach Auffassung des Bundesverfassungsgerichts soll Art. 101 Abs. 1 Satz 2 GG

> »der Gefahr vorbeugen, daß die Justiz durch eine Manipulierung der rechtsprechenden Organe sachfremden Einflüssen ausgesetzt wird, insbesondere daß im Einzelfall durch die Auswahl der zur Entscheidung berufenen Richter ad hoc das Ergebnis der Entscheidung beeinflußt wird, gleichgültig, von welcher Seite die Manipulation ausgeht (...).«[7]

Der **gesetzliche Richter** ist folglich der Richter, dessen Zuständigkeit in den allgemeinen Normen der **Gesetze** und der **Geschäftsverteilungspläne** der Gerichte festgelegt ist.[8]

850 Die **sachliche Zuständigkeit** der Gerichtszweige ist durch das Gerichtsverfassungsgesetz (GVG) und die Prozessordnungen (VwGO, FGO, ArbGG, SGG) festgelegt. Die Verwaltungsgerichte sind hiernach für »öffentlich-rechtliche Streitigkeiten nichtverfassungsrechtlicher Art« zuständig (§ 40 Abs. 1 VwGO), während vor die ordentlichen Gerichte alle »bürgerlichen Rechtsstreitigkeiten« gehören (§ 13 GVG). Die Arbeitsgerichte sind für bestimmte bürgerlich-rechtliche Streitigkeiten zwischen Arbeitgebern und Arbeitnehmern zuständig (§ 2 ArbGG), während die Sozialgerichte und die Finanzgerichte als besondere Verwaltungsgerichte für bestimmte öffentlich-rechtliche Streitigkeiten zuständig sind (§§ 51 SGG, 33 FGO). Die **instanzielle Zuständigkeit**, die eine Sonderform der sachlichen Zuständigkeit darstellt, wird ebenfalls durch das GVG und die Prozessordnungen geregelt.

851 Im Ausgangsfall war der Finanzrechtsweg gegeben, weil es sich (offenbar) um eine Abgabenangelegenheit handelte, die der Bundesgesetzgebung unterlag (§ 33 Abs. 1 Nr. 1 FGO). Die (sachliche, instanzielle) Zuständigkeit des Bundesfinanzhofs ergibt sich aus § 36 Nr. 1 FGO (Revision gegen Urteile des Finanzgerichts).

852 Auch die **örtliche Zuständigkeit** der Gerichte – die »Gerichtsbezirke« – unterliegt dem Gesetzesvorbehalt.[9] Die Gesetze ermächtigen gelegentlich zum Erlass von Rechtsverordnungen, die den allgemeinen Voraussetzungen genügen müssen, die an Rechtsverordnungen zu stellen sind.

853 Unterhalb der Ebene der sachlichen und örtlichen Zuständigkeit der Gerichte werden die speziellen Zuständigkeiten der einzelnen Spruchkörper durch **Geschäftsverteilungspläne** bestimmt. Auch diese müssen im Vorhinein festgelegt werden und dürfen nicht aus Anlass eines bestimmten Verfahrens geändert werden. Das Bundesverfassungsgericht hat in einer Vielzahl von Entscheidungen hierfür Grundsätze aufgestellt.[10]

854 Im Ausgangsfall ist die Zuständigkeit des Senats im Vorhinein durch den Geschäftsverteilungsplan des Bundesfinanzhofs bestimmt worden, so dass insoweit dem Erfordernis des gesetzlichen Richters Genüge getan ist. Hinsichtlich der dem Vorsitzenden obliegenden Geschäftsverteilung innerhalb eines Spruchkörpers (§ 21 g Abs. 2 GVG) hat sich der Zweite Senat des Bundesverfassungsgerichts auf die Prüfung beschränkt, ob das diesem eingeräumte Ermessen willkürfrei ausgeübt worden sei.[11] Nach Auffassung des Ersten Senats gebietet Art. 101 Abs. 1 Satz 2 GG, dass der Vorsitzende eines überbesetzten Spruchkörpers vor Beginn des Geschäftsjahres nach abstrakt-generellen Maßnahmen zu bestimmen hat, welche Mitglieder des Spruchkörpers bei den einzelnen richterlichen Geschäften mitwirken.[12] Das wegen dieser Divergenz angerufene Plenum des Bundesverfassungsgerichts (§ 16 Abs. 1 BVerfGG) hat sich der Rechtsauffassung des Ersten Senats an-

---

7 So BVerfGE 17, 294 (299).
8 So BVerfGE 48, 246 (254) st. Rspr.
9 Vgl. BVerfGE 2, 307 (319 f.).
10 Vgl. BVerfGE 17, 294 (299 f.); 18, 423 (427); 31, 47 (54); 31, 145 (163 f.); 69, 112 (121 f.).
11 Vgl. BVerfGE 18, 344 (351 f.); 22, 282 (286); 69, 112 (120 f.).
12 So BVerfG, NJW 1995, S. 2703.

geschlossen. Hiernach ist es nach Art. 101 Abs. 1 Satz 2 GG grundsätzlich geboten, für überbesetzte Spruchkörper im Voraus nach abstrakten Merkmalen zu bestimmen, welche (Berufs-)Richter an den jeweiligen Verfahren mitzuwirken haben.[13]

Der »gesetzliche Richter« wird zudem (negativ) dadurch bestimmt, dass **Richter** unter bestimmten Voraussetzungen von der Mitwirkung am Verfahren **ausgeschlossen** sind. Ein einzelner Richter, der dem sachlich und örtlich zuständigen Gericht und nach dem Geschäftsverteilungsplan zuständigen Spruchkörper angehört, ist gleichwohl nicht der »gesetzliche Richter«, wenn er kraft Gesetzes an einer speziellen Rechtssache nicht mitwirken darf. Sofern er entgegen dem gesetzlichen Ausschluss mitwirkt, liegt nicht nur ein Verfahrensfehler, sondern auch ein Verstoß gegen Art. 101 Abs. 1 Satz 2 GG vor, der mit der Verfassungsbeschwerde gerügt werden kann.[14]   **855**

2. Schutzrichtung

Nach Auffassung des Bundesverfassungsgerichts hat der Rechtssuchende   **856**

> »einen Anspruch darauf, daß der Rechtsstreit, an dem er beteiligt ist, von *seinem* gesetzlichen Richter entschieden wird.«[15]

Art. 101 Abs. 1 Satz 2 GG räumt damit ein **Leistungsrecht** ein, beschränkt sich also nicht auf die Abwehr des *nichtgesetzlichen* Richters.

III. Grundrechtseinschränkungen

Das Grundrecht steht unter keinem Gesetzesvorbehalt und ist deshalb nicht einschränkbar. Da der *gesetzliche* Richter nur durch *Gesetze* bestimmt werden kann und insofern es ohnehin der gesetzgeberischen Ausgestaltung des Justizwesens bedarf, kann auch die Rechtsfigur des kollidierenden Verfassungsrechts keine Rolle spielen.[16]   **857**

IV. Rechtsprechung

BVerfGE 17, 294 (Geschäftsverteilungsplan); **E** 48, 246 (Mitwirkung der ehrenamtlichen Richter an Entscheidungen des Bundessozialgerichts); **E** 69, 112 (Geschäftsverteilung innerhalb eines überbesetzten Senats); **E** 95, 322 (Geschäftsverteilung innerhalb eines überbesetzten Senats); **BGHZ** 126, 63 (Geschäftsverteilung innerhalb eines überbesetzten Senats).   **858**

V. Literatur

K. A. Bettermann, Der gesetzliche Richter in der Rechtsprechung des Bundesverfassungsgerichts, AöR 94 (1969), S. 263; **G. Britz**, Das Grundrecht auf den gesetzlichen Richter in der Rechtsprechung des BVerfG, JA 2001, S. 573; **G. Felix**, Der gesetzliche Urteils-Richter des Bundesfinanzhofs, NJW 1992, S. 217; **C. Gloria**, Verfassungsrechtliche Anforderungen an die gerichtlichen Geschäftsverteilungspläne, DÖV 1988, S. 849; **W. Höfling/T. Roth**, Ungesetzliche Bundesverfassungsrichter?, DÖV 1997, S. 67; **M. Pechstein**, Der gesetzliche Richter, Jura 1998, S. 197; **M. Rodi**, Vorlageentscheidungen, gesetzliche Richter und Will-   **859**

---

13 So BVerfGE 95, 322.
14 Vgl. BVerfGE 30, 165 (167).
15 So BVerfGE 17, 294 (299).
16 Vgl. *Jarass/Pieroth*, GG, Art. 101 Rdnr. 17.

kür, DÖV 1989, S. 750; **E. Träger**, Der gesetzliche Richter, in: Festschrift für W. Zeidler, Bd. I (1987), S. 123; **C. Vedder**, Ein neuer gesetzlicher Richter?, NJW 1987, S. 526; **M. Wiebel**, Die senatsinterne Geschäftsverteilung beim Bundesgerichtshof (Zivilsenate), BB 1992, S. 573; **H.-J. Wipfelder**, Die Rechtsprechung des Bundesverfassungsgerichts zu Art. 101 Abs. 1 Satz 2 GG, VBlBW 1982, S. 33.

§ 22 Rechtliches Gehör. Nulla poena sine lege. Ne bis in idem (Art. 103 GG)

I. Recht auf rechtliches Gehör (Art. 103 Abs. 1 GG)

Fall 56: 860
Studentin S ist beim Überfahren einer auf Rot geschalteten Ampel »geblitzt« worden. Ihr geht ein Anhörungsbogen der Ordnungsbehörde zu, den sie ausgefüllt zurücksendet. Während der Semesterferien ergeht gegen S ein Bußgeldbescheid, der ihr jedoch, weil sie ortsabwesend ist, nicht zugestellt werden kann und deshalb beim Postamt »niedergelegt« wird. Als S aus den Ferien zurückkehrt und vom Bußgeldbescheid Kenntnis erhält, legt sie beim zuständigen Amtsgericht Einspruch ein und beantragt die Wiedereinsetzung in den vorigen Stand. Das Amtsgericht verwirft den Einspruch als verspätet und weist den Antrag auf Wiedereinsetzung in den vorigen Stand mit der Begründung zurück, S habe Vorkehrungen dafür treffen müssen, dass der Bußgeldbescheid sie auch während ihrer Abwesenheit rechtzeitig erreichen könne.

(BVerfGE 34, 154)

1. Grundrechtsträger

Die Grundrechtsträgerschaft entspricht derjenigen bei Art. 101 GG, erfasst also natürliche 861
Personen, **in- und ausländische juristische Personen** des Privatrechts sowie juristische
Personen des öffentlichen Rechts.[1] Nach Auffassung des Bundesverfassungsgerichts hat

»Anspruch auf rechtliches Gehör aus Art. 103 Abs. 1 GG … jeder, der an einem gerichtlichen Verfahren als Partei oder in ähnlicher Stellung beteiligt ist oder unmittelbar rechtlich von dem Verfahren betroffen wird (…). Das gilt auch uneingeschränkt für Verfahren, die vom Untersuchungsgrundsatz beherrscht werden (…).«[2]

Die Bedenken, die das Bundesverfassungsgericht gegenüber einer Grundrechtsträger- 862
schaft juristischer Personen des öffentlichen Rechts auch hinsichtlich des Art. 103 Abs. 1
GG äußerte[3], sind damit offenbar überwunden.

2. Grundrechtsinhalt

a) Schutzgut

Das Bundesverfassungsgericht hat das Schutzgut des Art. 103 Abs. 1 GG wie folgt um- 863
schrieben:

»Der im Grundgesetz verankerte Anspruch auf Gewährung rechtlichen Gehörs ist eine Folgerung aus dem Rechtsstaatsgedanken für das Gebiet des gerichtlichen Verfahrens (…). Der Einzelne soll nicht bloßes Objekt des gerichtlichen Verfahrens sein, sondern er soll vor einer Entscheidung, die seine Rechte betrifft, zu Worte kommen, um Einfluß auf das Verfahren und sein Ergebnis nehmen zu können (…). Art. 103 Abs. 1 GG garantiert den Beteiligten an einem gerichtlichen Verfahren da-

---

1 Vgl. *C. Degenhart*, in: Sachs (Hrsg.), GG, Art. 103 Rdnr. 6.
2 So BVerfGE 75, 201 (215).
3 Vgl. BVerfGE 61, 82 (104): »Diese Verfassungsbestimmungen gehören formell nicht zu den Grundrechten im Sinne von Art. 19 GG; sie gewährleisten auch nach ihrem Inhalt keine Individualrechte wie die Art. 1 bis 17 GG, sondern enthalten objektive Verfahrensgrundsätze, die für jedes gerichtliche Verfahren gelten und daher auch jedem zugute kommen müssen, der nach den Verfahrensnormen parteifähig ist oder von dem Verfahren unmittelbar betroffen wird (…).«

her, daß sie Gelegenheit erhalten, sich zu dem einer gerichtlichen Entscheidung zugrundeliegenden Sachverhalt vor Erlaß der Entscheidung zu äußern (...).«[4]

Zusammen mit anderen Verfassungsgrundsätzen gewährleistet Art. 103 Abs. 1 GG folglich ein **faires Verfahren**.[5]

b) Schutzrichtung

864 Art. 103 Abs. 1 GG räumt den Grundrechtsträgern nach dem klaren Wortlaut der Verfassung einen **Anspruch auf rechtliches Gehör** ein, ist also ein Grundrecht des *status positivus* (Leistungsrecht).

865 Im Ausgangsfall hat sich S zwar in Gestalt des Anhörungsbogens zu der Sache äußern können, im *gerichtlichen* (Einspruchs-)Verfahren ist ihr das rechtliche Gehör demgegenüber versagt geblieben. Nun kennen alle Prozessordnungen Fristen, nach deren Ablauf Rechtsbehelfe unzulässig werden und daher ohne weitere Sachprüfung zurückgewiesen werden können.[6] Dies setzt allerdings voraus, dass der Betroffene Kenntnis vom Fristablauf hat. Die Kernfrage im Ausgangsfall ist mithin, ob der (potentielle) Adressat eines Bußgeldbescheids Vorkehrungen dafür treffen muss, dass er jederzeit erreichbar ist. Das Bundesverfassungsgericht vertritt die Auffassung, dass die Anforderungen an die Wiedereinsetzung in den vorigen Stand (§ 44 StPO) aufgrund des Art. 103 Abs. 1 GG nicht überspannt werden dürften, und hält den Bürger nicht für verpflichtet, während der Abwesenheit von seiner Wohnung Vorkehrungen für mögliche Zustellungen zu treffen.[7]

3. Grundrechtseinschränkungen

866 Art. 103 Abs. 1 GG steht unter keinem Gesetzesvorbehalt und kann deshalb nicht eingeschränkt werden. Da sich der Anspruch auf rechtliches Gehör jedoch auf ein (gerichtliches) Verfahren bezieht und das Verfahren durch **Verfahrensrecht** geregelt wird, ist auch der Anspruch auf rechtliches Gehör Gegenstand rechtlicher Regelung und unterliegt deshalb Formen und Fristen.[8] Das Bundesverfassungsgericht hält in ständiger Rechtsprechung verfahrensrechtliche Vorschriften für mit Art. 103 Abs. 1 GG vereinbar, soweit sie den Rechtsschutz nicht unzumutbar erschweren.[9] Des Rückgriffs auf »kollidierendes Verfassungsrecht« bedarf es deshalb nicht.[10]

II. Nulla poena sine lege (Art. 103 Abs. 2 GG)

867 **Fall 57:**
B hatte sich an einer gegen die Stationierung von Kurzstreckenwaffen gerichteten Demonstration beteiligt und sich mit anderen Demonstranten auf die Fahrbahn vor einem Sondermunitionslager der Bundeswehr gesetzt und auf diese Weise die Weiterfahrt eines Bundeswehrfahrzeugs verhindert. Die Polizei löste daraufhin die Versammlung auf und ordnete an, die Demonstranten, die weiterhin die Zufahrt blockierten, wegzutragen. B wurde durch Urteil des Amtsgerichts wegen Nötigung (§ 240 StGB) zu einer Geldstrafe von 15 Tagessätzen zu 25 DM verurteilt. Landgericht und Oberlandesgericht wiesen die hiergegen eingelegten Rechtsmittel mit der Begründung zurück,

---

4 So BVerfGE 84, 188 (190).
5 Vgl. *C. Degenhart*, in: Sachs (Hrsg.), GG, Art. 103 Rdnr. 3 m. w. N.
6 Vgl. im einzelnen *C. Degenhart*, in: Sachs (Hrsg.), GG, Art. 103 Rdnr. 34 ff.
7 Vgl. BVerfGE 34, 154 (156).
8 Vgl. *C. Degenhart*, in: Sachs (Hrsg.), GG, Art. 103 Rdnr. 34.
9 Vgl. BVerfG, NJW 1991, S. 2076: »Die Grenze des Zumutbaren ist dann überschritten, wenn auf den Rechtssuchenden die Verantwortung für Risiken und Unsicherheiten bei der Entgegennahme rechtzeitig in den Gewahrsam des Gerichts gelangender fristwahrender Schriftsätze abgewälzt wird und die Ursache hierfür allein in der Sphäre des Gerichts zu finden ist.«
10 Anders offenbar *Jarass/Pieroth*, GG, Art. 103 Rdnr. 31: »nur ausnahmsweise«.

dass die Demonstranten mit ihrer Blockade »Gewalt« im Sinne des § 240 Abs. 1 StGB angewandt hätten. B rügt mit der Verfassungsbeschwerde eine Verletzung des Art. 103 Abs. 2 GG.

(BVerfGE 92, 1)

1. Grundrechtsträger

Grundrechtsträger ist **jedermann**; Art. 103 Abs. 2 GG gewährleistet mithin ein **Menschenrecht**. Juristische Personen können sich auf das Grundrecht berufen, soweit gegen sie strafrechtliche oder strafrechtsähnliche Sanktionen verhängt werden können.[11] Sanktionen nach dem Ordnungswidrigkeitenrecht stehen den Strafsanktionen gleich.[12]   868

2. Grundrechtsinhalt

a) Schutzgut

Überwiegend wird Art. 103 Abs. 2 GG als Konkretisierung des Rechtsstaatsprinzips angesehen.[13] Mit gleicher Tendenz, aber enger dürfte das Schutzgut des Art. 103 Abs. 2 GG zutreffend als **Individualgerechtigkeit** im Bereich des Straf- und Ordnungswidrigkeitenrechts zu umschreiben sein. Das aus dem Rechtsstaatsgrundsatz folgende **Schuldprinzip**[14] setzt beim Täter grundsätzlich das Wissen um die Verbotenheit eines Tuns voraus. Folgerichtig können nur solche Taten geahndet werden, deren Strafbarkeit vor Begehung der Tat gesetzlich bestimmt war.   869

Der Grundsatz *nulla poena sine lege* wird in das **Prinzip der Gesetzlichkeit**, der **Gesetzesbestimmtheit** und das **Verbot rückwirkender Strafgesetze** gegliedert.[15]   870

Das Prinzip der Gesetzlichkeit stellt einen Spezialfall des Gesetzesvorbehalts[16] für den Bereich des Strafrechts dar. Das Bundesverfassungsgericht hat hierzu ausgeführt, dass eine Strafe nach Art. 103 Abs. 2 GG   871

> »nur aufgrund eines förmlichen Gesetzes oder aufgrund einer Rechtsverordnung verhängt werden (kann), die im Rahmen einer nach Inhalt, Zweck und Ausmaß derart bestimmten gesetzlichen Ermächtigung ergangen ist. Die Voraussetzungen der Strafbarkeit und die Art der Strafe müssen für den Bürger schon aufgrund des Gesetzes, nicht erst aufgrund der hierauf gestützten Verordnung voraussehbar sein (...).«[17]

Dasselbe gilt für die Ahndung von Ordnungswidrigkeiten.[18]

Das **Bestimmtheitsgebot** verpflichtet den Gesetzgeber, die Strafrechtstatbestände so genau zu fassen, dass der Bürger in der Lage ist, sein Verhalten danach einzurichten.[19] Der Gesetzgeber muss die Strafbarkeitsvoraussetzungen umso genauer festlegen und präziser bestimmen, je schwerer die von ihm angedrohte Strafe ist.[20] **Blankettstrafgesetze**, deren   872

---

11 Vgl. § 73 Abs. 3 StGB; § 30 OWiG.
12 Vgl. BVerfGE 71, 108 (114).
13 Vgl. *C. Degenhart*, in: Sachs (Hrsg.), GG, Art. 103 Rdnr. 49; *P. Kunig*, in: v. Münch/Kunig (Hrsg.), GG Bd. 3 (3. Aufl. 1996), Art. 103 Rdnr. 17; *E. Schmidt-Aßmann*, in: Maunz/Dürig, GG, Art. 103 Rdnr. 166.
14 Vgl. BVerfGE 84, 82 (87).
15 Vgl. *C. Degenhart*, in: Sachs (Hrsg.), GG, Art. 103 Rdnr. 49 f.; *Jarass/Pieroth*, GG, Art. 103 Rdnr. 40 ff.; jeweils m. w. N.
16 Vgl. *J. Ipsen*, Staatsrecht I, Rdnr. 799 f.
17 So BVerfGE 75, 329 (342).
18 Vgl. BVerfGE 87, 399 (411) st. Rspr.
19 Vgl. *Pieroth/Schlink*, Grundrechte, Rdnr. 1091.
20 So BVerfGE 75, 329 (342).

Tatbestände sich erst aufgrund anderer Gesetze oder Rechtsverordnungen ergeben, sind nach Auffassung des Bundesverfassungsgerichts allerdings nicht schlechthin unzulässig.[21]

873 Nach ständiger Rechtsprechung des Bundesverfassungsgerichts schließt das **Erfordernis gesetzlicher Bestimmtheit** eine analoge oder gewohnheitsrechtliche Strafbegründung aus[22]:

> »Dabei ist »Analogie« nicht im engeren technischen Sinne zu verstehen; ausgeschlossen ist vielmehr jede Rechts-»Anwendung«, die über den Inhalt einer gesetzlichen Sanktionsnorm hinausgeht. Art. 103 Abs. 2 GG zieht der Auslegung von Straf- und Bußgeldvorschriften eine verfassungsrechtliche Schranke. Da Gegenstand der Auslegung gesetzlicher Bestimmungen immer nur der Gesetzestext sein kann, erweist dieser sich als maßgebendes Kriterium: Der mögliche Wortsinn des Gesetzes markiert die äußerste Grenze zulässiger richterlicher Interpretation (...).«[23]

874 Der **mögliche Wortsinn** als Grenze richterlicher Gesetzesauslegung ist inzwischen allgemein anerkannt.[24] Nach der Rechtsprechung des Bundesverfassungsgerichts gebietet Art. 103 Abs. 2 GG, den (möglichen) Wortsinn aus der Sicht des Bürgers zu bestimmen, weil Straf- und Bußgeldandrohungen nur unter dieser Voraussetzung erkennbar und vorhersehbar sind.[25]

875 Im Ausgangsfall ging es um die (seit langem umstrittene) Frage, ob der Begriff der »Gewalt« (§ 240 Abs. 1 StGB) durch »Sitzblockaden« erfüllt ist. Der BGH hatte diese Möglichkeit in ständiger Rechtsprechung bejaht.[26] Das Bundesverfassungsgericht hatte in einer früheren Entscheidung eine Verletzung des Analogieverbots nicht feststellen können, »wenn Gerichte die Gewaltalternative des § 240 StGB auf Sitzdemonstrationen erstrecken, bei denen die Teilnehmer Zufahrten zu militärischen Einrichtungen ohne gewalttätiges Verhalten durch Verweilen auf der Fahrbahn versperren.«[27] In einer neueren Entscheidung hat das Bundesverfassungsgericht demgegenüber die Auffassung vertreten, dass die durch die Strafgerichte vorgenommene Auslegung des Gewaltbegriffs in § 240 Abs. 1 StGB gegen Art. 103 Abs. 2 GG verstößt.[28] In einem neueren Beschluss hat das Bundesverfassungsgericht demgegenüber einen Verstoß gegen Art. 103 Abs. 2 GG für den Fall verneint, dass ein Strafgericht Sitzblockaden als Gewaltanwendung ansieht (mit der Folge der Bestrafung aus § 240 Abs. 1 StGB), bei denen sich die Teilnehmer angekettet und auf diese Weise eine »physische Barriere« errichtet haben.[29]

876 Das **Rückwirkungsverbot** verbietet die Bestrafung aufgrund von Gesetzen, die zum Tatzeitpunkt noch nicht in Kraft waren.[30] Durch Änderungen der Rechtsprechung, die sich zu Lasten des Täters auswirken, wird nach Auffassung des Bundesverfassungsgerichts das Rückwirkungsverbot nicht verletzt.[31]

877 Eine besondere Tiefendimension erreicht die Rückwirkungsproblematik, wenn es sich um **staatliches Unrecht** handelt. Das Bundesverfassungsgericht sieht es nicht als Verstoß gegen das Rückwirkungsverbot an, wenn Rechtfertigungsgründe nicht nach der gängigen Staatspraxis, sondern nach rechtsstaatlichen Maßstäben ausgelegt werden (und damit un-

---

21 Vgl. BVerfGE 75, 329 (342).
22 Vgl. BVerfGE 14, 174 (185); 25, 269 (285); 26, 41 (42); 71, 108 (115).
23 So BVerfGE 71, 108 (115).
24 Vgl. *C. Degenhart*, in: Sachs (Hrsg.), GG, Art. 103 Rdnr. 70; *Jarass/Pieroth*, GG, Art. 103 Rdnr. 47 f.; *E. Schmidt-Aßmann*, in: Maunz/Dürig, GG, Art. 103 Rdnr. 226 ff.; vgl. bereits *J. Ipsen*, Richterrecht und Verfassung (1975), S. 235 f.
25 Vgl. BVerfGE 71, 108 (115); 82, 236 (269); 87, 209 (224).
26 Vgl. BGHSt 23, 46; 34, 71.
27 So BVerfGE 73, 206 (LS 1).
28 Vgl. BVerfGE 92, 1 (14).
29 So BVerfGE 104, 92 (102).
30 Vgl. *Pieroth/Schlink*, Grundrechte, Rdnr. 1095.
31 So BVerfG (2. Kammer des Zweiten Senats), NJW 1990, S. 3140 (Änderung der Rechtsprechung zur absoluten Fahruntüchtigkeit); a. A. *C. Degenhart*, in: Sachs (Hrsg.), GG, Art. 103 Rdnr. 75; *Jarass/Pieroth*, GG, Art. 103 Rdnr. 53.

angewendet bleiben).[32] Das Problem ergibt sich aus dem für Unrechtsregime kennzeichnenden Unterschied zwischen dem (formell geltenden) Gesetzesrecht und der (tatsächlich geübten) Staatspraxis. Soweit Staat und Recht gleichgesetzt werden und hieraus die »Legalität« jeglichen staatlichen Handelns gefolgert wird[33], verstößt jegliche strafrechtliche Ahndung gegen das Rückwirkungsverbot des Art. 103 Abs. 2 GG.[34] Das Bundesverfassungsgericht hat demgegenüber den Ansatz des BGH bekräftigt, wonach das Handeln staatlicher Organe an dem (formal geltenden) *Recht*, nicht an dem (tatsächlich herrschenden) *Unrecht* zu messen ist. Die Rechtsprechung des Bundesverfassungsgerichts verdient Zustimmung. Unrechtsregime sind durch ein Auseinanderfallen von rechtsstaatlicher Fassade und bis zum Terror reichender tatsächlicher Machtausübung gekennzeichnet[35], aufgrund dieses Widerspruchs aber auch aus sich heraus widerlegbar.[36] Überdies zeitigt staatliches Unrecht regelmäßig Rechtsfolgen, die in die Gegenwart hineinwirken. Insofern stellt sich nicht allein das Problem der *Rückwirkung* heute geltenden Rechts, sondern der **Fortwirkung vergangenen Unrechts**.[37]

b) Schutzrichtung

Der Grundsatz **nulla poena sine lege** ist zum einen ein Satz objektiven Verfassungsrechts, räumt den Grundrechtsträgern aber zum anderen ein **Abwehrrecht** ein, mit dessen Hilfe Bestrafungen verhindert werden können.[38]   878

3. Grundrechtseinschränkungen

Da Art. 103 Abs. 2 GG nicht unter Gesetzesvorbehalt steht, sind Einschränkungen des   879
Grundrechts nicht statthaft. Für die ohnehin problematische Berufung auf »kollidierendes Verfassungsrecht« besteht kein Raum.[39]

III. Verbot der Doppelbestrafung (Art. 103 Abs. 3 GG)

Fall 58:   880
Gegen W, der seinen Wehrdienst ableistet, wurde eine Disziplinarstrafe von 21 Tagen Arrest verhängt, weil er seinen Nachturlaub überschritten, die Kaserne auf verbotenem Wege betreten, einer Aufforderung des Streifenpostens nicht Folge geleistet, sich bei dem Versuch der Festnahme zur Wehr gesetzt und sich durch Flucht entfernt hatte. Nach Verbüßung der Arreststrafe erhob die Staatsanwaltschaft Anklage gegen W wegen fortgesetzter Vergehen gegen das Wehrstrafgesetz. Das Schöffengericht verurteilte ihn wegen fortgesetzter Gehorsamsverweigerung zu einer Haftstrafe von 5 Wochen.

(BVerfGE 21, 378)

---

32 Vgl. BVerfGE 95, 96.
33 So B. *Pieroth*, VVDStRL 51 (1992), S. 98.
34 So konsequent B. *Pieroth*, VVDStRL 51 (1992), S. 102 f.; nicht erfindlich ist, wie die von *Pieroth* postulierte »Befugnis zur Umwertung« verfassungsrechtlich begründbar ist.
35 Vgl. BVerfGE 95, 96 (135 ff.); vgl. grundlegend E. *Fraenkel*, Der Doppelstaat, in: A. v. Brünneck (Hrsg.), Ernst Fraenkel – Gesammelte Schriften, Bd. 2 (1999).
36 Vgl. J. *Ipsen*, in: Festgabe Heymanns Verlag, S. 66.
37 Vgl. J. *Ipsen*, in: Festgabe Heymanns Verlag, S. 68.
38 Vgl. nur BVerfGE 71, 108; 87, 209; 92, 1.
39 Vgl. *Jarass/Pieroth*, GG (6. Aufl. 2002), Art. 103 Rdnr. 55: »Ein derartiger Versuch ist aber bisher weder im Schrifttum noch in der Rechtsprechung gemacht worden.« Einen solchen Versuch hat *Pieroth* selbst unternommen, indem er die Bestrafung ursprünglich legaler Handlungen aufgrund einer »Umwertungsbefugnis« für denkbar hält: vgl. *ders.*, VVDStRL 51 (1992), S. 103 f.

1. Grundrechtsträger

881 Grundrechtsträger ist – wie bei den Grundrechten aus Art. 103 Abs. 1 und 2 GG – **jedermann**, das Grundrecht ist also zu den **Menschenrechten** zu rechnen.

2. Grundrechtsinhalt

a) Schutzgut

882 Schutzgut des Art. 103 Abs. 3 GG ist – ähnlich wie bei den anderen Justizgrundrechten – die **individuelle Gerechtigkeit**. Durch eine doppelte oder gar mehrfache Bestrafung würde der Einzelne **übermäßig** belastet und damit das materielle Gerechtigkeitsprinzip verletzt. Schutzgut ist überdies der **Rechtsfrieden**, weil Art. 103 Abs. 3 GG es über den unmittelbaren Wortlaut hinaus verbietet, eine verbrauchte Strafklage (die nicht zu einer Verurteilung geführt hat) zu wiederholen.[40]

883 Art. 103 Abs. 3 GG verbietet die Mehrfachbestrafung aufgrund der **allgemeinen Strafgesetze**; demgegenüber soll es nicht ausgeschlossen sein, daß neben die Strafsanktion eine Disziplinarmaßnahme tritt.[41]

884 Im Ausgangsfall ist die Disziplinarstrafe nicht aufgrund der *allgemeinen Strafgesetze*, sondern aufgrund der *Wehrdisziplinarordnung* (WDO) verhängt worden. Ein Verstoß gegen Art. 103 Abs. 3 GG liegt nach der Rechtsprechung des Bundesverfassungsgerichts folglich nicht vor. Das Bundesverfassungsgericht hat es gleichwohl als mit rechtsstaatlichen Grundsätzen nicht vereinbar angesehen, »wenn ein Soldat nach Verhängung einer Freiheitsstrafe im Disziplinarverfahren wegen desselben Tatkomplexes noch einmal und ohne Berücksichtigung der Disziplinarstrafe mit einer Freiheitsstrafe des Kriminalrechts belegt wird.«[42]

885 Zum ebenfalls aus Art. 103 Abs. 3 GG herzuleitenden Verbot erneuter Strafverfolgung hat das Bundesverfassungsgericht ausgeführt:

> »Der Verfassungsgeber hat das Verfahrenshindernis der Rechtskraft angesichts der Erfahrungen mit einem Unrechtsregime, das vor erneuter Verfolgung schon abgeurteilter Taten nicht zurückgeschreckt und uferlose Durchbrechungen der Rechtskraft zum Zwecke härterer Bestrafung ermöglicht hatte, in den Rang eines Prozeßgrundrechts erhoben. Auch wenn dies im Einzelfall zu als ungerecht empfundenen Ergebnissen führen kann, so ist doch vor dem Hintergrund der geschichtlichen Erfahrungen allen Versuchen entgegenzutreten, den Tatbegriff je nach der Schwere der unberücksichtigt gebliebenen Umstände zu verändern, um nachträglich eine gerechte Bestrafung zu ermöglichen. Eine derartige Sperrwirkung ist andererseits aber nur erträglich, wenn der Umfang des prozessualen Tatbegriffs nicht über jedes Maß hinaus ausgedehnt wird, indem er mit der Rechtsfigur der materiellrechtlichen Tateinheit verknüpft wird, die gänzlich anderen Zwecken dient. Ihre unterschiedlichen Zielsetzungen verbieten es, die Begriffe des materiellen Rechts und des Prozeßrechts zu vermengen, will man nicht den jeweils verfolgten Prinzipien Abbruch tun und in die Gefahr unauflösbarer Wertungswidersprüche geraten.«[43]

886 Vor diesem Hintergrund wird die Frage diskutiert, ob die nach rechtskräftiger strafgerichtlicher Entscheidung zuungunsten des Angeklagten vorgesehene **Wiederaufnahme des Verfahrens** (§ 362 StPO) mit Art. 103 Abs. 3 GG vereinbar ist.[44] Ehe eine immanente

---

40 Vgl. BVerfGE 12, 62 (66) st. Rspr.
41 Vgl. BVerfGE 21, 391 (400 f.); *C. Degenhart*, in: Sachs (Hrsg.), GG, Art. 103 Rdnr. 91; *Jarass/Pieroth*, GG, Art. 103 Rdnr. 59; *Pieroth/Schlink*, Grundrechte, Rdnr. 1107 f.
42 So BVerfGE 21, 378 (384).
43 So BVerfGE 56, 22 (32).
44 Vgl. *C. Degenhart*, in: Sachs (Hrsg.), GG, Art. 103 Rdnr. 90; *Jarass/Pieroth*, GG, Art. 103 Rdnr. 65; *E. Schmidt-Aßmann*, in: Maunz / Dürig, GG, Art. 103 Rdnr. 270.

Schranke des Grundrechts postuliert wird[45], müsste die Frage geklärt werden, ob der im Wortlaut des Art. 103 Abs. 3 GG nicht zum Ausdruck gelangte Verbrauch der Strafklage in gleicher Weise gewährleistet ist wie das Verbot der Doppelbestrafung.

b) Schutzrichtung

Ebenso wie Art. 103 Abs. 2 GG enthält das Verbot der Doppelbestrafung ein Grundrecht   887
des *status negativus*, das dem Staat entgegengehalten werden kann.

3. Grundrechtseinschränkungen

Art. 103 Abs. 3 GG steht nicht unter Gesetzesvorbehalt, so dass eine Einschränkung oder   888
Beeinträchtigung nicht statthaft ist. Eines Rückgriffs auf das auch im Übrigen problematische »kollidierende Verfassungsrecht« bedarf es nicht.[46]

IV. Rechtsprechung

Zu I.: BVerfGE 52, 203 (Einreichung von Schriftsätzen); E 54, 117 (Präklusionsvorschriften   889
im Zivilprozess I); E 75, 302 (Präklusionsvorschriften im Zivilprozess II); E 89, 28 (Rechtliches Gehör bei Selbstablehnung eines Richters); E 89, 381 (Rechtliches Gehör bei Adoption Volljähriger); E 107, 395 (Rechtsschutz bei Verletzung rechtlichen Gehörs).

Zu II.: BVerfGE 73, 206 (Sitzblockade I); E 87, 209 (Analogieverbot bei § 131 Abs. 1 StGB); E
92, 1 (Sitzblockade II); E 104, 92 (Blockaden durch physische Barrieren); E 105, 135 (Vermö-
gensstrafe nach § 43 a StGB); E 112, 304 (GPS).

Zu III.: BVerfGE 3, 248 (Verbrauch der Strafklage durch Strafbefehl I); E 21, 378 (Verhältnis
von Disziplinar- und Kriminalstrafen); E 56, 22 (Verbot der Doppelbestrafung bei krimineller Vereinigung); E 65, 377 (Verbrauch der Strafklage durch Strafbefehl II).

V. Literatur

Zu I.: K. G. Deubner, Die Verfassungsbeschwerde wegen Verletzung des Anspruchs auf   890
rechtliches Gehör als Rechtsbehelf im Zivilprozeß, NJW 1980, S. 263; **C. Gusy**, Rechtliches
Gehör durch abwesende Richter?, JuS 1990, S. 712; **P. Lerche**, Zum »Anspruch auf rechtliches Gehör«, ZZP 78 (1965), S. 1; **M. Niemöller/G. F. Schuppert**, Die Rechtsprechung
des Bundesverfassungsgerichts zum Strafverfahrensrecht, AöR 107 (1982), S. 387; **H. Rü-
ping**, Verfassungs- und Verfahrensrecht im Grundsatz des rechtlichen Gehörs, NVwZ
1985, S. 304; **E. Schmidt-Aßmann**, Verfahrensfehler als Verletzungen des Art. 103 Abs. 1
GG, DÖV 1987, S. 1029; **E. Schumann**, Die Wahrung des Grundsatzes des rechtlichen Gehörs – Dauerauftrag für das BVerfG?, NJW 1985, S. 1134.

Zu II.: I. Appel, Grundrechtsgleiche Rechte, Prozeßgrundrechte oder Schranken – Schranken? Zur grundrechtsdogmatischen Einordnung von Art. 103 Abs. 2 und 3 GG, Jura 2000,
S. 571; **M. Heger**, Verwerflicher Grundrechtsgebrauch? Anmerkungen zu BVerfGE 104, 92,
Jura 2003, S. 112; **J. Ipsen**, Die rechtliche Bewältigung von Unrechtsfolgen des DDR-Re-
gimes, in: Ipsen/Rengeling/Mössner/Weber (Hrsg.), Verfassungsrecht im Wandel, Festgabe Heymanns Verlag (1995), S. 65; **A. Kaufmann**, Die Radbruchsche Formel vom gesetz-

---

45 So *C. Degenhart*, in: Sachs (Hrsg.), GG, Art. 103 Rdnr. 90; *Jarass/Pieroth*, GG, Art. 103 Rdnr. 65; je-
    weils unter Hinweis auf BVerfGE 3, 248 (252 f.).
46 Anders *Jarass/Pieroth*, GG, Art. 103 Rdnr. 66.

lichen Unrecht und vom übergesetzlichen Recht in der Diskussion um das im Namen der DDR begangene Unrecht, NJW 1995, S. 81; **B. Pieroth**, Der Rechtsstaat und die Aufarbeitung der vor-rechtsstaatlichen Vergangenheit, VVDStRL 51 (1992), S. 92.

Zu III.: U. Fliedner, Die verfassungsrechtlichen Grenzen mehrfacher staatlicher Bestrafungen aufgrund desselben Verhaltens, AöR 99 (1974), S. 242.

H. Grundrechte mit internationalem Bezug

§ 23 Verbot des Entzugs der Staatsangehörigkeit und der Auslieferung (Art. 16 GG)

I. Verbot des Entzugs der Staatsangehörigkeit (Art. 16 Abs. 1 GG)

Fall 59:   891
T wurde 1940 in Meißen als Sohn eines italienischen Staatsangehörigen geboren. Seine Mutter, eine
Deutsche, verlor ihre deutsche Staatsangehörigkeit durch die Eheschließung mit dem Vater des T,
erwarb sie aber nach der Ehescheidung durch Einbürgerung im Jahre 1944 zurück. Die Einbürge-
rung erstreckte sich jedoch nicht auf Familienangehörige. T erhielt 1954 einen »Personalausweis der
Deutschen Demokratischen Republik für deutsche Staatsangehörige«. 1967 stellte das italienische
Generalkonsulat in Berlin (West) fest, dass er italienischer Staatsangehöriger sei und erteilte ihm
einen italienischen Reisepass, mit dem er in die Bundesrepublik gelangte. Die von ihm beantragte
Feststellung seiner deutschen Staatsangehörigkeit wurde von der zuständigen Behörde abgelehnt,
weil er weder deutscher Staatsangehöriger noch Deutscher ohne deutsche Staatsangehörigkeit im
Sinne des Art. 116 Abs. 1 GG sei.

(BVerfGE 77, 137)

1. Grundrechtsträger

Grundrechtsträger sind die **deutschen Staatsangehörigen**.[1] Auf Art. 16 Abs. 1 GG kann   892
sich auch berufen, wer die deutsche Staatsangehörigkeit besessen, aber durch einen gegen
Art. 16 Abs. 1 GG verstoßenden Rechtsakt verloren hat.[2]

> Im Ausgangsfall ist bereits die Grundrechtsträgerschaft des T streitig. Wäre er deutscher Staatsan-   893
> gehöriger, so würde sich die Ablehnung, die Staatsangehörigkeit festzustellen, wie eine Entziehung
> der Staatsangehörigkeit auswirken.[3] Hätte T dagegen nie die deutsche Staatsangehörigkeit beses-
> sen, könnte er sich auch nicht auf Art. 16 Abs. 1 GG berufen. Die Bejahung der Grundrechtsträger-
> schaft bedeutet deshalb zwangsläufig, dass das Grundrecht auch verletzt ist. Umgekehrt setzt die
> Verletzung des Art. 16 Abs. 1 GG die Grundrechtsträgerschaft (des T) voraus.

Grundrechtsträger sind dagegen nicht die so genannten **Statusdeutschen**, nämlich die in   894
Art. 116 Abs. 1 GG bezeichneten **Personen deutscher Volkszugehörigkeit**, die aber nicht
die deutsche Staatsangehörigkeit besitzen.[4] Auch eine analoge Anwendung des Art. 16
Abs. 1 GG auf Statusdeutsche kommt nicht in Betracht.[5]

2. Grundrechtsinhalt

a) Schutzgut

Schutzgut des Art. 16 Abs. 1 GG ist die **deutsche Staatsangehörigkeit** als (grundsätzlich   895
unentziehbare) Rechtsstellung der Grundrechtsträger.[6]

---

1 Vgl. BVerfGE 14, 142 (150).
2 So *J. Masing*, in: Dreier (Hrsg.), GG Bd. I, Art. 16 Rdnr. 41.
3 Vgl. BVerfGE 77, 137 (147).
4 Vgl. *J. Kokott*, in: Sachs (Hrsg.), GG, Art. 16 Rdnr. 26; *J. Masing*, in: Dreier (Hrsg.), GG Bd. I, Art. 16
   Rdnr. 42; *A. Randelzhofer*, in: Maunz / Dürig, GG, Art. 16 I Rdnr. 59.
5 Vgl. *J. Kokott*, in: Sachs (Hrsg.), GG, Art. 16 Rdnr. 26 m. w. N.
6 Ähnlich *J. Masing*, in: Dreier (Hrsg.), GG Bd. I, Art. 16 Rdnr. 40.

896 Die Staatsangehörigkeit begründet die als Rechtsverhältnis zu definierende **Mitgliedschaft im Staatsverband**.[7] Verfassungsrechtlich ist die deutsche Staatsangehörigkeit die Voraussetzung für die **Trägerschaft der Bürgerrechte** (Deutschengrundrechte)[8], völkerrechtlich folgt aus der Staatsangehörigkeit das Recht des Heimatstaates, seinen Staatsangehörigen **diplomatischen Schutz** zu gewähren und seine Pflicht, ihnen den Aufenthalt im Staatsgebiet und ggf. die Einreise zu gestatten (**Aufnahmepflicht**).[9]

897 Das Grundgesetz regelt die Staatsangehörigkeit nicht, sondern setzt sie voraus (Art. 116 Abs. 1 GG). Maßgeblich ist (noch immer) das (Reichs- und) Staatsangehörigkeitsgesetz vom 22. Juli 1913[10], demzufolge die deutsche Staatsangehörigkeit durch Geburt erworben wird, wenn ein Elternteil die deutsche Staatsangehörigkeit besitzt (§ 4 Abs. 1 Satz 1 StAG). Das **Abstammungsprinzip** (*ius sanguinis*) ist mit Wirkung vom 1. Januar 2000 durch das **Territorialprinzip** (*ius soli*) ergänzt worden.[11] Durch die Geburt im Inland erwirbt ein Kind ausländischer Eltern die deutsche Staatsangehörigkeit, wenn ein Elternteil seit acht Jahren rechtmäßig seinen gewöhnlichen Aufenthalt im Inland hat und eine Aufenthaltsberechtigung bzw. Aufenthaltserlaubnis besitzt (§ 4 Abs. 3 Satz 1 StAG). Deutsche Staatsangehörige, die die Staatsangehörigkeit nach § 4 Abs. 3 StAG erworben haben und eine ausländische Staatsangehörigkeit besitzen, haben nach Erreichen der Volljährigkeit zu erklären, ob sie die deutsche oder die ausländische Staatsangehörigkeit behalten wollen (§ 29 Abs. 1 Satz 1 StAG). Die deutsche Staatsangehörigkeit geht verloren, wenn der Erklärungspflichtige sich für die ausländische Staatsangehörigkeit entscheidet (§ 29 Abs. 2 Satz 1 StAG) oder bis zur Vollendung des 23. Lebensjahres keine Erklärung abgibt (§ 29 Abs. 2 Satz 2 StAG).

898 Im Ausgangsfall hat T die deutsche Staatsangehörigkeit nicht aufgrund seiner Geburt in Deutschland erworben, weil das deutsche Staatsangehörigkeitsrecht zu diesem Zeitpunkt dem Abstammungsprinzip folgte. Ein Erwerb der deutschen Staatsangehörigkeit trat auch nicht aufgrund seiner Abstammung von *einer* Deutschen ein, weil seine Mutter ihre deutsche Staatsangehörigkeit durch die Eheschließung verloren hatte.

Ausländer können auf ihren Antrag unter besonderen Voraussetzungen eingebürgert werden (§ 8 StAG). Ehegatten und Lebenspartner Deutscher *sollen* unter den Voraussetzungen des § 8 StAG eingebürgert werden, wenn sie ihre bisherige Staatsangehörigkeit aufgeben oder verlieren und gewährleistet ist, dass sie sich in die deutschen Lebensverhältnisse einfügen (§ 9 Abs. 1 StAG). Einen Rechtsanspruch auf Einbürgerung haben auch Ausländer, die mehr als acht Jahre in Deutschland leben und die besonderen Voraussetzungen des § 10 StAG erfüllen.

899 Eine (gemeinsame) deutsche Staatsangehörigkeit wurde auch nach der **Teilung Deutschlands** – sowohl von den alliierten Siegermächten als auch von den beiden deutschen Staaten[12] – vorausgesetzt. Mit dem Gesetz über die Staatsbürgerschaft der Deutschen Demokratischen Republik vom 20. Februar 1967[13] nahm die DDR eine eigene »Staatsbürgerschaft« für sich in Anspruch, die jedoch von der Bundesrepublik nicht als ausschließlich anerkannt wurde. Das Bundesverfassungsgericht folgerte vielmehr aus dem **Wiederverei-**

---

7 Str.; wie hier: *J. Kokott*, in: Sachs (Hrsg.), GG, Art. 16 Rdnr. 10 m. w. N.

8 Vgl. oben Rdnr. 51.

9 So *J. Kokott*, in: Sachs (Hrsg.), GG, Art. 16 Rdnr. 7; *J. Masing*, in: Dreier (Hrsg.), GG Bd. I, Art. 16 Rdnr. 22; fraglich ist, wieweit diesem Recht bzw. dieser Pflicht auch *völkerrechtliche* Ansprüche der Staatsangehörigen entsprechen: vgl. dazu *A. Randelzhofer*, in: Maunz/Dürig, GG, Art. 16 I Rdnr. 40.

10 Staatsangehörigkeitsgesetz (StAG) vom 22. Juli 1913 in der Fassung des Gesetzes vom 14. 3. 2005 (BGBl. I, S. 721).

11 Zur Entwicklung des Staatsangehörigkeitsrechts vgl. *J. Masing*, in: Dreier (Hrsg.), GG Bd. I, Art. 16 Rdnr. 48.

12 Vgl. die Nachweise in BVerfGE 77, 137 (157 ff.).

13 GBl-DDR 1967 I, S. 3.

nigungsgebot, den Erwerb der **Staatsbürgerschaft der DDR** zugleich als Erwerb der deutschen Staatsangehörigkeit im Sinne des Art. 116 Abs. 1 GG anzuerkennen.[14]

Der Ausgangsfall warf die Frage auf, ob sich der Erwerb der von der Bundesrepublik nach wie vor postulierten *deutschen* Staatsangehörigkeit nach dem Recht der Bundesrepublik oder (auch) nach dem Recht der DDR richtete. Während das Bundesverwaltungsgericht die Erteilung des Personalausweises an T durch die Behörden der DDR nicht für ausreichend hielt, um die deutsche Staatsangehörigkeit zu erwerben[15], hielt das Bundesverfassungsgericht jeden Erwerbstatbestand nach dem Recht der DDR bis zur Grenze des *ordre public* für maßgeblich. T war somit deutscher Staatsangehöriger und in seinem Grundrecht aus Art. 16 Abs. 1 Satz 1 GG verletzt, weil die Behörde es abgelehnt hatte, seine Staatsangehörigkeit festzustellen.[16]

900

b) Schutzrichtung

Art. 16 Abs. 1 GG enthält ein gegen alle Staatsorgane gerichtetes **Abwehrrecht**.[17] Das Abwehrrecht beschränkt sich indes auf die **Entziehung der Staatsangehörigkeit**, weil nur diese kategorisch verboten wird (Art. 16 Abs. 1 Satz 1 GG), während es gegen den **Verlust der Staatsangehörigkeit** nur unter bestimmten Voraussetzungen schützt (Art. 16 Abs. 1 Satz 2 GG). Die Bestimmung der Begriffe **Entziehung** und **Verlust der Staatsangehörigkeit** stellen deshalb das zentrale Auslegungsproblem des Art. 16 Abs. 1 GG dar.[18]

901

Unter Entziehung der Staatsangehörigkeit ist die **individuelle Zwangsausbürgerung** zu verstehen, gleichgültig ob sie durch Einzelakt, Allgemeinverfügung oder Maßnahmegesetz erfolgt.[19] Eine ausschließlich auf die Handlungsform abstellende Begriffsdefinition (Verwaltungsakt- oder Einzelakttheorie)[20] vermag nicht zu überzeugen, weil (Individual-, Sonder-, Maßnahme-)Gesetze die gleiche Funktion erfüllen können. Die außerhalb des (überkommenen) Staatsangehörigkeitsrechts liegenden Gründe für eine Ausbürgerung können ebenfalls zur Auslegung des Begriffs »Entziehung« herangezogen werden.[21] Die jüngere deutsche Geschichte liefert im übrigen reiches Anschauungsmaterial dafür, welchen staatlichen (Unrechts-)Handlungen durch Art. 16 Abs. 1 GG entgegengewirkt werden sollte.[22]

902

Gegen den Verlust der Staatsangehörigkeit, der nicht Entziehung im Sinne des Art. 16 Abs. 1 Satz 1 GG ist, werden Grundrechtsträger nur mit Einschränkungen geschützt. Voraussetzung für den nach Art. 16 Abs. 1 Satz 2 GG zulässigen Verlust der Staatsangehörig-

903

---

14 Vgl. grundlegend BVerfGE 36, 1 (30 ff.); 40, 141 (163); vgl. hierzu *J. Masing*, in: Dreier (Hrsg.), GG Bd. I, Art. 16 Rdnr. 23 f.

15 Vgl. BVerwG, NJW 1983, S. 585.

16 Vgl. BVerfGE 77, 137 (151): »Mithin bewirkt der Erwerb der Staatsbürgerschaft der Deutschen Demokratischen Republik auch zufolge von Tatbeständen, die keine Entsprechung im Reichs- und Staatsangehörigkeitsgesetz von 1913 finden, grundsätzlich zugleich den Erwerb der deutschen Staatsangehörigkeit im Sinne des Grundgesetzes der Bundesrepublik Deutschland. Diese Rechtswirkung für die Rechtsordnung der Bundesrepublik Deutschland tritt gleichermaßen ein bei einem Erwerb der Staatsbürgerschaft der Deutschen Demokratischen Republik unmittelbar kraft einer dortigen Rechtsnorm oder zufolge eines die Staatsbürgerschaft verleihenden Einzelakts.«

17 Vgl. *J. Masing*, in: Dreier (Hrsg.), GG Bd. I, Art. 16 Rdnr. 55.

18 Vgl. *J. Masing*, in: Dreier (Hrsg.), GG Bd. I, Art. 16 Rdnr. 56.

19 So zutr. *J. Kokott*, in: Sachs (Hrsg.), GG, Art. 16 Rdnr. 14.

20 Vgl. *J. Masing*, in: Dreier (Hrsg.), GG Bd. I, Art. 16 Rdnr. 57.

21 Vgl. *Pieroth/Schlink*, Grundrechte, Rdnr. 964.

22 Dies kommt nicht zuletzt in Art. 116 Abs. 2 GG zum Ausdruck: »Frühere deutsche Staatsangehörige, denen zwischen dem 30. Januar 1933 und dem 8. Mai 1945 die Staatsangehörigkeit aus politischen, rassischen oder religiösen Gründen entzogen worden ist, und ihre Abkömmlinge sind auf Antrag wieder einzubürgern. Sie gelten als nicht ausgebürgert, sofern sie nach dem 8. Mai 1945 ihren Wohnsitz in Deutschland genommen haben und nicht einen entgegengesetzten Willen zum Ausdruck gebracht haben.«

keit ist ein **formelles Gesetz**.[23] Der Verlust kann *ex lege* oder durch Einzelakt eintreten; »auf Grund eines Gesetzes« bedeutet also nicht, dass ein Einzelakt zwingende Voraussetzung für den Verlust der Staatsangehörigkeit wäre.[24]

904 Neben der Gewährleistung der Gesetzmäßigkeit beschränkt sich der Schutz des Art. 16 Abs. 1 Satz 2 GG darauf, dass der Verlust nur unter besonderen Voraussetzungen **gegen den Willen** des Betroffenen eintreten kann. Mit Willen des Betroffenen ist der Verlust der Staatsangehörigkeit auch dann zulässig, wenn der Betroffene staatenlos wird. Allerdings bedarf es hierzu einer ausdrücklichen Einverständniserklärung.[25] Nach dem klaren Wortlaut der Vorschrift kann der Verlust der Staatsangehörigkeit auch **gegen den Willen** des Betroffenen eintreten, allerdings nur unter der Prämisse, dass er hierdurch nicht staatenlos wird. Die Verlusttatbestände des Staatsangehörigkeitsgesetzes werden allgemein als mit Art. 16 Abs. 1 GG vereinbar angesehen.[26]

905 Umstritten ist, ob eine (rechtswidrige) Einbürgerung nach allgemeinen Regeln zurückgenommen werden kann. Überwiegend wird die **Rücknahme** einer durch falsche Angaben bewirkten (»erschlichenen«) Einbürgerung für mit Art. 16 Abs. 1 GG vereinbar gehalten.[27] Nach anderer Auffassung soll, sofern die Einbürgerung *wirksam* war, deren Rücknahme gegen Art. 16 Abs. 1 Satz 1 GG verstoßen.[28] Auch nach dieser Auffassung sollen allerdings gesetzliche **Nichtigkeitstatbestände** Art. 16 Abs. 1 GG nicht widersprechen.[29] Letztlich kann die durch einfaches Gesetz regelbare *Rechtsfolge* nicht entscheidend sein, so dass zutreffend der Schutz des Art. 16 Abs. 1 GG auf die »wohlerworbene deutsche Staatsangehörigkeit« beschränkt wird.[30] Das BVerfG wendet das Verbot der Staatenlosigkeit nicht auf die erschlichene Einbürgerung an, weil dies nicht dem Willen des Verfassungsgebers entspreche.[31]

3. Grundrechtseinschränkungen

906 Art. 16 Abs. 1 Satz 1 GG ist vorbehaltlos gewährleistet und keiner wie auch immer gearteten Einschränkung zugänglich.[32] Auch Art. 16 Abs. 1 Satz 2 GG unterliegt keiner den übrigen Gesetzesvorbehalten vergleichbaren Grundrechtsschranke[33], weil der **Grundrechtsinhalt** von vornherein auf bestimmte Verlustkonstellationen beschränkt ist. Nach der hier

---

23 Vgl. *J. Masing*, in: Dreier (Hrsg.), GG Bd. I, Art. 16 Rdnr. 62.

24 Vgl. *Jarass/Pieroth*, GG, Art. 16 Rdnr. 10; *J. Kokott*, in: Sachs (Hrsg.), GG, Art. 16 Rdnr. 18; *A. Randelzhofer*, in: Maunz / Dürig, GG, Art. 16 I Rdnr. 56; *F. E. Schnapp*, in: v. Münch / Kunig (Hrsg.), GG Bd. 1, Art. 16 Rdnr. 16.

25 Vgl. *J. Masing*, in: Dreier (Hrsg.), GG Bd. I, Art. 16 Rdnr. 65 m. w. N.

26 Vgl. nur *J. Masing*, in: Dreier (Hrsg.), GG Bd. I, Art. 16 Rdnr. 66 m. w. N.; *A. Randelzhofer*, in: Maunz / Dürig, GG, Art. 16 I Rdnr. 58.

27 Vgl. *J. Kokott*, in: Sachs (Hrsg.), GG, Art. 16 Rdnr. 25; *A. Randelzhofer*, in: Maunz / Dürig, GG, Art. 16 I Rdnr. 53; *F. E. Schnapp*, in: v. Münch / Kunig (Hrsg.), GG Bd. 1, Art. 16 Rdnr. 14 jeweils m. w. N.

28 Vgl. *J. Masing*, in: Dreier (Hrsg.), GG Bd. I, Art. 16 Rdnr. 74; *Pieroth/Schlink*, Grundrechte, Rdnr. 965.

29 Vgl. *J. Masing*, in: Dreier (Hrsg.), GG Bd. I, Art. 16 Rdnr. 75; *Pieroth/Schlink*, Grundrechte, Rdnr. 965.

30 So *J. Kokott*, in: Sachs (Hrsg.), GG, Art. 16 Rdnr. 25 m. w. N.

31 BVerfG, NVwZ 2006, S. 807.

32 Vgl. den vom BVerfG (3. Kammer des Zweiten Senats) entschiedenen Fall, in dem die Auslieferung eines zu einer Freiheitsstrafe verurteilten amerikanischen Staatsangehörigen an die USA verlangt wurde. Da sich der Betroffene darauf berief, *auch* die deutsche Staatsangehörigkeit zu besitzen, erklärte das Bundesverfassungsgericht die Auslieferung solange als unzulässig, wie die Staatsangehörigkeit nicht *eindeutig* feststehe (NJW 1990, S. 2193).

33 Missverständlich deshalb *Jarass/Pieroth*, GG, Art. 16 Rdnr. 10: »Eine sonstige Beeinträchtigung […] ist gemäß Abs. 1 S. 2 nur auf gesetzlicher Grundlage möglich. Zulässig ist über den Wortlaut hinaus auch der Verlust unmittelbar durch Gesetz.«

vorausgesetzen Terminologie unterliegt das Grundrecht aus Art. 16 Abs. 1 Satz 2 GG damit einem an bestimmte Tatbestandsvoraussetzungen geknüpften **Regelungsvorbehalt**.

II. Verbot der Auslieferung (Art. 16 Abs. 2 GG)

Fall 60:   907
D ist deutscher Staatsangehöriger und besitzt auch die syrische Staatsangehörigkeit. Er soll zur Strafverfolgung an das Königreich Spanien ausgeliefert werden und befindet sich in Auslieferungshaft. Gegen D ist ein »Europäischer Haftbefehl« erlassen worden, in dem ihm die Beteiligung an einer kriminellen Vereinigung und Terrorismus vorgeworfen werden. Das zuständige Oberlandesgericht erklärt die Auslieferung für zulässig. D erhebt hiergegen Verfassungsbeschwerde.

(BVerfGE 113, 273)

1. Grundrechtsträger

Grundrechtsträger sind alle Deutschen im Sinne des Art. 116 Abs. 1 GG, also **deutsche**   908
Staatsangehörige und **Statusdeutsche**. Die Grundrechte aus Art. 16 Abs. 1 und 2 GG haben folglich einen unterschiedlichen Kreis von Grundrechtsträgern.[34]

2. Grundrechtsinhalt

a) Schutzgut

Art. 16 Abs. 2 Satz 1 GG schützt vor **Auslieferung** an das Ausland, nicht vor Strafverfol-   909
gung, denn für im Ausland begangene Straftaten gilt das deutsche Strafrecht, wenn der Täter zur Zeit der Tat Deutscher war (§ 7 Abs. 2 Nr. 1 StGB). Auslieferung ist die vom Willen der betroffenen Person unabhängige **amtliche Überstellung** einer Person aus dem Hoheitsbereich der Bundesrepublik Deutschland auf Ersuchen der und an die Organe eines auswärtigen Staates.[35] Nach Auffassung des Bundesverfassungsgerichts beruht das Auslieferungsverbot

> »seinem Grundgedanken nach auf dem Recht jedes Staatsbürgers, sich in seinem Heimatland aufhalten zu dürfen, und auf der Verpflichtung dieses Staates, seine im Staatsgebiet lebenden Bürger in jeder Weise zu schützen.«[36]

Umstritten ist, ob auch die »**Durchlieferung**« und die »**Rücklieferung**« unter das Auslie-   910
ferungsverbot des Art. 16 Abs. 2 Satz 1 GG fallen. Bei der Durchlieferung handelt es sich um die Überstellung einer Person an die Organe eines auswärtigen Staates, bei der das Territorium der Bundesrepublik Deutschland durchquert wird. Das Auslieferungsverbot hindert nach Auffassung des Bundesverfassungsgerichts die deutschen Staatsorgane an jeglicher Mitwirkung,

> »wenn ein Deutscher aus dem Bereich deutscher Hoheitsgewalt zwangsweise entfernt und in den Bereich einer nicht deutschen Hoheitsgewalt überführt wird.«[37]

---

34 Vgl. *J. Kokott*, in: Sachs (Hrsg.), GG, Art. 16 Rdnr. 27; *J. Masing*, in: Dreier (Hrsg.), GG Bd. I, Art. 16 Rdnr. 86; *F. E. Schnapp*, in: v. Münch/Kunig (Hrsg.), GG Bd. 1, Art. 16 Rdnr. 20.
35 Vgl. *J. Kokott*, in: Sachs (Hrsg.), GG, Art. 16 Rdnr. 28; *J. Masing*, in: Dreier (Hrsg.), GG Bd. I, Art. 16 Rdnr. 89; *A. Randelzhofer*, in: Maunz/Dürig, GG, Art. 16 II S. 1 Rdnr. 5; *Jarass/Pieroth*, GG, Art. 16 Rdnr. 14.
36 So BVerfGE 29, 183 (192 f.).
37 So BVerfGE 10, 136 (139).

911 Die **Durchlieferung** deutscher Staatsangehöriger wird deshalb von Art. 16 Abs. 2 Satz 1 GG erfaßt und ist folglich verfassungsrechtlich unzulässig[38], soweit nicht die Voraussetzungen nach Art. 16 Abs. 2 Satz 2 GG vorliegen.

912 Die **Rücklieferung** ist nach überwiegender Meinung dagegen mit Art. 16 Abs. 2 Satz 1 GG vereinbar.[39] Diese Auffassung stützt sich vor allem auf pragmatische Erwägungen, dass andernfalls die deutsche Strafverfolgung erschwert würde.[40] Die seinerzeit nicht unproblematische Begründung des Bundesverfassungsgerichts[41] erscheint nach Ergänzung des Art. 16 Abs. 2 GG jedoch in einem anderen Licht.

b) Schutzrichtung

913 Das Verbot der Auslieferung begründet für Deutsche ein »subjektives« Abwehrrecht gegen Auslieferung an auswärtige Staaten.[42]

3. Einschränkung

913a Durch das **47. ÄndG** zum Grundgesetz vom 29. 11. 2000[43] ist Art. 16 Abs. 2 GG um den Satz ergänzt worden:

> »Durch Gesetz kann eine abweichende Regelung für Auslieferungen an einen Mitgliedstaat der Europäischen Union oder an einen internationalen Gerichtshof getroffen werden, soweit rechtsstaatliche Grundsätze gewahrt sind.«

Das früher vorbehaltlos gewährleistete Grundrecht des Auslieferungsverbots steht nunmehr unter einem **speziellen Gesetzesvorbehalt.** Die Ergänzung erklärt sich aus dem Umstand, dass einerseits in den **Mitgliedstaaten der Europäischen Union** dem Grundgesetz vergleichbare rechtsstaatliche Garantien bestehen, sich die Bundesrepublik andererseits für die Einrichtung internationaler Tribunale eingesetzt hat und es inkonsequent wäre, wenn die Auslieferung eigener Staatsangehöriger an dem Auslieferungsverbot hätte scheitern müssen. Der Bundesgesetzgeber hat den in Art. 16 Abs. 2 GG eingefügten Gesetzesvorbehalt mit dem »Gesetz über die Zusammenarbeit mit dem Internationalen Strafgerichtshof (IStGHG)« vom 21. Juni 2002[44] ausgefüllt. Nach § 2 Abs. 1 IStGHE werden Personen, um deren Überstellung der Gerichtshof in Übereinstimmung mit dem Römischen Statut ersucht hat und die sich im Inland aufhalten, zur Strafverfolgung und zur Strafvollstreckung überstellt.

> Hätte der IStGH um Überstellung des D ersucht, so hätte er ohne Ansehung seiner deutschen Staatsangehörigkeit überstellt werden können. Gegen D lag jedoch kein Überstellungsersuchen des IStGH, sondern ein Haftbefehl des Königreichs Spanien vor, so dass eine Überstellung nach §§ 2 ff. IStGHG nicht in Betracht kam.

---

38 Vgl. *J. Kokott*, in: Sachs (Hrsg.), GG, Art. 16 Rdnr. 36; *J. Masing*, in: Dreier (Hrsg.), GG Bd. I, Art. 16 Rdnr. 90; *A. Randelzhofer*, in: Maunz / Dürig, GG, Art. 16 II S. 1 Rdnr. 9.

39 Vgl. BVerfGE 29, 183 (188 ff.); *J. Kokott*, in: Sachs (Hrsg.), GG, Art. 16 Rdnr. 34; differenzierend *A. Randelzhofer*, in: Maunz / Dürig, GG, Art. 16 II S. 1 Rdnr. 12; *Jarass/Pieroth*, GG, Art. 16 Rdnr. 14; a. A. *J. Masing*, in: Dreier (Hrsg.), GG Bd. I, Art. 16 Rdnr. 91; *Pieroth/Schlink*, Grundrechte, Rdnr. 970.

40 So ausdrücklich BVerfGE 29, 183 (193).

41 BVerfGE 29, 183 (189 ff.).

42 Vgl. *J. Kokott*, in: Sachs (Hrsg.), GG, Art. 16 Rdnr. 27.

43 BGBl. I, S. 1633.

44 BGBl. I, S. 2144.

Durch das Europäische Haftbefehlsgesetz vom 21. Juli 2004[45], das zur Umsetzung eines   913b
Rahmenbeschlusses der Europäischen Union[46] ergangen ist, wurde auch die Möglichkeit
der Auslieferung deutscher Staatsangehöriger aufgrund eines Haftbefehls eines Mitglied-
staates der Europäischen Union ermöglicht. Rahmenbeschlüsse sind gem. Art. 34 Abs. 2
Satz 2 b) EUV für die Mitgliedstaaten der Europäischen Union hinsichtlich des zu errei-
chenden Ziels verbindlich, überlassen jedoch den innerstaatlichen Stellen die Wahl der
Form und der Mittel. Das Bundesverfassungsgericht hielt das Europäische Haftbefehlsgesetz für unvereinbar mit Art. 16 Abs. 2 Satz 1 und anderen Vorschriften des Grundgesetzes
und erklärte es für nichtig.[47]

> Durch die Nichtigerklärung des Europäischen Haftbefehlsgesetzes, das das Gesetz über die inter-   913c
> nationale Rechtshilfe in Strafsachen (IRG) in der Fassung vom 27. Juni 1994[48] ergänzt hatte,[49] fehlte
> es an einer Art. 16 Abs. 2 Satz 2 GG genügenden Rechtsgrundlage, so dass die Auslieferung des D
> unzulässig war. Inzwischen ist das Haftbefehlsgesetz in veränderter Fassung erlassen worden.[50]

III. Rechtsprechung

Zu I.: BVerfGE 77, 137 (Teso); **BVerfG**, NVwZ 2006, S. 807 (Rücknahme einer durch Täu-   914
schung erwirkten Einbürgerung).

Zu II.: BVerfGE 10, 136 (Durchlieferung); E 29, 183 (Rücklieferung); E 113, 273 (Europäischer Haftbefehl); **BVerfG**, NJW 1990, S. 2193 (Auslieferung bei ungeklärter Staatsangehörigkeit); NVwZ 2001, S. 1393 (Verlust der deutschen Staatsangehörigkeit).

IV. Literatur

D. Blumenwitz, Die deutsche Staatsangehörigkeit und der deutsche Staat, JuS 1988, S. 607;   915
J. Boetius, Rechtsprobleme des Art. 16 Abs. 1 GG im Lichte des StARegG, AöR 92 (1967),
S. 33; **R. Göbel-Zimmermann/T. Masuch**, Die Neuregelung des Staatsangehörigkeitsrechts – Zu den verfassungsrechtlichen Vorgaben der Reform –, DÖV 2000, S. 95; **R. Gra-
wert**, Staatsangehörigkeit und Staatsbürgerschaft, Der Staat 23 (1984), S. 179; **C. Gusy**, Die
Unzulässigkeit der Rücklieferung Deutscher an das Ausland, MDR 1979, S. 542; **K. Hail-
bronner/G. Renner**, Staatsangehörigkeitsrecht, (4. Aufl. 2005); **U. Hufeld,** Der Europäi-
sche Haftbefehl vor dem BVerfG – NJW 2005, 2289, JuS 2005, S. 865; **J. A. Kämmerer**, Die
Rücknahme erschlichener Einbürgerungen – Tor zur Staatenlosigkeit?, NVwZ 2006,
S. 1015; **E. Klein**, Diplomatischer Schutz und grundrechtliche Schutzpflicht, DÖV 1977,
S. 704; **G. Lübbe-Wolff**, Entziehung und Verlust der deutschen Staatsangehörigkeit –
Art. 16 I GG, Jura 1996, S. 57; **R. Scholz/A. Uhle**, Staatsangehörigkeit und Grundgesetz,
NJW 1999, S. 1510; **K. Stern**, Die deutsche Staatsangehörigkeit, DVBl. 1982, S. 165; **A. Uhle**,
Auslieferung und Grundgesetz, NJW 2001, S. 1889; **J. Vogel**, Europäischer Haftbefehl und
deutsches Verfassungsrecht, JZ 2005, S. 801; **B. Ziemske**, Verfassungsrechtliche Garantien
des Staatsangehörigkeitsrechts, ZRP 1994, S. 229.

---

45 BGBl. I S. 1748.
46 Vom 13. 6. 2002 (ABl. EG Nr. L 190 vom 18. 7. 2002, S. 1).
47 BVerfGE 113, 273.
48 BGBl. I, S. 1537.
49 Art. 1 des Europäischen Haftbefehlsgesetzes a. F..
50 Europäisches Haftbefehlsgesetz vom 20. 7. 2006 (BGBl. I, S. 1721).

§ 24 Asylrecht (Art. 16 a GG)

916 Das ursprünglich durch einen knappen Satz gewährleistete **Asylrecht** (Art. 16 Abs. 2 Satz 2 GG a. F.) ist durch das 39. Änderungsgesetz zum Grundgesetz vom 28. 6. 1993[1] weitgehend umgestaltet worden und wird nunmehr in einem eigenen Artikel geregelt, dessen Ausführlichkeit zugleich die aktuelle Problematik des Asylwesens widerspiegelt.[2] Das vor dem Hintergrund der jüngsten deutschen Geschichte gewährleistete »generöse« Asylrecht[3] gehört der Vergangenheit an. Angesichts der nachhaltigen Kritik an der Verfassungsnovelle[4], die im Vorwurf der **Verfassungswidrigkeit** gipfelte[5], sollten die Konsequenzen einer singulären[6] »weltweiten Asylverheißung«[7] nicht unberücksichtigt bleiben. Der parteienübergreifende Kompromiss, von dem die Verfassungsnovelle getragen wurde, mag systematisch bedenklich sein[8], lässt sich jedoch angesichts einer seit Inkrafttreten des Grundgesetzes völlig veränderten Welt als **rechtspolitisch notwendige Maßnahme** begreifen.

I. Grundrechtsträger

917 **Fall 61:**
Der aus Togo stammende T traf am 1. Juli 1993 ohne Pass von Lagos (Nigeria) kommend auf dem Frankfurter Rhein-Main-Flughafen ein und meldete sich dort beim Grenzschutz als Asylsuchender. Am Nachmittag des gleichen Tages erfolgte die Anhörung zu seinen Asylgründen bei der Außenstelle des Bundesamtes für die Anerkennung ausländischer Flüchtlinge am Flughafen im Beisein eines Rechtsanwalts und eines Dolmetschers. T bezeichnete sich dabei als Anhänger des togoischen Oppositionsführers und einer oppositionellen Gruppierung. Mit Bescheid vom 4. Juli 1993 lehnte das Bundesamt den Antrag als offensichtlich unbegründet ab, weil die Angaben des T insgesamt unglaubhaft seien. Gleichzeitig verweigerte das Grenzschutzamt T die Einreise in die Bundesrepublik. T erhob gegen die Bescheide am 7. Juli 1993 Klage beim Verwaltungsgericht und beantragte gleichzeitig, die Bundesrepublik Deutschland im Wege der einstweiligen Anordnung zu verpflichten, ihm die Einreise in das Bundesgebiet zu gestatten und die aufschiebende Wirkung seiner Klage anzuordnen. In der Begründung wird das Verfolgungsschicksal des T zusammenhängend dargestellt. Mit Beschluss vom 21. Juli 1993 wies das Verwaltungsgericht den Eilantrag mit der Begründung zurück, an der Rechtmäßigkeit der Bescheide bestünden keine ernsthaften Zweifel. T gehöre nicht zu dem Personenkreis, der bei einer Rückkehr nach Togo mit einer menschenrechtswidrigen Behandlung rechnen müsste.

(BVerfGE 94, 166)

918 Art. 16 a Abs. 1 GG hat den gleichen Wortlaut wie Art. 16 Abs. 2 Satz 1 GG a. F.:

»Politisch Verfolgte genießen Asylrecht.«

---

1 BGBl. I, S. 1002.

2 Zur Entstehungsgeschichte der Neuregelung vgl. die Darstellung in BVerfGE 94, 49 (52 ff.).

3 Vgl. die Nachweise bei *H. J. Bonk/M. Pagenkopf*, in: Sachs (Hrsg.), GG, Art. 16 a Rdnr. 3; *Jarass/Pieroth*, GG, Art. 16 a Rdnr. 1.

4 Vgl. *E. Franßen*, DVBl. 1993, S. 300: »Grundrechtsverhinderungsvorschrift«; *C. Gusy*, Jura 1993, S. 505: »Grundrechtsverhinderungsrecht«.

5 Vgl. *M. Selk*, ZAR 1994, S. 59; vgl. auch *A. Voßkuhle*, »Grundrechtspolitik« und Asylkompromiß, DÖV 1994, S. 53.

6 Die Verfassungen der anderen EU-Mitgliedstaaten gewährleisten entweder kein oder nur ein eingeschränktes subjektives Recht auf Asyl: vgl. *J. Masing*, in: Dreier (Hrsg.), GG Bd. I, Art. 16 a Rdnr. 12.

7 So *H. J. Bonk/M. Pagenkopf*, in: Sachs (Hrsg.), GG, Art. 16 a Rdnr. 3.

8 Vgl. *J. Henkel*, NJW 1993, S. 2710: »nicht systemgerecht«.

Durch die lakonische Formulierung gelangt zum Ausdruck, dass das Grundrecht – das 919
Asylrecht – den politisch Verfolgten zusteht, zugleich aber auf sie beschränkt ist. **Grundrechtsträger** sind folglich die **politisch Verfolgten**.[9]

Anders als die Menschen- und Bürgerrechte, bei denen die Grundrechtsträgerschaft un- 920
schwer festzustellen ist[10], stellt die Grundrechtsträgerschaft das **zentrale Auslegungsproblem** des Art. 16 a GG dar. Im Gegensatz zu allen anderen Grundrechten bilden folglich
nicht Grundrechtsinhalt oder Grundrechtseinschränkungen, sondern die Grundrechtsträgerschaft den dogmatischen Schwerpunkt des Asylrechts.

Gewissermaßen in Umkehr der Grundrechtsträgerschaft bei Bürgerrechten können Deut- 921
sche im Sinne des Art. 116 GG *nicht* Träger des Grundrechts aus Art. 16 a GG sein.[11] Soweit
Deutsche in auswärtigen Staaten politisch verfolgt werden, bedarf es keines Asylrechts,
weil die deutsche Staatsangehörigkeit bereits zur Einreise berechtigt.[12] Gegenüber *eigenen*
Strafverfolgungsmaßnahmen kann ein Staat schon aus logischen Gründen *kein Asylrecht*
gewähren.[13] Grundrechtsträger des Art. 16 a GG sind deshalb grundsätzlich **ausländische
Staatsangehörige** oder **Staatenlose**, die politischer Verfolgung ausgesetzt sind.

1. Begriff der »politischen Verfolgung«

Nach der Rechtsprechung des Bundesverfassungsgerichts bezeichnet das Adjektiv »**poli-** 922
tisch« nicht einen abgegrenzten Gegenstandsbereich von Politik, der Begriff des politisch
Verfolgten knüpft vielmehr an geschichtlich erfahrene politische Verfolgungen und Verfol-
gungsschicksale an:

> »Indem er sich auf die begründete Furcht vor Verfolgung wegen Rasse, Religion, Nationalität, Zu-
> gehörigkeit zu einer sozialen Gruppe oder wegen politischer Überzeugung bezieht, benennt er jene
> menschlichen Eigenschaften und Verhaltensweisen, die nach geschichtlicher Erfahrung die häu-
> figsten und entscheidenden Anknüpfungs- und Bezugspunkte für die Unterdrückung und Verfol-
> gung Andersartiger und Andersdenkender bildeten und auch weiterhin noch bilden.«[14]

Die Verbindung zu den Diskriminierungsverboten nach Art. 3 Abs. 3 GG liegt auf der 923
Hand: Während diese den deutschen Staatsorganen jede **Benachteiligung** wegen der
hier genannten unverfügbaren, jedem Menschen von Geburt anhaftenden Merkmale verbieten, soll der Staat bei **Verfolgung** aus den gleichen Gründen seinen Schutz in Gestalt des
Asyls gewähren.[15]

Der Begriff der Verfolgung setzt eine gegenwärtig drohende, gezielte **Beeinträchtigung** 924
von Rechtsgütern – insbesondere Leib, Leben oder Freiheit – voraus, durch die der Betroffene in eine **ausweglose Lage** gebracht wird.[16] Nach der Rechtsprechung des Bundesver-

---

9 Vgl. *J. Masing*, in: Dreier (Hrsg.), GG Bd. I, Art. 16 a Rdnr. 36: »Personeller Schutzbereich: politisch
   Verfolgte«.
10 Vgl. oben Rdnr. 50 ff.
11 So die h. M.; vgl. dazu *Jarass/Pieroth*, GG, Art. 16 a Rdnr. 19; *Schmidt-Bleibtreu/Klein*, GG, Art. 16 a
   Rdnr. 18 jeweils m. w. N.; a. A. *J. Masing*, in: Dreier (Hrsg.), GG Bd. I, Art. 16 a Rdnr. 70.
12 Dies gilt freilich nur für den modernen Staat mit ausgebildeter Staatsangehörigkeit, während das
   Mittelalter und die frühe Neuzeit sowohl weltliche (»Freistätten«) wie kirchliche Asyle kannten
   (vgl. *J. Masing*, in: Dreier (Hrsg.), GG Bd. I, Art. 16 a Rdnr. 4 m. w. N.). Das für (abgelehnte) Asylbewerber gegenwärtig vereinzelt gewährte »Kirchenasyl« ist eine humanitäre Geste, darf aber
   nicht als Rechtsinstitut missverstanden werden (vgl. eingehend: *I. v. Münch*, NJW 1995, S. 566).
13 So BVerfGE 76, 143 (157).
14 So BVerfGE 76, 143 (157).
15 Zum Begriff der Verfolgung vgl. *J. Masing*, in: Dreier (Hrsg.), GG Bd. I, Art. 16 a Rdnr. 36; *H. J.
   Bonk/M. Pagenkopf*, in: Sachs (Hrsg.), GG, Art. 16 a Rdnr. 15; *Jarass/Pieroth*, GG, Art. 16 a Rdnr. 4;
   Schmidt-Bleibtreu/Klein, GG, Art. 16 a Rdnr. 15 jeweils m. w. N.
16 So BVerfGE 80, 315 (335).

fassungsgerichts ist die Frage, ob eine in dieser Weise »spezifische Zielrichtung« vorliegt, die Verfolgung mithin »wegen« eines Asylmerkmals erfolgt,

>»anhand ihres inhaltlichen Charakters nach der erkennbaren Gerichtetheit der Maßnahme selbst zu beurteilen, nicht nach den subjektiven Gründen oder Motiven, die den Verfolgenden dabei leiten (...).«[17]

925　Weiterhin heißt es in der Entscheidung des Bundesverfassungsgerichts:

>»Schließlich muß die in diesem Sinne gezielt zugefügte Rechtsverletzung von einer Intensität sein, die sich nicht nur als Beeinträchtigung, sondern als – ausgrenzende – Verfolgung darstellt. Das Maß dieser Intensität ist nicht abstrakt vorgegeben. Es muß der humanitären Intention entnommen werden, die das Asylrecht trägt, demjenigen Aufnahme und Schutz zu gewähren, der sich in einer für ihn ausweglosen Lage befindet (...).«[18]

926　Der Betroffene muss nach der Rechtsprechung die Verfolgung entweder bereits erlitten oder das Land wegen einer unmittelbar drohenden politischen Verfolgung verlassen haben. Außer der so genannten »**Vorverfolgung**«[19] wird die politische Verfolgung auch anerkannt, wenn die Verfolgungsgefahr erst entsteht, nachdem der Betroffene seinen Heimatstaat verlassen hat (sog. Nachfluchtgründe).[20]

927　Im Ausgangsfall ist Voraussetzung für die Anerkennung des T als Asylberechtigter (und damit Grundrechtsträger), dass er in seinem Heimatstaat politisch verfolgt worden ist, eine solche Verfolgung unmittelbar bevorstand oder er nach seiner Rückkehr einer solchen Verfolgung ausgesetzt wäre (Nachfluchtgründe). Die entscheidende Schwierigkeit liegt darin festzustellen, ob der Betroffene »wirklich« politisch Verfolgter im Sinne des Art. 16a Abs. 1 GG ist. Zur Feststellung der Verfolgteneigenschaft ist ein Asylverfahren nach dem Asylverfahrensgesetz vom 27. Juli 1993[21] durchzuführen.

2.　Einreise aus sicheren Drittstaaten (Art. 16 a Abs. 2 GG)

928　Nach Art. 16 a Abs. 2 Satz 1 GG kann sich auf Abs. 1 nicht berufen,

>»wer aus einem Mitgliedstaat der Europäischen Gemeinschaften oder aus einem anderen Drittstaat einreist, in dem die Anwendung des Abkommens über die Rechtsstellung der Flüchtlinge und der Konvention zum Schutze der Menschenrechte und Grundfreiheiten sichergestellt ist.«

929　Nach Auffassung des Bundesverfassungsgerichts hat der verfassungsändernde Gesetzgeber mit dem Konzept der sicheren Drittstaaten den »**persönlichen Geltungsbereich**« des in Art. 16a Abs. 1 GG nach wie vor gewährleisteten Grundrechts auf Asyl **beschränkt**.[22] Auch im Schrifttum herrscht die Auffassung vor, die über einen sicheren Drittstaat einreisenden Asylbewerber seien »vom personellen Schutzbereich des Grundrechts ausgenommen«[23], der »persönliche Schutzbereich des Asylgrundrechts« entfalle[24], oder auch Art. 16 a Abs. 2 Satz 1 GG wirke als »Schutzbereichsbegrenzung«.[25]

930　Die h. M.[26] vermag nicht zu überzeugen. Sie lässt sich insbesondere systematisch nicht mit Art. 16 a Abs. 1 GG in Einklang bringen, der den Kreis der Grundrechtsträger unmissver-

---

17　So BVerfGE 80, 315 (335).

18　Vgl. BVerfGE 80, 315 (344 f.).

19　Vgl. *H. J. Bonk/M. Pagenkopf*, in: Sachs (Hrsg.), GG, Art. 16 a Rdnr. 29.

20　Vgl. *H. J. Bonk/M. Pagenkopf*, in: Sachs (Hrsg.), GG, Art. 16 a Rdnr. 30 ff.; *Jarass/Pieroth*, GG, Art. 16 a Rdnr. 17; *J. Masing*, in: Dreier (Hrsg.), GG Bd. I, Art. 16 a Rdnr. 61 ff.

21　BGBl. I, S. 1361.

22　So BVerfGE 94, 49 (87).

23　So *J. Masing*, in: Dreier (Hrsg.), GG Bd. I, Art. 16 a Rdnr. 72.

24　So *Jarass/Pieroth*, GG, Art. 16 a Rdnr. 24.

25　So *Pieroth/Schlink*, Grundrechte, Rdnr. 985.

26　Vgl. die umfangreichen Nachweise bei *J. Masing*, in: Dreier (Hrsg.), GG Bd. I, Art. 16 a Rdnr. 72 Fn. 209.

ständlich umschreibt. Grundrechtsträger sind (und bleiben auch nach der Novellierung) *alle* politisch Verfolgten. Das Grundrecht »entsteht« als subjektiv-öffentliches Recht in ihrer Person im Augenblick der (erlittenen oder unmittelbar drohenden) Verfolgung.[27] An diesem Entstehungstatbestand des Grundrechts in der Person der politisch Verfolgten lässt sich auch im Nachhinein nichts ändern, denn die politische Verfolgung als historischer Vorgang und erlittenes Schicksal kann durch keine Rechtsvorschrift rückgängig gemacht werden. Art. 16a Abs. 2 Satz 1 GG ist deshalb dahingehend zu verstehen, dass sich politisch Verfolgte, die aus einem sicheren Drittstaat einreisen, *nicht mehr* auf ihr Grundrecht – Asylrecht – berufen können, weil sie in dem sicheren Drittstaat Asyl hätten finden können und deshalb ihr Grundrecht **verwirkt** haben. In der Sache handelt es sich also bei Art. 16a Abs. 2 Satz 1 GG um eine **spezielle Verwirkungsklausel**, die zur **Subsidiarität** des Aslyrechts gegenüber der nach der Rechtsordnung anderer Staaten gewährten Rechtsstellung führt. *Speziell* ist diese Klausel, weil die allgemeine Verwirkungsvorschrift des Art. 18 GG nur eingreift, wenn das (bereits in Anspruch genommene) Asylrecht zum Kampf gegen die freiheitliche demokratische Grundordnung missbraucht wird und überdies nicht *ipso iure* wirkt.[28]

Auch Art. 16a Abs. 2 Satz 2 GG ist als (gegenüber Art. 18 GG) spezielle Verwirkungsklausel einzuordnen, die unter **Gesetzesvorbehalt** steht. Die Formulierung des Bundesverfassungsgerichts, dem Gesetzgeber sei   931

> »die Bestimmung von Staaten zu sicheren Drittstaaten durch grundrechtsausfüllendes Gesetz nach den dafür in Art. 16a Abs. 2 Satz 1 GG aufgestellten Prüfkriterien als eigenständige Aufgabe anvertraut«[29],

kann deshalb nur als Euphemismus bewertet werden. Das Gesetz, zu dem Art. 16a Abs. 2 Satz 2 GG ermächtigt, wirkt im eigentlichen Sinne nicht »grundrechtsausfüllend«, sondern legt die weiteren Voraussetzungen für die **Grundrechtsverwirkung** fest. Aufgrund des Art. 16a Abs. 2 GG ist die Bundesrepublik Deutschland inzwischen von einem »*cordon sanitaire*« von sicheren Drittstaaten umgeben.[30]

> Da T aus Lagos (Nigeria) auf dem Luftweg in die Bundesrepublik eingereist ist, hat er sein (potentielles) Asylrecht jedenfalls nicht nach Art. 16a Abs. 2 GG verwirkt. Gesetzt den Fall, dass das Flugzeug in einem sicheren Drittstaat zwischengelandet wäre, würde sich bereits die Frage stellen, ob eine Berufung auf das Asylrecht überhaupt noch möglich wäre.[31]   932

3.   Sichere Herkunftsstaaten (Art. 16a Abs. 3 GG)

Nach Art. 16a Abs. 3 Satz 1 GG können durch zustimmungsbedürftiges Gesetz   933

> »Staaten bestimmt werden, bei denen aufgrund der Rechtslage, der Rechtsanwendung und der allgemeinen politischen Verhältnisse gewährleistet erscheint, daß dort weder politische Verfolgung noch unmenschliche oder erniedrigende Bestrafung oder Behandlung stattfindet.«

Damit gibt die Verfassung dem Gesetzgeber »**bestimmte Prüfkriterien**« vor, an denen er   934
seine Entscheidung, ob ein Staat die Anforderungen für die Bestimmung zum sicheren Herkunftsstaat erfüllt, auszurichten hat.[32]

---

27 Vgl. oben Rdnr. 922 ff.
28 Vgl. *R. Gröschner*, in: Dreier (Hrsg.), GG Bd. I, Art. 18 Rdnr. 25.
29 So BVerfGE 94, 49 (93).
30 Vgl. Anlage I zu § 26a AsylVfG.
31 Zur »Transitproblematik« vgl. *J. Masing*, in: Dreier (Hrsg.), GG Bd. I, Art. 16a Rdnr. 67 f.; *Schmidt-Bleibtreu/Klein*, GG, Art. 16a Rdnr. 7; *J. Henkel*, NJW 1993, S. 2706.
32 So BVerfGE 94, 115 (139).

935   Nach Auffassung des **Bundesverfassungsgerichts** ergibt sich aus der Verfassung kein enumerativ darstellbarer Katalog von zu prüfenden Umständen, die Aufgabe des Gesetzgebers bestehe vielmehr darin,

> »sich anhand der von Art. 16 a Abs. 3 Satz 1 GG vorgegebenen Prüfkriterien aus einer Vielzahl von einzelnen Faktoren ein Gesamturteil über die für politische Verfolgung bedeutsamen Verhältnisse in dem jeweiligen Staat zu bilden.«[33]

936   Der **Bundesgesetzgeber** hat von dieser Ermächtigung Gebrauch gemacht und eine Reihe von Staaten benannt, die die Voraussetzungen des Art. 16 a Abs. 3 Satz 1 GG erfüllen.[34] Sofern der Gesetzgeber zu Unrecht feststellt, dass ein Staat »verfolgungsfrei« sei, ist das Gesetz verfassungswidrig.[35] Die Qualifizierung von Staaten als verfolgungsfrei unterliegt damit **verfassungsgerichtlicher Kontrolle**.[36]

937   Aufgrund der gesetzlichen Einstufung eines Staats als verfolgungsfrei wird gemäß Art. 16 a Abs. 3 Satz 2 GG vermutet,

> »daß ein Ausländer aus einem solchen Staat nicht verfolgt wird, solange er nicht Tatsachen vorträgt, die die Annahme begründen, daß er entgegen dieser Vermutung politisch verfolgt wird.«

938   Art. 16 a Abs. 3 Satz 2 GG begründet damit eine **widerlegliche Rechtsvermutung** zuungunsten des Asylbewerbers.[37] Aufgrund der allgemeinen Verhältnisse wird folglich auf die **individuelle Verfolgungsfreiheit** geschlossen, wobei es Sache des Asylbewerbers ist, durch substantiierten Vortrag die Rechtsvermutung zu widerlegen.[38] Art. 16 a GG ist damit keine Beweislastregel, sondern eine **Regelvermutung**.[39]

939   Im Unterschied zu den Verwirkungsklauseln des Art. 16 a Abs. 2 GG handelt es sich bei Art. 16 a Abs. 3 GG um eine **Präzisierung der Grundrechtsträgerschaft**, die das Grundrecht aus Art. 16 a Abs. 1 GG unberührt lässt, weil Asylbewerber aus sicheren Herkunftsstaaten von Verfassungs wegen – unter Vorbehalt einer substantiierten Widerlegung – nicht verfolgt *sind*.

940   Soweit die Vermutung nach Art. 16 a Abs. 3 Satz 2 GG Bestand hat, folgt hieraus die **offensichtliche Unbegründetheit** des Asylantrags (Art. 16 Abs. 4 Satz 1 GG).[40] Die Vorschrift zieht sogleich die verwaltungsprozessualen Folgerungen und weist den Richter an, die Vollziehung aufenthaltsbeendender Maßnahmen nur bei »**ernstlichen Zweifeln**« an der Rechtmäßigkeit der Maßnahme auszusetzen.[41]

941   Art. 16 a Abs. 4 GG nimmt nach Auffassung des Bundesverfassungsgerichts das im Asylgrundrecht wurzelnde Recht des Asylbewerbers, bis zu einer bestandskräftigen Entscheidung über sein Asylbegehren in der Bundesrepublik Deutschland zu bleiben, ein Stück

---

33 So BVerfGE 94, 115 (139).
34 Vgl. § 29 a Abs. 2 AsylVfG in Verbindung mit Anlage II.
35 Vgl. *J. Masing*, in: Dreier (Hrsg.), GG Bd. I, Art. 16 a Rdnr. 117.
36 Vgl. BVerfGE 94, 115; im konkreten Fall hat das BVerfG die Bestimmung Ghanas zum sicheren Herkunftsstaat als mit Art. 16 a Abs. 3 Satz 1 GG vereinbar erklärt (S. 148 ff.).
37 Vgl. *H. J. Bonk/M. Pagenkopf*, in: Sachs (Hrsg.), GG, Art. 16 a Rdnr. 89.
38 Vgl. BVerfGE 94, 115 (145 ff.); *Jarass/Pieroth*, GG, Art. 16 a Rdnr. 31; *J. Masing*, in: Dreier (Hrsg.), GG Bd. I, Art. 16 a Rdnr. 120.
39 So zutr. *F. Schoch*, DVBl. 1993, S. 1164.
40 Vgl. *J. Masing*, in: Dreier (Hrsg.), GG Bd. I, Art. 16 a Rdnr. 122.
41 Vgl. *H. J. Bonk/M. Pagenkopf*, in: Sachs (Hrsg.), GG, Art. 16 a Rdnr. 97: »Die rein prozeßrechtliche Vorschrift (…) fällt aus dem Rahmen einer Konstitution heraus, da sie nur ein prozeßrechtliches Detail regelt.« Hintergrund dieser Vorschrift dürfte die Befürchtung sein, dass die durch Art. 16 a Abs. 3 GG erreichte Begrenzung der Grundrechtsträgerschaft durch eine großzügige Aussetzungspraxis der Verwaltungsgerichte »unterlaufen« wird.

weit zurück.[42] Der Begriff der »ernstlichen Zweifel« ist im Zusammenhang der Gesamtregelung des Art. 16 a GG eigenständig zu bestimmen:

> »Maßgeblich ist nicht ein – wie auch immer zu qualifizierender – innerer Zustand des Zweifelns, dessen Intensität nicht meßbar ist. Es kommt vielmehr auf das Gewicht der Faktoren an, die Anlaß zu Zweifeln geben. »Ernstliche Zweifel« im Sinne des Art. 16 a Abs. 4 Satz 1 GG liegen dann vor, wenn erhebliche Gründe dafür sprechen, daß die Maßnahme einer rechtlichen Prüfung wahrscheinlich nicht stand hält.«[43]

Unter »**aufenthaltsbeendenden Maßnahmen**« sind nicht allein solche Maßnahmen zu 942 verstehen, die einen im Sinne des Ausländerrechts nach Einreise begründeten Aufenthalt im Bundesgebiet beenden sollen; von Art. 16 a Abs. 4 GG werden vielmehr auch solche Maßnahmen erfasst, die einen tatsächlich auf dem Gebiet der Bundesrepublik Deutschland befindlichen Ausländer an einer Einreise im Rechtssinne und einer Aufenthaltsbegründung hindern sollen.[44]

> Im Ausgangsfall stammt T nicht aus einem verfolgungsfreien Staat im Sinne des Art. 16 a Abs. 3 GG 943 und muss deshalb nicht eine Rechtsvermutung *widerlegen*, sondern Tatsachen vortragen, die seinen Antrag *begründen*. Sofern der Antrag als offensichtlich unbegründet angesehen wird, kann ihm aufgrund des Art. 16 a Abs. 4 Satz 1 GG die Einreise verweigert werden und das Gericht die Aussetzung der Vollziehung ablehnen. Allerdings ist im Aussetzungsverfahren rechtliches Gehör nach Art. 103 Abs. 1 GG zu gewähren.[45] Dieses Recht hat das Bundesverfassungsgericht im Fall des T als verletzt angesehen.[46]

II. Grundrechtsinhalt

1. Schutzgut

Schutzgut des Art. 16 a (Abs. 1) GG ist der **Schutz politisch Verfolgter**. Nachdem das Bun- 944 desverfassungsgericht zunächst eine enge Verbindung zwischen dem politischen Asyl und der **Unverletzlichkeit der Menschenwürde** hergestellt hatte[47], ist nunmehr klargestellt worden, dass das Asylgrundrecht nicht »zum Gewährleistungsinhalt« von Art. 1 Abs. 1 GG gehört.[48] Diese im Hinblick auf Art. 79 Abs. 3 GG vorgenommene Differenzierung vermag nichts daran zu ändern, dass das Asylrecht in seiner Geschichte und seinem Kern dem Schutz der Menschenwürde dient und der Staat mit seiner Gewährung der ihm durch Art. 1 Abs. 1 Satz 2 GG auferlegten Schutzverpflichtung nachkommt.[49]

2. Schutzrichtung

Umstritten ist, ob das Asylrecht dem **status negativus** oder dem **status positivus** zuzu- 945 rechnen ist.[50] Einerseits wird vertreten, dass das Grundrecht »zugangsverhindernde und aufenthaltsbeendende Maßnahmen« verbiete.[51] Nach der Gegenauffassung räumt

---

42 So BVerfGE 94, 166 (190).
43 So BVerfGE 94, 166 (194).
44 So BVerfGE 94, 166 (192); vgl. auch *J. Masing*, in: Dreier (Hrsg.), GG Bd. I, Art. 16 a Rdnr. 88 m. w. N.
45 Vgl. BVerfGE 94, 166 (207 ff.).
46 So BVerfGE 94, 166 (168).
47 So BVerfGE 54, 341 (357); 76, 143 (157); 80, 315 (333).
48 So BVerfGE 94, 49 (103).
49 So zutr. *J. Masing*, in: Dreier (Hrsg.), GG Bd. I, Art. 16 a Rdnr. 143.
50 Vgl. die zahlr. Nachw. bei *J. Masing*, in: Dreier (Hrsg.), GG Bd. I, Art. 16 a Rdnr. 91.
51 Vgl. *Jarass/Pieroth*, GG, Art. 16 a Rdnr. 20, 23; *J. Masing*, in: Dreier (Hrsg.), GG Bd. I, Art. 16 a Rdnr. 91.

das Asylrecht einen **Leistungsanspruch** ein, der die Sicherung einer menschenwürdigen Existenz am Zufluchtsort einschließt.[52]

946 Die erstgenannte Auffassung vermag nicht zu überzeugen. Das Asylrecht begründet einen spezifischen **Rechtsstatus** des Betroffenen, der ein Einreise- und Aufenthaltsrecht umschließt. Ein Leistungs-(Grund-)Recht muss sich nicht notwendig auf Versorgungsansprüche beziehen[53], sondern kann ebenso die Einräumung eines Rechtsstatus beinhalten.[54] Dieser Rechtsstatus überschreitet die »klassische Freiheitsausübung«[55] des bloßen Einreisens, wiewohl auch der Anspruch auf Einreisenlassen bereits leistungsrechtlich gedeutet werden könnte. Das Asylrecht wird in seiner Eigenart verfehlt, wäre es allein darauf gerichtet, aufenthaltsbeendende Maßnahmen staatlicher Organe abzuwehren. Der durch Art. 16a Abs. 1 GG begründete Anspruch zielt vielmehr auf die **Einräumung eines Rechtsstatus**. Im Gegensatz zu der offenbar vom Bundesverfassungsgericht vertretenen Auffassung[56] muss deshalb zwischen dem *Asylrecht* als dem grundrechtlichen Anspruch und der hierauf folgenden Einräumung des **Rechtsstatus eines Asylanten** unterschieden werden.

III. Grundrechtseinschränkungen

947 Trotz der weitgehenden **faktischen Reduzierung** des Grundrechts aus Art. 16a Abs. 1 GG handelt es sich bei den Bestimmungen der Absätze 2 bis 4 weder um **Eingriffe** noch um **Einschränkungen** im verfassungsrechtlichen Sinne, weil diese Vorschriften sich auf die Grundrechtsträgerschaft, nicht den Grundrechtsinhalt beziehen. Da der Kreis der Grundrechtsträger durch die Verfassung selbst begrenzt wird (Art. 16a Abs. 2 und 3 GG) und die Rechtsfolgen verfassungsrechtlich angeordnet werden (Art. 16a Abs. 4 GG), können die vorbehaltsausfüllenden Gesetze auch nicht am Maßstab der **Wesensgehaltsgarantie** (Art. 19 Abs. 2 GG) gemessen werden. Würde es allein aufgrund (einfach-)gesetzlicher Verfahrensbestimmungen oder anderer Kautelen praktisch unmöglich gemacht, den Asylstatus zu erlangen, wäre nach der hier vertretenen Auffassung[57] der Wesensgehalt des Grundrechts angetastet.

948 Das Bundesverfassungsgericht hat die Zweifel an der **Verfassungsmäßigkeit der Asylnovelle** sowohl im Hinblick auf die sicheren Drittstaaten (Art. 16a Abs. 2 GG)[58] als auch hinsichtlich der sicheren Herkunftsstaaten (Art. 16a Abs. 3 GG)[59] beseitigt. Auch einzelne Verfahrensvorschriften des einfachen Gesetzesrechts verstoßen nach Auffassung des Bundesverfassungsgerichts nicht gegen das Grundgesetz.[60]

---

52 Vgl. BVerwGE 65, 244 (247); 78, 332 (345); *A. Randelzhofer*, in: Maunz/Dürig, GG, Art. 16 II S. 2 Rdnr. 111 f. m. w. N.
53 So offenbar *J. Masing*, in: Dreier (Hrsg.), GG Bd. I, Art. 16a Rdnr. 91.
54 Vgl. hierzu BVerfGE 60, 253 (295).
55 So *J. Masing*, in: Dreier (Hrsg.), GG Bd. I, Art. 16a Rdnr. 91.
56 Vgl. BVerfGE 60, 253 (295): »Die geltende Gesetzeslage geht verfahrensrechtlich nicht von einem bei jedem Antragsteller gegebenen Asylrecht aus (...), sondern anerkennt es erst zufolge eines von dem Asylsuchenden zu erwirkenden und notfalls zu erstreitenden förmlichen Feststellungsaktes.«
57 Vgl. oben Rdnr. 204 f.
58 Vgl. BVerfGE 94, 49 (102 ff.).
59 Vgl. BVerfGE 94, 115 (148).
60 Vgl. BVerfGE 94, 166.

IV. Rechtsprechung

B VerfGE 9, 174 (Begriff des politisch Verfolgten); **E** 54, 341 (Ahmadiyya-Glaubensgemein-   949
schaft I); **E** 74, 51 (Nachfluchttatbestände); **E** 76, 143 (Ahmadiyya-Glaubensgemeinschaft
II); **E** 80, 315 (Tamilen); **E** 83, 216 (Jeziden); **E** 94, 49 (Sichere Drittstaaten), **E** 94, 115 (Sichere
Herkunftsstaaten); **E** 94, 166 (Flughafenverfahren).

V. Literatur

C. Biermann, Der »Asylkompromiß« und das Bundesverfassungsgericht, Jura 1997,   950
S. 522; **W. Brugger**, Für Schutz der Flüchtlinge – gegen das Grundrecht auf Asyl!, JZ 1993,
S. 119; **C. D. Classen**, Sichere Drittstaaten – ein Beitrag zur Bewältigung des Asylpro-
blems?, DVBl. 1993, S. 700; **H. Fliegauf**, Anmerkungen zum Asylkompromiß, DÖV 1993,
S. 984; **E. Franßen**, Der neue Art. 16 a GG als »Grundrechtsverhinderungsvorschrift«,
DVBl. 1993, S. 300; **J. A. Frowein/A. Zimmermann**, Die Asylrechtsreform des Jahres
1993 und das Bundesverfassungsgericht, JZ 1996, S. 753; **C. Gusy**, Neuregelung des Asyl-
rechts – Grundrecht oder Grundrechtsverhinderungsrecht?, Jura 1993, S. 505; **K. Hail-
bronner**, Die Asylrechtsreform im Grundgesetz, ZAR 1993, S. 107; **ders.**, Das Asylrecht
nach den Entscheidungen des Bundesverfassungsgerichts, NVwZ 1996, S. 625; **J. Henkel**,
Das neue Asylrecht, NJW 1993, S. 2705; **G. Lübbe-Wolff**, Das Asylgrundrecht nach den
Entscheidungen des Bundesverfassungsgerichts vom 14. Mai 1996, DVBl. 1996, S. 825;
I. v. Münch, »Kirchenasyl«: ehrenwert, aber kein Recht, NJW 1995, S. 565; **B. Pieroth/B.
Schlink**, Menschenwürde- und Rechtsschutz bei der verfassungsrechtlichen Gewährleis-
tung von Asyl, Art. 16 a Abs. 2 und Art. 79 Abs. 3 GG, in: Festschrift für E.-G. Mahrenholz
(1994), S. 669; **K. Rennert**, Fragen zur Verfassungsmäßigkeit des neuen Asylverfahrens-
rechts, DVBl. 1994, S. 717; **R. Rothkegel**, Ewigkeitsgarantie für das Asylrecht?, ZRP 1992,
S. 222; **M. Sachs**, Das Asylgrundrecht, JuS 1989, S. 537; **F. Schoch**, Das neue Asylrecht gemäß Art. 16 a GG, DVBl. 1993, S. 1161; **M. Selk**, Die Drittstaatenregelung gemäß Art. 16 a
Abs. 2 GG – eine verfassungswidrige Verfassungsnorm, ZAR 1994, S. 59; **M. Wollenschlä-
ger/A. Schraml**, Art. 16 a GG, das neue »Grundrecht« auf Asyl?, JZ 1994, S. 61; **M. Wollen-
schläger/G. Herler**, Das Asylrecht auf dem Prüfstand des Bundesverfassungsgerichts, JA
1997, S. 591.

Sachregister

Die Zahlen bezeichnen die Randnummern.